HISTOIRE
DE
NAPOLÉON

PAR

M. DE NORVINS

Vingt et unième Édition

ILLUSTRÉE PAR RAFFET

CHARLET, BELLANGÉ, VAN' DARGENT, etc.

PARIS

FURNE, JOUVET ET Cie, ÉDITEURS

45, RUE SAINT-ANDRÉ-DES-ARTS, 45

M DCCC LXVIII

HISTOIRE
DE NAPOLÉON

PAR

M. DE NORVINS

PARIS. — IMP. SIMON RAÇON ET COMP., RUE D'ERFURTH, 1.

PRÉFACE

Apoléon a été l'étude de ma vie depuis le 18 brumaire. Dès cette époque, je conçus le dessein de représenter dans un tableau fidèle cet homme imprévu et neuf dans l'histoire. Sous le Consulat et sous l'Empire, je m'étais attaché à recueillir de nombreux matériaux; mais, par degrés, l'étendue et les difficultés de l'entreprise, comparées avec mes forces, m'inspirèrent du découragement. Dans la vie de Napoléon, me disais-je, on voit dominer trois grands caractères: l'excès du génie, l'excès de la fortune et l'excès du malheur; un historien, quel qu'il soit, doit hésiter à l'aspect de ces proportions colossales. Trop préoccupé de cette idée, j'oubliais qu'il s'agissait bien plus pour moi de raconter simplement cette grande histoire que de mesurer la hauteur du géant de la politique et de la guerre; et que, si je faiblissais dans cette dernière tentative, le public tout entier viendrait par ses souvenirs au secours de mon insuffisance. Une autre objection arrêtait encore ma plume : contemporain et admirateur de Napoléon, honoré de quelque confiance sous son gouvernement, consterné du triomphe des étrangers, et surtout profondément affligé des souffrances de ce Prométhée de la gloire, je craignais d'être encore trop frappé de ce que j'avais vu s'élever, briller et disparaître, pour que mon jugement pût être complétement désintéressé sur les merveilles de cette période de vingt-cinq années qui commence à la bataille de Montenotte et finit à la lente agonie de Sainte-Hélène.

Mais j'aurais dû sentir que les scrupules de la bonne foi, qui ne m'abandonneraient jamais dans le cours du travail, me serviraient de préservatifs contre les erreurs de la passion; et que d'ailleurs, dussé-je me laisser entraîner par elle à mon insu, la qualité de témoin avait, au lieu des inconvénients que je redoutais, d'immenses avantages. En effet, l'écrivain qui a vu les faits qu'il raconte, qui a reçu d'eux une vive impression, a dans le cœur des souvenirs profonds, devant les yeux des images fidèles, dans l'esprit des jugements qui ont été faits par tout le monde au moment même de l'événement. Comme peintre, il porte en lui la véritable physionomie des hommes et des choses; comme historien, son rôle se borne souvent à celui de rapporteur exact, quand il semble n'émettre que son opinion personnelle. En effet, ce sont là des éléments de vérité bien précieux, et dont aucun talent ne peut entièrement compenser l'absence. Dès ce moment, je rentrai dans la carrière avec la ferme résolution de la parcourir jusqu'au bout, et je me consacrai tout entier à cette même entreprise devant laquelle j'avais d'abord reculé avec effroi. C'est le fruit de mes anciennes veilles et de mes nouveaux efforts que j'offre en ce moment au public. J'avais déjà dit dans la préface du *Portefeuille de 1813* :

« Napoléon est plutôt un homme de Plutarque qu'un héros moderne. Telles sont les phases de la vie de cet homme extraordinaire. La prise de Toulon l'annonce à l'armée; le canon de vendémiaire l'annonce à la France; les trophées de l'Italie l'annoncent à l'Europe; la conquête de l'Égypte l'annonce au monde. Au 18 brumaire, il brise encore les tables de la loi républicaine, et se met debout sur l'autel de la patrie. Là, il règne encore au nom de la liberté, et couvre la France des monuments de son génie; parmi ses monuments s'élève le Code immortel de nos lois. Mais bientôt en portant ses regards sur l'Europe, Napoléon n'y voit plus qu'un ennemi qui soit implacable : c'est l'Angleterre, qui le condamnera à être toujours armé pour soutenir un duel à outrance. Alors il se croit trop faible, s'il ne reste que le mandataire du pouvoir qu'il a créé, et il veut régner en son propre nom. Il supprime le Consulat comme il a renversé le Directoire. Il se fait roi ! il touche de son sceptre les plus fougueux citoyens et les change en courtisans. Ce n'est point assez : il brise son mariage avec une plébéienne, et la fille des Césars entre dans son lit. C'est alors qu'il conçoit le projet de remplacer les vieilles dynasties de l'Europe, en faisant des rois nouveaux. Il met sur la tête du faible Joseph la couronne d'Espagne, et les portes de Madrid tombent devant lui.

« Mais c'est là que le destin a marqué sa perte. C'est de là aussi qu'il s'élance pour aller au cœur de la Russie, livrer une dernière bataille à cette inévitable Angleterre; et à huit cents lieues de sa capitale, dans la métropole incendiée d'un empire de l'Asie, il ose attendre que les clefs du pôle lui soient apportées ! Les hommes n'ont pu s'opposer à sa marche triomphante; il ne reste plus que la nature pour défendre l'indépendance du Nord; Napoléon est vaincu par elle. Il cède à une loi inexorable; il cède, et il ne fuit pas. Dans cette retraite devant les Scythes, c'est lui qui se retire comme un Scythe, en blessant toujours ses ennemis. Polotzk, Malo-Jaroslawetz, Wiasma, Krasnoë, ont reconnu les vainqueurs de la

Moskowa! Enfin il revoit Paris, en disant : « Me voilà seul ; que la France se lève encore ! » - Et la France, comme si elle entendait toujours le vainqueur de Friedland, donne sa dernière armée. Bientôt Napoléon reprend les armes, et, après trois victoires consécutives, il propose la paix ; puis il s'égare dans un armistice qui donne à l'Angleterre le temps de rassembler toute l'Europe contre lui. Le congrès de Prague, qu'il a demandé, s'assemble ; mais les souverains alliés n'en font qu'un tribunal militaire, où il est condamné à périr les armes à la main. Une victoire seule ne peut le sauver, quand une seule défaite peut le perdre. Il l'éprouve à Leipzig. Tout ce qui habite au delà du Rhin le poursuit dans le cœur de la terre française. Avec cinquante mille hommes, il arrête par les discussions d'un congrès le million d'hommes qui l'assiége. Mais le mot d'ordre de Prague est encore celui de Châtillon. Il tombe alors, et va régner sur l'île d'Elbe. Un an après, il reparaît avec huit cents soldats qui ont partagé son exil. Si jamais il y eut une circonstance où le salut public dut faire décerner la dictature, ce fut sans doute celle de mars 1815. Malheureusement, dès sa première séance, la Chambre des représentants veut refuser le serment à Napoléon ! il ne lui reste donc plus qu'à combattre l'Europe une dernière fois, et il trouve enfin sa journée fatale à Waterloo.

« Sans doute une telle vie est plutôt merveilleuse qu'instructive pour l'humanité ; car l'histoire présente peu d'hommes à qui Napoléon puisse être comparé ; et ce n'est qu'en remontant dans les âges qu'on pourrait retrouver ses ancêtres historiques dans Alexandre, César et Charlemagne. Dans cent ans, on ne comprendra ni l'avénement ni la chute de cet homme prodigieux qui, d'une île de la Méditerranée s'élevant tout à coup sur l'Europe, la domine pendant vingt ans, et disparaît de la terre, en laissant ses débris au milieu des flots.

« La vie de Napoléon renferme des événements que la superstition eût autrefois appelés du nom de fatalités ; mais l'histoire a cela de moral et de salutaire, qu'elle prouve la fausseté du merveilleux, et que, par l'explication des causes qui produisent les événements, elle les attribue justement aux intérêts, aux passions des hommes. C'est ainsi que mon récit montrera sans cesse que l'élévation de Napoléon, comme sa chute, appartient à lui seul. Tout le condamnait à agir comme il l'a fait, soit pour s'élever, soit pour tomber. Il ne lui appartenait pas de se modifier, ni de transiger avec son caractère ; car il revint de l'île d'Elbe le même homme qu'à son départ de Fontainebleau. Aussi, en 1814 et 1815, accepta-t-il son adversité comme une conséquence de sa haute fortune, et ne vit-il que de l'ingratitude dans les trahisons. »

Je ne puis terminer cette préface sans relever cette assertion de sir Walter Scott, que Napoléon avait à choisir entre Cromwell et Washington, et qu'il préféra être Cromwell. Tous ceux qui ont connu Napoléon savent que la nature n'avait pas plus créé en lui un Cromwell qu'un Washington ou un Monk. S'il eût pris le rôle de Washington, il eût été plus tôt abattu. Voici comme il en parle lui-même dans le premier volume du *Mémorial de Sainte-Hélène*.

« Arrivé au pouvoir, on eût voulu que j'eusse été un Washington : les mots ne coûtent rien ; et sûrement ceux qui l'ont dit avec tant de facilité le faisaient sans connaissance des temps, des lieux, des hommes et des choses. Si j'eusse été en Amérique, volontiers j'eusse été aussi un Washington, et j'y eusse eu peu de mérite, car je ne vois pas comment il eût été raisonnablement possible de faire autrement. Mais si Washington s'était trouvé en

France, sous la dissolution du dedans et sous l'invasion du dehors, je l'eusse défié d'être lui-même; ou s'il eût voulu l'être, il n'eût été qu'un niais, et n'eût fait que continuer de grands malheurs. Pour moi, je ne pouvais être qu'un *Washington couronné*. Alors seulement, je pouvais montrer avec fruit ma modération, mon désintéressement. Mais, je n'y pouvais raisonnablement parvenir qu'au travers de la *dictature universelle*. Je l'ai prétendue : m'en fera-t-on un crime? Penserait-on qu'il fût au-dessus des forces humaines de s'en démettre? Sylla, gorgé de crimes, a bien osé abdiquer, poursuivi de l'exécration publique! Quel motif eût pu m'arrêter, moi qui n'aurais eu que des bénédictions à recueillir?... Il me fallait vaincre à Moscou! Combien, avec le temps, regretteront mes désastres et ma chute!... Mais demander de moi, avant le temps, ce qui n'était pas de saison, eût été une bêtise vulgaire; moi, l'annoncer, le proclamer eût été pris pour du charlatanisme... Je le répète, il me fallait vaincre à Moscou!... »

Voilà comment Napoléon explique Napoléon. Je me suis étendu particulièrement sur son caractère, parce que j'ai cru ce préliminaire indispensable pour préparer le lecteur à l'histoire d'un homme dont la vie nous présente un être à part, sans aucun terme de comparaison dans les fastes du monde. Quant à moi, je déclare que je n'aurais pas entrepris d'écrire ce récit, si je ne m'étais senti également possédé du besoin de rendre hommage à la vérité et du désir d'honorer la France.

CHAPITRE PREMIER

1769-1791

La Corse ancienne et moderne. — Origine de la famille Bonaparte. — Naissance de Napoléon. — Son enfance. — Son admission à l'école militaire de Brienne. — Son caractère. — Sa nomination de lieutenant en second au régiment de la Fère artillerie.

Les Phéniciens, qui trafiquaient dans tout le monde connu, les Phocéens, fondateurs de Marseille, et les Étrusques, qui civilisèrent l'Ausonie, furent les premiers habitants de l'île de Corse. Ainsi les nations les plus illustres sont les ancêtres de ce peuple que les Romains appelaient barbare. Tite-Live dit de la Corse et de ses habitants : « La Corse est une terre âpre « et montagneuse, presque partout impratica« ble; elle nourrit un peuple qui lui res« semble. Les Corses ne sont pas moins in« domptés que les bêtes sauvages. Emmenés en « captivité, c'est à peine s'ils s'adoucissent dans « les fers. Au contraire, soit horreur du travail ou de l'esclavage, ils s'arrachent « la vie ; soit opiniâtreté ou stupidité, ils sont insupportables à leurs maîtres! » On s'explique aisément cette horreur des Corses pour la domination étrangère, sentiment qui n'est pas encore effacé chez eux. Séparé de toutes les nations par la mer, et sans cesse obligé de se défendre contre leurs agressions, ce peuple dut se réfugier dans cette sauvage indépendance qui faisait sa sûreté. Ce fut pour elle qu'il combattit pendant tant de siècles, et presque depuis son origine, contre les nations les plus belliqueuses, les Carthaginois, les Romains, les Goths, les Sarrazins, les Lombards, les Génois, et enfin les Français.

L'état politique de la Corse indépendante mérite quelque attention; il était déterminé par la nature elle-même. L'île n'est qu'une longue chaîne de montagnes sillonnée par des vallées plus ou moins profondes, mais toutes fertiles et peuplées, qui divisent le pays par cantons nommés *pièves*. Chaque canton renfermait des familles influentes, toujours rivales, souvent en guerre, et qui avaient beaucoup de ressemblance avec les clans de l'Écosse; à la menace d'un danger public, elles suspendaient leurs querelles et se réunissaient pour la défense commune. Un pareil ordre de choses divisait la Corse en aristocraties patrimoniales, combinées toutefois avec l'indépendance du pays; car dans la guerre étrangère ou dans la guerre civile, chacun s'armait à ses frais, et venait combattre sous la bannière de l'une des familles les plus considérables de sa piève. Les villes maritimes devaient à leur position une destinée toute différente. En effet, depuis longtemps occupées par des garnisons génoises, et habitées par des familles italiennes déportées par leurs gouvernements ou chassées par des factions victorieuses, elles se trouvaient en quelque sorte hors de l'association nationale. Leurs habitants ne pouvaient y entrer et exercer de l'influence dans l'intérieur du pays que par des établissements et des acquisitions dans les pièves.

En 1767, lorsque Pascal Paoli leva l'étendard de l'indépendance contre les Génois, ceux-ci implorèrent l'appui de la France. Le duc de Choiseul, qui était alors premier ministre, saisit l'occasion de donner à son pays une possession aussi importante, et envoya dans la Méditerranée des troupes commandées par le marquis de Chauvelin et le comte de Marbeuf, qui remportèrent plusieurs avantages sur les troupes de Paoli. Enfin, le 9 avril 1769, arriva le comte de Vaux, chargé d'achever la soumission de l'île avec quarante-deux bataillons, deux légions de troupes légères et une bonne artillerie. En moins de deux mois, la nouvelle conquête fut entièrement consommée, et Paoli fut obligé de s'embarquer pour Livourne sur un bâtiment anglais, nous laissant maîtres de la Corse. M. de Marbeuf y resta en qualité de commandant militaire; et, ce qui arrive toujours quand les petits États appellent les grands à leur secours, les Génois, repoussés de tout temps par le pays, furent la dupe de leur confiance : le duc de Choiseul ne daigna pas même les admettre à un traité de cession. La France garda la Corse, parce qu'elle l'avait conquise, et la prise de possession de ce pays par un voisin puissant n'étonna personne, les Génois et les Corses se trouvant hors d'état de conserver, les uns leur souveraineté, les autres leur indépendance. Mais ce fut seulement le 30 novembre 1789 qu'en vertu d'un décret de l'Assemblée constituante, la Corse devint partie intégrante du royaume.

La famille BUONAPARTE, inscrite sur le livre d'Or à Bologne, patricienne à Florence, alliée aux grandes maisons de la Toscane, était depuis longtemps une des plus illustres de l'Italie. Elle avait donné des souverains à Trévise. Pendant les guerres civiles, les Bonaparte combattirent dans les rangs des Gibelins pour l'indépendance de leur patrie ; ce ne fut qu'au quinzième siècle, après le triomphe des Guelfes, que leur famille, exilée de Florence, vint chercher un asile en Corse et fixer sa résidence à Ajaccio. Les alliances qu'elle contracta dans sa nouvelle patrie ne la firent point déchoir de son ancienne illustration ; elle mêla son sang aux Colonna, aux Durazzo de Gênes, comme aux premières maisons de la Corse ; elle y acquit des propriétés, et obtint la plus grande influence dans la piève de Talavo.

Charles Bonaparte, père de Napoléon, avait étudié à Rome et à Pise ; c'était un homme d'un extérieur imposant, d'une éloquence vive et naturelle, et d'une intelligence remarquable. Plein de patriotisme et de dévouement, on l'avait vu, à la tête de sa piève, combattre avec courage dans la guerre qu'il avait contribué à allumer contre les Génois, oppresseurs de son pays. Pendant le cours de cette guerre, Letizia Ramolini, son épouse, non moins remarquable par sa beauté que par sa force d'âme, le suivait souvent à cheval, et partageait ses fatigues et ses dangers. Enceinte à l'époque de la bataille de Ponte-Nuovo, que gagnèrent les Français en juin 1769, elle se trouvait à Corte, siége du gouvernement de Paoli, chez les Arrighi, parents de Charles Bonaparte. A la suite de cette affaire, qui décida du sort du peuple corse, elle fut forcée de chercher un asile dans les montagnes. Après la pacification du pays, elle revint à Ajaccio, touchant au dernier terme de sa grossesse. Jalouse, comme les mères italiennes, de sanctifier l'enfant qu'elle portait, elle voulut assister à la fête de l'Assomption ; mais à peine entrée dans le lieu saint, elle ressentit les premières douleurs de l'enfantement, et n'eut que le temps de regagner sa maison pour venir y déposer sur un tapis un fils qu'on appela Napoléon : c'était le nom qu'on donna toujours à l'un des membres de la famille, en mémoire d'un Napoléon des Ursins, célèbre en Italie. Napoléon naquit le 15 août 1769, deux mois après la bataille de Ponte-Nuovo.

Son premier âge ne fut point marqué par ces prodiges dont on se plaît à entourer le berceau des grands hommes. Lui-même a dit : « Je n'étais qu'un enfant obstiné et curieux. » Il faut pourtant ajouter à ces deux traits caractéristiques beaucoup de vivacité dans l'esprit, une sensibilité précoce, mais en même temps l'impatience du joug, une activité sans mesure, et cette humeur querelleuse qui affligeait tant la mère du jeune Duguesclin. Alors, comme depuis, soit que

Napoléon fût attaqué par les autres, soit qu'il les provoquât lui-même, il s'élançait sur eux sans jamais compter leur nombre; aucun obstacle ne pouvait l'arrêter. Personne ne lui imposait, excepté sa mère, femme d'un esprit viril, qui savait se faire aimer, craindre et respecter. Napoléon, tout indomptable qu'il paraissait être, apprit d'elle la vertu de l'obéissance, l'une des causes de ses succès dans les écoles; il dut aussi probablement aux exemples maternels cet amour de l'ordre qui l'a tant aidé dans ses vastes entreprises. Sous ce rapport, son oncle Lucien lui donna aussi de précieuses leçons, en administrant avec sagesse les biens de la famille, dont il était le second père. Le bon archidiacre avait observé avec un vif intérêt la rare intelligence et la constance de volonté qui se développait chaque jour dans cet enfant: il parut même avoir deviné l'avenir de son neveu, comme on peut en juger par ces dernières paroles aux jeunes Bonaparte qui entouraient son lit de mort: « Il est inutile de songer à la fortune de Napoléon, il la fera lui-même. Joseph est l'aîné de la famille; mais Napoléon en sera le chef. »

Il venait d'atteindre sa dixième année, quand son père, député de la noblesse des états de Corse, vint à Versailles, amenant avec lui Napoléon et Élisa. La politique de la France appelait aux écoles royales les enfants des familles nobles de la nouvelle conquête: Élisa fut placée à Saint-Cyr, et Napoléon à Brienne.

Dévoré du désir d'apprendre, et déjà pressé du besoin de parvenir, il se fait remarquer de ses maîtres par une application soutenue. Dans la discipline commune de l'école, quoiqu'il paraisse obéir à part, il montre un penchant réfléchi à respecter la règle et à remplir ses devoirs. Ses égaux sont souvent forcés de se ployer à son caractère, dont l'inflexibilité exerce sur eux un empire inconnu; et si quelques préférences ne l'avaient trouvé fidèle dans sa plus haute fortune, sa jeunesse semblerait placée sous l'influence d'une exception morale qui lui aurait refusé le don de l'amitié. Rêveur, silencieux, fuyant les amusements, on croirait qu'il s'attache à dompter un caractère fougueux et une susceptibilité d'âme égale à la pénétration de son esprit; mais en même temps que des rixes fréquentes font éclater la violence de son humeur, d'autres faits trahissent des inclinations militaires. Vient-il à s'associer aux exercices de ses compagnons, les jeux qu'il leur propose sont des actions dans lesquelles on se bat avec acharnement sous ses ordres. Passionné pour l'étude des sciences, il ne rêve qu'aux moyens d'appliquer les théories de l'art des fortifications. Pendant un hiver, on ne voit dans la cour de l'école que des retranchements, des forts, des bastions, des redoutes de neige. Tous les élèves concourent avec ardeur à ces ouvrages, et Bonaparte conduit les travaux. Sont-ils achevés, l'ingénieur devient général, prescrit l'ordre de l'attaque et de la défense, et règle les mouvements des deux partis.

Bonaparte était devenu le héros de l'école. Cependant on raconte qu'un léger manque de subordination le fit condamner à revêtir un habit de bure et à dîner à genoux sur le seuil du réfectoire; mais au moment de subir cette peine, il fut saisi d'une attaque de nerfs si violente, que le supérieur crut devoir lui épargner une humiliation peu d'accord avec son caractère. A cette époque, Pichegru était le répétiteur de Bonaparte, sous le père Patrau, qui distinguait, dans cet élève de prédilection, le premier de ses mathématiciens. Ainsi la robe d'un professeur cachait le conquérant de la Hollande, et l'habit d'un élève le dominateur de l'Europe.

La lecture des historiens de l'antiquité devient pour lui une passion qui ressemble à de la fureur; les beaux-arts n'ont point d'attrait pour cet esprit sévère; et de la littérature il ne cultive que l'histoire; il la dévore, et range avec ordre dans sa mémoire sûre et fidèle toutes les phases remarquables de l'existence des nations, et de la vie des grands hommes qui les ont conquises et gouvernées. Plutarque, qu'il ne peut plus quitter, Plutarque, dont les héroïques récits n'ont pas été peut-être sans danger pour une âme de cette trempe, développe chaque jour les germes d'enthousiasme et d'amour de la gloire que la nature a déposés en lui. En même temps qu'il se passionne pour l'étude de l'histoire, celle de la géographie devient souvent, pendant les heures de la récréation, un de ses passe-temps favoris.

Bonaparte resta à Brienne jusqu'à l'âge de quatorze ans. En 1783, le chevalier de Kéralio, inspecteur des écoles militaires, qui avait conçu une affection toute particulière pour cet élève, lui accorda une dispense d'âge et même une faveur d'examen pour être admis à l'école de Paris; car Napoléon n'avait fait des progrès

Paris S. Raçon et C⁰, imp.   Furne, Jouvet et C⁰, édit.

que dans l'étude de l'histoire et des mathématiques, et les moines de Brienne voulaient le garder encore une année pour le perfectionner dans la langue latine. « Non, dit M. de Kéralio, j'aperçois dans ce jeune homme une étincelle qu'on ne saurait trop cultiver. » Un recueil manuscrit qui a appartenu au maréchal de Ségur, alors ministre de la guerre, renferme la note suivante : *École des élèves de Brienne. État des élèves du roi susceptibles par leur âge d'entrer au service ou de passer à l'École de Paris, savoir : M. de Bonaparte (Napoléon), né le 15 août 1769, taille de quatre pieds dix pouces dix lignes ; a fait sa quatrième ; de bonne constitution, santé excellente ; caractère soumis, honnête et reconnaissant ; conduite très-régulière ; s'est toujours distingué par son application aux mathématiques ; il sait très-passablement son histoire et sa géographie ; il est assez faible dans les exercices d'agrément et pour le latin : ce sera un excellent marin ; mérite de passer à l'École de Paris.* Cette note de M. de Kéralio décida l'admission de son protégé à l'École militaire de Paris.

Bonaparte y montra bientôt la même supériorité qui l'avait fait distinguer à Brienne, et fut aussi le premier mathématicien parmi ses nouveaux condisciples. Son professeur d'histoire, M. de l'Éguille, dans ses rapports sur les élèves, avait ainsi noté le jeune Napoléon : *Corse de nation et de caractère, il ira loin si les circonstances le favorisent.* C'était voir plus loin que les autres. Domairon, qui lui enseignait les belles-lettres, appelait énergiquement ses amplifications *du granit chauffé au volcan*, image un peu prétentieuse, mais qui caractérise bien le talent de l'auteur des proclamations aux armées d'Italie et d'Égypte.

La carrière militaire de Bonaparte commença à seize ans, âge où le succès de son examen à l'École militaire de Paris lui valut, le 1er septembre 1785, une lieutenance en second au régiment de la Fère, qu'il quitta bientôt pour entrer lieutenant en premier dans un autre régiment en garnison à Valence. Là, ses premiers amis furent Lariboissière et Sorbier, devenus depuis inspecteurs généraux d'artillerie. Une femme qui gouvernait alors la ville par l'ascendant de son esprit, Mme du Colombier, frappée tout à coup de ce qu'il y avait d'extraordinaire dans Bonaparte, le présenta dans les meilleures sociétés, et contribua beaucoup au changement qui parut s'opérer dans son caractère. Devenu aimable et enjoué, l'officier d'artillerie parvint sans peine à plaire, et se vit recherché à cause des brillantes facultés que révélait sa conversation. Mme du Colombier avait deviné le génie de Bonaparte; elle lui prédisait souvent un grand avenir. Peut-être aussi cet heureux changement fut-il dû à l'amour que lui inspira, dit-on, la fille de Mme du Colombier; mais, n'étant pas alors un assez bon parti, le lieutenant d'artillerie dut se résigner au silence; cependant il conserva toujours à ce premier sentiment de sa vie un souvenir fidèle.

Dans un voyage qu'il fit à Paris deux ans après, il fut accueilli avec bienveillance par le fameux abbé Raynal, auquel il avait adressé le commencement d'une Histoire de la Corse. Le philosophe encouragea le jeune auteur à continuer ce travail, premier essai de sa plume, et qui n'a jamais été retrouvé. En 1786, sur la demande de ce même abbé Raynal, l'Académie de Lyon proposa la question suivante à l'émulation des écrivains : *Quels sont les principes et les institutions à inculquer aux hommes pour les rendre le plus heureux possible?* Bonaparte concourut sous le voile de l'anonyme, et remporta le prix. Son discours, retrouvé dans les archives de l'Académie par les soins de M. de Talleyrand, ministre des relations extérieures sous le consulat, fut remis par lui à Napoléon, qui le jeta au feu. Mais son frère Louis avait pris une copie de ce mémoire[1]. Le style en est original, quelquefois brillant; l'auteur passe avec une singulière facilité de la discussion austère du moraliste à l'entraînement de l'âme la plus tendre. Ce petit ouvrage est un monument précieux de sa jeunesse, et semblait annoncer une tout autre carrière que celle des armes.

Bonaparte avait vingt ans et était en garnison à Valence, lorsque le cri de liberté se fit entendre en 1789; le Dauphiné donna l'impulsion. Bientôt le fatal projet de quitter leur poste et leur pays s'empara d'un grand nombre d'officiers français; cette contagion se répandit dans la garnison de Grenoble. Bonaparte resta fidèle à la révolution. Les armes savantes, le génie et l'artillerie, suivirent moins que les deux autres ce mouvement de défection, et accueillirent généralement les nouveaux principes. Bonaparte ne resta point étranger à cette régénération politique, avec laquelle sympathisa promptement son âme ardente, En 1790, il tenait garnison à Auxonne. Entraîné par le mouvement général, il donna un gage public de ses sentiments en publiant une lettre adressée à M. Buttafuoco, député de la noblesse corse à l'Assemblée constituante. Cette lettre, où s'allie à l'expression d'une ironie amère la déclamation la plus énergique contre les trahisons que Bonaparte reproche à ce député, fait merveilleusement connaître quelle impression la révolution avait produite en lui, et retrace avec une rapidité et une éloquence remarquables les événements qui amenèrent la soumission de sa patrie

---

[1] Il a été publié en 1826 par le général Gourgaud.

à la France. Elle fut tirée à cent exemplaires, que Bonaparte envoya en Corse. Peu de temps après, le président de la société patriotique d'Ajaccio écrivit à l'auteur que la société en avait voté l'impression, et avait arrêté que le nom d'*infâme* serait donné à M. Buttafuoco.

Telles étaient les opinions de Bonaparte à vingt et un ans; nous le verrons bientôt en faire l'application dans sa première patrie.

CHAPITRE II

1792-1793

Bonaparte commande un bataillon en Corse. — Son séjour à Paris. — Révolte de Paoli. — Bonaparte banni de la Corse avec sa famille. — Son arrivée à Marseille. — Insurrection de Toulon. — Siége de cette ville. — Bonaparte chef de bataillon d'artillerie. — Son plan d'attaque adopté. — Nommé chef de brigade. — Prise du fort Mulgrave. — Évacuation de Toulon. — Bonaparte commande l'artillerie de l'armée d'Italie.

La révolution venait d'éclater lorsque Paoli, réfugié en Angleterre depuis la conquête de la Corse, quitta Londres pour se rendre à Paris : présenté à l'Assemblée constituante par le général Lafayette, il reçut dans la capitale les honneurs qu'à cette époque on décernait aux défenseurs de l'indépendance des nations. L'année suivante, de retour dans ses foyers, il reçut le brevet de lieutenant général au service de France, et le commandement de la Corse, qui formait alors la vingt-sixième division militaire.

Vers cette époque, Bonaparte, présent par congé dans cette division, y trouva deux partis, dont l'un tenait pour l'union avec les Français, et l'autre pour l'indépendance de la Corse. Son choix ne fut pas douteux : il devait fidélité à la France. Ajaccio, sa ville natale, était le foyer du parti contraire; capitaine d'artillerie depuis le 6 février 1792, Bonaparte fut investi du commandement de l'un des bataillons soldés qu'on avait levés en Corse pour le maintien de l'ordre public, et marcha contre la garde nationale d'Ajaccio; tel fut son premier pas dans la carrière des armes. Un chef du parti contraire, Peraldi, ancien ennemi de sa famille, osa accuser Bonaparte d'avoir provoqué le désordre qu'il était chargé de réprimer. Celui-ci, appelé dans la capitale pour rendre compte de sa conduite, n'eut pas de peine à se justifier de cette calomnieuse imputation.

Ce fut pendant son séjour à Paris qu'eut lieu la fatale journée du 20 juin, où Louis XVI, entouré dans son palais par les ouvriers des faubourgs, fut contraint de se coiffer du bonnet rouge. Peu de jours après, le 10 août éclate. Forcé dans les Tuileries par une multitude furieuse et armée, ce malheureux prince n'a d'autre refuge qu'une tribune dans l'Assemblée nationale, dont il se constitue ains le prisonnier. Ces scènes, dont il est témoin, jettent dans l'esprit de Bonaparte une lumière inattendue. Après cette journée, il écrit à son oncle Paravicini : « Ne soyez pas inquiet de vos neveux, ils sauront se faire place. »

Au mois de septembre, il revient visiter son pays natal. Le souvenir des services de son père dans la guerre de l'indépendance, les événements de cette guerre racontés par Paoli, avec lequel, depuis longtemps, il avait entretenu une correspondance en Angleterre, la présence de l'illustre banni qui augmentait encore l'admiration de son partisan ; tout entraînait Bonaparte vers celui qui était alors le héros de la Corse, et que la France avait proclamé grand citoyen. Paoli accueillit le jeune officier, et le traita avec une affection particulière. Il rendait justice à ses grandes qualités. Mais bientôt les démarches de Paoli éveillèrent des soupçons dans l'âme de Bonaparte, qui ne tarda pas à découvrir que ce général était l'âme du parti qui s'était constamment opposé à la réunion de la Corse à la France, et contre lequel il avait déjà combattu à Ajaccio. Quelle affliction pour lui de reconnaître dans son protecteur, dans l'ami de sa famille, le chef du parti antifrançais ! La méfiance divisa dès lors l'homme qui, investi du pouvoir par la France, s'en servait contre elle, et celui qui voulait tenir son serment envers sa nouvelle patrie.

Quelques temps après, au mois de janvier 1793, une escadre partie de Toulon sous les ordres du vice-amiral Truguet, et chargée d'une expédition contre la

Sardaigne, arriva à Ajaccio. Les forces stationnées en Corse furent mises en mouvement, et Bonaparte fut spécialement chargé, avec son bataillon, d'opérer une diversion contre les petites îles de la Madeleine, situées entre la Corse et la Sardaigne. L'expédition, contrariée par les vents, échoua, et Bonaparte revint à Ajaccio. Paoli, dénoncé à la Convention, se trouvait alors placé sur une liste de vingt généraux proscrits, et menacé d'être arrêté comme traître : sa tête même avait été mise à prix. Pour échapper à ce danger, il pousse à la révolte, rallie à lui tous les mécontents, se fait nommer généralissime et président d'une *consulte* qui s'assemble à Corte. La guerre s'allume entre les partisans de la France et ceux de l'Angleterre. Cette division est signalée par de grands excès; Paoli fut même soupçonné de protéger les entreprises tentées pour enlever son jeune adversaire. Bonaparte a le bonheur de se dérober aux embûches dressées contre lui, et de rejoindre à Calvi les représentants du peuple Salicetti et Lacombe-Saint-Michel, débarqués avec des troupes. Ces troupes marchent contre Ajaccio; mais l'entreprise échoue encore. Bonaparte, qui en faisait partie, trouve le moyen de soustraire les siens à la vengeance de Paoli. Ruiné par le pillage et l'incendie des propriétés de sa famille, frappé avec elle d'un décret de bannissement, il lutte vainement, au nom de la France, contre l'ascendant de l'Angleterre, et se voit

enfin obligé de prendre la fuite. A peine débarqué à Marseille avec sa famille, qu'il établit dans une bastide aux environs de Toulon, il se rend à Paris, laissant son régiment à Nice.

Si son âme eût été accessible au découragement, ce devait être au moment où la ruine des siens venait d'être consommée; mais il avait déjà assez de foi dans son génie pour répondre à un ami qui venait lui offrir des consolations : « En temps « de révolutions, avec de la persévérance et du courage, un soldat ne doit déses- « pérer de rien. »

Ici commence la formidable époque de la Terreur, pendant laquelle la Convention s'élève, sur les ruines de la royauté, à un despotisme inouï. Une lutte gigantesque entre la France et l'Europe entraîne tout à coup la révolution hors de ses limites, et fait sortir quatorze armées du sol de la patrie. La Convention renverse par la force et défie par l'audace tout ce qui se déclare contre elle. La guerre civile, la trahison, le parti de l'étranger, appellent toutes ses vengeances; la Vendée, Marseille, Lyon, Toulon, ont armé son bras exterminateur. Comme tous les pouvoirs extraordinaires, elle sent que, pour contenir et subjuguer les hommes, il ne suffit pas de les vaincre, mais qu'il faut encore les étonner.

Tout ployait sous le bras conventionnel, excepté la Vendée, toujours en feu, et plusieurs départements du Midi, où l'on avait aussi arboré le drapeau blanc. Lyon, assiégé par une armée révolutionnaire, avait vu mille fédéralistes de Nîmes, de Marseille, de Toulon, marcher à son secours. Déjà ils étaient dans les murs d'Orange, lorsqu'ils en furent chassés par une colonne de quatre mille hommes sous les ordres du peintre Cartaux, chef de brigade, détaché de l'armée des Alpes par les représentants Ricord et Robespierre le jeune. Cartaux poursuivit les insurgés, s'empara du Pont-Saint-Esprit, d'Aix, d'Avignon, et entra enfin dans Marseille. Bonaparte dit lui-même qu'il fit partie de l'expédition de Cartaux, au moins jusqu'à la prise d'Avignon. Ce fut un peu après cette époque que, dans un souper à Beaucaire, il eut, avec quelques citoyens, un entretien dont il a conservé les détails dans une brochure imprimée à Avignon; on y trouve des passages du plus haut intérêt et de la plus grande énergie, sur le gouvernement républicain, sur l'art militaire, et sur l'impuissance des soulèvements aristocratiques qui agitaient le Midi.

Cependant Cartaux victorieux, comme Bonaparte l'avait annoncé à ses convives de Beaucaire, avait vu les fédéralistes de Marseille s'enfuir devant lui et se réfugier dans les murs de Toulon, insurgé contre la Convention. Les représentants du peuple Beauvais et Bayle avaient été arrêtés et enfermés au fort La Malgue; mais Barras et Fréron, également en mission dans cette ville, étaient parvenus à s'échapper avec le général Lapoype, et à gagner Nice, quartier général de l'armée d'Italie. Toutes les autorités, le commandant de la flotte, et la plus grande partie de la population toulonnaise, se trouvant compromis par cet acte d'anarchie contre-révolutionnaire, redoutant également la colère du comité de salut public et celle de l'armée, ne virent de ressource que dans le plus grand de tous les crimes politiques, la trahison; ils livrèrent aux amiraux anglais et espagnol, dont les gouvernements venaient de déclarer la guerre à la république, la ville, le port, l'arsenal, les forts et l'escadre de Toulon. Le port contenait alors trente-deux bâtiments, parmi lesquels dix-huit vaisseaux et quelques frégates.

Bientôt Louis XVII est proclamé roi de France dans cette ville, en présence de notre marine détruite; la garde nationale se voit désarmer par les bandes étrangères appelées à son secours, en même temps que l'amiral anglais Hood, qui redoute encore la présence de cinq mille matelots, les renvoie à Brest, à Nantes et à Rochefort. Hood, devenu commandant en chef, étend son système de défense depuis les hauteurs qui dominent ses batteries, jusque au delà des gorges d'Ollioules.

Occupée par les Anglais et les Espagnols, cette place leur assurait un pied-à-terre dans le Midi, et une base pour tenter une invasion. Il importait donc à la Convention de la recouvrer au plus tôt. Elle le désirait si ardemment que, dans l'espace de trois mois, Cartaux, pour son occupation de Marseille, avait été successivement nommé général de brigade, général de division, et enfin général en chef. Il se trouvait à la tête de douze mille hommes quand Toulon fut livré. Il en laissa quatre mille à Marseille, et avec les huit mille autres il vint observer les gorges d'Ollioules. Réfugiés à Nice, après leur fuite de Toulon, les représentants Barras et Fréron s'empressèrent d'ordonner en même temps à Brunet, général en chef de l'armée d'Italie, d'envoyer six mille hommes contre cette ville : Lapoype les commandait. Ainsi Toulon se trouva menacé par une force égale à celle qui le défendait, avec cette différence, à l'avantage des assiégés, que ceux-ci étaient réunis, au lieu que l'occupation des montagnes du Faron par les soldats de la République isolait l'un de l'autre les corps de Cartaux et de Lapoype; cependant ces deux corps se soutenaient en attaquant chacun de son côté. Cartaux marcha le 8 septembre sur les gorges d'Ollioules, et s'en empara, tandis que Lapoype remettait en état les batteries de la rade d'Hyères.

Dans ces conjonctures, le comité de salut public envoya le chef de bataillon Bonaparte à Toulon, pour diriger l'artillerie en qualité de commandant en second. Bonaparte arriva le 12 septembre au quartier général de Cartaux. Il trouva l'armée totalement dépourvue du matériel indispensable pour un siége aussi important.

En moins de six semaines, sa prodigieuse activité créa toutes les ressources qui manquaient; cent pièces de gros calibre furent réunies. Mais bientôt il eut à combattre l'incapacité du général en chef, qui voulait faire exécuter à la lettre l'ordre arrivé de Paris, de brûler la flotte ennemie et de prendre Toulon en trois jours. En effet, Cartaux ordonne au commandant de l'artillerie de commencer le feu. Bonaparte lui répond que les batteries sont à deux ou trois portées de la rade et des ouvrages; Cartaux insiste : le coup d'épreuve est tiré, et le boulet tombe à cent cinquante toises de la place.

La Convention avait en ce moment auprès de l'armée qui assiégeait Toulon trois de ses commissaires : Salicetti, Albitte et Gasparin; ce dernier avait été capitaine de dragons : n'étant point étranger à l'art de la guerre, il comprit bientôt la supériorité du commandant de l'artillerie. Cette heureuse sagacité de Gasparin fut la cause première de la prise de Toulon; elle amena l'accord qui régna constamment entre lui et Bonaparte.

Paris, S. Raçon et Cie, imp. F. rue Jo vet et Ce, édit

Deux batteries furent bientôt établies sur le bord de la mer. Le 14 octobre des colonnes ennemies débouchèrent pour s'en emparer. Bonaparte accourt, accompagné d'un aide de camp de Cartaux, enlève les troupes et sauve les batteries. Le 15, un plan d'attaque dressé par le général Darçon, homme d'une grande réputation, arriva de Paris, et fut l'objet d'un conseil de guerre extraordinaire. Ce plan supposait l'investissement de Toulon par soixante mille hommes, tandis qu'avec les renforts venus depuis peu, les troupes de siège ne se montaient tout au plus qu'à trente mille. Le comité prescrivait des opérations inexécutables d'attaques sur tous les points occupés par l'ennemi du côté de la terre. Bonaparte ouvrit au conseil un avis tout opposé, soutenant que si l'on pouvait bloquer Toulon par mer comme par terre, la place tomberait. Il proposait d'établir sur les promontoires de Balaguier et de l'Éguillette deux batteries destinées à foudroyer la grande et la petite rade. Les Anglais, qui regardaient cette position comme très-importante, avaient exécuté des travaux prodigieux au fort Mulgrave. Trois mille hommes de leurs meilleures troupes et quarante-quatre pièces de gros calibre défendaient le fort, auquel ils avaient donné le nom de *Petit-Gibraltar*, et ils le jugeaient tellement imprenable, qu'un de leurs officiers avait dit : « Si les Français emportent cette batterie, je me fais Jacobin. » Pendant un mois entier, les Anglais avaient travaillé à fortifier cette grande redoute sur le promontoire du Cairo ; et c'était cette même position que, le surlendemain de son arrivée à l'armée, Bonaparte avait proposé au général Cartaux de faire occuper par une force suf-

fisante, lui assurant que huit jours après il serait maître de Toulon. Cartaux, dont l'ignorance égalait la présomption, tenta de l'exécuter avec quatre cents hommes. Les Anglais, peu de jours après, en ayant chassé les quatre cents Français avec quatre mille des leurs, construisirent *le Petit-Gibraltar*. Bonaparte avait dit avec raison que Toulon était là, et que le fort Mulgrave était le point d'attaque. Il ajouta que soixante-douze heures après la prise de ce fort, l'armée de siège aurait recouvré Toulon. Tout le monde fut de son avis.

Malgré l'autorité du conseil et le succès des nouvelles batteries, Bonaparte eut de nouveau à lutter contre l'impéritie du général en chef. Fatigué de ces contrariétés, il pria Cartaux de lui transmettre ses ordres par écrit, afin que l'artillerie pût se préparer à concourir à la réussite de l'entreprise. Cartaux eut la suffisance de répondre que son plan était de faire chauffer Toulon pendant trois jours, et de l'attaquer ensuite en trois colonnes. Bonaparte joignit ses observations à cette lettre, et les remit au représentant Gasparin, qui les envoya à Paris par un courrier extraordinaire. A son retour, le courrier apporta la nouvelle de la destitution de Cartaux, remplacé à l'armée de Toulon par le médecin Doppet, qui commandait les troupes employées à la prise de Lyon. Doppet arriva à l'armée de siége, et fit presque regretter Cartaux.

Peu de jours après, un incident faillit nous rendre maîtres du fort Mulgrave. Des soldats espagnols maltraitaient tellement des volontaires français qu'ils venaient de faire prisonniers, que le bataillon de la Côte-d'Or, qui était de tranchée, courut aux armes; son exemple entraîna aussitôt toute la division. Cette affaire, improvisée par l'indignation du soldat, devint si chaude, que Bonaparte courut dire au général en chef que l'attaque serait moins dangereuse que la retraite. Déjà le promotoire du Cairo était couvert de nos troupes; elles allaient pénétrer par la gorge du fort, lorsque le général Doppet, quoique loin du feu, voyant tomber près de lui un de ses aides de camp, eut la lâcheté de faire sonner la retraite. Bonaparte, blessé à la tête, revint furieux, et ne put s'empêcher de dire : « Le j...•f..... qui a fait sonner la retraite nous a fait manquer « Toulon. » Les soldats demandaient hautement quand on se lasserait de leur envoyer des peintres et des médecins pour les commander. Doppet reçut ordre de se rendre à l'armée des Pyrénées. Enfin le brave Dugommier, l'un des vétérans de la gloire française, fut appelé au commandement général de l'armée devant Toulon.

Dugommier jugea promptement, ainsi que l'avait fait Gasparin, toute la portée du génie militaire du jeune commandant d'artillerie, et dès ce moment commencèrent les véritables travaux du siége. On commença par élever sur la hauteur des Arènes, contre le fort Malbousquet qu'occupait l'ennemi, une batterie masquée dont Bonaparte s'était promis un grand avantage le lendemain du jour où le fort du *Petit-Gibraltar* serait pris. Les représentants, étant allés voir cette batterie, ordonnèrent le feu en l'absence du commandant. Cette imprudence, qui éventa sa combinaison, pensa devenir bien fatale. En effet, le 30 novembre, à la pointe du jour, le général anglais O'Hara fit une sortie à la tête de sept mille hommes, culbuta les postes français, s'empara de la nouvelle batterie et l'encloua. La générale battit à Ollioules. Dugommier mit en mouvement ses réserves, et l'on se porta sur l'ennemi, qui menaçait le grand parc. Après avoir habilement disposé l'artillerie pour arrêter le mouvement des Anglais, Bonaparte prit un bataillon, se glissa dans le vallon, arriva au pied de l'épaulement de la batterie du fort Malbousquet, devant laquelle était rangée l'armée ennemie, et ordonna une décharge sur ses deux ailes. Un officier anglais monta alors sur l'épaulement pour voir d'où partait cette attaque imprévue : renversé par une balle, il fut pris, et remit son épée au commandant de l'artillerie. Cet officier était le général O'Hara, gouverneur de Toulon. Dugommier, de son côté, avait débordé l'ennemi et reçu deux coups de feu. Les Anglais, ayant perdu leur général, ne purent se rallier; on les poursuivit jusqu'à Toulon. Les bonnes dispositions adoptées par Bonaparte dans cette journée lui valurent le grade de chef de brigade.

En cet état de choses, il fallait à tout prix s'emparer du fort Mulgrave. Une batterie parallèle à la redoute anglaise fut élevée à la distance de cent vingt toises seulement, et à la faveur d'un rideau d'oliviers qui en déroba les travaux à l'ennemi; mais à peine démasquée, elle fut foudroyée. Les canonniers refusaient d'y rester: alors Bonaparte, convaincu plus que jamais que la prise de Toulon dépendait de celle du *Petit-Gibraltar*, pressé d'ailleurs, ainsi que le général en chef, par de nouveaux ordres arrivés de Paris de prendre Toulon à tout prix, s'avisa d'une de ces ressources que le génie et la connaissance qu'il avait déjà du caractère de ses soldats pouvaient seuls inspirer.

Un jeune sergent du bataillon de la Côte-d'Or, nommé Junot, était d'ordonnance auprès de lui, Bonaparte lui ordonne d'écrire en gros caractères, sur un écriteau qu'il fait placer en avant de la batterie: BATTERIE DES HOMMES SANS PEUR. Il avait bien jugé nos soldats: dès ce moment tous les canonniers de l'armée voulurent y servir. Lui-même, debout sur le parapet, commanda le feu, qui, commencé le 14 décembre, dura jusque dans la nuit du 17, et fut terrible. Dugommier n'avait résolu l'attaque que pour le lendemain: mais Bonaparte juge le moment favorable pour répandre plus de désordre parmi les assiégés. L'armée, réunie dans le village de la Seyne, s'avance sur quatre colonnes, dont deux sont destinées à observer les forts de Malbousquet, de Balaguier et de l'Éguillette; une autre reste en réserve; et la quatrième, composée d'hommes d'élite, Dugommier en tête, marche droit sur le *Petit-Gibraltar*, tandis que le commandant de l'artillerie fait jeter sept à huit mille bombes dans le fort. La colonne est repoussée, et le général en chef allait chercher sa réserve, quand il la voit venir à lui avec Bonaparte, ayant pour avant-garde un bataillon sous les

ordres du capitaine d'artillerie Muiron, qui connaissait le terrain. A trois heures du matin, Muiron pénètre dans le fort par une embrasure, avec le général en chef et Bonaparte, à qui il sauve la vie dans la mêlée, pendant que le colonel Laborde entre par un autre côté. Ralliés à leur réserve, les Anglais se présentent trois fois pour reprendre le *Petit-Gibraltar*. Enfin, à cinq heures, le combat était près de recommencer, quand nos canonniers parvinrent à tourner contre eux six pièces du fort, et les contraignirent à la retraite. Cette affaire nous coûta mille hommes, et deux mille cinq cents aux ennemis. Il restait à s'emparer d'un point très-important, le fort Malbousquet; mais sa prompte évacuation épargna aux nôtres les dangers d'une nouvelle attaque. Sans perdre de temps, Bonaparte fit pointer sur la rade les batteries du *Petit-Gibraltar*, disposition qui décida les alliés à se rembarquer. « Demain ou après-demain au plus tard, avait-il dit aux représentants, vous souperez dans Toulon. »

Paris, S. Raçon et C⁰, imp.   Furne, Jouvet et C⁰, édit.

Les malheureux habitants de cette ville, qui ignoraient la prise du *Petit-Gibraltar*, furent plongés dans la consternation quand ils virent leurs alliés abandonner tous les forts extérieurs. Ceux de Saint-Antoine, d'Artigues, du Faron, de Malbousquet, furent occupés dès le 18 par les Français; le fort La Malgue, nécessaire pour protéger l'évacuation, restait seul au pouvoir des Anglais, qui signalèrent leur retraite par la destruction du magasin général et du magasin de la grande mâture. L'incendie de l'arsenal, de neuf vaisseaux de haut bord et de quatre frégates, tels furent les adieux de la vengeance britannique. L'amiral Hood n'eut pas le temps de faire sauter les bassins de construction ni le fort La Malgue, dont il lui fallut sortir précipitamment. Les Espagnols seuls refusèrent de brûler les vaisseaux qui leur avaient été désignés, et le régiment de la marine de Toulon se vit obligé de les défendre contre Sidney Smith, qui accourait pour

4

réparer le tort que la loyauté espagnole venait de faire à la haine de l'Angleterre. Le même jour, à dix heures du soir, le colonel Cervoni brisa une porte de la ville, et y entra avec deux cents hommes. Vingt mille Toulonnais avaient trouvé asile sur les escadres combinées.

Au milieu du désordre affreux qui régnait dans le port et sur la rade, les galériens, au nombre de neuf cents, au lieu de reprendre leur liberté et de se livrer au pillage, donnaient un singulier exemple d'héroïsme. Parvenus à éteindre le feu de quatre frégates et de l'arsenal de la marine, à préserver la carderie, les magasins à blé et à poudre, à sauver leur prison, leur bagne, ils reprirent leurs fers, glorieux d'avoir conservé à la République ces grands établissements. Une action si neuve dans l'histoire caractérise cette époque extraordinaire, qui enivrait aussi de gloire et de liberté les criminels que la justice avait retranchés du nombre des citoyens!

L'Angleterre avait détruit le port et la flotte de Toulon; l'armée française rendit Toulon à la République; malheureusement les représentants en mission souillèrent par d'horribles exécutions l'honneur de nos armes.

Le général Dugommier, appelé au commandement en chef de l'armée des Pyrénées, où il trouva bientôt une mort glorieuse, voulait emmener avec lui le jeune commandant de l'artillerie; mais le comité de la guerre s'y refusa. Il chargea Bonaparte de réarmer la côte de la Méditerranée, et lui donna le commandement de son arme à l'armée d'Italie, dont Dumerbion venait d'être nommé général en chef. Dugommier demanda pour Bonaparte le grade de général de brigade; il écrivait au comité de salut public : « Récompensez et avancez ce jeune « homme : car si l'on était ingrat envers lui, il s'avancerait tout seul. » Ce grade, si bien mérité, lui fut donné six semaines après. L'attachement et l'estime de Dugommier suivirent Bonaparte à l'armée d'Italie, où il ne tarda pas à exercer le même ascendant sur le général en chef Dumerbion [1].

[1] Cette époque, qui vit commencer la gloire militaire de Bonaparte, lui laissa de profonds souvenirs; et à Sainte-Hélène, dans un codicille de son testament, il les consacra par des dispositions en faveur des héritiers de Dugommier et de Gasparin, auxquels il se plaisait à attribuer le brillant début de sa carrière militaire : depuis longtemps ces deux hommes avaient cessé de vivre.

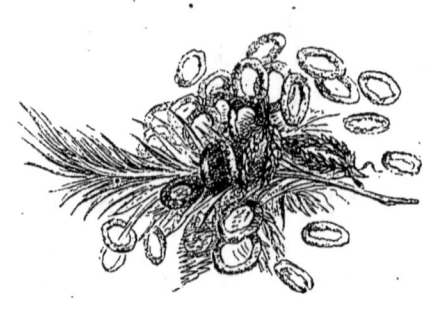

CHAPITRE III

1794-1795

Bonaparte commandant en chef de l'artillerie de l'armée d'Italie. — Invasion du Piémont. — Combat de Dego. — Journée du 9 thermidor. — Bonaparte dénoncé à la Convention. — Il refuse le commandement d'une brigade d'infanterie dans la Vendée, et rentre dans la vie privée.

Quand Bonaparte reçut son brevet de général au commencement de l'année 1794, il était en tournée pour l'armement des côtes de la Méditerranée, où il reconnut neuf bons mouillages pour les vaisseaux de haut bord : 1° le port du Rhône, qu'il qualifie de chantier de construction de la Méditerranée, comme il qualifie Toulon et la Spezzia de ports d'armement ; 1° l'Estisset, au fond de la baie de Marseille ; 3° Toulon ; 4° l'île de Poteros, l'une des îles d'Hyères ; 5° Fréjus ; 6° le golfe Juan ; 7° Villefranche ; 8° Gênes ; 9° la Spezzia. Cette inspection terminée, il rejoignit à Nice le quartier général et employa une partie du mois de mars à reconnaître les positions de l'armée.

Un plan d'opérations, conçu par lui et renvoyé à un conseil composé des représentants du peuple Ricord et Robespierre jeune, et des généraux Dumerbion, Masséna, Rusca, etc., fut adopté. Le succès du siège de Toulon attachait déjà un crédit populaire à ses conseils. Le général en chef Dumerbion étant malade, l'exécution de ce plan fut confiée à Masséna. Celui-ci commença par s'emparer de la ville d'Onéille, dont le port était occupé par les Anglais ; une partie du territoire de Gênes fut traversée malgré le refus de cette république, dont il était important d'enchaîner la neutralité. La fameuse position de Saorgio, défendue par vingt mille Piémontais, fut tournée, et, après avoir escaladé à la baïonnette des redoutes inexpugnables, l'armée française, forçant le col de Tende, plantait sur la cime des Alpes le drapeau républicain. Quatre mille prisonniers, soixante-dix pièces de canon, deux places fortes, Oneille et Saorgio, furent les résultats de cette brillante manœuvre. Le général en chef Dumerbion écrivit au comité de la guerre : *C'est au talent du général Bonaparte que l'on doit les savantes combinaisons qui ont assuré notre victoire...* Mais la communication par mer entre Gênes et la Provence, si utile au commerce de la France, ne pouvait être entièrement assurée que par l'occupation de Vado, où s'était retirée la flotte anglaise après la prise d'Oneille; et il importait de forcer Gênes à persister dans sa neutralité en l'isolant de toute communication avec les armées autrichienne et piémontaise, car la coalition se fortifiait par de nouveaux liens. Un traité du 14 avril avait uni la Sardaigne, l'Autriche et la Prusse à l'Angleterre : celle-ci accordait à la Prusse un subside de soixante millions pour mettre en campagne une armée de soixante mille hommes. Le 14, le même traité était répété à la Haye entre l'Angleterre, la Hollande et la Prusse. L'Europe regardait alors la France comme une proie légitime dont le partage lui était promis. C'était à la paix, disait ce dernier traité, que les puissances contractantes feraient, de ces conquêtes, l'usage qui leur paraîtrait convenable.

La neutralité de la république de Gênes était donc de la plus grande importance, tant pour la campagne actuelle que pour celle qui devait suivre. Aussi inspira-t-elle au général Bonaparte un second plan d'opérations, adopté comme le premier, et couronné plus tard du même succès. On était instruit d'un projet de jonction combiné par une division autrichienne venant occuper Dego, sur la Bormida, et une division anglaise qui venait débarquer à Vado. On craignait avec raison que ces forces, une fois réunies, ne devinssent maîtresses de Savone, et que Gênes, interceptée par terre et par mer, ne fût forcée de faire cause commune avec les ennemis. Bonaparte proposa, en conséquence, de s'emparer des positions de Saint-Jacques, de Montenotte et de Vado, et d'appuyer ainsi la droite de l'armée aux portes de Gênes. Le général en chef, à la tête de dix-huit mille hommes, avec vingt pièces de montagne, pénétra, sous la conduite du commandant de l'artillerie, dans le Montferrat, longea la Bormida, et, descendu dans la plaine, espérait atteindre les derrières de l'armée autrichienne ; mais cette armée, effrayée de ces mouvements, se mit en retraite sur Cairo et Dego. Poursuivie par le général Cervoni, elle se rejeta sur Acqui, abandonnant les magasins de Dego, ainsi que ses prisonniers, et après avoir perdu un millier d'hommes. On était aux portes de l'Italie : le général Dumerbion, satisfait de cette brillante reconnaissance, se replia de Montenotte sur Savone, dont il fit garder la vallée, et prit position sur les hauteurs de Vado, qui furent liées par de forts ouvrages et des postes de communication avec les hauteurs du Tanaro. La communication de Gênes et de Marseille fut établie par les batteries qui régnaient sur toute la côte. L'armée française, maîtresse de la rivière du Ponant, interceptait toute relation entre les Autrichiens et les Anglais ; elle maintenait Gênes dans sa neutralité, en défendait l'approche à l'ennemi, et y entretenait les bonnes dispositions des nombreux partisans de la République. Tels furent les avantages que la France retira du second plan d'opérations que le général Bonaparte avait conçu. Il voulait qu'on profitât des succès pour enlever le camp retranché de Ceva, centre de résistance des Piémontais; il demandait qu'on se précipitât sur le Piémont, et il forma en conséquence un plan d'invasion sur l'Italie, qui fut envoyé au comité de la guerre. Mais la fortune réservait l'exécution de ce plan à celui-là seul qui l'avait conçu et proposé.

Tandis que le général Bonaparte cherchait à illustrer l'armée d'Italie, et préparait son affermissement sur les sommités des Alpes et sur les rivages de la Méditerranée, les Anglais, chassés de Toulon, avaient été appelés en Corse, dans le mois de mai (1794), par le général Paoli, et s'étaient rendus maîtres de l'île, où les Français ne conservaient plus que les villes de Calvi et de Bastia. Trois députés de la *consulta*, présidée par Paoli, étaient allés à Londres offrir la souveraineté de la Corse au roi d'Angleterre, qui l'avait acceptée; mais Paoli n'obtint pas la vice-royauté, qui fut donnée à lord Elliot. Trompé dans ses espérances, Paoli ne tarda pas à s'embarquer pour l'Angleterre. Ce fut là qu'il reçut, pour salaire de sa défection, une pension qui lui fut payée jusqu'à sa mort. Ce vieillard, naguère entouré de l'estime européenne, termina ainsi, chez l'étranger, une vie dont il avait souillé les dernières années en trahissant sa première et sa seconde patrie. La ville de Bastia, défendue par Lacombe Saint-Michel, soutint héroïquement pendant deux mois, contre l'insurrection de la Corse et les forces de terre et de mer de l'Angleterre, le siége le plus désastreux : la famine y joignit tous ses fléaux. Enfin, le 20 juillet, cette ville, à moitié détruite, capitula.

Un mois après l'occupation de la Corse par les Anglais, un événement inattendu vint surprendre la France et l'Europe : le 9 thermidor (27 juillet 1794) avait détrôné le triumvirat de Robespierre, Couthon et Saint-Just. Couthon avait dit à la tribune : *Il faut retrancher du corps de l'État les membres gangrenés*. Alors Vadier, Tallien, Fréron, Billaud-Varennes, etc., dénoncèrent leurs proscripteurs, et sacrifièrent à leur sûreté vingt-deux de leurs collègues; mais la victoire, utile seulement à ses auteurs, ne tourna nullement au profit de ceux qui, détenus sous les noms alors si communs de *conspirateurs*, de *suspects*, avaient eu le bonheur d'échapper aux triumvirs. Le char de la mort se promena encore pendant quelques jours dans les rues de la capitale. La République resta aux mains de Billaud-Varennes, de Vadier, de Voulland, d'Amar, de Fréron, de Fouché, de Tallien, etc. Ils avaient abattu Robespierre, mais ils se déclarèrent ses héritiers. La hache thermidorienne fut un moment suspendue sur la tête du général Bonaparte.

Pendant l'hiver de 1794 à 1795, il avait inspecté l'armement des batteries établies sur le littoral de la Méditerranée. Dans ses courses, on l'avait vu plusieurs fois à Toulon, à Marseille, où la fureur de la réaction était échauffée par les passions méridionales. Comme on craignait, dans cette dernière ville, que la société populaire ne s'emparât du magasin d'armes et à poudre des forts Saint-Jean et Saint-Nicolas, détruits à l'époque de la révolution, le général Bonaparte remit aux autorités un projet pour élever une muraille crénelée qui fermât ces forts du côté de la ville. Ce plan, envoyé à Paris, fut qualifié de *liberticide* par la Convention, et le général d'artillerie de l'armée d'Italie mandé à la barre. Il était retourné au quartier général de Nice, où les représentants en mission près de cette armée le firent garder à vue. La situation de Bonaparte devenait d'autant plus dangereuse, à cette époque où rien n'était oublié ni pardonné, que les vainqueurs de thermidor n'avaient point ignoré les relations d'amitié qui avaient existé à l'armée entre lui et Robespierre jeune, lequel avait péri avec son frère dans cette journée. Bonaparte, envoyé à Paris, succombait infailliblement. Les nouvelles qu'on recevait n'avaient pas un caractère propre à tranquilliser ses amis, et Gasparin, dont l'attachement lui était assuré depuis le siège de Toulon, ne pouvait rien sans l'avis de ses deux collègues. Heureusement les menaces du dehors vinrent au secours de Bonaparte : le crédit qu'il avait dans l'armée et la confiance du général en chef et des soldats se réveillèrent hautement à la nouvelle des mouvements de l'ennemi. Pressés par le danger dont la responsabilité pesait sur leurs têtes, les représentants écrivirent au Comité de salut public qu'on ne pouvait se passer du général Bonaparte, et le décret de citation à la barre fut rapporté. Sous Dugommier à Toulon et sous Dumerbion à l'armée d'Italie, Bonaparte était, pour les soldats, le véritable général en chef.

Une accusation non moins dangereuse que la première pesait encore sur lui. Dans une course qu'il avait faite à Toulon peu auparavant, il avait été assez heureux pour sauver de la fureur du peuple plusieurs émigrés pris sur un bâtiment espagnol par des corsaires français. Les partisans de la Montagne faisaient dans cette ville une guerre à mort aux partisans de la réaction thermidorienne. Tout ce qui appartenait à l'armée de terre et de mer, les ouvriers de l'arsenal, les équipages des vaisseaux et la populace de la ville, prenaient le parti de la Montagne contre les représentants en mission, et dans une émeute ils demandèrent hautement leur mort et celle des émigrés. Heureusement le général Bonaparte reconnut à la tête de ce tumulte des canonniers du siège de Toulon. Il monta sur un chantier, leur parla, reprit sur eux tout son empire, et parvint à sauver les représentants du peuple, qu'on voulait mettre à la lanterne; il promit aussi à la multitude qui assiégeait la maison où l'on venait de conduire les émigrés que le lendemain ils seraient jugés. La nuit il les fit cacher dans des caissons du parc. Voilà comment ils purent sortir de la ville et aller s'embarquer à Hyères, où un bateau les attendait. Ainsi, Bonaparte, paraissant à la barre de la Convention, devait, suivant que tel ou tel parti dominerait dans l'assemblée, craindre de s'entendre condamner pour avoir eu des liaisons avec Robespierre jeune, pour avoir voulu sauver les magasins de Marseille de la fureur populaire, et enfin pour avoir arraché dans Toulon, aux partisans de la Montagne, des émigrés et des représentants du peuple. Un nouvel incident ramena à Paris le jeune commandant de l'artillerie à l'armée d'Italie.

La révolution du 9 thermidor avait déplacé les membres des comités. Un représentant du peuple, Aubry, ancien capitaine d'artillerie, venait d'être appelé à la direction du comité de la guerre. Jaloux de la réputation que venait d'acquérir son camarade Bonaparte, il lui ôta le commandement de son arme pour lui donner une brigade d'infanterie dans la Vendée. Bonaparte pouvait accepter sans doute un poste où il aurait contribué à l'extinction de la guerre civile, qui était à ses yeux le plus grand des fléaux ; mais du haut des Apennins il a deviné la conquête de l'Italie ; il a conduit lui-même les premiers succès de l'armée dont il possède la confiance, et, pressé de remplir la destinée glorieuse à laquelle il se sent appelé, il se rend à Paris pour obtenir d'Aubry la conservation de son commandement. Dans l'entrevue qu'il obtint, le ministre se montra inflexible, lui objectant qu'il était trop jeune pour commander plus longtemps en chef dans une arme qui demandait de l'expérience. *On vieillit vite sur le champ de bataille*, répondit Bonaparte, *et j'en arrive*. Tout fut inutile. Bonaparte refusa la brigade de l'armée de l'Ouest, et resta à Paris, où il rentra dans la vie privée.

Ses amis Sébastiani et Junot l'avaient accompagné. Ils prirent ensemble un petit logement rue de la Michodière. La détresse se fit bientôt sentir. Bonaparte fut obligé, pour vivre, de vendre une précieuse collection d'ouvrages militaires qu'il avait rapportés de Marseille. Il eut un moment, dit-on, l'idée d'aller servir le sultan ; mais il fut bientôt détourné de ce projet par les circonstances qui amenèrent la journée du 1er prairial, par celles qui suivirent l'expédition de Quiberon, par l'attente de la nouvelle constitution que préparait la Convention, enfin par les agitations qui fermentaient dans la capitale. Le parti royaliste avait relevé la tête après le 9 thermidor, et les sections de la garde nationale semblaient annoncer des dispositions favorables à ce parti. Les royalistes y étaient en majorité. Bonaparte prévit alors que, dans peu de temps, il pourrait se faire une place au milieu des événements qui devaient éclater.

Cependant il aurait été tout à fait oublié à Paris, si Doulcet de Pontécoulant n'eût remplacé Aubry. Doulcet, à qui les talents et les services de Bonaparte étaient bien connus, fut particulièrement frappé du rapport envoyé par lui au comité de la guerre, après l'affaire du Cairo, pour la campagne d'Italie, dont le comité s'occupait exclusivement. Ayant donc appris que le général Bonaparte était à Paris, il le fit appeler et l'attacha au comité topographique, où se préparait le mouvement des armées.

Si, pendant le temps de son inactivité, Bonaparte, sans fortune et sans traitement, eut beaucoup à souffrir, sa détresse tourna peut-être au profit de son génie ; absorbé dans de profondes méditations sur l'art de la guerre, ce fut alors qu'il enfanta dans l'ombre l'admirable plan de campagne qu'il développa bientôt au comité, et qui éleva si haut la gloire de son auteur. Mais il fallut une crise politique pour que Bonaparte, appelé par la Convention et mis en lumière par le succès, pût réaliser les grandes choses qu'il avait conçues.

CHAPITRE IV

1795

État de la France depuis le 9 thermidor. — La majorité des sections prend les armes contre la Convention. Journée du 13 vendémiaire (5 octobre). — Mariage de Bonaparte.

La diversité et l'importance des événements qui occupent l'année 1795 en font une des plus importantes de l'histoire contemporaine. La Hollande est conquise par Pichegru. La paix avec la Toscane, la première paix signée avec la République française, nous fait rentrer dans le système européen. La Prusse imite la Toscane, et entre aussi en négociation. La Vendée elle-même traite avec la Convention. La journée du 12 germinal voit expirer devant cette assemblée un mouvement révolutionnaire. Barrère, Collot-d'Herbois, Billaud-Varennes, Vadier, accusés d'avoir produit ce tumulte pour se soustraire à la déportation, subissent un jugement dont ils ne comprennent pas toute la clémence. On ordonne le désarmement des terroristes. Les biens des condamnés, sauf pour cause d'émigration, sont rendus aux familles. *On n'excepte que la famille de Louis XVI et celle de Robespierre !* Fouquier-Tinville et quinze juges des tribunaux révolutionnaires subissent leur châtiment. La République française et la République batave s'unissent par un traité de paix et d'alliance. La journée du 1ᵉʳ prairial revoit la Convention en péril, et son enceinte forcée par une armée d'insurgés. Le représentant Féraud est foulé aux pieds en voulant s'opposer à l'irruption du peuple dans la salle; et sa tête, séparée du corps, est présentée au bout d'une pique au président Boissy-d'Anglas, dont l'attitude imposante rappelle un trait d'héroïsme admirable, celui du président Harlay devant les Seize.

Paris, S. Raçon et Cⁱᵉ, imp.   Furne, Jouvet et Cⁱᵉ, édit.

Les sections, cette fois, sauvent la Convention pour sauver la France d'une nouvelle Terreur. Treize condamnés pour l'attentat du 1ᵉʳ prairial luttent de célébrité comme de courage, et se frappent tous du même couteau; peu d'entre eux sont portés vivants sur l'échafaud. On abolit le tribunal révolutionnaire. Un décret de la Convention ferme les sociétés populaires. D'autres décrets déclarent le Rhin barrière immuable du territoire français, et rapportent la loi des suspects. La constitution de l'an III, par laquelle la Convention se décime elle-même et rompt par l'institution de deux Conseils l'unité de la représentation nationale, est proposée. Tels sont les présages et les avant-coureurs du 13 vendémiaire et de la fortune de Bonaparte.

Le 9 thermidor n'avait assuré en résultat que le triomphe de la révolution sur la Terreur, mais le but de l'entreprise était autre; seulement, les royalistes avaient été gagnés de vitesse. En dehors de la Convention, le tableau était encore plus sombre. La France ressemblait à un empire mis en saisie par d'avides et implacables créanciers, et pillé par ses débiteurs au désespoir. Ces débiteurs, c'étaient les habitants; ces créanciers, les réacteurs du 9 thermidor. Aussi les sources premières de la fortune républicaine furent-elles bientôt taries. Un discrédit mortel frappa les assignats et jusqu'aux domaines nationaux. Le comité de salut public avait créé le maximum et les réquisitions. Ces moyens iniques, mais puissants, qui alimentaient les magasins militaires, étaient tombés avec lui, et la fatalité de cette période de temps faisait que le retour d'une sorte de justice envers les individus devenait funeste à la nation. Le pain du soldat n'était plus assuré; la solde manqua, et le recrutement lui-même dut cesser; il n'y avait de fidèle que la gloire. Le royalisme, caché sous les couleurs républicaines, voyait avec joie un pareil état de choses et s'apprêtait à en profiter.

Paris souffrait beaucoup aussi de la disette, du discrédit du papier-monnaie, et de toutes les conséquences fatales d'une mauvaise administration; mais cette ville présentait en même temps un autre spectacle bien propre à étonner ceux qui pouvaient l'observer avec calme. Aussitôt que le joug de la Terreur fut brisé, plusieurs classes de la société se précipitèrent dans l'anarchie morale la plus complète. Une sorte de joie frénétique, de débauche publique, caractérisa les saturnales de la délivrance commune; on institua le *bal des victimes*, fondé par les héritiers des victimes elles-mêmes. Les trésors cachés revirent la lumière, les nouvelles fortunes osèrent se montrer et lutter avec les anciennes. Toutes les larmes se séchèrent comme par enchantement, et l'honorable pauvreté commença à rougir d'elle-même. Le caractère national subissait à Paris sa seconde révolution : le malheur à peine disparu, la prudence fut oubliée. Le parti royaliste, qui avait inondé les échafauds de son sang, se releva tout à coup, et passa de la stupeur à l'audace. Il n'est pas donné aux hommes, après une horrible infortune, de désirer à demi. On se sentait porté à vouloir un état de choses en tout contraire à celui sous lequel on avait gémi si longtemps.

La conspiration trouva bientôt un puissant aliment dans l'adoption d'une nouvelle constitution qui confiait le pouvoir exécutif à un Directoire composé de cinq membres, et divisait la représentation nationale en deux Conseils. Soumise à l'acceptation du peuple convoqué en assemblées primaires, cette constitution renfermait en elle le germe de la lutte contre-révolutionnaire qui était sur le point d'éclater. On attribuait, non sans raison, la chute de la constitution de 1791 au décret de la Constituante, dont l'imprudente abnégation avait exclu tous ses membres de la législature suivante. La Convention, pour éviter la faute commise par ses prédécesseurs, inséra dans le nouveau pacte social deux lois additionnelles : par l'une, elle devait fournir les deux tiers de la législature; par l'autre, un tiers seulement des deux Conseils, pour cette fois, était à la nomination des assemblées électorales. Une troisième loi soumettait ces deux dispositions à l'acceptation du peuple. Là résidait le danger pour la Convention.

Le parti royaliste avait compté sur une législature entièrement nouvelle pour opérer une contre-révolution. Faisant donc cause commune avec les républicains, il se répandit en déclamations populaires, et donna le change à l'opinion en protestant hautement au nom des libertés électorales. Sur les quarante-huit sections qui composaient la garde nationale, cinq seulement étaient pour la Convention; les quarante-trois autres se soulevèrent, se réunirent en assemblées armées et délibérantes, et rejetèrent les lois additionnelles. La Convention, voulant se montrer forte et paraître prendre en pitié ces agitations, proclama, le 23 septembre, l'acceptation de la constitution par la majorité des assemblées primaires; cependant, le lendemain 24, une réunion d'électeurs se forma au théâtre de l'Odéon. Cette assemblée illégale, ou pour mieux dire insurrectionnelle, fut dissoute par la force. Nous touchions au 10 vendémiaire (2 octobre).

La guerre civile allait commencer. La section Lepelletier, réunie au couvent des Filles-Saint-Thomas, donna le signal. La Convention ordonna la clôture du couvent et le désarmement de la section. Si Paris, en ce moment, s'était souvenu des barricades, la Convention succombait, et Bonaparte perdait l'occasion qui allait le produire sur la scène du monde. La rue Vivienne fut tout à coup occupée par le général Menou, à la tête d'une force imposante; mais il trouva les gardes nationaux de la section rangés en bataille, et les maisons occupées par les sectionnaires. Les commissaires de la Convention voulurent parlementer avec le comité de la section, celui-ci déclara représenter le peuple et refusa de se soumettre. Toutefois une sorte de capitulation termina cette usurpation du pouvoir souverain; et, maîtresse du champ de bataille sans avoir combattu, la section Lepelletier n'en avait que plus de raisons de chanter victoire.

Au milieu de ces continuelles agitations, Bonaparte, resté sans emploi, se livrait aux habitudes de la vie privée : il était à Feydeau, spectacle voisin du théâtre de la guerre, quand il apprit ce qui se passait; il se rendit aussitôt dans la rue Vivienne, fut témoin de la retraite des troupes de la Convention, et courut à l'Assemblée. Menou était dénoncé par les commissaires mêmes qui l'avaient accompagné, et qui, loin de déployer la moindre énergie, avaient contrarié les dispositions qu'il avait voulu prendre. Ce général pouvait tout aussi bien leur reprocher d'avoir échoué dans leur négociation avec le comité de la section Lepelletier. Menou fut mis en arrestation. L'agitation redoubla encore dans l'Assemblée aux nouvelles des propositions qui se succédèrent pendant la nuit. Divers orateurs montèrent à la tribune, et dénoncèrent hautement le péril public. Mais les opinions, partagées d'abord sur le choix d'un chef militaire, furent à la fin entraînées, soit par les représentants du peuple qui avaient pu juger des talents de Bonaparte pendant leur mission aux armées du Midi, soit par les membres du comité de gou-

vernement; elles se réunirent donc sur le jeune général, qui, caché dans la foule, était témoin de cette délibération : sans doute alors il se souvint d'Aubry, de l'inaction à laquelle ce ministre l'avait condamné, de l'obscurité qui enveloppa tout à coup le vainqueur de Toulon et le commandant d'artillerie de l'armée d'Italie. Cette fois, c'est la destinée elle-même qui vient le prendre par la main. Bonaparte se rend au comité du salut public, où il était attendu.

Témoin, la veille dans la rue Vivienne, de la conduite des commissaires de la Convention, il déclare qu'il n'acceptera pas le commandement s'il doit marcher sous leurs ordres. Le péril pressait : pour trancher la difficulté, on nomma Barras commandant en chef, et Bonaparte commandant en second. Barras n'entendait rien à la guerre; mais, chargé au 9 thermidor de dissiper la commune insurgée pour Robespierre, il était devenu célèbre, moins en raison de la difficulté que de l'importance de ce coup d'État. Barras réunit donc dans sa personne les pouvoirs des trois commissaires et ceux du général en chef. Connaissant depuis Toulon le général Bonaparte, il s'empressa de lui déléguer son autorité militaire.

Aussitôt que Bonaparte fut investi du commandement, il envoya le chef d'escadron Murat, avec un fort détachement, s'emparer des quarante pièces d'artillerie parquées à la plaine des Sablons. Minuit sonnait : un moment plus tard elles

allaient être enlevées par une colonne de la section Lepelletier, qui, voyant les trois cents chevaux de Murat, n'osa pas les attaquer. Le lendemain, 13 vendémiaire, à neuf heures du matin, l'artillerie est placée à la tête du pont Louis XVI, du pont Royal, de la rue Saint-Honoré, au Pont-Tournant, enfin à toutes les avenues des Tuileries. L'armée, d'abord de cinq mille hommes, est portée à huit mille cinq cents. Trois bataillons, composés d'anciens satellites de la Convention, sont armés, organisés, et mis sous les ordres du général Berruyer. C'étaient d'anciens patriotes éprouvés, disgraciés depuis le 9 thermidor.

Malgré ces préparatifs, l'Assemblée était peu rassurée et parlait de traiter avec les sections ou de se retirer à Saint-Cloud. Déjà un parlementaire des sections, envoyé par Danican, leur général, avait osé venir sommer la Convention de retirer ses troupes. Bonaparte fit porter huit cents fusils dans la salle pour armer les députés et former ainsi une réserve. Les sections occupaient les postes de Saint-Roch et du Théâtre-Français, et les hauteurs de la Butte-des-Moulins; tandis qu'une partie de leurs forces avait pris position sur le Pont-Neuf, où Cartaux, l'ancien général de l'armée de Toulon, était avec quatre cents hommes et quatre pièces d'artillerie. Une de leurs colonnes, battant la charge, essaya de déboucher par le pont Royal; il était quatre heures après midi. Le feu commença aussitôt, mais à six heures, après une faible résistance, les sections furent mises en déroute. Le général Bonaparte avait sauvé le gouvernement. Il fit acquitter Menou, que le comité voulait condamner à mort. Ainsi l'autorité militaire prévalut sur la puissance civile, qui lui devait son salut.

Dès cette époque, le nom de Bonaparte devint populaire. La qualité de général en second de l'armée de l'intérieur, dans laquelle la Convention venait de le confirmer, lui imposait l'obligation de pourvoir à l'ordre public. Sans cesse au milieu du peuple, il le harangua plusieurs fois aux halles et dans les faubourgs, et prit sur lui un grand ascendant.

La Convention avait décrété le désarmement des sections. Quoique cette opération attaquât tout à coup les habitudes et les droits des citoyens, elle ne rencontra pas d'obstacles. Par un singulier hasard elle devint l'occasion du mariage de Bonaparte. Des perquisitions avaient été faites avec tant de rigueur dans les maisons, qu'aucune arme n'y était restée. Un matin, on introduisit chez le général un enfant de douze à treize ans, qui venait réclamer l'épée de son père, mort sur l'échafaud : cet enfant était Eugène Beauharnais. L'épée lui fut rendue. Sa mère, voulant elle-même remercier le général, obtint de lui être présentée. Voilà comment Bonaparte connut madame de Beauharnais. Il se dissimula quelque temps cette passion à lui-même, et encore plus à la personne qui en était l'objet. Mais ce sentiment, bientôt deviné et partagé, puisa une force nouvelle dans la subite élévation qui venait d'honorer sa vie. Cette grandeur lui devint plus chère par l'hommage qu'il en faisait à la femme pleine de douceur et de charmes dont il venait d'obtenir la main. Leur mariage fut célébré le 9 mars 1796. Les témoins qui, avec les deux époux, signèrent l'acte civil, furent Barras, un des directeurs de la République ; Tallien, membre du Corps Législatif ; Camelet, jurisconsulte, et Lemarrois, capitaine aide de camp de Bonaparte (depuis lieutenant général). Le général Bonaparte avait alors vingt-sept ans ; Joséphine était plus âgée que lui de quelques années [1].

Sur la fin de son règne, la Convention avait chargé le général de l'armée de l'intérieur de réorganiser toute la garde nationale, dont quarante-trois sections passaient pour royalistes sans l'être véritablement. Bonaparte en nomma les officiers, et créa dans Paris cette milice urbaine qui, quelques années après, se montra si fidèle à son fondateur. Chargé plus tard du même travail pour la garde directoriale et pour celle du Corps Législatif, il leur laissa le même souvenir. Depuis ce moment, tout ce qui portait un fusil dans la capitale appartint à Bonaparte.

---

[1] Cette union, qui pendant longtemps fit le bonheur de Napoléon, ne s'était pas accomplie sans difficulté. Madame de Beauharnais, riche de vingt-cinq mille livres de rente, débris de sa fortune personnelle et de celle de son mari, avait des amis qui lui firent de vives représentations sur son mariage avec un militaire plus jeune qu'elle et sans fortune. On a raconté à ce sujet une anecdote que nous transcrivons ici : Madame de Beauharnais était allée avec son futur mari chez M. Raguideau, son notaire, chargé de rédiger le contrat de mariage. Ce notaire, qui fut depuis celui de Napoléon, se crut obligé de faire quelques observations à sa cliente. Il profita du moment où il se trouva seul avec elle pour lui renouveler les instances que la plupart de ses amis lui avaient déjà faites, et finit par lui dire : « Comment pouvez-vous épouser un soldat qui n'a que la cape et l'épée ? » Bonaparte, qui se trouvait dans une pièce voisine dont la porte était entr'ouverte, parut n'avoir rien entendu. Mais huit années plus tard, le 2 décembre 1804, jour de son couronnement, au moment où il allait partir pour Notre-Dame, il aperçoit dans la foule des gens de sa maison, M. Raguideau ; il le tire à l'écart, et, lui montrant d'un côté le manteau impérial parsemé d'abeilles d'or, et de l'autre la longue épée de Charlemagne : « Monsieur, lui dit-il en souriant, voilà la cape, et voici l'épée. »

CHAPITRE V

1795-1796

Constitution de l'an III. — Bonaparte général en chef de l'armée d'Italie. — Proclamation à son armée. — Force des armées belligérantes. — Batailles de Montenotte, de Millesimo, de Dego. — Paix avec la Sardaigne.

Le 25 octobre 1795, veille de sa dissolution, la Convention nationale avait déclaré la Belgique réunie à la France; animée du même esprit qui avait créé dans cette année l'École Polytechnique, elle rendit le décret de formation de l'Institut des Sciences et des Arts. La patrie reçut avec reconnaissance cette dernière création de la grandeur conventionnelle. Le dernier jour de sa puissance fut signalé par de hautes résolutions. Il semblait que la Convention eût dépouillé tout à coup sa nature terrible, pour revêtir toute la générosité du caractère national. Le 26, elle s'amnistiait elle-même en décrétant l'amnistie pour tous les délits révolutionnaires, et, chose remarquable, l'assemblée qui avait tant abusé de la mort, prononça l'abolition de cette peine à la paix générale.

Le même jour, après cet adieu réparateur adressé à la France, la Convention termina son existence politique en se formant en corps électoral, pour compléter par l'adjonction d'un nouveau tiers la représentation nationale. Les trois tiers réunis se constituèrent en Corps Législatif pour opérer leur division en deux Conseils. On donna le château des Tuileries aux Anciens; la salle du Manége aux Cinq-Cents. La quatrième législature proclamée nomma, sous le nom de Directoire, un conseil exécutif composé de cinq membres, qui furent les conventionnels Larévellière-Lépaux, Letourneur de la Manche, Rewbell, Barras et Carnot. Le Directoire s'établit au palais du Luxembourg.

Bonaparte, qui venait de sauver la Convention au 15 vendémiaire, reçut le commandement en chef de l'armée d'Italie. Cette armée avait deux fois changé de chef depuis son départ. Dumerbion avait été remplacé par Kellermann, et Kellermann par Schérer. Mais celui-ci n'a pas su profiter de la double victoire de Masséna, qui avec trente mille hommes avait défait à Loano cinquante mille Austro-Sardes. Les forteresses de Finale, Vado, Savone, sont au pouvoir des Français; la route du Milanais est ouverte.

La coalition étrangère subsistait toujours; elle se composait de l'Angleterre, de l'Autriche, du Piémont, de Naples, de la Bavière, de tous les petits princes de l'Allemagne et de ceux de cette belle Italie dont Bonaparte, deux ans auparavant, a deviné la conquête. Toutefois, l'Autriche est la véritable ennemie qu'il faut combattre et sur les bords du Rhin et au delà des Alpes. Pour hâter le succès de cette guerre qui occupe seule le Directoire, il en donne la conduite à un général de vingt-sept ans.

La conquête du Piémont lui est ordonnée comme une entreprise préliminaire dont le but est de forcer l'Autriche à évacuer ce pays et à se défendre dans ses possessions de la Lombardie. Ainsi, l'occupation du Piémont par la destruction de son armée et la prise de ses forteresses, doit ouvrir au général Bonaparte le véritable champ de bataille qui convient à la politique du Directoire. C'était le plan envoyé au comité de la guerre, en 1793, par le commandant d'artillerie de l'armée d'Italie, devenu général en chef de cette armée. Barras et Carnot, bien qu'ils lui eussent fait avoir le commandement dont il était revêtu, n'avaient deviné ni son caractère ni son génie. Ils avaient eu seulement l'intention de créer une fortune toute militaire, qu'ils destinaient à devenir l'appui du nouveau gouvernement; mais Bonaparte, à leur insu, rêvait déjà peut-être une autre gloire que celle des armes.

En arrivant à Nice, Bonaparte eut à triompher de nombreuses difficultés : d'abord, il avait à se faire pardonner sa jeunesse par des hommes déjà couverts de lauriers, ses anciens dans la carrière, et qu'il était appelé à commander. Là, en effet, se trouvaient placés sous ses ordres, Masséna, vainqueur à Loano; Augereau, qui s'était signalé en Catalogne; Victor, qui commanda si brillamment une division d'infanterie au siége de Toulon; Laharpe, Sérurier, Joubert, Cervoni, déjà célèbres dans les armées de la république : le génie seul pouvait faire pardonner à Bonaparte les faveurs de la fortune.

Il trouva encore d'autres obstacles capables, à eux seuls, de détruire ses espérances. Le ministre de la guerre lui avait donné un état de plus de cent mille hommes, et il n'avait réellement à sa disposition que trente mille soldats et trente pièces de canon, tandis que l'armée austro-sarde était forte de quatre-vingt mille hommes et de deux cents pièces de canon. Mais il avait pour lui l'enthousiasme, la jeunesse, l'intrépidité de son armée, et plus que cela, le souvenir du passé et cette confiance que donne l'habitude de vaincre. Cependant cette armée était sans argent, sans vivres, sans habits, presque sans armes, prompte à l'indiscipline, au

Paris S. Raçon et Cⁱᵉ, imp.   Furne, Jouvet et Cⁱᵉ, édit.

découragement, et aux excès que devait produire l'abandon de toute administration dans un pays ruiné par une guerre de quatre années ; le gouvernement n'ayant pu verser dans le trésor de l'armée que deux mille louis en or et un million en traites qui furent presque toutes protestées, on ne pouvait améliorer son sort[1] : il fallait donc étonner cette armée, l'enlever, la surprendre, pour obtenir des victoires. Avant de transporter son quartier général de Nice à Albenga, le jeune général harangue ainsi ses troupes :

[1] Par un fait on appréciera la pénurie de l'armée : Bonaparte distribua à chacun de ses généraux quatre louis en or.

« Soldats !

« Vous êtes nus, mal nourris ; le gouvernement vous doit beaucoup, il ne peut
« rien vous donner. Votre patience, le courage que vous montrez au milieu de ces
« roches, sont admirables ; mais ils ne vous procurent aucune gloire, aucun éclat
« ne rejaillit sur vous. Je veux vous conduire dans les plus fertiles plaines du
« monde : de riches provinces, de grandes villes seront en votre pouvoir : vous
« y trouverez honneur, gloire et richesses. Soldats d'Italie ! manqueriez-vous de
« courage ou de constance ? »

Ces paroles, prononcées d'une voix ferme, furent électriques : l'armée répondit par une acclamation unanime. Dès ce moment, s'établit entre Bonaparte et ses soldats une sorte de fraternité d'armes et de confiance mutuelle, véritable source de ces hauts faits, de ces triomphes inouïs qui étonnent encore le monde.

L'armée austro-sarde était sous les ordres du général en chef Beaulieu : quarante-cinq mille Autrichiens sont commandés par les généraux Argenteau, Mélas, Wukassowich, Liptay et Sebottendorf ; et vingt-cinq mille Sardes par les généraux Provera et Latour, sous les ordres du général autrichien Colli : le premier corps a cent quarante pièces de canon, et le second soixante. Dix mille Napolitains doivent porter ces forces à quatre-vingt mille hommes. Trente mille soldats, répartis en quatre divisions d'infanterie commandées par Masséna, Augereau, Laharpe et Sérurier, deux mille cinq cents hommes de cavalerie et trente pièces de canon, telle était la composition de l'armée française !

Le dessein de Bonaparte était de tourner les Alpes, de pénétrer en Italie par le point où la chaîne de ces montages se lie à celle des Apennins, et d'isoler les Autrichiens des Piémontais. L'infériorité numérique de son armée lui imposait ce plan, elle lui prescrivait surtout d'attaquer toujours l'ennemi avec des forces à peu près égales, en évitant tout engagement général avec la grande armée austro-sarde. Son premier soin fut donc de passer le mont Saint-Jacques, le plus abaissé des Alpes et des Apennins, de porter la division Sérurier sur Garessio, pour observer les Piémontais retranchés dans le fameux camp de Ceva, et de faire menacer Gênes par Laharpe, tandis que Masséna et Augereau marcheraient sur Loano, Finale et Savone. Cette opération n'obtint que la moitié du résultat que Bonaparte s'était promis. Beaulieu, alarmé pour Gênes, se porta à Novi, et divisa son armée en trois corps : Colli à Ceva, Argenteau à Sassello, se dirigeant sur Montenotte, et lui, de sa personne, par la Bocchetta sur Voltri. Il s'agissait donc de battre ces trois corps séparément, et d'amener, par une ou deux grandes affaires, la séparation totale de Beaulieu et de Colli.

Beaulieu, à la tête de l'aile gauche des Austro-Sardes, s'avança sur les positions que gardait Cervoni. Attaqué avec vigueur par les généraux Sébottendorf et Pittony, canonné par la croisière anglaise, investi par de nombreux ennemis, Cervoni se replia sur le général Laharpe. Argenteau, de son côté, ayant fait le même jour un mouvement sur Montenotte-Inférieure, se dirigea, à travers Montenotte-Supérieure, sur la Madone de Savone, pour écraser Laharpe. Tout avait réussi au gré du général piémontais; deux redoutes étaient tombées en son pouvoir. Une troisième, située à Monte-Legino, et qui fermait la route de Montenotte, restait à

emporter pour mettre entièrement à découvert l'aile droite des Français. Trois fois l'infanterie ennemie attaque notre dernier rempart, trois fois elle est repoussée par les feux croisés de l'artillerie et de l'infanterie. Cependant Argenteau, réuni à Roccavina, ranime l'ardeur des Autrichiens : ils s'avancent en masse, et avec une rare intrépidité. Enfin ils sont au pied des retranchements, la redoute va tomber, les républicains n'ont plus de munitions! Le colonel Rampon, qui commande ces derniers, s'élance au milieu d'eux, leur fait jurer de mourir plutôt que d'abandonner leur poste, et la redoute est défendue par des prodiges de valeur qui durent toute la nuit. Le lendemain Argenteau, connaissant le dénûment de Rampon, veut tenter l'escalade ; mais Laharpe, envoyé par Bonaparte sur les derrières de Monte-Legino, est survenu avec des munitions et des renforts; et quand l'ennemi s'approche, du haut de la redoute la mitraille l'écrase de front, tandis qu'une double embuscade, surveillant ses flancs de droite et de gauche, lui oppose tout à coup une longue et vive fusillade. A cette résistance inattendue, les Autrichiens s'arrêtent : bientôt le désordre se met dans leurs rangs, et ils prennent la fuite de tous côtés, sans pouvoir comprendre la cause de leur insuccès. Pendant ce temps, la division d'Augereau se dirigeait sur Cairo, à travers les vallées de la Bormida; Masséna atteignait les hauteurs d'Altare, tandis que Bonaparte lui-même dépassait Masséna et courait sur Carcara afin de déborder la droite d'Argenteau et d'anéantir par un seul coup le centre de l'armée coalisée, avant que Beaulieu pût venir à son aide.

Après sa défaite devant Monte-Legino, Argenteau avait renouvelé le combat. Mais Masséna, soutenu par le général en chef, atteignit le sommet des Apennins, s'empara du poste important de Bric-de-Menau, et se porta, par Montenotte-Inférieure, sur les derrières de l'ennemi. Assaillis de tous les côtés, les impériaux se défendirent avec opiniâtreté jusqu'au moment où Masséna, entrant tout à fait en ligne, vint les écraser par la supériorité de ses forces, et jeter dans leurs rangs la terreur et la confusion. Argenteau et Roccavina, blessés tous deux en voulant rétablir l'ordre parmi leurs soldats, et entraînés par eux dans la déroute, furent poursuivis jusqu'auprès de Sassello, au milieu des débris confondus de leur armée. La cavalerie manqua aux républicains pour rendre cette victoire plus décisive encore; cependant quinze cents morts, deux mille prisonniers, des drapeaux, des canons, témoignaient de la perte des coalisés. Telle fut la bataille de Montenotte, et la première victoire par laquelle Beaulieu apprit, à Voltri, l'entrée en Piémont des Français commandés par Bonaparte.

Les Autrichiens se retirèrent sur Dego, et les Piémontais sur Millesimo, suivis par l'armée française divisée en trois colonnes. La gauche, sous Augereau, se porta sur les Piémontais; le centre, sous Masséna, sur les Autrichiens, et Laharpe, avec la droite, sur les hauteurs du Cairo. Augereau força les défilés de Millesimo ; Masséna et Laharpe enlevèrent Dego. Provera, réfugié dans le château de Cossaria, mit bas les armes. Les journées de Millesimo et de Dego coûtèrent à l'ennemi un grand nombre de prisonniers, vingt-cinq pièces de canon, huit drapeaux, et un grand nombre d'hommes restés sur le champ de bataille. Elles donnèrent encore aux armes françaises un plus grand avantage par la séparation des Autrichiens et des Piémontais. Beaulieu alla couvrir le Milanais en occupant Acqui, et Colli protéger Turin par la possession de Ceva.

Quelques jours après, un nouveau combat eut lieu à Dego. Les grenadiers du général autrichien Wukassowitch, qui revenaient de Voltri, se présentent devant la place, et en débusquent les bataillons français. Bonaparte s'y porte, reprend Dego, et détruit le corps ennemi. Malheureusement ce succès fut acheté par la mort du général Causse, mortellement blessé au moment où il s'élançait à la tête de la 99ᵉ demi-brigade. Pendant qu'on le portait hors des rangs, Causse aperçut le général en chef qui passait non loin de là. Il le fit appeler : « Dego est-il

repris? lui demanda-t-il d'une voix éteinte. — La redoute est à nous, répondit Bonaparte. — Dans ce cas je meurs content. Vive la République! » s'écria le blessé avec un accent héroïque. Une autre particularité s'attache encore à ce mémorable combat. Bonaparte y remarqua un chef de bataillon, et le fit chef de brigade sur le champ de bataille : c'était l'intrépide Lannes, qui partagea si long-temps avec Ney le surnom de *brave des braves*, mais qui eut sur lui l'avantage de mourir les armes à la main.

Laissant la division Laharpe pour tenir Beaulieu en échec, le général en chef marcha de nouveau contre les Piémontais. En arrivant sur les hauteurs de Monte-Zemoto, l'armée française contempla avec étonnement la chaîne gigantesque des

Alpes, qu'elle voyait s'élever derrière et autour d'elle. « Annibal a franchi les Alpes, dit Bonaparte, nous les avons tournées. » C'était, en effet, le but, et ce fut le résultat de cette campagne miraculeuse. Cependant Colli, pressé de front par des forces supérieures, menacé par Augereau, qui avait passé sur la rive gauche du Tanaro, se vit obligé d'évacuer le camp de Ceva presque sans combattre. Bonaparte le poursuivit, l'atteignit près de Mondovi et le rejeta derrière la Stura. Les Piémontais perdirent dans cette journée trois mille hommes, huit pièces de canon, dix drapeaux, quinze cents prisonniers, dont trois généraux. Ainsi, dans cette campagne de quinze jours, chaque rencontre fut une bataille, et chaque bataille une victoire pour l'armée française.

Après l'affaire de Mondovi, le quartier général est porté à Cherasco. Bonaparte met cette place en état de défense; il y trouve de grands magasins, et désormais l'artillerie compte soixante bouches à feu. L'Italie a cessé d'être un lieu d'exil : la victoire, l'abondance, en ont fait une patrie pour les braves, et les soldats des dépôts se précipitent en foule pour rejoindre leurs camarades. Voici le langage que leur fit entendre le général en chef dans sa proclamation datée de Cherasco :

« Soldats!

« Vous avez remporté, en quinze jours, six victoires, pris vingt et un drapeaux,
« cinquante-cinq pièces de canon, plusieurs places fortes, et conquis la partie la
« plus riche du Piémont. Vous avez fait quinze mille prisonniers, tué ou blessé
« plus de dix mille hommes. Vous vous étiez jusqu'ici battus pour des rochers
« stériles, illustrés par votre courage, mais inutiles à la patrie. Vous égalez
« aujourd'hui, par vos services, l'armée de Hollande et celle du Rhin. Dénués de
« tout, vous avez suppléé à tout. Vous avez gagné ces batailles sans canons, passé
« des rivières sans ponts, fait des marches forcées sans souliers, bivouaqué sans
« eau-de-vie et souvent sans pain. Les phalanges républicaines, les soldats de la
« liberté étaient seuls capables de souffrir ce que vous avez souffert. Grâces vous
« en soient rendues, soldats! La patrie reconnaissante vous devra sa prospérité;
« et si, vainqueurs de Toulon, vous préságeâtes l'immortelle campagne de 96, vos
« victoires actuelles en présagent une plus belle encore.

« Les deux armées qui naguère vous attaquaient avec audace fuient épouvan-
« tées devant vous. Les hommes pervers qui riaient de votre misère et se réjouis-
« saient dans leur pensée des triomphes de vos ennemis sont confondus et trem-
« blants. Mais, soldats, il ne faut pas vous le dissimuler, vous n'avez rien fait,
« puisqu'il vous reste à faire; ni Turin ni Milan ne sont à vous; les cendres des
« vainqueurs de Tarquin sont encore foulées par les assassins de Basseville.

« Vous étiez dénués de tout au commencement de la campagne; vous êtes

Paris S. Raçon et Cⁱᵉ, imp.   Furne, Jouvet et Cⁱᵉ, édit.

« aujourd'hui abondamment pourvus : les magasins pris à vos ennemis sont nom-
« breux, l'artillerie de siége et de campagne est arrivée. Soldats, la patrie a
« droit d'attendre de vous de grandes choses : justifierez-vous son attente? Les
« plus grands obstacles sont franchis, sans doute; mais vous avez encore des com-
« bats à livrer, des villes à prendre, des rivières à passer. En est-il d'entre vous
« dont le courage s'amollisse? En est-il qui préféreraient retourner sur les som-
« mets de l'Apennin et des Alpes, essuyer patiemment les injures de cette solda-
« tesque esclave? Non, il n'en est pas parmi les vainqueurs de Montenotte, de
« Millesimo, de Dego et de Mondovi : tous brûlent de porter au loin la gloire du
« peuple français; tous veulent humilier ces rois orgueilleux qui osaient méditer
« de vous donner des fers; tous veulent dicter une paix glorieuse, et qui indem-
« nise la patrie des sacrifices immenses qu'elle a faits; tous veulent, en rentrant
« dans leurs villages, pouvoir dire avec fierté : *J'étais de l'armée conquérante
« de l'Italie.*

« Amis, je vous la promets, cette conquête; mais il est une condition qu'il faut
« que vous juriez de remplir : c'est de respecter les peuples que vous délivrez;
« c'est de réprimer les pillages horribles auxquels se portent des scélérats sus-
« cités par vos ennemis : sans cela vous ne seriez pas les libérateurs des peuples,
« vous en seriez les fléaux; vous ne seriez pas l'honneur du peuple français, il

« vous désavouerait; vos victoires, votre courage, vos succès, le sang de vos frères
« morts au combats, tout serait perdu, même l'honneur et la gloire. Quant à
« moi et aux généraux qui ont votre confiance, nous rougirions de commander à
« une armée sans discipline, sans frein, qui ne connaîtrait de loi que la force.
« Mais, investi de l'autorité nationale, fort de la justice et de la loi, je saurai
« faire respecter à ce petit nombre d'hommes sans courage et sans cœur les lois
« de l'humanité et de l'honneur, qu'ils foulent aux pieds. Je ne souffrirai pas que
« des brigands souillent vos lauriers. Je ferai exécuter à la rigueur le règlement
« que j'ai fait mettre à l'ordre : les pillards seront impitoyablement fusillés;
« déjà plusieurs l'ont été : j'ai eu lieu de remarquer avec plaisir l'empressement
« avec lequel les bons soldats de l'armée se sont portés pour faire exécuter les
« ordres.

« Peuples de l'Italie! l'armée française vient pour rompre vos chaînes : le
« peuple français est l'ami de tous les peuples. Venez avec confiance au-devant
« de nos drapeaux : vos propriétés, votre religion et vos usages seront religieuse-
« ment respectés.
« Nous ferons la guerre en ennemis généreux, et nous n'en voulons qu'aux
« tyrans qui vous asservissent. »

Bonaparte respire tout entier dans cette admirable proclamation, où il n'a rien oublié de ce qui devait assurer la gloire de la patrie. On reconnaît déjà l'homme d'État qui porte l'épée du grand capitaine.

Bonaparte était arrivé le 26 mars à Nice, d'où il avait annoncé au Directoire sa présence au milieu de cette armée si misérable, si indisciplinée; et le 28 avril suivant, il traçait, autant en politique qu'en général consommé, un plan de campagne qui menaçait en Allemagne la maison d'Autriche, qu'il n'avait pas encore attaquée dans ses possessions d'Italie. L'armée grandissait avec son chef; cinq fois, dans la dernière semaine d'avril, la législature lui transmit l'expression de la reconnaissance nationale. Le roi de Sardaigne envoya à Paris un ambassadeur pour traiter de la paix. Elle fut signée le 15 mai, tant ce prince était pressé de la voir conclure. Les principales conditions du traité étaient que l'armée française occuperait les fortes places de Coni et d'Alexandrie; que celles de Suze, de la Brunetta, d'Exiles, seraient démolies. Ainsi il n'y avait plus d'Alpes, et le roi de Sardaigne ne pouvait plus régner que sous le bon plaisir de la République.

A dater de ce moment, l'Europe eut les yeux ouverts sur le jeune conquérant qui, en quinze jours, s'était emparé d'un royaume protégé par les Alpes, défendu par des forteresses que l'on croyait inexpugnables, et par deux armées que commandaient des généraux expérimentés.

CHAPITRE VI

1796

Campagne d'Italie. — Combat de Lodi. — Reddition de Milan. — Premier siège de Mantoue. — Guerre avec le Pape. — Occupation de Livourne. — Capitulation de la citadelle de Mantoue.

La possession de toute l'Italie était dorénavant dans les murs de Mantoue; l'Autriche n'avait donc qu'un intérêt, la défense de cette place. De son côté, Bonaparte, qui ne regardait la conquête du Piémont que comme un acheminement à celle du Milanais, ne s'attacha plus qu'à s'emparer de Mantoue; car le jour où cette ville aura capitulé, la maison d'Autriche devra se défendre dans les murs de Vienne.

Trente mille Français avaient suffi pour enlever le Piémont à quatre-vingt mille coalisés. L'armée ennemie, réduite des deux tiers, ne comptait plus que vingt-six mille combattants.

Après avoir évacué Alexandrie pour se porter sur Valenza, où il passa le Pô, Beaulieu prit position à Valeggio afin d'observer les mouvements de l'armée française. Pour lui donner le change et mieux cacher son projet, Bonaparte avait fait insérer dans l'armistice avec les Piémontais la clause qu'il pouvait faire passer le Pô à son armée à Valenza. Masséna exécute, conformément aux ordres du général en chef, des mouvements calculés pour entretenir l'erreur de Beaulieu. Un fort détachement feint de vouloir passer le Pô à Cambio, pendant que le général en chef, parti de Tortone avec dix bataillons de grenadiers, sa cavalerie et vingt-quatre pièces de canon, se dirige sur Plaisance à marches forcées, pour surprendre le passage du Pô. Lannes traverse le fleuve le premier avec l'avant-garde, sur des bateaux, en vue de Montebello, et Laharpe s'établit avec les grenadiers à Emetri, entre le Pô et la rive de Fombio. Aussitôt toute l'armée franchit le fleuve, dont la largeur à Plaisance est de deux cent cinquante toises.

De son quartier général de Plaisance, Bonaparte écrit au Directoire : « Nous « avons passé le Pô ; la seconde campagne est commencée : Beaulieu est décon- « certé ; il donne constamment dans les piéges qu'on lui tend : peut-être voudra- « t-il donner une bataille. — Encore une victoire, et nous sommes maîtres de « l'Italie. — J'espère que les choses vont bien, car je peux vous envoyer une « douzaine de millions à Paris. *Cela ne vous fera pas de mal pour l'armée du « Rhin.* » Une suspension d'armes est signée le même jour à Plaisance avec le duc de Parme, qui achète ce traité avec les tableaux et les millions que le général envoie à Paris. Trop heureux de conclure à ce prix, les envoyés du duc s'étaient empressés de remplir les conditions de l'armistice ; cependant, comme ils offraient un million de plus pour sauver le fameux Saint Jérôme, du Dominiquin, Bonaparte leur répondit : « Ce million, nous l'aurions bientôt dépensé ; un chef-d'œuvre est « éternel, il parera notre patrie. » Le million fut refusé. Cet armistice nous donna seize cents chevaux, des magasins de blé et de fourrages, et défraya le service des hôpitaux. Quatre cents chevaux d'artillerie furent levés aussi dans la ville de Plaisance. Le duc de Modène s'empressa également d'envoyer un plénipotentiaire au général Bonaparte, et obtint une suspension d'armes moyennant dix millions dont deux millions cinq cent mille livres en denrées et munitions de guerre.

Aussitôt qu'il eut appris que Bonaparte avait quitté Tortone, Beaulieu s'était mis en marche avec son armée, dans l'intention de couvrir Plaisance et de camper derrière Fombio, petite place déjà occupée par une division autrichienne partie de Pavie sous les ordres du général Liptay. Sans laisser à cette division le temps de s'y établir, ni de servir de point d'appui à Beaulieu, Bonaparte fait enlever brusquement Fombio, et les Autrichiens, après avoir perdu deux mille cinq cents prisonniers, leur artillerie et leurs drapeaux, se jettent dans Pizzighettone, dont ils parviennent à lever les ponts. Le général Laharpe s'était placé en avant de Codogno, à cheval sur les routes de Pavie et de Lodi. Un régiment ennemi, venant par la première, tomba la nuit dans les avant-postes français ; mais, vivement repoussé, il disparut par la route de Lodi. Laharpe, qui était accouru au bruit de la mousqueterie, retournait dans son camp par un autre chemin, quand, par suite d'une funeste méprise, il tomba blessé à mort sous le feu de ses soldats. L'armée entière pleura, comme s'il eût été Français, ce brave général que la tyrannie de Berne et l'amour de la liberté avaient amené dans nos rangs.

L'armée française, en marchant sur Lodi à la recherche de Beaulieu, rencontre à une lieue de Casal une forte arrière-garde composée de grenadiers autrichiens qui défendait la chaussée de cette ville, la culbute malgré une résistance opiniâtre, et y entre pêle-mêle avec elle. Mais ce n'était pas tout, il fallait enlever le pont de l'Adda. Beaulieu occupait la rive gauche. Ayant rallié ses fuyards, que les Français continuent de pousser avec ardeur, il démasque vingt-cinq pièces de canon pour la défense du pont ; aussitôt Bonaparte lui en oppose autant : il a conçu l'audacieux projet de forcer le passage, dans l'espoir de couper le corps de dix mille hommes qui, sous les ordres de Colli et de Wukassowitch, se porte sur Cassano afin d'y passer le fleuve. Pour y parvenir, il jette sa cavalerie sur la rive

gauche, à une demi-lieue au-dessus du pont, avec une batterie d'artillerie légère qui engage la canonnade sur le flanc droit des Autrichiens. Cette manœuvre ayant réussi, tout aussitôt les grenadiers, formés par lui en colonne serrée, se précipitent sur le pont, le franchissent au pas de course, et s'emparent du canon de l'ennemi. La ligne autrichienne, enfoncée par cette charge impétueuse, se réfugie à Créma, après avoir laissé sur le champ de bataille près de trois mille prisonniers, plusieurs drapeaux et son artillerie. Profondément consterné par ce beau fait d'armes, Beaulieu laisse la capitale du Milanais sans défense, à plusieurs journées sur les derrières de l'armée victorieuse. En effet, à peu de jours de là, la nouvelle de la reddition de Milan est apportée à Bonaparte par une députation des États et de la municipalité. La victoire de Lodi nous rendait maîtres de toute la Lombardie.

On raconte qu'à dater de cette journée, qui avait été si chaude, il s'établit dans l'armée d'Italie un singulier usage : après chaque bataille, les plus vieux soldats se réunissaient en conseil et donnaient à leur général en chef un nouveau grade. Ils le nommèrent caporal à Lodi ; plus tard ils le firent sergent à Castiglione, et ainsi de suite. De là vient le surnom de *Petit-Caporal*, qui depuis est resté à Napoléon [1].

Cependant Bonaparte, toujours préoccupé de l'idée d'une invasion en Allemagne par le Tyrol, combinée avec les deux armées du Rhin, écrivait au Directoire : « Il est possible que bientôt j'attaque Mantoue. Si j'enlève cette place, « rien ne m'arrête plus pour pénétrer dans la Bavière ; dans deux décades, je « puis être dans le cœur de l'Allemagne. Ne pourriez-vous pas combiner mes « mouvements avec l'opération de vos deux armées? Je m'imagine qu'à l'heure « qu'il est on se bat sur le Rhin. Si l'armistice continuait, l'armée d'Italie serait « écrasée. Si les deux armées du Rhin entrent en campagne, je vous prie de me « faire part de leur position et de ce que vous espérez qu'elles puissent faire,

[1] « Vendémiaire et même Montenotte ne me portèrent pas à me croire un homme supérieur, a dit depuis Napoléon; ce n'est qu'après Lodi qu'il me vint dans l'idée que je pourrais bien devenir un acteur décisif sur notre scène politique. »

« afin que cela me puisse servir de règle pour rentrer dans le Tyrol, ou me borner
« à l'Adige. Il serait digne de la République d'aller signer le traité de paix, les
« trois armées réunies, dans le cœur de la Bavière ou de l'Autriche étonnée. Quant
« à moi, s'il entre dans vos projets que les deux armées du Rhin fassent des mou-
« vements en avant, je franchirai le Tyrol avant que l'Empereur s'en soit sérieu-
« sement douté. »

Le Directoire lui répondit par une dépêche dans laquelle, après avoir loué la conquête du Piémont et approuvé les glorieuses conditions de l'armistice qui en fut la suite, il témoignait, avec une affectation très-prononcée, sa satisfaction de ce que le général avait pris conseil du commissaire civil Salicetti avant la conclusion de cet arrangement. La même dépêche lui annonçait aussi l'intention de partager l'armée d'Italie en deux corps : Kellermann commanderait celui qui devait garder le Milanais, et Bonaparte celui destiné à agir sur les côtes de la Méditerranée, à Livourne, à Rome et à Naples. C'était porter aux opérations de l'armée d'Italie un coup plus terrible que ne l'aurait pu faire une armée autrichienne.

Bonaparte représenta avec son énergie habituelle les vices d'un tel projet : « Je
« crois très-impolitique de diviser en deux l'armée d'Italie, écrivait-il au Direc-
« toire ; il est également contraire aux intérêts de la République d'y mettre
« deux généraux différents. L'expédition de Livourne, Rome et Naples, est très-
« peu de chose : elle doit être faite par des divisions en échelons, de sorte que
« l'on puisse, par une marche rétrograde, se trouver en force contre les Autri-
« chiens, et menacer de les envelopper au moindre mouvement qu'ils feraient.
« Il faudra pour cela non-seulement un seul général, mais encore que rien ne le
« gêne dans sa marche et dans ses opérations. J'ai fait la campagne sans con-
« sulter personne ; je n'eusse rien fait de bon s'il eût fallu me concilier avec la
« manière de voir d'un autre. J'ai remporté quelques avantages sur des forces
« supérieures, et dans un dénûment absolu de tout, parce que, persuadé que
« votre confiance se reposait sur moi, ma marche a été aussi prompte que ma
« parole. Si vous m'imposez des entraves de toute espèce, *s'il faut que je réfère*
« *de tous mes pas aux commissaires du gouvernement*, s'ils ont le droit de chan-
« ger mes mouvements, de m'ôter ou de m'envoyer des troupes, n'attendez plus
« rien de bon. Si vous affaiblissez vos moyens en partageant vos forces, *si vous*
« *rompez en Italie l'unité de la pensée militaire*, je vous le dis avec douleur,
« vous aurez perdu la plus belle occasion d'imposer des lois à l'Italie. » Insistant ensuite sur la nécessité de laisser un seul général à la tête de l'armée, il offrait en quelque sorte sa démission : « Kellermann commandera l'armée aussi bien que
« moi, disait-il, car personne n'est plus convaincu que je ne le suis que les vic-
« toires sont dues au courage et à l'audace de l'armée ; mais réunir Kellermann
« et moi en Italie, c'est vouloir tout perdre ; et, d'ailleurs, je crois qu'il faut

« plutôt un mauvais général que deux bons. La guerre est comme le gouverne-
« ment, c'est une affaire de tact. » Une telle correspondance n'a pas besoin de
commentaire, Bonaparte sent que toute sa destinée est dans sa volonté.

Depuis le 13 mai, le château de Milan était investi; Augereau occupait Pavie;
Sérurier, Lodi et Crémone; la division de Laharpe, Tomo, Lesagno, Lucco et Pizzighettone. Le jour où le Directoire signait, à Paris, le traité qui, enlevant au Piémont
la Savoie, le comté de Nice et le territoire de Tende, livrait toutes ses places fortes

Paris, S. Raçon et C*, imp. Furne, Jouvet, et C*, édit.

à l'armée française, ce même jour, 15 mai, le général Bonaparte fit à Milan son
entrée solennelle; et, jaloux d'entretenir cet ascendant moral qu'il a si habilement
fait marcher de front avec la puissance militaire, il adressa à ses compagnons
d'armes cette proclamation :

« SOLDATS !

« Vous vous êtes précipités comme un torrent du haut de l'Apennin. Vous avez
« culbuté, dispersé tout ce qui s'opposait à votre marche. Le Piémont, délivré de
« la tyrannie autrichienne, s'est livré à ses sentiments naturels d'amitié pour la
« France. Milan est à vous, et le pavillon républicain flotte dans toute la Lombardie.
« Les ducs de Parme et de Modène ne doivent leur existence politique qu'à votre
« générosité. L'armée qui vous menaçait avec orgueil ne trouve plus de barrière
« qui la rassure contre votre courage; le Pô, le Tésin, l'Adda, n'ont pu vous arrêter
« un seul jour : ces boulevards vantés de l'Italie ont été insuffisants; vous les avez

8

« franchis aussi rapidement que l'Apennin. Tant de succès ont porté la joie dans le
« sein de la patrie. Vos représentants ont ordonné une fête dédiée à vos victoires,
« pour être célébrée dans toutes les communes de la République. Là, vos pères, vos
« mères, vos épouses, vos sœurs, vos amantes, se réjouissent de vos succès, et se
« vantent avec orgueil de vous appartenir. Oui, soldats, vous avez beaucoup fait !
« Mais ne vous reste-t-il donc plus rien à faire? Dira-t-on de nous que nous avons
« su vaincre, mais que nous n'avons pas su profiter de la victoire? La postérité
« nous reprochera-t-elle d'avoir trouvé Capoue dans la Lombardie? Mais je vous
« vois déjà crier : Aux armes! Un lâche repos vous fatigue : les journées perdues pour
« la gloire le sont pour votre bonheur. Eh bien! partons ; nous avons encore des
« marches forcées à faire, des ennemis à soumettre, des lauriers à cueillir, des
« injures à venger. Que ceux qui ont aiguisé les poignards de la guerre civile en
« France, qui ont lâchement assassiné nos ministres, incendié nos vaisseaux à
« Toulon, tremblent! l'heure de la vengeance a sonné. Mais que les peuples soient
« sans inquiétude : nous sommes amis de tous les peuples, et plus particulièrement
« des descendants des Brutus, des Scipions et des grands hommes que nous avons
« pris pour modèles. Rétablir le Capitole, y placer avec honneur les statues des
« héros qui le rendirent célèbre, réveiller le peuple romain engourdi par plusieurs

« siècles d'esclavage, tel sera le fruit de nos victoires : elles feront époque dans la
« postérité. Vous aurez la gloire immortelle de changer la face de la plus belle
« partie de l'Europe. Le peuple français, libre, respecté du monde entier, donnera

« à l'Europe une paix glorieuse qui l'indemnisera des sacrifices de toute espèce
« qu'il a faits depuis six ans. Vous resterez alors dans vos foyers, et vos concitoyens
« diront en vous montrant : *Il était de l'armée d'Italie!* »

Les proclamations de Bonaparte étaient écoutées avec enthousiasme, et lues avec avidité par les soldats. Jamais armée ne reçut une instruction plus conforme aux destinées qu'elle devait accomplir. A la fois général et législateur, son chef parvint à en faire une famille que nul autre que lui ne pouvait commander avec un égal succès.

Depuis notre entrée en campagne, la guerre alimentait la guerre. L'artillerie et les munitions nécessaires au siége du château de Milan, où Beaulieu avait laissé deux mille cinq cents Autrichiens, furent tirées des places de Tortone, Alexandrie, Coni, Ceva et Cherasco, lesquelles servaient aussi de dépôts aux approvisionnements de toute espèce que le pays nous fournissait. D'un autre côté, les contributions en argent nous étaient d'un précieux secours : outre les sommes versées dans le trésor de l'armée par les ducs de Parme et de Modène, la Lombardie eut à payer vingt millions.

Du séjour de Bonaparte dans la capitale de cette province date l'autorité presque souveraine qu'il exerça dans ses négociations avec les généraux ennemis. C'est du palais de Milan qu'il correspond avec le Directoire, et en quelque sorte de puissance à puissance. Les besoins de la patrie, ceux des armées du Rhin, la coopération de ces armées pour une invasion projetée en Allemagne, le préoccupent en même temps, et ce qu'il a résolu, il le présente au Directoire comme autant de nécessités dont il se rend responsable. Aussi le gouvernement semble transiger plutôt qu'ordonner ; et pendant toute cette mémorable campagne d'Italie, excepté la paix qui la termina presque subitement et malgré ses ordres, le Directoire consacra par une approbation continuelle toutes les opérations, soit politiques, soit militaires, du jeune général. L'histoire présente peu de rapports pareils entre un gouvernement et un chef d'armée. Peu d'hommes, il est vrai, ont exercé, aussi jeunes et aussi promptement que Bonaparte, l'ascendant d'une supériorité personnelle sur leurs contemporains. Il ne commande l'armée d'Italie que depuis deux mois, et déjà il règne à Milan.

Bientôt Bonaparte quitta la capitale de la Lombardie, pour se rendre à Lodi et se diriger sur l'Adige. Il n'y était resté que huit jours, et ces huit jours, nécessaires au repos de ses soldats, il les avait employés à poursuivre l'exécution du traité avec le Piémont, à préparer ceux qu'il devait imposer au pape et au roi de Naples, à terminer l'arrangement avec le duc de Parme, à conclure l'armistice avec Modène, à organiser dans la province et dans la capitale les gardes nationales, à y fomenter enfin les principes républicains par l'ouverture de sociétés populaires. Une insurrection qui éclatait sur ses derrières l'y rappela subitement.

Les moines, les nobles, les domestiques des familles fugitives, en un mot, toutes les créatures de la maison d'Autriche, avaient fait répandre sourdement le bruit que Beaulieu arrivait à la tête de soixante mille hommes; que le prince de Condé, débouchant par la Suisse, manœuvrait pour prendre à dos l'armée républicaine; de leur côté, les prêtres, du haut de la chaire évangélique, excitaient les populations à courir aux armes. Le départ du général en chef donnant à ces bruits une apparence de réalité, la garnison du château, dont nous n'étions pas encore maîtres, fait une

sortie, le tocsin sonne dans les campagnes, et des nuées de paysans armés se précipitent sur Milan pour s'en emparer. Mais la division française laissée pour bloquer le château y refoula les Autrichiens et donna la chasse aux paysans. Cette échauffourée n'eut pas d'autres suites. A Pavie, au contraire, dont la garnison française ne se composait que de trois cents hommes, parmi lesquels on comptait beaucoup de malades, nos braves furent contraints de se renfermer dans le fort pour se soustraire à un massacre imminent. Ils pouvaient tenir quelque temps encore, lorsque le général français Haquin étant venu à traverser la ville, la populace s'empara de sa personne et le contraignit, le poignard sur la gorge, à signer un ordre par suite duquel la garnison dut ouvrir ses portes.

Bonaparte était à Lodi quand il reçut la nouvelle de ces événements. Aussitôt il prend avec lui trois cents chevaux, un bataillon de grenadiers, six pièces d'artillerie, monte à cheval et se dirige sur Milan. Après s'être assuré que l'ordre y est rétabli, il se porte sur Pavie, précédé de l'archevêque de Milan. Arrivé à Binasco, qu'il trouve occupé par une avant-garde des insurgés, il la fait attaquer par le général Lannes, qui la disperse en un instant, et fait mettre le feu aux maisons du bourg, afin que les flammes avertissent ceux de Pavie du sort qui les menace. Mais Pavie est une ville de trente mille habitants, entourée de murailles; toutes les portes en sont fermées, et sept ou huit mille paysans sont rangés sur les remparts. L'enlever par un coup de main, avec quelques hommes et six pièces de canon, n'était pas chose facile, et d'ailleurs, l'armée, arrivée sur l'Oglio, réclamait la présence de son chef; Bonaparte résolut donc de brusquer l'affaire. Arrivé devant la place à quatre heures du soir, il attendit la nuit pour envoyer placarder aux portes cette proclamation qu'il avait déjà publiée dans Milan : « Une multitude « égarée, sans moyens réels de résistance, se porte aux derniers excès dans plu- « sieurs communes, méconnaît la République et brave l'armée triomphante des « rois. Ce délire inconcevable est digne de pitié. L'on égare ce pauvre peuple pour « le conduire à sa perte. Le général en chef, fidèle aux principes qu'a adoptés sa « nation de ne pas faire la guerre aux peuples, veut bien laisser une porte ouverte « au repentir. Mais ceux qui, sous vingt-quatre heures, n'auront pas posé les « armes, seront traités comme rebelles; leurs villages seront brûlés. Que l'exemple « terrible de Binasco leur fasse ouvrir les yeux. Son sort sera celui de toutes les « communes qui s'obstineront dans la révolte. » Enfin, le jour venu, pendant que l'artillerie française balaye les remparts avec la mitraille et les obus, les grenadiers brisent à coups de hache les portes de la ville, et se logent dans les premières maisons. Aussitôt Lannes, avec sa cavalerie, se précipite sur le pont du Tésin, et culbute les insurgés, qu'il poursuit en les sabrant.

Pavie resta livrée pendant quelques heures à l'exécution militaire; mais, cédant aux prières des magistrats et du clergé, le général en chef révoqua l'ordre de l'incendier. Toutefois il fit désarmer les campagnes, et partir pour la France des otages choisis parmi les meilleures familles de la Lombardie.

Il restait encore une justice à faire, et c'est sur les Français qu'elle tomba. Nos trois cents soldats retenus prisonniers dans la citadelle avaient profité du tumulte pour se réunir aux vainqueurs : « Lâches, leur dit le général en chef, je vous avais « confié un poste essentiel au salut de l'armée; vous l'avez abandonné à de mi- « sérables paysans, sans opposer la moindre résistance! » Il menaçait de les faire déciiner. Le capitaine qui commandait paya pour tous : traduit devant un conseil de guerre, il fut condamné à mort et fusillé.

Pendant ce temps, le mouvement général de l'armée s'était opéré sous la conduite de Berthier; le quartier général occupait Soncino, où l'on attendait Bonaparte. Masséna était sur la route de Brescia à Soncino, Augereau sur celle qui conduit à Bergame; Sérurier sur la droite de Masséna, et Kilmaine à Brescia, une des plus riches cités de l'État vénitien. Les habitants de cette dernière ville, au nombre de cinquante mille, souffraient impatiemment la domination de l'oligarchie et de la noblesse; mais la République française était en paix avec Venise, et Bonaparte leur adressa cette proclamation :

« C'est pour délivrer la plus belle contrée de l'Europe du joug de l'orgueilleuse
« maison d'Autriche que l'armée française a bravé les obstacles les plus difficiles à
« surmonter. La victoire, d'accord avec la justice, a couronné ses efforts. Les
« débris de l'armée ennemie se sont retirés au delà du Mincio. L'armée française
« passe, pour les poursuivre, sur le territoire de la République de Venise; mais elle
« n'oubliera pas qu'une longue amitié unit les deux républiques. La religion, le
« gouvernement, les propriétés, seront respectés. Que les peuples soient sans inquié-
« tude : la plus sévère discipline sera maintenue. Tout ce qui sera fourni à l'armée

« sera payé exactement en argent. Le général en chef engage les officiers de la
« république de Venise, les magistrats et les prêtres, à faire connaître ses senti-
« ments au peuple, afin que la confiance cimente l'amitié qui depuis si longtemps
« unit les deux nations. Fidèle dans le chemin de l'honneur comme dans celui de
« la victoire, le soldat français n'est terrible que pour les ennemis de la liberté et
« de son gouvernement. »

Le sénat envoya au général en chef une députation qui protesta de sa neutralité.
Malheureusement pour la république de Venise, cette neutralité fut violée par les
Autrichiens, qui s'établirent à Peschiera. Dans sa dépêche du 7 juin au Directoire,
Bonaparte disait, en parlant des Vénitiens : « La vérité de l'affaire de Peschiera est
« que Beaulieu les a lâchement trompés. Il leur a demandé le passage pour cin-
« quante hommes, et il s'est emparé de la ville. » Quoi qu'il en soit, l'occupation
d'une place forte comme Peschiera en pays neutre exigeait une compensation, et
Bonaparte se vit autorisé à faire aux Vénitiens la même violence qu'ils avaient
subie ou tolérée des Autrichiens.

Beaulieu avait obtenu des renforts, et transféré son quartier général derrière le
Mincio, qu'il était résolu de défendre pour empêcher l'investissement de Mantoue,
désormais le but principal de son adversaire. Chaque jour cette place recevait des
approvisionnements, en même temps que de nouvelles fortifications la mettaient
sur un pied de défense formidable. Le général autrichien avait donc appuyé sa
droite sur Peschiera, son centre à Valeggio et Borghetto, sa gauche à Pozzuolo,
tandis que Mantoue donnait une garnison au Seraglio, et qu'une réserve de quinze

mille hommes prenait position à Villa-Franca. C'était donc le Mincio que devait traverser l'armée française, dont la gauche était à Dezenzano, le centre à Monte-Chiaro, et la droite à Castiglione; ses quatre divisions formaient environ trente mille hommes.

Le général Bonaparte manœuvra dans l'intention de tromper l'ennemi sur le Mincio comme il l'avait fait sur le Pô et sur l'Adda; et au lieu de tenter le passage du premier de ces fleuves à Peschiera, déjà gardé par la réserve des Autrichiens, il déboucha brusquement sur Borghetto, où quatre mille fantassins étaient retranchés et couverts par trois mille hommes de cavalerie établis dans la plaine. Murat attaqua cette cavalerie, prit neuf pièces de canon, deux étendards, et fit deux mille prisonniers. Aussitôt le colonel Gardane, à la tête des grenadiers, entre au pas de charge dans Borghetto, dont l'ennemi brûle le pont. Les batteries placées par les Autrichiens sur les hauteurs de Valeggio nous empêchant d'en construire un autre, Gardane se jette dans la rivière avec cinquante grenadiers, aborde audacieusement la position et l'emporte. Deux heures après, le pont est reconstruit, l'armée franchit le Mincio, Augereau marche sur Peschiera, Sérurier sur Villa-Franca, tandis que le général en chef établit son quartier général à Valaggio, avant que la division Masséna, destinée à l'occuper, ait passé le pont. Cependant une partie du corps de Beaulieu accourait de Pozzuolo au bruit du canon, par la rive gauche du fleuve, et, ne rencontrant personne, il pénétra dans Valaggio. Bonaparte était enlevé, si son escorte n'avait pas fermé tout à coup la porte de la maison qu'il occupait : il n'eut que le temps de sauter sur un cheval, et de fuir par les jardins. La division Masséna, avertie de ce qui se passait, traversa le pont et culbuta les hussards ennemis. Ainsi la destinée de Bonaparte, qui se reposait sur sa victoire, était arrêtée par des coureurs autrichiens, si la sentinelle de son quartier général avait été endormie : une poignée d'hommes eût ravi à la République l'Italie à moitié conquise, brisé le traité du Piémont, et le triomphateur de Milan serait resté longtemps le prisonnier de la cour de Vienne.

Cet incident amena l'institution de ce fameux corps des guides qui, composé de cavaliers d'élite ayant dix années de service, devait accompagner partout le général en chef. Le chef d'escadron Bessières, chargé de l'organiser, répondit à l'armée de la sûreté de son héros. Il faut cependant faire observer qu'en ceci Bonaparte n'avait pas en vue de faire garder sa personne, qu'il exposait autant que ses soldats eux-mêmes, mais d'avoir toujours sous la main un corps dévoué et capable des actions les plus hardies.

La victoire de Borghetto donnait à Bonaparte le grand avantage de couvrir le siége de Mantoue, et de nous placer sur la ligne de l'Adige; mais pour cela il fallait s'emparer de Vérone, ville forte qui appartenait à la république de Venise et avait trois ponts sur ce fleuve. L'occupation de cette place importante fut la représaille de la possession momentanée de Peschiera par les Autrichiens.

Paris, S. Raçon et Cⁱᵉ, imp.   Furne, Jouvet et Cⁱᵉ, édit.

Le but principal de Bonaparte, en mettant le pied sur le territoire vénitien, était de faire vivre son armée ; cependant il sentait aussi la nécessité de ne point heurter trop vivement une puissance qui, pour être sur son déclin, n'en était pas moins redoutable dans les circonstances assez compliquées où il se trouvait. Il fut servi à souhait par l'arrivée du provéditeur Foscarelli, qui, ayant reçu mission d'empêcher les Français d'occuper Vérone, s'était mis en route après avoir écrit à son gouvernement : « Dieu veuille me recevoir en holocauste ! » Cette ville, qui avait servi d'asile au prétendant (depuis Louis XVIII), était dans une cruelle anxiété. Bonaparte savait feindre la colère à propos ; il s'appliqua à augmenter l'effroi du provéditeur, en s'emportant contre le gouvernement vénitien, et, lui reprochant de n'avoir pas su faire respecter sa neutralité, il ajouta que le sang de ses compagnons d'armes criait vengeance, et qu'il la fallait éclatante. Le provéditeur, de son côté, s'efforça d'excuser la Seigneurie, et aborda le point capital, c'est-à-dire l'occupation de Vérone. Bonaparte lui répondit qu'il était trop tard, que déjà Masséna l'occupait, et que peut-être au moment où il parlait, l'incendie dévorait la ville. Foscarelli demeurait consterné, quand Bonaparte, se radoucissant un peu, lui accorda un délai de vingt-quatre heures, dans le cas où Masséna n'aurait pas encore effectué son mouvement.

De retour à Vérone, le provéditeur déclara qu'il fallait recevoir les Français. Deux autres envoyés de Venise, les sénateurs Erizzo et Battaglia, vinrent y trouver Bonaparte, qui se montra moins sévère. Il fut convenu que la république de

Venise fournirait aux Français ce dont ils auraient besoin, sauf à en compter ensuite avec le Directoire exécutif. Erizzo et Battaglia sortirent frappés du génie du jeune général, qui maniait également bien la séduction et la menace ; aussi, dans une lettre du 5 juin 1796, disaient-ils à leur gouvernement : « Cet homme aura « un jour une grande influence dans sa patrie. »

Maître de l'Adige par l'occupation de Vérone, assuré de l'entretien de son armée, Bonaparte concentre ses idées sur un seul but : la prise de Mantoue. Ce grand boulevard de l'Italie, protégé par trois lacs qu'alimentent les eaux du Mincio, communique par quatre digues à la terre ferme. Le général en chef commença par s'emparer de Saint-Georges ; Augereau occupa la porte de Cérèse ; Piétola fut évacuée par l'ennemi ; et Sérurier, maître de Roverbella et de Pradella, chaussées qui protégent la ville, en ordonna l'investissement. Ainsi les têtes des quatre chaussées étaient au pouvoir de l'armée française. Sérurier, avec huit mille hommes, gardait toutes ces positions, observait la forte citadelle de la Favorite, et arrêtait dans Mantoue quatorze mille Autrichiens. De leur côté, Augereau observait le bas Adige et Masséna tenait les défilés du Tyrol.

Cependant, faute d'artillerie de siége, Bonaparte se trouvait réduit à un blocus d'observation devant Mantoue. La citadelle de Milan tenait encore, et toute la grosse artillerie conquise en Piémont était employée à battre ses murailles. Avant de pouvoir assiéger Mantoue, il fallait donc faire tomber le château de Milan, et pendant ce délai Wurmser précipitait sa marche. Il venait remplacer Beaulieu, tombé en disgrâce, et, en l'attendant, Mélas avait pris le commandement. De tous côtés, la politique autrichienne, soutenue par les oligarchies génoise, vénitienne, et par la cour pontificale, soulevait les esprits, et déjà la rivière de Gênes devenait le théâtre des plus graves hostilités. Les fiefs impériaux étaient en pleine insurrection, et les routes couvertes de partisans armés qui attaquaient les détachements français ; l'armée piémontaise murmurait contre la paix de Turin ; le pape attendait de la Corse six mille Anglais qui pouvaient faire une diversion inquiétante s'ils avaient le temps d'arriver à Livourne : il fallait donc les retenir dans cette île. L'attitude de Naples, qui comptait trente mille hommes sous les drapeaux, n'était rien moins que rassurante. Enfin la nouvelle armée de Wurmser, forte de vingt mille hommes d'élite, devait arriver au mois de juillet, et porter à soixante-dix mille hommes les forces de la maison d'Autriche en Italie, y compris la garnison de Mantoue. Avec quarante mille hommes seulement, le génie de Bonaparte sut pourvoir à tous ces embarras.

Au moment où Bonaparte s'occupait à la fois d'entrer à Livourne, pour s'emparer dans ce port, des bâtiments et des propriétés britanniques, de créer en Corse une insurrection contre les Anglais, d'anéantir par de rigoureuses exécutions militaires la révolte des fiefs impériaux, enfin d'emporter la citadelle de Milan, qui était la clef du siége de Mantoue, le roi de Naples, que l'envahissement de l'Italie supérieure rendait inquiet pour ses États, envoya auprès de lui le prince Belmonte Pignatelli solliciter un armistice. Ce fut un coup de fortune pour l'armée française; cet armistice enlevait aux Anglais cinq vaisseaux de guerre et plusieurs frégates; en outre, elle empêchait le roi de Naples de jeter inopinément cinquante mille hommes sur la rive droite du Pô.

Cependant les travaux du siége de la citadelle de Milan étaient poussés avec une grande vigueur, et la tranchée ouverte. Bonaparte, jugeant sa présence peu nécessaire, transféra brusquement son quartier général à Tortone, et envoya le colonel Lannes, à la tête de douze cents hommes, châtier les fiefs impériaux. La première exécution tomba sur la ville d'Arquata, dans laquelle un détachement de cent cinquante Français avait été assassiné. Bonaparte écrivit aussi au sénat de Gênes une lettre qu'il fit porter par Murat, et dans laquelle il demandait que le gouverneur de Novi, qui avait protégé les brigands, fût puni d'une manière exemplaire, et que le ministre autrichien fût chassé de Gênes. Il réclamait en ces termes une explication catégorique : « Pouvez-vous ou ne pouvez-vous pas délivrer votre terri« toire des assassins qui l'infestent? Si vous ne pouvez pas prendre des mesures, « j'en prendrai pour vous ; je ferai brûler les villes et les villages où se commettra « un assassinat ; je ferai brûler les maisons qui donneront asile aux assassins, et « punir exemplairement les magistrats qui les souffriront. Il faut que le meurtre « d'un Français porte malheur aux communes entières qui ne l'auraient pas em« pêché. » Cette lettre fut lue par Murat lui-même en plein sénat; le gouverneur de Novi fut destitué, le ministre autrichien congédié, et le sénat promit de faire garder les routes par ses propres troupes. Enfin, M. Vincent Spinola fut envoyé à Paris pour s'entendre avec le Directoire sur les points restés en litige, et convenir de l'indemnité due pour la frégate *la Modeste*. Voyant le calme rétabli dans l'État de Gênes et dans le Piémont, Bonaparte quitta Tortone et arriva à Modène, où il trouva Vaubois avec sa brigade.

La guerre contre le pape occupait alors l'armée. Il n'y avait pas d'autre moyen de faire payer au Saint-Père la suspension des hostilités, qu'on lui avait accordée. En conséquence, Augereau ayant passé le Pô à Borgo Forte, s'était déjà emparé des deux Légations. Les villes de Reggio, Modène et Bologne se distinguèrent bientôt par leur attitude patriotique. Bologne surtout secoua hautement le joug pontifical; et dès les premières propositions d'armistice que le chevalier Azara, ministre d'Espagne auprès du saint-siège, vint faire au général en chef, elle demanda à être garantie de tout retour sous la puissance de Rome. Elle arma des gardes nationales, et se constitua en ville libre sous la protection de la France. La trêve fut conclue le 24 juin à Bologne, où Bonaparte était entré le 19. Cette place et Ferrare restaient au pouvoir de l'armée française, qui prenait possession de la citadelle d'Ancône. Le pape payait vingt et un millions en argent et en denrées, et abandonnait cent chefs-d'œuvre des arts et cinq cents manuscrits au choix des commissaires français.

Le moment d'occuper Livourne, d'en chasser les Anglais et de reprendre sur eux l'île de Corse, était enfin venu. Dans l'espoir de surprendre leurs bâtiments dans ce port, Bonaparte avait couvert cette expédition d'un grand secret, et masqué la marche de ses troupes par le mouvement ordonné sur Rome par Florence. En conséquence, il envoya de Reggio la brigade Vaubois sur Pistoia, à travers l'Apennin, dans le but ostensible de contraindre le pape à ratifier l'armistice de Bologne; mais le grand-duc de Toscane, inquiet de ce passage par sa capitale, adressa au quartier général de Pistoia, où Bonaparte venait d'arriver, une lettre par laquelle il le priait de diriger ses troupes sur Pise au lieu de Florence, ce qui fut accordé.

Vaubois se remit en route; Murat, qui commandait son avant-garde, quitta brusquement la route de Pise à Fiorenzuola pour se porter sur Livourne, où il entra huit heures après : le général en chef l'y suivit. Les Anglais, ayant été prévenus, avaient mis leurs bâtiments en sûreté sur les côtes de la Corse; mais la destruction de leur factorerie, la perte de leurs marchandises, furent vivement senties à Londres. Du port de Livourne, assigné pour point de rassemblement à tous ses compatriotes, Bonaparte fit passer dans son île natale quatre mille fusils, mille paires de pistolets et six milliers de poudre. A l'arrivée de ces premiers détachements, les montagnards prirent les armes (fin de juillet). C'était le prélude de l'expédition qui, sous les ordres des généraux Gentili, Cervoni et Casalta, devait, trois mois plus tard, arracher la Corse à la domination anglaise.

De Livourne, le général en chef se rendit à Florence, où il entra sans escorte. Peu de jours après, étant à table chez le grand-duc, il apprit que la citadelle de Milan avait capitulé le 29 mai. Il s'y trouvait de grands approvisionnements, cinq mille fusils, et cent cinquante pièces de canon, qui allèrent rejoindre l'artillerie autrichienne que nous avions tournée contre les murs de Mantoue. Bonaparte quitta Florence, et transporta successivement son quartier général à Bologne, à Roverbella, à Castiglione.

Cependant le sénat génois n'avait tenu aucune de ses promesses; le résident autrichien, qui avait fourni des armes aux rebelles d'Arquata, n'avait pas cessé de remplir ses fonctions auprès de lui, malgré les réclamations réitérées du ministre de France Faypoult. Les griefs s'accumulaient contre un gouvernement si dévoué aux intérêts de l'Autriche et de l'Angleterre. De son côté, la république de Venise suivait le même plan de perfidie, et, sous le voile de la neutralité, à l'approche des colonnes autrichiennes conduites par Wurmser, elle faisait en secret des armements considérables. L'Italie, sauf les villes de Bologne, de Ferrare, de Faenza, de Reggio, qui avaient d'enthousiasme arboré les couleurs de la liberté, était un volcan prêt à dévorer l'armée française. La faction aristocratique et sacerdotale, traitant d'une main et armant de l'autre, faisait circuler dans toute la péninsule des écrits incendiaires, provoquait au meurtre des Français, envoyait clandestinement des renforts à Wurmser, qu'elle annonçait comme un vengeur prêt à délivrer Mantoue et la Lombardie. Pendant le séjour même de Bonaparte à Bologne, la petite ville de Lugo, située dans la légation de Ferrare, fut tout à coup envahie par quelques milliers de paysans armés; mais le général de brigade Beyrand l'enleva de vive force. Malgré son traité avec le Directoire, la régence de Modène entrait aussi dans cette conspiration.

Au milieu de la haine générale, mais toujours cachée, qui animait les gouvernements de l'Italie, la saine politique prescrivait de ménager les habitants, afin de ne pas encourager l'opposition des ennemis de la France par le despotisme et les dilapidations de ses agents. Dans une dépêche datée de Castiglione, le général en chef avait signalé aux directeurs les excès et le péril qui en était la conséquence. Il était difficile de déclarer plus franchement que dans cette lettre l'indépendance de sa position et la supériorité de sa politique : cet homme, qui prescrivait la modération à son gouvernement, était victorieux; il avait imposé la paix aux souverains du Piémont, de Parme, de Modène, de Naples et de Rome; et il n'avait pas vingt-huit ans! Quelques jours auparavant, parlant de la campagne qu'il méditait, avec ses quarante mille hommes, contre les soixante mille de Wurmser, il avait écrit cette double prophétie : *Malheur à qui calculera mal !*

Cent quarante pièces de canon sont devant Mantoue depuis le 18 juillet; la tranchée est ouverte à cinquante toises du chemin couvert. Le 22, Bonaparte se rend à Milan, où il obtient l'entière exécution du traité conclu avec le roi de Sardaigne et termine l'organisation intérieure de la Lombardie. Toute l'Italie, alliée et soumise, est occupée militairement ou enchaînée par des traités avec la République, depuis les Alpes jusqu'au détroit de Messine. Mantoue seule et Wurmser tiennent encore en suspens le triomphe définitif de nos armes.

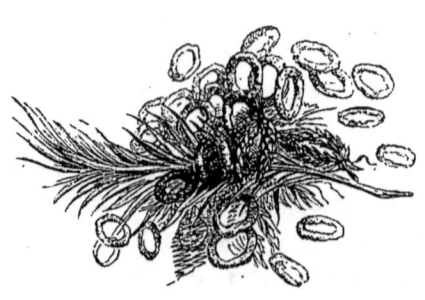

CHAPITRE VII

1796

Batailles de Lonato, de Castiglione. — Prise de Vérone. — Second blocus de Mantoue. — Hostilités pontificales. — Traité offensif et défensif, signé à Saint-Ildefonse, entre la France et l'Espagne. — Batailles de Roveredo, de Bassano, de Saint-Georges. — Troisième blocus de Mantoue. — La Corse délivrée des Anglais.

Le général Sérurier campait devant Mantoue avec sept à huit mille hommes; le reste de l'armée était en observation sur l'Adige jusqu'à la rive occidentale du lac de Guarda : la division Augereau, de huit mille hommes, formait la droite à Legnano; Masséna, avec quinze mille, était au centre, occupant Rivoli et Vérone ; quatre mille, sous les ordres du général Sauret, composaient la gauche à Salo ; enfin la réserve, forte de six mille, se trouvait placée entre le centre et la droite. En tout, quarante mille combattants dont il n'y avait que les quatre cinquièmes environ qui pussent entrer en ligne.

L'armée ennemie, forte de soixante-dix mille hommes, se divisait en trois corps : deux de vingt mille chacun commandés par les généraux Davidowitch et Kasdanowitch. Le troisième, de trente mille, sous les ordres immédiats de Wurmser, déboucha, dans les derniers jours de juillet, du Tyrol italien sur plusieurs positions de l'armée française. Ces premières manœuvres obtinrent du succès : Masséna fut obligé d'évacuer Rivoli; l'ennemi s'empara de Brescia et de Salo, abandonnés par le général Sauret après une vive résistance. Les colonnes autrichiennes, couvrant les hauteurs de Vérone, la rive gauche de l'Adige, menaçaient Ponte-San-Marco et Lonato, et, par leurs directions différentes, surveillaient à la fois Milan, Crémone et Mantoue. Ces échecs successifs révélèrent à Bonaparte le plan de Wurmser. L'infériorité numérique de ses troupes ne lui permettant pas de livrer bataille à l'armée autrichienne réunie, il dut s'appliquer à la battre en détail, comme il l'avait fait depuis l'ouverture de la campagne. Avant tout, il fallait empêcher Wurmser de se réunir à Kasdanowitch sur le Mincio. Le génie de Bonaparte lui inspire une de ces résolutions subites qui dérangent les calculs des hommes ordinaires : il lève le siège de Mantoue, abandonne les travaux commencés et cent quarante pièces de siége, Sérurier brûle ses affûts, noie ses poudres, encloue ses canons, enterre ses projectiles, et rejoint l'armée active.

Ici commence cette suite de victoires que nos soldats nommèrent la campagne des cinq jours. Trop faible pour résister aux vingt-cinq mille Autrichiens de Kasdanowitch, les quinze mille hommes de Masséna avaient été forcés dans leurs positions, laissant Lonato au pouvoir de l'ennemi ; mais le général en chef survient encore à temps, se met à leur tête, enfonce le centre de son adversaire, et Lonato est repris au pas de charge.

Cette victoire préparait la journée de Castiglione. Wurmser, n'ayant plus trouvé Sérurier devant Mantoue, revenait trop tard sur Castiglione, où Bonaparte s'était fortifié ; le général français, qui a reconnu l'armée ennemie et arrêté son plan de bataille pour le lendemain, court à toute bride à Lonato, afin de presser le mouvement de ses divisions qu'il dirige sur Castiglione. Poursuivi avec acharnement, l'ennemi perd des bataillons entiers qui déposent les armes. Cependant une colonne commandée par un des généraux de Wurmser, avertie qu'il ne se trouve à Lonato qu'un millier de Français, s'y porte au moment où le général en chef venait d'y entrer, et envoie un parlementaire pour le sommer de se rendre. Bonaparte prend aussitôt son parti ; il reçoit ce parlementaire au milieu de son état-major, lui fait débander les yeux, et lui adresse vivement ces paroles : « Allez dire à votre général « que je lui donne huit minutes pour déposer les armes; il se trouve au milieu de « l'armée française : passé ce temps, il n'aurait rien à espérer. » L'Autrichien, effrayé, se rendit avec deux mille hommes et quatre pièces de canon. Pendant que la présence d'esprit du général français lui livrait cette colonne, ses troupes surprenaient Kasdanowitch à Gavardo et mettaient en fuite ses quinze mille Autrichiens.

Le 5 août, au point du jour, l'armée française, forte de vingt-cinq mille hommes, égale à celle de Wurmser, était sur les hauteurs qui dominent Castiglione. Bonaparte avait donné ordre à Sérurier de marcher toute la nuit, afin de tomber au jour

sur les derrières du feld-maréchal. Son canon surprend les Autrichiens, qui, croyant n'avoir rien laissé derrière eux, sont déconcertés par cette attaque imprévue. A ce moment, Bonaparte se précipite sur l'ennemi et le repousse en désordre sur la rive gauche du Mincio, d'où il communique avec Mantoue. De son côté, Augereau se porte sur Borghetto, et Masséna sur Peschiera, qui était bloquée. A la tête de la 18ᵉ demi-brigade de ligne, le colonel Suchet met les Autrichiens en déroute, leur prend dix-huit pièces de canon, et délivre Peschiera. Bonaparte poursuit ses succès sur Vérone, où s'était retiré Wurmser, en brise les portes à coups de canon et envahit la ville, où il fait un grand nombre de prisonniers. Chassé de la ligne du Mincio, Wurmser se concentre sur Monte-Baldo, mais Masséna force cette belle position et reprend la Corona. Enfin, après une série de combats, rejeté sur le Tyrol italien, le généralissime autrichien se retire à Roveredo et à Trente, après avoir perdu en douze jours la moitié de son armée, c'est-à-dire soixante-dix pièces de canon et quarante mille hommes, dont quinze mille prisonniers. Il est vrai qu'il avait laissé à Mantoue une garnison de quinze mille hommes, et que l'armée française ne pouvait réparer la perte de son immense artillerie de siége : aussi Bonaparte dut-il se contenter d'ordonner un étroit blocus, dont il chargea encore la division Sérurier. Chassé de toutes ses positions extérieures, l'ennemi était refoulé dans la place. Ce fut le second blocus de Mantoue.

Les trois premiers jours de la marche de Wurmser avaient été des jours d'épreuve pour la fidélité des princes italiens. Le pape donna le premier l'exemple de la perfidie : comptant sur le triomphe des Autrichiens, il cessa de se croire lié par les traités conclus avec Bonaparte ; la régence de Modène partagea cette imprudente confiance ; les oligarchies de Gênes et de Venise rêvaient déjà la ruine des Français ; enfin, une armée napolitaine se préparait à marcher sur l'État romain, pour donner la main, d'un côté, aux Autrichiens, et, de l'autre, aux Anglais qui assiégeaient Livourne. Ces gouvernements ne voyaient plus dans les armistices que des sauf-conduits du moment, mais, en compensation, Bonaparte trouva de fidèles alliés dans les populations de Bologne, de Ferrare, de Reggio, de Modène, de Parme, qui toutes avaient embrassé avec ardeur et conservaient avec courage les principes républicains. De son côté, l'Espagne, frappée de la prépondérance exclusive que l'Angleterre allait s'arroger sur les mers si la France restait sans alliés maritimes, signait à Saint-Ildefonse, le 19 août, un traité offensif et défensif avec la République.

Cependant Wurmser, renforcé par vingt mille hommes dans le Tyrol, où Davidowitch restait avec vingt mille autres, se porte de Trente sur Mantoue, pour en faire lever le blocus. Sa marche s'opère par les gorges de la Brenta, Bassano, le bas Adige. Bonaparte n'a reçu que six mille hommes de l'armée des Alpes ; mais il a pénétré le projet du généralissime ; et, fidèle à son plan de consommer la destruction de l'ennemi en continuant de l'attaquer en détail, il veut lui ôter tout moyen de retraite en s'emparant du Trentin, où lui-même ira surprendre Davidowitch. Avec trois mille hommes, il fera couvrir sur l'Adige le blocus de Mantoue. Vérone mise en état de défense et gardée, ainsi que Legnago, par le général Kilmaine, Bonaparte met en mouvement ses troupes disponibles.

Vaubois se dirige sur Trente par la chaussée de la rive droite de la Chiese, Masséna par celle de la rive gauche ; Augereau suit également cette rive par la route de la montagne. L'avant-garde de Vaubois emporte le pont de Sarco ; celle de Masséna la position de Saravalle ; et, le 4 septembre, s'engage la bataille de Roveredo, où les Autrichiens, enfoncés de toutes parts, sont poursuivis jusqu'aux défilés réputés inexpugnables de Calliano. Cette position est occupée par la réserve de Davidowitch, et protégée par de fortes batteries ; mais neuf de nos bataillons s'élancent en colonne serrée dans le défilé et culbutent l'ennemi. L'armée continue de marcher toute la nuit, et à la pointe du jour, elle arrive devant Trente : Davidowitch est chassé de toutes ses positions. La victoire de Roveredo donne à la République sept mille prisonniers, vingt-cinq pièces de canon, cinquante caissons, sept drapeaux ; Wurmser est coupé du Trentin et du Tyrol.

La nuit suivante, Bonaparte fut instruit par le général Kilmaine que Wurmser, en mouvement sur l'Adige, menaçait Vérone ; le quartier général autrichien était à Bassano, et l'arrière-garde, à Primolano, fermait les gorges de la Brenta. Bonaparte prend sur-le-champ la résolution d'aller à marches forcées arrêter Wurmser; mais avant de se précipiter à la poursuite de son ennemi, il dispose, par une proclamation énergique, les habitants du Tyrol à adopter l'administration qu'il a le projet d'établir parmi eux :

« Tyroliens !

« Vous sollicitez la protection de l'armée française, il faut vous en rendre dignes.
« Puisque la majorité d'entre vous est bien intentionnée, contraignez ce petit
« nombre d'hommes opiniâtres à se soumettre. Leur diète insensée tend à attirer
« sur leur patrie les fureurs de la guerre. La supériorité de nos armes est aujour-
« d'hui constatée. Les ministres de l'Empereur, achetés par l'or de l'Angleterre,
« le trahissent; ce malheureux prince ne fait pas un pas qui ne soit une faute.
« Vous voulez la paix! les Français combattent pour elle. Nous ne passons sur
« votre territoire que pour obliger la cour de Vienne de se rendre au vœu de
« l'Europe désolée, et d'entendre le cri de ses peuples. Nous ne venons pas ici
« pour nous agrandir : *la nature a tracé nos limites au Rhin et aux Alpes* dans le
« même temps qu'elle a posé au Tyrol les limites de la maison d'Autriche. Tyro-
« liens! quelle qu'ait été votre conduite passée, rentrez dans vos foyers ; quittez
« des drapeaux tant de fois battus et impuissants à vous défendre. Ce n'est pas
« quelques ennemis de plus que peuvent redouter les vainqueurs des Alpes et de
« l'Italie; mais c'est quelques victimes de moins que la générosité de la nation
« m'ordonne de chercher à épargner. Nous nous sommes rendus redoutables
« dans les combats ; mais nous sommes les amis de ceux qui nous reçoivent avec
« hospitalité, etc. »

Bonaparte partit au point du jour. Vingt lieues séparent Trente de Bassano, où il voulait rencontrer Wurmser : le lendemain à la pointe du jour, les deux avant-gardes se trouvèrent en présence. Rien ne résiste à l'impétuosité française. L'armée ennemie, forte de vingt mille hommes, et augmentée des débris des troupes en position dans les gorges de la Brenta, attaquée à sa gauche par Augereau, à sa droite par Masséna, fut rompue sur tous les points, et rejetée dans Bassano. Comme à Lodi, on franchit le pont en colonne serrée. A trois heures, la ville était à nous. Six mille prisonniers, trente pièces de canon, un parc immense de bagages et de voitures attelées, deux équipages de pont, restèrent en notre pouvoir.

Wurmser n'avait plus qu'un reste d'armée, et toute communication avec les États héréditaires lui était fermée. Kasdanowitch, en marche sur Bassano, dut se replier vers le Frioul avec trois mille hommes. Privé de ses équipages de pont depuis sa défaite, le feld-maréchal était dépourvu des moyens de franchir l'Adige, et il eût infailliblement été pris avec sa petite armée, sans la coupable négligence du commandant de Legnago, qui, après avoir manqué de cœur pour se maintenir dans ce poste, manqua de tête en l'abandonnant tout à coup. Profitant de cette faute inqualifiable, Wurmser traversa la ville pour se porter sur Mantoue.

Dans cette heureuse retraite, Wurmser força les Français à Cérèse, où Bonaparte, accouru au secours de son avant-garde culbutée, faillit être fait prisonnier ; puis il s'empara de Villa-Imprenta, dont on avait négligé de couper le pont, et de Due-Castelli, que défendait un seul bataillon. Ces trois succès consécutifs, dus à sa nombreuse cavalerie et à la faiblesse des détachements français chargés de couvrir le blocus, déterminèrent Wurmser à continuer de tenir la campagne ; et, à la tête de la garnison de Mantoue, où il ne laissa que cinq mille hommes, il vint camper entre le faubourg Saint-Georges et la citadelle. Son effectif était de vingt-cinq mille combattants ; celui de l'armée française de vingt-quatre mille. Les deux ailes ne tardèrent pas à être engagées. A notre gauche, la division Bon fléchit un moment, mais Masséna, débouchant tout à coup sur le centre, porta le désordre dans les rangs autrichiens. Dans cette affaire aussi sanglante qu'acharnée, et qui reçut le nom de bataille de Saint-Georges, l'ennemi nous abandonna trois mille prisonniers, trois drapeaux, onze bouches à feu, puis il courut se renfermer dans Mantoue. Deux jours après, Wurmser, maître du Seraglio, jeta un pont sur le Pô et ravitailla la place. Le 25 septembre, il tenta de nouveau de se porter sur l'Adige en attaquant le poste de Governolo, mais il ne fit que sacrifier en pure perte un millier d'hommes et six pièces de canon. Enfin Kilmaine, à la tête de la division Sérurier, coupa court à ces inutiles tentatives en reprenant les positions de Pradella et de Cérèse.

Le troisième blocus de Mantoue était complet, la troisième armée de l'Autriche était détruite : des soixante-dix mille hommes dont elle se composait au 1ᵉʳ juin, il n'en reste que seize mille, enfermés dans Mantoue avec le généralissime, et dix mille, disséminés dans le Tyrol, sous Davidowitch et Kasnadowitch; quatorze mille sont prisonniers de guerre; les autres languissent dans les hôpitaux ou ont trouvé la mort sur les champs de bataille. Elle a perdu la plus grande partie de son matériel, trente généraux, vingt-deux drapeaux. L'aide de camp Marmont,

que Bonaparte avait trouvé à Toulon lieutenant d'artillerie, porta au Directoire les drapeaux pris à Roveredo, à Bassano et à Saint-Georges. On peut dire de cette époque que les soldats de l'armée d'Italie, en montrant par des prodiges de valeur tout ce que les Français peuvent devenir sous un grand capitaine, étaient les premiers soldats de la République et du monde entier[1]. La France était transportée d'admiration, la joie régnait dans toute la Lombardie, tandis que les gouvernements absolus de la péninsule italique restaient frappés de stupeur.

N'ayant plus d'ennemis à combattre, nos troupes prirent quelque repos, mais sans quitter les armes. Vaubois se retrancha, avec dix mille hommes, sur les bords du Lavis, et occupa la ville de Trente; Masséna, suivi d'un nombre égal, s'établit à Bassano pour garder le passage de la Piave. Dans Vérone, Augereau surveillait

---

[1] Ce fut après la bataille de Castiglione que les soldats, transportés d'admiration pour leur général en chef, le firent sergent, comme ils l'avaient nommé caporal après la journée de Lodi.

l'Adige à la tête de dix mille braves, tandis que Kilmaine, avec huit mille autres, dirigeait le blocus de la ville imprenable.

Satisfait de ces dispositions, Bonaparte revient à Milan, où le rappellent les intérêts politiques nés de ses nouveaux triomphes, et de là il veille sur les préparatifs de la prochaine campagne. Il avait déjà contracté l'habitude de ce prodigieux travail de cabinet qui seul paraissait capable de lui faire oublier les fatigues de la

guerre : d'ailleurs il se voyait obligé de ne chercher qu'en lui seul les moyens de résister aux orages que la maison d'Autriche, soutenue par les dispositions hostiles des gouvernements de Gênes, de Venise, de Modène, de Naples, de Toscane, et par l'action incessante de l'Angleterre sur tous ces États, pouvait encore amonceler contre sa trop faible et si généreuse armée. Il s'attendait, écrivait-il au Directoire, à être attaqué bientôt par cinquante mille Autrichiens que les échecs successifs de l'armée de Sambre-et-Meuse sous Jourdan et l'hivernage des armées impériales sur le Rhin allaient rendre disponibles, et il demandait avec instance quinze mille hommes. Le Directoire lui en promettait une partie et le pressait toujours de prendre Mantoue. Parmi les moyens qu'on lui indiquait, il en est un auquel Bonaparte n'aurait assurément pas songé, et qui met complètement à nu l'intelligence politique des hommes qui présidaient alors aux destinées de la France. La Réveillère-Lepaux s'était chargé de le faire connaître. « Vous trouverez ci-joint un arrêté « relatif à Wurmser; ce général ennemi que vous avez battu si souvent, et qui

« touche à sa dernière défaite dans la place que vous assiégez, se trouve *dans le*
« *cas des lois de la République relatives aux émigrés*. Nous vous laissons à juger
« s'il convient de lui donner connaissance de cet arrêté *pour le déterminer à rendre*
« *Mantoue en lui faisant craindre d'être traduit à Paris et d'y être jugé comme*
« *émigré.* »

La régénération complète de l'Italie, par la création de républiques indépendantes, était le projet dominant de notre grand capitaine. Il sentait que, délivrée du joug de l'Autriche, réunie, vivifiée par l'amour de la patrie, la nation italienne serait pour le peuple français une alliée naturelle et dévouée ; toutes ses lettres au Directoire réclamaient cette patriotique mesure. « Il faudrait, disait-il, réunir un
« congrès à Bologne, et le composer des députés des États de Ferrare, Bologne,
« Modène et Reggio. — Il faudrait avoir soin qu'il y eût parmi ces députés des
« nobles, des prêtres, des cardinaux, des négociants de tous les États, générale-
« ment estimés et connus pour patriotes. On y arrêterait : 1° l'organisation de la
« légion italienne ; 2° on ferait une espèce de fédération pour la défense des com-
« munes ; 3° *ils pourraient envoyer des députés à Paris pour demander la liberté*
« *et l'indépendance de l'Italie.* — Cela produirait un très-grand effet. Il est indis-
« pensable que nous ne négligions aucun moyen pour répondre au fanatisme de
« Rome, et pour nous faire des amis. »

Bonaparte s'adressait à des hommes peu capables de le comprendre. On lui répondait : « La politique et nos intérêts bien entendus nous prescrivent *de mettre des*
« *bornes à l'enthousiame des peuples du Milanais*, qu'il convient de maintenir tou-
« jours dans des sentiments qui nous soient favorables, sans nous exposer à voir
« prolonger la guerre actuelle par une protection ouverte, en les encourageant
« trop fortement à manifester leur indépendance. » Ainsi donc, le Directoire voulait seulement prêter la liberté à ces nations, en raison de son intérêt du moment, se proposant de les abandonner ensuite, à cause de ce qu'il appelait *ses insuccès en Allemagne*, et de faire de leur pays *le gage d'une paix durable*. Ses vues à cet égard étaient si bien arrêtées, que, redoutant qu'il ne restât quelque exception à cette singulière doctrine, il ajoutait : « Ce que nous avons dit sur l'indépendance du Mila-
« nais s'applique à Bologne, Ferrare, Reggio, Modène, et à tous les autres petits
« États d'Italie. » La suite de cette dépêche est consacrée tout entière à exprimer la crainte de ne pas faire la paix assez tôt. Poussant jusqu'à l'héroïsme cette vertu qui consiste dans l'abnégation de sa propre gloire, le Directoire s'arrangeait pour vivre tranquille et régner bourgeoisement. Il croyait que les peuples de l'Italie ne devaient songer à leur affranchissement que sous son bon plaisir.

Malgré ces dissidences avec son gouvernement, Bonaparte veillait à la sûreté des pays conquis par ses armes : « Je fais fortifier, dit-il, Pizzighettone, Reggio, et
« tous les bords de l'Adda. J'ai fait fortifier également les bords de l'Adige ; enfin,
« dans l'incertitude du genre de guerre que je ferai et des ennemis qui pourront

« m'attaquer, je n'oublie aucune hypothèse, et je fais aujourd'hui tout ce qui peut
« me favoriser; je fais mettre en même temps les châteaux de Ferrare et d'Urbin,
« près Bologne, en état de défense. » Il encourageait les efforts des patriotes qui, au delà et en deçà du Pô, créaient les républiques cispadane et transpadane. Une fédération armée en faveur de la République française eut lieu dans les légations de Bologne et de Ferrare : des légions italiennes marchaient sous le drapeau français, et les gardes nationales de Reggio firent avec succès le premier essai de leurs armes contre un détachement de la garnison de Mantoue.

Une autre dépêche, écrite également de Modène, annonçait au Directoire que la Méditerranée allait être libre et que le commissaire civil Salicetti partait de Livourne pour l'île de Corse, qui venait enfin de rentrer sous la domination française.

Dans une dépêche suivante, datée de Milan, le général en chef désigne au Directoire les officiers et les employés civils dont il veut débarrasser l'armée : il signale avec la plus grande vigueur la dilapidation, et imprime aux noms des coupables une tache qui n'est point encore effacée. « En leur faisant une guerre ouverte, « dit-il, il est clair que j'intéresse contre moi mille voix qui vont chercher à per-
« vertir l'opinion. » Vient ensuite le détail des frais de sa campagne : depuis six mois il n'a dépensé que onze millions : il en a envoyé vingt au Directoire. En un mot, aucune partie du service civil ou de l'administration militaire n'échappe à son investigation, et toujours il indique le remède à côté du mal. C'est par là qu'il préludait à cet esprit d'ordre et d'économie qui a jeté sur son règne un éclat non moins durable que le souvenir de ses victoires.

Les talents que Bonaparte déployait comme général et comme administrateur, l'opinion que ses contemporains avaient déjà conçue de son génie et de son avenir, sont vivement esquissés dans la note que le général Clarke, envoyé vers cette époque à Milan pour observer la conduite des chefs militaires et des commissaires civils auprès de l'armée d'Italie, adressait au Directoire : « Le général en chef a
« rendu les plus importants services. Placé par vous au poste glorieux qu'il occupe,
« il s'en montre digne, il est l'homme de la République. Le sort de l'Italie a plu-
« sieurs fois dépendu de ses combinaisons savantes. Il n'y a personne ici qui ne le
« regarde comme un homme de génie, et il l'est effectivement. Il est craint, aimé
« et respecté en Italie. Tous les petits moyens d'intrigue échouent devant sa péné-
« tration. Il a un grand ascendant sur les individus qui composent l'armée répu-
« blicaine, parce qu'il devine ou conçoit d'abord leur pensée ou leur caractère,
« et qu'il les dirige avec science vers le point où ils peuvent être le plus utiles. Un
« jugement sain, des idées lumineuses, le mettent à portée de distinguer le vrai du
« faux. Son coup d'œil est sûr, ses résolutions sont suivies par lui avec énergie et
« vigueur. Son sang-froid dans les affaires les plus vives est aussi remarquable
« que son extrême promptitude à changer ses plans lorsque les circonstances im-

« prévues le commandent. Sa manière d'exécuter est savante et bien calculée.
« Bonaparte peut parcourir avec succès plus d'une carrière ; ses talents supérieurs
« et ses connaissances lui en donnent les moyens. Je le crois attaché à la Répu-
« blique et sans autre ambition que celle de conserver la gloire qu'il s'est acquise.
« On se tromperait si l'on pensait que ce fût l'homme d'un parti. Il n'appartient
« ni aux royalistes, qui le calomnient, ni aux anarchistes, qu'il n'aime point. La
« constitution est son seul guide. Rallié à elle et au Directoire qui le veut, je crois
« qu'il sera toujours utile et jamais dangereux à son pays. Ne pensez point,
« citoyens directeurs, que j'en parle par enthousiasme ; c'est avec calme que j'écris,
« et aucun intérêt ne me guide que celui de vous faire connaître la vérité. Bona-
« parte sera mis par la postérité au rang des plus grands hommes. »

CHAPITRE VIII

1796-1797

Batailles de la Brenta, de Caldiero. — Victoire d'Arcole. — Fausses négociations avec l'Autriche. — Intelligence des cours de Rome et de Vienne. — Batailles de Rivoli, de Saint-Georges, de la Favorite. — Capitulation de Mantoue.

La retraite de l'armée de Sambre-et-Meuse, commandée par Jourdan, et signalée par la perte de la bataille de Wurtzbourg, celle de l'armée du Rhin sous Moreau, et illustrée par la victoire de Biberach, venaient d'affranchir l'Allemagne. Il ne restait plus à l'Autriche qu'un ennemi à combattre, c'est-à-dire l'armée d'Italie. Abandonnant donc ses projets de conquêtes sur les provinces de la rive gauche du Rhin, elle résolut de reprendre le Milanais, de débloquer Mantoue et de faire rentrer dans son alliance les princes de la péninsule qui subissaient le joug de la République. Trois mois auparavant, Wurmser, parti de Manheim avec vingt mille hommes, appelait sous ses drapeaux les débris de Beaulieu, épars dans la Carniole et la Carinthie; aujourd'hui c'est Alvinzy, détaché de l'armée victorieuse de l'archiduc Charles avec quarante mille hommes, qui rallie les débris de Davidowitch. Ces débris, recrutés par l'Autriche, forment dans le Tyrol une armée forte de dix-huit mille combattants.

Maître du Frioul, le feld-maréchal, pendant tout le mois d'octobre, tint la ligne de l'Isonzo, puis se porta à Conegliano, derrière la Piave. Il avait devant lui, à Bassano, l'intrépide Masséna. Vaubois, en position avec dix mille hommes sur le Lavisio, protégeait la ville de Trente. Bonaparte était à Vérone avec la cavalerie de réserve et la division Augereau. Le plan d'Alvinzy était d'opérer à Vérone sa jonction avec Davidowitch, de se porter sur Mantoue, de délivrer Wurmser, et, à la tête de quatre-vingt-dix mille combattants, d'écraser les Français. En conséquence il s'avança en trois colonnes sur la Brenta, après avoir jeté deux ponts sur la Piave. Pour s'assurer de la force de l'ennemi, Masséna fit une démonstration en avant, puis se retira de Bassano sur Vicence, où il fut rejoint par Bonaparte et les troupes qu'il amenait de Vérone.

Le 6 octobre, à la pointe du jour, commença la bataille de la Brenta, engagée par Masséna. L'avant-garde ennemie et trois divisions furent d'abord rejetées sur la rive gauche de cette rivière, avec une perte considérable. Mais moins heureux sur le Lavisio, le général Vaubois, forcé dans sa position, abandonna Trente. Pressé par un ennemi supérieur en nombre, il aurait même compromis, en se retirant, la sûreté de Vérone, si Joubert ne fût arrivé de Mantoue avec une demi-brigade qui couvrit la ville. Vaubois passa l'Adige, et vint occuper les positions de la Corona et de Rivoli. Bonaparte n'en fut pas plutôt instruit qu'il se porta sur Vicence, et, par ce mouvement rétrograde, attira sur lui les forces d'Alvinzy. Parvenu au plateau de Rivoli et justement irrité contre la division Vaubois, il lui adressa ces paroles sévères : « Soldats, je ne suis pas content de vous : vous n'avez « montré ni discipline, ni constance; aucune position n'a pu vous rallier ; vous « vous êtes laissé chasser de positions où une poignée de braves devait arrêter une « armée. Soldats de la 39ᵉ et de la 85ᵉ, vous n'êtes pas des soldats français. Chef « d'état-major, faites écrire sur les drapeaux : *Ils ne sont plus de l'armée d'Italie.* » Peu de jours après, ces deux régiments se couvraient de gloire.

Ainsi donc, malgré ses pertes, Alvinzy avait réussi dans son projet ; au lieu d'avoir été refoulé au delà de la Piave et des bords de la Brenta, d'être coupé du corps de Davidowitch, il se trouvait maître du Tyrol et de tout le pays entre la Brenta et l'Adige. Toutefois sa jonction avec Davidowitch dépendait de la prise de Vérone. De son côté, Bonaparte assura la défense de Monte-Baldo, et résolut de s'emparer de la forte position de Caldiero. Après de faibles succès d'avant-garde, il campa au pied de cette montagne. Une nouvelle attaque eut lieu le lendemain ; mais, avant la fin de la journée, les deux armées bivouaquèrent dans leurs positions respectives. Cependant l'avantage était resté aux Autrichiens, qui portèrent leurs avant-postes à Saint-Michel, tandis que l'armée française se trouvait dans l'impossibilité de reprendre l'offensive ; de plus, ils tenaient Caldiero et les gorges du Tyrol, et la garnison de Mantoue faisait de fréquentes sorties. Cette garnison valait une armée, et Sérurier n'avait que huit mille hommes à lui opposer. Il y eut un moment de découragement dans l'armée française. Dans cette circonstance critique Bonaparte s'appliqua à soutenir le moral de ses soldats : il leur parla, et ils reprirent courage. Cette impulsion électrique alla réveiller dans les hôpitaux de Brescia, Milan, Pavie, Bologne, les malades et les blessés; ils vinrent en foule se ranger sous leurs drapeaux. Lannes, blessé lui-même à Governolo, accourut.

Kilmaine, détaché du blocus de Mantoue avec deux mille hommes, est chargé de garder Vérone; les vingt mille qui occupent cette dernière ville passent silencieusement l'Adige sur trois colonnes, et se forment sur la rive droite. Point d'ordre du jour cette fois; c'est une retraite qui s'opère. Le siége de Mantoue est donc levé! L'Italie est donc perdue! Ceux des habitants qui s'étaient attachés à la fortune de la France, suivent, le désespoir au cœur, le mouvement de l'armée; la nuit ajoute encore à cette scène de tristesse. Tout à coup, au lieu de se diriger sur Peschiera, Bonaparte tourne brusquement à gauche, et avant le jour il arrive à Ronco, où le colonel Andréossy a jeté un pont. Bientôt l'armée se trouve sur l'autre rive de l'Adige. Là, elle se reconnaît, se rappelle la poursuite de Wurmser et comprend que son général veut tourner Caldiero. Les treize mille hommes qui sont au drapeau n'auraient pu lutter en plaine contre les quarante mille que commande Alvinzy; mais le terrain choisi par Bonaparte augmente ses forces en diminuant celles de son ennemi, et l'équilibre se trouve rétabli : ce sont trois chaussées, trois digues sur des marais ; la victoire ne dépend plus que du courage.

Trois colonnes autrichiennes sont en marche : la première sur Vérone, par Porcil ; la seconde sur Villa-Nova, par Arcole ; la troisième sur Albaredo, en descendant l'Adige. Alvinzy, qui ne s'attend point à être attaqué de ce côté par ceux qu'il a repoussés de front, n'a pas fait occuper le pays entre Arcole et l'Adige ; il ne peut croire qu'une armée s'aventure dans des marais impraticables dont il occupe toutes les avenues. Cependant cette armée s'avance sur ses derrières. Masséna tient la digue de gauche, Augereau celle d'Arcole. Vivement assaillis, ils laissent l'ennemi s'engager ; puis, fondant sur lui au pas de charge ils lui enlèvent du canon et des prisonniers. Bonaparté est au milieu de la division Augereau ; il veut emporter Arcole ; mais l'ennemi résiste à tous ses efforts. Il ordonne alors un dernier assaut, et voit sa colonne de grenadiers, prise en flanc, s'arrêter indécise sous la mitraille. A ce moment terrible, le général descend de cheval, saisit un drapeau, et s'élançant sur le pont : « *Soldats !* s'écrie-t-il, *n'êtes-vous plus les braves de Lodi? Suivez-moi !* » A sa voix quelques-uns des plus résolus montent sur la chaussée et marchent en avant ; mais le trouble règne à la queue de la colonne, dont la tête seule suit le mouvement qui lui est imprimé. Bonaparte, le drapeau à la main, s'avance à travers une grêle de balles et de mitraille, entouré de ce fameux état-major qui doit donner à l'armée ses plus illustres généraux. Lannes le couvre de son corps, et reçoit trois blessures. Muiron, qui l'a déjà sauvé au siége de Toulon, est tué devant lui. Enfin, la colonne est près de franchir le pont, lorsqu'une dernière décharge la rejette en arrière. Les grenadiers restés auprès du général s'emparent de lui et l'emportent au milieu du feu et de la fumée. Repoussé jusque sur la digue, Bonaparte, toujours inébranlable, veut ramener les siens au combat ; une nouvelle décharge à mitraille écrase tous ceux qui l'environnent, et lui-même, au milieu du désordre, tombe dans un marais où il s'enfonce jusqu'à mi-corps. Cependant ses aides de camp Belliard et Vignolles ont aperçu le danger : *Sauvons notre général !* s'écrient-ils ; et ce cri est répété par les soldats, qui se précipitent sur l'ennemi au pas de course et le refoulent au delà du pont malgré un feu épouvantable. Arraché de ce marais, Bonaparte vient se placer de nouveau à la tête de la colonne éprouvée par de si grands périls. Bientôt après, le général Guyeux, ayant passé l'Adige à Albaredo, prend à revers le village d'Arcole ; mais Alvinzy échappe aux Français, qui, des hauteurs de Ronco, peuvent voir s'éloigner la proie que la défense opiniâtre d'Arcole leur a fait perdre. Si le succès de cette terrible journée ne fut pas complet, l'armée n'en avait pas moins le droit d'appeler une victoire la défaite des deux divisions autrichiennes, l'abandon de l'inexpugnable position de Caldiero, et la délivrance de Vérone.

Ce jour même, par une résolution hardie, Bonaparte se décide à évacuer Arcole et à se porter sur Ronco. Afin de cacher ce mouvement à Alvinzy, il fait allumer des feux sur la digue, et opère sa retraite pendant la nuit. Le lendemain, il est en mesure de marcher contre chacun des trois corps ennemis, et choisit le plus fort : c'est celui que commande le feld-maréchal, lequel a réoccupé Ronco, et il commence lui-même l'attaque avec deux divisions. Les Français repassent le pont de ce village, fondent sur l'ennemi, l'enfoncent au pas de charge, et le refoulent dans les marais, après lui avoir enlevé du canon, des drapeaux et un grand nombre de prisonniers. Le lendemain, la bataille recommença à moitié des digues. Elle fut encore indécise ; cependant une colonne de trois mille Croates fut détruite.

Bonaparte sait que l'ennemi a perdu vingt-cinq mille hommes, et, quoiqu'il soit encore inférieur en nombre, il se résout à l'affronter en plaine pour la troisième fois. L'armée française se présente en bataille à deux heures après-midi, la gauche sur Arcole, la droite appuyée à Porto-Legnago. L'ennemi est à cheval sur la route de Vicence. A trois heures, le combat s'engage sur toute la ligne. Toujours fertile en expédients, le général en chef, afin de jeter le désordre dans les rangs autrichiens, charge un officier noir, nommé Hercule, de se porter sur leur gauche avec vingt-cinq guides et quatre trompettes, aussitôt que la garnison de Legnago aura commencé de les canonner par derrière. Cette ruse obtient un plein succès : l'ennemi, se croyant tourné, bat en retraite sur Vicence, et poursuivi chaudement toute la soirée, il perd beaucoup de monde. Arrivé à Villa-Nova, Bonaparte y passa toute la nuit avec son infanterie harassée, laissant à la cavalerie le soin d'achever la déroute de l'ennemi, qui avait déjà dépassé Montebello quand lui-même se rabattit sur Vérone avec l'intention d'aller attaquer dans le Tyrol le général Davidowitch. Ce général ignorait depuis trois jours ce qu'était devenu Alvinzy.

Ces trois immortelles journées prirent le nom du village d'Arcole, qui en était le nœud stratégique, et coûtèrent à l'armée autrichienne douze mille morts, six mille prisonniers, dix-huit pièces de canon, quatre drapeaux. L'armée rentra triomphante dans Vérone par la porte de Venise, au milieu des témoignages d'admiration des habitants, qui l'avaient vue partir presque découragée. Augereau attaqua Dolce sur la rive gauche de l'Adige, enleva deux mille cinq cents prisonniers, deux équipages de pont, de l'artillerie et des bagages ; Masséna fit jonction avec Vaubois à Castel-Novo, où ce général venait d'être repoussé par Davidowitch le troisième jour du combat d'Arcole. Enfin, pendant que ses soldats prennent un peu de repos, Bonaparte retourne à Milan leur préparer de nouveaux triomphes.

Durant son séjour dans cette ville, Bonaparte apprit comment Venise avait méconnu en faveur d'Alvinzy les devoirs que lui imposait la neutralité. Déjà peu satisfait de la conduite du gouvernement vénitien pendant la campagne, il avait dit aux autorités de Milan, lorsqu'elles vinrent le féliciter: « Si vous ne m'aviez « pas laissé manquer d'argent, et que mes soldats ne se fussent pas trouvés sans « souliers, j'aurais détruit l'armée autrichienne, pris Mantoue et fait quatorze « mille prisonniers. C'est de la chute de cette place que dépend la possession de « Vérone, de Brescia, de Bergame. *Comme j'avais abattu les ailes de l'aigle,* « *j'aurais fait perdre terre au lion.* » En effet, le lion de Saint-Marc couvrait de levées extraordinaires les possessions de terre ferme de la république ; armés par le provéditeur Ottolini, les montagnards du Bergamasque descendaient dans la plaine ; de nouveaux régiments esclavons et dalmates débarquaient journellement sur les lagunes. Cette grande fermentation était à peine contenue par la présence de l'armée victorieuse.

Bonaparte faisait la guerre sur un volcan : Venise s'abstenait de provocations ouvertes, parce que nos troupes étaient là, prêtes à réprimer le moindre mouvement ; et lui, il différait la vengeance, parce que Mantoue n'était pas prise. Ce n'était encore qu'une lutte de politique armée, dont une trahison exécrable devait bientôt changer la forme. Dans l'espoir d'attirer les Français au fond de l'Italie, le pape, soutenu par les préparatifs de l'Autriche et les assurances de son ambassadeur, avait jeté le masque et rompu le traité de Bologne. Il armait dans la Romagne, comptant donner la main à Wurmser aussitôt que ce général aurait été débloqué.

Le nouveau plan des Autrichiens consistait à faire marcher sur Mantoue deux armées indépendantes l'une de l'autre, afin de dégager celle qui y était en quelque sorte prisonnière. Ils avaient en campagne soixante-cinq mille hommes ; Alvinzy en prend quarante mille et se porte de Bassano sur Roveredo ; Provera, ce même général qui avait été fait prisonnier à Còssaria, commande le reste, et s'établit à Padoue pour agir sur le bas Adige. Bonaparte, avec trente-cinq mille hommes disponibles, et huit à dix mille qui sont retenus sous Mantoue, doit tout à la fois lutter contre Alvinzy et Provera, empêcher Wurmser de joindre ses forces aux leurs ; enfin, contenir le pape, dont l'armée compte cinq à six mille hommes, indépendamment d'une immense population fanatisée et prête, au premier succès des Autrichiens, à renouveler les vêpres siciliennes. Au milieu de tant d'ennemis il n'a que trois semaines pour vaincre ou pour succomber.

Dans les premiers jours de janvier 1797, Masséna se voit attaqué à Saint-Michel par une division de Provera ; il la repousse jusqu'à Caldiero, et lui prend neuf cents hommes. A cette nouvelle, Bonaparte qui est à Vérone entre en ligne et rappelle à lui son lieutenant : connaître le point d'attaque choisi par les Autrichiens, afin d'y porter ses forces, voilà son seul but en ce moment. Augereau lui apprend de Legnago que Provera est en mouvement sur le bas de l'Adige ; Joubert lui écrit : « J'ai parfaitement suivi vos dispositions pour l'attaque de la Corona. Le « succès a été au delà des espérances : trois pièces de canon, quatre à cinq mille « prisonniers, Alvinzy lui-même précipité dans les rochers, et se sauvant comme « un éclaireur sur l'Adige et sans soldats. » C'était là une lettre de champ de bataille ; car, malgré ses avantages, débordé par sa gauche et par sa droite, menacé de perdre ses communications avec Dolce et Peschiera, Joubert a dû marcher la nuit pour occuper avec une brigade le plateau de Rivoli. Bonaparte lui ordonne de s'y maintenir à tout prix ; et le présomptueux Alvinzy, qui compte enlever aisément la faible division qui lui est opposée, ignore qu'il va se trouver en face de son redoutable adversaire.

La présence d'Alvinzy devant Joubert, la marche des troupes autrichiennes, les rapports qu'il reçoit de toutes parts, ont révélé à Bonaparte que l'effort principal portera sur Rivoli. Aussitôt il prend trois demi-brigades de la division Masséna, se précipite à marche forcée vers le point menacé, et y arrive de sa personne à deux heures du matin. Joubert, à qui son infériorité numérique ne permettait pas d'étendre ses ailes, s'était concentré sur le plateau : il était temps qu'un secours lui arrivât. A la faveur d'un magnifique clair de lune, le général en chef observe les forces de l'ennemi, et d'après les feux de ses bivouacs il l'évalue à plus de quarante mille hommes. Il a devant lui trois colonnes, dont la plus éloignée, celle de Lusignan, paraît destinée à tourner le plateau de Rivoli ; la seconde, qu'il importe surtout d'empêcher de faire jonction, se compose de la cavalerie, de l'artillerie, de quatorze bataillons et de tous les bagages ; elle marche sous les ordres de Kasdanowitch. Sur la rive gauche de l'Adige, Wukassowitch dirige la troisième colonne; mais, séparé par le fleuve, il n'est nullement à redouter.

Le plan du général Bonaparte est arrêté en un instant. A quatre heures du matin, Joubert dirige une attaque subite sur la chapelle Saint-Marc qu'il a dû évacuer, et refoule les postes avancés de l'ennemi, dont le troisième corps s'avance alors par les sommités de gauche du plateau ; il est repoussé par l'artillerie française. Malheureusement, à notre gauche, une de nos brigades est débordée et rompue. Bonaparte aperçoit le danger et court au village de Rivoli, où la division Masséna se reposait de sa marche nocturne, l'enlève, et en une demi-heure le combat est rétabli sur ce point. Kasdanowitch, voyant Joubert contraint de se replier vers sa première position, ordonne à trois bataillons d'escalader la hauteur sur laquelle est assise la chapelle Saint-Marc, et les fait soutenir par deux autres; de son côté, Joubert lance trois bataillons, qui arrêtent l'ennemi. Bientôt une batterie de quinze pièces, les charges audacieuses des colonels Leclerc et Lasalle balayent le plateau, et les troupes de Kasdanowitch sont précipitées pêle-mêle dans les ravins. L'éruption d'un caisson, causée par un de nos obus, y accroît encore le désordre. Rassuré de ce côté, Bonaparte se rabat sur l'infanterie autrichienne, qui formait un demi-cercle devant lui : Joubert avec ses demi-brigades légères, Lasalle avec deux cents hussards, la mettent en fuite. Dès ce moment, l'armée d'Alvinzy, en grande partie détruite ou dispersée, est poursuivie à outrance dans les montagnes ; il ne reste d'intact que le corps de Lusignan, placé sur les derrières de l'armée victorieuse. Au commencement de l'action, le général en chef avait dit: *Ceux-là sont à nous !* mot prophétique compris de nos braves soldats, et qui va se réaliser. En effet, la dix-huitième et la soixante-quinzième demi-brigades s'élancent sur les Autrichiens, qui, en se retirant par la route de Vérone, rencontrent les deux mille hommes que Bonaparte y avait laissés sous les ordres du général Rey et n'ont pas d'autre parti à prendre que de mettre bas les armes. Telle fut la célèbre bataille de Rivoli : elle dura douze heures. Constamment au plus fort du danger, Bonaparte eut plusieurs chevaux blessés sous lui.

Cependant Provera, avec ses vingt mille hommes, continuait sa marche sur Mantoue. Le 14 janvier, à deux heures, Bonaparte reçoit sur le champ de bataille de Rivoli une dépêche d'Augereau qui lui apprend que Provera a jeté un pont à Anghiari. Aussitôt qu'il voit le succès assuré, il charge Rey, Murat, Joubert, de poursuivre Alvinzy, et, ralliant la division de Masséna, il part avec elle. De Rivoli à Mantoue, on compte treize lieues, et Provera a vingt-quatre heures d'avance. Bonaparte force sa marche et parvient à Roverbella au moment même où son adversaire paraît devant Saint-Georges qu'il croit surprendre et enlever facilement. Provera voudrait faire perdre à Bonaparte le fruit de la victoire de Rivoli : sachant que Saint-Georges, ce faubourg de Mantoue, n'a qu'une faible garnison de quinze cents hommes, qu'il n'est défendu que par un fossé, et que le brave Miollis, qui y commande, ne craignant point d'être attaqué du côté de l'Adige, où se trouve Augereau, ne se garde que du côté de Mantoue, il se fait éclairer par des hussards qui ont des manteaux tout à fait pareils à ceux de notre régiment de Berchini ; déjà ces hussards touchent à la barrière, lorsque le sergent de garde, faisant en lui-même la remarque que leurs manteaux sont neufs, tandis que ceux de Berchini ont fait la guerre et sont usés, pousse la barrière et donne l'alarme. Le 15 à midi, le faubourg Saint-Georges est attaqué, et Miollis s'y défend avec la plus grande vigueur. Au moyen d'une barque, Provera avait fait connaître à Wurmser son arrivée, l'engageant à déboucher de la place le lendemain au matin; mais Bonaparte, qui arrive dans la soirée, place les brigades de Rivoli, sous les ordres du général Victor, entre Saint-Georges et la Favorite sur les flancs et sur les derrières de Provera, c'est-à-dire entre le corps autrichien et la citadelle, où Sérurier doit refouler Wurmser lorsqu'il tentera de déboucher. Enfin, le 16 janvier, au point du jour, Wurmser attaque Sérurier avec le courage du désespoir, mais il est rejeté dans Mantoue ; de son côté, le corps entier de Provera dépose les armes ; lui-même, fait prisonnier pour la seconde fois depuis l'ouver-

ture de la campagne, remet son épée au général Miollis, dont la bravoure a préparé la victoire. A la Mollinella, Augereau enlève l'arrière-garde de cette armée, qui n'a laissé que deux mille hommes au delà de l'Adige. Le combat de la Favorite coûte à l'ennemi six mille prisonniers, des canons, une nombreuse artillerie et plusieurs drapeaux. C'est dans cette journée que la cinquante-septième demi-brigade reçut le nom de LA TERRIBLE.

Quant à Alvinzy, poursuivi jusqu'à Trente, faisant des pertes journalières, il abandonnait successivement ses positions. Maître de celle de Lavisio, Joubert s'établit à Trente et dans le Tyrol italien; Augereau occupa Trévise, et Masséna, maître de Bassano, plaça ses avant-postes sur la Piave, que l'ennemi fut contraint de repasser. En vingt jours, l'ennemi avait perdu trente-cinq mille hommes, dont vingt-cinq mille prisonniers, soixante pièces de canon, et vingt-quatre drapeaux que le commandant des guides, Bessières, porta à Paris.

La destruction de l'armée d'Alvinzy laissait Mantoue abandonnée à elle-même. Depuis quelques mois, Sérurier avait tellement resserré le blocus, que la place n'était plus ravitaillée. La garnison avait mangé tous ses chevaux, et les hôpitaux renfermaient dix mille malades. Bonaparte fit sommer Wurmser de se rendre. Le vieux maréchal répondit qu'il avait des vivres pour un an; mais, peu de jours après, il envoya son premier aide de camp Klénau au général Sérurier. Prévenu par son lieutenant, Bonaparte se rendit à la conférence. Sans se découvrir, ni prendre aucune part à la discussion; il se mit à tracer quelques lignes sur les marges du papier qui contenait les propositions de Wurmser; puis se levant tout à coup, il dit à l'aide de camp: « Si Wurmser avait seulement pour dix-huit ou « vingt jours de vivres, et qu'il parlât de se rendre, il ne mériterait aucune capi- « tulation honorable. Mais je respecte l'âge, la bravoure et les malheurs du maré- « chal. Voici les conditions que je lui accorde : qu'il ouvre ses portes demain;

« qu'il tarde quinze jours, un mois, il aura les mêmes conditions : il peut même « attendre jusqu'à son dernier morceau de pain. Je pars à l'instant pour passer le « Pô, et je marche sur Rome. Vous connaissez mes intentions ; allez les dire à « votre général. » Frappé de cette générosité, pénétré de reconnaissance, l'aide de camp avoua qu'il n'y avait plus de vivres que pour trois jours, et prit congé. Wurmser, appréciant les procédés de Bonaparte, lui fit offrir de passer le Pô à Mantoue ; mais le jeune général ne voulut pas profiter si promptement de la position malheureuse de son respectable adversaire.

Le 2 février 1797, Wurmser remit au général Sérurier la ville de Mantoue et sa garnison forte d'environ treize mille hommes, sans compter les malades. Outre l'artillerie de siége que nous avions abandonnée avant la victoire de Castiglione, on y trouva trois cent cinquante pièces de canon. Bonaparte, voulant épargner au vieux maréchal la douleur de remettre son épée à un si jeune capitaine, s'était éloigné : cette magnanimité frappa d'étonnement l'Europe entière, et releva encore dans l'estime générale celui qui, sachant vaincre, n'acceptait de la guerre que ses périls.

Le profond politique, le grand homme de guerre, avait tourné ses pas et ses regards vers la patrie des Scipions.

CHAPITRE IX

1797

Guerre avec le Pape. — Traité de Tolentino.

La reddition de Mantoue avait fait éclater la magnanimité du vainqueur; peu de jours après, Wurmser donna une preuve signalée de sa reconnaissance en avertissant Bonaparte d'un projet d'empoisonnement ourdi contre ses jours dans la Romagne, où il venait de porter ses armes. Précieux avis, sans lequel le destructeur de quatre armées autrichiennes en bataille rangée pouvait peut-être périr obscurément de la main d'un fanatique ou d'un assassin. La nouvelle campagne ne fut ni longue ni glorieuse : les rencontres avec les troupes papales ne pouvaient offrir aux soldats français que de simples jeux militaires. Quant au général en chef, il ne réservait au Saint-Siége qu'un châtiment purement politique.

L'armistice signé le 23 juin 1796, à Bologne, par le marquis Gnudi, plénipotentiaire du pape, et le général en chef Bonaparte, avait été ratifié par Sa Sainteté. Cependant, l'ambassadeur français Cacault se plaignit de sa non-exécution, et bientôt même un manifeste inspiré par les espérances qu'était venu ranimer le ravitaillement de Mantoue, ne laissa aucun doute sur les véritables intentions de la cour pontificale. Après avoir annoncé que toute négociation était incompatible *avec la religion catholique* et son devoir de souverain, Sa Sainteté enjoignait « à tous les évêques, aux curés, aux magistrats et à toute personne « en place d'encourager les peuples qui dépendent d'eux à prendre les « armes. »

Aux explications demandées par le général en chef, il fut répondu *que le pape reconnaissait ce manifeste comme son ouvrage, et qu'il en avait jugé la publication nécessaire pour être toujours en état de défense.* Bonaparte, qui préférait les voies conciliatrices, écrivit au cardinal Mattei, légat de Ferrare : « Vous connaissez, « monsieur le cardinal, la force et la puissance des troupes que je commande. « Pour détruire le pouvoir temporel du pape, il ne me manque que de le vouloir. « Allez à Rome, voyez le Saint-Père ; éclairez-le sur ses véritables intérêts ; déta- « chez-le des intrigants qui l'entourent, qui veulent sa perte et celle de la cour de « Rome. Le gouvernement français me permet encore d'écouter des propositions « de paix. Tout peut s'arranger. La guerre, si cruelle pour les peuples, a des résul- « tats terribles pour les vaincus. Évitez de grands malheurs au pape. Vous savez « combien je désire personnellement de finir par la paix une lutte que la guerre « terminerait pour moi sans gloire, comme sans péril. » — « J'attache bien plus « d'importance au titre de conservateur du Saint-Siége qu'à celui de son destruc- « teur, écrivait-il aussi à l'ambassadeur Cacault : si à Rome on veut faire preuve « de jugement, nous en profiterons pour donner la paix à cette belle partie du « monde. »

Telles étaient, malgré tout, les dispositions bienveillantes de Bonaparte, lorsque parmi des lettres interceptées on en trouva une adressée par le cardinal Busca à son collègue Albani, ambassadeur de Rome à Vienne. Ce prélat négociait dans le même moment avec le baron de Thugut, ministre d'Autriche, une alliance offensive et défensive, et le gouvernement impérial s'engageait à envoyer au pape le général Colli pour prendre le commandement des troupes pontificales. « Quant à « moi, disait-il dans cette lettre, tant que je pourrai espérer d'obtenir des secours « de l'empereur, *je temporiserai relativement aux propositions de paix que me « font les Français.* » Enfin, il ajoutait que les ordres étaient donnés pour la réception du général Colli à Ancône, que le pape lui accordait un traitement et désirait qu'un corps d'Autrichiens vînt couvrir la Romagne, en passant par mer de Trieste à Ancône. Sur cette preuve manifeste de la trahison du Saint-Siége, Bonaparte ordonna à l'ambassadeur Cacault de quitter Rome et de se rendre à Florence. Avant de partir, celui-ci vit le cardinal Busca, qui, désespérant de pouvoir le retenir et le tromper encore, lui dit : « Nous ferons une Vendée de la Ro- « magne ; nous en ferons une des montagnes de la Ligurie ; nous en ferons une de « l'Italie entière. »

Avant d'agir, le général en chef voulut mettre sous les yeux du cardinal Mattei les lettres interceptées, et lui écrivit : « Voilà donc cette comédie ridicule sur le « point d'être terminée. Les lettres que je vous envoie vous montreront plus clai- « rement encore la perfidie, l'aveuglement et la sottise de ceux qui dirigent actuel- « lement la cour de Rome. Mais, quelque chose qui arrive, je vous prie de dire au « pape *qu'il peut demeurer tranquillement à Rome.* Premier ministre de la reli- « gion, il trouvera, à ce titre, protection pour lui-même et pour l'Église. » Bona- parte ne connaissait pas encore cette cour, ni l'esprit de cette Église à laquelle il garantissait protection. En réponse à ses généreuses démarches, on publia dans Rome une proclamation intitulée : *Harangue adressée aux braves qui com- battent sous les étendards de l'Église, pour le salut commun.* En voici les principaux passages :

« Il est enfin venu, le moment si désiré de courir aux armes, ô peuples vail- « lants, jadis sujets de Quirinus, aujourd'hui sujets du prince des apôtres, mem- « bres fidèles du patrimoine de saint Pierre, et fils bien-aimés de la sainte Église « romaine !

« Aux armes donc, courez tous aux armes ! Réveillez-vous ! levez-vous comme « des géants qui n'avez point dégénéré de vos ancêtres ! prévenez un ennemi

« dont vous ne connaissez que trop les impostures, mais qui n'a pas encore
« éprouvé les effets de votre courage, et qui, pour cela, vous méprise injuste-
« ment! Qu'il sente à son dommage et à sa honte le poids de vos bras! Déjà
« l'histoire a saisi sa plume d'or pour enregistrer vos glorieux faits dans les fastes
« de l'immortalité. L'Europe, d'une extrémité à l'autre, a les yeux fixés sur
« vous; elle ne doute ni de votre valeur, ni de l'heureux succès qui doit la cou-
« ronner.

« Notre excellent empereur François II, le magnanime défenseur, l'avocat de
« l'Église romaine, non content d'envoyer à notre secours les intrépides volontaires
« hongrois, transylvains, croates et allemands, a encore fait partir, à la demande
« de notre saint et affectueux père Pie VI, un de ses généraux, le meilleur, le
« plus expérimenté et le plus estimé, le seul bien qui nous manquât, et que
« vous désiriez obtenir. Il s'est hâté d'arriver, il est parmi nous. Le seul nom de
« Colli ne vous émeut-il pas, ne vous donne-t-il pas du courage? N'anime-t-il pas
« les esprits de tous les peuples, ce Colli qui, pendant deux années entières, a
« rendu impénétrables les gorges du Saorgio, les Thermopyles de l'Italie, les
« montagnes de Tauy et de Brois, où les cadavres des forcenés Français ont
« comblé les vallées et aplani les rochers les plus escarpés? Ce même Colli vient
« vous guider, non pas à des combats incertains, mais à une victoire imman-
« quable. Il est Italien comme vous; il vous aime tendrement. Il a en vous une
« entière confiance, et a toutes les raisons de l'avoir plus qu'on ne le voit com-
« munément.

« Courage donc! ne craignez rien. Aux armes! nous tous qui restons dans nos
« maisons, nous n'y resterons pas indifférents sur votre sort. Nous ne cesserons
« pas de fournir à vos besoins : rien ne vous manquera. Nous offrirons de fer-
« ventes prières au Très-Haut, afin qu'il dirige vos coups vers un but imman-
« quable : alors vous serez pleins de confiance qu'avec de tels secours humains
« et divins vous remporterez le triomphe le plus prompt et le plus signalé ; nous
« serons empressés de venir à votre rencontre et de vous ramener, sains et saufs
« et triomphants, aux lieux qui vous ont vus naître, afin de rendre ensemble à
« ce même distributeur de tous biens ces actions de grâces que saura nous inspi-
« rer l'épanchement de notre cœur reconnaissant. Dieu est en Israël, les Josué
« et les Gédéon ressusciteront parmi nous. Ne craignez rien. Aux armes! aux
« armes! »

Bonaparte répondit en termes modérés à ce coup de tocsin fanatique. « L'armée
« française va entrer sur le territoire du pape; elle sera fidèle aux maximes qu'elle
« professe : elle protégera la religion et le peuple. Le soldat français porte d'une
« main la baïonnette, sûr garant de la victoire, et de l'autre le rameau d'olivier,
« symbole de la paix et gage de sa protection. Malheur à ceux qui, séduits par des
« hommes profondément hypocrites, attireront sur leurs maisons la vengeance

« d'une armée qui, en six mois, a fait cent mille prisonniers des meilleures troupes
« de l'Empereur, pris quatre cents pièces de bataille, cent dix drapeaux, et détruit
« cinq armées ! »

Le lendemain il exposait à son armée, par l'ordre du jour suivant, les motifs qui lui faisaient reprendre les armes :

« 1° Le pape a refusé d'observer les conditions de l'armistice qu'il avait conclu.
« 2° La cour de Rome n'a pas cessé d'armer et d'exciter les peuples à la croisade
« par ses manifestes. 3° Elle a entamé des négociations hostiles contre la France
« avec la cour de Vienne. 4° Le pape a confié le commandement de ses troupes à
« des officiers généraux envoyés par la cour de Vienne. 5° Il a refusé de répondre
« aux demandes officielles qui lui ont été faites par le général Cacault, ministre
« de la République française. 6° Le traité d'armistice a donc été violé et rompu
« par la cour de Rome, etc. » Le 2 février, Bonaparte partit de Bologne et porta son quartier général à Imola, dans le palais de l'évêque de Chiaramonte, qui depuis a ceint la tiare sous le nom de Pie VII.

L'armée du pape était en campagne. Fidèle à sa parole, le cardinal Busca avait fait une Vendée de la Romagne, en soulevant, en fanatisant les populations par toutes les ressources de ce génie ultramontain si puissant encore, à cette époque, sur l'Italie ; lui-même, campé fièrement, à la tête d'une multitude de paysans et de moines, sur le Senio, il défendait le pont de Castel-Bolognese avec huit pièces de canon. Le général Victor occupait l'autre rive. Un parlementaire se présenta de la part de Son Éminence, menaçant *l'ennemi de faire feu s'il osait s'avancer*. Bonaparte eut la politesse de remettre l'affaire au jour suivant ; mais, pendant la nuit, il fit passer la rivière, à une lieue au-dessus de sa position, par l'avant-garde aux ordres du général Lannes, en sorte que le lendemain l'armée pontificale, en se réveillant, fut tout étonnée de se voir entre deux feux et coupée même de sa retraite sur Faenza. Les Français forcèrent au pas de charge le pont du Senio, et en moins d'une heure les troupes romaines, dans une déroute complète, fuyaient de toutes parts, avec une perte de quelques centaines d'hommes. On trouva sur le champ de bataille plusieurs cadavres de moines, des crucifix et des poignards. Après plusieurs sommations repoussées par les outrages les plus injurieux, Victor fut obligé de briser à coups de canon les portes de Faenza. Le général en chef fit ensuite rassembler dans un jardin tous les prisonniers faits dans la journée. Ils se croyaient perdus ; mais quel ne fut pas leur étonnement lorsqu'ils apprirent que non-seulement ils avaient la vie sauve, mais encore qu'on s'apprêtait à les mettre en liberté ! Bonaparte sauva même la ville du pillage, que réclamaient ses soldats irrités. A des hommes nourris dans des idées de vengeance, ce calcul d'une sage politique parut un acte de générosité extraordinaire envers ceux qui l'avaient voué aux poignards. Quant à lui, peu touché des expressions tumultueuses de leur reconnaissance, il fit appeler les officiers, dont un certain nombre appartenaient aux grandes familles de Rome, et, après leur avoir exprimé sa ferme résolution de protéger l'Italie et le Saint-Père, il les renvoya en les chargeant de distribuer sa proclamation. Bonaparte avait su convertir des ennemis acharnés en d'utiles émissaires, métamorphose d'autant plus facile que, dans les classes élevées, il n'y avait déjà plus que fort peu de fanatiques. A leur retour, qui étonna beaucoup leurs compatriotes, ces jeunes gens exaltèrent la générosité du vainqueur, et disposèrent les esprits, d'ailleurs peu belliqueux, à des sentiments pacifiques. Le général des Camaldules avait été mandé auprès du général en chef, qui, connaissant la confiance que Pie VI lui accordait, l'envoya promptement à Rome. Il y arriva au moment même où le pape montait en voiture pour quitter la ville. De son côté, Bonaparte se rendit à Tolentino pour diriger les négociations entamées et en attendre l'issue. Forli, Cesène, Pesaro, Rimini, Sinigaglia, se hâtèrent d'ouvrir leurs portes aux Français comme à des libérateurs ; si bien que cette Vendée italienne dont nous menaçait le cardinal Busca fut désarmée dans une simple promenade militaire.

Cependant Victor s'était dirigé sur Ancône, où il devait rencontrer Colli. Ce général, qui avait éprouvé la valeur française à Cherasco et à Mondovi, ne commandait plus à des soldats piémontais, et il s'en aperçut aisément. Établi avec trois mille hommes sur les hauteurs qui défendent la ville (c'était tout ce qu'il avait pu réunir), quand il vit s'avancer nos colonnes il s'éloigna suivi de ses officiers. Victor fit entourer les soldats romains, puis les somma de mettre bas les armes. Ceux-ci, n'apercevant plus le chef invincible envoyé par l'Autriche, obéirent sans avoir brûlé une amorce. On trouva dans la citadelle cent vingt bouches à feu, des magasins bien approvisionnés, et cinq mille fusils récemment envoyés par l'Empereur. Le lendemain les Français occupèrent Lorette, si fameuse par la Casa-

Santa que les anges y ont apportée ; mais la cour de Rome avait prudemment fait enlever le trésor de l'église, enrichi depuis tant de siècle par les libéralités du monde chrétien, et n'y avait laissé qu'une pauvre statue de bois, la Vierge des miracles.

Au milieu de ces petits épisodes militaires, Bonaparte poursuivait sa conquête morale sur les peuples de l'Italie et sur l'opinion de l'Europe, en mettant au service de sa politique une générosité pleine de prévenance. Par suite de l'occupation de la Romagne, une foule de prêtres français émigrés se trouvèrent tout à coup sans retraite : car, fatigués sans doute de l'hospitalité qu'ils leur avaient accordée jusqu'alors, le clergé et les moines venaient de les congédier sous le prétexte que leur présence compromettait la sûreté des couvents. Indigné de cette conduite égoïste et cruelle, dont il était loin de donner l'exemple, Bonaparte invita, par une proclamation, les évêques, les supérieurs ecclésiastiques, à donner asile à ces malheureux exilés, et les plaça même sous la protection de ses troupes. Cette circonstance donna lieu à plusieurs scènes véritablement touchantes, quelques-uns de nos soldats ayant reconnu parmi ces pauvres prêtres les curés de leurs villages.

Comprimé dans Rome depuis les meurtres de Duphot et de Basseville, le parti de l'indépendance italienne osait enfin relever la tête, tandis que la prise de Mantoue, suivie de celle d'Ancône, apportait la stupeur dans les conseils du Saint-Père. Celui-ci, honteux de sa conduite, et malgré les assurances réitérées du général en chef, voulait se réfugier à Naples; mais le général des Camaldules l'ayant décidé à envoyer des plénipotentiaires au quartier général de Tolentino, Pie VI resta au Vatican. Le serpent de la politique ultramontaine se repliait sur lui-même, et le souverain pontife, conseillé par son propre malheur, écrivit à Bonaparte :

« Cher Fils,

« Salut et bénédiction apostolique.

« Désirant terminer à l'amiable nos différends actuels avec la République fran-
« çaise, par la retraite des troupes que vous commandez, nous envoyons et dépu-
« tons vers vous, comme nos plénipotentiaires, deux ecclésiastiques, M. le cardinal
« Mattei, parfaitement connu de vous, et monsignor Galeppi, et deux séculiers, le
« duc don Louis Braschi, notre neveu, et le marquis Massimi, lesquels sont revêtus
« de nos pleins pouvoirs pour concerter avec vous, promettre et souscrire les
« conditions justes et raisonnables que nous espérons d'obtenir. Nous nous enga-
« geons sur notre foi et parole à les approuver et ratifier en forme spéciale, afin
« qu'elles soient valides et inviolables en tout temps. Convaincu des sentiments
« de bienveillance que vous avez manifestés, nous sommes décidé à ne pas sortir
« de Rome: vous verrez par là combien est grande notre confiance en vous. Nous
« finissons en vous assurant de notre plus grande estime, et en vous donnant notre
« bénédiction apostolique.

« Donné à Saint-Pierre de Rome, le 12 février 1797, l'an 22e de notre ponti-
« ficat.

Signé « Pie VI. »

Le style de cette lettre contrastait singulièrement avec celui de la *harangue* dont nous avons transcrit quelques passages; mais aussi il n'y avait plus d'Autriche pour le Vatican, à qui cette puissance n'avait même promis son appui qu'à des conditions très-dures, c'est-à-dire au prix de Ferrare et de Commachio. La négociation dura peu, car le 19 février, jour de la conclusion du traité de Tolentino, Bonaparte répondit dans les termes suivants à la lettre du pape :

Au quartier général de Tolentino, le 1er ventôse an v.

« Très-saint Père, je dois remercier Votre Sainteté des choses obligeantes conte-
« nues dans la lettre qu'elle s'est donné la peine de m'écrire. La paix entre la Ré-
« publique française et Votre Sainteté vient d'être signée. Je me félicite d'avoir pu
« contribuer à son repos particulier. J'engage Votre Sainteté à se méfier des personnes
« qui sont, à Rome, vendues aux cours ennemies de la France, ou qui se laissent
« guider par les passions haineuses qui entraînent la perte des États. Toute l'Europe

« connaît les inclinations pacifiques et les vertus conciliatrices de Votre Sainteté. La
« République française sera, j'espère, une des amies les plus vraies de Rome. J'envoie
« mon aide de camp chef de brigade (Murat) pour exprimer à Votre Sainteté l'estime
« et la vénération parfaite que j'ai pour sa personne, et je la prie de croire au désir
« que j'ai de lui donner, dans toutes les occasions, les preuves du respect et de la
« vénération avec lesquels j'ai l'honneur d'être

« Son très-obéissant serviteur,

« BONAPARTE. »

Le 23 février, Pie VI donna sa ratification au traité : il abandonnait les droits du Saint-Siége sur Avignon et le comtat Venaissin, faisait cession des légations de Bologne, de Ferrare et de la Romagne ; de la ville, de la citadelle et du territoire d'Ancône ; il accordait la mise en liberté de tous les détenus pour opinion ; il consentait à payer seize millions qui restaient encore à solder aux termes de l'armistice de Bologne, plus de quinze autres millions exigés par le nouveau traité. L'article du traité d'armistice relatif à la livraison des tableaux, statues, manu-

scrits, et à divers objets d'art et de science, était rappelé et maintenu avec l'exigence d'une rigoureuse et prompte exécution. Enfin, dans un article séparé, le pape s'engageait à faire désavouer le meurtre de Basseville, par un envoyé extraordinaire auprès du Directoire, et à payer une somme de trois cent mille francs à la famille de cet infortuné. Bonaparte ne voulut point entrer à Rome, où il aurait pu triompher du pape ; il se rendit à Mantoue, où il n'avait pas voulu jouir de son triomphe sur Wurmser.

Infatigable tant qu'il s'agit de vaincre, Bonaparte n'a pas quitté le champ de bataille qu'aussitôt il accorde la paix aux vaincus : il se proclame le protecteur des peuples, il donne la liberté aux prisonniers et l'indépendance aux provinces. Ne se montrant ambitieux ni pour lui ni pour sa patrie, ce sont des amis et des nations libres qu'il attache à la République. Généreux dans l'âge où la gloire des armes est une passion, il épargne l'humiliation aux cheveux blancs de Wurmser et du souverain pontife; digne émule de César pour le génie de la guerre, il rivalise avec Scipion pour la modération dans la victoire. Heureuse et unique époque pour la France et pour son héros! La gloire de Bonaparte fondait la grandeur de la République, en même temps que le génie de la liberté contenait cette gloire dans son austère limite, ne lui permettant rien de personnel, rien qui ne fût pour la patrie. Jamais plus noble contrat n'avait lié une armée et sa nation, un grand capitaine et son gouvernement.

CHAPITRE X

1797

Passage du Tagliamento. — Combat de Tarvis. — Armistice de Léoben.

Dès que Mantoue eut capitulé, l'Autriche se vit menacée dans ses États héréditaires, revers d'autant plus poignant que, par la prise de Kehl, elle s'apprêtait à franchir le Rhin et à envahir nos frontières. Le prince Charles, illustré par des exploits récents, parut seul capable d'être opposé au conquérant de l'Italie : le conseil aulique lui confia à cet effet les meilleures troupes qui avaient déjà, sous ses ordres, combattu sur le Rhin. Le Tagliamento est le point de réunion de cette cinquième armée, dernière ressource de la monarchie autrichienne.

Avant de commencer cette nouvelle campagne, Bonaparte, qui a deviné son illustre adversaire, adresse à son armée une proclamation dans laquelle, en lui rappelant ses récents triomphes en Italie, il lui annonce ses desseins sur l'Allemagne :

« Soldats !

« La prise de Mantoue vient de finir une campagne qui vous a donné des titres
« éternels à la reconnaissance de la patrie. Vous avez été victorieux dans quatorze
« batailles rangées et dans soixante-dix combats; vous avez fait cent mille pri-
« sonniers, pris cinq cents pièces de campagne, deux mille pièces de gros cali-
« bre, quatre équipages de pont. Les contributions mises sur le pays que vous
« avez conquis ont nourri, entretenu, soldé l'armée pendant toute la campagne.
« Vous avez en outre envoyé trente millions au ministre des finances, pour le
« soulagement du trésor public. Vous avez enrichi le Muséum de Paris de trois
« cents chefs-d'œuvre de l'ancienne et de la nouvelle Italie, et qu'il a fallu trente
« siècles pour produire. Vous avez conquis à la République les plus belles con-
« trées de l'Europe. Les républiques Transpadane et Cispadane vous doivent leur
« liberté. Les couleurs françaises flottent pour la première fois sur les bords de
« l'Adriatique, en face et à vingt-quatre heures de l'ancienne Macédoine, *d'où*
« *Alexandre s'élança sur l'Orient.* Une grande destinée vous est aussi réservée,
« mais vous n'avez pas tout achevé. Vous châtierez ces insulaires perfides qui,
« étrangers aux malheurs de la guerre, sourient avec plaisir aux maux du conti-
« nent. Les rois de Sardaigne, de Naples, le pape, le duc de Parme, se sont déta-
« chés de la coalition de vos ennemis, et ont brigué votre amitié. Vous avez
« chassé les Anglais de Livourne, de Gênes, de la Corse. C'est en vous que la
« patrie met ses plus chères espérances : vous continuerez à en être dignes. De
« tant d'ennemis qui se coalisèrent pour étouffer la République à sa naissance,
« l'Empereur seul reste devant vous : se dégradant lui-même du rang d'une grande
« puissance, ce prince s'est mis à la solde des marchands de Londres. Le Direc-
« toire exécutif n'a rien épargné pour donner la paix à l'Europe. La modération
« de ses propositions ne se ressentait pas de la force de ses armées ; il n'avait
« pas consulté votre courage, mais l'humanité, et l'envie de vous faire rentrer
« dans vos familles. Il n'a pas été écouté à Vienne : il n'est donc plus d'espérance
« pour la paix qu'en allant la chercher dans le cœur des États héréditaires de la
« maison d'Autriche. Vous y trouverez un brave peuple, accablé par la guerre
« qu'il a eue contre les Turcs, et par la guerre actuelle. Les habitants de Vienne
« et des États d'Autriche gémissent sur l'aveuglement et l'arbitraire de leur
« gouvernement ; il n'en est pas un qui ne soit convaincu que l'or de l'Angleterre
« a corrompu les ministres de l'empereur. Vous respecterez leurs propriétés. C'est
« la liberté que vous apporterez à la brave nation hongroise. La maison d'Au-
« triche, qui depuis trois siècles va perdant à chaque guerre une partie de sa
« puissance, qui mécontente ses peuples en les dépouillant de leurs priviléges,
« se trouvera réduite, à la fin de cette sixième campagne (puisqu'elle nous con-

« traint à la faire), à accepter la paix que nous lui accorderons, et à descendre en
« réalité au rang des puissances secondaires, où elle s'est déjà placée en se mettant
« aux gages et à la disposition de l'Angleterre. »

Deux divisions, sous les ordres de Bernadotte, sont venues de la Sambre et du Rhin renforcer l'armée d'Italie. « *Soldats de l'armée de Sambre-et-Meuse!* leur « dit en arrivant celui qui les conduisait, *l'armée d'Italie nous regarde.* » Bonaparte compte en ligne trente-sept mille combattants, qui forment les divisions Masséna, Bernadotte, Sérurier et Augereau; dix-sept mille obéissent à Joubert; vingt autres mille, et particulièrement la division Victor, destinée à garder l'Adige, occupent les places et observent le midi de l'Italie, où les traités récents avec les cours de Naples et de Rome ne suffisent pas à la prudence du général en chef. L'archiduc, au contraire, n'a que trente-cinq mille hommes, qui couvrent le Frioul ou occupent le Tyrol, et parmi lesquels dix mille Tyroliens, excellents soldats dans une guerre de montagnes. Pour la première fois, Bonaparte fait entrer dans ses calculs et se hâte de mettre à profit la supériorité numérique de son armée, car s'il attend que son adversaire ait reçu les renforts qui lui arrivent par l'Allemagne, il aura devant lui une armée de quatre-vingt-dix mille hommes à combattre, et sur ses derrières Venise à redouter.

Le 10 mars 1797, toute l'armée française se met en mouvement : la gauche que commande Masséna, après avoir culbuté et pris le général autrichien Lusignan, s'empare de Feltre, de Bellune et de Cadore. La colonne de droite, aux ordres de Bonaparte, passe la Piave; et Sérurier occupe Conegliano, où s'établit le quartier

général. Le 16, l'armée force le passage du Tagliamento, que défend une forte arrière-garde, enfonce les Autrichiens et les contraint à se mettre en retraite sur Palma-Nova, où elle entre à leur suite[1]. Masséna, qui a forcé tous les passages,

[1] Une chose peut donner idée de l'habileté de nos ingénieurs à l'armée d'Italie : l'un des ponts qu'ils jetèrent alors sur le Tagliamento, seulement pour servir de passage aux troupes françaises existait encore en 1808.

qui s'est emparé des gorges de Ponteba, ferme à l'archiduc la route de Carinthie, et marche sur Tarvis, en avant de laquelle le prince a pris position. Après un com-

bat acharné, où il paya souvent de sa personne, le généralissime autrichien perdit Tarvis, dont la possession était pour nous d'une grande importance. D'un autre côté, Bernadotte s'est porté sur Gradisca, qu'il cherche à enlever d'assaut; mais le gouverneur de cette place, se voyant pris à revers par la division Sérurier, capitule avec trois mille hommes. Aussitôt Bonaparte, qui a transporté son quartier général à Goritz, lance Bernadotte sur Laybach, à la poursuite de l'ennemi. Le jour même où Masséna prenait Tarvis, Trieste nous ouvrit ses portes. Les Autrichiens essayèrent de tenir à la Chiusa ; mais assaillis par Masséna, qu'ils ne savaient pas dans Tarvis, par la quatrième demi-brigade de ligne, surnommée l'Impétueuse, ils furent chassés de la position. Déjà l'armée ennemie a perdu cinq mille prisonniers, trente-deux pièces de canon, quatre cents voitures d'artillerie et de bagages, et quatre généraux.

Bonaparte passe la Drave à Villach. De son quartier général de Klagenfurth, d'où il a chassé deux divisions autrichiennes arrivées de l'armée du Rhin, il adresse aux peuples de la Carinthie, de la Carniole et de l'Istrie, une proclamation dont la garantie reposait sur la discipline du soldat et sur la sagesse de l'administration militaire. « Malgré l'Angleterre et les ministres de la cour de Vienne, soyons amis,

« disait-il. La République française a sur vous des droits de conquête; qu'ils dis-
« paraissent devant un contrat qui nous lie réciproquement! Vous ne vous mêle-

« rez pas d'une guerre qui n'a pas votre aveu. Vous fournirez aux besoins de mon
« armée. De mon côté, je protégerai les propriétés. Je ne tirerai de vous aucune
« contribution. » Le contrat fut observé fidèlement de part et d'autre. La justice,
la modération, marchaient sous le drapeau de Bonaparte, et après la victoire elles
assuraient la conquête.

Cependant Joubert, opposé dans le Tyrol aux généraux Kerpen et Laudon, qui
occupent les deux rives de l'Adige, attendait les ordres du général en chef; ils
lui parvinrent de Goritz. Aussitôt il dirige ses coups contre Kerpen, le culbute,
le poursuit de position en position, lui fait trois mille prisonniers et lui tue deux
mille hommes : c'était la moitié de la division autrichienne. Se retournant ensuite
contre Laudon, qui est placé à la gauche du fleuve, dans la vallée de la Meran, il
lui enlève deux mille cinq cents prisonniers et entre à Neumarck. Renforcé à

Clausen par une division venue de l'armée du Rhin, Kerpen attend Joubert dans cette position inexpugnable; mais l'impulsion de la victoire était donnée : forcé à la retraite sur Mittenwald, où il trouve un nouveau renfort, le général autrichien est battu encore une fois, et après avoir évacué Stersing, il se retire au delà du Brenner. Toujours victorieux, Joubert s'est arrêté à Brixen ; c'est là qu'il reçoit

enfin l'ordre de Bonaparte qui le rappelle à lui. Malgré l'insurrection qui le menace et qui l'entoure, car les montagnards, excités par Laudon, ont repris les armes, il rejoint le quartier général avec douze mille hommes dont tous les pas avaient été marqués par des succès, traînant à sa suite sept mille prisonniers de guerre que lui a livrés la fortune des combats.

Se voyant le champ libre, Kerpen marche pour se réunir à l'archiduc, tandis que Laudon descendait l'Adige pour donner la main à l'insurrection vénitienne, dont Bonaparte avait prévu la complicité.

L'armée républicaine n'est plus qu'à soixante lieues de Vienne : elle compte cinquante mille combattants, et menace d'une complète destruction celle de l'archiduc qui a perdu vingt mille hommes et cinquante pièces de canon. A cette nouvelle, l'alarme se répand dans la capitale de l'Empire, et le Danube transporte au fond de la Hongrie les enfants de la famille impériale. Il était raisonnable de penser que le sentiment de la conservation remplacerait celui d'une orgueilleuse obstination. Toujours fidèle à son système de modération, Bonaparte ne crut pas compromettre sa gloire en devançant l'Autriche sur le terrain de la paix, et, le 13 mars, il écrivit de Klagenfurth à l'archiduc Charles :

« Monsieur le général- en chef,

« Les braves militaires font la guerre et désirent la paix. Cette guerre ne
« dure-t-elle pas depuis six années? Avons-nous tué assez de monde, fait assez de
« mal à la triste humanité? Elle réclame de toutes parts. L'Europe, qui avait pris
« les armes contre la République française, les a posées; votre nation reste seule,
« et cependant le sang va couler plus que jamais. Cette sixième campagne s'an-
« nonce par des présages sinistres. Quelle qu'en soit l'issue, nous aurons perdu de
« part et d'autre quelques milliers d'hommes de plus. Il faudra bien finir par
« s'entendre, puisque tout a un terme, même les passions haineuses. Le Directoire
« de la République française avait fait connaître à S. M. l'Empereur le désir de
« mettre fin à la guerre qui désole les deux peuples. L'intervention de la cour de
« Londres s'y est opposée. N'y a-t-il donc aucun espoir de nous entendre, et
« faut-il, pour les intérêts ou les passions d'une nation étrangère aux maux de la
« guerre, que nous continuions à nous entr'égorger? Vous, monsieur le général
« en chef, qui par votre naissance approchez du trône, qui êtes au-dessus des
« petites passions qui agitent les ministres et les gouvernements, êtes-vous décidé
« à mériter le titre de bienfaiteur de l'humanité entière, et de vrai sauveur de
« l'Allemagne? Ne croyez pas que j'entende par là, monsieur le général en chef,
« qu'il ne vous soit possible de la sauver par la force des armes. Mais, dans la
« supposition que les chances de la guerre vous deviennent favorables, l'Allemagne
« n'en sera pas moins ravagée. Quant à moi, monsieur le général en chef, si
« l'ouverture que j'ai l'honneur de vous faire peut sauver la vie à un seul homme,
« je m'estimerai plus heureux de la couronne civique que je me trouverai avoir
« méritée, que de la triste gloire qui peut revenir des succès militaires. »

L'archiduc répondit :

« Monsieur le général,

« Assurément, tout en faisant la guerre et en suivant la vocation de l'honneur
« et du devoir, je désire autant que vous la paix pour le bonheur des peuples et
« de l'humanité. Comme néanmoins, dans le poste qui m'est confié, il ne m'ap-
« partient pas de scruter ou de terminer la querelle des nations belligérantes, et
« que je ne suis muni de la part de S. M. l'Empereur d'aucuns pleins pouvoirs
« pour traiter, vous trouverez naturel, monsieur le général, que je n'entre point
« avec vous là-dessus dans aucune négociation, et que j'attende des ordres supé-
« rieurs pour cet objet de si haute importance, et qui n'est pas précisément de
« mon ressort. Quelles que soient, au reste, les chances futures de la guerre ou de
« la paix, je vous prie, monsieur le général, d'être bien persuadé de mon estime
« et de ma considération distinguée. »

Bonaparte était encore condamné à vaincre.

Le 2 avril, à la pointe du jour, Masséna se porta en avant de Klagenfurth sur Friesach, où il entra avec l'ennemi, qu'il poursuivit jusqu'à Neumark. Là, il trouva l'archiduc à la tête des débris de sa première armée et de quatre nouvelles divisions arrivées des bords du Rhin. Digne rival de Bonaparte, l'archiduc voulut

tenter de nouveau le sort des armes. Bonaparte fit promptement ses dispositions. Masséna commença l'attaque; elle se ressentit de cette énergie qui enlevait l'armée depuis l'ouverture de la campagne. En peu d'instants la ligne autrichienne fut brisée. Les Français s'emparèrent des positions, de trois mille prisonniers, et pénétrèrent pêle-mêle avec les Autrichiens dans Neumark, où l'on prit encore douze cents hommes et du canon. L'archiduc essaya de retarder la poursuite en proposant une suspension d'armes, afin, disait-il, *de pouvoir prendre en considération la lettre du 31 mars*; mais Bonaparte répondit *qu'on pouvait negocier et se battre*, et qu'il n'accorderait d'armistice qu'à Vienne, à moins que ce ne fût pour la paix définitive. On poussa jusqu'à Scheifling, à quatre lieues du champ de bataille, et le quartier général français y séjourna deux jours. Le mouvement continua sur Knittelfeld, dont la route était défendue par des positions formidables. Une affaire très-chaude eut lieu dans les défilés de Hundsmark; l'ennemi en fut chassé avec une perte considérable. Notre avant-garde entra à Léoben.

A Judenbourg, à vingt lieues de Vienne, Bonaparte reçut la véritable réponse

15

à sa lettre du 31 mars. Elle lui fut remise sous la forme de note diplomatique par le feld-maréchal Bellegarde, chef d'état-major du prince, et par le comte de Meerweldt, général-major, qui s'annoncèrent comme parlementaires. Cette note était ainsi conçue :

« S. M. l'Empereur et roi n'ayant rien plus à cœur que de concourir au repos
« de l'Europe et de terminer une guerre qui désole les deux nations, en consé-
« quence de l'ouverture que vous avez faite à S. A. I. par votre lettre de Klagen-
« furth, S. M. l'Empereur nous a envoyé vers vous pour s'entendre sur cet objet
« d'une si grande importance. Après la conversation que nous venons d'avoir
« avec vous, et persuadés de la bonne volonté comme de l'intention des deux
« puissances de finir le plus promptement possible cette guerre désastreuse,
« S. A. I. désire une suspension d'armes de dix jours, afin de pouvoir avec plus
« de célérité parvenir à ce but, et afin que toutes les longueurs et les obstacles que
« la continuation des hostilités apporterait aux négociations soient levés, et que
« tout concoure à rétablir la paix entre les deux grandes nations.

« *Signé* : BELLEGARDE, MEERWELDT. »

Bonaparte répondit : « Dans la position militaire des deux armées, une suspen-
« sion d'armes est toute contraire à l'armée française; mais, si elle doit être un
« acheminement à la paix tant désirée, et si utile aux peuples, je consens sans peine
« à vos désirs. La République française a manifesté souvent à Sa Majesté le désir de
« mettre fin à cette lutte cruelle ; elle persiste dans les mêmes sentiments. Je ne
« doute pas, après la conférence que je viens d'avoir l'honneur d'avoir avec vous,
« que sous peu de jours la paix ne soit enfin rétablie entre la République française
« et Sa Majesté. » Le soir, la suspension d'armes fut signée pour cinq jours. Dans

cette conférence préliminaire avec les plénipotentiaires autrichiens, Bonaparte leur dit : « Votre gouvernement a envoyé contre moi quatre armées sans généraux, et « cette fois un général sans armée. » Adroit et noble éloge adressé à l'archiduc Charles.

Cet armistice, qui s'étendit aux armées du Tyrol, donna une nouvelle ligne à l'armée française. Sérurier occupa la forte ville de Gratz. Bonaparte transféra lui-même son quartier général à Léoben, et son avant-garde jusqu'à Bruck, où s'établit Masséna. Ses avant-postes couronnaient les hauteurs et couvraient les pentes du Simmering.

CHAPITRE XI

1797

Insurrection de Venise. — Préliminaires de Léoben. — Massacre des Français à Vérone. — Destruction de l'oligarchie vénitienne.

En recommençant la campagne sur le Tagliamento, Bonaparte avait eu pour but de s'ouvrir la route de Vienne, comme le seul moyen de parvenir à la paix ; mais voulant ne pas laisser derrière lui, pendant qu'il combattrait au delà des Alpes tyroliennes, une puissance ennemie ou une alliée douteuse, il avait continué avec l'État de Venise les négociations entamées en juin et juillet 1796. Aux ouvertures que lui faisait la France par l'intermédiaire du général en chef de l'armée d'Italie, ce gouvernement oligarchique avait répondu d'une manière évasive, et continué d'armer en secret. Bonaparte, à qui rien n'échappait, s'adressa directement au provéditeur Battaglia, dont les opinions répondaient à ses vues, et dans plusieurs conférences qu'ils eurent ensemble, il employa les arguments les plus décisifs pour engager l'État de Venise à sortir des voies tortueuses de sa vieille politique, à lier franchement ses intérêts avec ceux de la République française. A cette même époque, par une juste représaille, les Français étaient entrés à Peschiera, qui précédemment avait reçu les Autrichiens, et Vérone s'était trouvée contrainte d'ouvrir ses portes au vainqueur de Beaulieu. Les propositions bienveillantes de Bonaparte avaient été éludées par le sénat, qui comptait sur les victoires de l'Autriche; mais les défaites successives de Wurmser et d'Alvinzy n'avaient pas tardé à produire une impression profonde sur les habitants de la plus grande partie des villes de la terre ferme vénitienne : Bergame et Brescia, ses deux principaux municipes, s'étaient confédérés avec Milan, capitale de la république lombarde, avec Bologne, capitale de la république transpadane, et, sous la direction de leurs familles patriciennes, s'apprêtaient à faire cause commune avec les Français.

Depuis la guerre, trois factions partageaient le sénat de Venise : la première, celle des vieux sénateurs, formait le parti de l'indépendance, qui repoussait également l'influence allemande et l'influence française; mais, dénuée de coup d'œil et de décision, elle ne vit pas que le temps était venu où il fallait absolument choisir. La seconde faction, tout autrichienne, voulait une neutralité armée contre nous. Pesaro, qui dirigeait alors la politique de l'État, en était le chef, et avait pour lui tous les jeunes sénateurs. La troisième, dont le provéditeur Battaglia était l'âme, proposait une alliance offensive et défensive avec la République française. Elle obtint peu de crédit, quoiqu'en réalité il n'y eût pas d'autre moyen de salut; et, selon l'usage des aristocraties minées par la vieillesse, le gouvernement vénitien suivit la routine du privilége et la vanité du patriciat au lieu de consulter le bien-être de la patrie.

Au milieu de ces complications, il restait au général Bonaparte une question difficile à résoudre, et c'était la question principale, celle d'aller conquérir la paix, non plus sur le territoire de Venise, mais dans le cœur même de l'Allemagne, sur la route de Vienne. Telle fut la cause déterminante de la campagne du Tagliamento. Or, pour marcher contre l'archiduc, il lui fallait laisser derrière lui une population de trois millions d'hommes faciles à soulever et plus que suffisante pour gêner considérablement sa retraite, pour détruire même son armée s'il éprouvait quelques revers, pour intercepter ses convois pendant qu'il se porterait en avant. Ces considérations le décidèrent à demander au sénateur Pesaro une entrevue dans laquelle, après lui avoir offert l'amitié de la France et la garantie de toutes les possessions vénitiennes de terre ferme, dont une partie avait déjà levé l'étendard de l'indépendance, il lui proposa de déclarer la guerre à l'Autriche et de fournir un contingent de dix mille hommes à l'armée française, lui donnant, en outre, le conseil aussi amical que politique de faire ouvrir le Livre d'or aux grandes familles de la terre ferme. Pesaro partit en disant qu'il apporterait la réponse du sénat sous quinze jours ; mais il ne cherchait qu'à gagner du temps, dans l'espoir que durant cet intervalle la fortune se montrerait favorable aux armes de l'Autriche.

Cet espoir fut déçu : Bonaparte passa la Piave, battit l'archiduc sur le Tagliamento, et par contre-coup la révolution s'accomplit à Bergame, à Salo, à Brescia. Dans cette dernière ville le peuple désarma la garnison, composée de deux mille Esclavons.

A l'expiration des quinze jours, Pesaro étant revenu, Bonaparte renouvela ses propositions et lui dit : « Armez-vous encore? — Il faut bien, répondit le rusé « Vénitien ; il nous faut punir les rebelles de Brescia et de Bergame, et contenir « les malveillants de Créma, de Vérone, les agitateurs de Venise elle-même. « — S'il est, reprit Bonaparte, des troubles sur mes derrières par votre faute, « si les troupes que je laisse sont insultées, *ce qui n'était pas un crime quand* « *j'étais en Italie, en serait un irrémissible quand je serai en Allemagne. Votre* « *république cesserait d'exister; vous auriez prononcé sa sentence. Vaincu ou* « *vainqueur, je ferais la guerre à vos dépens.* » Après cet entretien, on s'était séparé, Bonaparte pour continuer ses avantages militaires, Pesaro pour continuer ses trames politiques. En effet, la haine de Venise était si aveugle, que son envoyé à Vienne reçut l'ordre de conclure une alliance avec l'Empereur.

Le cabinet autrichien se montra aussi empressé que celui de Venise à signer le nouveau traité, et des instructions spéciales furent donnés à ses généraux pour exciter des soulèvements dans les pays que venait de quitter l'armée française. Le général Laudon, chargé de la direction de cette guerre, n'épargna ni les proclamations ni les fausses nouvelles ; il répandit, de concert avec Pesaro, le bruit que les armées du Rhin et de Sambre-et-Meuse venaient d'être écrasées ; que le

Tyrol était le tombeau des Français, et que Joubert y avait péri avec ses troupes. Vainement notre ambassadeur déclarait-il au sénat que sur le Rhin nul revers n'avait

déshonoré nos armes, et que Joubert était entré dans la Carinthie : la conspiration alimentée par Pesaro et soutenue par les troupes esclavonnes au service de Venise, seconda bientôt les mouvements qu'avait fomentés Laudon. Cette commotion inspira une grande énergie aux cités de la terre ferme : Brescia, Salo et Bergame, qui avaient proclamé leur indépendance les armes à la main, s'unirent plus étroitement aux villes de Milan, de Bologne et de Modène : mais Vérone, où Pesaro exerçait une grande influence, fut, ainsi que Padoue et Vicence, chargée de mettre en œuvre les plans sanguinaires de la conjuration austro-vénitienne.

Bonaparte était à Judenbourg lorsqu'il apprit ces événements par les rapports des généraux Balland et Kilmaine, qui commandaient, l'un à Vérone, et l'autre à Milan. En conséquence, il donna au général Kilmaine le commandement de tout le territoire insurgé, et expédia son aide de camp Junot à Venise, avec l'ordre de lire en plein sénat la lettre suivante, qu'il écrivait au doge :

BONAPARTE, GÉNÉRAL EN CHEF DE L'ARMÉE D'ITALIE, AU SÉRÉNISSIME DOGE DE LA RÉPUBLIQUE DE VENISE.

Au quartier général de Judenbourg, le 20 germinal an V.
(Avril 1797.)

« Dans toute la terre ferme, les sujets vénitiens sont sous les armes. Leur
« cri de ralliement est : *Mort aux Français!* Le nombre des soldats d'Italie qui
« en ont été victimes se monte déjà à plusieurs centaines. Vous affectez en vain

« de désavouer les attroupements que vous-mêmes avez préparés. Croyez-vous
« que, quand j'ai pu porter nos armes au cœur de l'Allemagne, je n'aurai pas la
« force de faire respecter le premier peuple du monde? Pensez-vous que les
« légions d'Italie puissent souffrir les massacres que vous excitez? Le sang de
« nos frères d'armes sera vengé, et il n'est pas un seul bataillon français qui,
« chargé de cette mission généreuse, ne se sente trois fois plus de courage et
« de moyens qu'il ne lui en faut pour vous punir. Le sénat de Venise a répondu
« par la plus noire perfidie à notre générosité soutenue à son égard. Je prends le
« parti de vous envoyer mes propositions par un de mes aides de camp et chef
« de brigade. *La guerre ou la paix.* Si vous ne prenez sur-le-champ toutes les
« mesures pour dissiper les attroupements, si vous ne faites aussitôt arrêter et re-
« mettre en mes mains les auteurs des meurtres qui se commettent, la guerre
« est déclarée. Le Turc n'est pas sur vos frontières, aucun ennemi ne vous menace,
« et cependant vous avez fait arrêter, de dessein prémédité, des prêtres, pour
« faire naître un attroupement et le tourner contre l'armée. Je vous donne vingt-
« quatre heures pour le dissiper. Les temps de Charles VIII sont passés. Si, malgré
« la bienveillance que vous a montrée le gouvernement français, vous me rédui-
« sez à vous faire la guerre, ne pensez pas que le soldat français, comme les bri-
« gands que vous avez armés, aille ravager les champs du peuple innocent et
« malheureux de la terre ferme : non, je le protégerai, et il bénira jusqu'aux
« forfaits qui auront obligé l'armée française de l'arracher à votre tyrannique
« gouvernement.

« BONAPARTE. »

Bonaparte avait bien choisi son envoyé; Junot remplit sa mission avec la fermeté naturelle à son caractère, jointe à toute la rudesse d'un soldat victorieux et irrité. Il vit à ses pieds cet implacable sénat de Venise, dont la dernière heure allait sonner. Les intrigues de Pesaro, les mensonges de Laudon, étaient dévoilés aux yeux de tous : le gouvernement des Puits et des Plombs avait soudainement perdu son impénétrabilité. On savait que Joubert, maître de Villach, avait, par la plus brillante comme la plus audacieuse opération, fait sa jonction avec l'armée; on savait que les armées du Rhin et de Sambre-et-Meuse occupaient toujours leurs positions sur le territoire de la république : on savait que Victor, après avoir mis en fuite les troupes papales, bloquait Vérone avec quinze mille hommes, qu'Augereau marchait sur les Lagunes avec vingt-cinq mille; on savait que deux généraux autrichiens, arrivés en parlementaires au camp de Bonaparte, après avoir obtenu une suspension d'armes sollicitée par la superbe cour de Vienne, y étaient accrédités comme plénipotentiaires pour traiter de la paix.

Le doge répondit le même jour au général en chef, par une lettre dans laquelle il rejetait les désordres et les assassinats commis dans la terre ferme sur la nécessité où les sujets fidèles à la république avaient été de combattre les insurgés. Le cercle était vicieux, car par ce nom d'insurgés on désignait les partisans de la France. Ces excuses, qui ne pouvaient tromper personne, formaient une contra-

diction bien remarquable avec la déclaration contenue dans la même lettre : « Le « sénat, invariable dans la résolution de maintenir la paix et l'amitié qui nous « lient avec la République française, s'empresse de vous en renouveler l'assurance « dans les circonstances présentes. » Qui le croirait? au moment même où il se montrait dans une attitude suppliante, le sénat mettait le comble à toutes ses perfidies, et plaçait Bonaparte dans la nécessité de prononcer contre lui un arrêt définitif, malgré ses dispositions aussi modérées que sages. Le cours des choses l'avait également contraint d'évoquer à lui seul l'arbitrage de la guerre ou de la paix avec le cabinet autrichien. En effet, le comte de Meerweldt, accompagné du marquis de Gallo, ambassadeur de Naples à Vienne, était arrivé au quartier général de Léoben, muni de pleins pouvoirs pour négocier et arrêter des préliminaires. Dans le désir de mettre un terme aux hostilités, Bonaparte consentit à prolonger la suspension d'armes : le château de Neuwald, à une lieue de Léoben, fut neutralisé, et Bonaparte signa les préliminaires, quoique le général Clarke eût reçu du Directoire la mission de traiter. Mais Clarke était alors à Turin, et Bonaparte ne jugea pas devoir l'attendre.

Cependant le sénat de Venise, malgré la protestation renfermée dans la lettre du doge, *de son invariable résolution de maintenir la paix*, n'avait pas rapporté la proclamation publiée dans toute les provinces de la terre ferme, par laquelle il les appelait aux armes *pour la défense commune*. Toute la population des cam-

pagnes, secondant les régiments esclavons et albanais, arrêtait sur les routes et désarmait nos détachements. Le jour du départ de Junot, cinq cents Français arrivés à Vérone avaient dû employer la force pour entrer dans les forts ; la ville était occupée au dedans et au dehors par une troupe d'environ vingt mille soldats, bourgeois et paysans insurgés. Depuis plusieurs jours, on prêchait dans les églises l'extermination des Français, car cette rage sanguinaire appelait tout à son aide, tout, jusqu'au sacrilège. Pendant les cérémonies de la semaine sainte, Pesaro fit organiser et armer quarante mille paysans et dix mille Esclavons, pour détruire en même temps les Français et leurs partisans ; et dans Vérone, à la seconde fête de Pâques, la cloche qui appelait les fidèles au service divin, devint un signal de mort pour nos malheureux soldats, qui tombèrent impitoyablement massacrés chez leurs hôtes, dans les rues, dans les hôpitaux même. On ne respecta ni les blessés ni les mourants. Les postes placés aux portes de la ville furent surpris. Trop faible pour tenter des sorties, et menacée d'un assaut général, la garnison ne put opposer à ces furieux que les batteries des forts où elle s'était renfermée. Plus de quatre cents Français perdirent la vie. Ces assassinats prémédités, exécutés froidement, reçurent le nom de *Pâques vénitiennes*. La Chiusa, Castiglione, Chiari, Velaggio, et presque toutes les villes qui n'avaient pas proclamé leur indépendance, furent le théâtre de semblables atrocités.

L'insurrection avait été combinée avec la marche du corps de Laudon, qui descendait du Tyrol, où il avait repris quelques positions sur les Français, mais que la signature des préliminaires de Léoben arrêta subitement. Ce fut presque sous les yeux de ce général que la division Victor, accourant de Rome, mit dans une déroute complète huit mille Vénitiens qui gardaient les approches de Vérone afin de protéger les sanglantes exécutions qui se consommaient dans l'intérieur. Tout concourait à la perte de Venise, et l'aveuglement de ses chefs politiques, et la perfidie de ses chefs militaires. Pendant que le sénat attendait avec une cruelle impatience la nouvelle de la prise des forts de Vérone, un bâtiment français, venu sous le canon du Lido pour chercher un refuge contre des bâtiments autrichiens, fut foudroyé par les batteries vénitiennes, et le capitaine Laugier tué sur son bord. Le sénat, par un décret, remercia le commandant du fort,

et accorda une gratification aux marins qui avaient pillé le navire français et égorgé l'équipage. De telles trahisons ne pouvaient être expiées que par la destruction de l'aristocratie qui les avait prescrites. Le châtiment ne se fit pas attendre.

Dès qu'il apprit ce qui se passait à Léoben, le sénat de Venise députa au Directoire et au général Bonaparte, afin de détourner la vengeance de la République justement irritée : il offrait tout ce que peut offrir pour son salut un gouvernement réduit à désespérer de lui-même. Bonaparte ne voulut rien entendre : le sang de ses compagnons d'armes criait trop haut contre les lâches qui l'avaient répandu ; l'heure fatale avait sonné pour eux. Libre du côté de l'Autriche, il annula de sa seule autorité la négociation que l'or des oligarques soutenait à Paris, en arrêtant leur correspondance. A Palma-Nova, ville vénitienne, il fit publier un manifeste dans lequel, après avoir tracé d'une manière énergique le tableau des sanglantes perfidies de cette république, il lui déclarait la guerre.

A la lecture de ce document, le sénat, abandonné par la cour de Vienne qu'il avait vainement suppliée de le faire comprendre dans la suspension d'armes, puis dans le traité de paix, prononça lui-même sa dissolution, et abandonna le pouvoir suprême : le terrible conseil des *Dix* fit place à une simple municipalité. Bientôt après, on brûla publiquement le Livre d'or, ainsi que le bonnet ducal du doge, et tous les insignes de l'oligarchie renversée. La marine de Venise, qui se composait de douze vaisseaux de soixante-quatre canons et d'autant de frégates, fut envoyée à Toulon ; les îles Ioniennes passèrent sous la domination de la France ; le général Gentili, de retour de la Corse, alla, sur l'escadre vénitienne, chargée de bataillons français, planter le drapeau tricolore à Corfou ; et la conquête de l'Adriatique fut une conséquence des triomphes de l'armée d'Italie.

CHAPITRE XII

1797

Bonaparte au quartier général de Montebello. — Révolution de Gênes. — République ligurienne. — République cisalpine. — Anniversaire du 14 juillet.

Dès qu'il eut réglé provisoirement le sort de Venise, dont l'existence ne pouvait être décidée en ce moment, Bonaparte se rendit de Milan à Montebello, où les ministres d'Autriche, du pape, des rois de Naples et de Sardaigne, des républiques de Gênes et de Venise, du duc de Parme, des cantons suisses et de plusieurs princes d'Allemagne, ne tardèrent pas à arriver. Le château de Montebello devint une véritable résidence royale : on eût dit une cour plutôt qu'un quartier général. La qualité de général en chef avait donné à Bonaparte l'habitude du commandement absolu ; les loisirs de Milan, de Montebello, de Passeriano, lui firent prendre les manières d'un prince souverain. Sa gracieuse compagne, qui était venue le joindre, y retrouvait aussi les souvenirs de sa jeunesse. Entourée de tant de personnages appartenant à des cours étrangères, elle servait les intérêts nouveaux que l'arbitre de l'Italie était chargé de défendre, et, sans le savoir, ceux que peut-être il prévoyait vaguement pour l'avenir. Depuis sa première entrée à Milan, le général avait perdu, à l'égard de ses compagnons d'armes, cette fraternité des camps qu'il recherchait en arrivant à Nice, et paru faire le premier apprentissage du pouvoir suprême. Vainqueur de l'Autriche, en 1797, un corps diplomatique était accrédité de fait auprès de sa personne, et il ne portait plus d'autre titre que celui de *libérateur*. Malgré le caractère tout républicain de sa position officielle, il affectait une sorte de majesté dans la représentation, en échange des respects dont les mandataires de tant de puissances différentes lui apportaient chaque jour l'hommage. Du reste, cette vie de palais n'en imprima que plus de grandeur aux actes de haute politique qui devaient changer instantanément la face de l'Italie.

Bonaparte donna son approbation à la révolution démocratique qui détruisit l'antique oligarchie génoise et qui substitua, sous le nom de *République Ligurienne*, le gouvernement populaire à celui de la noblesse. Un Doria avait commencé l'insurrection à la tête de douze mille ouvriers. Les inquisiteurs d'État, usant des mêmes moyens, lancèrent contre Doria et sa troupe les charbonniers et les portefaix. Le succès, d'abord incertain, tourna en faveur de l'aristocratie ; et de grands excès, dont plusieurs Français furent les victimes, signalèrent la fureur de la populace et de la noblesse. La bourgeoisie était restée neutre ; mais il lui appartenait de consommer une révolution qui l'affranchissait du joug des nobles. Aussitôt que le général en chef eut appris que le sang français avait coulé à Gênes, il y dépêcha son aide de camp Lavalette, avec mission d'exiger la mise en liberté de tous les Français que l'inquisition d'État avait fait arrêter, le désarmement des charbonniers et des autres mutins ; enfin l'arrestation des inquisiteurs. Se voyant soutenue par le *grand libérateur*, la bourgeoisie se prononça contre l'oligarchie et ses sicaires : quatre mille fusils furent restitués à l'arsenal. Toutefois, comme on n'accordait pas une entière satisfaction à ses réclamations, le ministre de France demanda ses passe-ports. Le sénat, se ravisant alors, ordonna le désarmement complet des charbonniers, l'emprisonnement des trois inquisiteurs, et envoya au général en chef une députation composée du doge Cambiaso et des sénateurs Serra et Carbonari ; le ministre Faypoult partit avec elle. On conclut à Montebello une convention, par suite de laquelle la destruction du gouvernement oligarchique et l'établissement d'une démocratie furent consommés. La nouvelle constitution devant être soumise à la sanction du peuple, le général désigna douze citoyens qui, sous la présidence du doge, formèrent un gouvernement provisoire. De même qu'à Venise, cet événement fut célébré révolutionnairement par le peuple. On brûla le Livre d'Or sur une place publique, on arracha les armoiries ; et la populace, qui, dans de semblables crises, fait une guerre à mort à toutes les supériorités, brisa les images des grands hommes de la république. Six mille Liguriens, organisés par le général Duphot, eurent bientôt l'occasion de servir la nouvelle république. En effet, dans le mois de septembre, une conspiration organisée à Pise fit insurger la rivière du Levant et d'autres parties du territoire de Gênes. Duphot marcha contre les rassemblements, et fut repoussé d'abord jusque dans cette ville, dont un fort tomba même au pouvoir des insurgés; mais, secouru par nos troupes qui accouraient de Tortone, et par les habitants de l'autre rivière, il reprit l'offensive et comprima bientôt les derniers efforts de l'aristocratie génoise.

Le voisinage, la similitude de langage et de religion, attachaient toujours la Valteline au Milanais, quoiqu'elle en fût séparée depuis près de deux siècles; impatiente de porter plus longtemps le joug des Ligues Grises, cette province proclama son indépendance, à l'exemple des villes de la terre ferme de Venise et des nouvelles républiques italiennes. Cette disposition avait aussi pour cause un abus de pouvoir singulier dans une république fédérative telle que la république helvétique : le pays de Vaud était subordonné au canton de Berne, le Bas-

Valais au Haut-Valais; et la Valteline aux Ligues Grises, sorte de féodalité républicaine qui ne pouvait subsister. Les Valteliniens insurgés avaient, suivant la marche commune, envoyé des députés au grand régulateur des démocraties; les

Grisons en firent autant de leur côté; si bien que le général Bonaparte se trouvait exposé à devenir l'arbitre dans un différend qui touchait aux intérêts fondamentaux de l'union helvétique, différend sur lequel la politique de la France devait nécessairement hésiter à prendre un parti. Mais quand on eut découvert dans les archives de Milan le traité de cession de la Valteline aux Grisons, qui investissait le gouvernement lombard du droit de garantie en faveur de cette dernière, Bonaparte accepta la médiation, et proposa de faire de la Valteline une quatrième Ligue Grise, ce qui fut refusé par les trois autres. Quelques mois après, il convoqua les députés des Grisons et de la Valteline; mais les derniers ayant seuls comparu, les Grisons furent condamnés par défaut, et le jugement arbitral autorisa la Valteline à se joindre à la république cisalpine.

Cette dernière république, formée de la Cispadane et de la Transpadane, c'est-à-dire de la Lombardie autrichienne, du Bergamasque, du Mantouan, fut proclamée le 9 juillet; le 24, on y adjoignit la Romagne, cédée par le traité de Tolentino. Elle reçut la constitution française ; et trente mille gardes nationaux, députés par les départements qui la composaient, se jurèrent fraternité sur l'autel de la liberté. Dans le but de la rattacher plus intimement au système français, Bonaparte fixa au 14 juillet la solennité de la fédération qui devait sanctionner l'établissement de la république naissante. Il voulait aussi profiter de cette imposante solennité pour éclairer ses soldats sur les agitations politiques dont Paris était le théâtre. Les troupes françaises et cisalpines se rangèrent en carré autour d'une pyramide décorée de trophées et sur laquelle étaient inscrits les noms de nos braves restés sur le champ de bataille. En passant devant les carabiniers de la 11e demi-brigade légère, Bonaparte leur dit : « *Braves carabiniers, vous valez trois mille hommes.* » Arrivé à la 13e, qui formait la garnison du château lors des massacres de Vérone : « *Vous voyez,* leur dit-il, *les noms de vos camarades assassinés sous vos yeux dans Vérone ; mais leurs mânes doivent être satisfaits : les tyrans ont péri avec la tyrannie.* » Après une chaleureuse allocution adressée aux Cisalpins, il parla en ces termes aux soldats français :

« Soldats !

« C'est aujourd'hui l'anniversaire du 14 juillet ; vous voyez devant vous les
« noms de nos compagnons d'armes morts au champ d'honneur pour la liberté
« de la patrie. Ils vous ont donné l'exemple : vous vous devez tout entiers à la
« République ; vous vous devez tout entiers au bonheur de trente millions de
« Français ; vous vous devez tout entiers à la gloire de ce nom, qui a reçu un
« nouvel éclat par vos victoires.

« Soldats ! je sais que vous êtes profondément affectés des malheurs qui me-
« nacent la patrie ; mais la patrie ne peut courir de dangers réels. Les mêmes
« hommes qui l'ont fait triompher de l'Europe coalisée sont là. Des montagnes
« vous séparent de la France, vous les franchiriez avec la rapidité de l'aigle, s'il le
« fallait, *pour maintenir la Constitution,* défendre la liberté, protéger le gouver-
« nement et les républicains.

« Soldats ! le gouvernement veille sur le dépôt des lois qui lui est confié. Les
« royalistes, dès l'instant qu'ils se montreront, auront vécu. Soyez sans inquié-
« tude, et jurons sur les mânes des héros morts à côté de nous pour la liberté,
« jurons sur nos nouveaux drapeaux, *guerre implacable aux ennemis de la Répu-
« blique et de la constitution de l'an III.* »

Ce serment fut répété avec d'unanimes acclamations. La journée se termina par un banquet où généraux et officiers de tous grades portèrent les toasts les plus expressifs. Le général en chef donna l'exemple : « Aux braves Stengel, Laharpe, « Dubois, morts au champ d'honneur ! Puissent leurs mânes veiller autour de nous, « et nous garantir des embûches de nos ennemis ! » dit-il d'un accent ferme et élevé. D'autres toasts furent portés : à la Constitution de l'an III, au Directoire, au Conseil des Anciens, aux Français assassinés dans Vérone, à l'union des républicains, à la destruction du club de Clichy. Enfin, sous l'influence de cet enthousiasme, chaque division de l'armée signa d'énergiques adresses au Directoire et aux Conseils. C'était faire le premier pas vers le gouvernement militaire ; car, par cette intervention dans les affaires du pays, l'armée devenait un pouvoir dans l'État, et Bonaparte un souverain dans l'armée.

Le général en chef resta quatre mois à Montebello, s'efforçant d'aplanir les difficultés politiques de sa position en Italie, soit par l'organisation des nouvelles républiques, soit par des traités avec les anciens États, mais sans détourner son attention de ce qui se passait en France.

CHAPITRE XIII

1797

Événements de fructidor. — Mort du général Hoche. — Traité de Campo Formio. — Bonaparte part pour Radstadt.

Le Directoire, depuis sa création, était en butte à trois sortes de conspirations : l'une, ourdie par les hommes de 93 ; l'autre, par les royalistes ; la troisième enfin, héritière des principes de la Gironde et composée des philosophes politiques de la réunion de Clichy, qui prétendaient conserver l'arche sainte de la liberté telle que l'avait établie l'Assemblée législative. On était arrivé à un de ces moments critiques qui exigent une résolution décisive.

Les élections de l'an V avaient introduit dans les deux Conseils de nouveaux adversaires du Directoire, et donné plus d'assurance aux députés du premier tiers, qui se voyaient ainsi renforcés. Pichegru, porté par acclamation à la présidence des Cinq-Cents, dirigeait la faction contre-révolutionnaire. Trahissant tous ses devoirs, ce général s'était vendu au parti de l'émigration ; ce parti affectait même de compter sur Moreau, dont la gloire et le patriotisme furent un moment obscurcis par d'injurieux soupçons. Les généraux Willot et Lajolais, complices de Pichegru, s'étaient également fait nommer députés. La division était au sein du Directoire lui-même, où Letourneur venait d'être remplacé par Barthélemy. Les deux tribunes du Corps législatif, d'accord avec les feuilles périodiques, harcelaient sans cesse le gouvernement et s'efforçaient d'accoutumer les esprits à l'idée d'un grand changement en renouvelant avec audace le procès de la révolution. Avec leur gaucherie accoutumée, les royalistes attaquèrent tout à la fois le Directoire, la révolution et le général Bonaparte ; comme pour irriter à plaisir ce qu'il y a de plus irritable, une armée triomphante, ils osèrent rabaisser le mérite de ses opérations militaires et politiques. On a vu avec quel à-propos Bonaparte s'empara du ressentiment qu'une telle ingratitude inspirait à ses troupes, qui n'attendaient que son signal pour marcher sur Paris et tirer vengeance des ennemis de la liberté. En cela, il avait moins l'intention de servir le Directoire que d'intimider la contre-révolution, qui, toujours fomentée par le cabinet britannique, empêchait encore, malgré les préliminaires de Léoben, le cabinet autrichien de conclure définitivement la paix.

Dans de telles circonstances, il était naturel que des vœux, des propositions même, fussent adressées à celui dont les cent bouches de la Renommée faisaient retentir le nom par toute l'Europe, pour qu'il consentît à venir remplacer un pouvoir dont la chute semblait prochaine. Ces idées, ces démarches plus ou moins secrètes, ne restèrent pas inconnues à Carnot, et dans une lettre adressée au général Bonaparte, il s'exprimait ainsi : « On vous prête mille projets plus absurdes « les uns que les autres ; on ne peut pas croire qu'un homme qui a fait de si « grandes choses puisse se réduire à vivre en simple citoyen. Quant à moi, je crois « qu'il n'y a que Bonaparte redevenu simple citoyen qui puisse laisser voir le géné- « ral Bonaparte dans toute sa grandeur. » Le vainqueur de l'Autriche, l'organisateur des républiques italiennes, l'arbitre des princes de la péninsule, eût-il pu avec quelque sécurité redescendre dans la vie privée ? Bonaparte sentit qu'il valait mieux pour lui être le héros de la France que le chef d'une faction ; peut-être aussi voulut-il laisser les directeurs se discréditer davantage encore par une atteinte portée à la représentation nationale. D'ailleurs le Directoire, quelque déconsidéré qu'il fût, constituait un pouvoir légal, et il sentait que lui il ne serait qu'un usurpateur, ou seulement, en cas d'insuccès, un ambitieux responsable d'une inutile sédition militaire. Quelle qu'ait été sa raison déterminante, il sut écouter la prudence et attendit.

Le Directoire ayant demandé à Bonaparte qu'il lui envoyât un général, celui-ci fit partir Augereau, républicain violent, homme d'exécution, et dont il saisissait avec joie l'occasion de se débarrasser. L'arrivée d'Augereau à Paris eut pour effet d'éloigner du théâtre des affaires, où l'anxiété du Directoire l'avait secrètement appelé, un autre général dont les services ne lui inspiraient aucun ombrage : c'était Hoche, politique aussi habile que bon tacticien, avide de gloire, jeune, adoré de ses troupes, et qui aurait pu devenir pour Bonaparte un rival dangereux. Ce dernier, au contraire, n'avait rien à craindre d'Augereau, dont il connaissait la nullité politique, et il l'avait rendu porteur de l'adhésion de l'armée à toutes les mesures que le Directoire croirait devoir prendre pour sa conservation. Augereau, en arrivant, reçut le commandement de la 17ᵉ division militaire, par conséquent celui de toutes les troupes du rayon constitutionnel.

Le 4 septembre (18 fructidor) la majorité du Directoire, formée par Barras, Rewbell et La Réveillère-Lepeaux, frappa le coup d'État qu'elle méditait depuis deux mois; leurs collègues furent les premiers proscrits; mais Carnot, prévenu à temps, put se réfugier à Genève ; Barthélemy seul fut arrêté. De son côté, Augereau, qui, la nuit, s'était emparé militairement de la salle des Conseils, protégeait l'arrestation à domicile des généraux Pichegru et Willot, de cinquante des principaux députés, et de cent cinquante autres individus, presque tous écrivains politiques et journalistes. Le lendemain de ce facile triomphe, les triumvirs condamnaient leurs deux collègues à la déportation dans les marais pestilentiels de Sinnamary, ce qui ne pouvait légalement avoir lieu que par suite d'un jugement prononcé par les deux Conseils. Portalis, Tronçon-Ducoudray, Lafon-Ladébat, Muraire, Barbé-Marbois, Benezech, Pastoret, le général Dumas, l'amiral Villaret-Joyeuse, et beaucoup d'autres, subirent le même sort. En décimant ainsi la représentation nationale, Barras, Rewbell et La Réveillère-Lepeaux sacrifiaient la liberté à leur salut personnel ; mais ils auraient dû aussi penser que, par cet acte de violence, ils donnaient un dangereux exemple à tout général qui, pour détruire de fond en comble la constitution ébranlée par leurs propres mains, voudrait appeler l'appui des soldats.

Si ce coup d'État ne profita qu'à un parti, ce ne fut pas la faute de Bonaparte, qui, occupé à défendre les intérêts de la France contre l'étranger, sentait le besoin de détruire toute espérance d'un prochain bouleversement dans l'intérieur de la République ; d'ailleurs, ce qu'il voulait et attendait du gouvernement, après le 18 fructidor, il l'a nettement exprimé dans une lettre adressée le 26 du même mois au ministre des relations extérieures Talleyrand : « Que l'on ait de l'énergie « sans fanatisme, des principes sans démagogie, de la sévérité sans cruauté ; que « l'on cesse d'être faible, tremblant ; que l'on n'ait pas honte, pour ainsi dire, « d'être républicain ; que l'on balaye de la France cette horde d'esclaves conju« rés contre nous, et le sort de l'Europe est décidé. Que le gouvernement, les « ministres, les premiers agents de la République, n'écoutent que la voix de la « postérité. »

Le premier soin du Directoire devait être de remplacer les deux membres exilés, Carnot et Barthélemy. Rewbell et La Réveillère, dont l'influence se trouvait singulièrement augmentée, ne voulaient pas qu'on pût les accuser d'avoir exclu deux de leurs collègues pour rester maîtres du gouvernement : ils exigèrent donc que l'on demandât sur-le-champ au Corps législatif la nomination de deux nouveaux directeurs. Ce n'était point l'avis de Barras, et encore moins celui d'Augereau. Ce général était fier de la journée du 18 fructidor, qu'il avait si bien conduite. En se mêlant aux événements, il avait pris goût à la politique et au pouvoir, et même conçu l'ambition d'entrer au Directoire. Il voulait que, de leur propre autorité, les trois directeurs l'appelassent à siéger auprès d'eux. Cette prétention fut repoussée, et il ne lui resta que le moyen légal, mais peu assuré, d'obtenir la majorité dans les Conseils : Merlin (de Douai), ministre de la justice, et François (de Neufchâteau), ministre de l'intérieur, l'emportèrent d'un assez grand nombre de voix.

Déjà mécontent de Moreau, le Directoire avait résolu de le rappeler, quand il reçut de lui une lettre qui produisit la plus grande sensation. Lors du passage du Rhin, le fourgon où se trouvaient les papiers du général Klingin était tombé entre les mains de nos hussards, et Moreau y avait trouvé la correspondance de Pichegru avec le prince de Condé. En gardant le secret, il s'était compromis, sans doute par générosité ; mais les événements du 18 fructidor lui imposèrent l'obligation de révéler au gouvernement la trahison de son ancien compagnon d'armes. Pour s'excuser de ne l'avoir pas fait plus tôt, il prétendit que décidé avant la connaissance de ce coup d'État, il n'avait tardé qu'afin de fournir au Directoire des preuves accablantes contre ses adversaires. Quoi qu'il en soit, on assure que Moreau ayant reçu, par le télégraphe, la nouvelle des événements, dans la journée même du 18, s'était hâté de faire parvenir une dénonciation qui ne compromettait pas Pichegru plus qu'il ne l'était déjà, et qui le déchargeait lui-même d'une grande responsabilité. De ces différentes suppositions il ressort clairement que Moreau avait gardé longtemps un secret important, et qu'il ne s'était décidé à le révéler qu'au moment même de la catastrophe : trop peu stoïcien pour dénoncer son ami, il ne se montrait pas ami assez fidèle pour garder le secret jusqu'au bout. Dès lors son caractère politique parut ce qu'il était, c'est-à-dire faible et irrésolu. En examinant les papiers dont l'existence lui était révélée si tard, le Directoire y trouva la confirmation de tout ce qu'il avait appris sur Pichegru ; quant à Moreau, quoique sa fidélité à la République ne laissât pas le moindre doute, il le punit de sa tiédeur et de son silence en lui ôtant son commandement, et en le laissant sans emploi à Paris, où il l'avait appelé pour rendre compte de sa conduite.

Hoche, toujours à la tête de son armée de Sambre-et-Meuse, fut comblé de joie par la nouvelle du 18 fructidor ; le Directoire, pour récompenser son dévouement, réunit cette armée et celle du Rhin en une seule, sous le nom d'armée d'Allemagne, et lui en donna le commandement. C'était le plus étendu qu'on eût encore confié à un seul homme. Malheureusement, la santé du jeune général ne lui permit guère de jouir du triomphe des républicains et de ce témoignage de haute confiance. Depuis quelque temps, une toux sèche et fréquente, des convulsions nerveuses, alarmaient ses amis et ses médecins. Un mal inconnu consumait ce jeune homme, naguère plein de santé, et qui joignait à ses talents militaires tous les avantages d'un caractère séduisant. Malgré son état, il s'occupait d'organiser en une seule les deux armées dont il venait de recevoir le commandement, et il songeait toujours à l'expédition d'Irlande, dont le Directoire voulait faire un moyen d'épouvante contre l'Angleterre. Vers les derniers jours de fructidor, sa toux devint plus violente, et il commença à souffrir des douleurs insupportables. On lui conseillait de suspendre ses travaux, mais il s'y refusa, et fit appeler son médecin. *Donnez-moi,* lui dit-il, *un remède pour la fatigue, mais que ce remède ne soit pas le repos.* Vaincu par le mal, il se mit au lit le premier jour complémentaire de l'an V (17 septembre), et il expira le lendemain, au milieu des plus atroces douleurs. L'armée fut dans la consternation, car elle adorait son général.

Cette nouvelle se répandit avec rapidité, et vint affliger tous les républicains qui comptaient sur les talents et sur le patriotisme de Hoche. Le bruit d'empoisonnement se répandit sur-le-champ ; on ne pouvait pas croire que tant de jeunesse, de force, succombassent par un accident naturel. L'autopsie fut faite ; l'estomac et

les intestins furent examinés par les médecins, qui les trouvèrent remplis de taches noires, et qui, sans déclarer les traces du poison, parurent du moins y croire. On attribua l'empoisonnement aux directeurs, ce qui était absurde, car aucun d'eux n'était capable de ce crime, étranger à nos mœurs, et surtout n'avait intérêt à le commettre. Hoche, en effet, était l'appui le plus solide du Directoire, soit contre les royalistes, soit contre l'ambitieux vainqueur de l'Italie. On supposa avec plus de vraisemblance qu'il avait été empoisonné dans l'Ouest. Son médecin crut se souvenir que l'altération de sa santé datait de son dernier séjour en Bretagne, lorsqu'il alla s'y embarquer pour l'Irlande, et l'on imagina, du reste sans preuve, que le jeune général avait été empoisonné dans un repas qu'il donnait à des hommes de divers partis entre lesquels il voulait opérer un rapprochement. Le Directoire lui fit faire des obsèques magnifiques ; elles eurent lieu au champ de Mars, en présence de tous les corps de l'État, et au milieu d'un concours immense de peuple. Une armée considérable suivait le convoi ; le vieux père du général conduisait le deuil. Cette pompe fit une impression profonde, et fut une des plus belles de nos temps héroïques.

La brusque et inattendue journée du 18 fructidor avait singulièrement déjoué les espérances de contre-révolution que l'Autriche nourrissait depuis la signature des préliminaires de Léoben. Effrayée du succès de la puissance républicaine, elle s'empressa d'envoyer à Udine le comte de Cobentzel, muni de pleins pouvoirs; de son côté, Bonaparte se rendit à Passeriano, à quatre lieues d'Udine. Là, le 26 septembre, s'entama la négociation avec le comte de Cobentzel, assisté du marquis de Gallo, du comte de Meerweldt, et du baron d'Engelmann; Bonaparte

était seul. Les principales bases de la paix étaient : 1° les limites du Rhin pour la France; 2° Venise et les limites de l'Adige pour l'Empereur; 3° Mantoue et les limites de l'Adige pour la république cisalpine. Le comte de Cobentzel demandait, au lieu de la ligne de l'Adige, celle du Mincio : « C'est là notre ultimatum, disait-il; car si l'Empereur mon maître consent à vous donner les clefs de Mayence, la place la plus forte de l'univers, ce serait un acte déshonorant s'il ne les échangeait pas contre les clefs de Mantoue. » Il n'y avait point de parité entre Mantoue et Mayence; et, le plénipotentiaire autrichien s'obstinant à soutenir cette proposition comme l'ultimatum de sa cour, il fallut de nouveau courir aux armes. Bonaparte, qui n'était pas homme à fléchir devant les prétentions de l'Autriche, donna l'ordre à ses troupes de passer la Piave et d'occuper la rive droite de l'Isonzo. Les Autrichiens, de leur côté, campèrent sur la Drave. *On conférait*, dit Bonaparte, *au bruit du tambour*. Le 16 octobre, les paroles furent tellement vives, chez le comte de Cobentzel, que Bonaparte se leva et lui dit : « Eh bien! la trêve est donc rompue et la guerre déclarée; mais souvenez-vous qu'avant la fin de l'automne je briserai votre monarchie comme je brise cette porcelaine. » En prononçant ces derniers mots, il jeta sur le parquet un cabaret de porcelaine, présent de Catherine II au comte de Cobentzel, salua le congrès et partit. L'action était un peu violente dans une occasion aussi grave ; peut-être fut-il entraîné par la menace que le comte venait de faire, de joindre l'armée russe à l'armée autrichienne. En montant en voiture, il envoya un officier prévenir l'archiduc que les hostilités recommenceraient dans vingt-quatre heures. M. de Cobentzel l'ayant appris, dépêcha après le général le marquis de Gallo, porteur d'un acte signé par lequel il acceptait les conditions de la France. Le lendemain, 17 octobre, le traité fut conclu chez le général Bonaparte, à Passeriano, bien que daté de Campo Formio, village situé entre Udine et Passeriano, et qui avait été déclaré neutre. En rédigeant le premier article du traité, le secrétaire disait : « *L'empereur d'Allemagne reconnaît la république française.* » Bonaparte l'interrompit : « *Effacez cet article : la république française est comme le soleil : est aveugle qui ne la voit pas. Le peuple français est maître chez lui, il a fait une république, peut-être demain fera-t-il une aristocratie, après-demain une monarchie ; c'est son droit imprescriptible ; la forme de son gouvernement n'est qu'une affaire de loi intérieure.* »

La brillante campagne de 1797 forçait l'Empereur à signer sur les débris de six armées autrichiennes, et en dehors des portes de la belle Italie, une convention par laquelle il reconnaissait pour limites naturelles à la France le Rhin, les Alpes, les Pyrénées, l'Océan ; l'existence politique de la république cisalpine ; et la cession du Brisgraw au margrave de Bade, cession qui éloignait des frontières de la France les frontières des États héréditaires de la maison d'Autriche ; enfin, l'autorité de la République dans l'archipel vénitien. A Radstadt, où devait se négocier la paix de l'Europe, une stipulation militaire entre le général Bonaparte et le comte de Cobentzel allait enclaver dans la nouvelle ligne du Rhin la grande forteresse de Mayence, le territoire prussien et les États laïques et ecclésiastiques situés sur la rive gauche. Quant à l'Autriche, elle recevait en Italie l'Istrie, la Dalmatie, Venise, et les provinces de terre ferme jusqu'à l'Adige ; en Allemagne, tout ce que la Prusse perdait sur la rive gauche du Rhin. Bonaparte chargea Berthier, chef d'état-major, et le savant Monge, de porter le traité au Directoire. Enfin, le 15 novembre, ayant complétement terminé en Italie sa mission politique et militaire, il fit ses adieux à l'armée par la proclamation suivante :

« Soldats !

« Je pars demain pour me rendre à Radstadt : en me trouvant séparé de
« l'armée, je ne serai consolé que par l'espoir de me revoir bientôt avec vous,
« luttant contre de nouveaux dangers. Quelque poste que le gouvernement assigne

« à l'armée d'Italie, nous serons toujours les dignes soutiens de la liberté et du
« nom français. Soldats, en vous entretenant des princes que nous avons vaincus,
« des peuples qui nous doivent leur liberté, des combats que nous avons livrés
« en deux campagnes, dites-vous : *Dans deux campagnes nous aurons plus fait*
« *encore.* »

CHAPITRE XIV

1798

Congrès de Radstadt. — Retour de Bonaparte à Paris. — Sa réception solennelle au Luxembourg. — Affaire de Bernadotte à Vienne. — Départ de Bonaparte pour Toulon.

Bonaparte quitta Milan, franchit le mont Cenis, et se dirigea sur Radstadt par Genève et le pays de Vaud, où on lui rendit des hommages publics en souvenir de l'indépendance qu'il avait fait donner aux Valtelins : des jeunes filles, habillées aux trois couleurs, lui présentèrent des couronnes. Partout était inscrite cette maxime si chère aux Vaudois : *Un peuple ne peut être sujet d'un autre peuple.* Le canon tirait dans les villes où il passait. Arrivé à Radstadt, il y fut reçu par les plénipotentiaires Treilhard et Bonnier. L'Empire avait trois représentants au congrès, et tous les princes d'Allemagne des fondés de pouvoirs. La Suède paraissait en qualité de médiatrice et de garante du traité de Westphalie ; mais elle n'avait pas été heureuse dans le choix de son ambassadeur, le comte de Fersen, ex-colonel du régiment français Royal-Suédois, si connu par son opposition à la révolution. Après une première entrevue, Bonaparte lui défendit de reparaître devant lui. Les plaintes et les demandes des princes dépossédés sur la rive gauche du Rhin annonçaient une foule de difficultés presque insolubles : déjà fatigué par la perspective des obstacles que présentaient les négociations particulières à la France, Bonaparte se hâta de terminer ce qui avait rapport à la remise de Mayence aux troupes de la République, à celle de Palma-Nova et de Venise aux troupes autrichiennes, et d'échanger les ratifications du traité de Campo Formio ; puis il déclara à Treilhard et à Bonnier qu'il regardait sa mission comme finie, partit de Radstadt, traversa la France incognito, et le 5 décembre il arriva à Paris, où il descendit dans sa petite maison de la rue Chantereine, que, par une délibération spontanée, le corps municipal appela *rue de la Victoire*[1].

Jaloux d'honorer le héros pacificateur, le Conseil des Anciens avait exprimé le vœu que le domaine de Chambord et un grand hôtel à Paris lui fussent donnés à titre de récompense nationale ; mais le Directoire, qui commençait à s'inquiéter de cette puissance née de la gloire, à laquelle il se sentait soumis lui-même, voulut se charger seul du témoignage de la reconnaissance publique, et il ne trouva rien de mieux qu'une fête triomphale extraordinaire. La remise du traité par Bonaparte servit de prétexte à cette fête, dont la pompe excessive cachait une grande dissimulation politique. Elle eut lieu le 10 décembre (20 frimaire), au palais du Luxembourg, dont la grande cour avait été convertie en une salle magnifique. La présence des ambassadeurs d'Espagne, de Naples, de Sardaigne, de Prusse, de Danemark, de la Porte Ottomane, des ministres des républiques italiennes, et des envoyés de Toscane, de Wurtemberg, de Bade, en augmentait l'éclat. Les généraux Joubert et Andréossy portaient le drapeau donné par le Corps législatif à l'armée d'Italie, et sur lequel, outre les noms de soixante-sept combats, on lisait ceux des batailles gagnées dans les deux admirables campagnes de 1796-1797 : Montenotte, Millesimo, Mondovi, Lodi, Borghetto, Lonato, Castiglione, Roveredo, Bassano, Saint-Georges, Caldiero, Arcole, Rivoli, la Favorite, le Tagliamento. Au milieu de l'enceinte s'élevait l'autel de la Patrie, surmonté des statues de la Liberté, de l'Égalité et de la Paix. Les drapeaux conquis en Italie se déployaient en forme de dais au-dessus de la tête des cinq directeurs, qui, drapés dans un costume antique et d'une magnificence un peu théâtrale, s'éclipsaient devant Bonaparte vêtu de l'uniforme de Lodi et d'Arcole. Le cortége du général se bornait à quelques officiers de son état-major, couverts, ainsi que lui, d'un habit simple et sévère.

---

[1] L'inscription nouvelle fut faite pendant la nuit qui suivit son arrivée.

Arrivé près de l'autel, le ministre des relations extérieures, Talleyrand-Périgord, présenta Bonaparte au Directoire; puis il prononça un discours empreint d'un ardent républicanisme, rempli d'admiration pour le triomphateur, semé d'éloges pour le gouvernement qui avait su le deviner et le choisir. On y remarquait ce

passage : « Ainsi tous les Français ont vaincu en Bonaparte; ainsi sa gloire est la
« propriété de tous; ainsi il n'est pas un républicain qui ne puisse en revendiquer
« sa part. Mais il faudra lui laisser ce coup d'œil qui dérobait tout au hasard, et
« cette prévoyance qui le rendait maître de l'avenir, et ces soudaines inspirations
« qui déconcertaient, par des ressources inespérées, les plus savantes combinai-
« sons de l'ennemi, et cet art de ranimer en un instant les courages ébranlés, sans
« que lui perdît rien de son sang-froid, et ces traits d'une audace sublime, qui
« nous faisaient encore frémir pour ses jours longtemps après qu'il avait vaincu,
« et cet héroïsme qui, plus d'une fois, lui a fait mettre un frein à la victoire, alors

« qu'elle lui promettait ses palmes triomphantes. Tout cela est à lui ; tout cela est
« l'ouvrage de cet insatiable amour de la patrie et de l'humanité... La France en-
« tière sera libre ; peut-être lui ne le sera jamais. Dès ce moment, un nouvel en-
« nemi l'appelle ; il est célèbre par sa haine profonde pour les Français, et par son
« insolente tyrannie envers tous les peuples de la terre. Que par le génie de Bona-
« parte il expie promptement l'une et l'autre, et qu'enfin une paix digne de la ré-
« publique soit imposée à ces tyrans des mers ; qu'elle venge la France, et qu'elle
« rassure le monde. »

Quoique propre à frapper les esprits, ce discours ne fut écouté qu'avec une vive impatience : on voulait entendre le héros. Dès qu'il eut manifesté l'intention de prendre la parole, un silence religieux régna dans l'assemblée. Bonaparte s'avança alors, remit au président du Directoire, c'est-à-dire à Barras, le traité de Campo Formio, et prononça d'un ton ferme cette courte harangue :

« CITOYENS,

« Le peuple français, pour être libre, avait les rois à combattre ; pour obtenir
« une constitution fondée sur la raison, il avait dix-huit siècles de préjugés à
« vaincre. La religion, la féodalité, le despotisme, ont successivement, depuis vingt
« siècles, gouverné l'Europe ; mais de la paix que vous venez de conclure date l'ère
« des gouvernements représentatifs. Vous êtes parvenus à organiser la grande na-
« tion dont le vaste territoire n'est circonscrit que parce que la nature en a posé
« elle-même les limites. Je vous remets le traité de Campo Formio ratifié par l'Em-
« pereur. Cette paix assure la liberté, la prospérité et la gloire de la république.
« Lorsque le bonheur du peuple français sera assis sur les meilleures lois orga-
« niques, l'Europe entière deviendra libre. »

Barras, répondant au général, s'étendit avec beaucoup de chaleur sur le 18 fructidor, que celui-ci avait passé sous silence, et, mêlant les éloges de l'armée d'Italie à ceux de son illustre capitaine : « La nature, dit-il, a épuisé toutes ses richesses « pour le créer : Bonaparte a médité ses conquêtes avec la pensée de Socrate ; « il a réconcilié l'homme avec la guerre. » Il l'invitait à aller planter l'étendard tricolore sur la tour de Londres. Cette partie de son discours, dictée par la haine la plus prononcée contre l'Angleterre, offrait un luxe de paroles déclamatoires plus digne d'un rhéteur que du chef d'un gouvernement. Le général Joubert et le chef de brigade Andréossy, présentés par le ministre de la guerre, reçurent à leur tour les félicitations du Directoire ; mais les triomphes de Bonaparte étaient le véritable sujet de tous les éloges, remplissaient tous les cœurs.

Le Corps législatif donna ensuite une fête au vainqueur de l'Autriche ; fête bientôt éclipsée par celle du ministre Talleyrand. La belle cantatrice italienne

Grassini y chanta en l'honneur des victoires dont elle-même était un trophée. Les lettres, les arts, déposaient leurs tributs aux pieds du héros de la patrie. L'Institut choisit Bonaparte pour remplacer Carnot; le royaliste Bonald lui offrit son livre, et le républicain David son pinceau. Le peintre voulait le représenter à cheval au pont d'Arcole ou de Lodi. « *Non*, répondit Bonaparte, *j'y servais avec toute l'armée. Représentez-moi de sang-froid sur un cheval fougueux.* » L'enthousiasme exaltait toutes les têtes. Le cri : *Vive Bonaparte !* était devenu un cri patriotique.

Le Directoire aurait voulu que Bonaparte allât reprendre au congrès de Radstadt la conduite des négociations; mais le général n'était pas disposé à compromettre dans une telle mission sa fortune politique, sa popularité, et ne s'occupait que des moyens de faire agréer le projet, conçu par lui depuis plusieurs mois, d'une expédition en Égypte. Afin de tromper l'inquiète observation du cabinet de Saint-James, il consentit cependant à aller inspecter les troupes qui, sous le nom d'armée d'Angleterre, occupaient la Normandie, la Picardie, la Belgique, et visita Anvers. On doit rapporter à cette excursion en Belgique l'origine des grands établissements maritimes que la France lui a dus, et qui seuls auraient suffi pour illustrer son règne : **lui-même a dit que le canal de Saint-Quentin, ouvert sous le consulat, fut un des résultats de ce voyage, pendant lequel il remarqua également la supériorité que la marée donnait au port de Boulogne sur celui de Calais, pour une descente en Angleterre. Les chantiers de nos ports retentissaient d'immenses préparatifs ; le public accueillait avec enthousiasme cette expédition, à la tête de laquelle paraissait l'invincible Bonaparte.

Tandis que les plénipotentiaires français négociaient à Radstadt, le Directoire mettait en mouvement deux armées : l'une en Suisse, pour appuyer l'indépendance du pays de Vaud, dont il dirigeait les mécontentements ; l'autre sur Rome, moins dans le dessein de punir les auteurs de la mort du général Duphot, tué dans une émeute, devant le palais et sous les yeux de l'ambassadeur de France, Joseph Bo-

naparte, qu'afin de détruire le pouvoir du pape, dont la conservation avait été vivement reprochée au général en chef. Il s'était d'ailleurs formé à Rome, et notamment depuis la prise de Mantoue, un parti républicain qui voulait, à l'exemple des autres républiques de l'Italie, relever, sous la protection de la France, l'autel de la Liberté. Le 25 juin 1798, le pays de Vaud se constitua en république libre, et le duché d'Urbin, légation papale, se donna à la république cisalpine.

Jamais une grande nation qui vient de conquérir son indépendance ne fut dans une plus belle situation que la république française à cette glorieuse époque ; peut-être aussi, se sentant désormais invulnérable, eût-elle consolidé la révolution, si le Directoire avait eu la conscience de sa force et la probité que devait lui inspirer son triomphe ; mais il ne s'attachait qu'à faire jaillir la guerre de l'œuvre de la paix. Un événement dont on lui attribuait alors la cause, tant il dissimulait mal ses vues peu pacifiques, fut au moment de rappeler l'Autriche et la France sur le champ de bataille. Bernadotte, dont il avait fait son ambassadeur à Vienne, avait tout à coup, après plusieurs semaines de résidence, arboré sur la porte du palais de France le drapeau tricolore, surmonté du bonnet rouge et accompagné de l'inscription : *Liberté, Égalité.* Cette innovation, dont cependant le principe trouvait sa consécration dans les habitudes diplomatiques, sembla au peuple de Vienne une provocation. L'hôtel fut assailli par la populace, et les insignes de la République outrageusement arrachés, foulés aux pieds. Son caractère d'ambassadeur parut à Bernadotte tellement compromis, qu'il se hâta de quitter Vienne, et le Directoire de demander une réparation par un *ultimatum* portant ou la guerre ou la paix: Appelé au conseil convoqué pour délibérer sur cette affaire, Bonaparte refusa de prendre le commandement de l'armée d'Allemagne, mais il se chargea de correspondre à ce sujet avec le comte de Cobentzel, chargé par sa cour de conjurer l'orage en entamant des négociations.

Tout à coup la France apprend que trente mille hommes et dix mille marins sont réunis dans les ports de la Méditerranée ; qu'un armement immense se fait à Toulon. Treize vaisseaux de ligne armés en guerre, deux en flûte, quatorze frégates, quatre cents bâtiments de transport, sont équipés pour conduire à une destination inconnue cette nombreuse armée, dont les généraux appartiennent déjà par de hauts faits d'armes à la gloire de la France, et la plupart à celle du vainqueur de l'Italie. Parmi eux l'on compte Berthier, Caffarelli, Kléber, Desaix, Reynier, Lannes, Damas, Murat, Andréossy, Belliard, Ménou, le mulâtre Dumas, Baraguay-d'Hilliers, Vaubois, Bon, Dugua, Dommartin et Zayonschek. Bonaparte a pour aides de camp son frère Louis, Eugène Beauharnais, Duroc, Croizier, Julien, Lavalette, le fils du directeur Merlin, et le brave Sulkowski, noble polonais qui s'est voué à sa fortune. La flotte obéit à cet amiral Brueys qui commandait dans l'Adriatique pendant la campagne d'Italie, aux contre-amiraux Villeneuve, Duchayla, Decrès, Gantheaume, et des convois partis de Gênes, de Civita Vecchia, de Bastia, ont reçu l'ordre de la rallier. On se demande pourquoi la commission des arts et des sciences envoie à Toulon cent de ses membres pris dans chacune de ses classes : est-ce un nouvel État que la France veut fonder? dans quelles contrées va-t-elle porter sa civilisation? est-ce en Grèce, dans l'Inde, en Égypte?

Bonaparte a tout proposé, les ports destinés à l'armement, les places où se réuniront les troupes, les points de débarquement ; les projets futurs de la mystérieuse expédition sont son ouvrage ; rien n'a été oublié pour la faire réussir. On assure même que Barras, qui souhaite peut-être plus qu'aucun autre de ses collègues l'éloignement du vainqueur de vendémiaire, a tout écrit sous sa dictée. Enfin, le ministre Talleyrand doit, après le départ de l'armée, aller en ambassade extraordinaire à Constantinople, dans le double but d'amener la Porte à agréer les motifs de l'entreprise et de l'intéresser à s'unir à la France, qui veut soustraire à la domination britannique le commerce de l'Inde et celui de la Méditerranée ; mission dont Bonaparte a fait la condition principale du commandement accepté par lui. Tous les obstacles sont aplanis ; il ne reste plus à vaincre que les lenteurs par lesquelles le Directoire semble prendre plaisir à entraver les desseins de son général. Fatigué de ce système de tergiversations, Bonaparte ne peut contenir son impatience, et demande impérieusement qu'on lui délivre l'ordre du départ.

Telle était la position respective du Directoire et de Bonaparte quand arriva la nouvelle de l'outrage fait à l'ambassadeur Bernadotte, misérable épisode qui pouvait anéantir le grand ouvrage de Campo Formio, acheté au prix de tant de victoires et de sacrifices, et annuler le projet de la conquête de l'Égypte. Mais l'horizon politique ne resta pas longtemps obscurci, et Bonaparte se mit en route pour Toulon.

CHAPITRE XV

1798-1799

Expédition d'Égypte.

Pendant son séjour à Passeriano, Bonaparte avait adressé à l'escadre de l'amiral Brueys, stationnée dans la mer Adriatique, cette allocution prophétique : « Camarades, dès que « nous aurons pacifié le con- « tinent, *nous nous réunirons* « *à vous pour conquérir la* « *liberté des mers.* Sans vous, « nous ne pouvons porter la « gloire du nom français que « dans *un petit coin du con-* « *tinent*. Avec vous, nous traverserons les mers, et la gloire nationale *verra les* « *régions les plus éloignées.* » Ces paroles exprimaient le dessein d'aller renouveler dans l'Inde la gloire d'Alexandre, ou plutôt d'aller y détruire la puissance britannique. C'était sous l'empire de cette inspiration gigantesque que Bonaparte entrait dans Toulon, le 9 mai 1798. Salué par les acclamations de ses anciens compagnons d'armes, il leur adressa, quelques jours après, cette courte mais énergique proclamation :

« Soldats,

« Vous êtes une des ailes de l'armée d'Angleterre ; vous avez fait la guerre des mon-
« tagnes, des plaines et des sièges, il vous reste à faire la guerre maritime. Les légions
« romaines, que vous avez quelquefois imitées, mais pas encore égalées, combattaient
« Carthage, tour à tour sur cette même mer et aux plaines de Zama ; la victoire ne
« les abandonna jamais, parce que constamment elles furent braves, patientes à
« supporter la fatigue, disciplinées, et unies entre elles... Soldats, matelots, vous
« avez été jusqu'à ce jour négligés ; aujourd'hui la plus grande sollicitude de la
« République est pour vous ; le génie de la liberté, qui a rendu, dès sa naissance,
« la République arbitre de l'Europe, *veut qu'elle le soit des mers et des nations les*
« *plus lointaines.* »

Voilà comment l'armée apprit qu'elle allait cueillir de nouveaux lauriers. Mais quelles mers devait-elle franchir, de quelles régions devait-elle s'emparer pour obtenir ce que le général lui avait annoncé en ces termes, le jour de son arrivée à Toulon : « Je promets à chaque soldat qu'au retour de l'expédition, il aura à sa disposition « de quoi acheter six arpents de terre. » Les troupes, indifférentes sur les promesses, n'acceptèrent que la part du danger et de la gloire, et s'embarquèrent pleines de joie et de confiance dans le chef qui les avait si souvent conduites à la victoire. Par un hasard singulier, le nom du vaisseau amiral, que montait Bonaparte, renfermait à lui seul le secret de l'expédition : ce vaisseau c'était *l'Orient*. Le 19 mai, le soleil, qu'on appela si souvent le soleil de Napoléon, éclaira le majestueux départ de la flotte française, qui mit à la voile au bruit du canon et aux acclamations unanimes de l'armée. La traversée ne fut pas exempte d'inquiétudes ; on s'attendait à tout moment à l'apparition des Anglais, qui sillonaient la mer en tous sens.

Après avoir rallié les trois convois de Gênes, d'Ajaccio et de Civita Vecchia, Bonaparte fit diriger sur Malte, afin d'y tenter en passant une entreprise dont il avait de longue main préparé le succès par des intelligences secrètes. La possession de cette île, qui commande la navigation de la Méditerranée, était pour nous de la plus haute importance : il fallait prévenir les Anglais, et nous en emparer. Le 9 juin, cinq cents voiles françaises se déployèrent à la vue de Malte. Pour avoir un prétexte de s'arrêter et faire naître un sujet de contestation, Bonaparte demanda au grand maître la faculté de faire de l'eau : il lui fut répondu que les statuts de l'Ordre ne permettaient pas de recevoir plus de deux vaisseaux appartenant à la même puissance étrangère. Le général en chef répliqua qu'une telle réponse équivalait à une déclaration de guerre ; que les Français n'ignoraient pas la conduite partiale de l'Ordre en faveur des Anglais ; qu'il était résolu de recourir à la force ; et, sans perdre de temps, il ordonna à l'amiral Brueys de faire les dispositions nécessaires à l'attaque des forts qui défendent le port Lavalette.

Ces menaces, suivies d'une rapide exécution, répandirent la terreur dans la ville, où d'ailleurs le parti qui nous était dévoué levait la tête à mesure que le gouvernement laissait éclater plus de faiblesse ; le désordre parvint à son comble, et deux jours avant la capitulation, quelques chevaliers de la langue de France furent amenés à Bonaparte : « Puisque vous avez pu prendre les armes contre votre patrie, « leur dit-il, il fallait savoir mourir ; je ne veux point de vous pour prisonniers ;

« vous pouvez retourner à Malte. » Une courte négociation suivit l'échange de quelques coups de canon. Le grand maître Hompesch, gentilhomme allemand, reçut six cent mille francs, l'assurance d'une pension égale à la moitié de cette somme, et se retira en Allemagne. Telles furent les conditions au moyen desquelles la France prit possession du premier port de la Méditerranée, l'un des plus forts du monde. Il fallait l'ascendant de Bonaparte pour l'obtenir sans combattre ; il fallait son audace pour oser y perdre quelques jours, ayant les Anglais à sa poursuite. Caffarelli-Dufalga, aussi spirituel que brave, en parcourant la place, dont il admirait les fortifications, s'écria : « *Nous sommes bien heureux qu'il y ait eu quelqu'un ici pour nous ouvrir les portes.* »

Bonaparte laissa Vaubois à Malte, avec trois mille hommes de garnison, Regnault de Saint-Jean d'Angely en qualité de commissaire civil, et remit sur-le-champ à la voile. L'essentiel, pour gagner l'Égypte, était de ne pas rencontrer les Anglais ; car Nelson ayant appris que les Français avaient paru devant Malte, s'était mis à leur poursuite, déterminé à en venir aux mains s'il pouvait les joindre. Sur l'escadre française on était prêt au combat, et la possibilité de voir l'ennemi d'un moment à l'autre était présente à tous les esprits sans effrayer personne.

Enfin, le 1ᵉʳ juillet, les minarets d'Alexandrie et la tour des Arabes montrèrent à l'armée le but de son voyage. Nelson, qui était venu y chercher la flotte française, était reparti trois jours auparavant pour aller à sa rencontre. Instruit de cette circonstance, Bonaparte ordonne le débarquement. Menou, qui devait sortir le dernier de l'Égypte, est le premier qui y pose le pied ; Bonaparte et Kléber prennent terre ensemble, et le rejoignent dans la nuit : pour la première fois, le drapeau tricolore flotte sur les rivages de l'Afrique. Impatient de signaler son arrivée, le général en chef n'attend pas que les autres divisions l'aient rejoint; sachant qu'Alexandrie se dispose à la défense, il veut étonner ses nouveaux ennemis par une audace qui leur est inconnue, et affermir par une conquête utile le moral de son armée. A deux heures du matin, il s'avance sur trois colonnes et commande l'assaut : tout cède à la furie française, et les troupes, malgré les ordres qu'on leur

avait donnés, se précipitent dans la ville, qui n'a pas le temps de capituler. La prise

d'Alexandrie ne coûta qu'un très-petit nombre de soldats et d'officiers, que Bonaparte fit enterrer au pied de la colonne de Pompée : leurs noms furent gravés sur ce monument.

Cette cérémonie funèbre répandit dans tous les rangs l'enthousiasme que le héros d'Italie savait si bien entretenir par les mille moyens que lui suggéraient son génie et l'habitude d'un irrésistible ascendant. Jamais plus habiles proclamations n'avaient

été adressées aux soldats français ni aux nations vaincues. Avant de débarquer, il avait dit à ses braves : « Les peuples avec lesquels nous allons vivre sont mahomé-
« tans : leur premier article de foi est celui-ci : Il n'y a d'autre Dieu que Dieu, et
« Mahomet est son prophète. Ne les contredisez pas, agissez avec eux comme vous
« avez agi avec les Juifs, avec les Italiens ; ayez des égards pour leurs muphtis et
« pour leurs imans, comme vous en avez eu pour les rabbins et pour les évêques.
« Ayez pour les cérémonies que prescrit l'Alcoran, pour les mosquées, la même
« tolérance que vous avez eue pour les couvents, pour les synagogues, pour la reli-
« gion de Moïse et celle de Jésus-Christ. Les légions romaines protégeaient toutes
« les religions. Vous trouverez ici des usages différents de ceux de l'Europe : il faut
« vous y accoutumer. Les peuples chez lesquels nous allons traitent les femmes
« différemment que nous; n'oubliez pas que, dans tous les pays, celui qui viole est
« un lâche. Le pillage n'enrichit qu'un très-petit nombre d'hommes ; il nous dés-
« honore, il détruit nos ressources, il nous fait des ennemis de peuples, qu'il est de

« notre intérêt d'avoir pour amis. La première ville que nous allons rencontrer a été
« bâtie par Alexandre ; nous trouverons à chaque pas de grands souvenirs dignes
« d'exciter l'émulation des Français. »

Aux musulmans d'Alexandrie, il disait : « Depuis trop longtemps les beys qui
« gouvernent l'Égypte insultent à la nation française, et couvrent les négociants
« d'avanies ; l'heure de leur châtiment est arrivée. Depuis trop longtemps ce
« ramassis d'esclaves, achetés dans le Caucase et la Géorgie, tyrannise la plus
« belle partie du monde ; mais Dieu, de qui tout dépend, a ordonné que leur

« empire finit. Peuple de l'Égypte, on vous dira que je viens pour détruire votre
« religion ; ne le croyez pas : répondez que je viens vous restituer vos droits,
« punir les usurpateurs, et que je respecte, plus que les Mameluks, Dieu, son
« Prophète et le Koran. Dites-leur que tous les hommes sont égaux devant Dieu ;
« la sagesse, les talents et les vertus mettent seuls de la différence entre eux...
« Y a-t-il une belle terre? elle appartient aux Mameluks. Y a-t-il une belle es-
« clave, un beau cheval, une belle maison? cela appartient aux Mameluks. Si
« l'Égypte est leur ferme, qu'ils montrent le bail que Dieu leur en a fait...
« Cadis, cheiks, imans, dites au peuple que nous sommes aussi de vrais mu-
« sulmans... N'est-ce pas nous qui avons détruit le pape, qui disait qu'il fallait
« faire la guerre aux musulmans? Trois fois heureux ceux qui seront avec nous!
« Ils prospéreront dans leur fortune et dans leur rang. Heureux ceux qui se-
« ront neutres! Ils auront le temps de nous connaître et de se ranger avec
« nous. Mais malheur, trois fois malheur à ceux qui s'armeront pour les Ma-
« meluks et combattront contre nous! Il n'y aura pas d'espérance pour eux ; ils
« périront. »

A peine maître d'Alexandrie, Bonaparte imprime au débarquement toute l'activité dont il est dévoré. Brueys conduit l'escadre au mouillage d'Aboukir ; le convoi
entre dans le port d'Alexandrie. L'amiral a pour instructions de conduire ses vaisseaux soit à Malte, soit à Toulon, soit même à Corfou, aussitôt que toutes les muni-

tions de guerre auront été descendues à terre, à moins que le port vieux, où ils seraient en sûreté, n'ait assez d'eau pour les recevoir. Bonaparte, pour qui l'occupation de l'Égypte n'est que le prélude nécessaire d'une autre expédition, attache à la conservation et au voisinage de la flotte le succès de ses vastes desseins, qui repose tout entier sur la coopération de l'armée navale avec l'armée de terre. La crainte de voir arriver les Anglais ne permet aucun retard; d'un autre côté, il importe de prévenir et d'effrayer les beys par une marche rapide sur le Caire. Desaix entre dans le désert avec sa division, qui formait l'avant-garde, et se dirige sur Damanhour. Pendant cette marche de quinze lieues sur un sable brûlant et stérile, ses troupes, presque entièrement privées d'eau, éprouvèrent des souffrances telles, que ce général, si difficile à émouvoir en présence des plus grands dangers, écrivit à Bonaparte : « Si l'armée ne passe pas le désert avec la rapidité de l'éclair, « elle périra. »

Les 5 et 6 juillet, l'armée part d'Alexandrie, dont Bonaparte laisse le commandement à Kléber, blessé en montant à l'assaut. Le général Dugua se dirige sur Rosette; il a pour mission de s'emparer de cette ville et de protéger la flottille qui, remontant le bras gauche du Nil, doit rejoindre l'armée à Ramanieh, pour arriver au Caire avec elle.

Une chaleur accablante, la faim, la soif plus terrible encore, mirent à une cruelle épreuve le courage de nos soldats; plusieurs y succombèrent. Pour comble de malheur, un phénomène, inconnu dans nos contrées, présentait à leurs yeux fascinés un lac immense où se réfléchissaient les monticules de sable et toutes les inégalités du terrain; et comme cette illusion décevante, connue sous le nom de mirage, a lieu principalement dans la matinée, haletants, épuisés de fatigue, les malheureux pressaient le pas; mais lorsque le soleil, plus élevé sur l'horizon, venait dissiper ces eaux imaginaires, ils ne voyaient plus de terme à leur souffrance et tombaient dans un morne abattement. Le sol était enflammé; s'arrêter ou se mouvoir sur ce brasier ardent était un égal supplice; la nuit, venaient des tourments d'une autre espèce : une rosée froide glaçait les membres et semblait pénétrer jusqu'aux os. Quelle situation pour des hommes accoutumés au doux climat de l'Italie ! On murmurait de tous côtés; les plus fermes donnèrent presque des signes de désespoir.

Le 8 juillet, toute l'armée se trouve réunie à Damanhour, où elle oublie les rudes fatigues du désert et les murmures qu'elles ont excités. Le 10, à la pointe du jour, le mouvement s'opère sur Ramanich. Bonaparte, suivi de quelques officiers, s'étant écarté à une certaine distance de ses colonnes, ne fut pendant quelque temps séparé des Bédouins que par une éminence qui le dérobait à leur vue; lorsqu'il reconnut le péril auquel il venait d'échapper, il dit gaiement: « Il n'est point écrit là-haut que je doive être pris par les Arabes. » Enfin, après quelques heures de marche, le Nil étale devant les yeux étonnés ses deux rives couvertes de riches moissons; nos soldats ont hâte de se précipiter dans le fleuve, qui devient aussi un dieu pour eux. A peine rafraîchis et réconfortés, une attaque de Mameluks les rappelle au drapeau:

ils y courent, et l'artillerie de la division Desaix disperse l'ennemi. Bonaparte ordonne un repos à Ramanieh pour attendre sa flottille, qui porte les provisions.

L'armée, remise de ses fatigues et satisfaite, marche toute la nuit, avec l'espoir de livrer la bataille qui lui ouvrira la capitale de sa future conquête. La flottille suit le

mouvement, elle vogue sous le pavillon du chef de division Perrée. Le général Andréossy est à bord, ainsi que le général Zayonscheck ; ils commandent l'artillerie et les troupes à cheval non montées. Tout à coup la violence des vents l'entraîne au delà de la gauche de l'armée, et la pousse en présence des embarcations ennemies, que soutient le feu de quatre mille Mameluks, des fellahs et des Arabes. Un combat inégal, où la valeur supplée au nombre, commence à l'instant, et coûte à l'ennemi ses chaloupes canonnières. Le sang-froid et l'intrépidité du général Andréossy contribuèrent beaucoup à la victoire; les savants Monge et Berthollet, qui étaient avec lui sur le chébec de l'amiral, montrèrent un grand courage, et rendirent d'importants services. Cependant Bonaparte, averti par le bruit du canon, s'avance au pas de charge sur le village de Chébreiss, devant lequel il trouve les Mameluks rangés en bataille. Bientôt il a reconnu la position et disposé ses forces:

chacune de ses cinq divisions, commandées par Desaix, Bon, Reynier, Menou et Dugua, compose un carré sur six hommes de hauteur; les équipages et la cavalerie sont au centre, l'artillerie aux angles; les grenadiers, disposés par pelotons, iront renforcer les points sur lesquels porterait le poids de l'ennemi.

L'armée s'avance dans cet ordre; à peine est-elle à une demi-lieue du village, que soudain les Mameluks s'élancent en foule et inondent la plaine; se jetant sur ses flancs, ils vont caracoler derrière les carrés, où ils espèrent trouver quelque point plus faible qui leur permettra d'y pénétrer; mais partout ils ne rencontrent que des murailles de fer qui vomissent la flamme. Pendant ce temps, d'autres masses chargent en front avec impétuosité; mais, lorsqu'elles ne sont plus qu'à une faible portée, nos canonniers, démasquant leurs pièces, les couvrent de mitraille. En moins de deux heures, Chébreiss est à nous et Mourad se retire vers le haut du Delta avec une perte de six cents des siens ; sa flottille remonte aussi le Nil, empressée de se mettre à l'abri dans les murs mêmes du Caire. Ce combat suffit pour familiariser les troupes avec ces ennemis d'un nouveau genre, et pour suggérer à Bonaparte la tactique qu'il fallait employer avec eux.

L'armée passa la nuit à Chébréiss, et reprit sa marche le lendemain, en proie aux privations de toute espèce, à travers des villages abandonnés, sur un sol presque dépourvu de végétation. Aussi, la mélancolie et la tristesse recommencent-elles à régner dans les rangs ; on regrette hautement l'Italie et la France, on se regarde comme déporté dans un pays ingrat, sous un ciel plus dangereux cent fois que le fer ou le feu de l'ennemi. Ce Caire si vanté n'existe pas, disaient les soldats consternés, ou bien ce ne sera, comme à Damanhour, qu'une réunion de huttes. Bonaparte, qui entendait leurs plaintes, affectait d'établir son bivouac dans les endroits les plus incommodes. Enfin l'armée, repartie d'Omdinar pendant la nuit, arrive sur les deux heures après-midi à une demi-lieue d'Embabeh, en avant duquel le corps des Mameluks est déployé. En arrière et sur la gauche de l'ennemi, s'élèvent les pyramides, ces immobiles témoins des plus grandes fortunes et des plus grandes adversités du monde ; derrière sa droite où coule majestueusement le vieux Nil, brillent les trois cents minarets du Caire, et s'étendent les plaines jadis si fertiles de l'antique et populeuse Memphis. Le costume magnifique, l'éclat des armes, la beauté des chevaux de la cavalerie des beys, forme un singulier contraste avec l'aspect sévère des uniformes français, parmi lesquels celui des généraux ne brille que par la simplicité. C'est Léonidas luttant avec ses Spartiates contre la fastueuse armée des satrapes. La vue des pyramides inspira au général en chef un

de ces mots heureux avec lesquels il savait électriser tout le monde; le visage rayonnant d'enthousiasme : « Soldats, s'écria-t-il, songez que du haut de ces mo-
« numents quarante siècles vous contemplent! »

Mourad-Bey, avons-nous dit, appuie sa droite au Nil : il y a construit à la hâte un camp retranché, garni de quarante pièces de canon et commandé par une vingtaine de mille hommes, janissaires et fellahs; sa gauche, qui se prolonge vers les pyramides, comprend dix mille Mameluks, servis chacun par trois fellahs auxquels on avait donné des armes, et qu'on obligeait à se battre derrière les retranchements. Quelques milliers de cavaliers arabes, accourus moins comme auxiliaires que pour piller et massacrer, dans l'espoir d'un succès, remplissaient l'espace entre les Mameluks et les Pyramides. Le collègue de Mourad-Bey, Ibrahim, moins belliqueux que lui, se tenait de l'autre côté du Nil, avec mille cavaliers, ses femmes, ses esclaves et ses richesses, prêt à sortir du Caire et à se réfugier en Syrie si les Français étaient victorieux. Un nombre considérable de barques couvraient le Nil et portaient toutes les richesses des Mameluks. Tel était l'ordre dans lequel les deux beys nous attendaient.

Bonaparte dispose son armée comme à Chébreiss, mais de manière à présenter une ligne de feu plus étendue, et recommande surtout d'attendre froidement l'ennemi, et de ne tirer qu'à bout portant : il craignait que ses impétueux soldats de l'armée d'Italie, habitués à marcher au pas de charge, n'eussent peine à se résigner à une froide et impassible immobilité. Desaix occupe notre droite, Vial, notre gauche, Dugua le centre. La reconnaissance du camp ennemi, faite à l'aide d'une lunette, apprend au général en chef que leur artillerie n'étant pas sur affûts de campagne, ne pourra en sortir non plus que leur infanterie, qui n'oserait dès lors se porter dans la plaine. Aussitôt il fait porter à ses différentes colonnes l'ordre d'appuyer sur la droite, afin de passer hors de la portée du canon d'Embabeh et de n'avoir affaire qu'à la cavalerie des Mameluks.

Né avec l'instinct de la guerre, doué d'un coup d'œil pénétrant, Mourad a deviné que pour les Français le succès de la journée dépend de ce mouvement et qu'il faut l'empêcher à tout prix; il s'élance avec six ou sept mille chevaux sur la colonne du général Desaix. Attaquée en marche, cette division paraît ébranlée et même en désordre un moment, mais les carrés se forment et reçoivent avec sang-froid la charge de cette masse confuse, dont la tête seule avait commencé le choc, et elle se rejette sur Reynier qui vient après. Placé au milieu du carré que forme la division Dugua, Bonaparte saisit le moment, et vient se placer entre les Mameluks et le Nil : foudroyés par le feu de nos carrés comme sous

les murs d'autant de forteresses, ces intrépides cavaliers s'imaginèrent que nos soldats étaient attachés les uns aux autres, et l'on vit les plus braves, acculant leurs chevaux contre les baïonnettes, les faire cabrer puis se renverser en arrière pour s'ouvrir un passage. Après des efforts inouïs, après avoir tourné autour de nos carrés, cherchant à pénétrer dans les intervalles, les Mameluks lâchent prise : au milieu de la mitraille et des boulets, une partie rentre dans le camp, où elle jette la confusion ; Mourad, suivi de ses plus habiles officiers, se dirige sur Gizeh, et se trouve ainsi séparé de son armée. Alors le général Bon se porte sur Embabeh, tandis que le général Rampon court occuper une espèce de défilé entre Gizeh et ce camp. Les fellahs préposés à sa garde, voyant la défaite des Mameluks, s'enfuient vers la gauche; bon nombre parviennent à se sauver avec des bateaux, beaucoup aussi sont précipités dans le Nil. Nos colonnes d'attaque gagnent du terrain. Pris entre le feu de ces dernières et celui des troupes restées en carrés, les Mameluks essayent de se faire jour, et tombent en désespérés sur la colonne du général Rampon; ils échouent encore contre ce nouvel obstacle et tournent bride; mais un bataillon de carabiniers, devant lequel ils sont obligés de passer à cinq pas, en fait une effroyable boucherie. Mourad-Bey n'emmena dans sa retraite que deux mille cinq cents Mameluks échappés au carnage. Le camp ennemi enlevé à la baïonnette, ses quarante pièces de canon, quatre cents chameaux, les vivres, les trésors, les bagages de cette noble milice d'esclaves, qui était l'élite de la cavalerie d'Orient, la possession du Caire, enfin, furent les trophées de la brillante journée d'Embabeh. Bonaparte, qui connaissait la puissance des anciens souvenirs, lui donna le nom de *bataille des Pyramides*.

Après avoir poursuivi l'ennemi jusqu'à la nuit, les divisions Desaix, Reynier et Dugua revinrent à Gizeh, partager avec leurs frères d'armes déjà établis dans cette ville les avantages que le camp d'Embabeh avait offerts aux divisions Bon et Menou, c'est-à-dire le repos au sein de l'abondance. Bonaparte occupait la maison de campagne de Mourad-Bey; bientôt il reçut une députation des cheiks et des notables du Caire, que le passage des Mameluks échappés au glaive, et la fuite d'Ibrahim-Bey, le prudent compétiteur de Mourad, avaient livrés à tous les excès populaires. Ces députés venaient traiter de la reddition de la place et implorer la clémence du vainqueur. Bonaparte les accueille avec bienveillance, puis les renvoie sous l'escorte de deux compagnies d'élite aux ordres de l'intrépide Dupuy, qui venait d'être nommé général de brigade sur le champ de bataille. Sur la rive droite du Nil, les flammes de soixante djermes chargées de richesses, auxquelles les Mameluks ont mis le feu, éclairent la marche de ce détachement, qui pénètre de nuit dans les murs du Caire, et s'égare dans des rues étroites, longues et silencieuses. Toutes les portes sont fermées, aucune lumière qui annonce une maison habitée; on n'entend, on n'aperçoit personne; les hurlements des chiens, qui rôdent dans cette ville, immense comme dans toutes celles de l'Orient, répondent seuls aux sons cadencés du tambour.

Le 25 juillet, le général fait son entrée au Caire, au milieu de la foule du peuple accouru pour contempler les vainqueurs des Mameluks. Son premier soin, après avoir donné le commandement de la place au général Dupuy, est d'organiser définitivement le divan provisoire institué par les habitants, et de régler l'administration des pays que nous allons occuper. Kléber, toujours souffrant de ses blessures, reste à Alexandrie. Desaix est placé avec sa division à l'entrée de la haute Égypte; de forts détachements redescendent le Nil, afin de compléter l'occupation du Delta; le vieux Caire et Boulaq sont occupés; un corps d'observation se porte sur El-Khankah, chargé de surveiller Ibrahim, et devient bientôt l'avant-garde de l'armée, qui se met en mouvement pour chasser ce bey de l'Égypte. Bonaparte la commande en personne. En avant de Belbeis, ce corps rencontre les débris de la caravane des pèlerins de la Mecque, dont la plus forte partie a été emmenée par Ibrahim; Bonaparte délivre les marchands des Arabes qu'ils on pris pour escorte et qui les pillent, et les fait accompagner jusqu'au Caire par de

Français. Ibrahim avait fui sur Salahied; il sort de cette ville au moment de notre arrivée, emmenant avec ses trésors et ses femmes une grande quantité de bagage; un millier de Mameluks composent son arrière-garde. Emportés par leur fougue, et sans doute aussi par l'espoir du butin, un certain nombre de nos cavaliers fondent sur les Mameluks, s'ouvrent un passage dans leurs rangs, et y sont enveloppés; on vole à leur secours; la charge devient générale : les guides de Bonaparte suivent les hussards; aide de camp, généraux, se jettent dans la mêlée : le général en chef reste presque seul. Enfin le 3ᵉ de dragons s'avance, et, par une fusillade bien dirigée, force à la retraite les Mameluks, qui du reste se battirent avec le courage le plus admirable. Le chef d'escadron d'Estrée, l'aide de camp de Sulkolwski, reçurent, l'un quatorze coups de sabre, l'autre sept, et plusieurs coups de feu; Lasalle, chef de brigade; le général Murat; Duroc, aide de camp de Bonaparte; Arrhighi, son parent; l'adjudant général Leturcq, se distinguèrent par des prodiges d'audace et de valeur. Ibrahim fut rejeté dans le désert. Bonaparte, débarrassé d'un inquiétant adversaire, prend des mesures pour l'empêcher de reparaître en Égypte, prépare l'expédition de Syrie; puis, laissant Reynier à Salahieh avec sa division, il revient au Caire.

On a vu plus haut que l'amiral Brueys avait à choisir entre trois partis pour répondre aux vives sollicitudes du général en chef touchant le salut de l'escadre; malgré les dangers qu'offrait la rade d'Aboukir, il décida de s'y embosser, plutôt que de s'éloigner du théâtre de la guerre : son admiration pour Bonaparte influa beaucoup sur cette détermination. On aurait tort de juger d'après l'événement que l'espérance de résister aux Anglais dans sa position manquait de fondement. Resté sans nouvelles de la flotte pendant treize jours, Bonaparte avait expédié, le 30 juillet, son aide de camp Julien pour enjoindre à l'amiral d'entrer dans le vieux port d'Alexandrie, ou de partir sans retard pour Corfou ; mais cet officier rencontra un parti d'Arabes, et périt massacré avec ses quinze hommes d'escorte ; au reste, il n'aurait pu arriver à temps pour prévenir le désastre dont nous allons retracer les glorieux et pénibles détails.

Le 1er août, vers trois heures après midi, on signala l'escadre anglaise, forte de quatorze vaisseaux de ligne et de deux bricks. Le contre-amiral Blanquet-Duchayla commandait l'aile gauche de notre flotte, où se trouvaient *le Guerrier*, *le Conquérant*, *le Spartiate*, *l'Aquilon*, *le Peuple-Souverain* et *le Franklin* ; *l'Orient*, de 120 canons, monté par l'amiral Brueys, était au centre ; venait ensuite *le Tonnant*, commandé par Dupetit-Thouars ; et, enfin, à l'aile droite, le contre-amiral Villeneuve avait sous ses ordres *l'Heureux*, *le Mercure*, *le Guillaume-Tell*, *le Généreux*, *le Timoléon*. Le 30 juillet, l'amiral avait appelé ses capitaines à son bord, pour tenir conseil et décider si l'on devait combattre embossé ou à la voile. La majorité fut de l'avis du capitaine Dupetit-Thouars, qui se prononça pour combattre à la voile ; mais Brueys soutint l'opinion contraire, et se servit de son autorité pour la faire prévaloir. Il s'embossa à deux lieues de terre, laissant derrière sa ligne une passe plus que praticable pour un vaisseau de haut bord et où il eût dû faire couler quelques vieux navires afin de la fermer ; par une négligence inconcevable, il n'avait pas non plus fait armer la côte, dont les batteries l'auraient puissamment secondé ; enfin, par une sorte de fatalité, une partie de ses équipages était à terre. A six heures, l'action s'engage par une violente canonnade ; bientôt une partie de la flotte ennemie, doublant la tête de notre ligne, parvient à la couper et à jeter l'ancre entre la terre et nous, tandis que Nelson parcourt notre front avec le reste de ses forces. Deux bâtiments anglais s'échouent en exécutant cette audacieuse manœuvre ; mais notre centre et notre avant-garde n'en sont pas moins placés entre deux feux. De part et d'autre on se bat avec la dernière opiniâtreté. Au bout d'une heure, *le Guerrier*, *le Conquérant*, ont la moitié de leur monde tué, leurs canons démontés, leurs manœuvres hachées, leurs mâts brisés, et succombent successivement. La nuit arrive, et ne laisse aux deux partis, pour diriger leurs coups, que les rapides éclairs produits par douze cents pièces de canon qui tonnent, et dont la commotion agite la mer comme dans une tempête.

Dès le commencement de l'action, Brueys avait été blessé ; vers les huit heures du soir, il tombe renversé par un boulet. Ganthéaume, son ami, veut le faire emporter. « Non, dit-il en lui serrant la main, un amiral français doit mourir sur son banc de quart. » Il expire au bout d'un quart d'heure. Au même instant, le capitaine de pavillon Casa-Bianca et son capitaine de frégate sont emmenés au poste des blessés. Malgré ces pertes, *l'Orient* redouble d'audace et d'intrépidité. Déjà plusieurs vaisseaux ennemis, criblés de ses boulets, ont été contraints à prendre la fuite. Le *Bellérophon*, qui leur succède, voit ses trois mâts abattus et perd la moitié de son équipage ; réduit à l'impossibilité de manœuvrer, le vent l'entraîne sur notre arrière-garde, dont il reçoit toutes les bordées. Près de couler, les cris des matelots annoncent qu'il se rend. Si, dans ce moment, Villeneuve eût coupé ses câbles et saisi l'occasion, il s'emparait du *Bellérophon* sans coup férir, dégageait *l'Orient* ainsi que les autres vaisseaux restés seuls aux prises avec l'ennemi, et changeait un revers prochain en une brillante victoire. De même que *l'Orient*, abandonnés à eux-mêmes, *le Spartiate*, *le Peuple-Souverain*, *l'Aquilon*, combattent avec un égal héroïsme et font un mal horrible aux Anglais, dont plusieurs bâtiments ont cessé le feu. A neuf heures et un quart, l'incendie éclate sur *l'Orient* : aucun effort ne peut éteindre les flammes au milieu du carnage, au milieu des détonations de son artillerie, qui continuent malgré les ordres de Gantheaume ; l'équipage se jette à la mer ; une partie se noie, une partie se sauve : au bout d'une demi-heure, ce superbe bâtiment saute en l'air avec un fracas qui répand sur les deux flottes une profonde stupeur. Malgré cet épouvantable désastre, les Français soutiennent le combat ; entre cinq et six heures du matin, il redevient terrible, et ne se termine qu'à deux heures, après la prise ou la ruine de presque tous nos vaisseaux. Villeneuve s'éloigne avant la fin de l'action, avec *le Guillaume-Tell*, *le Généreux*, et les frégates *la Diane* et *la Justice*, sans être poursuivi par l'ennemi, qui n'était pas en état de l'inquiéter ; *l'Heureux*, *le Timoléon* et *le Mercure* s'échouèrent sur la côte et devinrent la proie des Anglais.

La fortune nous fit éprouver sa rigueur à cette désastreuse bataille. Cependant il ne faut pas oublier que nos vaisseaux étaient réduits au tiers de leurs équipages, et que nos marins ennoblirent leur défaite par des prodiges de valeur dignes de fixer la victoire. Il y eut des dévouements sublimes : le jeune Casa-Bianca, enfant de neuf à dix ans, et qui avait montré une constance au-dessus de son âge, fut englouti dans les flots à côté de son père, qu'il refusa de quitter ; Thevenare, commandant de *l'Aquilon*, cruellement déchiré par la mitraille, ne cessa d'encourager les siens jusqu'au dernier soupir ; Blanquet-Duchayla, frappé à la figure par un coup de feu, et apprenant qu'il ne restait plus à son bord que trois pièces en état, disait : « Tirez ; notre dernier coup peut être funeste à l'ennemi. » Dupetit-Thouars eut les deux cuisses emportées, et voulut mourir à son poste, comme le fit Brueys. Un autre boulet lui enleva un bras ; ainsi mutilé, il s'écriait : « Équipage du *Tonnant*, ne vous rendez pas ; coulez bas plutôt ; clouez le pavillon ; »

et il ordonnait qu'on précipitât son corps à la mer, si les Anglais venaient à se rendre maîtres de son bâtiment. Lorsqu'ils y furent entrés, ils n'y trouvèrent plus qu'un jeune aspirant.

La journée d'Aboukir et celle de Trafalgar marquent deux des plus grandes fatalités de la vie de Bonaparte : l'une lui ferma les chemins de l'Asie, l'autre lui ravit peut-être l'empire qu'il aurait conquis dans le canal de la Manche, si ce même amiral Villeneuve, exécutant ses ordres, eût décliné le combat qu'il aurait dû chercher devant Aboukir.

Kléber lui-même, l'héroïque Kléber, parut ébranlé par cette catastrophe; Bonaparte en reçut la nouvelle avec une grande fermeté; aucun trouble ne se peignit sur son visage, rien ne trahit la profonde impression qu'il dut recevoir d'un événement dont il mesurait toutes les conséquences. Dissiper la confusion et la stupeur qui régnaient à Alexandrie, malgré la présence de Kléber; demander et obtenir la vérité tout entière sur notre désastre; secourir les vivants dans leur détresse; honorer les illustres morts dans leurs tombeaux; consoler leurs familles par des paroles quelquefois marquées au cachet de la douleur d'une âme mélancolique; rassurer l'armée par des paroles empreintes d'un génie supérieur ; rétablir l'ordre partout ; réunir, organiser les restes de notre marine ; veiller sur l'escadre de Villeneuve, réfugiée à Malte, et répandre dans tous les cœurs les espérances d'une gloire nouvelle qui allait naître pour l'armée d'Egypte du sein même de cette grande calamité : tels étaient les soins du héros dans ces graves circonstances, où il se montra véritablement la providence de sa valeureuse armée.

Prisonnier dans sa propre conquête, qui devenait une patrie pour ses troupes et pour lui, Bonaparte, s'il désespérait de l'avenir, ne serait que l'homme de la fortune. Il va régner ; le général en chef de l'armée française est aussi le sultan de l'Égypte. Le destin lui fait faire l'essai du sceptre sur les bords du Nil ; et ce caractère supérieur revêt alors une teinte orientale qu'offriront toujours dans

la suite ses volontés et ses desseins. La nature semblait l'avoir créé pour le trône de l'Asie; il avait reçu, pour s'y maintenir, tout ce qui l'a précipité de celui qu'il éleva depuis sur l'Europe. Cette royauté passagère développera en lui tous les germes de la puissance absolue. Toutefois il marche avec son siècle, et c'est le personnage d'un calife éclairé qu'il veut montrer au monde. Il recommencera en Égypte le rôle des Abbassides en Espagne : à la tête d'une armée invincible, entouré d'un état-major de savants et de philosophes, il fera fleurir les arts de l'Europe et la religion du Croissant : donnant ainsi à l'univers le spectacle nouveau d'un conquérant qui révère le culte des vaincus, et leur rappelle leur grandeur passée, par la vénération dont il honore les monuments de leur pays. « Nous n'a-« vons plus de flotte, avait-il dit au moment de la fatale nouvelle ; eh bien, il faut

« rester ici ou en sortir grands comme les anciens. » Dans cet adieu stoïque à la flotte, les soldats acceptèrent toute leur destinée : les habitants furent loin d'éprouver les mêmes sentiments de résignation, car une fermentation sourde se fit bientôt remarquer dans l'immense ville du Caire.

Lorsque le retour annuel du débordement du Nil ramena l'antique cérémonie que célèbre depuis tant de siècles la reconnaissance du peuple égyptien, pour ce grand bienfait de la nature qui donne à son sol la fertilité (18 août 1798), Bonaparte saisit avec habileté cette occasion de s'associer aux idées et aux coutumes du pays. Placé sous un pavillon, à côté du pacha du Caire, il préside à la fête politique et religieuse dont ce dernier lui abandonne tout l'honneur. A son signal, la statue de la fiancée du Nil est précipitée dans les flots, la digue est rompue ; les noms de Bonaparte et de Mahomet viennent se confondre dans les airs. Le général jette de l'or à la foule, distribue trente-huit cafetans aux principaux officiers, et revêt de la pelisse blanche le nakibredjah, de la pelisse noire le mollach gardien du meqyas, monument qui renferme le nilomètre. Tout le peuple mêlait aux louanges du Prophète celles des braves de l'Occident, et, maudissant la tyrannie des beys, disait avec transport à Bonaparte : « Oui, vous êtes venu nous délivrer « par l'ordre du Dieu miséricordieux, car vous avez pour vous la victoire et le « plus beau Nil qu'il y ait eu depuis un siècle. Ce sont deux bienfaits que Dieu seul « peut accorder. » Cette brillante solennité fit diversion sur les esprits encore frappés du désastre d'Aboukir.

L'anniversaire de la naissance de Mahomet ne fut pas célébré avec moins de pompe, et le général en chef ainsi que son état major y figurèrent. Les processions des fidèles musulmans, les chœurs de danse et d'instruments, les évolutions militaires, une illumination générale, des feux d'artifice, animèrent toute la ville pendant quatre jours. Bonaparte ne se borna pas à donner la pelisse d'honneur au cheik El-Bekry, reconnu pour le premier descendant de Mahomet, il répandit encore de grandes aumônes. Enfin, l'époque non moins religieuse du départ de la caravane du Caire pour la Mecque vint ajouter à la confiance que la discipline sévèrement observée au milieu de leurs villes aurait dû inspirer aux Égyptiens : Bonaparte donna les ordres les plus précis pour la protection des pèlerins ; lui-même écrivit une lettre pressante au chérif de la Mecque.

Par malheur, l'impérieuse nécessité d'établir une administration régulière qui assurât la subsistance de nos troupes, qui pourvût à la défense de la contrée, qui créât un système de contributions, contre-balançait chez un peuple aussi pauvre qu'impressionnable ces hommages rendus publiquement à ses institutions et à ses croyances : de nombreuses insurrections, fomentées par les émissaires des beys, éclatèrent sur plusieurs points, et ne furent réprimées que par la force des baïonnettes. En vain de nombreuses exécutions militaires comprimaient-elles momentanément la révolte, la révolte renaissait des cendres des villages incendiés, et de nouvelles représailles contre ces actes de justice rigoureuse amenaient des exécutions nouvelles. Habitués au repos monotone d'une obéissance servile, les Égyptiens se voyaient tout à coup soumis au règne de lois qui blessaient leurs habitudes de mollesse, et une aveugle haine accueillait les dispositions, même les plus sages, relatives à leur prospérité future, à leur sécurité du moment. Cela ne doit pas étonner, car on ne substitue pas tout à coup l'obéissance raisonnée à l'obéissance passive, et l'esclavage est un code sans commentaire qui a ses fanatiques. Pour les Égyptiens, le Koran forme ce code tout entier ; et d'ailleurs il réprouvait comme infidèles les nouveaux législateurs : dans son immobilité séculaire, l'islamisme opposait aux améliorations une barrière infranchissable. Quant à notre armée, condamnée presque chaque jour à devenir conquérante, elle remplit son rôle avec succès, parce que le langage de la force se fait entendre de tous les peuples, et surtout de ceux qui ont admis le dogme du fatalisme.

Le Caire, transformé en métropole française, offrait, grâce à l'infatigable activité de Bonaparte, l'aspect et les ressources d'une ville d'Europe, et semblait, au milieu de la barbarie indigène, une oasis de civilisation et d'industrie qui, en rendant à l'armée les jouissances de la patrie, l'aidait à supporter l'exil. Mais si les soins de la guerre et de l'administration militaire ont d'abord absorbé la pensée du général en chef, pour assurer sa conquête, il lui faut travailler avec la même activité à l'établissement du gouvernement civil. Le divan du Caire, composé des plus considérés parmi les habitants, suffit à la police de cette vaste cité; les autres villes recevront la même organisation municipale. Toutefois, par une prévoyance que l'événement se chargea de justifier, Bonaparte fit enlever les portes placées à l'extrémité de chaque rue, et qu'on fermait tous les soirs pour se mettre à l'abri des surprises nocturnes des Arabes bédouins.

Le 22 septembre amenait le cinquième anniversaire de la fondation de la République. Bonaparte, qui voulait frapper l'imagination et les yeux des Égyptiens, fit construire à grands frais un cirque immense dans la principale place du Caire. Ce cirque était décoré de cent neuf colonnes qui portaient chacune un drapeau, et chaque drapeau le nom d'un des départements de la France; au milieu s'élevait un obélisque colossal chargé d'inscriptions; sur sept autels antiques brillaient des trophées où étaient gravés les noms des braves morts en combattant. A l'entrée s'élevait un arc de triomphe, sur le massif duquel avait été représentée la bataille des Pyramides, et parmi les inscriptions arabes dont on l'avait couvert se distinguait ce verset du Koran : *Il n'y a de Dieu que Dieu, et Mahomet est son*

prophète; rapprochement qu'excuse la nécessité où se trouvait Bonaparte de flatter et les vainqueurs et les vaincus. Une proclamation fut lue aux troupes. « Il y
« a cinq ans, disait-elle, l'indépendance du peuple français était menacée : vous
« reprîtes Toulon ; ce fut le présage de la ruine de vos ennemis. Un an après,
« vous battiez les Autrichiens à Dégo ; l'année suivante, vous étiez sur le sommet
« des Alpes ; vous luttiez contre Mantoue il y a deux ans, et nous remportions la
« célèbre bataille de Saint-George. L'an passé, vous étiez aux sources de la Drave
« et de l'Isonzo, de retour de l'Allemagne. Qui eût dit alors que vous seriez
« aujourd'hui sur les bords du Nil? Depuis l'Anglais, célèbre dans les arts et le
« commerce, jusqu'au hideux et féroce Bédouin, vous fixez les regards du monde.
« Soldats, votre destinée est belle... Dans ce jour, quarante millions de citoyens
« pensent à vous. » Les acclamations de l'armée répondent à des paroles qui
réveillent tant de glorieux souvenirs, et le nom de Bonaparte se mêle dans les
airs aux cris mille fois répétés de : *Vive la république!* Les évolutions militaires,
destinées surtout à captiver l'attention du peuple, complétèrent cette partie de la
fête, tandis qu'un détachement allait planter l'étendard tricolore sur la plus haute

des pyramides de Gizeh. Une table immense avait été dressée dans l'une des salles
du palais ; deux cents convives, français et musulmans, viennent s'y asseoir. Nos
bannières nationales, mariées aux étendards du Croissant, forment au-dessus de
leurs têtes une immense draperie, et sur les murailles qui en sont tapissées, la
Déclaration des droits de l'homme figure à côté du Koran. Étrange amalgame,
spectacle étourdissant que le monde ne reverra peut-être jamais ! Des courses à
pied et à cheval succèdent au banquet, et la journée se termine par une brillante
Ilumination.

Les poëtes n'ont jamais manqué aux conquérants. On chantait dans la grande mosquée du Caire : « Réjouissez-vous, ô fils des hommes, de ce que le grand « Allah n'est plus irrité contre vous ! réjouissez-vous de ce que sa miséricorde a « amené les braves de l'Occident pour vous délivrer du joug des Mameluks ! Que « le grand Allah bénisse le favori de la Victoire ! Que le grand Allah fasse pros- « pérer l'armée des braves d'Occident ! » Et cependant *les fils des hommes* conspiraient contre *les braves d'Occident*, dans cet impénétrable silence qui caractérise les peuples abrutis par l'esclavage.

L'établissement de l'Institut d'Égypte, le lendemain de cette singulière fête républicaine, donna à l'expédition un relief qui devait en faire le plus bel épisode de cet âge de prodiges, et honorer à jamais son fondateur. Dans ce corps, digne de rivaliser avec celui de la mère patrie, figurent l'habile Fourier, qui depuis fut secrétaire perpétuel de l'Académie des sciences ; Berthollet, dont la chimie moderne a consacré la mémoire ; Monge, le père de la géométrie descriptive ; Dubois, l'espérance de son art, et devenu l'un des premiers chirurgiens de l'Europe ; Larrey, dont le nom sera longtemps béni par les soldats français ; le médecin Desgenettes, déjà connu par son expérience, et depuis illustré par son héroïsme à l'hôpital de Jaffa ; les savants Louis Costaz, Champy, Girard, Nouet et Malus ; Say, le rival d'Adam Smith ; l'industrieux Conté, si utile à la colonie ; le peintre Redouté, le poëte Parseval-Grandmaison, et d'autres hommes d'élite. Parmi les militaires, il faut citer Caffarelli et Sulkowski, puis enfin le général en chef, qui rehaussait de tout l'éclat de sa gloire d'Italie ces célébrités européennes. Bonaparte divisa cet Institut en quatre classes : mathématiques, physique, économie politique, littérature et beaux-arts : une bibliothèque, un cabinet de physique, un observatoire, un jardin botanique, un laboratoire de chimie, un musée d'antiquités, une ménagerie, facilitèrent leurs travaux. Dès ce moment, le guerrier qui n'oublia jamais dans ses proclamations de prendre la qualité de membre de l'Institut national, joignit à ses autres titres celui de président de l'Institut d'Égypte. Chacune des classes se livra à de grandes et utiles investigations ; la science eut ses héros comme la guerre, dont elle devait assurer les triomphes, et créa des monuments plus durables que les trophées militaires. On mit tout en usage pour acclimater l'armée, chose du reste bien moins difficile que de plier les Égyptiens à nos mœurs. Bonaparte chargea l'Institut de dresser un tableau comparatif des mesures égyptiennes et françaises, de composer un vocabulaire français-arabe, ainsi qu'un triple calendrier, égyptien, cophte et européen ; ouvrage suffisant pour les premiers besoins. Deux journaux, l'un de littérature et d'économie politique, sous le titre de *Décade égyptienne*, l'autre de politique, sous celui de *Courrier d'Égypte*, furent rédigés et imprimés au Caire. Un palais du bey et ses jardins métamorphosés en Tivoli ; des lieux de réunion, des boutiques, des ateliers, des usines, des fonderies, des manufactures, improvisées par l'ingénieux Conté; des moulins à vent, invention toute nouvelle pour les yeux étonnés des Égyptiens ; des ateliers ouverts par Champy pour la fabrication de la poudre ; la renaissance du commerce, imprimèrent à cette ville monotone un air d'activité, de création et d'indépendance sociale qu'elle n'eut jamais sous les Ottomans.

Puisque la perte de sa flotte forçait Bonaparte de renoncer aux vastes projets dont l'Égypte ne devait être que le premier théâtre, la prudence, ce trait distinctif de son caractère, lui conseillait de ne négliger aucun moyen pour s'assurer la possession tranquille d'une colonie dont la conquête jetterait sur la France un éclat inconnu en Europe depuis la découverte des deux Indes. Il s'occupa sans relâche du recrutement de l'armée, réduite à recevoir dans ses rangs les esclaves de l'âge de seize à vingt-quatre ans, de toutes les races asiatiques et africaines transplantées en Égypte. Trois mille marins, échappés au désastre d'Aboukir, furent enrégimentés, et composèrent la légion nautique.

Le 21 octobre, en l'absence du général en chef, qui s'était rendu au vieux Caire, des rassemblements armés se forment dans les rues, et surtout dans la grande mosquée. Le général de brigade Dupuy, qui depuis son entrée nocturne a conservé le commandement de l'armée, est la première victime des séditieux ; le brave Sulkowski, aide de camp de Bonaparte, succombe également, mais hors de la ville. Les Français de toute classe, de toute condition, sont impitoyablement égorgés sur la voie publique, dans les maisons. Les mosquées se transforment en autant de forteresses, et du haut des minarets les imans donnent le signal de la destruction des infidèles. L'immense population du Caire a juré par

Mahomet d'exterminer les Français. Guidée par les cheiks, elle s'élance avec audace vers l'une des portes, dont elle veut interdire l'accès à Bonaparte, qui, accouru pour étouffer la révolte, se voit obligé de faire un détour afin de gagner celle de Boulacq. Jamais instant plus critique ne se présenta dans la vie d'un conquérant. Mourad-Bey tenait opiniâtrement la campagne dans la haute Égypte contre l'infatigable Desaix ; les généraux Menou et Dugua contenaient avec peine

l'Égypte intérieure : tout le désert était en armes. Les Arabes secondaient l'insurrection des fellahs dans la montagne aussi bien que celle des habitants des villes. Un manifeste du Grand Seigneur, répandu avec profusion dans toute l'Égypte, révéla l'étendue du péril ; entre autres phrases incendiaires, il renfermait celles-ci : « Le peuple français (Dieu veuille détruire son pays de fond en comble, « et couvrir d'ignominie ses drapeaux !) est une nation d'infidèles obstinés et de « scélérats sans frein... Ils regardent le Koran, l'Ancien Testament et l'Évangile « comme des fables... O vous, défenseurs de l'islamisme ! ô vous, héros protec- « teurs de la foi ! ô vous, adorateurs d'un seul Dieu, qui croyez à la mission de « Mahomet, fils d'Abder-Allah, réunissez-vous, et marchez au combat, sous la pro- « tection du Très-Haut ! Grâce au ciel, vos sabres sont tranchants, vos flèches sont « aiguës, vos lances sont perçantes, vos canons ressemblent à la foudre ! Dans « peu, des troupes aussi nombreuses que redoutables s'avanceront par terre, en « même temps que des vaisseaux aussi hauts que des montagnes couvriront la « surface des mers... Il vous est, s'il plaît à Dieu, réservé de présider à leur « entière destruction. Comme la poussière que les vents dispersent, il ne restera « plus aucun vestige de ces infidèles ; car la promesse de Dieu est formelle : l'espoir

« du méchant sera trompé, et les méchants périront. Gloire au Seigneur des
« mondes ! »

C'en était fait non-seulement de la possession de l'Égypte, mais de la vie de tous les Français, si Bonaparte ne s'était montré supérieur à ce danger qui s'élevait comme un ouragan au milieu du calme le plus profond. Le souvenir des Pâques vénitiennes se présenta sans doute à son esprit. Il pénètre dans la ville à la tête de ses soldats, repousse les Arabes dans le désert, dirige ses colonnes à travers les rues, entoure de son artillerie la place principale, poursuit les révoltés jusqu'à la grande mosquée, où ils se réfugient en désordre, et leur offre généreusement un pardon qu'ils refusent avec une insolente hauteur. Tout à coup, par un phénomène très-rare sous ce climat, le ciel se couvre de nuages, le tonnerre gronde ; les mutins, voyant que la nature elle-même combat pour leurs adversaires, envoient leur soumission au général et lui demandent grâce : « L'heure « de la clémence est passée ; vous avez commencé, c'est à moi de finir, » répond-il avec colère ; et il donne le signal de la vengeance. Le canon foudroie les murs de la mosquée, la hache en brise les portes, et les fanatiques qu'elle renferme sont abandonnés à la fureur de nos soldats, qui ont à venger leurs camarades lâchement assassinés.

Lorsque le calme fut rétabli, le général en chef fit rechercher les principaux instigateurs du complot : quelques cheiks, plusieurs Turcs et Égyptiens, furent jugés et mis à mort; afin même de punir tous les habitants, il remplaça le divan par un gouvernement militaire et imposa une contribution extraordinaire. Une proclamation qui réfutait le firman du Grand Seigneur comme calomnieux et supposé, fut affichée dans toutes les villes; elle finissait par ces mots : « Cessez de « fonder vos espérances sur Ibrahim et sur Mourad, et mettez votre confiance en « celui qui dispose à son gré des empires et qui a créé les humains. Le plus reli- « gieux des prophètes a dit : « *La sédition est endormie; maudit soit celui qui la ré- « veillera!* » Effectivement, la sédition ne se réveilla pas au Caire pendant le reste du séjour de Bonaparte en Égypte.

Assuré de la soumission totale du grand Caire et de l'Égypte inférieure, Bonaparte voulut aller à Suez résoudre le problème de la jonction de la mer Rouge avec la Méditerranée, et chercher les traces de ce fameux canal auquel on a donné le nom de Sésostris. Le souvenir gigantesque de la puissance des premiers rois de l'Égypte ne pouvait dormir dans le sein d'un homme qui, en stipulant un traité de paix dans une petite ville du Frioul vénitien, avait rêvé l'envahissement de l'Inde par le golfe Arabique. Il se réservait de vérifier par lui-même la tradition passée à l'état de fait historique. Ce n'est plus comme général en chef, c'est comme membre des Instituts de France et d'Égypte que Bonaparte se prépare à cette pacifique expédition. Il choisit dans les quatre classes ses collègues Berthollet, Monge, Dutertre, Costaz, Lepère et Caffarelli-Dufalga; les généraux Berthier et Dommartin commandent l'escorte, composée de trois cents hommes seulement. Après trois jours de marche à travers le désert, on atteignit Suez. Bonaparte visita la côte, ordonna de compléter les ouvrages de la place, et alla reconnaître en Arabie, au delà de la mer Rouge, les fontaines de Moïse. Au retour, surpris par la nuit et par la marée montante, il allait être submergé si l'un de ses guides ne l'eût rapidement enlevé. Cette fatale destinée, semblable à celle du Pharaon de la Bible, serait devenue un texte inépuisable de déclamations soi-disant religieuses pour des fanatiques d'une autre espèce encore que les sectateurs de Mahomet. Le lendemain de son arrivée, Bonaparte donna à la douane de Suez de nombreux tarifs, plus favorables au commerce avec l'Arabie que ceux en vigueur jusqu'alors; et pour instruire de ce changement le chérif de la Mecque, il profita d'une députation d'Arabes qui venait demander l'amitié des Français [1].

A deux lieues de Suez, on découvrit les traces de l'ancien canal, qui, quatre lieues plus loin, se perd dans les sables. Voulant connaître les deux routes qui conduisent du Caire à Suez, Bonaparte revint par Belbeis, où était le quartier du général Reynier. Ce fut entre ces deux villes que, rencontrant une caravane des

[1] Ce fut alors que Bonaparte reçut une députation des cénobites du mont Sinaï, et qu'il inscrivit son nom sur l'antique registre de leurs garanties.

Arabes de Thor, escortée par des dromadaires, il fut frappé de la facilité avec laquelle on maniait ces animaux, et en fit monter quelques-uns par Eugène Beauharnais, Édouard Colbert et d'autres jeunes officiers, qui s'en tirèrent aussi bien que les Arabes. C'est de là que lui vint l'idée de former un régiment nommé régiment de *Dromadaires*, et spécialement destiné à donner la chasse aux Arabes qui infestaient le pays. Deux hommes, assis dos à dos, pouvaient, grâce à la force et à la célérité de leur monture, faire vingt-cinq à trente lieues sans s'arrêter. A Belbeis, il apprend que Djezzar, pacha de Syrie, a fait occuper par l'avant-garde de son armée le fort d'El-Arich, qui défend les frontières de l'Égypte à dix lieues dans le désert. Dès lors la rupture entre la Porte et la république française n'est plus douteuse, le firman du Grand Seigneur se trouve expliqué. Bonaparte, suivant son usage, pense déconcerter son ennemi par une attaque soudaine.

L'expédition de Syrie est donc décidée. Le général en chef retourne sur ses pas, et en passant à Salahieh met en mouvement la division Reynier, qui va devenir son avant-garde. Arrivé au Caire, il donne ordre à dix mille hommes de se tenir prêts à marcher : Bon, Kléber, Lannes, Reynier, commandant l'infanterie, Murat la cavalerie, Dommartin l'artillerie, et Caffarelli-Dufalga l'arme du génie ; Daure est ordonnateur en chef de l'armée de Syrie. L'amiral Perrée, avec trois frégates, apportera l'artillerie de siége, puis il croisera en vue des côtes. Les divisions traînent à leur suite cinquante pièces de campagne. En peu de jours Reynier paraît devant El-Arich, s'en empare, détruit une partie de ses défenseurs, et force l'autre à se renfermer dans le château ; les Mameluks d'Ibrahim s'étant approchés pour secourir la ville, il les attaque et se rend maître de leur camp. Dans ces entrefaites, les

Anglais étaient venus bombarder Alexandrie ; mais confiant en la valeur de Marmont, qui a remplacé Kléber dans le commandement de cette place, Bonaparte ne se laissa pas détourner par cette division. Arrivé à El-Arich, le lendemain de la victoire de Reynier, sept jours après son départ du Caire, il fait battre en brèche une des tours du château, et en deux jours les Barbares qui en forment la garnison ont capitulé. On y trouva des magasins considérables.

Dans sa marche à travers le désert, l'armée éprouva de nouvelles souffrances ; mais en voyant leur général marcher à leurs côtés et supporter, avec une santé débile les mêmes privations et les mêmes fatigues, les soldats n'osent se plaindre. Entre El-Arich et Gaza, Bonaparte courut le danger d'être enlevé. Trompé par ses guides, Kléber, qui marchait à la tête, s'était égaré ; Bonaparte suivait le bon chemin avec une cinquantaine d'hommes, officiers et soldats, lorsque, à l'approche d'un village, il se vit inopinément salué par la mousqueterie des Mameluks d'Ibrahim. A l'aide de sa lunette, il découvrit un camp de quinze cents chevaux, et donna ordre de rétrograder. Heureusement le jour baissait, et l'ennemi, croyant n'avoir affaire qu'à un simple détachement, ne prit pas la peine de le poursuivre. A quatre lieues en arrière, on rencontra Bessières avec le quartier général, et dans la nuit Kléber rallia. Le lendemain, on aperçut les belles montagnes de la Syrie et les plaines de l'antique Gaza : cette vue fit tressaillir bien des cœurs en rappelant le souvenir du sol de la patrie. Gaza n'a plus de portes ; abandonnée par les troupes de Djezzar, elle envoie sa soumission au général en chef. L'armée s'y repose pendant deux jours, et oublie les privations qu'elle vient d'endurer : le 3 mars, elle arrivait devant Jaffa, autrefois Joppé, si fameuse dans l'histoire des enfants d'Israël. De hautes murailles flanquées de tours, une garnison de troupes choisies, une artillerie formidable, servie par douze cents canonniers turcs, en rendent les approches périlleuses; mais, d'un autre côté, l'importance de cette place, qui présente un port à l'escadre et qui est la clef des États de Djezzar-Pacha,

ne permet pas d'hésiter. Au bout de trois jours l'investissement est formé, la tranchée ouverte et le bombardement commence. Aussitôt que la brèche est jugée praticable, Bonaparte envoie un Turc porter sa sommation au commandant, qui pour toute réponse fait couper la tête au parlementaire et ordonne une infructueuse sortie. Le soir même une des tours s'écroule, et le point d'assaut est marqué. Tout le monde s'y préparait, lorsqu'un spectacle d'un intérêt bien touchant vint frapper les yeux du soldat : les chrétiens de la ville, tenant dans leurs mains un crucifix, franchissent les remparts en criant : *Christian! christian!* et se précipitent dans nos rangs, où ils sont traités et accueillis comme des frères. Après cet épisode, l'attaque fut poussée avec acharnement, et la résistance opiniâtre de ses défenseurs ne put sauver ni eux ni cette malheureuse cité. Pendant deux jours et deux nuits, elle subit toutes les horreurs qui accompagnent et qui suivent une prise d'assaut. Bonaparte, embarrassé par le grand nombre des prisonniers, fut entraîné à offrir un holocauste à ce dieu barbare que les conquérants appellent la nécessité : un millier de captifs, la plupart compris dans la capitulation d'El-Arich, furent passés par les armes, à l'exception seulement de quelques Égyptiens ou Mameluks, qui furent renvoyés en Égypte sous l'escorte d'un détachement de dromadaires. L'histoire transmet à la postérité, sans l'accompagner d'aucune explication, le récit de cette horrible et sanglante exécution ; la proclamation adressée par Bonaparte aux habitants du Caire, lors de son retour de Syrie, en deviendra le plus sûr commentaire.

Avant de quitter Jaffa, Bonaparte y établit un divan, une garnison et un grand hôpital. Des symptômes de peste s'étaient manifestés, et plusieurs hommes de la 32e demi-brigade succombèrent. Un rapport des généraux Bon et Rampon alarma sérieusement le général en chef sur la propagation du fléau ; il se rendit à l'hôpital, accompagné des généraux Berthier et Bessières, de l'ordonnateur en chef Daure, et du médecin en chef Desgenettes, parla aux malades, les encouragea, toucha même leurs plaies en leur disant : « Vous voyez bien que cela n'est rien. » A ceux qui lui reprochaient son imprudence, il répondait froidement : « C'est mon devoir ; je suis le général en chef. » Cette visite et surtout le courage de Desgenettes, qui, s'inoculant la contagion en présence des soldats, se guérissait par les remèdes qu'il leur prescrivait, raffermirent le moral de l'armée, déjà singulièrement ébranlé.

Enfin, Bonaparte reprend sa marche sur Saint-Jean-d'Acre, l'ancienne Ptolémaïs, et disperse les nombreux ennemis qu'il rencontre, mais non sans difficulté. Dans une affaire assez chaude avec les Naplousains, nos troupes furent repoussées, et le chef de brigade Barthélemy perdit la vie. C'était le second échec qu'ils nous faisaient éprouver : dans une reconnaissance tentée vers les montagnes pendant le siége de Jaffa, le général Damas avait eu le bras cassé par une balle, et bon nombre d'hommes mis hors de combat. La prise de Caïffa, place riche en munitions et en approvisionnements de toute espèce, adoucit les regrets et fortifia les courages.

Dans cette mémorable campagne de Syrie, tout reçoit l'empreinte de l'Orient; tout y est grand, le danger, la résistance, l'attaque, la vengeance, la barbarie. Soixante jours verront la valeur française pulvériser en vain les murs de Saint-Jean-d'Acre, et Bonaparte, devenu plus inébranlable dans son dessein par les efforts de l'ennemi, communiquer l'opiniâtreté de sa résolution à des légions que les Romains eussent nommées invincibles. A chaque heure le péril devient plus éminent, la prise d'Acre plus nécessaire. Les firmans du Grand Seigneur ont soulevé les populations d'une partie de l'Asie; ces populations descendent des montagnes, elles accourent de Bagdad, de Damas, des bords de l'Euphrate, pour la destruction des infidèles; les flottes turques couvrent la mer et portent une armée qui vient au secours du pacha; une autre se rassemble à Rhodes pour reconquérir l'Égypte, où Mourad-Bey occupe le général Desaix, où l'insurrection agite le Delta. Le pavillon d'Angleterre dirige la tempête maritime; il faut s'emparer d'Acre avant qu'elle ait reçu ces nouveaux renforts. Mais l'artillerie de siége sur laquelle compte le général, enlevée par une croisière anglaise avec notre flottille, tonne contre nous du haut des remparts, et deux assauts donnés ont prouvé la force des ouvrages qui protégent la ville assiégée. Afin de seconder les mouvements de l'armée du pacha de Damas, Djezzar ordonne contre le camp français une sortie générale que conduisent et soutiennent les équipages et l'artillerie des vaisseaux anglais ; mais l'impétuosité de nos bataillons l'a bientôt refoulée dans la place.

Bonaparte avait détaché la division Kléber vers le Jourdain, pour en disputer le passage au pacha de Damas, Abdallah, dont l'armée réunie aux montagnards de Naplouse s'élevait à environ vingt-cinq mille hommes. Plus de douze mille cavaliers en faisaient la force. Elle traînait un bagage immense. L'avant-garde française, forte de cinq cents hommes au plus, rencontra l'avant-garde turque sur la route de Nazareth. Junot fit bravement tête à l'ennemi : formé en carré, il couvrit de morts le champ de bataille, et prit cinq drapeaux : mais, obligé de céder au nombre, il se replia sur Kléber. Instruit de ce qui se passe, Bonaparte se détache avec la division Bon, pour voler au secours des siens et dissoudre l'armée d'Abdallah. Des hauteurs qui dominent la plaine de Fouli, il reconnaît que Kléber, retranché dans des ruines avec deux mille hommes, y brave les vingt mille qui le cernent : en un moment, il a dressé le plan de cette bataille célèbre à laquelle le Thabor doit attacher son nom. Murat va garder le Jourdain avec sa cavalerie ; Vial et Rampon marchent sur Naplouse ; Bonaparte lui-même se place entre les ennemis et leurs magasins, et divise son faible corps en deux carrés, dont la direction combinée avec la position de la division Kléber, ne tardera pas à enfermer les Turcs dans un triangle de feu. Il marche en silence, sans donner aucun signe de son approche, jusqu'à une certaine distance, puis tout à coup fait tirer un coup de canon et se montre sur le champ de bataille. « C'est Bonaparte ! » s'écrient ses soldats, qui depuis six heures du matin repoussent les attaques acharnées d'un ennemi huit fois plus nombreux. Kléber, profitant de leur enthousiasme, prend à son tour l'offensive, et l'armée turque, assaillie de tous les côtés à la fois, coupée dans sa retraite, perd cinq mille hommes, ses chameaux, ses tentes, ses provisions.

L'absence momentanée de Bonaparte n'avait pas ralenti les travaux du siège ; il durait depuis un mois et demi, et chaque jour l'armée faisait d'irréparables pertes.

Par une faveur tardive de la fortune, l'amiral Perrée étant venu débarquer à Jaffa neuf pièces de gros calibre, on les met promptement en batterie, et deux assauts sont ordonnés : efforts infructueux dans l'un desquels le brave Caffarelli-Dufalga perdit la vie. Tout à coup une flotte est signalée : elle porte le pavillon turc : il faut que Saint-Jean-d'Acre tombe avant qu'elle soit venue jeter l'ancre dans le port. Bonaparte fait les dispositions pour une attaque générale, qui sera la cinquième. Jamais son armée n'a déployé une audace plus impétueuse : tous les ouvrages extérieurs sont emportés; le drapeau tricolore est planté sur le rempart; les Turcs,

repoussés dans la ville, ont ralenti leur feu. Encore un effort, et Saint-Jean-d'Acre est à nous. Mais il était dans la destinée de Bonaparte que deux prisonniers échappés du Temple lui enlèveraient la victoire. L'un, Phélippeaux, son compagnon de l'École militaire, habile officier du génie, dirige la défense, et le brave Tromelin, militaire d'une haute distinction, qu'il a amené avec lui, commande l'artillerie; le second, Sidney-Smith, commodore sous l'amiral Hood à Toulon, arrive sur l'escadre anglaise. A peine débarqué, Sidney s'avance à la tête des équipages de ses vaisseaux, et entraîne au combat les habitants découragés. Ils se pressent à sa suite, et les rues de la ville, subitement fortifiées et défendues par les débris des maisons elles-mêmes, deviennent le théâtre du plus affreux carnage. Trois assauts consécutifs, dont le dernier est livré par la division Kléber, sont signalés par les prodiges de la plus téméraire valeur; mais il fallut céder à l'opiniâtre résistance des assiégés. L'inflexibilité de Bonaparte ne pouvait pas aller plus loin sans devenir en quelque sorte de la démence, et il dut renoncer à l'entreprise. « Soldats,

« dit-il, après avoir, avec une poignée d'hommes, nourri la guerre pendant trois
« mois dans le cœur de la Syrie, pris quarante pièces de campagne, cinquante dra-
« peaux, fait dix mille prisonniers, rasé les fortifications de Gaza, Jaffa, Caïffa,
« Acre, nous allons rentrer en Égypte, etc. » Si cette proclamation produisit l'effet
qu'en attendait son auteur, ce ne saurait être que par la magique influence
qu'exerce un grand capitaine sur des hommes accoutumés à vaincre sous ses
ordres ; quant à lui, il sentit profondément les conséquences de ce revers inattendu. Commencé le 20 mars 1799, le siége cessa le 20 mai.

Pendant ces deux mois, la maladie pestilentielle contractée à Jaffa a étendu ses
progrès parmi les troupes, et le contact des malheureux qui en sont atteints peut
détruire en peu de jours les braves qui ont survécu à tant de dangers, ces braves
dont le retour est le salut de leurs compagnons d'armes restés en Égypte. D'un
autre côté, si on les laisse en arrière, ils périront égorgés par les Turcs. Rien n'est
ordinaire dans cette campagne de Syrie, et tout est extrême dans les différentes
positions où se trouvent l'armée et son chef. Le moment devient pressant ; il faut
dérober à l'ennemi un départ que la nuit protége encore. Une ambulance, établie

près d'Acre, servait de dépôt au grand hôpital du mont Carmel : au premier ordre de la levée du siége, tous les malades de cet hôpital furent dirigés sur Tentura et Jaffa, traînés par les chevaux de l'artillerie, dont on abandonnait les pièces. Tous les chevaux des officiers, ceux du général en chef, sont mis aussi, par son ordre et sous ses yeux, à la disposition de l'ordonnateur en chef Daure, pour le transport de ces infortunés. Bonaparte est à pied et donne l'exemple. De Jaffa, il expédie trois convois de pestiférés : l'un par mer, sur Damiette, conduit par le commissaire des guerres Colbert; les deux autres, par terre, sur Gaza et sur El-Arich. Une soixantaine d'hommes, déclarés incurables, furent laissés dans la ville. On dit que plusieurs d'entre eux ont été recueillis par les Anglais sur le bord de la mer. Quant à ceux qui suivirent l'armée, presque tous guérirent pendant le trajet.

Cette retraite s'opère sous de tristes auspices. A chaque pas le feu dévore les moissons, les bestiaux, les maisons des habitants qui ont attaqué ou trahi l'armée. Gaza, seule restée fidèle, est seule épargnée. Au bout de trois jours, les Français rentrent en Égypte, et le fort d'El-Arich reçoit de Bonaparte de nouveaux développements, des magasins, une garnison; il fortifie Tineh, et laisse un corps de troupes à Kattieh : ces trois places défendent l'Égypte du côté de la Syrie. Enfin, après quatre mois d'absence, l'armée rentre au Caire, et croit revoir le sol natal : elle a perdu six cents hommes par la peste, douze cents par le feu de l'ennemi, et ramène dix-huit cents blessés. Une des campagnes des plus meurtrières et des plus actives, les privations et un climat homicide, lui ont donc enlevé moins de deux mille braves.

L'entrée au Caire fut triomphale, et effaça les funestes impressions que le bruit de la destruction de nos braves et la mort du sultan Kébir (le père du feu), nom donné par les Arabes à Bonaparte, avait faites sur la population. Le général en chef sut tirer habilement parti des mensonges semés par les émissaires turcs et anglais, quand il dit aux habitants dans une proclamation : « ..... Il est arrivé « au Caire *le bien gardé*, le chef de l'armée française, le général Bonaparte, qui « aime la religion de Mahomet; il est arrivé bien portant et bien sain, remerciant « Dieu des faveurs dont il le comble. Il est entré au Caire par la porte de la Vic- « toire; ce jour est un grand jour : on n'en a jamais vu de pareil. Tous les habi- « tants du Caire sont sortis à sa rencontre; ils ont vu et reconnu que c'était bien « le même général en chef Bonaparte, en propre personne; ils se sont convaincus « que ce qui a été dit sur son compte était faux..... Il fut à Gaza et à Jaffa : il a « protégé les habitants de Gaza; mais ceux de Jaffa, égarés, n'ayant pas voulu se « rendre, il les livra tous dans sa colère, au pillage et à la mort : il a détruit tous « les remparts et *fait périr tout ce qui s'y trouvait*. Il trouva à Jaffa cinq mille « hommes des troupes de Djezzar, il les a tous détruits!..... » Les Français, en retrouvant au Caire toutes les jouissances de la vie, oubliaient les journées du désert et les périls du siége de Saint-Jean-d'Acre, quand soudain ils se virent appelés à de nouvelles fatigues. Celui qui ne se reposait jamais apprend que Mourad-bey, descendu de la haute Égypte avec un corps considérable, a échappé à la poursuite combinée des généraux Desaix, Belliard, Donzelot, Davoust, et il se met en marche pour aller l'attaquer aux pyramides, témoins de la première défaite des Mame- lucks; mais déjà le bey s'est réfugié dans le désert.

Bonaparte se disposait à retourner au Caire, quand il reçut la nouvelle de l'ar- rivée devant Aboukir d'une escadre de cent voiles turques, qui menaçait Alexan- drie. Aboukir est un nom fatal : Bonaparte veut que l'armée y venge la flotte. Il se rend à Gisch sans passer par le Caire, et donne dans la nuit, à ses généraux, l'ordre des mouvements les plus rapides pour se porter au-devant des troupes que commande le pacha de Romélie, Seïdman-Mustapha, soutenu des forces de Mou- rad et d'Ibrahim. Avant de quitter cette ville, il écrit au divan du Caire : « Quatre- « vingts bâtiments ont osé attaquer Alexandrie; mais repoussés par l'artillerie de « cette place, ils sont allés mouiller à Aboukir, où ils commencent à débarquer. « Je les laisse faire, parce que mon intention est de les attaquer, de tuer tous ceux « qui ne voudront pas se rendre, et de laisser la vie aux autres pour les mener en « triomphe au Caire : ce sera un beau spectacle pour la ville. » A peine arrivé à Alexandrie, lui-même marche sur Aboukir, dont le fort était tombé au pouvoir de l'ennemi. Quoique Marmont eût négligé de l'augmenter, la faible garnison, assail- lie par terre et par mer, et réduite à trente-cinq hommes, n'avait capitulé qu'après soixante heures de résistance. La position que choisit Bonaparte est inspirée par le même génie qui a conquis toute l'Italie sur les meilleurs généraux de l'Europe.

Mustapha-Pacha doit triompher, ou nul de ses soldats ni lui-même ne pourront échapper au vainqueur.

Pour nous, Aboukir n'est accessible que du côté de la terre, puisque nous n'avons pas un seul bâtiment à opposer à la flotte anglo-turque, qui a jeté l'ancre à une demi-lieue de la côte. L'armée ottomane, forte de dix-huit mille hommes, avec une artillerie nombreuse, s'est mise à couvert sous une double ligne de retranchements : la plus rapprochée du fort a pour appui, sur le rivage, un mamelon retranché, à son centre un hameau, et à sa gauche des chaloupes canonnières. La seconde, plus rapprochée de la place, s'étend aussi de l'une à l'autre plage; mais moins étendue, fortifiée sur plusieurs points, au milieu desquels s'élève une redoute hérissée de canons, celle-ci est plus formidable encore que l'autre.

Notre armée ne s'élance pas d'abord avec son impétuosité accoutumée; mais à peine se trouve-t-elle à portée des ouvrages, qu'une colonne, aux ordres du général Destaing, se précipite sur le mamelon situé à la droite de la première ligne, tandis que Murat s'avance rapidement pour couper la retraite à l'ennemi. Premier gage de la victoire, ce mouvement coûte la vie à deux mille Turcs, tués sur cet étroit espace ou précipités dans les flots, sans que nous perdions un seul homme. Aussitôt Destaing se porte sur le hameau, que le général Lannes attaque de front.

En vain Mustapha détache un renfort considérable; Murat passe sur le ventre de

ces nouveaux assaillants; le village est enlevé, et la première ligne de l'ennemi balayée. Bonaparte prépare le même sort à la seconde, et pour y réussir il s'efforce

d'attirer l'attention des Turcs vers leurs ailes, puis d'emporter leur centre avec sa réserve. Sans attendre un nouvel assaut, ces hommes aussi braves qu'inexpérimentés viennent à notre rencontre. Leur droite fléchit d'abord, mais Murat, engagé

entre le feu des chaloupes canonnières et celui de la redoute, est obligé de se

replier en arrière. A la gauche, les Turcs, désespérés de la résistance de nos immobiles bataillons, chargent avec impétuosité; mais impuissants à les ébranler, ils finissent par tourner bride. Notre infanterie les poursuit jusqu'au pied de la redoute, où des feux croisés l'arrêtent à son tour.

Le courage, la fermeté, le sang-froid de nos troupes, n'avaient point obtenu le prix qu'ils méritaient; mais tout à coup les Turcs, fidèles à leur coutume barbare, descendent pour trancher la tête à nos morts et à nos blessés. Profitant de cette imprudence, Murat s'élance au galop entre eux et la redoute. Assaillis par la colonne du général Fugières, effrayés de sentir Murat sur leurs derrières, ils cherchent à rétablir leurs communications avec la mer, lorsque Bonaparte, dont le génie plane sur le champ de bataille, saisit l'instant favorable et engage sa réserve dont jusqu'alors il a eu peine à retenir l'ardeur. Redoute, retranchements, tout est enlevé en un clin d'œil; les Turcs sont taillés en pièces, ou se jettent dans les flots pour regagner leurs navires : les balles de nos soldats vont les frapper jusque dans ce dernier asile. Murat, si redoutable dans la poursuite d'un ennemi ébranlé, se jette avec sa cavalerie entre le village et le fort d'Aboukir, et pénètre dans le camp de Mustapha-Pacha. Celui-ci, transporté de fureur, lui lâche un coup de pistolet et le blesse légèrement; mais, d'un coup de sabre, l'impétueux général lui coupe deux doigts, puis l'envoie prisonnier à Bonaparte. Ce qui reste

des Turcs se retire dans le fort d'Aboukir avec le fils du pacha, qui fut réduit à se rendre après huit jours d'une héroïque résistance. Ainsi fut vengé notre désastre naval. Plus de douze mille cadavres flottaient sur cette mer, naguère couverte des corps de nos intrépides marins ; deux ou trois mille ont été frappés par le feu et par le fer.

Cette bataille extraordinaire, où, pour la première fois peut-être dans les fastes militaires, l'une des deux armées opposées ait péri tout entière, coûta peu de sang français ; elle sauva l'armée, qu'un revers eût perdue sans ressource. En effet, les Turcs, les Arabes de Mourad, les Mameluks, les Égyptiens révoltés, bientôt réunis aux forces imposantes que le grand vizir tenait en Syrie, seraient venus l'accabler. Kléber avait sans doute le sentiment de ce danger, lorsqu'il disait à Bonaparte, après cette immortelle journée : « Venez, que je vous embrasse, mon cher géné- « ral ; vous êtes grand comme le monde. » La population du Caire, en voyant Mustapha et son fils devenus tous deux captifs, accueillit avec tous les transports d'un enthousiasme superstitieux le prophète invincible qui n'avait pas craint d'annoncer d'avance son triomphe.

Après la soumission de l'Égypte, après des exploits inouïs au milieu desquels l'échec de Saint-Jean-d'Acre avait disparu ; après cette étonnante bataille d'Aboukir qui l'environnait de l'éclat d'un dernier succès, Bonaparte sentait que l'Orient l'avait grandi, avait augmenté son ascendant sur l'Europe, frappée d'un nouvel étonnement. Bientôt il apprit que la France avait éprouvé des revers sur le Rhin et des désastres sur le premier théâtre de sa gloire ; que la nation faisait éclater un mécontentement unanime ; que le nom du vainqueur d'Arcole, du pacificateur de Campo Formio, retentissait dans tous les souvenirs et entrait dans toutes les espérances : la France avait donc besoin de lui. Cette haute pensée, qui renfermait tout le secret d'une ambition que justifiaient sans doute à ses yeux deux années de prodiges militaires, le détermina à revenir brusquement dans sa patrie. Il dut calculer également que l'expédition d'Égypte, illustrée à jamais par la victoire, par des conquêtes si utiles à la civilisation, et destinée à occuper une place éternelle dans les annales de la science et dans la mémoire des hommes, s'était achevée pour lui à la journée d'Aboukir, et qu'il ne lui restait plus qu'une administration de détail, soit comme général d'une armée qui ne pouvait se recruter, soit comme possesseur inquiet d'une contrée étrangère ; enfin, il comprit aussi que la continuation d'une position tellement précaire le livrait à toute la rigueur d'un exil obscur et sans repos, et ne lui laissait que la perspective peut-être rapprochée d'une capitulation inévitable, qui anéantirait en un jour ses triomphes d'Europe et d'Orient.

Quoi qu'il en soit, le motif déterminant son départ fut la lecture des gazettes, et notamment des journaux de Francfort. Le lieutenant de vaisseau Descorches étant allé à bord de l'amiral anglais pour négocier l'échange des prisonniers turcs contre les prisonniers français, Sidney-Smith, dans l'intention d'ôter à Bonaparte toute idée de revoir la France, alors entamée par la coalition, lui remit une liasse de ces journaux. Il se trompait : dans les malheurs de nos armées en Italie et dans la situation intérieure de la République, Bonaparte ne vit qu'un nouveau devoir à remplir envers sa patrie, sinon l'espoir de la plus haute fortune pour lui-même. Chacun put lire ces journaux dans sa tente, à Ramanieh, lorsqu'il revenait au Caire, moyen simple de préparer ou d'éclairer l'opinion sur la possibilité de son éloignement. Ceux qui, soit en France, soit en Égypte, appelèrent ce départ une désertion n'étaient pas dans la confidence du génie ou des engagements de Bonaparte. Il prit sur sa responsabilité de quitter l'Égypte, comme il avait fait pour la signature des préliminaires de Léoben, et l'exécuta comme il exécutait un mouvement sur l'ennemi, c'est-à-dire avec promptitude, sous l'impénétrabilité du secret. Un voyage dans le Delta servit de prétexte à son départ du Caire.

A cette époque, Desaix occupait la haute Égypte, où il était entré peu de temps après la prise du Caire. Livré à lui-même, ce jeune général déploya toute son habileté militaire, et l'art de conduire des soldats français. A la bataille de Sédiman, l'une des plus terribles de la campagne d'Égypte, tout ce que peuvent le courage, l'intrépidité, la rage, le désespoir des plus braves guerriers du monde, et le talent d'un chef aussi vaillant qu'expérimenté, fut mis en usage par Mourad-bey et ses Mameluks. Nous ne dûmes l'avantage qu'à des prodiges de sang-froid, de constance, de valeur, et surtout au cri de : *Vaincre ou mourir !* poussé par Desaix au moment d'enlever à la tête de ses bataillons les batteries ennemies qui menaçaient de les anéantir. Cette affaire nous rendit maîtres de la province du Fayoum. Une autre victoire, remportée à Damanhour, et la résolution de n'accorder aucun relâche à l'infatigable Mourad, menèrent Desaix jusqu'à l'île de Philé, ancienne limite des possessions du peuple-roi.

Quoique forcé de se jeter dans l'affreux pays de Bribe, au-dessus des cataractes, Mourad nous laissait encore des ennemis sur les bras. Il fallut combattre une partie des Mameluks qui ne l'avaient pas suivi, et que commandait son lieutenant Osman-bey-Hassan, à Luxor, près des ruines de Thèbes. Kéné, Aboumanah, Sioul, nous virent aux mains avec les Arabes soulevés par ce même Hassan, fier du désastre de notre flottille incendiée ou prise à Benhouth, et de l'arrivée du chérif de la Mecque avec de nombreux renforts. Il n'y a pas un second exemple d'une action comme celle de Benhouth, où une faible colonne de mille hommes, aux ordres du général Belliard, triompha de dix mille mahométans échauffés par l'ivresse d'un succès récent et par le fanatisme le plus exalté. Les Arabes recoururent à la fuite; les Mameluks, retranchés dans un bâtiment au centre du village, que nous avions été réduits à livrer aux flammes, chantaient des hymnes religieux au milieu de leur immense bûcher, et, à demi consumés, se défendaient encore.

Le manque de munitions ne permettant pas au général Belliard de tenir la campagne, il s'était enfermé dans Kéné; Desaix vint le ravitailler et poursuivre la guerre. D'autres combats à Barbis, à Girgé, à Géhémi, firent ressortir de nouveau la supériorité de la tactique européenne. Biniadi, où nous trouvâmes des caisses pleines d'or; Abou-Girgé, qui avait maltraité notre envoyé cophte et repoussé nos paroles de paix, subirent le même sort que Benhouth. Un engagement glorieux, avec l'ennemi, à une demi-lieue de Syène, les préparatifs de l'expédition qu'il méditait sur Cosséir, tels étaient l'ensemble et le résultat des travaux du jeune général dans la haute Égypte : grand capitaine, administrateur éclairé, gouverneur plein de sagesse, sa conduite lui avait mérité de la part des habitants le nom de *Sultan juste*. Bonaparte, qui lui portait une estime et une amitié particulières, aurait bien voulu emmener en France un homme dont il pouvait tout espérer sans en avoir jamais rien à craindre; mais il ne lui était pas possible de l'attendre.

Voici la lettre qu'avant de quitter l'Égypte Bonaparte écrivait à Kléber, celui de ses lieutenants qu'il jugeait le plus digne de le remplacer; c'est un véritable monument historique :

« Vous trouverez ci-joint, général, un ordre pour prendre le commandement en
« chef de l'armée. La crainte que la croisière anglaise ne reparaisse d'un moment
« à l'autre me fait précipiter mon voyage de deux ou trois jours. J'emmène avec
« moi les généraux Berthier, Andréossy, Murat, Lannes et Marmont, et les citoyens
« Monge et Berthollet.

« Vous trouverez ci-joint les papiers anglais et de Francfort jusqu'au 10 juin.
« Vous y verrez que nous avons perdu l'Italie; que Mantoue, Turin et Tortone
« sont bloqués. J'ai lieu d'espérer que la première tiendra jusqu'à la fin de no-
« vembre. J'ai l'espérance, si la fortune me sourit, d'arriver en Europe avant le
« commencement d'octobre.

« Vous trouverez ci-joint un chiffre pour correspondre avec le gouvernement,
« et un autre chiffre pour correspondre avec moi.

« Je vous prie de faire partir, dans le courant d'octobre, Junot ainsi que mes
« domestiques et tous les effets que j'ai laissés au Caire. Cependant je ne trouve-
« rais pas mauvais que vous engageassiez à votre service ceux de mes domestiques
« qui vous conviendraient.

« L'intention du gouvernement est que le général Desaix parte pour l'Europe
« dans le courant de novembre, à moins d'événements majeurs.

« La commission des arts passera en France sur un parlementaire que vous de-
« manderez à cet effet, conformément au cartel d'échange, dans le courant de
« novembre, immédiatement après qu'elle aura achevé sa mission. Elle est main-
« tenant occupée à voir la haute Égypte; cependant ceux des membres que vous
« jugerez pouvoir vous être utiles, vous les mettrez en réquisition sans diffi-
« culté.

« L'effendi fait prisonnier à Aboukir est parti pour se rendre à Damiette. Je
« vous ai écrit de l'envoyer en Chypre; il est porteur, pour le grand vizir, d'une
« lettre dont vous trouverez ci-joint la copie.

« L'arrivée de notre escadre de Brest à Toulon, et de l'escadre espagnole à Car-
« thagène, ne laisse plus de doute sur la possibilité de faire passer en Égypte les
« fusils, les sabres, les pistolets, les fers coulés dont vous pourriez avoir besoin,
« et dont j'ai l'état le plus exact, avec une quantité de recrues suffisante pour
« réparer les pertes des deux campagnes.

« Le gouvernement vous fera connaître alors ses intentions lui-même; et moi,
« comme homme public et comme particulier, je prendrai des mesures pour vous
« faire avoir fréquemment des nouvelles.

« Si, par des événements incalculables, toutes les tentatives étaient infruc-
« tueuses, et qu'au mois de mai vous n'eussiez reçu aucun secours ni nouvelles de
« France, et si, malgré toutes les précautions, la peste était en Égypte et vous
« tuait plus de quinze cents soldats, perte considérable, puisqu'elle serait en sus
« de celles que les événements de la guerre vous occasionneront journellement,
« je pense que dans ce cas vous ne devez pas hasarder de soutenir la campagne,
« et que vous êtes autorisé à conclure la paix avec la Porte Ottomane, quand même
« la condition principale serait l'évacuation de l'Égypte. Il faudrait seulement
« éloigner l'exécution de cette condition jusqu'à la paix générale.

« Vous savez apprécier aussi bien que moi combien la possession de l'Égypte est
« importante à la France; cet empire turc qui menace ruine de tous côtés, s'é-
« croule aujourd'hui; et l'évacuation de l'Égypte serait un malheur d'autant plus
« grand, que nous verrions de nos jours cette belle province passer en des mains
« européennes.

« Les nouvelles des succès ou des revers qu'aura la République doivent aussi
« entrer puissamment dans vos calculs.

« Si la Porte répondait, avant que vous eussiez reçu de mes nouvelles de France,
« aux ouvertures de paix que je lui ai faites, vous devez déclarer que vous avez
« tous les pouvoirs que j'avais, et entamer les négociations, persistant toujours
« dans l'assertion que j'ai avancée, que l'intention de la France n'a jamais été
« d'enlever l'Égypte à la Porte; demander que la Porte sorte de la coalition et nous

« accorde le commerce de la mer Noire; qu'elle mette en liberté les prisonniers
« français; et enfin six mois de suspension d'armes, afin que, pendant ce temps-là,
« l'échange des ratifications puisse avoir lieu.

« Supposant que les circonstances soient telles que vous croyiez devoir conclure
« ce traité avec la Porte, vous ferez sentir que vous ne pouvez pas le mettre à
« exécution qu'il ne soit ratifié; et, suivant l'usage de toutes les nations, l'inter-
« valle entre la signature d'un traité et sa ratification doit toujours être une
« suspension d'hostilités.

« Vous connaissez, citoyen général, quelle est ma manière de voir sur la poli-
« tique intérieure de l'Égypte : quelque chose que vous fassiez, les chrétiens
« seront toujours nos amis. Il faut les empêcher d'être insolents, afin que les
« Turcs n'aient pas contre nous le même fanatisme que contre les chrétiens, ce
« qui nous les rendrait irréconciliables. Il faut endormir le fanatisme, afin qu'on
« puisse le déraciner. En captivant l'opinion des grands cheiks du Caire, on a
« l'opinion de toute l'Égypte; et de tous les chefs que ce peuple peut avoir, il n'y
« en a aucun de moins dangereux que les cheiks, qui sont peureux, ne savent
« pas se battre, et qui, comme tous les prêtres, inspirent le fanatisme sans être
« fanatiques.

« Quant aux fortifications, Alexandrie, El-Arich, voilà les clefs de l'Égypte.
« J'avais le projet de faire établir, cet hiver, des redoutes de palmiers, deux
« depuis Salahieh à Katieh, deux de Katich à El-Arich; l'une se serait trouvée à
« l'endroit où le général Menou a trouvé de l'eau potable.

« Le général Samson, commandant du génie, et le général Songis, commandant
« de l'artillerie, vous mettront chacun au fait de ce qui regarde sa partie.

« Le citoyen Poussielgue a été exclusivement chargé des finances. Je l'ai re-
« connu travailleur et homme de mérite. Il commence à avoir quelques renseigne-
« ments sur le chaos de l'administration de l'Égypte. J'avais le projet, si aucun
« nouvel événement ne survenait, de tâcher d'établir, cet hiver, un nouveau mode
« d'imposition, ce qui nous aurait permis de nous passer à peu près des Cophtes;
« cependant, avant de l'entreprendre, je vous conseille d'y réfléchir longtemps. Il
« vaut mieux entreprendre cette opération un peu plus tard qu'un peu trop
« tôt.

« Des vaisseaux de guerre français paraîtront indubitablement cet hiver à
« Alexandrie, Bourlos ou Damiette. Faites construire une bonne tour à Bourlos;
« tâchez de réunir cinq ou six cents Mameluks, que, lorsque les vaisseaux français
« seront arrivés, vous ferez en un jour arrêter au Caire et dans les autres pro-
« vinces, et embarquer pour la France. A défaut de Mameluks, des otages
« d'Arabes, cheiks-belets, qui pour une raison quelconque se trouveraient arrêtés,
« pourront y suppléer. Ces individus, arrivés en France, y seront retenus un ou
« deux ans, verront la grandeur de la nation, prendront quelques idées de nos
« mœurs et de notre langue, et, de retour en Égypte, y formeront autant de
« partisans.

« J'avais déjà demandé plusieurs fois une troupe de comédiens : je prendrai un
« soin particulier de vous en envoyer. Cet article est très-important pour l'armée
« et pour commencer à changer les mœurs du pays.

« La place importante que vous allez occuper en chef va vous mettre à même
« enfin de déployer les talents que la nature vous a donnés. L'intérêt de ce qui se
« passe ici est vif, et les résultats en seront immenses pour le commerce, pour la
« civilisation; ce sera l'époque d'où dateront de grandes révolutions.

« Accoutumé à voir la récompense des peines et des travaux de la vie dans l'opi-
« nion de la postérité, j'abandonne avec le plus grand regret l'Égypte. L'intérêt
« de la patrie, sa gloire, l'obéissance, les événements extraordinaires qui viennent
« de se passer, me décident seuls à passer au milieu des escadres ennemies pour
« me rendre en Europe. Je serai d'esprit et de cœur avec vous. Vos succès me
« seront aussi chers que ceux où je me trouverais en personne; et je regarderai
« comme mal employés tous les jours de ma vie où je ne ferai pas quelque chose
« pour l'armée dont je vous laisse le commandement, et pour consolider le magni-
« fique établissement dont les fondements viennent d'être jetés.

« L'armée que je vous confie est toute composée de mes enfants; j'ai eu dans
« tous les temps, même au milieu des plus grandes peines, des marques de leur
« attachement. Entretenez-les dans ces sentiments : vous le devez à l'estime toute
« particulière que j'ai pour vous, et à l'attachement vrai que je leur porte.

« BONAPARTE. »

Le 23 août 1799, une proclamation instruisit l'armée de la nomination de Kléber au commandement général. L'impression que cette proclamation produisit sur les soldats, fut d'abord hostile contre le chef qui les abandonnait; mais dans le choix de son successeur, leur colère découvrit bientôt des motifs de s'apaiser. On ne peut expliquer par quel prodige, du jour où il mit à la voile, et jusqu'à son arrivée en France, la mer se trouva libre pour le passage des quatre bâtiments qui portaient Bonaparte et sa suite. Plusieurs fois on se trouva en vue de vaisseaux anglais, et ce voisinage causait de l'inquiétude. « Ne craignez rien, s'écria Bona- « parte, nous arriverons; la fortune ne nous a jamais abandonnés; nous arriverons « en dépit des Anglais. » La flottille entra le 1er octobre dans le port d'Ajaccio, où les vents contraires la retinrent pendant sept jours. Bonaparte y apprit avec détail l'état de la France et celui de l'Europe; et ces nouvelles rendirent ce retard insupportable à celui qui, de tous les hommes, savait le mieux apprécier la valeur et calculer l'emploi du temps. Enfin, la flottille appareilla pour la France; mais, à la vue des côtes, on découvrit dix voiles anglaises. Le contre-amiral Gantheaume proposait de virer de bord et de regagner la Corse : « Non, lui dit Bo- « naparte, cette manœuvre nous conduirait en Angleterre; je veux arriver en « France. »

Le 9 octobre (17 vendémiaire an VIII) de grand matin, les frégates mouillaient à Fréjus, après quarante et un jours de navigation sur une mer sillonnée de vaisseaux ennemis. En un moment, toute la rade fut couverte de canots qui se dirigeaient vers *le Muyron*, que montait Bonaparte. Le général Peyremont, commandant la côte, aborda le premier. Avant l'arrivée des préposés à la santé, il y avait eu de nombreuses communications avec la terre. Comme il n'existait point de malades à bord, et que, depuis plus de sept mois, la peste avait cessé en Égypte, cette violation des règlements était peut-être moins condamnable. Avec l'impulsion ardente que la conquête et le ciel de l'Égypte venaient d'imprimer à son caractère, il était bien impossible que Bonaparte restât indécis entre une mesure sanitaire et le but de son voyage. La France l'amnistia pour l'infraction à la loi de sa propre conservation, tant elle désirait, tant elle comprit le retour de son héros.

CHAPITRE XVI

1799

Retour de Bonaparte en France. — Enthousiasme universel.
Journées des 18 et 19 brumaire an VIII.

Le général Bonaparte fut vivement frappé de l'enthousiasme qui transportait la population de Fréjus. Cette exaltation portait un autre caractère que celle qu'avait produite la gloire du héros d'Italie; car la multitude ne saluait pas seulement le conquérant de l'Égypte, mais le Libérateur de la France. Ce mot devint pour lui un oracle; et, dès ce moment, il connut toute la faveur de la fortune qui le ramenait dans sa patrie. Mais qu'était Fréjus auprès de la capitale? qu'étaient les habitants de cette petite ville de matelots, auprès de l'élite de la nation, auprès du peuple de la grande cité qui avait proclamé tous les fastes de la révolution?

Sa relâche forcée en Corse et sa descente à Fréjus venaient de lui confirmer l'état déplorable de la France, dont les gazettes de Francfort l'avaient instruit en Égypte. La guerre civile s'était rallumée avec fureur dans l'Ouest, et se propageait à travers le département de l'Eure jusqu'aux environs de Paris; après avoir gagné Bordeaux et Toulouse, elle menaçait d'envahir le Midi. L'Italie tout entière gémissait sous le joug des Austro-Russes, ses nouveaux maîtres. Joubert, envoyé dans cette contrée par le Directoire, était mort en combattant à Novi. Bonaparte sentit qu'il reparaissait à propos pour ressaisir le berceau de sa grandeur. Cette situation lui souriait d'autant plus, que, Masséna ayant détruit en Suisse le dernier corps de l'armée de Souvarow, il pourrait se retrouver encore, comme en 1796, face à face avec l'Autriche seule; et il était loin de désespérer de lui dicter la paix une seconde fois. Mais ce qui frappa surtout son attention, ce fut de voir le Directoire tombé dans une telle déconsidération, qu'on ne lui savait aucun gré ni des succès de Masséna en Suisse, ni de ceux de Brune en Hollande, et que l'éclat des fameuses batailles de Zurich et de Bergen restait exclusivement personnel à ces deux généraux. Il n'est pas de signe plus caractéristique de la décadence d'un gouvernement, que cette partialité générale qui ne lui compte que les défaites et lui attribue tous les malheurs publics.

Le 9 octobre, à six heures du soir, Bonaparte se mit en route pour Paris avec Berthier, son chef d'état-major; il s'était fait précéder du bulletin de la bataille d'Aboukir. Des réceptions extraordinaires, des honneurs souverains l'attendaient à Aix, à Avignon, à Valence, et surtout à Lyon. Partout des fêtes furent improvisées sur son passage. A chaque pas de ce voyage, l'une des plus belles époques de sa vie, il ne put douter qu'il ne fût accueilli comme libérateur par la France. Il comprit, il accepta ces présages, et arriva le 16 à Paris, non-seulement pleinement justifié à ses propres yeux pour avoir quitté l'Égypte, mais bien convaincu qu'il n'avait fait qu'obéir à la volonté nationale.

Après la mort de Joubert et le retour à Paris de Moreau, qui venait de s'illustrer en se mettant à la tête de notre armée, engagée dans une action terrible avec les Russes, Sieyès et ses amis avaient reporté leurs vues sur ce général. Mais, à la nouvelle du débarquement de Bonaparte, Moreau dit aux directeurs : «Vous n'avez « plus besoin de moi; voilà l'homme qu'il vous faut pour un *mouvement*: « adressez-vous à lui. » Enfoncé dans la routine révolutionnaire, le Directoire ne savait pas ce que tout le monde sentait à Paris, ce qu'on répétait dans les salons et dans les lieux publics, qu'un parti nouveau se présentait pour dominer tous les autres : c'était le parti de l'armée, qui, n'ayant paru sur le théâtre politique que le 18 fructidor, allait profiter de l'ascendant qu'on lui avait donné en implorant ses dangereux secours contre une portion des Conseils et du gouvernement. Le vainqueur de Toulon, de vendémiaire, d'Italie et d'Égypte, représentait ce parti, le seul redoutable désormais.

Bonaparte avait bien pressenti l'effet du bulletin de la bataille d'Aboukir sur les habitants de la capitale. Son arrivée fut annoncée dans tous les spectacles comme une prospérité publique. Il vit que Paris était dans son secret et dans ses espérances. En effet, il fut accueilli avec un empressement universel, et entouré tout à coup d'amitiés ou d'intérêts qu'il n'avait pu prévoir. Le lendemain, 17 octobre, il se rendit au Luxembourg, où il exposa en séance particulière la situation de l'Égypte ; il déclara aux directeurs qu'instruit des malheurs de la France, il n'était revenu que pour la défendre. Il jura sur son épée que son départ n'avait point d'autre cause, et lui point d'autre intention.

Les cinq directeurs, divisés, non en trois factions, mais en trois intrigues, prirent chacun pour eux ce serment. Toutefois, voulant éviter de leur donner aucun soupçon et de se prononcer plutôt pour l'un que pour l'autre, Bonaparte recommença le genre de vie retirée qu'il avait adopté, soit lorsqu'il fut abandonné par le comité de salut public, après le siége de Toulon, soit après le traité de Campo Formio, avant de partir pour l'Égypte. Il se montrait peu en public, n'allait au théâtre qu'en loge grillée, ne fréquentait ostensiblement que les savants, et ne consentit à dîner chez les directeurs qu'en famille. Il ne put cependant refuser le banquet que lui offrirent les deux Conseils dans le temple de la Victoire (église Saint-Sulpice) ; mais il ne fit que paraître à cette espèce de fête, d'où il sortit avec Moreau.

Paris regardait avec anxiété cette espèce d'isolement de Bonaparte après de glorieux travaux ; on attachait au retour de cette habitude, qui avait marqué les époques importantes de sa carrière, l'espérance de quelque haute combinaison. Le public ne se trompe guère sur les grands événements qui doivent éclore, et il se trompait d'autant moins cette fois, que lui-même conspirait ouvertement contre le Directoire. Bonaparte n'eût pas apporté d'Égypte la volonté de changer le gouvernement de la France et d'en prendre les rênes, qu'il y aurait été forcé par l'opinion. De toutes parts on le pressait de se mettre, non à la tête d'un mouvement, mais d'une révolution.

Voici quel était l'état des partis à cette époque. Jourdan, Augereau et Bernadotte figuraient au premier rang de la faction démocratique, connue sous le nom du *Manége*. Cette faction qui se ralliait aux directeurs Moulins et Gohier, se composait de révolutionnaires républicains. Avec Roger-Ducos, Sieyès dirigeait les politiques et les modérés qui siégeaient dans le Conseil des Anciens. C'était lui qui, dès les premiers jours de l'arrivée de Bonaparte en France, lui avait proposé d'exécuter le coup d'État dont nous allons parler, en lui soumettant le plan d'une conspiration silencieusement élaborée. Quant à Barras, placé à la tête des spéculateurs, des hommes de plaisir, c'était un ambitieux de sérail ; seul de son espèce au Directoire, il flottait entre les deux partis, et aurait voulu s'en débarrasser. Bonaparte l'appelait le chef des *pourris*. Un quatrième parti se formait des conseillers de Bonaparte, qui ne se souciaient ni de la démagogie de Gohier, ni de la métaphysique de Sieyès, ni de la corruption de Barras. Au nombre de ces hommes était Fouché, alors ministre de la police du Directoire. Il avait rompu avec le parti républicain du sein duquel il sortait, et à l'arrivée de Bonaparte il se hâta de commencer vis-à-vis du Directoire le rôle qu'il n'a cessé de jouer depuis sous les divers gouvernements de la France. Ses services parurent d'autant plus précieux, que cet homme pouvait être plus nuisible aux projets du général. Bonaparte accueillit encore les avis d'un autre ministre que sa disgrâce récente, due à l'influence du *Manége*, poussait à prendre une couleur plus franche et à obtenir plus de crédit que Fouché ; cet ex-ministre était le citoyen Talleyrand-Périgord : Talleyrand ne devait plus aucune fidélité au Directoire, et, par ses antécédents comme par la nature de son esprit, il avait plus de raisons sans doute que le révolutionnaire Fouché, d'être dégoûté de la république et de ses gouvernants.

Résolu à dissoudre le Directoire, Bonaparte voulait que cette opération ne fût pas une révolution, mais un changement ; car cet homme, qui aimait la guerre avec passion, avait en horreur le moindre tumulte populaire. Pour arriver à son but, il existait une route constitutionnelle, indiquée par Sieyès et par l'article 5 de la constitution, qui donnait aux Anciens le pouvoir de transférer les deux Conseils hors de la capitale. Grâce à cette mesure légale, le Directoire se trouvait isolé. Bonaparte jugea que le moment de s'entendre avec Sieyès était venu, en raison de l'immense influence que ce directeur exerçait dans le Conseil des Anciens. Bonaparte le connaissait depuis longtemps et penchait à se rapprocher de lui ; cependant les amis du général l'engageaient à voir Barras : il dîna donc avec ce directeur le 30. Après le repas, Barras lui confiait le besoin qu'il éprouvait de se retirer des affaires, et la nécessité d'adopter pour la France une autre forme de gouvernement. Il ne voyait, disait-il, que le général Hédouville qui convînt pour être le président de la nouvelle république. La confidence manquait d'adresse. Le nom d'Hédouville cachait celui de Barras, à qui un regard de Bonaparte découvrit qu'il était deviné. Il quitta Barras, assez irrité de ce que cet homme avait voulu le jouer, et alla trouver Sieyès, avec lequel il s'accorda bientôt. On convint que celui-ci

disposerait le Conseil des Anciens à prendre la résolution qu'autorisait la Constitution, et que Bonaparte se chargerait de faire appuyer, au besoin, par les troupes, la décision de ce Conseil. L'exécution de l'entreprise fut fixée du 15 au 20 brumaire, c'est-à-dire du 6 au 11 novembre 1799. Le lendemain matin, Bonaparte vit arriver Barras, qui, averti par ses amis de la maladresse de ses paroles de la veille, et de la maturité des événements, s'excusa en témoignant le désir de n'être pas oublié dans les nouveaux projets, et finit par se mettre *à la disposition du seul homme*, disait-il, *qui pût sauver la France*. Il était difficile d'abdiquer avec plus de franchise. Bonaparte se montra moins confiant que Barras : il allégua les soins qu'exigeait sa santé, et le besoin de repos.

La garnison de Paris, dont une partie avait servi en Italie, et dont l'autre avait marché sous les ordres de Bonaparte au 13 vendémiaire, ainsi que les quarante-huit adjudants et les chefs de la garde nationale nommés par lui après cette journée, en sa qualité de général en chef de l'armée de l'intérieur, avaient voulu être présentés au vainqueur de l'Égypte dès son arrivée à Paris; trois régiments de dragons, surtout, désiraient avec ardeur qu'il les passât en revue. Le général différait de jour en jour, dans la crainte d'afficher la popularité militaire et d'éveiller les soupçons du ministre de la guerre, Dubois de Crancé, son ennemi personnel et la créature du *Manége*; mais, le 15, dans une dernière conférence entre lui et Sieyès, l'exécution de la révolution méditée ayant été définitivement fixée au 18 brumaire (9 novembre), les officiers de la garnison furent convoqués à sept heures du matin, au domicile du général. Quant aux troupes, Murat, Lannes, Leclerc, beau-frère de Bonaparte, et Sébastiani, qui commandait le 3ᵉ de dragons, se chargèrent de disposer les officiers à marcher sous le nouveau drapeau. Bonaparte avait fait appeler Sébastiani, son ami et son compatriote, et, après lui avoir confié les projets du lendemain, il lui dit de s'assurer de son régiment, et de le diviser en deux parties, dont six cents hommes à pied prendraient position, le 18, à six heures du matin, dans la rue Royale, sur la place Louis XV, sans pouvoir communiquer avec qui que ce fût. Sébastiani devait ensuite se rendre chez Bonaparte, avec quatre cents chevaux, occuper les avenues de sa maison, située rue de la Victoire, jusqu'à celle du Mont-Blanc, et donner pour consigne à ses vedettes de laisser entrer tous les militaires qui se présenteraient, mais de ne permettre à personne de sortir.

Le ministre de la guerre, Dubois de Crancé, n'avait pu ignorer le mouvement militaire qui se préparait, depuis quelques jours dans les casernes et parmi les officiers, en faveur du général Bonaparte; il eut des preuves certaines du projet formé d'enlever la garnison de Paris et de l'employer à une révolution contre le gouvernement. Il alla au Luxembourg, le 17, en donner avis à Gohier, président du Directoire, et lui proposa de faire arrêter le général Bonaparte, le lendemain. Mais les directeurs, qui se reposaient sur les rapports de Fouché et sur les sentiments que Bonaparte leur avait témoignés constamment depuis son retour, Gohier surtout, que Bonaparte ménageait le plus, parce qu'il craignait davantage son influence républicaine, se récrièrent contre le dessein du ministre, et restèrent dans l'ignorance complète de ce qui allait se passer. Cependant Dubois de Crancé, qui ne voulait pas être pris tout à fait au dépourvu, dans le cas où le Directoire se réveillerait, avait consigné toutes les troupes dans leurs casernes. Le colonel Sébastiani reçut, le 18, à cinq heures du matin, l'ordre de se rendre au ministère, comme il montait à cheval avec ses dragons. Il mit l'ordre dans sa poche, et arriva avec ses quatre cents chevaux à l'hôtel du général, qui l'envoya inviter ses officiers à déjeuner. Dans la longue et étroite avenue par laquelle on arrivait au pavillon qu'habitait Bonaparte, Sébastiani rencontra la voiture du général Lefebvre : ce général était le commandant de Paris, et demanda avec sévérité au colonel en vertu de quel ordre il était à la tête de son régiment : « Le général « Bonaparte vous le dira, » répondit celui-ci. Lefebvre ordonna à son cocher de le ramener chez lui; mais Sébastiani fit connaître sa consigne et l'engagea à entrer chez Bonaparte pour s'entendre avec lui. Dans l'impossibilité de faire tourner sa voiture dans l'avenue et de se soustraire à la consigne donnée, Lefebvre se décide à

suivre le conseil de Sébastiani. Entré dans le salon du général Bonaparte, il l'interrogea sur le mouvement de troupes qui avait lieu d'après ses ordres, et lui fit de violents reproches. Pour toute réponse, Bonaparte lui dit froidement : « Général « Lefebvre, vous êtes une des colonnes de la république ; je veux la sauver aujour- « d'hui avec vous, et la délivrer des avocats qui perdent notre belle France. Voilà « pourquoi je vous ai engagé à venir chez moi ce matin. — Les avocats ! oui, vous « avez raison, il faut les chasser. Vous pouvez compter sur moi. » On sent combien il importait à Bonaparte d'avoir pour lui et avec lui le commandant de Paris. Bientôt après se présentèrent en foule tous les généraux et officiers qui, depuis quelques jours, s'étaient déclarés les partisans de l'adversaire du Directoire. Dans ce nombre on remarquait Moreau. Celui-ci craignait Bernadotte, le chef le plus influent du *Manége*, depuis quelque temps devenu suspect au Directoire, et à qui, deux mois auparavant, on avait retiré le portefeuille de la guerre. Il n'avait pas oublié qu'à l'époque du 18 fructidor, le général divisionnaire de l'armée d'Italie avait publiquement désapprouvé la protection que Bonaparte et les autres troupes donnèrent à cette révolution. Le matin, sur l'invitation de Bonaparte, Bernadotte s'était rendu chez lui ; une conversation très-vive eut lieu entre eux : Bernadotte refusa de coopérer au changement politique dont il recevait la confidence, et sortit après avoir promis de rester neutre.

Satisfait d'avoir paralysé, pour le moment, un homme qui pouvait au moins contrarier ses projets, Bonaparte, incapable de rien négliger, voulut aussi s'assurer du président du Directoire, et l'engagea à dîner pour le jour même de l'événement. Mais cette précaution ne lui parut pas encore suffisante, et afin de n'éprouver de la part de Gohier aucune résistance aussitôt que la décision du Conseil des Anciens serait connue, il avait aussi fait adresser par madame Bonaparte, et porter par son fils Eugène, au directeur et à son épouse, une invitation pressante à déjeuner pour huit heures du matin. Gohier, en homme qui s'avise un peu tard, se contenta d'envoyer sa femme. Cependant, à l'insu du Directoire, dont l'incrédulité et la confiance sommeillaient au Luxembourg, dès cinq heures du matin une convocation extraordinaire avait été faite aux membres du Conseil des Anciens qui trempaient dans la conjuration. Déjà le général Bonaparte se trouvait entouré de la presque totalité des militaires de la garnison de Paris, lorsque le député Cornet vint lui apporter le décret qui mettait l'armée à sa disposition, et ordonnait la translation des deux Conseils à Saint-Cloud. Il faut rendre à chacun ce qui lui appartient : il n'est douteux pour aucun témoin de ce grand drame, que, sans le décret du Conseil des Anciens, le général Bonaparte ne pouvait exécuter ses projets, ni changer la forme du gouvernement en vingt-quatre heures, sans se jeter dans les hasards tumultueux d'une révolution. Ce décret ne légitimait pas, mais il autorisait ce qui allait avoir lieu militairement. Le centre, le foyer, l'indispensable appui de la conspiration était dans le Conseil des Anciens.

Fouché, qu'on n'avait point admis à diriger les fils de la trame, s'en dédommageait en faisant espionner les deux partis : il sut le premier que Gohier avait rejeté les avis de Dubois de Crancé, et se targua de cette révélation auprès de Bonaparte ; il sut le premier aussi que le décret des Anciens était rendu, et se hâta d'en informer le général avant l'arrivée de Cornet, leur président. Alors, ne pouvant retenir son zèle, ou plutôt saisissant, pour en recueillir les fruits, l'occasion de le faire éclater, il avoua au général qu'il avait ordonné de fermer les barrières de Paris, et d'arrêter le départ des courriers et diligences. Fouché n'était pas encore corrigé des moyens révolutionnaires, et sentait toujours son école. Bonaparte se contenta de lui répondre : « Vous voyez, par l'affluence des citoyens et des braves

« qui m'entourent, que je n'agis qu'avec la nation. Je saurai faire respecter le
« décret du Conseil et assurer la tranquillité publique. » Fouché sortit de chez le
général pour publier une proclamation qu'il tenait toute prête en faveur de la
nouvelle révolution, et se rendit ensuite au Luxembourg, afin d'avertir le Directoire de la résolution du Conseil des Anciens. Le président Gohier le reçut comme
il le méritait. Il osa dire au président que les rapports ne lui avaient pas manqué ;
mais ces rapports étaient évidemment faux, puisque ce ministre infidèle travaillait
contre le Directoire. Il ajouta : « *N'est-ce pas du sein même du Directoire que le
coup est parti? Sieyès et Roger-Ducos sont à la commission des Anciens. — La
majorité est ici*, lui répondit froidement Gohier, *et si le Directoire a des ordres à
donner, il en chargera des hommes plus dignes de sa confiance.* »

Gohier avait raison de parler ainsi à Fouché ; mais il avait le tort, dans ces circonstances, de s'être montré si imprévoyant. Il ne pouvait ignorer que Bonaparte
était venu pour prendre part aux affaires ; en effet, comme le dit Fouché, le général avait demandé à Gohier de le faire admettre au Directoire, et Gohier ne refusa
de coopérer à cette innovation qu'en alléguant l'âge prescrit par la constitution.
Le fait est qu'il ne se trouvait d'hommes capables dans cette révolution que ceux
qui l'exécutaient ; et qu'un gouvernement déclaré vacant dans sa propre capitale,
par la majorité de ses habitants et par ses troupes, et qui comptait parmi ses
ennemis Bonaparte, Moreau, Talleyrand, Fouché, Cambacérès, les hommes les
plus puissants et les plus distingués du temps, n'avait aucun moyen de salut, et
devenait ridicule dans sa chute, qui était le secret de toute la population depuis
quinze jours.

Cependant le président Cornet venait de donner lecture au général Bonaparte,
en présence de tous les militaires qui remplissaient son hôtel, du décret suivant :

« Le Conseil des Anciens, en vertu des articles 102, 103 et 104 de la constitu« tion, décrète ce qui suit :

« 1° Le Corps législatif est transféré dans la commune de Saint-Cloud. Les deux
« Conseils y siégeront dans les deux ailes du palais.

« 2° Ils y seront rendus demain, 19 brumaire, à midi. *Toute continuation de
« fonctions de délibération est interdite ailleurs avant ce terme.*

« 3° Le général Bonaparte est chargé de l'exécution du présent décret ; il pren« dra toutes les mesures nécessaires pour la sûreté de la représentation nationale.
« Le général commandant la 17° division, la garde du Corps législatif, les gardes
« nationales sédentaires, les troupes de ligne qui se trouvent dans la commune de
« Paris et dans l'arrondissement constitutionnel, et dans toute l'étendue de la
« 17° division, sont mis immédiatement sous ses ordres et tenus de le reconnaître
« en cette qualité. Tous les citoyens lui prêteront main-forte à la première réqui« sition.

« 4° Le général Bonaparte est appelé dans le sein du Conseil, pour y recevoir

« une expédition du présent décret et prêter serment : il se concertera avec les
« commissions des inspecteurs des deux Conseils.

« 5° Le présent décret sera de suite transmis, par un message, au Conseil des
« Cinq-Cents, et au Directoire exécutif; il sera imprimé, affiché, promulgué, et
« envoyé dans toutes les communes de la République par des courriers extraordi-
« naires. »

Tel fut le premier manifeste de la révolution convenue entre Bonaparte et Sieyès, dans la conférence du 15, et dont le Conseil des Anciens se rendait l'organe et l'instrument.

Après cette lecture, Bonaparte ordonna aux quarante-huit adjudants de faire battre la générale, et de proclamer le décret dans tous les quartiers de Paris. Il monta ensuite à cheval, suivi des généraux, des officiers et des dragons de Sébastiani, entra par le Pont-Tournant aux Tuileries, où il vit venir au-devant de lui la garde du Conseil des Anciens, qui l'attendait en bataille sur la terrasse du bord de l'eau : ce fut avec ce cortége qu'il arriva au palais, au milieu des acclamations des soldats et de la population que la nouveauté de ce spectacle avait attirée. Introduit dans la salle des séances avec son état-major : « Citoyens, dit-il, la République
« périssait; vous l'avez su, et votre décret vient de la sauver. Malheur à ceux qui
« voudraient le trouble et le désordre ! Je les arrêterai, aidé des généraux Berthier,
« Lefebvre, et de tous mes compagnons d'armes. Qu'on ne cherche pas dans le passé
« des exemples qui pourraient retarder votre marche. Rien dans l'histoire ne res-
« semble à la fin du dix-huitième siècle : rien dans la fin du dix-huitième siècle

« ne ressemble au moment actuel. Votre sagesse a rendu ce décret, nos bras
« sauront l'exécuter. Nous voulons une république fondée sur la vraie liberté,
« sur la liberté civile, sur la représentation nationale; nous l'aurons. Je le jure.
« Je le jure en mon nom et en celui de mes compagnons d'armes. » Bonaparte
reçut les félicitations et les encouragements des membres présents du Conseil des
Anciens.

En sortant de l'assemblée, il alla passer dans le Carrousel la revue des troupes,
et les harangua par cette proclamation envoyée ensuite aux armées : « Soldats !
« le décret extraordinaire du Conseil des Anciens est conforme aux articles 102 et
« 103 de l'acte constitutionnel. Il m'a remis le commandement de la ville et de
« l'armée. Je l'ai accepté pour seconder les mesures qu'il va prendre et qui sont
« toutes en faveur du peuple. La République est mal gouvernée depuis deux ans.
« Vous avez espéré que mon retour mettrait un terme à tant de maux ; vous l'avez
« célébré avec une union qui m'impose des obligations que je remplis. Vous rem-
« plirez les vôtres, et vous seconderez votre général avec l'énergie, la fermeté et
« la confiance que j'ai toujours trouvées en vous. La liberté, la victoire et la paix,
« replaceront la République française au rang qu'elle occupait en Europe, et que
« l'ineptie ou la trahison a pu seul lui faire perdre. *Vive la République!* » Les
troupes répondirent avec des cris unanimes de *Vive Bonaparte! vive la République!*

Dix mille hommes stationnaient aux Tuileries, sous les ordres du général Lefebvre. Le commandement du Luxembourg fut donné à Moreau, qui s'était offert
au général Bonaparte en qualité d'aide de camp. Bonaparte accepta ses services

saisissant peut-être avec joie l'occasion de le compromettre. Lannes eut le commandement de la garde du Corps législatif ; Murat fut chargé d'occuper militairement la commune de Saint-Cloud ; le général Lefebvre conserva le commandement de la 17e division militaire.

Le Directoire n'apprit ces événements qu'entre dix et onze heures du matin, tandis que tout Paris en était instruit depuis plus de deux heures. Il se vit tout à coup, par une métamorphose étrange, sans pouvoir, sans gardes, sans relations avec les Conseils, avec le général en chef ni avec l'armée. Une heure auparavant, Sieyès, qui savait bien à quoi s'en tenir, était tranquillement, et comme à l'ordinaire, monté à cheval sous les yeux de Barras, qui se moquait de l'inhabileté du nouvel écuyer, tandis que celui-ci partait au pas pour se rendre, par la rue du Bac, au Conseil des Anciens, où Roger-Ducos le suivit peu de temps après. Cependant Barras, Gohier et Moulins, croyant toujours représenter la République, firent appeler le général Lefebvre : il leur répondit par le décret qui le mettait, lui et la force armée, à la disposition du général Bonaparte. Les directeurs protestèrent d'abord avec violence contre le décret du Conseil des Anciens ; mais Barras, endoctriné par Talleyrand, comprit bien que le règne du Directoire était fini, et ôta la majorité à ses collègues en donnant secrètement sa démission. Aussitôt qu'il connut la résolution des Anciens, il envoya aux Tuileries son secrétaire Bottot à Bonaparte. Bottot trouva le général dans la salle des inspecteurs du Conseil ; et, au moment où il se mettait en devoir de remplir la mission dont il était chargé, Bonaparte lui dit : « Annoncez à votre Barras que je ne veux plus entendre parler de lui. » Puis élevant la voix, il prononça ainsi l'arrêt des directeurs, comme s'ils eussent été présents : « Qu'avez-vous fait de cette France que je vous ai laissée si floris« sante? Je vous ai laissé la paix, j'ai retrouvé la guerre. Je vous ai laissé des « victoires, et j'ai retrouvé des revers. Je vous ai laissé les millions de l'Italie, et « j'ai retrouvé partout des lois spoliatrices et la misère. Qu'avez-vous fait de cent « mille Français, que je connaissais, tous mes compagnons de gloire? Ils sont « morts! Cet état de choses ne peut durer : avant trois ans, il nous mènerait au « despotisme. Mais nous voulons la république, la république assise sur les bases « de l'égalité, de la morale, de la liberté civile et de la tolérance politique. Avec « une bonne administration, tous les individus oublieront les factions dont on les « fit membres pour leur permettre d'être Français. Il est temps enfin que l'on « rende aux défenseurs de la patrie la confiance à laquelle ils ont tant de droits. « A entendre quelques factieux, bientôt nous serions tous les ennemis de la Répu« blique, nous qui l'avons affermie par nos travaux et notre courage ! Nous ne « voulons pas de gens plus patriotes que les braves qui ont été mutilés au service « de la patrie. » Cette dernière phrase annonçait suffisamment sous quel drapeau la liberté devait marcher.

Dubois de Crancé proposa encore aux directeurs Gohier et Moulins d'arrêter

Bonaparte sur le chemin même de Saint-Cloud; mais le président Gohier lui répondit : « *Comment voulez-vous qu'il fasse une révolution à Saint-Cloud, puisque je tiens ici les sceaux de la République?* » Alors Gohier et son collègue Moulins se firent conduire aux Tuileries, à la salle de la commission des inspecteurs des deux Conseils; là ils refusèrent leur adhésion. Gohier entama courageusement une explication très-vive avec Bonaparte, qui termina brusquement l'entretien par ces mots : « *La République est en péril, il faut la sauver, je le veux.* » Les deux directeurs, ne sachant plus que devenir, et n'étant plus rien dans l'État, par suite de la démission de Barras, retournèrent au Luxembourg. Ils y furent bientôt investis par le général Moreau, qui exécuta les ordres dont il était chargé avec un zèle que l'on n'aurait pas dû attendre d'un républicain aussi sincère en apparence. Quoique consignés et tenus en charte privée par ce général, Gohier et Moulins trouvèrent aisément le moyen de quitter l'ex-palais directorial dans la soirée : c'était ce que l'on désirait. Quant à Barras, il conçut de telles alarmes, qu'il demanda un passe-port pour Gros-Bois, avec une escorte. Il obtint l'un et l'autre, et partit comme un prisonnier. Ainsi finit le Directoire, et l'on n'y pensa plus. Les événements du lendemain allaient avoir une bien autre importance que la chute de ce faible gouvernement.

Cette journée pouvait être plus qu'orageuse; car si Bonaparte ne triomphait pas d'une manière quelconque des adversaires qui le menaçaient, son parti et sa personne se trouvaient tout à coup entre la fatalité d'une guerre civile et la responsabilité d'un complot contre l'État. Dans les Conseils, le gouvernement directorial avait des adversaires très-nombreux, mais ils ne tendaient qu'à un changement partiel dans les directeurs. Paris était donc dans l'attente d'un grand événement; dès la matinée du 19, la route de Saint-Cloud fut inondée d'une foule de curieux. Le passage des membres des deux Conseils, des militaires, du général Bonaparte et des troupes qu'il venait de haranguer au champ de Mars, couvrit bientôt les avenues de cette commune. Murat les occupait déjà depuis la veille. On vit passer aussi l'ex-directeur Sieyès, dont la présence était nécessaire à Saint-Cloud, pour maintenir les dispositions de la majorité des Anciens. Ce Conseil ne songeait pas sans crainte à sa résolution de la veille. Il se serait rallié tout entier, sans aucun doute, au décret qui venait de mettre la fortune publique entre les mains de Bonaparte, s'il n'eût été question que d'un nouveau 18 fructidor contre le Directoire. Mais il y avait d'autres desseins qu'on ne voulait pas appuyer.

Les deux Conseils se réunirent : les Cinq-Cents dans l'Orangerie, sous la présidence de Lucien; les Anciens, dans la galerie du palais, sous celle de Cornet. Aux Cinq-Cents, Émile Gaudin ouvrit la séance par un discours très-habile : il demanda la formation d'une commission chargée de présenter sans délai un rapport sur la situation de la République, et qu'aucune décision ne fût prise avant de l'avoir entendu. Boulay (de la Meurthe), qui devait faire partie de la commission, avait préparé ce rapport pendant la nuit. A peine Gaudin eut-il cessé de parler, que la salle retentit des cris de *Vive la Constitution! à bas le dictateur!* Delbrel, appuyé par Grandmaison, proposa de jurer *la Constitution ou la mort*. L'assemblée se leva d'enthousiasme, aux cris de *Vive la République!* et le serment fut prêté individuellement. Aucun des partisans de Bonaparte n'osa se soustraire à la puissante impulsion du serment.

Aux Anciens, la séance offrait moins d'agitation, soit en raison de l'âge des membres de l'assemblée, soit à cause de l'influence bien connue de Bonaparte et de Sieyès, qui partageait ce Conseil. A cet instant, le général Bonaparte jugea que le moment de paraître était arrivé. Il traversa le salon de Mars, suivi de ses aides de camp, et se montra tout à coup dans le Conseil des Anciens. On aura sans doute remarqué que la veille, quand il alla recevoir, dans la séance de ce Conseil, le décret qui le plaçait à la tête des forces de la République, il avait évité de prêter, en sa nouvelle qualité, le serment prescrit.

Aussitôt qu'il fut entré, il parla des dangers actuels et de ses propres intentions: « Vous êtes sur un volcan, leur dit-il, la République n'a plus de gouvernement, le « Directoire est dissous, les factions s'agitent; l'heure de prendre un parti est « arrivée. Vous avez appelé mon bras et celui de mes compagnons d'armes au « secours de votre sagesse; mais les instants sont précieux, il faut se prononcer. « On parle d'un César, d'un nouveau Cromwell; on répond que je veux établir « un gouvernement militaire... Si j'avais voulu usurper l'autorité suprême, je

« n'aurais pas eu besoin de recevoir cette autorité du Sénat. Plus d'une fois, et
« dans des circonstances extrêmement favorables, j'ai été appelé par le vœu de la
« nation, par le vœu de mes camarades, par le vœu de ces soldats qu'on a tant
« maltraités depuis qu'ils ne sont plus sous mes ordres. Le Conseil des Anciens
« est investi d'un grand pouvoir, mais il est encore animé d'une plus grande
« sagesse ; ne consultez qu'elle, prévenez les déchirements ; évitons de perdre ces
« deux choses pour lesquelles nous avons fait tant de sacrifices, la *liberté* et
« *l'égalité*. » — « Et la *Constitution* ? » s'écria le député Linglet. — « La Constitu-
« tion ! reprit Bonaparte avec violence ! la Constitution ! osez-vous l'invoquer ! vous
« l'avez violée au 18 fructidor, au 22 floréal, au 30 prairial ; vous avez en son nom
« violé tous les droits du peuple... Nous fonderons malgré vous la liberté et la
« République : aussitôt que les dangers qui m'ont fait conférer des pouvoirs extra-
« ordinaires seront passés, j'abdiquerai ces pouvoirs. » — « Et quels sont ces
« dangers ? lui cria-t-on ; que Bonaparte s'explique ! » — « S'il faut s'expliquer tout
« à fait, répondit-il, s'il faut nommer les hommes, je les nommerai. Je dirai que
« les directeurs Barras et Moulins m'ont proposé eux-mêmes de renverser le gou-
« vernement. Je n'ai compté que sur le Conseil des Anciens ; je n'ai point compté
« sur le Conseil des Cinq-Cents, où se trouvent des hommes qui voudraient nous
« rendre la Convention, les échafauds, les comités révolutionnaires... Je vais m'y
« rendre, et si quelque orateur payé par l'étranger parlait de me mettre hors la
« loi, qu'il prenne garde de porter cet arrêt contre lui-même ! S'il parlait de me
« mettre hors la loi, j'en appelle à vous, mes compagnons d'armes ! à vous, mes
« braves soldats, que j'ai menés tant de fois à la victoire ! à vous, braves défen-
« seurs de la République, avec lesquels j'ai partagé tant de périls pour affermir la
« liberté et l'égalité ! je m'en remettrai, mes vrais amis, à votre courage et à ma
« fortune ! » Après cette harangue, dont l'impression ne pouvait être douteuse sur
les militaires, le cri de *Vive Bonaparte !* retentit dans toute la salle. Le triomphe de
la nouvelle révolution était assuré au Conseil des Anciens : Bonaparte en sortit
pour aller essayer la conquête difficile du Conseil des Cinq-Cents.

La plus grande effervescence régnait toujours dans ce Conseil, d'ailleurs si éloigné d'être instruit des projets de Bonaparte, qu'on venait d'y décréter un message
au Directoire, qui n'existait plus. La démission du directeur Barras, renvoyée aux
Cinq-Cents par les Anciens, y était arrivée au moment même où un membre faisait
la motion de leur demander le motif de la translation à Saint-Cloud ; et comme on
discutait la légalité de cette démission, Bonaparte se présenta sur le seuil de la
salle, où il entra seul après avoir ordonné aux officiers et soldats qui l'accompagnaient de rester aux portes. A la vue de Bonaparte et de ses soldats, des impréca-
tions remplirent la salle. « *Ici des sabres !* s'écrièrent les députés ; *ici des hommes
armés ! A bas le dictateur ! A bas le tyran ! Hors la loi le nouveau Cromwell !* » —
« *C'est donc pour cela que tu as vaincu !* » s'écrie le député Destrem. « *Que faites-*

vous, téméraire? » dit Bigonnet. « *Retirez-vous ! vous violez le sanctuaire des lois!* » Cependant Bonaparte parvient à la tribune malgré la plus ardente opposition; il veut parler, mais sa voix est étouffée par ces cris mille fois répétés : *Vive la Constitution ! Vive la République ! Hors la loi le dictateur !* Transportés de fureur plusieurs députés vont à lui : « *Tu feras donc la guerre à ta patrie !* » lui dit son compatriote Aréna. Bonaparte crut sans doute alors qu'on en voulait à sa vie, et ne put proférer une parole. Aussitôt les grenadiers, effrayés du péril qui menaçait leur général, se précipitent, culbutent tout ce qui s'oppose à leur passage, en s'écriant : « *Sauvons notre général !* » et ils l'entraînent hors de la salle. Dans cette bagarre, l'un d'eux fut, dit-on, blessé d'un coup de poignard.

Au milieu de cette scène tumultueuse, Lucien, qui présidait, s'efforce en vain de défendre son frère en citant ses nombreux services : il demande qu'il soit rappelé et entendu; mais il n'obtient d'autre réponse que le vœu de la proscription. Tous les députés se lèvent et s'écrient à la fois : « *Hors la loi ! Aux voix la mise hors la loi contre le général Bonaparte !* » Lucien, sommé de mettre aux voix la mise hors la loi contre son frère, abdique la présidence et quitte le fauteuil. Pendant ce temps, Bonaparte était monté à cheval, avait harangué les soldats, et attendait Lucien. Celui-ci arrive, monte à cheval à côté de Bonaparte, et s'adressant aux troupes : « Vous ne reconnaîtrez, leur dit-il, pour législateurs de la France, que « ceux qui vont se rendre auprès de moi. Quant à ceux qui resteraient dans l'Oran- « gerie, que la force les expulse ! ces brigands ne sont plus les représentants du « peuple : ce sont les représentants du poignard. » D'après l'ordre de Bonaparte, Murat envahit la salle des Cinq-Cents, à la tête des grenadiers, et la fait évacuer de force ; les députés se sauvent en désordre par les fenêtres, laissant partout, dans leur fuite précipitée, des parties de leur costume.

Il faut le dire, jamais violation des lois d'un pays ne fut plus manifeste ; mais il s'agissait de la proscription pour Bonaparte et ses partisans. De là nécessité où le dictateur légalement nommé par les Anciens se vit placé, résulta un événement plus grave que toutes les prévisions : la défaite du vieux parti républicain, et l'établissement de la dictature militaire. Le 18 brumaire fut le complément du 9 thermidor ; il détruisit ce qui restait de la Montagne, la société du *Manège*, dont les membres ne formaient, depuis la mort de Robespierre, qu'une secte sans popularité, que les bons citoyens ne confondaient pas avec les vrais républicains.

Après la dispersion des députés, le président Lucien se rendit au Conseil des Anciens, où il exposa les moyens de composer un nouveau Conseil des Cinq-Cents, en éliminant les membres les plus ardents. C'était aussi l'avis de Sieyès. On adopta la proposition de Lucien ; on se hâta de rassembler les membres du parti de Bonaparte, qui étaient restés dans le palais ; et cette minorité décréta que le général Bonaparte, les généraux et les soldats, qui venaient de dissoudre par la violence la représentation nationale, *avaient bien mérité de la patrie*.

Dans la même journée, on promulgua l'acte qui devait servir de base légale à la nouvelle révolution. Par cet acte, le Directoire fut aboli, les citoyens Sieyès, Roger-Ducos et Bonaparte formèrent une commission consulaire exécutive ; les deux Conseils furent ajournés, et soixante-deux membres du parti républicain, parmi lesquels on remarquait le général Jourdan, furent exclus. Une commission législative de cinquante membres, pris dans les deux Conseils, fut chargée de préparer un travail sur la constitution. Les consuls prêtèrent au Conseil des Anciens le serment accoutumé, *à la souveraineté du peuple, à la République une et indivisible, à la liberté, à l'égalité, et au système représentatif*. A cinq heures du matin, le nouveau gouvernement quitta Saint-Cloud et alla recueillir au Luxembourg l'héritage du Directoire. Dans la matinée, les trois consuls s'assemblèrent. « *Qui de nous présidera ?* dit Sieyès à ses deux collègues. — *Vous voyez bien*, répondit Roger-Ducos, *que c'est le général qui préside.* »

Sieyès avait compté sur un partage du pouvoir entre le général et lui. Il croyait que le pouvoir exécutif lui resterait, et que Bonaparte se contenterait de diriger l'armée. Mais à cette première conférence, il fut tellement frappé de la sagacité singulière avec laquelle son collègue traita les plus hautes questions de la politique et de l'administration, il sentit si profondément l'ascendant inévitable de cet homme extraordinaire, qu'en sortant il dit à MM. de Talleyrand, Cabanis, Rœderer, Chazal et Boulay (de la Meurthe), conseillers privés du général dans les desseins qu'il venait d'exécuter : « A présent, Messieurs, nous avons un maître. Il sait tout, il fait tout et il peut tout. »

Ainsi se termina la fameuse révolution du 18 brumaire, sans effusion de sang, au milieu du peuple le plus ardent de l'Europe, et par l'homme le plus impétueux peut-être dont l'histoire fasse mention. Elle fut jugée diversement; regardée par les uns comme un attentat à la liberté, elle fut accueillie, par le plus grand nombre, comme un acte hardi, mais nécessaire, qui terminait l'anarchie.

CHAPITRE XVII

1799-1800

Commission consulaire exécutive. — Bonaparte, premier consul.
Constitution de l'an VIII.

Dans leur seconde séance, les consuls s'occupèrent de la formation d'un ministère. Bonaparte devait le composer de ses amis, de ceux qui avaient le plus heureusement coopéré à ses projets. Berthier, chef d'état-major d'Italie et d'Égypte, eut le département de la guerre; il remplaça Dubois de Crancé, qui avait parlé de faire fusiller Bonaparte. Gaudin eut les finances. Cambacérès, qui appelé l'un des premiers au conseil privé du général à son retour d'Égypte, l'avait puissamment secondé, conserva le portefeuille de la justice. L'ingénieur Forfait eut la marine; l'illustre géomètre Laplace, l'intérieur; Talleyrand, les affaires étrangères, sous le nom de Reinhard, nommé temporairement. Talleyrand, un des principaux chefs de la nouvelle révolution, l'avait servie comme une affaire personnelle. Sieyès proposait Alquier pour la police générale ; mais Bonaparte, par une fatale résolution, préféra Fouché, qui en cette même qualité avait si audacieusement joué le Directoire. Le ministère tirait une grande force de sa composition ; il ralliait à Bonaparte une foule d'opinions opposées entre elles, et commença cette fusion qui devait confondre toutes les nuances, et présenter un asile même aux ennemis de la révolution. Entraîné par la crainte, passion malheureuse et constante de son cœur, Sieyès penchait encore pour les proscriptions. Ce Nestor de la liberté demanda la déportation, sans jugement, de cinquante-neuf citoyens. Quoique aussi impolitique qu'injuste, le décret fut rendu ; Bonaparte, mieux inspiré, en arrêta l'exécution.

Le lendemain de la proposition de Sieyès, deux décrets, dictés par la raison, révoquèrent les odieuses lois des otages et de l'emprunt forcé. Ces deux décrets attachèrent l'opinion à Bonaparte consul, car on ne voyait que lui ; pour la France, il était le premier, ou plutôt le seul. Jamais plus belle magistrature n'honora un grand citoyen. Cette haute dignité semblait avoir été créée pour marquer à la fois et le résultat et le terme de la révolution. Le peuple français, si heureux quand il jouit, se lança avec impétuosité dans la carrière de l'espérance ; car tout concourait, dans cette phase mémorable, à exalter l'opinion. Un négociateur fut expédié pour traiter à Londres de l'échange de nos prisonniers, si longtemps abandonnés par le Directoire dans les prisons d'Angleterre. Des hommes de la révolution, tels que Rœderer, demandèrent courageusement dans leurs écrits la clôture de la liste des émigrés, et contribuèrent ainsi à la nomination d'une commission chargée du travail des radiations. Les naufragés de Calais, détenus depuis quatre ans dans les cachots, se virent enfin rendus à la société. Bonaparte alla en personne au Temple pour mettre en liberté les otages, qu'il appela, ainsi que les réquisitionnaires et les conscrits, au partage des bienfaits d'une amnistie générale. La balance succéda au niveau sur le sceau de l'État. Un nouveau système de finances jeta en même temps les fondements de ce crédit que les plus fortes commotions de l'ordre social ne devaient plus ébranler.

Enfin, pour consacrer à jamais le consulat, et achever de conquérir aux yeux de l'univers toute la renommée d'un grand homme, maître de la destinée de son pays, Bonaparte convoqua sous sa direction immédiate une commission composée des plus habiles jurisconsultes, chargée d'édifier le monument européen de nos lois civiles. Dans le choix des hommes qui devaient l'élever, on prit date de l'ère actuelle ; on ne consulta que les talents ; les opinions ne furent point considérées, et le défenseur de Louis XVI, Tronchet, vint s'asseoir à côté du conventionnel Merlin, pour l'enfantement de notre législation. Ainsi, le premier magistrat de la France, l'auteur de sa régénération, s'assurait des droits éternels à la reconnaissance nationale par ce code qui, à lui seul, doit l'immortaliser. La gloire de César et celle de Justinien se sont placées sur le front de l'heureux Bonaparte, et la grandeur salutaire des institutions semble justifier la violence du coup d'État du 18 brumaire. Il ne manquait plus au guerrier législateur que d'être aussi le fondateur d'un système politique.

Les deux commissions législatives, tirées des deux Conseils, ne tardèrent pas à se réunir au palais du Luxembourg, pour conférer, en présence des consuls, sur un plan de constitution. Sieyès n'avait pris part à la conspiration avec le général Bonaparte que dans l'espoir d'établir une forme de gouvernement qui était son propre ouvrage. Il développa successivement, devant ses collègues, ses théories, dont les bases obtinrent l'assentiment général. C'était : un Tribunat de cent membres, qui devait discuter les lois ; un Corps Législatif plus nombreux qui les rejetait ou les admettait par vote individuel et sans discussion ; enfin un Sénat à vie, avec le droit et le devoir de conserver la constitution et les lois. Le gouvernement avait l'initiative des lois et choisissait son Conseil d'État, à qui les règlements de l'administration publique étaient confiés. Restait à décider une chose très-importante, la question de la composition du gouvernement. Sieyès proposa un grand électeur à vie nommé par le Sénat, et nommant lui-même deux consuls, celui de la paix et celui de la guerre. Le grand électeur devait habiter Versailles, avoir six millions de revenu et une garde de trois mille hommes. Il était révocable par le Sénat, qui avait la faculté de l'*absorber* sans en donner les motifs. Le général Bonaparte fronça le sourcil en entendant cette dernière disposition.

Quant à la création du grand électeur, il ne fut douteux pour personne que Sieyès s'était réservé cette place, qu'il se croyait sûr d'emporter à l'aide de son crédit dans le Conseil des Anciens, d'où le Sénat devait sortir presque en entier.

Il eût sans doute déféré à Bonaparte le consulat de la guerre, à Roger-Ducos celui de la paix ; au premier mécontentement, il eût fait *absorber* par le Sénat les deux consuls, et aurait régné seul. Étrange illusion de la part d'un homme qui n'avait pu se passer du bras de Bonaparte pour renverser le Directoire, et qui, bien au courant des relations hautaines de ce général avec le Directoire pendant et depuis la guerre d'Italie, ne devait pas s'aveugler au point de penser que, devenu consul et maître d'une armée de cinq cent mille soldats, Bonaparte consentirait à être le second dans sa patrie. Le sage Sieyès aurait dû prévoir, dès le début de cette affaire, qu'il était dans la volonté d'un tel homme d'être le premier pouvoir en France, et de finir par être seul.

Bonaparte avait vu d'un coup d'œil le but de Sieyès, et d'un trait de plume il biffa *le grand électeur*. La délibération, reprise avec chaleur, renversa le plan de Sieyès. On mit alors en avant le projet d'un premier consul, chef suprême de l'État, élisant à tous les emplois, et de deux consuls avec voix consultative seulement. Cette proposition, émanée du conseil secret du général, rencontra la plus vive opposition de la part d'hommes politiques très-influents : c'étaient Daunou, Chénier, Chazal et Courtois. Ils offrirent à Bonaparte de le nommer généralissime, investi du pouvoir de traiter avec les puissances étrangères et de celui de faire la guerre et la paix. « *Je suis consul*, répondit Bonaparte, *je veux rester à Paris.* » Chénier insista vigoureusement en faveur de la mesure de l'absorption dans le Sénat. « *Cela ne sera pas*, » s'écria Bonaparte. Cette réponse mit fin à la discussion, et la proposition présentée par les amis de Bonaparte fut adoptée avec cette modification, que le premier consul serait nommé pour dix ans, et rééligible.

De cette manière, le Sénat n'étant pas la première institution, Bonaparte se fit lui-même premier consul. Sieyès, qui comprit alors que, réduit au second rang, il n'était plus rien, refusa d'être consul en seconde ligne ; Roger-Ducos le suivait naturellement ; d'ailleurs on avait déjà pourvu à leur remplacement par Cambacérès, ministre de la justice, et par Lebrun, ancien secrétaire intime du chancelier Maupeou. Sieyès fut le premier absorbé par le Sénat, qui allait à l'avenir servir d'asile aux vétérans de la révolution. Il reçut la présidence de ce corps, et concourut avec Cambacérès et Lebrun à son organisation. Bonaparte acheva la ruine politique de Sieyès en lui faisant décerner, à titre de récompense nationale, la terre de Crosne, du prix d'un million. Ainsi finit la commission consulaire exécutoire, six semaines après son établissement.

Investi de l'initiative des lois et de leur exécution, de la direction de toute l'administration intérieure, du droit de faire la paix et la guerre, en un mot de toutes les attributions du pouvoir suprême, le Premier consul hérita dans un jour de la monarchie et de la république. Le palais des rois devint le palais des consuls. Leur translation du Luxembourg, où ils avaient d'abord siégé, aux Tuileries, forma une brillante cérémonie, dans laquelle se développa tout le luxe de la royauté militaire. En peu de jours, on passa rapidement de la familiarité des sociétés républicaines du Directoire à l'étiquette des réunions du palais des Tuileries. Il y eut des cercles; on alla à la cour chez le Premier consul. Le titre de citoyen disparut de la conversation, et le négligé du costume fut banni. Chacun faisait son apprentissage, le maître et les courtisans. Jamais on ne vit de métamorphose plus complète.

En s'installant dans la demeure des rois, Bonaparte remit la monarchie sur la scène : aussi, à l'aspect de cette pompe et de ces mœurs renouvelées, la séduction gagna tous les esprits dont les opinions penchaient pour la royauté. Les uns s'appuyaient sur le changement de dynastie en Angleterre; les autres, encore républicains, rappelaient les élections de la Pologne; d'autres enfin, les partisans de la maison de Bourbon, moins nombreux que les premiers, et plus que les seconds, virent un Monk en Bonaparte, et prirent avec ardeur leurs souvenirs pour des espérances. Un chef vendéen, M. d'Andigné, et M. Hyde de Neuville, présentés la nuit au Premier consul, lui avaient proposé de l'assister de tout le parti vendéen et royaliste, s'il voulait rétablir la monarchie; mais Bonaparte leur avait répondu : « J'oublie le passé et j'ouvre un vaste champ à l'avenir. Quiconque marchera droit « devant lui sera protégé sans distinction; quiconque s'écartera à droite ou à « gauche, sera frappé de la foudre. Laissez tous les Vendéens qui veulent se ranger « sous le gouvernement national et se placer sous ma protection suivre la grande

« route qui leur est tracée : car un gouvernement protégé par des étrangers ne
« sera jamais accepté par la nation française. »

Rien n'échappait à l'œil pénétrant ni à l'infatigable activité du premier magistrat de la nation : il créait et il gouvernait à la fois tous les intérêts de la gloire et de la prospérité de la France. La République, reconnue de l'Europe continentale, était en paix avec plusieurs puissances ; mais de toutes les légitimations que le gouvernement pouvait recevoir de l'étranger, il n'y en avait pas de plus importante que celle de la Grande-Bretagne. Le Premier consul se décida à aborder la question avec franchise, et s'adressant personnellement et directement au roi d'Angleterre, il écrivit à ce prince le 26 janvier 1800 :

« Appelé par le vœu de la nation française à occuper la première magistrature
« de la République, je crois convenable, en entrant en charge, d'en faire directe-
« ment part à Votre Majesté. La guerre qui depuis huit ans ravage les quatre par-
« ties du monde doit-elle être éternelle? N'est-il donc aucun moyen de s'entendre?
« Comment les deux nations les plus éclairées de l'Europe, puissantes et fortes
« plus que ne l'exigent leur sûreté et leur indépendance, peuvent-elles sacrifier à
« des idées de vaine grandeur le bien du commerce, la prospérité intérieure, le
« bonheur des familles? Comment ne sentent-elles pas que la paix est le premier
« des besoins, comme la première des gloires? Ces sentiments ne peuvent pas être
« étrangers au cœur de Votre Majesté, qui gouverne une nation libre, et dans le
« seul but de la rendre heureuse. Votre Majesté ne verra dans cette ouverture que
« mon désir sincère de contribuer efficacement, pour la seconde fois, à la pacifi-
« cation générale, par une démarche prompte, toute de confiance, et dégagée de
« ces formes qui, nécessaires peut-être pour déguiser la dépendance des États
« faibles, ne décèlent dans les États forts que le désir de se tromper. La France et
« l'Angleterre, par l'abus de leurs forces, peuvent longtemps encore, pour le mal-
« heur des peuples, en retarder l'épuisement ; mais, j'ose le dire, le sort de
« toutes les nations civilisées est attaché à la fin d'une guerre qui embrase le
« monde entier. »

Le ministre Pitt trancha la négociation en déclarant *que l'Angleterre ne pourrait signer la paix que quand la France serait rentrée dans ses anciennes limites.* On ne pouvait faire un plus grand outrage à la nation française, seule arbitre de sa politique, que de repousser ainsi publiquement, dans le parlement d'Angleterre, la loyale et généreuse démarche de Bonaparte le Victorieux ; c'était imposer un joug insupportable à la glorieuse République qui faisait trembler l'Europe. « *Dans aucun cas*, répétait chaque jour lord Chatam à son fils en parlant de Bonaparte, *dans aucun cas ne traitez avec cet homme.* » En vain Fox et Sheridan, chefs de l'opposition, soutinrent de tout leur talent et de toute leur énergie la cause de l'humanité. Lord Grenville adressa à M. de Talleyrand une lettre évasive, ou plutôt une véritable déclaration de guerre. Alors tout espoir de paix échappa à Bonaparte, contraint désormais de donner à la lutte contre l'Angleterre une nouvelle activité. La France, que l'Angleterre voulait mettre hors de la loi de l'Europe, se leva d'indignation pour combattre la nouvelle coalition soldée par le cabinet de Londres. L'Autriche aussi avait refusé la paix ; et la Bavière, mécontente, mais entraînée, suivait malgré elle le parti de ses anciens dominateurs.

Cependant Paris voyait avec joie rentrer les déportés du 18 fructidor, et avec étonnement deux princesses de la maison de Bourbon : les prêtres détenus à Oléron revinrent vieillir dans leurs familles ; des secours furent accordés aux colons de Saint-Domingue. Bonaparte alla aussi au-devant de l'émigration, qui errait encore, sans asile, sous la loi de l'hospitalité étrangère ; de quatre-vingt mille émigrés non rentrés, mille seulement restèrent sur la liste fatale, comme particulièrement dévoués à la maison de Bourbon ; les autres se virent rayés successivement ; la France leur fut rendue, et bientôt les tables de proscription cessèrent d'exister. La guerre de la Vendée s'était rallumée dans les derniers temps du Directoire ; elle se termina en un mois, par la mort de quelques chefs, par la soumission volontaire de MM. d'Autichamp, de Châtillon, et du fameux Georges Cadoudal, ainsi que par la conquête que fit le Premier consul des deux personnages influents du pays, l'abbé Bernier, curé de Saint-Laud, d'Angers, et M. de Bourmont, qui cédèrent aux promesses de Fouché. Une amnistie générale confirma les heureux effets de la conduite à la fois ferme, active et prudente des généraux Hédouville et Brune, chargés d'exécuter le plan de pacification conçu par Bonaparte.

L'ordre judiciaire et l'ordre administratif, avilis par les forfaitures révolutionnaires, avaient également fixé toute l'attention du Premier consul, et repris l'influence qu'ils devaient exercer sur la prospérité nationale. Une loi venait de réorganiser les tribunaux ; ceux de district étaient remplacés par ceux d'arrondissement. Chaque département eut son tribunal criminel ; le territoire de la République fut partagé en ving-neuf cours d'appel ; la réforme épura aussi le tribunal suprême, la cour de cassation. On établit une nouvelle division de la France administrative, en même temps qu'on substitua les préfectures aux directoires de département et aux districts des arrondissements, dont chaque chef-lieu devint le siège d'une sous-préfecture : des conseils de département et de municipalité défendirent la cause des administrés ; des conseils de préfecture se trouvèrent chargés du contentieux de l'administration. Il résulta de ces généreuses institutions que les noms les plus honorables reparurent dans les fonctions judiciaires et administratives, et de véritables protecteurs furent donnés aux premiers intérêts de la société.

Au milieu de toutes ces créations intérieures, inspirées par une haute sagesse, une négociation importante occupait le chef de l'État. Les relations des républiques française et américaine, si naturelles et si utiles aux deux nations, avaient été dédaignées par le Directoire, qui eut l'impéritie de faire porter sur le commerce le coup d'État du 18 fructidor, en fermant les ports de France aux bâtiments neutres. La réparation d'une pareille iniquité ne pouvait échapper au Premier consul; en rouvrant les ports, il adressa des propositions au congrès américain, qui s'empressa de les accueillir, et qui envoya des plénipotentiaires à Paris. Le deuil public ordonné par Bonaparte pour l'anniversaire de la mort du fondateur de la liberté américaine consacra cette négociation. Un autre honneur fut encore décerné à Washington par le fondateur de la régénération française : une habile et heureuse combinaison réunit au temple de Mars (l'église des Invalides) la cérémonie funèbre de Washington et la présentation des derniers drapeaux conquis en Égypte. Le vainqueur d'Aboukir semblait déposer ses lauriers sur la tombe du vainqueur de l'Angleterre, et partageait ainsi l'hommage rendu au grand citoyen qui avait affranchi son pays.

CHAPITRE XVIII

1800

Nouvelle coalition. — Passage des Alpes. — Bataille de Marengo.

L'Autriche s'était de nouveau laissé entraîner par l'or et les intrigues de l'Angleterre. Cette dernière puissance rassemblait à Minorque, sous les ordres du général Abercromby, des troupes nombreuses qu'elle destinait à soutenir les opérations des Autrichiens sur Gênes. L'Empire, la Bavière, la Suède, le Danemark, la Porte et la Russie, faisaient également partie de la nouvelle coalition. Mais le Premier consul, grâce à une démarche imprévue et pleine de générosité, inspira à l'empereur Paul une sorte d'admiration fanatique pour sa personne, et le sépara ainsi de nos adversaires. Il y avait en France un grand nombre de prisonniers russes, provenant de la campagne du général Brune en Hollande et de celle de Masséna en Suisse. Bonaparte fit habiller à neuf, chacun avec l'uniforme de son régiment, ces nombreux prisonniers, qu'il renvoya en Russie, en payant tous les frais du voyage, et sans aucune proposition d'échange. Il avait bien jugé

Paul Ier. Ce prince fut si vivement frappé de cette action, qu'il rappela d'Allemagne toutes ses troupes, rompit le pacte britannique et chassa les Anglais de sa capitale. La défection subite de la Russie ôtait à la coalition un puissant auxiliaire. Le Premier consul ne perdit point de temps pour enlever encore à ses ennemis d'autres alliés : il envoya Duroc à Berlin, avec la mission de déterminer la cour de Prusse à s'employer pour détacher de la cause anglaise les puissances sur lesquelles son voisinage et sa force pouvaient lui donner de l'influence. Cette négociation réussit; la Suède et le Danemark se décidèrent, par les instigations de la Prusse, à se renfermer dans une rigoureuse neutralité. Bonaparte avait tenté, pour empêcher la guerre, tout ce qu'exigeaient la politique et la gloire de la France, sans blesser toutefois la dignité des cabinets auxquels il avait offert l'amitié de la République ; fort de sa conscience et de son droit, du témoignage de sa nation et de la foi des gouvernements neutres, il ne lui restait plus qu'à saisir les armes.

Le but du Premier consul, dans cette nouvelle campagne, était la délivrance de l'Italie, que les Autrichiens avaient envahie pendant son expédition d'Égypte, et de débloquer Gênes, où Masséna, coupé du corps de Suchet, qui gardait la ligne du Var, était enfermé avec les débris de son armée. Pour détourner l'attention de l'ennemi et tromper ses espions, on dirigea sur Dijon un nombreux état-major, avec cinq ou six mille conscrits. Cette réunion de troupes reçut le nom d'armée de réserve. Pendant ce mouvement simulé, la véritable armée, celle qui devait agir, venait de se former comme par enchantement. Les divisions, organisées séparément et sans bruit, s'étaient réunies et étaient déjà en marche pour l'Italie. Les troupes que la pacification de la Vendée avait rendues disponibles, la garnison de Paris et la garde consulaire, en formaient le noyau principal.

Tandis que l'Europe croit le Premier consul livré à Paris aux soins du gouvernement, il arrive à Genève, et prend le commandement de l'armée. Libre de toute crainte sérieuse du côté du général Kray, contenu par Moreau sur le Rhin, Bonaparte veut surprendre les défilés des Alpes, pour attaquer les derrières de Mélas, dont les forces, disséminées autour de Gênes et sur le Var, gardent les plaines de la Lombardie. Rival audacieux d'Annibal, il décide le passage de l'armée et le transport de sa formidable artillerie par la crête des montagnes, à plus de douze cents toises au-dessus du niveau de la mer. Le général Marescot, chargé de la reconnaissance du Saint-Bernard, avait eu beaucoup de peine à le gravir jusqu'à l'hospice, où stationnait, depuis deux mois, un petit poste détaché du corps du général Mainoni. « Peut-on passer? demanda Bonaparte. — Oui, dit Marescot, cela est possible. — Eh bien, partons. » L'armée passera, le premier consul le veut; mais l'artillerie, comment pourra-t-elle passer? Cette difficulté était prévue. Les cartouches et les munitions, renfermées dans de petites caisses, les affûts démontés, sont portés à dos de mulet. On avait préparé des troncs d'arbres creusés de manière à pouvoir contenir nos pièces de canon : cent soldats s'attellent à chacune d'elles.

Lannes commande l'avant-garde. Le 17 mai 1800, trente-cinq mille Français, conduits par Bonaparte, abordent le Saint-Bernard. Moncey marche vers le Saint-Gothard avec quinze mille hommes, pour descendre à Bellinzona. Au sein des rochers les plus escarpés, au travers de glaces éternelles, au milieu des neiges qui effacent toutes les traces et n'offrent plus qu'un immense désert, et par des chemins où le pied de l'homme n'a jamais été empreint, les Français montrent un indicible courage : ils gravissent péniblement; près de succomber sous le poids de leurs armes, ils s'excitent les uns les autres par des chants républicains. Survient-il un obstacle presque insurmontable, alors on fait battre la charge, et, comme par enchantement, l'obstacle disparaît. L'infanterie, la cavalerie, les bagages, les canons, ont atteint les sommités des Alpes, où nos différents corps reçoivent à leur tour, des religieux de l'hospice, les secours de la plus généreuse charité; mais, après une halte de quelques heures, chaque division se précipite avec une nouvelle ardeur, quoique avec bien plus de dangers encore, sur les pentes rapides du Piémont. Bonaparte lui-même opère la descente à la ramasse, sur un glacier presque perpendiculaire.

Cependant un obstacle imprévu faillit arrêter l'armée au début de sa marche victorieuse. Une division ennemie, chargée de la défense de la vallée d'Aoste, avait été culbutée à Châtillon par notre avant-garde, et repoussée après une vive résistance sur le fort de Bard, château inexpugnable qui fermait l'unique chemin ouvert aux Français. Il était de la plus grande importance de s'en emparer avant que Mélas eût connaissance de la marche de Bonaparte, mais le fort ne pouvait être enlevé

par un coup de main. Berthier et Marescot eurent l'heureuse idée de tailler dans les rochers d'Albaredo un escalier qu'à force de travail on rendit praticable pour les hommes et pour les chevaux. Les divisions françaises défilèrent successivement par ce sentier périlleux, et avec plus de difficulté qu'on n'en avait rencontré au passage du Saint-Bernard. Cependant notre artillerie demeurait en arrière, sans qu'aucun moyen humain pût lui faire passer cette barrière fatale. Bonaparte arrive, ordonne l'escalade et l'assaut du fort. L'audace, la valeur, n'obtiennent point de succès. Alors, par une de ces inspirations du génie de la guerre, si fréquentes dans les soldats et les généraux français, on jonche la route de matelas et de fumier ; les roues sont garnies de paille ; les pièces, enveloppées de feuillages et traînées à la prolonge, chacune par cinquante hommes, traversent la ville avec leurs caissons, à demi-portée de fusil, sous le feu de l'ennemi, qui ne cesse de faire des décharges meurtrières, sans ébranler toutefois nos intrépides soldats. Une batterie, que l'on parvient avec des peines infinies à monter sur l'Albaredo, reste avec un corps de troupes pour réduire le fort de Bard, qui tomba au bout de huit jours.

Les Autrichiens avaient toujours regardé la formation de l'armée de réserve à Dijon comme une fable inventée pour leur donner le change et les pousser à abandonner le blocus de Gênes. Bonaparte s'était appliqué à entretenir cette erreur par une foule de précautions; elles avaient réussi au point que ni Paris, ni la cour de Vienne, ni ses généraux d'Italie, ne croyaient à cette armée, qui, après avoir marché à son but par diverses routes et en corps isolés, s'était réunie au pied du Saint-Bernard, et venait de le franchir. Mélas, fermement convaincu que nous n'avions que sept à huit mille conscrits ou invalides à Dijon, faisait presser le siége de Gênes par quarante mille hommes, et combattait en personne sur le Var, avec le reste de ses forces, contre Suchet, qui n'avait que huit mille hommes à lui opposer, quand, d'un côté, les divisions françaises placées sous le commandement du Premier consul, et de l'autre, les quinze mille hommes détachés de l'armée du Rhin et conduits par le général Moncey, descendaient les revers du Saint-Bernard, du Saint-Gothard et du Simplon. Une combinaison supérieure présidait au destin de cette mémorable campagne. Bonaparte se dirige sur l'Italie, entre l'armée victorieuse de Moreau, qui retenait devant Ulm les troupes du général Kray, réduites à la défensive, et la petite armée des Alpes-Maritimes, qui, attaquée à la fois par terre et par mer, défend Gênes, le cours du Var, les portes de la Provence et les défilés du Piémont. Le grand caractère de Masséna imprime à la défense de Gênes un héroïsme qui vivra éternellement dans l'histoire. Il sait que Bonaparte compte sur son infatigable résistance. La reprise des forts de Gênes, foudroyés par la flotte anglaise, est un des plus beaux faits d'armes connus. Jamais les forces humaines ne s'étaient déployées, multipliées avec autant d'énergie et de constance que dans cette immortelle campagne. Épuisés par tous les fléaux de la guerre, les soldats de Masséna ont encore d'autres ennemis qu'ils ne peuvent combattre, la famine et la contagion. Gênes voit mourir dans ses rues sa généreuse population, confondue avec l'intrépide armée qui ne peut plus la protéger. Le drapeau noir flotte sur les hôpitaux. Mais Masséna sent qu'il occupe toute une armée autrichienne avec douze mille hommes; et Suchet, qui n'a que huit à neuf mille braves devant Mélas, a fait aussi son serment aux triomphes futurs de l'armée de réserve.

Après le succès de notre passage, les armées des deux nations embrassaient par leurs masses principales une demi-circonférence presque régulière, dont le centre était à peu près vers Alexandrie. Là tout devait se décider, et l'avantage appartenait à celui qui aurait franchi le Pô le premier. Une circonstance favorisait l'armée française, c'était le rapprochement d'Alexandrie et du Pô avec les Apennins et la mer. A la tête de l'avant-garde, le général Lannes force l'ennemi à Yvrée, dont la citadelle capitula après une courte résistance, et sur les bords de la Chiusella, où dix mille Autrichiens furent culbutés et rejetés dans Turin. — Lannes s'était ensuite avancé dans la direction de cette ville jusqu'à Chivasso; mais cette manœuvre n'était qu'une ruse pour donner le change à l'ennemi. Le Premier consul, qui paraissait vouloir passer le Pô et marcher sur Turin, ne tendait qu'à s'emparer de Milan pour ranimer l'audace des partisans de la République française et répandre par cette brusque surprise la terreur dans l'armée ennemie. En effet, et pendant que le général Mélas s'occupe à défendre le passage du Pô, Bonaparte pousse son avant-garde vers Pavie, force le passage de la Sésia et du Tésin, défendu par le général autrichien Laudon, et le 2 juin il entre en libérateur dans Milan, où son premier soin est de réorganiser et de proclamer de nouveau la république cisalpine. On se peindrait difficilement l'étonnement et l'enthousiasme des Milanais en revoyant Bonaparte, qu'on disait mort en Égypte.

Toujours habitué à poursuivre ses succès, il ne donne pas un moment de relâche à l'ennemi. Il franchit l'Adda, s'empare de Bergame, de Crémone, et repousse Laudon jusqu'à Brescia. Mélas est encore à deviner les opérations de Bonaparte, et c'est par ses généraux, battus depuis l'attaque du fort de Bard, qu'il apprend que soixante mille Français entrent en Lombardie. Il donne à Ellnitz l'ordre d'abandonner la ligne du Var et de se retirer sur la vallée du Tanaro; Ott, devant Gênes, a les mêmes instructions. Mais la retraite d'Ellnitz a été inquiétée par Suchet, qui l'attaque au col de Tende, lui fait perdre huit mille hommes, et poursuit sa course victorieuse sur Savone, pour venir au secours de Masséna, enfermé dans Gênes. Il ignorait que cette ville avait été forcée de capituler, après soixante jours de blocus, assiégée au dedans par la peste et par la famine, et au dehors par le général Ott, à la tête de trente-cinq mille hommes. Bonaparte profite de l'imprévoyance des ennemis, et vient lui-même leur montrer, en l'occupant, le point qu'ils auraient dû couvrir. Loison traverse le Pô à Crémone ; Murat enlève de vive force la tête de pont et la ville de Plaisance ; Lannes parvient à San Cipriano, malgré la résistance du général Ott, dont l'armée s'est affaiblie de la forte garnison qu'il a jetée dans Gênes. Là s'établit le centre des opérations de l'armée française. En se portant devant l'ennemi, Bonaparte apprend la reddition de Gênes et la jonction des troupes de blocus à celles de Mélas. Mais, quoiqu'une partie seulement de son armée ait franchi le Pô, il livre au général Ott la bataille de Montebello. L'action fut sanglante : Lannes s'y couvrit de gloire ; ses troupes firent des prodiges de valeur. Cinq mille prisonniers, trois mille morts, furent les trophées de cette première victoire.

Nous avions battu l'une des deux armées ennemies : il fallait courir à l'autre et défaire aussi Mélas, qui concentrait toutes ses forces autour d'Alexandrie, entre le Pô et le Tanaro ; il avait rappelé de San Giuliano le général Ott, qui n'avait laissé qu'une arrière-garde au petit village de Marengo. Le 13 juin, l'armée française, composée des divisions Lannes, Desaix et Victor, bordait la Scrivia. La division Lapoype avait reçu ordre de rejoindre le général Desaix, qui, de retour en France, par la capitulation d'El-Arich, était venu retrouver les drapeaux de son ami, de son général en chef de l'armée d'Égypte. Le Premier consul traverse sans résistance les plaines de San-Giuliano, et fait chasser de Marengo cinq mille hommes par le général Gardanne, qui les poursuit jusqu'à la Bormida. Il était naturel de croire que Mélas ne voulait pas se battre, puisqu'il abandonnait le débouché de Marengo, qui était d'une facile défense. Mais Bonaparte, qui du premier coup d'œil a saisi toutes les chances, envoie les deux divisions que commande le général Desaix à Castel-Novo di Scrivia et à Rivalta, pour observer les ailes de l'armée ennemie, et concentre les corps de Lannes et de Victor entre San Giuliano et Marengo, par échelons, la gauche en avant. La division Boudet, placée à Rivalta, sous les ordres de Desaix, devait communiquer avec le corps de Masséna et de Suchet, qui s'étaient dirigés sur Acqui.

Le lendemain, dès l'aube du jour, l'armée autrichienne débouche par trois ponts qu'elle avait établis sur la Bormida, et attaque avec fureur le village de Marengo. Cette armée n'avait pas moins de quarante mille hommes, tous vieux soldats, et

une nombreuse cavalerie. L'armée française comptait vingt-trois mille hommes environ, dont un grand nombre était de nouvelle levée. Après avoir envoyé au général Desaix, qui se trouvait en arrière, l'ordre de revenir avec son corps à San Giuliano, le Premier consul se transporta sur le champ de bataille, où il arriva à dix heures du matin. L'ennemi avait emporté Marengo, et la division Victor, ayant été forcée après la plus vive résistance, était dans une déroute complète. A droite, la division du général Lannes était aux prises avec le corps de Ott, qui débordait déjà les troupes qu'il avait devant lui. Le Premier consul, qui vit que le gain de la bataille était dans la communication de sa droite avec le reste de l'armée, donna aux grenadiers à pied de la garde consulaire l'ordre de s'opposer à ce mouvement de l'ennemi. Ces huit cents braves se formèrent en un carré qui, semblable à *une redoute de granit*, vit les assauts les plus terribles de la cavalerie autrichienne se briser contre son immobilité; sa résistance héroïque donna à la division Monnier le temps d'arriver : celle-ci jeta une brigade dans Castel Ceriolo, et l'armée française se trouva dans un ordre presque inverse à celui de la matinée, l'aile droite en avant, occupant par son aile gauche la route de Tortone.

Il était alors trois heures après midi, et tout le monde regardait la bataille comme perdue; Mélas, croyant la victoire certaine, accablé de fatigue, et souffrant d'une chute qu'il avait faite, avait repassé les ponts de la Bormida, et était rentré à Alexandrie, laissant au général Zach le soin de poursuivre l'armée française. Bonaparte seul ne désespérait pas, et comptait sur l'arrivée de Desaix avec six mille hommes de troupes fraîches. Il était cinq heures, et la division Lapoype ne se montrait pas encore, quand Desaix parut sur le champ de bataille, à la tête de la seule division Boudet. Dans les mains de Bonaparte, ce renfort va devenir l'instrument de la victoire, et l'armée devine la pensée de son chef. Fatiguée d'une longue et sanglante retraite, elle voit, avec l'instinct d'une attente que son général n'a jamais trompée, Desaix couvrir sa gauche : « Soldats ! s'écrie Bonaparte, c'est avoir fait

trop de pas en arrière : voici l'instant de marcher en avant : souvenez-vous que mon habitude est de coucher sur le champ de bataille. » L'armée répète avec joie le cri de l'attaque générale ordonnée sur toute la ligne.

Dans la persuasion où il était de la défaite assurée de l'armée française, Zach manœuvrait pour lui couper la retraite par la route de Tortone avec une colonne de cinq mille grenadiers ; le brave Desaix courait à sa rencontre avec quinze pièces de canon, quand il tombe frappé d'une balle. Sa division se jette avec fureur sur le corps ennemi, où chacun cherche à venger la mort de son général. Cependant Zach résiste, bien qu'il soit isolé au milieu de cette vaste plaine ; mais Kellermann porte tout à coup sa cavalerie sur le flanc gauche de la colonne ennemie, la brise,

la disperse, et les cinq mille grenadiers qui la composent sont faits prisonniers. Dès cet instant, nos troupes se précipitent en avant, et ont reconquis en moins d'une heure le terrain disputé depuis le matin. L'armée ennemie est prise à revers et recule bientôt; Mélas essaye en vain de tenir à Marengo : son inutile défense contribue à donner le nom de ce village, emporté par Bonaparte, à la fameuse bataille qui va changer le sort de l'Italie. Les Français poursuivent les Autrichiens jusqu'à dix heures du soir, et ne s'arrêtent qu'à la Bormida : cinq mille morts, huit mille blessés, sept mille prisonniers, trente canons et douze drapeaux, sont les trophées de Marengo. Le lendemain, à la pointe du jour, Bonaparte fait attaquer la tête du pont de la Bormida; mais, contre toute probabilité, l'ennemi demande à traiter. Quelques heures plus tard, les généraux Berthier et Mélas ont conclu la fameuse convention d'Alexandrie, qui remet en notre pouvoir tout ce que nous avions perdu en Italie depuis quinze mois, à l'exception de Mantoue. Ce n'était toutefois qu'une convention militaire. Jaloux d'être encore en Italie, après une victoire décisive, le provocateur de la paix, le général Bonaparte dépêcha à Vienne, du champ de bataille de Marengo, le général Saint-Julien, qui était du nombre des prisonniers, et le chargea de porter à sa cour des paroles de conciliation.

Ainsi une seule bataille, gagnée après douze heures d'une retraite offensive, mais périlleuse, a replacé sous l'influence de la France la Lombardie, le Piémont, la Ligurie et les douze places fortes qui les défendent. La ligne de neutralité des deux armées fut fixée entre la Chièze et le Mincio. La victoire et la fortune se disputèrent, dans la journée de Marengo, le triomphe de Bonaparte; car Mélas acceptait les conditions les plus rigoureuses, quoiqu'il eût encore des forces aussi nombreuses que les nôtres et que le Piémont lui ouvrît la carrière d'une longue campagne de siéges. Maître de Gênes, ayant la mer et les montagnes pour appui, il pouvait soutenir longtemps la guerre, et peut-être forcer la France à une paix honorable pour l'Autriche; mais après s'être vu enlever inopinément la victoire, il perdit aussi le courage de supporter la défaite.

Bonaparte s'occupa d'abord d'achever l'organisation de la république cisalpine et du Piémont, et de rendre à la France, non des contrées vaincues, mais des nations amies et auxiliaires. Il sentait que l'amitié des peuples était un plus sûr rempart que leur asservissement. Pressé de revenir à Paris, où le rappelaient l'ivresse des Français et les intérêts conquis à Marengo, il donna à Masséna le commandement de l'armée d'Italie, et à Suchet celui de la ville de Gênes : digne récompense des importants services de ces deux généraux.

La maison d'Autriche n'était pas plus heureuse sur le Danube que sur le Pô. Moreau, après avoir pendant un mois tenu en échec le général Kray dans son camp retranché, devant Ulm, avait forcé le passage du Lech, s'était emparé d'Augsbourg, et trois jours s'étaient à peine écoulés depuis la convention d'Alexandrie, qu'il répondait à la victoire de Marengo par celle d'Hochstedt, qui rétablissait, après un siècle, la gloire de nos armes; le combat de Neubourg achevait d'ouvrir aux enseignes françaises le cœur de l'Allemagne. Dans la terrible mêlée qui rendit cette action si funeste à l'armée du général Kray, ces enseignes triomphantes se baissèrent avec respect et douleur sur le corps de La Tour d'Auvergne, de celui que, deux mois auparavant, Bonaparte avait proclamé *le premier grenadier de France*. La prise de Feldkirch compléta la belle campagne de Moreau, et, en assurant ses communications avec l'armée d'Italie, contraignit le général Kray à suivre, à Parsdorf, l'exemple de Mélas. Les deux armistices préparèrent la fameuse paix de Lunéville; mais il fallait encore l'acheter par de nouveaux combats en Allemagne et en Italie.

Avant d'arriver à Paris, le Premier consul s'arrêta à Lyon, dont il ordonna de réparer les ruines et de relever les monuments. De retour dans la capitale, il y trouva un enthousiasme qui dut lui donner l'idée de tout ce qu'un grand génie favorisé par la gloire pouvait attendre d'un peuple aussi passionné. A la première nouvelle de la victoire de Marengo, Paris avait été subitement illuminé; un tel succès, aussi imprévu qu'immense, avait confondu dans une espèce de culte toutes les classes de la société, et semblait devoir produire la fusion de tous les partis; mais aussi, dès ce jour, tout le gouvernement, et malheureusement toute la patrie, furent dans un seul homme.

CHAPITRE XIX

1800-1801

Machine infernale. — Bataille de Hohenlinden. — Traité de Lunéville.

Depuis Marengo, les royalistes et les révolutionnaires, pour qui la joie publique était un outrage, prirent le caractère et le rôle de deux sectes proscrites, à jamais irréconciliables, mais ayant le même ennemi, et conspirant séparément pour sa destruction. L'assassinat menaçait dans l'ombre celui qu'environnait tant d'éclat, et la vengeance l'offrait en sacrifice aux mânes irrités de la monarchie et de la république. La haine des partis accueillit avec joie les mauvaises nouvelles, arrivées à Paris le 20 juin, du commencement de la bataille de Marengo, qui avait été perdue jusqu'à cinq heures du soir. Mais les dépêches du 21 juin, expédiées, le soir, du champ de bataille, avaient soudainement détruit les projets des deux partis. La convention d'Alexandrie, provoquée par le général Mélas malgré les imposantes ressources dont il disposait encore, frappa d'abord de stupeur les hostilités de la capitale, comme les alliés belligérants de la maison d'Autriche.

Cependant ces haines politiques, dont Paris était le principal théâtre, furent loin d'être désarmées par les transports de la France et l'étonnement de l'Europe; elles continuèrent dans le silence à tramer la perte du vainqueur. Plus ardents que les royalistes, les révolutionnaires ne virent que l'assassinat pour atteindre celui que la guerre s'obstinait à respecter. Au milieu de ces complots, le Premier consul reçut les deux lettres suivantes du comte de Lille, par l'entremise du troisième consul Lebrun, à qui l'abbé de Montesquiou les avait remises :

AU GÉNÉRAL BONAPARTE.

« Quelle que soit leur conduite apparente, des hommes tels que vous, monsieur,
« n'inspirent jamais d'inquiétude. Vous avez accepté une place éminente, et je
« vous en sais gré. Mieux que personne, vous avez ce qu'il faut de force et de
« puissance pour faire le bonheur d'une grande nation. Sauvez la France de ses
« propres fureurs, et vous aurez rempli le vœu de mon cœur. Rendez-lui son roi,
« et les générations futures béniront votre mémoire. Vous serez trop nécessaire
« à l'État, pour que je songe à acquitter seulement par des places importantes la
« dette de mon agent et la mienne.

« Louis. »

« Depuis longtemps, général, vous devez savoir que mon estime vous est acquise.
« Si vous doutiez que je fusse susceptible de reconnaissance, marquez votre place,
« fixez le sort de vos amis. Quant à mes principes, je suis Français : clément par
« caractère, je le serais encore par raison.

« Non, le vainqueur de Lodi, de Castiglione et d'Arcole, le conquérant de l'Italie,
« ne peut pas préférer à la gloire une vaine célébrité. Cependant vous perdez un
« temps précieux. Nous pouvons assurer la gloire de la France ; je dis *nous*,
« parce que j'aurais besoin de Bonaparte pour cela, et qu'il ne le pourrait pas
« sans moi.

« Général, l'Europe vous observe, la gloire attend, et je suis impatient de rendre
« la paix à mon pays.

« Louis. »

Il paraît que Bonaparte n'avait pas répondu à la première lettre, qui semble plus ancienne ; il répondit en ces termes à la seconde, le 7 septembre :

Paris, 20 fructidor an VIII.

« J'ai reçu, monsieur, votre lettre. Je vous remercie des choses honnêtes que
« vous m'y dites. Vous ne devez plus souhaiter votre retour en France : il vous
« faudrait marcher sur cent mille cadavres. Sacrifiez votre intérêt au repos et au

« bonheur de la France : l'histoire vous en tiendra compte. Je ne suis pas insen-
« sible au malheur de votre famille. Je contribuerai avec plaisir à l'adoucir, et à
« la tranquillité de votre retraite.

« BONAPARTE. »

Les mécontents, qui d'abord se chargèrent de la combinaison et de l'exécution d'une attaque contre la personne de Bonaparte, étaient des démagogues désespérés, de ceux qui appelaient la journée du 9 thermidor un crime national. L'un d'eux voulut se déguiser en gendarme et assassiner le Premier consul à la Comédie-Française. Un autre, Joubert, ancien aide de camp de Henriot, devait, avec une vingtaine de complices, aller tuer Bonaparte à la Malmaison. Enfin une dernière conspiration fut formée par le sculpteur Ceracchi et par Diana, tous deux Romains, par le peintre Topino-Lebrun, par Demerville, parent et ancien secrétaire de Barrère au Comité de salut public, et par Aréna, frère du député qui, le 19 brumaire, à Saint-Cloud, s'était montré l'adversaire déclaré du général Bonaparte. Leur plan était de poignarder le Premier consul à l'Opéra, le 10 octobre, à une représentation des *Horaces*. Ces attentats, périlleux pour ceux qui les méditèrent, ne pouvaient atteindre qu'un seul homme. Mais un autre projet, d'une atrocité plus réfléchie et d'une puissance incalculable, était conçu, pendant cette époque d'une affreuse fermentation, par un ouvrier d'artillerie dans les ateliers de Meudon. Cet ouvrier, connu pour un fougueux démocrate, imagina une machine infernale, afin de faire sauter le Premier consul ; il s'appelait Chevalier. Aidé d'un nommé Veyser, il construisit un baril incendiaire, qu'ils avaient le dessein de placer dans le palais consulaire. Heureusement il leur vint l'idée d'en faire l'essai derrière la Salpêtrière ; et ils furent eux-mêmes si épouvantés du résultat, qu'ils renoncèrent momentanément à leur projet. Mais la police, avertie par cette détonation extraordinaire, se mit sur leurs traces, et l'on arrêta Chevalier tandis qu'il s'occupait à fabriquer une petite bombe destinée à être lancée dans la voiture du Premier consul. Cette exécrable invention d'une machine infernale devait trouver des imitateurs deux mois plus tard dans une autre faction, qui, supérieure en lumières et en position sociale, le fut également en perversité.

Cependant le comte de Saint-Julien, dépêché de Marengo à Vienne par Bonaparte, pour proposer un traité de paix, était revenu, en déclarant que l'Autriche ne pouvait pour ce traité se séparer de la Grande-Bretagne, avec laquelle elle avait signé une convention de subsides peu de jours avant la bataille de Marengo. Mais, menacé par le vainqueur de Marengo, qui ne voulait pas perdre dans la lenteur d'une double négociation le fruit de sa victoire, le comte de Saint-Julien se décida à signer les préliminaires, basés sur ceux du traité de Campo Formio. Désavoué immédiatement par sa cour, à qui l'Angleterre en faisait presque une loi, le négociateur Saint-Julien fut conduit dans une forteresse en Transylvanie, pour avoir obéi aux instructions de son gouvernement en signant des préliminaires avec la France. L'or de l'Angleterre avait produit cette soudaine révolution. En conséquence, le Premier consul ordonna à Moreau et à Brune de rompre l'armistice, l'un en Allemagne, l'autre en Italie,

Forcée de reprendre les armes, l'Autriche appela au drapeau toute sa population. Le commandement de l'armée autrichienne opposée à celle du général Moreau sur le Rhin, fut confié à l'archiduc Jean, âgé de dix-huit ans, qui remplaça le général Kray, sous la tutelle du général Lauer. Les avant-postes des deux armées se trouvaient entre l'Inn et l'Iser. Il fallait passer l'Inn pour atteindre l'archiduc. Ce prince, à la tête de cent vingt mille hommes, forma le projet d'envelopper l'armée française, bien inférieure en forces à la sienne, et marcha sur Hohenlinden, avec l'intention de livrer bataille dans la vaste plaine d'Anzing. Ce dessein fut bientôt pénétré par son habile adversaire, dont les manœuvres obligèrent l'archiduc à combattre sur un terrain moins vaste, et en l'isolant de toute coopération avec l'armée du Tyrol. Ce fut au général Richepance que Moreau confia le soin glorieux de décider la victoire. Ce général, encore à près de deux lieues du centre, reçut l'ordre de se mettre en route avec sa division, et d'assaillir les derrières de l'archiduc quand on le verrait engagé dans les défilés et la forêt de Hohenlinden. L'exécution de cette mission périlleuse rencontra un puissant auxiliaire dans l'intrépidité du général Drouet, qu'une première attaque sépara, avec sa brigade, de la colonne de Richepance, et qui tint l'ennemi en échec; Richepance s'élança dans la forêt avec la 48ᵉ demi-brigade, porta le désordre sur les derrières des Autrichiens, tandis que le général Walter contenait leur cavalerie. Trois bataillons de grenadiers hongrois s'avancèrent en colonne serrée contre la troupe de Richepance. « *Grenadiers de la* 48ᵉ, s'écria-t-il, *que dites-vous de ces gens-là ? — Ils sont morts !* » répondirent les grenadiers; et ils remplirent leur parole dans le même moment. En même temps le brave Ney culbutait l'ennemi dans Hohenlinden. A deux heures après midi, les Français étaient maîtres du champ de bataille. Onze mille prisonniers, cent pièces de canon, tombèrent en notre pouvoir. La victoire de Hohenlinden, qui conduisit Moreau aux portes de Vienne, les prodiges de l'armée des Grisons aux ordres de Macdonald, qui passa le Splugen au milieu de l'hiver, en surmontant des obstacles non moins grands que ceux que Bonaparte lui-même avait eu à vaincre au Saint-Bernard, et les succès de Brune en Italie, ne laissèrent plus à l'empereur d'Autriche d'autre parti que celui des négociations : il demanda une suspension d'armes pour traiter de la paix. Le grand objet politique de la **France**, l'exclusion de l'**Angleterre**, avait été rempli.

Cependant les victoires qui désarmaient la maison d'Autriche presque aux portes de Vienne, loin de comprimer dans Paris les ennemis du Premier consul, armaient contre lui de nouveaux assassins. Le 24 décembre (3 nivôse) fut choisi, par des hommes de la bande de Georges Cadoudal, pour atteindre, par l'explosion d'une machine infernale, Bonaparte sur la route de l'Opéra, où la représentation du fameux oratorio de Haydn, *la Création du monde*, devait réunir le Premier consul, sa famille et l'élite de la société de la capitale. Un nommé Saint-Régent, ancien officier de marine, Carbon, Limoëlant, Joyaut, dit d'Assas, et Lahaie Saint-Hilaire, étaient les auteurs de ce plan exécrable. Vers sept heures du soir, une charrette chargée d'un baril de poudre et de balles fut placée dans la rue Saint-Nicaise, alors une des plus populeuses de Paris; Saint-Régent et Carbon étaient chargés de l'exécution. Bonaparte reçut quelques avis : à l'exemple de César, il les méprisa, et ne dut la vie qu'à son cocher, qui s'étant enivré, partit à toute bride, et trompa de deux secondes seulement l'espérance des conspirateurs. Ils avaient froidement calculé le moment de l'explosion, sur le train ordinaire de la voiture du Premier consul. Cinquante-six personnes furent blessées, et vingt-deux tuées. La foule immense qui remplissait l'Opéra était si tumultueusement occupée de l'arrivée du Premier consul, que le bruit de cette effroyable détonation n'y avait point pénétré. Tout à coup quelques groupes se formèrent dans les corridors, et quelques loges devinrent silencieuses : déjà la nouvelle de l'événement circulait. Bonaparte parut, et au

même instant la salle retentit des plus vifs applaudissements : mais quand le péril qu'il venait de courir fut connu dans le parterre et dans toutes les loges, l'exal-

tation publique fut à son comble. Une sorte d'ivresse enleva l'assemblée. Tous les regards, tous les gestes, toutes les voix se portèrent simultanément sur sa loge. Ce jour vit éclater sans doute son plus beau triomphe: il sut quel prix l'élite de la capitale attachait à sa conservation. Son salut, disait-on, avait quelque chose de merveilleux. Il était bien l'homme des miracles. Aussi l'attentat du 3 nivôse affermit son pouvoir plus qu'aucune de ses victoires, parce que son existence fut proclamée soudainement un bienfait public. Échappé à ce danger presque inévitable, Bonaparte redevint, pour beaucoup d'esprits religieux, l'élu de la Providence, et une sorte de superstition légitima sa fortune [1].

Après avoir montré la plus grande sécurité au moment du péril et pendant toute la représentation de l'Opéra, le Premier consul regarda l'événement avec des yeux plus sévères. Fouché, ministre de la police, voulut se justifier de l'ignorance où il était de ce forfait, qui ne pouvait être que le résultat d'une conspiration et non un crime isolé. En conséquence, pour satisfaire à la passion du moment, qui faisait rejeter sur les républicains toutes les entreprises contre Bonaparte, il dressa une liste de cent trente individus, que les consuls firent déporter par un sénatus-consulte rédigé nuitamment. Enfin Bonaparte, trop bien servi par les hommes de la Révolution qui composaient ses conseils, osa entièrement franchir les limites de la législation, et demander une loi qui non-seulement établît des tribunaux criminels spéciaux

---

[1] Les cochers de fiacre de Paris donnèrent alors un repas de corps au cocher du Premier consul, devenu pour eux le héros du jour et du métier.

partout où cela serait jugé nécessaire, mais aussi qui donnât aux consuls la faculté d'éloigner les personnes suspectes ; cette proposition fut portée au Tribunat. Ce corps mérita noblement sa disgrâce prochaine par une discussion orageuse, discussion dans laquelle le sénatus-consulte d'office, qui frappait sans jugement cent trente individus, fournit aux adversaires du projet des armes bien puissantes. Jamais bataille législative ne fut plus longtemps indécise; Daunou, Chénier, Benjamin Constant, s'illustrèrent en défendant les libertés publiques et en rejetant les innovations présentées par le conseil d'État. La lutte dura sept séances, et la loi ne fut adoptée qu'à une faible majorité de huit voix. On s'occupa de prononcer sur toutes les conspirations qui avaient menacé si directement les jours du Premier consul ; celle d'Aréna fut seule jugée par le tribunal criminel et par le jury ; les autres coupables parurent devant des commissions militaires et furent passés par les armes.

Le soir de la bataille de Hohenlinden, Moreau avait dit à ses généraux : « *C'est la paix que nous venons de conquérir.* » En effet, le comte de Cobentzel, qui était resté à Lunéville malgré la reprise des hostilités, avait changé subitement d'attitude après la victoire de Moreau ; il avait déclaré qu'il était autorisé par son souverain à donner à ses pouvoirs l'interprétation que leur avait donnée le plénipotentiaire français, et à *traiter sans le secours des Anglais.* Le traité de Lunéville, en rappelant toutes les clauses de celui de Campo Formio, renouvelait à la France la cession de la Belgique, lui conférait toutes les souverainetés de la rive gauche du Rhin ; enlevait à l'empereur d'Autriche le protectorat du Corps Germanique, en brisant le lien fédéral, et préparait ainsi le grand œuvre de la confédération du Rhin ; fixait à l'Adige les limites des possessions autrichiennes en Italie ; forçait la cour de Vienne à reconnaître l'indépendance des républiques cisalpine, ligurienne, batave et helvétique, dépouillait de la Toscane le frère de François II, et, sous la dénomination de *royaume d'Étrurie,* faisait de ce grand-duché une récompense temporaire de la fidélité de la maison des Bourbons d'Espagne à sa haine contre l'Angleterre.

Au moment de la publication de ce traité, les esprits furent frappés de l'apparition du nouvel ordre politique qui surgissait tout à coup des champs de bataille de l'Allemagne et de l'Italie, et du spectacle inconnu que la victoire et la fortune donnaient à l'univers. Les hommes clairvoyants jugèrent que l'autorité despotique des camps, source de la première royauté, allait se présenter à la France sous une autre forme, et que Bonaparte, élevé trois fois déjà sur le pavois triomphal par la défaite de la maison d'Autriche, ne se contenterait plus d'être le premier magistrat de sa patrie pendant la paix, ou son dictateur dans ses périls. Les hommes de 89, qui avaient donné tout leur appui, tous leurs vœux à la révolution du 18 brumaire, rentrèrent encore une fois dans l'asile de leurs souvenirs : ils n'avaient prévu ni tant de gloire, ni tant de puissance après la gloire. Le traité de Lunéville offrit une perspective également redoutable pour tous les partis de la France et pour tous les intérêts extérieurs; on n'osait toutefois soulever le voile de l'avenir: on attendait en silence.

Ce fut le 12 février que la nouvelle de la paix de Lunéville vint surprendre la ville de Paris, livrée tout entière aux divertissements du carnaval. La population se porta d'enthousiasme aux Tuileries, au cri mille fois répété de *vive Bonaparte!* elle forma des danses sous ses fenêtres; la musique militaire de la garde des consuls servit d'orchestre au bal parisien; jusqu'à la nuit, le canon accompagna les plaisirs de ses belliqueuses détonations. La hausse des fonds signala dès ce jour la marche ou plutôt l'entraînement de l'opinion; on spécula sur le traité de Luneville comme on avait spéculé sur le 18 brumaire, et cet agiotage, créé par la gloire qui couvrait la France, parut un gage donné à la fortune publique. La fête la plus brillante fut celle de M. de Talleyrand, ministre des relations extérieures: le Premier consul y reçut l'hommage de tout ce que Paris renfermait d'hommes distingués dans toutes les classes, soit nationaux, soit étrangers; les illustrations de l'ancienne monarchie et de la Révolution, guerriers, savants, poëtes, magistrats, législateurs, artistes, tout s'y trouva réuni pour honorer, dans sa personne, le passé, le présent et l'avenir.

Le souvenir de cet enthousiasme est déjà loin de nous: mais le tribut payé à l'industrie par l'homme des champs de bataille devait revivre à jamais dans l'institution du 4 mars 1801. A dater de ce jour, l'exposition des produits manufacturiers et industriels de la France fut décrétée pour la clôture de l'année républicaine. Cette création, qui révéla encore une autre supériorité de cette époque si digne de mémoire, éleva la gloire des arts utiles à la hauteur de celle des armes, à laquelle elle a survécu tout entière; et la science modeste, laborieuse, féconde, eut aussi ses conquêtes et ses trophées. Le génie de la guerre, en repos, vota cet hommage à la paix et le légua à la patrie.

CHAPITRE XX

1801-1802

Continuation de la guerre avec l'Angleterre. — Confédération du Nord.
Mort de Paul Ier. — Flottille de Boulogne. — Concordat. — Paix d'Amiens.
Amnistie des émigrés.
Légion d'honneur. — Consulat à vie.

Il ne restait plus de la coalition que l'Angleterre, le Portugal sa colonie, et la Porte, qui depuis la guerre d'Égypte était devenue son satellite, pendant qu'une neutralité armée liait à la France le nord de l'Europe, l'Espagne et l'Italie. En deçà de l'Elbe, tout subissait le joug du traité de Lunéville. Victime de la défaite de l'Autriche, le Corps Germanique avait été compris dans les sacrifices imposés à l'Empereur. Les Français possédaient ou occupaient toute l'Italie en deçà de l'Adige. Tous les princes de cette péninsule avaient perdu leur puissance; le souverain pontife conservait seul la sienne, à la condition de fermer ses ports aux Anglais.

Seule maîtresse de la mer, l'Angleterre se trouvait embarrassée de son empire quand tous les ports de l'Europe lui étaient interdits. Elle avait voulu rompre cette confédération du Nord, conclue à l'instigation de la France, dans le mois de décembre 1800, entre la Russie, la Prusse, la Suède et le Danemark. Les bouches de l'Elbe, du Weser et de l'Ems, furent fermées, le Hanovre envahi par la Prusse, Hambourg occupé par les Danois. Les chantiers et les ports de la Hollande, de la Russie, de la Suède et du Danemark, retentissaient d'immenses préparatifs. Trois armées russes se rassemblaient en Lithuanie. Paul Ier, allié et ami de Bonaparte depuis le renvoi des prisonniers moscovites, était devenu le chef de tous les pavillons du Nord contre le droit de visite. Ses forces maritimes consistaient en quatre-vingt-sept vaisseaux de ligne et quarante frégates ; celles de la Suède en dix-huit bâtiments de haut bord et quatorze frégates. Quant à la France, elle avait cinquante-cinq vaisseaux de ligne et quarante-trois frégates ; elle disposait en outre de la marine hollandaise, espagnole et napolitaine. Jamais armement plus formidable ne se réunit contre la puissance anglaise. Les côtes du Nord se hérissèrent de batteries.

Si le concert des trois puissances de la Baltique eût été en raison de leurs forces, le pavillon anglais n'aurait pas osé s'y montrer. Mais on sut assez exactement à Londres le véritable état des choses, pour que Nelson ne balançât point à aller défier avec vingt vaisseaux de guerre les cent quatre-vingt-seize bâtiments de la coalition, qu'il savait bien n'être point rassemblés. Une flotte anglaise, ayant à bord un ambassadeur, mit à la voile d'Yarmouth. Elle se fit précéder par des propositions si humiliantes, que le négociateur chargé de les présenter au gouvernement danois reçut ses passe-ports pour toute réponse. Les Anglais franchirent le Sund en trois heures, et le soir ils jetèrent l'ancre devant la rade de Copenhague. La ville put compter le nombre des vaisseaux qui allaient la foudroyer. Elle se voyait réduite à se défendre seule ; car, par une déplorable fatalité, la flotte suédoise ne devait appareiller que le lendemain, et les flottes russes étaient trop éloignées. Cependant, servies avec la plus grande vigueur, les batteries de terre et de mer des Danois, fortes de neuf cents pièces, portèrent un tel ravage dans la flotte britannique, que l'amiral Parker donnait déjà le signal de la retraite, quand Nelson, le séide de la politique de Pitt, recommença le combat. Le sort de la flotte danoise fut accompli. Cette terrible bataille dura quatre heures. Les Anglais eurent à regretter environ mille hommes, et les Danois le double. Il n'y avait que six mille hommes de troupes à Copenhague, et dix vieux vaisseaux embossés. Un armistice de cent jours mit fin à cette lutte inégale.

Les engagements de Paul Ier avec Bonaparte contre l'Angleterre n'étaient point circonscrits dans l'enceinte de la Baltique. Mais un horrible attentat était venu au secours de la fortune britannique : dans la nuit du 24 mars 1801, Paul Ier trouva des assassins au sein même de son palais. Malgré une défense héroïque, ce prince périt de la manière la plus barbare par les mains les plus nobles de son empire. Après ce crime, qui préservait peut-être l'Angleterre de sa ruine, on lut dans le *Moniteur* de France : « Paul Ier *est mort dans la nuit du 23 au 24 mars. L'escadre* anglaise a passé le Sund le 30. *L'histoire nous apprendra les rapports qui peuvent exister entre ces deux événements.* » A Pétersbourg on publia que l'empereur avait été frappé *d'apoplexie ! ! !*

La mort de Paul Ier brisa la coalition du Nord. Aussitôt après, son fils Alexandre se hâta d'abjurer la conduite de son père, et, par un traité de commerce conclu la même année, il reconnut ce droit de visite contre lequel l'honneur des nations venait de s'armer. Le Danemark, la Prusse et la Suède durent accéder à ce traité, que la force leur imposa. Hambourg fut évacué par les Danois, le Hanovre par les Prussiens, et tout le littoral du nord de l'Europe rendu aux Anglais. Ainsi furent anéanties les espérances des neutres, dont les chefs du plus puissant empire et de la plus grande république du monde avaient pris la défense.

Le Portugal, allié de la Grande-Bretagne au commencement de cette année, restait seul ouvert par terre à l'invasion. C'était l'unique point du continent par où Bonaparte pût atteindre désormais la puissance anglaise. Dans le but de compléter le blocus général qui alors entourait l'Europe, il résolut d'employer l'Espagne à ses desseins contre la cour de Lisbonne. Il avait chargé son frère Lucien d'aller, en qualité d'ambassadeur, négocier à Madrid l'envahissement du Portugal par les troupes espagnoles et les troupes françaises combinées, démarche que précéda une proposition au cabinet de Lisbonne, de faire la paix sous la condition de renoncer à l'union britannique, de fermer ses ports à l'Angleterre. Cette proposition avait été rejetée par le prince régent, qui espérait qu'un pareil refus lui permettrait de compter sur les secours du gouvernement auquel il se sacrifiait. Mais en Angleterre, où l'on consulte plus encore l'intérêt que l'honneur national, il fut décidé que les préparatifs qu'on serait obligé de faire pour sauver le Portugal, couvriraient une dépense plus utile. En effet, les vaisseaux stationnés pour la défense de ce royaume se dirigèrent vers l'Égypte, et la plus grande partie des troupes anglaises s'embarqua à Lisbonne même pour cette nouvelle destination. Ainsi le Portugal tomba tout à coup, par rapport à l'Angleterre, dans la même position où se trouvait au même moment le Danemark par rapport à la Suède, et il se vit aussi abandonné.

Le Premier consul avait intéressé à la coopération de l'Espagne l'amour-propre du prince de la Paix, favori tout-puissant auquel obéissaient le roi, la reine et la nation, et plusieurs divisions françaises furent rassemblées à Bordeaux, pour se réunir à une armée de quarante mille Espagnols. Le titre de généralissime séduisit Godoy. Toutefois le Premier consul ne voulut point courir les chances d'une confiance entière dans les talents militaires du généralissime ; il traça lui-même le plan de la campagne ; mais pour mieux en assurer l'exécution, il chargea le général Gouvion Saint-Cyr d'aller prendre à Madrid la direction de cette guerre, et donna à son beau-frère, le général Leclerc, l'armée d'invasion des Pyrénées.

Cependant, malgré ces précautions, l'ardeur belliqueuse du prince de la Paix lui échappa. Un corps de quinze mille Portugais s'étant porté en avant, l'armée espagnole marcha sur l'ennemi. En peu de jours cette armée, n'éprouvant aucune résistance, acheva paisiblement l'occupation de deux ou trois provinces. Dans cet état de choses, la cour de Lisbonne crut pouvoir conjurer l'orage dont les Français la menaçaient, par l'abandon à l'Espagne de la forteresse d'Olivenza et de son territoire, et en lui payant une somme de trente millions. La fermeture des ports et de toutes les possessions portugaises aux navires anglais fut également consentie.

Cependant le continent, lassé de ses sacrifices, soupirait après le repos, et ne voulait plus prendre part à la lutte entre l'Angleterre et Bonaparte. Déjà même celui-ci ne se souciait plus de populariser la révolution dans les pays étrangers. Devenu de fait le maître de la France, après en avoir été le libérateur, il marchait vers la domination absolue à la tête de la masse de la nation, et il sentit que les temps approchaient où il devait lui révéler hautement les secrets de sa politique. Les empiétements du pouvoir échappaient aux Français, éblouis par tant d'éclat; ils étaient peut-être moins éclairés déjà sur les véritables intérêts de la liberté que les Français de 1789, qui l'avaient si unanimement et si généreusement saluée à son berceau. Aussi Bonaparte, dont la prudence égalait la force, jugea-t-il nécessaire de s'attacher encore la faveur publique par un bienfait qui favorisât toutes les classes, c'est-à-dire par la paix générale. Plusieurs symptômes annonçaient que la guerre couvrait la possibilité d'un arrangement. Malgré le traité de Lunéville, l'ambassadeur de France, Otto, avait été retenu à Londres sous différents prétextes; le ministère de Pitt, qui le premier avait combattu la révolution française, venait de disparaître de la scène politique. Sa retraite était une grande révolution dans les conseils de l'Angleterre; car Pitt, tant par ses antécédents que par l'opiniâtreté de sa haine contre la France, et particulièrement contre la personne de Bonaparte, formait à lui seul un obstacle insurmontable à toute conciliation. Cependant, malgré ce nouvel état de choses, les hostilités maritimes, à défaut des hostilités continentales, se poursuivaient sur les deux rivages de la Manche avec la plus extrême vigueur.

Ce grand duel semblait interminable en raison des griefs des deux partis : l'un ne reconnaissait pas même l'état politique du gouvernement français; l'autre, la souveraineté des mers dont son rival était en possession. L'Angleterre comptait alors cent trente mille marins, et sept-cent quatre-vingts bâtiments de guerre bloquaient les ports de la France et de ses alliés. Resté seul armé contre ce terrible adversaire, Bonaparte trouva dans l'énergie de son caractère et dans celle de la nation d'immenses ressources. Tous les points vulnérables des côtes de l'Océan se couvrirent de batteries et de redoutes, depuis l'embouchure de la Garonne jusqu'à celle de l'Escaut. Une armée formidable défendait toutes ces positions. Les lignes télégraphiques furent multipliées de Paris à Boulogne, qui, placé en face de l'ennemi, s'offrait comme le port naturel de l'expédition projetée, dont le commandement fut confié au vice-amiral Latouche-Tréville. La persévérance et l'intrépidité triomphèrent à la fin de tous les obstacles de l'étroit blocus qui ceignait la France. Les flottilles construites sur les rivières arrivèrent successivement, sous la protection des batteries des côtes, au rendez-vous de Boulogne. Plusieurs actions entre les chaloupes françaises et les croisières anglaises donnèrent de la valeur à cette nouvelle lutte, et inquiétèrent souvent ce mépris hautain que le cabinet britannique affichait contre elle.

Dix-huit mois s'étaient écoulés depuis le retour de Bonaparte en France. En quittant l'Égypte, il avait promis des secours à l'armée qu'il laissait dans ce pays; mais tant d'événements importants ne lui avaient pas permis de réaliser ses promesses. L'armée expéditionnaire, malheureuse sous Menou, successeur du vainqueur d'Héliopolis, désespérait à la fois de se maintenir en Égypte et de revoir le ciel de la France. Averti tout à coup qu'une flotte anglaise, sous la conduite de sir Abercromby, se rassemblait aux Baléares pour coopérer avec une nouvelle armée turque à la délivrance de l'Égypte, le Premier consul conçut l'audacieux dessein de prévenir cette réunion formidable, et d'envoyer également une armée à la défense du Nil. Le mystère impénétrable qui enveloppait le projet de cette expédition devait aussi en couvrir l'exécution. Le contre-amiral Gantheaume, qui avait ramené Bonaparte, fit voile de Brest avec sept vaisseaux et deux frégates portant cinq mille hommes de débarquement. Cette escadre fut bientôt signalée; mais l'amiral Harway prit le change sur son but, tant il lui parut hors de toute prudence que les Français osassent avec si peu de forces tenter la navigation de la Méditerranée, et il envoya à leur poursuite une division dans les parages de l'Ouest. Tandis que cette division gouvernait sur les Antilles, Gantheaume franchissait le détroit de Gibraltar; par cela seul, sa destination était connue. Chassé par l'escadre de la Manche, il fut forcé de relâcher à Toulon après avoir enlevé une frégate à l'ennemi. Bloqué dans ce port, Gantheaume reçut l'ordre de se remettre

en mer et de débarquer ses cinq mille hommes en Égypte. Il réussit à tromper encore la vigilance des Anglais; mais la contagion se mit à son bord, et il dut se séparer de trois de ses vaisseaux. Avec le reste, il parvint en vue des côtes de l'Égypte, quand au moment d'effectuer son débarquement, il se vit assailli et forcé d'accepter le combat; il fut trop heureux d'échapper à la flotte anglaise, forte de quarante voiles, et de rentrer à Toulon après avoir capturé un vaisseau et une corvette. Ainsi sur les mers la fortune trahissait décidément Bonaparte, et l'Égypte espéra vainement des secours. Le général Abercromby débarqua à Aboukir une armée de vingt-quatre mille hommes, combinée avec celle du grand vizir, qui venait de la Syrie, et les troupes que le général Baird amenait de l'Inde par Suez. Après plusieurs défaites, l'inhabile et présomptueux Menou perdit la bataille d'Alexandrie, où périt le général en chef anglais, et, le 30 août, il signa dans cette ville une capitulation en vertu de laquelle vingt mille de nos soldats, les deux tiers de l'armée expéditionnaire, revirent bientôt la France sur des bâtiments étrangers.

Cependant les hostilités continuaient, et l'amiral Nelson, qui avait reçu l'ordre d'aller brûler la flottille de Boulogne, s'était présenté devant ce port avec trente vaisseaux et un grand nombre de brûlots, de bombardes et de canonnières. Battu par le feu de la flottille et celui des batteries de la côte, Nelson fut forcé d'aller se réparer à Deal et à Margate. Dix jours après, il reparut avec soixante-dix voiles, résolu de détruire d'un seul coup toute l'armée navale qui restait en France. Il profita de la nuit pour surprendre le port et la flotte; mais cette fois encore, il fut obligé de s'éloigner. Peu de jours avant que Nelson eût tenté d'incendier Boulogne, le diplomate français Otto remettait au ministère britannique une note, dictée à la fois par la plus honorable modération et par la plus saine politique :

« Le gouvernement français ne veut rien oublier de ce qui peut mener à la paix
« générale, parce qu'elle est à la fois dans l'intérêt de l'humanité et dans celui des
« alliés. C'est au roi d'Angleterre à calculer si elle est également dans l'intérêt de
« sa politique, de son commerce, de sa nation, et si cela est, une île éloignée
« (Malte) de plus ou de moins ne peut être une raison suffisante pour prolonger le
« malheur du monde... La question se divise en trois points : la Méditerranée, les
« Indes, l'Amérique. L'Égypte sera restituée à la Porte ; la république des Sept-Iles
« est reconnue ; tous les ports de l'Adriatique et de la Méditerranée occupés par
« la France seront restitués au roi de Naples et au pape ; Mahon sera rendu à l'Es-
« pagne, Malte sera restitué à l'ordre, et si le roi d'Angleterre juge conforme à
« ses intérêts, comme puissance prépondérante sur les mers, d'en raser les fortifi-
« cations, cette clause sera admise. Aux Indes, l'Angleterre gardera Ceylan... Les
« autres établissements seront restitués aux alliés, y compris le Cap de Bonne-Es-
« pérance. En Amérique, tout sera restitué aux anciens possesseurs ; le roi d'An-
« gleterre est déjà si puissant dans cette partie du monde, qu'exiger davantage,
« c'est, maître absolu de l'Inde, vouloir l'être encore de l'Amérique. Le Portugal
« sera conservé dans toute son intégrité. Voilà les conditions que le gouvernement
« français est prêt à signer... »

Cette paix si désirée, et qui semblait alors si loin de la pensée des deux pays, ou plutôt de leurs gouvernements, eut tout à coup un précurseur dont l'apparence inattendue vint étonner également la France philosophe et l'Europe catholique ; je veux parler du Concordat avec la cour de Rome. La conversion de Bonaparte parut brusque : toutefois elle était bien plus sincère qu'on ne le soupçonnait alors. Aussi resta-t-on frappé de stupeur à cette nouvelle, comme à l'aspect d'un phénomène dont les souvenirs contemporains, et surtout douze années de révolution, laissaient à peine entrevoir quelque trace. Les deux tiers de la population active de la France manquaient totalement de point de départ pour cette espèce de traité, qu'ils devaient regarder comme une étrange innovation. Bonaparte préludait ainsi par le rappel de la noblesse ecclésiastique, à celui d'une autre exception sociale. L'autel préparait le trône et réconciliait le premier magistrat de la république française avec les princes des monarchies européennes, qu'il devait imiter bientôt. Ce Concordat donnait aux étrangers un gage solennel du retour de la France à une partie de son ancienne discipline. C'était un manifeste contre la Révolution, et, dans la disposition générale des esprits à cette époque, il eut, de la part de Bonaparte, le caractère d'une véritable abjuration. Cependant, comme il formait plutôt un acte de politique envers la nation française qu'un acte de soumission à la cour de Rome, on maintint les libertés de l'Église gallicane dans toute leur vigueur. Le Premier consul ne désirait acquérir qu'un allié de plus dans le chef qu'il rendait à l'Église de France, subitement ressuscitée. Il avait aussi calculé sans doute que le Concordat lui attacherait une grande partie des familles de l'ancienne monarchie et lui assurerait sur une partie de la population une puissance nouvelle. L'œuvre du Concordat resta personnelle au Premier consul, et ce ne fut pas le moindre témoignage de sa puissance. Le Concordat terminait l'ère de la Révolution, et imposait aux cabinets étrangers une sorte de respect pour la loi du vainqueur, que le souverain pontife venait de consacrer par son alliance. Le pape, voulant lui-même imprimer un grand éclat au traité qui en résultait, envoya à Paris le cardinal Consalvi, son premier ministre, accompagné du cardinal Caprara et de l'évêque de Gênes.

Le Premier consul sut encore mettre à profit un article du traité de Lunéville relatif aux républiques batave, cisalpine, ligurienne et helvétique; il avait conçu le dessein de transformer la république française en métropole. Aussi se hâta-t-il de profiter de l'ascendant que venaient de lui donner les préliminaires de paix avec l'Angleterre pour donner à ces républiques des institutions conformes au vaste système d'unité qu'il avait conçu. La nouvelle constitution hollandaise fut modifiée et acceptée sans difficulté, ainsi que celle de Gênes; celle de la république cisalpine s'effectua avec plus d'éclat; quatre cent cinquante notables italiens vinrent à Lyon, où se rendit le Premier consul. Dans une séance solennelle, il fit part à l'assemblée des changements que leur constitution allait subir, et termina en se réservant la grande pensée des affaires de la république, qui changea son nom de cisalpine en celui de république italienne. En Suisse, la modification offrit d'abord plus de résistance, et la guerre, un moment, éclata entre les fédéralistes et les unitaires. Mais cinq députés de chaque parti furent mandés à Paris, et vinrent débattre, en présence du Premier consul, les intérêts de leur pays. Un acte de médiation qui en fut la suite, mit fin à ces divisions intestines, et jamais pays ne fut plus heureux que la Suisse, sous la médiation de Bonaparte.

Enfin, le grand événement politique que la République n'avait jamais pu produire malgré ses victoires, et qui légitimait à lui seul la fortune de cet homme extraordinaire, eut lieu le 25 mars 1802. Paris entendit proclamer le traité de paix d'Amiens, entre la République française, l'Espagne, la république batave et l'Angleterre. Ce traité, qui décidait la grande question de la liberté des mers, que le Nord avait perdue depuis la mort de Paul Ier, restituait à la France et à ses alliés toutes les possessions conquises par les Anglais, excepté la Trinité et Ceylan. Le cap de Bonne-Espérance retournait à la république batave; l'île de Malte, déclarée indépendante, rentrait sous la puissance de l'ordre de Saint-Jean de Jérusalem; on remettait l'Égypte à la Porte Ottomane, dont les possessions étaient garanties : celles du Portugal l'étaient également. L'État romain et le royaume de Naples devaient être évacués par les Français, ainsi que tous les ports de la Méditerranée et de l'Adriatique qu'occupaient les Anglais. Le 18 avril, la proclamation du Concordat donna lieu à une grande solennité religieuse, qui, ordonnée et présidée par le Premier consul, vit célébrer à Notre-Dame le rétablissement du culte catholique et la paix d'Amiens, dont les ratifications furent échangées le jour même. Il est

impossible de décrire l'enthousiasme produit par le traité avec l'Angleterre, et la reconnaissance que tout le monde vouait alors au Premier consul. Cet heureux événement ouvrit les portes de la France aux Anglais, qui y vinrent en foule pour voir le grand homme dont la renommée remplissait le monde entier. Les bienfaits de son administration le rendaient encore plus cher à la France que ses victoires ne l'avaient rendu grand.

Déjà le maître du premier peuple du monde par sa gloire militaire, il voulut que ce peuple devint aussi le premier par sa gloire civile. Aussi, le 4 mars, un arrêté consulaire chargea l'Institut national de tracer un tableau général des progrès et de l'état des sciences, des lettres et des arts, depuis 1789 jusqu'en 1801. Ce tableau devait en outre indiquer les découvertes d'une application utile à l'administration publique, spécifier les secours et les encouragements nécessaires aux sciences, aux lettres et aux arts, et désigner le perfectionnement dont seraient susceptibles les méthodes employées dans les différentes branches de l'enseignement. L'instruction publique, confiée au célèbre Fourcroy, reçut une nouvelle organisation : on donna des écoles primaires et secondaires aux communes ; on établit dans toutes les grandes villes des lycées et des écoles spéciales aux frais de l'État ; un sénatus-consulte, que ne désavouerait pas le gouvernement le plus libéral, accorda les droits de citoyen français, après une année de domicile, à tout étranger qui, dans l'espace des cinq années suivantes, aurait bien mérité de la République par d'importants services, soit l'importation d'une découverte ou d'une industrie utile, soit la création d'un grand établissement. Enfin, le Premier consul ordonna la formation de chambres de commerce dans les principales villes de la République, et celle d'un conseil général de commerce à Paris. Une mesure réparatrice vint s'ajouter à tant de bienfaits : l'amnistie des émigrés fut proclamée. Grâce aux dispositions favorables de cet acte politique, qui allait jusqu'à rendre aux anciens proscrits leurs biens encore invendus, l'émigration se réconcilia, non avec la Révolution, qui s'éteignait, mais avec Bonaparte, qui s'élevait. Une loi en date du 19 mai instituait l'ordre de la Légion d'honneur, qui allait devenir le mobile et la récompense de tous les services rendus à l'État.

Plus la France avait de prospérité et de repos, plus elle désirait en voir assurer la durée. La raison publique attribuait justement le bonheur général au gouvernement de Bonaparte. L'opinion se prononçait pour qu'il fût maintenu au pouvoir le plus longtemps possible. Le Sénat, obéissant à ce vœu, prolongea de dix années au delà des dix premières années fixées par la constitution, la durée du consulat conféré à Bonaparte. Il répondit au message du Sénat :

« Le suffrage du peuple m'a investi de la suprême magistrature. Je ne me croi-
« rais pas assuré de sa confiance, si l'acte qui m'y retiendrait n'était encore sanc-
« tionné par son suffrage.

« Dans les trois années qui viennent de s'écouler, la fortune a souri à la Répu-
« blique ; mais la fortune est inconstante : et combien d'hommes qu'elle avait
« comblés de ses faveurs ont vécu trop de quelques années !

« L'intérêt de ma gloire et celui de mon bonheur sembleraient avoir marqué
« le terme de ma vie publique au moment où la paix du monde est proclamée. Mais
« la gloire et le bonheur du citoyen doivent se taire quand l'intérêt de l'État et la
« bienveillance publique l'appellent.

« Vous jugez que je dois au peuple un nouveau sacrifice; je le ferai, si le vœu
« du peuple me demande ce que votre suffrage autorise. »

Le Sénat n'avait voté qu'un consulat de dix années. La question soumise au vote populaire fut plus complète : *Napoléon Bonaparte sera-t-il consul à vie?* Tous les citoyens jouissant des droits politiques (et le nombre alors en était grand) furent appelés à faire connaître leur opinion par la voie de registres ouverts dans les municipalités. Trois millions cinq cent soixante-dix-sept mille deux cent cinquante-neuf citoyens prirent part à l'élection. C'est la masse la plus grande d'électeurs qui ait jamais été chargée de décider une question. Dans le nombre, huit mille trois cent soixante-quatorze se prononcèrent contre, et trois millions cinq cent soixante-huit mille huit cent quatre-vingt-cinq pour : imposante majorité où il était impossible de ne pas reconnaître l'expression des vœux et des besoins populaires.

CHAPITRE XXI

1801-1804

Expédition de Saint-Domingue.

Le 24 décembre 1801, une flotte appareillait de Brest, sous les ordres de l'amiral Villaret-Joyeuse. Les forces de terre obéissaient au beau-frère du Premier consul, le général Leclerc, nommé capitaine général de Saint-Domingue. Le total de l'armée expéditionnaire, avec les renforts qui allaient rejoindre successivement, montait à vingt et un mille deux cents hommes. Cette armée faisait partie de celle qui, victorieuse à Hohenlinden, venait de dicter la paix à l'Autriche à deux journées de Vienne. Cette nouvelle imprévue jeta une grande agitation en Angleterre, et donna lieu à de vifs débats dans les deux chambres. L'Angleterre demanda des explications au gouvernement consulaire, qui articula le motif de ces préparatifs; ils ne furent jugés contraires ni aux conditions des préliminaires du traité d'Amiens, ni aux intérêts des possesseurs de la Jamaïque. Mais tandis que l'expédition française voguait vers Saint-Domingue, le gouvernement anglais y envoyait une flotte d'observation.

Depuis huit ans, un esclave s'était proclamé dans cette île l'héritier de la plus sanglante des révolutions. D'abord conducteur d'animaux sur l'habitation Breda, cet homme, à l'âge de plus de quarante ans, était parvenu à apprendre à lire ; l'*Histoire philosophique des deux Indes* fut le livre qui saisit sa pensée, exalta son imagination. Arrivé au pouvoir plutôt par sa politique que par ses talents militaires, tour à tour l'oppresseur et le protecteur des deux couleurs ennemies, qui respectaient également son influence suprême, Toussaint Louverture semblait avoir été créé ainsi qu'une exception de sa race, pour la civiliser et la gouverner. Au dedans il exerçait la dictature ; au dehors le Nouveau-Monde le reconnaissait, en vertu des traités, chef de sa nation. L'Angleterre elle-même n'avait point dédaigné d'entrer en relations avec cet homme, dont le pouvoir cependant menaçait la sécurité de ses propres colonies. Habilement économe de la civilisation, dont il voulait garder le secret pour mieux établir sa puissance, il avait divisé tout son peuple en guerriers et en cultivateurs, et conçu la profonde pensée de se soustraire à l'égalité qu'il proclamait : ce système hardi lui avait réussi. Sa volonté, toujours inconnue, toujours inébranlable ou terrible, formait la loi unique devant laquelle se courbait sans effort toute la population ; son hypocrisie pleine d'adresse couvrait habituellement les rigueurs de son gouvernement en rejetant sur ses lieutenants, surtout sur le féroce Dessalines, les meurtres prescrits, commandés par lui-même. Le même voile couvrait ses opérations politiques ou administratives. Il avait plusieurs secrétaires qui écrivaient en français ce qu'il leur dictait en langue créole. Il leur était défendu, sous peine de mort, de se communiquer la moindre notion des affaires qu'il confiait à leur plume ; jamais un secrétaire ne terminait celle qu'il avait commencée. Après sa première dictée, Toussaint l'envoyait attendre ses ordres à soixante ou à cent lieues de sa résidence, laquelle n'était jamais déterminée pour un temps connu. Les espions qu'il entretenait partout étaient aussi les muets de ce despote ombrageux, et garantissaient le silence des instruments dont il se servait. Il arrivait subitement au Cap quand on le croyait à Saint-Domingue. On n'avait jamais le temps de le tromper ; on n'eut jamais la pensée de le trahir.

L'existence politique de Toussaint datait du 22 août 1791, jour où la révolte excitée par le nègre Jean-François, dont il était le confident, dévoila la vaste conjuration ourdie contre la suprématie des blancs ; l'incendie des propriétés avait servi de signal au massacre des hommes de cette couleur ; et Toussaint s'était bientôt fait remarquer dans cette guerre d'extermination, fruit de ses trames secrètes ; aussi le général Lavaux, envoyé à Saint-Domingue par la Convention, ne s'adressait-il qu'à lui seul ; et l'ambitieux esclave, abandonnant Jean-François, entra comme colonel au service de la République. Dès ce moment, on cessa d'attaquer les blancs. Non content d'avoir forcé les commissaires de la Convention à prononcer la liberté des noirs, Toussaint avait déjà résolu l'indépendance de sa patrie adoptive ; et quand il refusait de se soumettre à l'autorité des délégués de la métropole, c'était, disait-il, *pour ne partager avec personne la gloire d'avoir conservé Saint-Domingue*

à la France. Débarrassé de la lutte étrangère et de la domination de la France, Toussaint ne comptait déjà plus pour rival que Rigaud, chef des mulâtres ; il le poursuivit à toute outrance, et le força de s'embarquer. Il régnait sur la colonie, lorsque la révolution du 18 brumaire appela au consulat le général Bonaparte. Confirmé par le nouveau gouvernement dans les fonctions de général en chef, qu'il s'était attribuées malgré les commissaires français, Toussaint avait réclamé la remise de la partie espagnole cédée à la France par le traité de Bâle ; bientôt, à la tête d'une nombreuse armée, il fit reconnaître sa puissance sur toute l'étendue de la terre de Saint-Domingue. Mais quand Toussaint put apprécier la hauteur du pouvoir auquel le Premier consul venait de s'élever, il commença à s'inquiéter de sa propre grandeur, et conçut pour la conserver, l'idée de se rendre nécessaire à la mère-patrie et au Premier consul : dans cette vue, il voulut imiter Bonaparte. En conséquence, on le vit donner à l'île une constitution qui le nommait gouverneur à vie, avec la faculté de choisir son successeur ; il fit ensuite accepter par les habitants ce pacte social, et en prescrivit l'exécution en attendant l'approbation du gouvernement français, approbation que devait solliciter le colonel Vincent, chargé de présenter la nouvelle constitution au Premier consul. Cependant il avait créé aussi des biens nationaux provisoires, en mettant en fermages à bail les domaines des colons absents, s'en réservant une grande partie, et distribuant le reste à ses généraux pour se les attacher. Cette conduite conciliait les intérêts de la culture et du commerce avec ceux de la politique de Toussaint : plusieurs colons, rappelés par les heureuses conséquences de son administration, étaient rentrés dans leurs propriétés. Sans doute il n'était pas d'une médiocre capacité celui qui, après s'être tant de fois baigné dans le sang des blancs, leur inspirait une telle confiance. Un ascendant si singulier éveilla les inquiétudes du Premier consul, qui jugea ne devoir pas perdre un instant pour arracher la colonie à un chef aussi habile.

Toussaint eut promptement avis de l'arrivée de la flotte française. Jugeant que cet immense armement lui apportait les hostilités, et reprenant tout à coup les souvenirs de la première insurrection qu'il avait dirigée, il ordonna d'armer tout ce qui pouvait être défendu, de brûler tout ce qui ne pouvait pas l'être, et se mit en route pour le Cap afin d'y proclamer la guerre à outrance. Un capitaine de frégate, porteur d'une lettre du Premier consul pour Toussaint, et d'une proclamation du gouvernement, se présenta à la passe avec trois bâtiments ; les signaux de reconnaissance restèrent sans réponse, et le fort Picolet envoya des boulets rouges au *cutter* qui pénétrait dans la passe. Ainsi donc, plus d'incertitude sur les résolutions de Toussaint. Le général Leclerc s'adressa à Christophe qui commandait au Cap : l'officier chargé de la lettre revint avec un refus positif. A défaut de pilote pour nous guider, l'amiral résolut de se servir du capitaine du port du Cap, qu'il avait retenu ; mais ni prières, ni argent, ni menaces, ne purent l'y décider. C'était un mulâtre nommé Sangos. On lui offrit 50,000 francs ; on lui mit la corde au cou : il resta inébranlable. Une telle résistance prouva l'empire de Toussaint sur son armée. Bientôt après, une députation accourut supplier le général Leclerc de ne point tenter le débarquement au Cap, si l'on désirait ne pas donner le signal du massacre des blancs et de l'incendie de la ville. En conséquence, le général Leclerc se décida à opérer sa descente plus à l'ouest ; il commanda d'embarquer six mille hommes, malgré la violence de la mer. A l'entrée de la nuit, les troupes montèrent les canots, et le lendemain matin, au jour, le général en chef prit terre à leur tête auprès de Limbé ; il força tous les postes, et arriva le soir au bourg du Haut-du-Cap, qu'il trouva incendié. Peu d'instants après le départ du général Leclerc, la flotte avait vu une épaisse fumée sillonnée d'étincelles s'élever au-dessus de rochers qui couvrent les rivages de l'ouest. Elle entendit d'affreuses détonations ; et le ciel enfin, chargé de flammes, ne laissa plus douter que Christophe n'eût exécuté son fatal arrêt contre la malheureuse ville du Cap. La nouvelle de la marche du général Rochambeau avait poussé Christophe à effectuer ses menaces ; ou plutôt, sur un troisième ordre de Toussaint, son lieutenant avait dû obéir sous peine de mort. De huit cents maisons, à peine soixante échappèrent à l'incendie. Tous les magasins ayant été brûlés, on se vit obligé de tirer des vaisseaux les provisions de la marine pour nourrir l'armée. Ainsi fut inaugurée cette fatale expédition.

Le gouvernement français eut beau proclamer à Saint-Domingue le principe de la liberté, le formidable armement de l'expédition annonçait par lui-même plutôt une conquête qu'une simple occupation. Il semblait que les noirs eussent découvert les instructions données au capitaine général pour le rétablissement de l'esclavage; mais cette opération devenait difficile à exécuter, non-seulement à cause de la résistance qu'elle produirait nécessairement parmi les noirs, mais aussi en raison des opinions de l'armée expéditionnaire elle-même. En effet, jamais armée plus républicaine ne combattit pour une cause plus antipathique à ses idées.

Le général Kerverseau prit sans peine possession de la partie espagnole et de la ville de Saint-Domingo ; Paul Louverture, frère de Toussaint, qui y commandait, offrit sa soumission après un simulacre de défense. Le fort Dauphin opposa une vigoureuse résistance : il fallut un assaut pour que la forteresse se rendît au général Rochambeau. On y trouva cent cinquante pièces de canon. Le général Humbert attaqua le Port-de-Paix ; le général noir Maurepas, ne pouvant s'y maintenir, y mit le feu. Des bâtiments portant la division Boudet parurent en vue du Port-au-Prince. Le commandant était un blanc nommé Agé. Il reçut bien l'officier qui lui apportait une lettre du général Boudet et la proclamation du gouvernement consulaire ; mais sa garnison se révolta. Elle rendit l'aide de camp de Boudet, destitua tous les fonctionnaires français, fit arrêter tous les blancs, et expédia, pour le consulter, un officier au noir Dessalines, chef militaire de la partie de l'Ouest, à Saint-Marc. Celui-ci se hâta de déclarer que si l'escadre française entrait dans le port, la ville du Port-au-Prince serait brûlée et les blancs massacrés. Néanmoins le général Boudet débarqua, et se porta rapidement sur la ville, afin d'en prévenir l'embrasement, en même temps que l'escadre pénétrait brusquement dans le port. Sommée de se rendre, la garnison répondit par un feu très-vif, et l'escadre foudroya la ville, où se précipitèrent les grenadiers français. On se battit avec acharnement dans les rues. Enfin la valeur de nos soldats enleva le fort Saint-Joseph, et à sept heures du soir nous étions maîtres de Port-au-Prince ; Dessalines se disposait à marcher de Saint-Marc, pour défendre le Port-au-Prince ; quand il apprit la victoire de Boudet, il fit livrer Saint-Marc aux flammes, égorger les blancs, et se retira sur le bourg de la Petite-Rivière, par les Verrettes et l'Artibonite, semant partout le massacre et l'incendie. La soumission du Sud suivit la conquête de l'Ouest. Le noir Laplume, qui commandait aux Cayes, se mit avec ses troupes sous les ordres du général Boudet. En dix jours, l'armée expéditionnaire, qui occupait dans le nord la ville du Cap, le fort Dauphin, le môle Saint-Nicolas, occupa aussi la partie espagnole, le sud et l'ouest de Saint-Domingue. Il ne resta plus à atteindre que Toussaint Louverture, Dessalines, Christophe et Maurepas, qui tenaient les positions de l'intérieur, et empêchaient les communications du Nord avec l'Ouest.

Le général Leclerc, avant de marcher contre Toussaint, lui envoya ses deux fils avec une lettre du Premier consul, qui le nommait lieutenant du capitaine général, et accompagnés de M. Couanon, principal du collége où le gouvernement les avait fait élever à Paris. Toussaint vit ses enfants, les embrassa, et les chargea de dire au général en chef qu'il lui demandait un délai pour se déterminer. Les enfants revinrent porter à leur père la réponse du général Leclerc, qui accordait quatre jours : ce terme s'étant écoulé sans explication nouvelle, et les fils de Toussaint n'étant pas revenus, le général en chef partit du Cap avec la division Hardy ; le général Rochambeau, du fort Dauphin ; le général Desfourneaux, du Limbé ; le général Debelle, du Port-de-Paix. Les positions réputées inexpugnables du Dondon, de la Marmelade, de la Ravine-à-Couleuvres et du canton d'Ennery, résidence habituelle de Toussaint, furent emportées pour ainsi dire à la course par les troupes françaises, et la guerre se transporta dans l'Ouest. Dans toute cette terrible campagne, l'armée fut éclairée dans sa marche par des incendies, et arrêtée par les massacres dont la férocité de Dessalines surtout avait marqué sa fuite. Sur le théâtre même de ses barbaries, ce monstre se vit poursuivre par le général Debelle, qui le poussa jusque dans le fort et dans les bois de la Crête-à-Pierrot. Aussitôt après cette nouvelle, le général en chef quitta le Port-au-Prince avec une faible escorte, et alla rejoindre la division Boudet. Cette division enleva avec une rare valeur le poste retranché de Trianon, et arriva aux bourgs de Mirebalais et des Verrettes, incendiés par Dessalines, qui venait de faire égorger la population blanche, au nombre de douze cents individus. Aux Verrettes, le général en chef ordonna une seconde attaque sur la Crête-à-Pierrot. Dessalines y avait rallié les débris et les réserves de l'armée noire. L'assaut eut lieu, malgré le feu terrible de la place, et sans artillerie, par les divisions Boudet et Dugua. Les deux généraux y furent blessés ; l'armée perdit six cents hommes, et l'on parvint encore à rejeter les noirs dans leurs retranchements. Mais on reconnut que ce fort ne pourrait être emporté qu'avec le secours de l'artillerie. La prise de la Crête-à-Pierrot était de la plus haute importance.

Les deux divisions Hardy et Rochambeau, munies de l'artillerie nécessaire, furent enfin réunies devant la Crête-à-Pierrot. Elles formèrent autour du fort un demi-cercle dont les deux extrémités s'appuyaient à l'Artibonite. Toussaint parut sur le derrière des troupes de siége, afin de parvenir à débloquer le fort et de faciliter la sortie de la garnison. Cette tentative, secondée par La Martinière, qui commandait la Crête-à-Pierrot, fut sans résultat. Les assiégés supportèrent derrière leurs retranchements de bois et de terre, la faim, la soif et toutes les misères d'un long siége. Enfin, n'espérant plus aucun secours, ils résolurent de s'ouvrir un passage à travers les troupes qui les environnaient. Ils attaquèrent à l'improviste l'extrême gauche de Rochambeau, et parvinrent ainsi à s'échapper, à l'exception de leurs derniers pelotons, qui furent détruits. On trouva dans le fort quinze pièces de canon, deux mille fusils et une foule de cadavres. Le fort fut rasé.

Il ne restait plus aux noirs aucune position pour continuer la guerre dans l'Ouest. Enfin, décidés, soit par l'exemple des généraux Paul Louverture, Clervaux, Maurepas, Laplume, à qui l'on avait garanti leur grade et leur traitement, soit par la terreur des armes françaises, soit aussi peut-être par les instructions cachées de

Toussaint, Christophe et Dessalines présentèrent également leur soumission. Elle devança comme une sorte de manœuvre politique, la soumission de leur chef, qui, conformément à la volonté du général Leclerc, vint se rendre au Cap avec son état-major et sa compagnie des guides, hommes choisis et éprouvés, dont le dévouement lui resta fidèle jusqu'au dernier moment.

Après un long entretien où Toussaint n'opposa aux reproches du général Leclerc, sur sa rébellion que le silence ou la dénégation, ce dernier lui offrit de servir dans nos rangs comme un de ses lieutenants, avec le grade de général de division. Mais Toussaint refusa, autant par calcul que par fierté; il demanda à se retirer dans le domaine d'Ennery, dont il avait fait son apanage. Sa demande lui fut accordée. Toutefois les généraux Brunet et Thouvenot eurent ordre de le surveiller. Ainsi, en cinquante jours, le général Leclerc venait de terminer par une attaque générale une guerre d'extermination dont il avait su borner la durée; il avait triomphé de la force et de la ruse de ses ennemis, ainsi que des obstacles de la nature; mais il allait avoir à combattre d'autres fléaux plus redoutables, et les trahisons qui marchèrent à leur suite. Un des grands désastres de l'histoire moderne, aussi meurtrier dans ses proportions que la retraite de Moscou, est réservé à cette glorieuse armée, l'une des plus braves qui aient jamais illustré le nom français.

Après la pacification, le général Leclerc s'étudia et parvint à en assurer les résultats, en inspirant de la confiance aux généraux noirs; il sentait bien qu'il ne pouvait réussir sans eux, et que sa position le contraignait à se servir de leur entremise pour rappeler les noirs à la culture et les désarmer. En adoptant ce parti indispensable, le général sut mettre de l'abandon dans ses relations avec ces hommes dangereux, de peur de réveiller cette méfiance inhérente à leur race. Le succès dépassa ses espérances. Christophe, Clervaux, Dessalines, Maurepas, rivalisèrent de zèle pour remplir les intentions du général en chef; par leurs soins une armée noire se rassembla; trente mille fusils furent recueillis et emmagasinés au Cap. Le général en chef se vit même obligé de réprimer l'ardeur de ces généraux, qui, fidèles aux habitudes d'une ancienne férocité, tuaient ou faisaient tuer les noirs encore munis de leurs armes.

Mais la sagesse même des mesures qui venaient de faire succéder tout à coup les bienfaits de la concorde à la guerre et à la destruction, allait creuser un abîme plus profond sous les pas de l'armée expéditionnaire; déjà affaiblie de moitié, il lui fallut recevoir dans ses cadres des noirs portés au désordre et à l'indiscipline : ce recrutement offrait un péril auquel l'existence de l'armée ne pouvait se soustraire. Cependant l'organisation coloniale marchait du même pas que l'organisation militaire. Le général en chef reconnut les avantages des règlements que Toussaint avait établis; il confirma les baux à ferme de toutes les propriétés vacantes, qui jamais ne furent aliénées; il consacra le servage de la glèbe pour les cultivateurs, à qui on allouait le quart des produits; il ouvrit les ports de la colonie à tous les pavillons sans préférence : aussi, en peu de temps le Cap se releva de ses cendres, ainsi que la plupart des villes incendiées; beaucoup de colons revinrent; les ports se remplirent de bâtiments de commerce français et étrangers.

Mais, par un rapprochement fatal, le même jour qui avait signalé à Saint-Domingue la soumission de Toussaint Louverture, vit débarquer à la Guadeloupe trois mille cinq cents hommes arrivés de Brest. L'année précédente, le mulâtre Pélage avait proclamé l'indépendance de cette île, et embarqué sur un bâtiment neutre le capitaine général Lacrosse, surpris et enlevé au moment où il visitait ses avant-postes extérieurs. Bientôt après, les noirs avaient séparé leur cause de celle de Pélage; et ce fut contre eux que le général Richepance, qui commandait cette autre expédition, dut employer une valeur déjà tant illustrée à la bataille de Hohenlinden. Après avoir anéanti la rébellion, Richepance succomba, dans les premiers jours de septembre, à ce terrible fléau dont le retour périodique, silencieusement attendu par les noirs de Saint-Domingue, devint tout à coup, en ce même mois, le signal d'une fermentation sourde dans les ateliers et dans les bataillons coloniaux. On cessa de rendre les armes; on les cacha avec soin; des insurgés, sous le nom de nègres marrons, se rassemblèrent sur les mornes aussitôt que la fièvre jaune reparut. Ce redoutable auxiliaire de l'affranchissement du sol d'Haïti moissonna

avec une effrayante rapidité la brave armée, qui n'eut bientôt plus pour casernes que des hôpitaux, que la mort vidait chaque jour. Le général en chef était allé, avec sa femme et son fils, respirer pendant quelque temps l'air salubre de l'île de la Tortue, où il avait fait établir un hôpital de convalescents; un impérieux devoir le rappela au Cap au commencement de juin, à l'époque où la maladie régnait dans toute sa violence; il voulut assister à l'ouverture de cette assemblée de députés, formée pour devenir une sorte de conseil central consultatif des besoins et des ressources de la colonie.

Peu de jours après, la surveillance exercée sur Toussaint s'alarma d'une certaine agitation autour du bourg d'Ennery, tandis qu'une insurrection ouverte réunissait un grand nombre de nègres sur les mornes appelés *la Montagne Noire*. Toussaint, au lieu d'aller lui-même apaiser ces mouvements, suivant sa promesse au général Leclerc, se contenta d'armer, pour sa sûreté, disait-il, des nègres cultivateurs, dont les Français arrêtèrent un détachement. On sut bientôt que Toussaint, voyant avec une joie secrète les ravages de la fièvre jaune, répétait sans cesse : *Je compte sur* la Providence, nom du grand hôpital du Cap. Enfin, quelques-unes de ses lettres interceptées ne laissant plus de doute sur sa connivence avec les insurgés, le général en chef ordonna de l'arrêter. Toussaint, appelé aux Gonaïves par le général Brunet, s'y rendit pour éviter les soupçons, et tomba dans le piège qu'il voulait tendre lui-même; il fut mis à bord, conduit en France, et transféré au fort de Joux, où il mourut deux ans plus tard. On a reproché amèrement l'arrestation de Toussaint au général Leclerc, tandis que c'était l'expédition contre Toussaint qu'il eût fallu reprocher au gouvernement. La position du capitaine général, ses obligations envers la métropole et son armée, lui prescrivaient d'agir comme il l'a fait. Du moment où Toussaint refusait sa coopération à nos troupes, il devenait redoutable; et nul doute que si on lui donnait le temps de sortir du rôle qu'il avait adopté, c'en était fait de la race blanche et de l'autorité de la France à Saint-Domingue. Jamais plus terrible responsabilité ne pesa sur un homme investi du pouvoir militaire et civil. D'ailleurs, le général en chef se conformait à ses instructions. Au reste, l'effet que la détermination de Leclerc produisit sur les noirs, à qui Toussaint, comme un maître invisible, commandait ou de se révolter ou de fléchir, justifia bientôt le moyen de salut imposé par la politique et la nécessité.

Le gouvernement avait, au mois de novembre 1801, publié cette déclararation : *A Saint-Domingue et à la Guadeloupe il n'est plus d'esclaves. Tout y est libre; tout y restera libre.* A la fin de juin, des lettres de la Guadeloupe apprirent le débarquement du général Richepance, la défaite des noirs, l'expulsion des nègres et des mulâtres des rangs de l'armée française, le retour du capitaine général Lacrosse et le rétablissement de l'esclavage. Ce cruel démenti à un engagement solennel frappa les noirs d'une convulsion électrique, et une conspiration générale s'étendit sur toute la colonie. C'est alors que Leclerc, ne pouvant supporter davantage l'anxiété de voir au milieu de ses bataillons, éclaircis par la fièvre jaune, les bataillons intacts d'ennemis qu'il fallait craindre encore une fois, fit opérer le désarmement de tous les noirs casernés au Cap, et prévint ainsi les dangers qui le menaçaient. Le 12 septembre, Clervaux et Pétion, qui commandaient au Haut-du-Cap, passèrent aux rebelles avec trois régiments ; le 16, ils attaquèrent le Cap-Français. Un avant-poste fut forcé par cet assaut imprévu autant qu'impétueux ; mais le général en chef, accouru avec cinq cents soldats et mille hommes de couleur, repoussa les révoltés, auxquels Christophe et Paul Louverture se réunirent le lendemain. Ainsi reparut la guerre à mort entre les deux races; mais quelle disproportion effrayante offraient les forces opposées ! La population noire était de quatre à cinq cent mille individus, et l'armée ne comptait pas dans toutes les places de la colonie plus de huit mille hommes valides. Le concentration des troupes qui survivaient à la fièvre jaune devint indispensable. Le capitaine général fit évacuer sur le Cap la garnison du fort Dauphin et du Port-de-Paix ; celle des Gonaïves se retira sur le Port-au-Prince, après s'être défendue contre Dessalines, qui dirigeait l'insurrection dans l'Ouest.

Mais un autre malheur attendait l'armée expéditionnaire et les habitants de Saint-Domingue : dans la nuit du 1er au 2 novembre, le général Leclerc mourut de la fièvre jaune ; sa perte fut, dans la situation désespéré de la colonie, un désastre politique. M. Dufaure, ordonnateur en chef de la colonie, exerça l'intérim de capitaine général jusqu'à l'arrivée de Rochambeau, alors au Port-au-Prince. Parmi les chefs noirs, Laplume seul, commandant de la partie du Sud, ne trahit pas son serment. Le mulâtre Lamartinière, qui avait si vaillamment défendu la Crête-à-Pierrot, demeura également fidèle au drapeau français, et périt par les mains de ses soldats, qu'il voulut empêcher de se joindre aux révoltés.

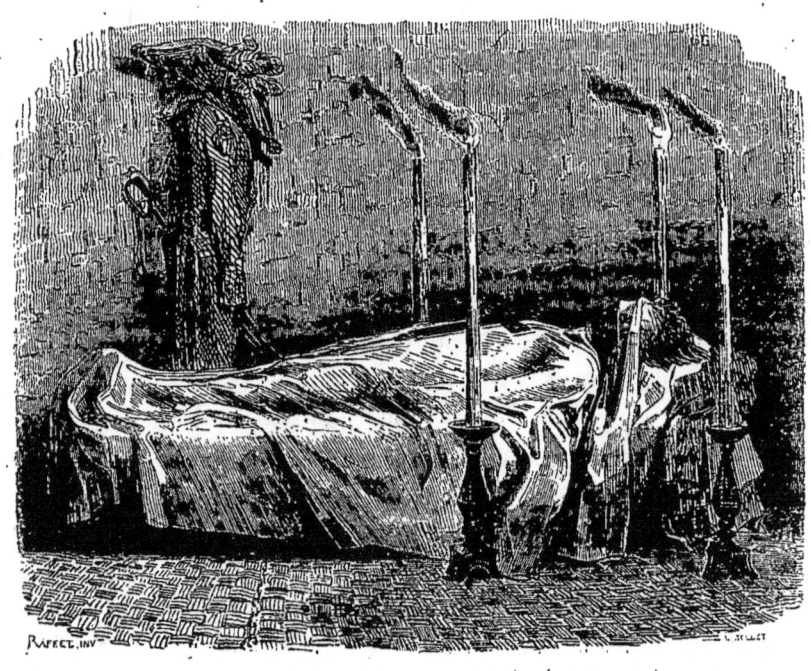

L'armée avait perdu en neuf mois, c'est-à-dire de février à novembre, le général en chef et douze officiers supérieurs, parmi lesquels les généraux de division Dugua, Hardy, Debelle; les généraux de brigade Pambour, Tholosé, Saint-Martin, Ledoyen, Dampierre, Desplanques, Meyer, Wonderweit, Jablonowski, mille cinq cents officiers, sept cent cinquante officiers de santé, vingt-cinq mille soldats, huit mille hommes de la marine du commerce, deux mille employés civils, et trois mille blancs venus de France. Sur cette masse effrayante, cinq mille hommes environ succombèrent dans la guerre; la fièvre jaune dévora tous les autres. A la mort du général Leclerc, il restait neuf mille cinq cents hommes, dont sept mille aux hôpitaux. Le total des forces débarquées à Saint-Domingue jusqu'à cette époque montait à trente-quatre mille hommes. Les états de l'armée rapportés en France furent des registres mortuaires. Ainsi, sur cinquante mille individus de la race blanche importés, il survivait deux mille cinq cents valides et sept mille malades dont les deux tiers moururent. Les neuf dixièmes de la population périrent à Saint-Domingue. Il n'y a pas d'exemple, dans l'histoire moderne, d'une destruction aussi grande et en si peu de temps. Quant au massacre des colons par les noirs, il ne peut être calculé !

Aussitôt que Rochambeau eut pris le commandement général, il lui fallut soutenir la vive attaque des insurgés, qui s'emparèrent des montagnes autour du Cap ; mais une batterie qu'il fit placer sur une habitation plus élevée les força à la retraite. Ce succès lui inspira la funeste pensée de suivre une marche différente de celle de son prédécesseur ; au lieu de continuer à se concentrer dans l'enceinte du Cap, la ville la plus au vent de la France, et la véritable position militaire de la colonie, le capitaine général voulut reprendre le fort Dauphin et le Port-de-Paix. Leclerc avait traité constamment avec une distinction particulière la race mulâtre, dont la parenté française, l'intelligence, la bravoure, et la haine pour la race noire, lui faisaient une alliée naturelle : Rochambeau la persécuta : plusieurs braves officiers de cette couleur, qui dominait dans la partie du Sud, et entre autres le commandant Bardet, qui avait sauvé le Port-au-Prince de l'incendie et les blancs de l'assassinat, furent proscrits. Dès ce moment, la vengeance la plus acharnée réunit les noirs et les mulâtres ; ces derniers exercèrent dans le Sud d'horribles représailles, pour satisfaire aux mânes de leurs chefs si barbarement immolés.

Rochambeau commit une autre faute non moins grave ; il transporta au Port-au-Prince le siége du gouvernement, et laissa le général Clausel avec une faible garnison, chargée de la défense du Cap. Bientôt un nouvel ennemi se joignit à ceux que le général en chef venait de susciter contre son armée ; cet ennemi, le redoutable appui des noirs, était la Grande-Bretagne. Le traité d'Amiens venait d'être rompu. Alors l'insurrection générale, fortifiée par les secours qu'elle reçut des Anglais, pressa plus vivement ses opérations offensives, de sorte qu'en peu de jours toutes les possessions de l'Ouest et du Sud tombèrent au pouvoir des insurgés. Le Sud une fois occupé par l'ennemi, les subsistances manquèrent totalement au Port-au-Prince; la famine à son tour jeta le désespoir dans cette malheureuse ville, la seule où les Français se maintinssent encore, à la veille d'être assiégée par les armées noire et mulâtre réunies, quand Rochambeau reçut de France l'ordre impératif de revenir au Cap, et d'y établir le siége du gouvernement.

La métropole ne possédait plus que le Cap et le môle Saint-Nicolas quand une armée de quinze mille hommes, soutenue par une escadre anglaise, vint assiéger le Cap. Les notables engagèrent le général en chef à s'entendre avec l'escadre, mais les propositions du commodore furent si exagérées, que Rochambeau aima mieux avoir affaire au barbare Dessalines. Celui-ci lui donna dix jours pour se retirer. Cependant l'espoir qu'avait eu Rochambeau de pouvoir tromper la poursuite des Anglais, à la faveur du gros temps, s'évanouit, et il se vit forcé, à l'expiration des dix jours, en raison de l'état de la mer, de se mettre à la discrétion de la flotte anglaise, ainsi que l'immense quantité de bâtiments qui portaient tout ce qui survivait de l'armée expéditionnaire et de la population blanche. Toutefois une action brillante honora la retraite de la malheureuse armée française. Le général Noailles, ancien membre de l'Assemblée constituante, commandait le môle Saint-Nicolas; voulant partir sans capitulation et éviter de négocier avec les Anglais, qu'il connaissait bien, il fit embarquer sa garnison, et au passage de l'immense convoi du Cap, il se mit à sa suite, sans être observé par la croisière ennemie; arrivé à une certaine distance, il quitta la flotte avec les sept voiles qui l'accompagnaient, et les conduisit dans un port de l'île de Cuba. De là il se rendait, sur un brick armé et monté par des troupes, à la Havane, lorsqu'il fut rencontré par une corvette anglaise qu'il prit à l'abordage, avec ses grenadiers. Dans le combat terrible qui s'engagea, ce brave général reçut plusieurs blessures, dont il mourut à la Havane, après toutefois y avoir fait entrer le bâtiment anglais sur lequel flottait le pavillon de la France. La gloire nationale s'empressa de recueillir le dernier exploit échappé à ce grand naufrage d'une des plus valeureuses armées que la République eût réunies sous ses drapeaux.

CHAPITRE XXII

1803

Rupture avec l'Angleterre. — Invasion du Hanovre. — Occupation du royaume de Naples.
Armement et construction des flottilles. — Organisation et réunion des armées françaises sur les côtes du Nord.
Préparatifs de l'Angleterre.

A l'ivresse des fêtes de la paix, la France et l'Angleterre avaient fait succéder une attitude d'observation inquiète qui modifia bientôt la joie générale. Les accroissements considérables de la France, provenant soit de l'incorporation du Piémont et de la réunion de la république italienne sous le même pouvoir, soit de la médiation helvétique et des changements opérés en Hollande, soit aussi de ces immenses travaux qui ouvraient à nos armées les routes du Simplon, soit enfin de ce Concordat qui consommait la dépendance de l'Italie, et donnait au Premier consul l'ascendant d'une nouvelle puissance morale sur les États catholiques du continent : toutes ces prospérités inattendues, sorties du traité de Lunéville, devinrent, aux yeux du gouvernement anglais, de véritables usurpations sur le terrain où le traité d'Amiens venait d'être assis. Le cabinet de Londres, dont Pitt dirigeait toujours l'esprit sous le successeur qu'il s'était choisi, ne pouvait ignorer que le Premier consul, empressé de satisfaire pour lui et ses alliés à toutes les clauses du traité, s'alarmait justement de la lenteur plus qu'équivoque que l'on mettait à rendre l'île de Gorée à la France, à la république batave le Cap de Bonne-Espérance, enfin l'île de Malte à l'ordre de Saint-Jean de Jérusalem. L'Angleterre disait : « La France s'est agrandie depuis notre traité. » La France disait : « L'Angleterre n'exécute pas notre traité. » Un tel procès, dont les parties étaient les seuls arbitres, ne devait se juger que par la guerre.

Cependant les cabinets de Paris et de Londres avaient recommencé leurs hostilités périodiques dans les journaux, et, malgré l'animosité de ces débats publics, ils reprirent les négociations pour l'exécution du traité. L'arène des journaux, où le Premier consul ne dédaignait pas de descendre lui-même, offrit un échange perpétuel d'offensantes personnalités, poussées à un tel point de violence de la part des écrivains anglais, que l'ambassadeur Otto présenta une note officielle dans laquelle il était demandé *que l'Angleterre défendît tout ce qui serait défendu en France par rapport aux intérêts réciproques des deux nations.* Cette note réclamait aussi *l'éloignement des émigrés de l'île de Jersey, l'expulsion de l'Angleterre des évêques de Metz et de Saint-Pol, la déportation au Canada de Georges et de ses adhérents, et le renvoi de tous les Français qui porteraient en Angleterre les décorations de l'ancienne monarchie.* Enfin le Premier consul exigeait encore que *tous les princes de la maison de Bourbon fussent requis de se rendre à Varsovie près du chef de leur famille.* C'était, à peu de chose près, proposer à la Grande-Bretagne le sacrifice de sa constitution, que de lui demander la violation des deux garanties fondamentales les plus chères à toute nation libre, celle de la presse et celle de l'*habeas corpus*. Il n'en fallait pas davantage pour déclarer des deux côtés ce traité rompu par le fait. Aussi les journaux des deux nations se livrèrent-ils aux plus violentes hostilités. Dans ceux de la Grande-Bretagne, les passions ministérielles s'exprimèrent sans ménagement ; un procès public y fut instruit contre l'ambition du Premier consul. On n'oublia aucune récrimination ancienne, aucun grief récent ; on invoqua le traité de Lunéville en condamnation des envahissements politiques et territoriaux de la France.

Le célèbre Fox, qui arrivait de Paris, où il avait reçu le plus brillant accueil du Premier consul, prit hautement, dans la Chambre, la défense de la France. On ne pouvait rendre un plus bel hommage à cette liberté politique dont l'Angleterre s'enorgueillit à si juste titre. La franchise de Fox avait un noble caractère, par la fermeté qu'il osa opposer à l'irritation de la grande majorité de l'assemblée. Cette animosité y fut si peu déguisée, que cet illustre orateur subit ce jour-là une sorte d'enquête sur le motif de son voyage en France. Son discours ajouta un nouvel éclat à la tribune britannique ; mais le parti Grenville dominait, et la guerre était presque proclamée par le parlement.

Bonaparte mit tout en œuvre pour effrayer l'Angleterre. Il chercha à renouer cette ligue maritime du Nord, rompue par la mort de Paul Ier. Il envoya à Berlin le général Duroc, à Saint-Pétersbourg le colonel Auguste Colbert. Mais l'empereur Alexandre et le roi de Prusse avaient contracté ensemble des engagements qui firent avorter cette démarche. En même temps, des troupes nombreuses hâtaient leur marche vers les rivages des deux mers : l'Italie, comme la Hollande, voyait arriver de nouveaux bataillons ; les constructions se pressaient dans tous les ports ; Flessingue s'élevait sur d'imposantes fortifications, comme le grand arsenal du plus formidable des armements. Cependant les conférences se succédaient à Paris, entre le ministre Talleyrand et lord Witworth, avec une extrême sérénité de part et d'autre, mais sans rien résoudre. Malheureusement, le Premier consul s'impatienta des délais britanniques, et crut pouvoir les terminer en appelant lui-même à une

entrevue particulière l'ambassadeur anglais. « La paix, dit-il, n'a produit qu'une
« jalousie et une méfiance continuelles ; cette méfiance est telle aujourd'hui, qu'elle
« a amené les choses à un point où il faut nécessairement en finir... Aucune con-
« sidération sur la terre ne pourrait me faire acquiescer à ce que vous gardiez
« Alexandrie et Malte ; et s'il fallait opter entre ces deux alternatives, *j'aimerais*
« *mieux vous voir en possession du faubourg Saint-Antoine* que de Malte... Chaque
« vent qui souffle d'Angleterre n'apporte que haine et inimitié contre moi... Une
« descente est le seul moyen offensif que j'aie contre elle, et je suis déterminé à
« me mettre moi-même à la tête de l'expédition. Il y a mille à parier contre un
« que je ne réussirai pas, mais je n'en suis pas moins décidé à tenter cette des-
« cente, si la guerre doit être la conséquence de la discussion actuelle. Mes troupes

« y sont tellement disposées, qu'on n'aurait pas de peine à trouver une armée pour
« en remplacer une autre... J'aurais pu m'emparer de l'Egypte depuis plus d'un
« mois, en envoyant vingt-cinq mille hommes à Aboukir...; mais je ne le ferai
« point, parce que l'Égypte ne vaut pas la peine d'une guerre... Deux puissances
« telles que la France et l'Angleterre, en s'entendant bien, pourraient gouverner
« le monde, *mais elles pourraient aussi le bouleverser dans leur lutte...* Pour
« conserver la paix, il fallait remplir le traité d'Amiens... Voulait-on la guerre, il
« ne fallait que le dire ou refuser de remplir le traité... Je n'ai pas châtié les Al-
« gériens, dans la crainte d'exciter la jalousie...; *j'espère que l'Angleterre, la Rus-
« sie et la France sentiront un jour qu'elles ont intérêt à détruire un pareil nid
« de brigands...* Mais vouloir parler aujourd'hui du Piémont et de la Suisse, ce
« sont des bagatelles. D'ailleurs, vous auriez dû le prévoir lorsque la négociation
« était encore pendante ; vous n'avez pas le droit d'en parler à cette heure... »
Cette conférence, dont le Premier consul fit à peu près tous les frais, fut transmise
par lord Witworth à son gouvernement.

Bonaparte reçut sur ces entrefaites la réponse à une démarche tentée auprès de
Louis XVIII à Varsovie. Il avait offert, dit-on, à ce prince une indemnité considérable, soit en propriétés, soit en argent, s'il voulait renoncer à ses droits à la couronne de France. Quoi qu'il en soit, on publia cet extrait de la réponse de
Louis XVIII : « Je ne confonds point M. Bonaparte avec ceux qui l'ont précédé :
« j'estime sa valeur, ses talents militaires ; je lui sais gré de quelques actes d'ad-
« ministration... Mais il se trompe, s'il croit m'engager à renoncer à mes droits :
« loin de là, il les établirait lui-même, s'ils pouvaient être litigieux, par les dé-
« marches qu'il fait en ce moment... »

En même temps, le roi d'Angleterre annonçait, par un message, à la Chambre
des communes, « qu'en raison des préparatifs considérables qui se faisaient dans
« les ports de France et de Hollande, il jugeait convenable d'adopter de nouvelles
« mesures de précaution pour la sûreté de l'État ; et que, comme il existait
« actuellement avec le gouvernement français des discussions d'une grande
« importance *dont le résultat demeurait incertain*, Sa Majesté faisait cette com-
« munication à ses fidèles communes..., et comptait qu'elles la mettraient en état
« d'employer toutes les mesures que les circonstances paraîtraient exiger pour
« l'honneur de sa couronne et les intérêts essentiels de son peuple. » Tel fut le
résultat de la conférence du Premier consul avec lord Witworth. Les paroles
royales eurent une influence magique sur l'Angleterre : le lendemain la *presse* des
matelots commença à Londres ; Nelson prit le commandement général des forces
de la Méditerranée : trois escadres mirent en mer sous les ordres des amiraux
Sidney Smith, Saumarez et Pellew. Un autre message succéda rapidement au premier et ordonna une augmentation dans les troupes de terre et de mer.

Ces fâcheuses nouvelles n'étaient pas de nature à calmer le Premier consul.

Aussi, dans une audience diplomatique qui eut lieu peu de temps après, il interpella vivement l'ambassadeur d'Angleterre : « Vous êtes décidé à la guerre...? lui
« dit-il d'un ton irrité. Nous l'avons faite pendant quinze ans ; vous voulez la faire
« encore quinze années ; eh bien, vous m'y forcez ! » Puis se tournant vers le comte
de Markoff, ambassadeur de Russie : « Les Anglais veulent la guerre ; mais s'ils
« sont les premiers à tirer l'épée, *je serai le dernier à la remettre dans le fourreau.*
« Malheur à ceux qui ne respectent pas les traités ! ils en seront responsables devant toute l'Europe. »

Toutefois la rupture n'était pas officiellement déclarée ; mais l'agression eut lieu de la part de l'Angleterre : deux bâtiments français furent capturés dans la baie d'Audierne. Aussitôt les représailles de la France éclatèrent, et le Premier consul déclara prisonniers de guerre tous les Anglais âgés de dix-huit à soixante ans, alors en France, pour répondre des Français qui auraient été pris avant la déclaration de guerre. Le Sénat reçut en même temps un message consulaire qui se terminait ainsi : « ...Le gouvernement s'est arrêté à la ligne que lui ont tracée ses
« principes et ses devoirs : les négociations sont interrompues, et nous sommes attaqués. Du moins nous combattrons pour maintenir la foi des traités et pour
« l'honneur du nom français... »

La France répondit aux hostilités maritimes de l'Angleterre par des attaques territoriales. Le général Mortier, qui commandait en Hollande une armée de quinze mille hommes, entra dans l'électorat de Hanovre. Une proclamation du roi d'Angleterre ordonnait la levée en masse de ses sujets allemands, *sous peine de perdre leurs biens et leurs droits d'héritier*, et annonçait le duc de Cambridge qui venait se mettre à leur tête. Le général français répondit par une autre proclamation, où il déclara aux Hanovriens que les Français s'emparaient de leur pays parce que l'Angleterre gardait Malte contre la foi des traités. La régence de Hanovre envoya solliciter une suspension d'armes. Mortier répondit qu'il n'accepterait que l'occupation immédiate de l'électorat, et la remise des places fortes. Aussitôt on livra tout le pays aux Français, ainsi que les magasins militaires et les revenus de l'État. Cinq cents bouches à feu, quarante mille fusils et les fonds pour la solde de l'armée, furent les fruits de cette campagne de dix jours.

Le Hanovre était un gage insuffisant pour balancer la possession de Malte; l'Italie a des rivages qui regardent ce nouveau Gibraltar, et Bonaparte songeait à lui en opposer un autre; c'est le port de Tarente qu'il a choisi pour recevoir, sous deux mois, toute la flotte de Toulon. En vertu du traité d'Amiens, l'armée française, après avoir évacué le royaume de Naples, s'était cantonnée dans la partie centrale de la péninsule; mais la condition de cette évacuation n'ayant pas été remplie, le Premier consul crut avoir le droit de reprendre le *statu quo* antérieur au traité. La proclamation suivante précéda l'invasion du royaume de Naples :
« Le roi d'Angleterre a faussé sa signature et refusé d'exécuter le traité d'Amiens
« en ce qui concerne l'évacuation de Malte. L'armée française se voit donc obligée
« d'occuper les positions qu'elle avait quittées en vertu de ce traité. L'ambition
« démesurée de l'Angleterre se trouve démasquée par cette conduite inouïe : mai-

« tresse de l'Inde et de l'Amérique, elle veut encore l'être du Levant ; le besoin de
« maintenir notre commerce et de conserver l'équilibre européen nous oblige
« d'occuper ces positions dans les États du roi de Naples, positions que nous gar-
« derons tant que l'Angleterre persistera à garder Malte. »

Tarente ne tarda pas à devenir, comme Flessingue, un arsenal militaire, un grand port fortifié. Le Premier consul traça en même temps des instructions pour la défense combinée de la Corse, de l'île d'Elbe et de la Toscane. Dix mille ouvriers concoururent à élever ces fameux travaux qui firent d'Alexandrie la grande place d'armes de l'Italie. « Je considère cette place, disait Bonaparte, comme « la possession de toute l'Italie : le reste est affaire de guerre : Alexandrie est « affaire de politique. » Les mêmes ordres couvrirent également de batteries et d'ouvrages les côtes de Hollande, depuis Flessingue jusqu'à Texel. L'île de Walcheren devint une position de la plus haute importance. Ainsi, depuis l'embouchure de l'Elbe jusqu'au port de Tarente, tous les rivages étaient fermés aux Anglais. Les départements répondirent aux appels du Premier consul pour donner des vaisseaux, des bâtiments de transport et de l'artillerie. On établit un chantier de construction à Paris et dans tous les ports de l'Océan. Boulogne fut désigné comme le port militaire de la descente projetée ; mais il en fallait encore un plus vaste pour recevoir les divisions de flottille qui devaient s'y rassembler. On exécuta les mêmes travaux dans les ports d'Étaples, de Vimereux et d'Ambleteuse ; l'armée les creusa. Ostende, Dunkerque, Calais, se hérissaient aussi d'artillerie ; toute la côte qui regarde l'Angleterre put être nommée la côte de fer.

Les immenses préparatifs dont le mouvement remplissait la Belgique reçurent un nouvel encouragement de la présence du Premier consul, qui partit de Paris pour aller les inspecter lui-même, dans un voyage qu'on peut appeler une course triomphale. Il visita toute la côte, s'arrêta à Flessingue pour ses fortifications, à Gand pour son commerce. En passant à Anvers, il décida que son port marchand serait le plus grand chantier de construction du continent. D'Anvers, le Premier consul vint recueillir à Bruxelles les hommages de la reconnaissance du commerce, qui gagnait tout à sa réunion à la France.

En revenant à Paris, il apprit que des agitateurs, depuis longtemps signalés, des îles de Jersey et de Guernesey, avaient tenté de rallumer dans la Vendée la guerre civile, mais que, fidèles à leurs serments, les Vendéens continuaient de partager avec tous les riverains de l'Océan l'armement des côtes, la construction et la conduite des flottilles. Une noble idée se présenta alors à son esprit pour répondre à ce nouveau complot de la politique anglaise : ce fut de former une légion de Vendéens, commandée par M. d'Autichamp ; il donna des ordres en conséquence au ministre de la guerre : « Cette légion, écrivit-il de sa main, doit être composée, « officiers et soldats, des hommes qui ont fait la guerre de la Vendée « contre nous. »

Bonaparte venait d'arrêter la première base de l'organisation de la grande armée d'Angleterre. Elle était divisée en six corps, dans les camps de Hollande, de Bruges, de Saint-Omer, de Compiègne, de Saint-Malo et de Bayonne. Le général Soult vint à Boulogne se mettre à la tête du camp de Saint-Omer; le général Davoust se rendit à Ostende, pour commander celui de Bruges. Ney prit le commandement du camp de Compiègne à Montreuil, après avoir capitulé pour seize mille Suisses que le Premier consul mit sous les ordres du général Baraguay-d'Hilliers, comme corps de réserve. Augereau rassembla, aux environs de Bayonne, l'armée des Pyrénées, destinée à agir contre le Portugal, si le général Lannes, envoyé à Lisbonne, n'obtenait pas de ce gouvernement sa renonciation à l'influence anglaise. Le Portugal, qui n'osait rompre ni avec la France, ni avec l'Angleterre, acheta sa neutralité par un tribut annuel de seize millions. L'Espagne, dont la position avait alors une grande affinité avec celle du Portugal, lui avait donné l'exemple de cette transaction entre sa politique et ses intérêts. Par une autre négociation, le Premier consul avait également soustrait une proie assurée à la marine britannique, en cédant à ses fidèles alliés des États-Unis d'Amérique la belle colonie de la Louisiane, pour une somme de soixante-dix millions. Ces opérations d'une admirable prévoyance marchaient parallèlement avec les préparatifs d'une guerre dont tous les éléments étaient implacables.

En regard des formidables apprêts dont tous les rivages de France étaient le théâtre, l'Angleterre déployait une énergie égale au danger qui la menaçait. Son parlement ressuscitait les lois des Anglo-Saxons et le statut de Henri III, pour voter d'acclamation la levée en masse du peuple anglais. « N'en doutez pas, s'é-« criait un orateur, l'objet de l'ennemi est certainement de marcher sur Londres, « et de subjuguer ainsi la métropole et l'empire. » On traça des camps sur la côte; on proclama la levée générale dans les trois royaumes. Le patriotisme des associations de commerce s'empressa d'assigner des fonds considérables pour encourager et récompenser le zèle des défenseurs de l'État. Sept cent trente-quatre voiles de guerre faisaient flotter le pavillon de la Grande-Bretagne sur toutes les mers du Nord, et sept flottes bloquaient tous les ports et toutes les embouchures des fleuves, depuis le Sund jusqu'aux Dardanelles. La Tamise elle-même était prisonnière; une chaîne de frégates amarrées par d'énormes barres de fer en fermait l'entrée. Indépendamment de ces précautions, les ennemis vinrent successivement bombarder, mais sans résultat, les ports de Granville, Dieppe, Fécamp, Saint-Valery, Boulogne, Calais. La poursuite rigoureuse journellement exercée contre les convois de flottilles qui marchaient sur Boulogne, donna lieu à une foule de petits engagements où les Français eurent toujours l'avantage, notamment sous le cap Blanc et sous le cap Grinès. Le Premier consul assista, à bord d'une faible embarcation, à l'un de ces combats, dans un voyage à Boulogne. Après avoir inspecté les troupes de terre et de mer, et fait exécuter sous ses yeux les essais d'embarquement et de débarquement; après avoir visité les travaux des différents ports, et suffisamment accru, par sa présence, l'inquiétude de ses ennemis, il repartit brusquement pour Saint-Cloud, où il vint reprendre la conduite des affaires du gouvernement.

CHAPITRE XXIII

1803-1804

Conspiration de Georges. — Moreau. — Pichegru. — Mort du duc d'Enghien.

Deux ans après le 18 fructidor, qui avait amené la déportation de Pichegru, le Directoire fut renversé, et le 18 brumaire plaça l'ancien élève de ce général à la tête de la République. Dans cette journée, Moreau, au lieu de se renfermer avec d'autres généraux dans une neutralité honorable pour les principes qu'on lui supposait, s'offrit de lui-même à Bonaparte, afin de coopérer au succès de cette révolution, et accepta la mission d'aller investir le palais du gouvernement, où se trouvaient encore les directeurs Gohier et Moulins. Moreau n'avait su ni jouer le rôle de Bonaparte avant le retour d'Égypte, ni depuis, se faire oublier; trois ans auparavant il n'avait pas osé, en sa qualité de général en chef, dénoncer au gouvernement Pichegru comme traître, et ne s'était décidé à remplir ce devoir que lorsqu'il pouvait craindre pour lui-même. Cependant, malgré cette conduite, qui devait séparer ces deux généraux, un motif alors inconnu avait renoué leurs relations d'amitié, quoiqu'ils habitassent, l'un l'Angleterre, et l'autre la France.

Échappé des déserts de Sinnamary, Pichegru était venu chercher un asile à Londres, où il fut accueilli avec empressement par le parti royaliste, qui s'aveugla au point d'en attendre le succès de ses anciennes espérances. En conséquence, il désigna aux princes français et au cabinet de Londres, pour aider à la contre-révolution qu'on méditait, le général Moreau, le vainqueur de Hohenlinden, celui que l'on qualifiait de chef militaire de l'opposition qui s'élevait contre Bonaparte, et de représentant de la cause républicaine. Le gouvernement britannique, d'accord avec les princes français, arrêta un plan de conspiration; un certain Lajolais en fut porteur, et repartit pour Londres après être venu en conférer à Paris avec Moreau. Les conjurés d'outre-mer furent divisés en trois bandes, auxquelles on marqua trois lignes, partant de la falaise de Béville, pour leur voyage jusqu'à Paris. Le 21 août 1803, s'opéra un premier débarquement, commandé par Georges Cadoudal; un second, dont Coster Saint-Victor faisait partie; un troisième, où se trouvaient Pichegru et Lajolais. Un quatrième, plus important, devait encore avoir lieu : c'était celui qui amènerait en France un prince français, mais les vents contraires l'empêchèrent.

Malgré les précautions dont ils s'entourèrent, plusieurs conjurés ne tardèrent pas à être arrêtés; on apprit par leurs dépositions que Pichegru était descendu à Chaillot, chez Georges, sous le nom de Charles, et qu'il avait déjà occupé à Paris divers logements. Ceux qui ne connaissaient pas ce général déclarèrent que, quand un certain personnage arrivait chez Georges, chacun se levait et le traitait avec respect. Le gouvernement sut bientôt que Moreau avait vu Pichegru chez lui, et qu'à une autre conférence du soir, sur le boulevard de la Madeleine, ce dernier lui avait présenté Georges Cadoudal; deux fois encore, ils avaient eu des entretiens particuliers d'où il était résulté, malgré quelque dissidence dans les moyens d'exécution, le projet de changer totalement la forme du gouvernement. Pichegru, qui était entièrement voué au succès de l'entreprise, nourrissait une haine implacable contre le Premier consul, depuis le 13 vendémiaire et l'appui donné par l'armée d'Italie au 18 fructidor. Plusieurs fois un de ses amis, ancien entrepreneur des subsistances militaires, assez courageux pour lui donner asile chez lui, l'avait engagé vainement à renoncer à sa criminelle entreprise, mais Pichegru lui avait répondu qu'il agissait en vertu des plus hauts pouvoirs, et qu'il avait à sa disposition les ressources de l'Angleterre. Cependant les prisons renfermaient déjà presque tous les complices, au nombre de quarante-cinq. Il ne restait plus de libres que les trois principaux conjurés, Moreau, Pichegru et Georges. Les renseignements ayant paru suffisants, le 15 octobre 1803, Moreau fut arrêté. Le lendemain, l'ordre du jour de la garnison de Paris portait :
« Cinquante brigands ont pénétré dans la capitale : Georges et le général Piche-grü étaient à leur tête. Leur arrivée avait été provoquée par un homme qui a compté encore dans nos rangs, par le général Moreau, qui fut remis hier aux

« mains de la justice nationale. Leur projet, après avoir assassiné le Premier
« consul, était de livrer la France aux horreurs de la guerre civile et aux terribles
« convulsions de la contre-révolution. »

L'opinion, quoique instruite depuis longtemps de l'éloignement qu'une obsession domestique avait inspiré à Moreau pour le Premier consul, se refusa à croire de telles accusations. La gloire des armes jetait alors de profondes racines; le public, à qui l'avilissement des grandes renommées et le sacrifice de sa longue admiration sont également insupportables, se mit à soutenir une sorte de guerre contre Bonaparte. Cette opposition gagna plus rapidement encore les vétérans des armées du Nord, que Moreau avait commandées avec tant de succès. La vénération de ces armées pour leur ancien chef était sans bornes. Le genre de vie adopté par Moreau paraissait à beaucoup de gens, et à ses anciens officiers, une retraite au moins contre l'injustice, si ce n'était contre la persécution; aussi cet ordre du jour du gouverneur de Paris reçut-il un accueil peu favorable, tant il choquait les opinions et cette faveur républicaine dont Moreau aimait à s'envelopper. La raison publique se révolta à l'idée d'une connivence avec Georges, et à celle de l'assassinat du Premier consul. L'incrédulité du public jugea le forfait impossible, à cause de son énormité. L'opposition qui régna pendant tout ce procès alla presque jusqu'à l'attitude séditieuse : erreur honorable pour le caractère national, qui demeura indécis entre le culte qu'il portait si justement au premier magistrat de la République et la cause d'un illustre accusé !

Le 28 février, un sénatus-consulte suspendit pour deux ans la procédure par jury, et investit les tribunaux criminels de la connaissance des crimes de haute trahison, d'attentats contre la personne du Premier consul, et contre la sûreté intérieure et extérieure de la République. Une loi spéciale appliqua la peine capitale aux recéleurs des conjurés, comme complices. La proclamation de cette loi mit bientôt Pichegru sous la main de la justice, pour une somme de 100,000 francs, par un homme chez lequel il s'était réfugié. A deux heures du matin, des agents de police, munis de la clef qu'on leur avait donnée, entrèrent dans la chambre où il dormait, se saisirent de ses pistolets et se jetèrent sur lui.

Pichegru, quoique surpris et sans armes, se défendit longtemps et ne céda qu'au nombre. Il fallut le lier et le conduire en chemise à la Préfecture de police, où il subit un premier interrogatoire; de là il fut transféré au *Temple*, et confronté avec ses complices : on le reconnut pour être le Charles à qui l'on témoignait chez Georges tant de respect. Le signalement de Georges Cadoudal avait été communiqué à toutes les barrières, à tous les gendarmes, à tous les délégués de la police, et affiché partout. Le 9 mars, il fut arrêté en cabriolet, non loin du carrefour Buci, par deux agents, dont il tua l'un et blessa l'autre de deux coups de pistolet; mais la foule l'entoura et l'empêcha de se sauver. Conduit à la police, il avoua sans hésiter *qu'il était venu à Paris pour attaquer le Premier consul par la force, et avec des moyens pareils à ceux de son escorte et de sa garde; mais qu'il attendait pour cela qu'un prince français fût arrivé à Paris*. Pichegru, au contraire, se renferma constamment dans un système de dénégation absolue, soit par rapport à Georges, soit par rapport à Moreau, malgré les déclarations faites en sa présence par les autres conjurés. Moreau débuta aussi par le même système, auquel il dut bientôt renoncer. La nature lui avait donné le courage des champs de bataille, en lui refusant cette force morale qui ennoblit toujours l'adversité, et quelquefois le crime lui-même.

Peu de jours après son arrestation, il écrivit au Premier consul une lettre justificative. Après avoir établi ses premières relations avec Pichegru, à qui il devait, disait-il, le grade de général de division, le commandement de l'armée de Hollande et celui de l'armée du Haut-Rhin, il disait : « ... Dans la courte campagne « de l'an V, nous prîmes les bureaux de l'état-major de l'armée ennemie : on « m'apporta une grande quantité de papiers, que le général Desaix, alors blessé, « s'amusa à parcourir. Il nous parut, par cette correspondance, que le général Pi« chegru avait eu des relations avec les princes français. Cette découverte nous fit « beaucoup de peine, et à moi particulièrement ; nous convînmes de la laisser en « oubli. Pichegru, au Corps législatif, pouvait d'autant moins nuire à la chose pu« blique, que la paix était assurée. Je pris néanmoins des précautions pour la sû« reté de l'armée. Les événements du 18 fructidor s'annonçaient ; l'inquiétude « était assez grande : en conséquence, deux officiers qui avaient connaissance de « cette correspondance m'engagèrent à en donner connaissance au gouvernement... « J'étais fonctionnaire public et je ne pouvais garder un plus long silence... *Pen« dant ces deux dernières campagnes d'Allemagne, et depuis la paix, il m'a été « quelquefois fait des ouvertures assez éloignées, pour savoir s'il serait possible de « me faire entrer en relations avec les princes français.* Je trouvai tout cela si « ridicule, que je n'y fis pas même de réponse. » Moreau niait ensuite avoir la moindre part à la conspiration actuelle, et ajoutait : « Je vous le répète, général, « *quelque proposition qui m'ait été faite, je l'ai repoussée par opinion...* De pa« *reilles ouvertures*, faites à moi, particulier isolé, n'ayant voulu conserver aucune « relation ni dans l'armée, dont les neuf dixièmes ont servi sous mes ordres, ni « aucune autorité constituée, ne pouvaient obtenir de ma part qu'un refus. Une « délation répugnait trop à mon caractère... Voilà, général, ce que j'avais à vous « dire sur mes relations avec Pichegru ; elles vous convaincront sûrement qu'on a « tiré des inductions bien fausses et bien hasardées de démarches et d'actions qui, « peut-être imprudentes, étaient loin d'être criminelles. » Moreau oubliait qu'il était obligé, comme citoyen, de révéler les complots tendant à renverser le gouvernement de son pays ; il oubliait aussi qu'il avait dénoncé Pichegru au Directoire, et il savait très-bien, par Georges et Pichegru, que de nouvelles machinations menaçaient et la vie du Premier consul et le salut de la République. Enfin, c'était encore à lui qu'on s'adressait, même depuis la paix, pour donner un chef à une conspiration. Moreau avait mieux défendu la France qu'il ne se défendait lui-même ; sa lettre fut jointe aux pièces du procès, qui commença. Il occupa tout Paris : le Palais de justice et ses avenues étaient, dès la pointe du jour, assiégées par une foule que la présence des troupes parvenait difficilement à contenir.

Frappé de l'émotion générale produite par ce procès, le Premier consul chargea le colonel Sébastiani d'aller confidentiellement s'informer auprès de l'un des juges, M. de la Guillaumye, ancien intendant de la Corse, de l'issue que pourraient avoir les débats. Ce magistrat lui dit que Moreau était coupable, mais que les preuves légales manquaient pour une conviction pleine et entière; que d'ailleurs la force de l'opinion publique combattait leur autorité, et, enfin, qu'il ne prévoyait pas que Moreau pût être condamné à une autre peine qu'à une détention limitée : « *La Guillaumye a raison*, dit le Premier consul : *les Parisiens sont toujours pour* « *les accusés. Quand Biron fut condamné à mort par le parlement, bien juste-* « *ment, comme traître, on fut obligé de doubler la garde et de le faire exécuter à* « *huis clos à l'Arsenal.* » Quelques temps après, comme l'affaire approchait de sa conclusion, le conseiller Clavier, ardent républicain, qui figurait également au nombre des juges de Moreau, fut aussi pressenti sur le jugement. On lui assura que l'intention du Premier consul, si le tribunal prononçait la peine de mort, était de faire grâce à Moreau : « *Qui me la fera, à moi?* » répliqua-t-il brusquement. Les réponses des deux magistrats et les paroles du Premier consul expriment fidèlement la situation des esprits à cette époque. Ce qui complète aussi ce tableau, c'est cette multitude d'adresses qui, expédiées de toutes les parties de la France par chaque tribunal, chaque administration, chaque régiment, chaque corporation ecclésiastique, remplissaient les pages du *Moniteur*. Le besoin du salut du Premier consul était universel : aussi le sentiment de ce besoin éclata-t-il unanimement quand on connut le danger. Mais quoique Moreau fût condamné, dans ces adresses, par tout ce qui représentait la France politique, administrative, judiciaire et religieuse, une foule de citoyens prenaient parti autant pour son innocence que pour la conservation de Bonaparte.

Pendant que cette machination intérieure occupait le Premier consul, une autre ourdie à l'intérieur, et qui, par sa marche, lui parut identique avec la première, attirait ses regards sur les bords du Rhin. Toutes les deux étaient des conceptions enfantées à Londres. La police de Paris fut tout à coup saisie du secret de ces manœuvres par l'arrestation, à Kehl, de Méhée de Latouche, déporté à Oléron à l'occasion de l'attentat du 3 nivôse, auquel il était cependant étranger. Échappé de l'île, Méhée se réfugia en Angleterre, où il s'attacha aux trames que la reprise des hostilités renouvelait contre Bonaparte. Le ministère anglais l'accueillit, agréa ses services, et le fit partir pour Paris avec des instructions qui avaient pour but le bouleversement de la France et la perte du Premier consul. Arrêté à Kehl avec ses papiers, vers la fin de septembre 1803, Méhée s'était vu dans l'alternative de subir la peine capitale, qu'il méritait, ou de devenir l'agent du gouvernement, qui lui faisait grâce, pour déjouer la conjuration étrangère ; il n'hésita pas à préférer le dernier parti. Cependant le gouvernement anglais ignorait le passage de Méhée sous l'influence de la police de Paris. Sous la dictée de cette police et sous les yeux du citoyen Shée, préfet du Bas-Rhin, à Strasbourg, Méhée commença une correspondance avec le ministre anglais, comme si, parvenu à sa destination, il s'occupait d'accomplir les projets dont il s'était d'abord chargé.

Les choses en étaient là lorsqu'un rapport de gendarmerie, remis directement au Premier consul à la Malmaison, lui apprit que le duc d'Enghien, résidant à Ettenhein, dans le grand-duché de Bade, y avait réuni beaucoup d'émigrés, et entre autres le général Dumouriez. Aussitôt Bonaparte, déterminé non-seulement par les trames qu'à la même époque on ourdissait contre lui, mais encore, et plus fortement sans doute, par la déclaration si positive de Georges Cadoudal, *qu'il attendait l'arrivée d'un prince français pour attaquer le Premier consul*, préoccupé en outre de l'idée, dont depuis plusieurs jours l'obsédaient des rapports de police, que le duc d'Enghien devait pénétrer en France du côté de l'est au moment de l'explosion de la conspiration, tandis que le duc de Berri débarquerait en Bretagne ou en Normandie, Bonaparte prit à l'instant la résolution, comme il l'a dit depuis, de renvoyer la terreur à ses ennemis jusque dans Londres, convoqua le conseil des ministres, et l'ordre suivant fut donné à celui de la guerre :

Paris, ce 19 ventôse an XII (10 mars 1804).

« Vous voudrez bien, citoyen général, donner ordre au général Ordener, que
« je mets à cet effet à votre disposition, de se rendre dans la nuit, en poste, à
« Strasbourg : il voyagera sous un autre nom que le sien : il verra le général de
« division. Le but de sa mission est de se porter sur Ettenheim, de cerner la ville,

« d'y enlever le duc d'Enghien, Dumouriez, un colonel anglais, et tout autre
« individu qui serait à leur suite. Le général de la division, le maréchal des
« logis de gendarmerie qui a été reconnaître Ettenheim, ainsi que le commissaire
« de police, lui donneront tous les renseignements nécessaires. Vous ordonnerez au
« général Ordener de faire partir de Schelestadt trois cents hommes du 26e de
« dragons, qui se rendront à Rheinau, où ils arriveront à huit heures du soir. Le
« commandant de la division enverra quinze pontonniers à Rheinau, qui arriveront
« également à huit heures du soir, et qui, à cet effet, partiront en poste ou sur les
« chevaux de l'artillerie légère. Indépendamment du bac, il se sera déjà assuré
« qu'il y a quatre à cinq grands bateaux, de manière à faire passer d'un seul
« voyage trois cents chevaux. Les troupes prendront du pain pour quatre jours et
« se muniront de cartouches. Le général de division y joindra un capitaine ou offi-
« cier, et un lieutenant de gendarmerie, et trois ou quatre brigades de gendar-
« merie. Dès que le général Ordener aura passé le Rhin, il se dirigera sur Etten-
« heim et marchera droit à la maison du duc et à celle de Dumouriez. Après cette
« expédition terminée, il fera son retour sur Strasbourg. En passant à Lunéville,
« le général Ordener donnera ordre que l'officier de carabiniers qui a com-
« mandé le dépôt à Ettenheim se rende à Strasbourg en poste, pour y attendre
« ses ordres. Le général Ordener, arrivé à Strasbourg, fera partir secrètement deux
« agents, soit civils, soit militaires, et s'entendra avec eux pour qu'ils viennent à
« sa rencontre.

« Vous donnerez ordre pour que, le même jour, à la même heure, deux cents
« hommes du 26e de dragons, sous les ordres du général Caulaincourt, auquel
« vous donnerez des ordres en conséquence, se rendent à Offenbourg pour y
« cerner la ville et arrêter la baronne de Reich, si elle n'a pas été prise à Stras-
« bourg, et autres agents du gouvernement anglais, dont le préfet et le citoyen
« Méhée, actuellement à Strasbourg, lui donneront des renseignements. D'Offen-
« bourg, le général Caulaincourt dirigera des patrouilles sur Ettenheim jusqu'à
« ce qu'il ait appris que le général Ordener a réussi. Ils se prêteront des secours
« mutuels.

« Dans le même temps, le général de la division fera passer trois cents hommes
« de cavalerie à Kehl, avec quatre pièces d'artillerie légère, et enverra un poste
« de cavalerie légère à Wilstadt, point intermédiaire entre les deux routes.

« Les deux généraux auront soin que la plus grande discipline règne, que
« les troupes n'exigent rien des habitants. Vous leur ferez donner, à cet effet,
« 12,000 francs. S'il arrivait qu'ils ne pussent remplir leur mission et qu'ils eussent
« l'espoir, en séjournant trois ou quatre jours et en faisant des patrouilles, de
« réussir, ils seront autorisés à le faire. Ils feront connaître aux baillis des deux
« villes que, s'ils continuent à donner asile aux ennemis de la France, ils s'attire-
« ront de grands malheurs.

« Vous ordonnerez que le commandant de Neufbrisach fasse passer cent hommes
« sur la rive droite avec deux pièces de canon. Les postes de Kehl, ainsi que ceux
« de la rive droite, seront évacués dès l'instant que les deux détachements auront
« fait leur retour.

« Le général Caulaincourt aura avec lui une trentaine de gendarmes. Du reste,
« le général Caulaincourt, le général Ordener et le général de la division tiendront
« un conseil et feront les changements qu'ils croiront convenables aux présentes
« dispositions. S'il arrivait qu'il n'y eût plus à Ettenheim ni Dumouriez ni le duc
« d'Enghien, on rendrait compte par un courrier extraordinaire de l'état des choses.
« Vous ordonnerez de faire arrêter le maître de poste de Kehl et autres individus
« qui pourraient donner des renseignements sur cela.

« Bonaparte. »

Il est difficile de ne pas reconnaître dans une pareille instruction, où tout est si diligemment prévu, si minutieusement prescrit, le caractère d'une de ces résolutions dont l'exécution est inexorable. Plus d'une fatalité concourut à tromper le Premier consul et à perdre le duc d'Enghien. D'abord les gendarmes alsaciens, en raison de leur prononciation, avaient fait le général Dumouriez du général Thumery, attaché au prince, erreur qui accréditait, touchant le séjour du duc d'Enghien à Ettenheim, le bruit d'un rassemblement hostile coïncidant avec les complots et les lettres des agents anglais, et avec les tentatives et les déclarations de Georges.

Caulaincourt et Ordener reçurent leurs ordres du ministre de la guerre, en vertu de ceux du Premier consul. Comme les opérations confiées à ces deux généraux devaient s'accomplir en pays étranger et ami, M. de Talleyrand, ministre des relations extérieures, accrédita leur mission par une lettre au ministre de l'électeur de Bade, et laissa à Caulaincourt le soin de la lui faire parvenir. Cette lettre ne parvint au ministre de Bade qu'après l'enlèvement du duc d'Enghien.

Le malheureux prince fut pris dans son lit le 15 mars, à cinq heures du matin ; le marquis de Thumery, le colonel baron de Grüstein, le lieutenant Schmidt, l'abbé Wenborn, l'abbé Michel, M. de Saint-Jacques, secrétaire du duc, et trois de ses gens, furent arrêtés. Alors seulement le commandant de gendarmerie reconnut que le général Dumouriez n'était autre que le général Thumery. Le prince lui *déclara que jamais Dumouriez n'était venu à Ettenheim, et qu'il ne l'aurait pas reçu s'il y était venu. Il dit qu'il estimait Bonaparte comme un grand homme ; mais qu'étant prince de la maison de Bourbon, il lui avait voué une haine implacable.* On le transféra à la citadelle de Strasbourg, où il resta deux jours. Le 18, dans la nuit, il partit en poste pour le château de Vincennes, où il arriva le 20, à neuf heures du soir. Une commission militaire, composée d'un général de brigade président, de six colonels, d'un capitaine rapporteur et d'un capitaine greffier, se transporta à

Vincennes, en vertu de l'ordre du gouverneur de Paris, d'après l'arrêté du gouvernement du 19 ventôse, qui *déclarait le duc d'Enghien prévenu d'avoir porté les*

armes contre la République; d'avoir été et être encore à la solde de l'Angleterre; de faire partie de complots tramés par cette dernière puissance contre la sûreté intérieure et extérieure de la République. Interrogé à minuit par le capitaine rapporteur, le prince déclara qu'*il n'avait jamais vu Pichegru; que le général avait désiré de le voir; qu'il se louait de ne l'avoir pas connu, d'après les vils moyens dont on dit qu'il avait voulu se servir, s'ils sont vrais... qu'il avait toujours commandé l'avant-garde dans l'armée de son grand-père; qu'il n'avait pour vivre que le traitement que lui faisait l'Angleterre, c'est-à-dire cent cinquante guinées par mois.* Avant de signer le procès-verbal de ce premier interrogatoire, le prince écrivit au bas : *Je demande une audience au Premier consul; mon nom, mon rang, ma façon de penser et l'horreur de ma situation me font espérer qu'il ne se refusera pas à ma demande.* A la commission devant laquelle il comparut deux heures après, il déclara *qu'il était prêt à faire la guerre, et qu'il devait avoir du service dans celle que l'Angleterre faisait encore à la France.* Averti par le président que les commissions militaires jugeaient sans appel, le duc répondit : *Je ne me dissimule pas le danger que je cours : je désire seulement avoir une entrevue avec le Premier consul.*

Vers les quatre heures du matin, une explosion se fit entendre dans les fossés du château : le dernier rejeton de la maison de Condé mourait, pour la cause royale, au pied de la forteresse où le grand Condé avait été renfermé comme coupable d'avoir porté les armes contre le roi de France.

Le lendemain, au milieu de la violente agitation dont le procès de Moreau et de Pichegru enflammait les esprits, on apprit tout à coup que le duc d'Enghien avait été fusillé à Vincennes. Une morne stupeur s'étendit sur la capitale; les prisonniers du Temple furent oubliés pendant cette journée envahie par un deuil inconnu; et ce qui rendit cette émotion si sombre, si sinistre, c'était le caractère mystérieux imprimé à l'effroi général. En effet, le crime et la victime étaient également inconnus. Plus des deux tiers de la population de Paris ne savaient quel était ce prince qui venait de périr à Vincennes. Frappée d'un saisissement profond, l'opinion cherchait toutefois à pénétrer ce secret que la mort pouvait avoir rendu impénétrable; elle pouvait rattacher ce fait si étrange au complot qui l'occupait et se perdait dans des conjectures qu'aucun indice, qu'aucun témoignage ne venait soutenir ou expliquer. Si c'était, disait-on, la même conspiration, on eût mis le nouveau coupable en présence des anciens, il n'en aurait pas été séparé à l'instant par un jugement et une exécution nocturnes [1].

Tel fut l'épisode terrible qui détourna l'attention publique des conspirateurs du Temple. Toutefois, malgré le saisissement dont la mort du duc d'Enghien avait frappé toutes les âmes, cette mort ne laissa point de trace. Nulle démission ne signala le mécontentement d'un fonctionnaire, soit civil, soit militaire, ni d'aucun de ceux qui ont cherché depuis, par leurs écrits ou par leur silence, à se justifier d'avoir pris part à cette catastrophe.

Cependant l'empereur de Russie, en sa qualité de médiateur et de garant de la paix continentale, protesta contre l'invasion du pays de Bade, et notifia sa protestation aux Etats de l'Empire. Il était puissamment secondé dans cette démarche par le roi de Suède, gendre de l'électeur de Bade, et même par le cabinet de

---

[1] *La mort du duc d'Enghien n'est pas un crime,* dit alors un homme d'État : *c'est bien pis, elle est une faute.* Napoléon a pris sur lui seul *cette faute* tout entière dans sont testament, où il s'exprime ainsi :

« J'ai fait arrêter et juger le duc d'Enghien, parce que cela était nécessaire à la sûreté de l'intérêt et à l'honneur du peuple français. Dans une semblable circonstance, j'agirais de même. »

Dans ses *Mémoires* (t. II, p. 228), Napoléon dit encore :

« Le duc d'Enghien périt parce qu'il était un des auteurs principaux de la conspiration de Georges, Pichegru et Moreau... Le duc d'Enghien figurait déjà, depuis 1796, dans les intrigues des agents de l'Angleterre, comme le prouvent les papiers saisis dans les caissons de Klinglin, et les lettres de Moreau au Directoire, du 17 fructidor 1797. »

Londres, qui osa aussi intervenir dans cette réclamation, quoique souillé encore des crimes de ses agents diplomatiques. La cour de Pétersbourg avait pris le deuil pour la mort du duc d'Enghien ; une troisième coalition s'annonçait. Les sinistres événements auxquels la France servait de théâtre, et les nouveaux périls où une guerre continentale allait entraîner l'Europe, étaient tous sortis, je ne crains pas de l'affirmer, du refus de l'Angleterre d'obéir au traité d'Amiens. L'histoire a le droit de déclarer que l'exécution de ce traité par la Grande-Bretagne aurait prévenu le procès de Moreau et le jugement du duc d'Enghien ; cette fatale résolution entacha cette belle période consulaire où Bonaparte avait recueilli si justement les vœux et les hommages de la France et de l'Europe.

Mais l'annulation du traité d'Amiens présageait d'autres calamités. Bonaparte fut comme frappé de la foudre par la rupture de la paix. Il sentit que cette paix, si chèrement achetée, si difficilement engagée, ne pouvait faire place qu'à des combats perpétuels ; il sonda l'avenir d'un coup d'œil irrité, il le vit à jamais implacable : dès lors, ne voyant plus de sûreté pour la France ni pour lui sous l'égide de la dictature républicaine, il appela à son secours la dictature impériale.

La rupture du traité d'Amiens et l'avénement de Napoléon à l'empire s'élevèrent tout à coup l'un contre l'autre, comme deux forces inconnues dont l'ordre social allait être la proie. Ces deux causes recélaient dans leurs principes les plus redoutables éléments qui eussent encore soulevé les intérêts et les passions des hommes depuis les guerres de religion. Le génie de Napoléon le portait à monter toujours, et celui de la Grande-Bretagne à creuser sans cesse un abîme sous les pas de son ennemi. La France et l'Angleterre ne se bornent plus à l'ancienne rivalité qui les éloignait l'une de l'autre, elles se sont rapprochées pour se livrer une guerre à mort. Voilà les auspices de l'empire.

CHAPITRE XXIV

1804

Avénement à l'Empire. — Protestation de Louis XVIII. — Inauguration de la Légion d'honneur. Camp de Boulogne. — Sacre de l'impératrice.

La motion d'élever à l'empire Napoléon Bonaparte et de fixer l'hérédité dans sa famille partit de la dernière enceinte où se réfugiât encore l'ombre de la liberté française. Présentée par le citoyen Curée, membre du Tribunat, cette proposition passait à l'unanimité, sans l'opposition du citoyen Carnot. Le 2 mai, le Corps Législatif s'unit par ses votes au vœu du Tribunat ; le 18, le Sénat décréta le sénatus-consulte qui déférait le titre d'empereur au Premier consul, en établissant dans sa famille l'hérédité au trône impérial. Le Sénat se rendit à Saint-Cloud, ayant à sa tête le second consul Cambacérès, son président, chargé de présenter à l'Empereur ce sénatus-consulte.

Napoléon répondit au discours de l'orateur : « Tout ce qui peut contribuer au bien
« de la patrie est essentiellement lié à mon bonheur; j'accepte le titre que vous
« croyez utile à la gloire de la nation. Je soumets à la sanction du peuple la loi
« de l'hérédité; j'espère que la France ne se repentira jamais des honneurs dont
« elle environnera ma famille. Dans tous les cas, mon esprit ne serait plus avec
« ma prospérité le jour où elle cesserait de mériter l'estime et la confiance de la
« grande nation. »

La proclamation du sénatus-consulte annonça à la France une quatrième dynastie, la formation des colléges électoraux, la création d'une haute cour impériale et l'institution des grandes dignités de l'empire.

Napoléon nomma grand électeur le prince Joseph; connétable, le prince Louis; archichancelier, M. Cambacérès, et architrésorier, M. Lebrun.

Le même jour, Napoléon paya un double tribut à l'armée en conférant le grade de maréchal de l'empire à dix-huit généraux qui devaient leur illustration à des victoires : c'étaient Alexandre Berthier, Murat, Moncey, Jourdan, Masséna, Augereau, Bernadotte, Soult, Brune, Lannes, Mortier, Ney, Davoust, Bessières, Kellermann, Lefebvre, Pérignon et Sérurier.

Le clergé s'empressa de saluer l'avénement de Napoléon de tous les titres que sa reconnaissance lui inspira en faveur de l'auteur du Concordat de 1801. Le nouvel empereur devint le nouveau Cyrus, le nouveau Moïse rappelé des déserts de l'Égypte, le nouveau Mathathias envoyé par le Seigneur.

Le 27 mai, l'Empereur reçut solennellement le serment du Sénat. Le vœu des cent huit départements de la France arriva bientôt au pied du trône. En même temps une déclaration, faite à Varsovie, et datée du 6 juin, était adressée à tous les gouvernements de l'Europe.

PROTESTATION DE LOUIS XVIII, ROI DE FRANCE, CONTRE L'USURPATION DE BONAPARTE.

« En prenant le titre d'empereur, en voulant le rendre héréditaire dans sa
« famille, Bonaparte vient de mettre le sceau à son usurpation. Ce nouvel acte
« d'une révolution où tout, dans l'origine, a été nul, ne peut sans doute infirmer
« mes droits. Mais, comptable de ma conduite à tous les souverains, dont les droits
« ne sont pas moins lésés que les miens, et dont les trônes sont tous ébranlés par
« les principes dangereux que le Sénat de Paris a osé mettre en avant; comptable
« à la France, à ma famille, à mon propre honneur, je croirais trahir la cause
« commune en gardant le silence en cette occasion. Je déclare donc (après avoir au
« besoin renouvelé mes protestations contre tous les actes illégaux qui, depuis
« l'ouverture des États-Généraux de France, ont amené la crise effrayante dans
« laquelle se trouvent la France et l'Europe), je déclare en présence de tous les

« souverains, que, loin de reconnaître le titre impérial que Bonaparte vient de se
« faire déférer par un corps qui n'a pas même d'existence légale (le Sénat), je pro-
« teste contre ce titre et contre tous les actes subséquents auxquels il pourrait
« donner lieu. »

Napoléon fit publier cette protestation dans le *Moniteur*. Ce fut sa seule réponse.

Peu de jours après, l'Empereur signala par un acte de clémence le commencement de son règne. Vingt des coaccusés de Georges Cadoudal avaient été condamnés à mort, le 10 juin, par le tribunal criminel de la Seine; et d'autres,
notamment le général Moreau, à deux années de détention. Au nombre des
premiers, on comptait : Armand de Polignac, le marquis de Rivière, Bouvet de
Losier, le général Lajolais, Russilion, Rochelle, Gaillard et Charles d'Hozier.
L'impératrice Joséphine joignit ses larmes à celles de madame de Polignac. « *Je
puis pardonner à votre mari*, dit Napoléon, *car c'est à ma vie qu'on en voulait.* »
La grâce d'Armand de Polignac fut prononcée. Madame Murat se chargea de celle
de M. de Rivière, et l'obtint. Le général Rapp, aide de camp de Napoléon, alla à
Saint-Cloud solliciter celle de Russilion; il réussit comme madame Murat. L'Empereur remit encore leur peine à cinq autres : ainsi huit des conjurés échappèrent
à l'échafaud. Georges, n'ayant pas voulu demander sa grâce, périt avec douze de
ses complices. Napoléon commua la détention prononcée contre Moreau en un
exil aux États-Unis. La France applaudit à ces éclatants témoignages d'une véri-

table générosité. Elle jugea que celui-là était digne de la gouverner, qui exerçait d'abord en faveur de ses ennemis, la plus belle prérogative du pouvoir.

Cependant l'Empereur n'oubliait pas les vastes conceptions du Premier consul : au premier rang figurait l'invasion qu'il avait préparée contre l'Angleterre. Les camps établis sur les côtes avaient pour chefs nos premiers généraux. Le maréchal Davoust commandait les camps de Dunkerque et d'Ostende ; le maréchal Ney ceux de Calais et de Montreuil ; le maréchal Soult celui de Boulogne ; le général Junot celui de Saint-Omer, où il fut remplacé par le général Oudinot, qui vint se mettre à la tête de ce fameux corps de grenadiers illustrés par tant de victoires. Le port de Boulogne contenait déjà neuf cents bâtiments ; ceux d'Étaples, de Vimereux, de Calais, de Dunkerque, en étaient remplis. Le port d'Ambleteuse, également recreusé et reconstruit, attendait les cinq cents voiles de la flottille batave, sous la conduite de l'amiral Verhuell. Le 16 mai 1804, après les plus habiles manœuvres et une brillante action avec le commodore Sidney Smith, l'amiral Verhuell faisait entrer dans le port d'Ostende la première division de sa flottille ; la seconde suivit de près avec le même danger et le même bonheur. A plusieurs reprises, les Anglais essayèrent, mais inutilement, d'incendier le port du Havre. Les divisions françaises en sortirent, et toutes elles arrivèrent, non sans combat, à leur destination. Le contre-amiral Magnon et le capitaine de vaisseau Montcabrié eurent des affaires glorieuses avec les croisières anglaises, l'un devant Calais, l'autre devant Boulogne. Accoutumées à ce nouveau genre de guerre, les troupes de terre, qui bivaquaient par division sur les bateaux de la flottille, sollicitaient l'honneur de former les équipages des corsaires et des navires qui appareillaient. Elles portèrent quelquefois leur audace jusqu'à l'embouchure de la Tamise, où des grenadiers capturèrent des bâtiments marchands et une corvette. Nelson était également repoussé, dans les parages de Toulon, par l'amiral Latouche-Tréville, qui commandait toutes les forces navales de la Méditerranée.

Le 8 juillet, Napoléon partit de Saint-Cloud pour aller visiter ces camps redoutables qui menaçaient l'Angleterre. Il veut montrer à l'armée son nouvel empereur : aussi va-t-il, en l'appelant tout entière au serment et à la récompense des braves, éterniser le souvenir de ce voyage. Après cette rapide inspection il était de retour à son quartier général du Pont-de-Brique à Boulogne, où l'armée arrivait de tous les côtés ; l'étoile de la Légion la guide vers la Tour d'Odre, qui reprend son nom de Tour de César. En creusant la terre pour établir la baraque de l'Empereur, on découvrit les traces d'un camp romain, et des médailles de Guillaume le Conquérant. Une sorte de merveilleux s'attachait partout où paraissait Napoléon. L'imposante cérémonie qui se prépare est fixée au 15 août, jour de sa fête.

Cent mille hommes sous les ordres du maréchal Soult étaient réunis dans les

camps de Boulogne et de Montreuil, pour assister à la solennité. A la droite du
port, la nature a tracé un vaste amphithéâtre faisant face à la mer. Au milieu
s'élevait un tertre dans le goût antique, tel que chez les Romains on en dressait
aux Césars quand ils voulaient haranguer l'armée. Ce tertre était entouré d'éten-

dards et de drapeaux surmontés d'aigles d'or. Au centre, le trône de l'Empereur
était adossé à un trophée d'armes composé de tous les drapeaux conquis dans les
batailles de Lodi, d'Arcole, de Rivoli, des Pyramides, d'Aboukir et de Marengo.
Une immense couronne de lauriers, sur laquelle s'agitaient les queues pourprées
des guidons des beys d'Égypte, surmontait ce brillant trophée. Lorsque Napoléon
parut, deux mille tambours battirent aux champs; à leur roulement succéda

bientôt un profond silence. Entouré de ses frères et de ses grands officiers, Napoléon prononce le serment de l'Ordre, qui est répété avec enthousiasme. Après le serment, les décorations, placées dans le casque de Du Guesclin, sont distribuées aux légionnaires. En ce même moment, par une heureuse coïncidence, le capitaine de vaisseau Daugier pénétrait dans le port de Boulogne avec une division du Havre, forte de quarante-sept voiles, au bruit des acclamations de la terre. De nombreuses distributions aux troupes, des danses, des chants guerriers, prolongèrent dans la nuit la fête militaire. Un beau feu d'artifice attira tout à coup les regards de la croisière ennemie sur le plateau du camp de gauche, où quinze mille hommes en bataille exécutèrent un feu de file avec des cartouches à étoiles. Le même jour, on célébrait la fête de l'Empereur à Cherbourg par l'inauguration de la batterie *Napoléon*, et à Anvers par celle de l'*Arsenal maritime*. Ce vaste port de construction comptait à peine une année d'établissement, et cependant trois vaisseaux de ligne et une frégate allaient sortir de ses chantiers.

Avant de quitter Boulogne pour se rendre dans les départements du Rhin, l'Empereur reçut de son armée un noble témoignage d'admiration et de respect : elle lui vota une statue colossale en bronze, qui devait être placée au milieu du camp. Tous les régiments de l'armée offrirent une partie de leur solde pour l'érection de ce monument. Mais le bronze manquait : le maréchal Soult, qui présidait à cet important hommage au héros de la France, lui dit : « *Sire, prêtez-moi du*

bronze; je vous le rendrai à la première bataille. » Quelques mois plus tard, le maréchal acquitta fidèlement sa dette dans un village de la Moravie.

Pendant son séjour à Boulogne, Napoléon donna une nouvelle organisation toute militaire à l'École polytechnique. Nourris dans les idées républicaines, les élèves n'avaient pas accueilli la création de l'empire avec une grande faveur; désormais ils eurent des uniformes et furent assujettis à la discipline des casernes. L'École n'en resta pas moins la première de l'Europe, et garde encore son rang aujourd'hui. Napoléon data également du camp de Boulogne le mémorable décret des prix décennaux. Neuf grands prix, de 10,000 francs chacun, furent institués; deux appartinrent à l'inventeur de la machine la plus utile aux arts et aux manufactures; une autre au fondateur de l'établissement le plus avantageux à l'agriculture et à l'industrie nationale.

De Boulogne, Napoléon partit pour Aix-la-Chapelle. On rapporte qu'en passant à Arras, le préfet qui le harangua lui dit : *Dieu créa Bonaparte et se reposa.* Il quitta Arras après avoir passé en revue la réserve de grenadiers commandée par Junot, traversa Valenciennes, Mons, et arriva à Aix-la-Chapelle. Dans cette antique résidence du premier empereur des Français, il retrouva et s'appliqua, comme un ancien héritage, les souvenirs de Charlemagne; mais une démarche politique, d'une haute importance, signala principalement ce séjour d'Aix-la-Chapelle : l'empereur d'Allemagne avait résolu, le 10 août précédent, de prendre le titre d'empereur héréditaire d'Autriche, et s'était décidé en même temps à reconnaître l'avénement de Napoléon. Lors de la notification de cet avénement aux cours étrangères, la Russie était restée muette. Plus voisine de la France, l'Autriche sentit avec raison que son silence sur une pareille communication équivaudrait à une rupture; et comme elle ne se trouvait pas encore en état de la déclarer, le comte de Cobentzel, son ambassadeur, reçut l'ordre d'aller à Aix-la-Chapelle remettre ses lettres de créance. Le même jour, M. de Talleyrand présentait au nouvel empereur le comte de Lima et M. de Souza, l'un ambassadeur, l'autre envoyé extraordinaire du prince régent de Portugal, et le marquis de Gallo, ambassadeur de la cour de Naples. Quant à l'Espagne, elle n'avait eu besoin de l'exemple de personne pour reconnaître Napoléon.

Fondateur d'une nouvelle dynastie, il voulut aussi que le souverain pontife passât les monts pour lui conférer l'onction sainte. Le saint-siége, déjà préparé à la reconnaissance de l'empire par le Concordat, ne balança pas un seul moment. L'évêque d'Imola avait ceint la tiare, et le général républicain Bonaparte s'était placé sur le trône. On priait donc à Rome, et par les ordres du saint-père, dans toute la catholicité, pour l'empereur Napoléon et pour sa famille, comme on avait prié pour le Premier consul. Ainsi tous les gouvernements catholiques le saluaient du titre impérial : c'était une immense conquête, sinon sur les souvenirs, au moins sur les passions de la royauté européenne. Napoléon recueillait amplement les fruits du Concordat de 1801. Le succès de la négociation avec Pie-VII mit le comble à ce triomphe. On sent toute l'importance que cette grande cérémonie du sacre, célébrée au sein de la capitale, dans la basilique métropolitaine, devait avoir aux yeux de Napoléon; en effet, elle sanctionnait son élévation aux yeux des peuples de toute la chrétienté, et leur interdisait, ainsi qu'à leurs souverains, tout reproche d'usurpation.

D'Aix-la-Chapelle, l'Empereur partit pour Mayence, où il arriva par la route nouvelle, après avoir visité Juliers, Cologne et Coblentz. De Mayence il alla à Luxembourg. Il marqua sa présence au sein des principales villes des départements du Rhin par d'importantes dispositions, relatives soit au bien-être des habitants et à l'encouragement de leur industrie, soit au perfectionnement du système général de défense des frontières, dans les places fortes assises sur la barrière du Rhin. A cette époque, remontent aussi le décret d'organisation de l'École des ponts et chaussées, et celui qui détermina l'établissement de douze écoles de droit. Après trois mois d'absence, Napoléon revit Saint-Cloud le 12 octobre, et les apprêts du sacre furent ordonnés.

Le 1er décembre, le Sénat lui présenta le vœu du peuple en faveur de l'hérédité à l'empire dans sa famille. Soixante mille registres avaient été ouverts dans les cent huit départements; sur trois millions cinq cent soixante-quatorze mille huit cent quatre-vingt-dix-huit votants, deux mille cinq cent soixante-neuf votes étaient négatifs. Cette minorité, purement républicaine, et qui s'affaiblit encore peu de temps après, prouva suffisamment que la nation, ayant tout à fait changé ses mœurs, adhérait avec sincérité au gouvernement de l'homme qui avait trouvé en lui seul assez de forces pour opérer une pareille révolution. On remarqua dans cette circonstance la fin de la réponse de l'Empereur : « *Nos descendants conserveront longtemps ce trône. Ils ne perdront jamais de vue que le mépris des lois et l'ébranlement de l'ordre social ne sont que le résultat de la faiblesse et de l'incertitude du prince.* »

Le lendemain, par le froid le plus rigoureux, la double cérémonie du sacre et du couronnement eut lieu à Notre-Dame. L'Empereur avait fait à la cathédrale, dépouillée par la révolution, présent de tous les objets nécessaires au service divin, de vases sacrés en métaux précieux et enrichis de diamants et de magnifiques ornements sacerdotaux. Le pape sacra Napoléon et Joséphine en présence des princes de la maison impériale, de tous les ordres de l'État, du corps diplomatique et d'une députation de la république italienne. Mais à peine le pontife eut-il béni les deux couronnes, que Napoléon en saisit une, la plaça sur sa tête, et, prenant l'autre, couronna lui-même l'Impératrice, qui était restée à genoux au pied de l'autel. Pendant trois jours ce ne fut dans toute la France que fêtes et réjouissances publiques; à Paris, elles dépassèrent tout ce que l'imagination peut inventer de plus splendide.

Le second jour des fêtes du couronnement, une brillante solennité militaire, la distribution des aigles, rassembla toutes les troupes au champ de Mars : « Sol-« dats, leur dit Napoléon, voici vos drapeaux! ces aigles vous serviront toujours « de point de ralliement : elles seront partout où votre Empereur les jugera né-« cessaires pour la défense de son trône et de son peuple! » Les députations de chaque régiment s'avancèrent ensuite, et reçurent, au milieu des plus vives acclamations, ces drapeaux glorieux que l'armée ne devait rapporter dans la patrie que noircis par la poudre et déchirés par la mitraille, après les avoir fait flotter dans toutes les capitales de l'Europe.

Le même jour, 3 décembre, M. Pitt, tout récemment appelé au ministère, comme le seul adversaire qu'on pût opposer au plus redoutable des ennemis de la Grande-Bretagne, signait le traité de Stockholm, et payait un subside à la Suède pour qu'elle agît hostilement contre nous. Peu de jours après, l'Angleterre essayait, à l'aide d'une machine infernale, de faire sauter le fort Rouge de Calais; elle ne fut pas plus heureuse qu'un mois auparavant, quand, avec cinquante-deux voiles et douze brûlots, elle avait voulu incendier le port et la flottille de Boulogne. Non contentes de ces violences, les flottes anglaises brûlaient les navires du commerce dans les ports de la Péninsule, et détruisaient les convois, pendant que l'ambassadeur espagnol, le chevalier d'Anduagna, résidait encore auprès de la cour de Londres. Une pareille violation du droit des gens, exercée envers une nation en paix avec la Grande-Bretagne, révolta justement le gouvernement espagnol, qui, le 12 décembre, lui déclara la guerre par un manifeste de la plus grande énergie.

L'année se termina par l'ouverture du Corps législatif. On applaudit à ce passage du discours de l'Empereur : « *Je ne veux point accroître le territoire de l'empire, mais en maintenir l'intégrité.* » Dans l'exposé de la situation de l'empire, le ministre de l'intérieur déclara *que la France n'accepterait pas d'autres conditions que celles du traité d'Amiens.*

CHAPITRE XXV

1804

Rupture avec la Russie. — Lettre de Napoléon au roi d'Angleterre. Napoléon, roi d'Italie. Troisième coalition. — L'Angleterre, la Russie et l'Autriche déclarent la guerre à la France. — Capitulation d'Ulm. — Bataille des trois Empereurs à Austerlitz. — Paix de Presbourg.

Vers la fin de 1803, l'empereur Alexandre s'était offert pour intermédiaire entre l'Angleterre et la France, mais en demandant à celle-ci d'évacuer la Hollande, l'Italie et la Suisse, comme un gage de l'acceptation de cette médiation. Ces propositions furent écartées. Depuis, la violation du territoire de Bade et le meurtre du duc d'Enghien avaient totalement altéré le reste d'intelligence qui subsistait encore entre Paris et Saint-Pétersbourg, quand l'avénement de Napoléon à l'empire devint un nouveau grief pour le descendant des Romanoff. La Russie refusa de reconnaître l'empereur des Français. Le cabinet de Londres profita habilement de ces circonstances pour décider celui de Saint-Pétersbourg à rompre avec la France. Le Divan, à l'instigation de la Russie, refusa aussi de reconnaître l'empereur Napoléon ; en sorte que le maréchal Brune se vit dans la nécessité de quitter Constantinople, comme le général Hédouville Saint-Pétersbourg. Des flottes russes avaient franchi les Dardanelles et le Sund : elles menaçaient l'Italie, débarquaient des troupes aux îles Ioniennes, et semblaient marcher de concert avec les flottes britanniques. Dans cette conjuration de tant d'éléments hostiles, Napoléon se trouvait forcé de conquérir, sur la plus redoutable partie de l'Europe, le trône où la France venait de l'appeler. Mais, dans l'espoir sans doute que l'opinion de la nation anglaise, qu'il savait contraire à cette guerre toute de passion, pourrait entraîner le ministère, Napoléon donna encore un gage de ses intentions pacifiques, en renouvelant auprès du roi de la Grande-Bretagne la démarche généreuse et franche qui marqua les premiers pas de Bonaparte dans la carrière consulaire. En conséquence, il écrivit directement à ce prince, le 2 janvier 1805 :

« Monsieur mon frère, appelé au trône de France par la Providence et par les
« suffrages du sénat, du peuple et de l'armée, mon premier sentiment est un vœu
« de paix. La France et l'Angleterre usent leur prospérité. Elles peuvent lutter
« des siècles. Mais leurs gouvernements rempliront-ils bien le plus sacré de leurs
« devoirs ? et tant de sang versé inutilement et sans la perspective d'un but, ne
« les accuse-t-il pas dans leur propre conscience ? Je n'attache point de déshon-
« neur à faire le premier pas. J'ai assez, je pense, prouvé au monde que je ne
« crains aucune des chances de la guerre ; elle ne m'offre, d'ailleurs, rien que je
« puisse redouter. La paix est le vœu de mon cœur ; mais la guerre n'a jamais
« été contraire à ma gloire. Je conjure Votre Majesté de ne pas se refuser au bonheur
« de donner elle-même la paix au monde : qu'elle ne laisse pas cette douce
« satisfaction à ses enfants ! Car enfin, il n'y eut jamais de plus belle circonstance,
« ni de moment plus favorable, pour faire taire toutes les passions et écouter
« uniquement le sentiment de l'humanité et de la raison. Ce moment une fois
« perdu, quel terme marquer à une guerre que tous mes efforts n'auraient pu
« terminer ? Votre Majesté a plus gagné depuis dix ans en territoire et en richesses,
« que l'Europe n'a d'étendue ; sa nation est au plus haut point de prospérité.
« Que peut-elle espérer de la guerre ? coaliser quelques puissances du continent ?
« le continent restera tranquille. Une coalition ne ferait qu'accroître la prépon-
« dérance et la grandeur continentale de la France. Renouveler les troubles
« intérieurs ? les temps ne sont plus les mêmes. Détruire nos finances ? des finan-
« ces fondées sur une bonne agriculture ne se détruisent jamais. Enlever à la
« France ses colonies ? les colonies sont pour la France un objet secondaire, et
« Votre Majesté n'en possède-t-elle pas déjà plus qu'elle n'en peut garder ? Si
« Votre Majesté veut elle-même y songer, elle verra que la guerre est sans but,
« sans aucun résultat présumable pour elle. Eh ! quelle triste perspective de faire
« battre les peuples pour qu'ils se battent ! Le monde est assez grand pour que

« nos deux nations puissent y vivre, et la raison a assez de puissance pour qu'on
« trouve les moyens de tout concilier, si de part et d'autre on en a la volonté.
« J'ai toutefois rempli un devoir saint et précieux à mon cœur. Que Votre Majesté
« croie à la sincérité des sentiments que je viens de lui exprimer, et à mon désir
« de lui en donner des preuves. »

Cette généreuse démarche ne provoqua de la part du cabinet anglais qu'une froide et insignifiante réponse; sous la date du 14 janvier, lord Mulgrave écrivit à M. de Talleyrand :

« Sa Majesté a reçu la lettre qui lui a été adressée par le chef du gouvernement
« français, datée du deuxième jour de ce mois. Il n'y a aucun objet que Sa Majesté
« ait plus à cœur que de saisir la première occasion de procurer de nouveau à
« ses sujets les avantages d'une paix fondée sur des bases qui ne soient pas in-
« compatibles avec la sûreté permanente et les intérêts essentiels de ses États.
« Sa Majesté est persuadée que ce but ne peut être atteint que par des arrange-
« ments qui puissent en même temps pourvoir à la sûreté et à la tranquillité à venir
« de l'Europe, et prévenir le renouvellement des dangers et des malheurs dans
« lesquels elle s'est trouvée enveloppée. Conformément à ce sentiment, Sa Majesté
« sent qu'il lui est impossible de répondre plus particulièrement à l'ouverture qui
« lui a été faite, jusqu'à ce qu'elle ait eu le temps de communiquer avec les puis-
« sances du continent avec lesquelles elle se trouve engagée par des liaisons et
« des rapports confidentiels, et particulièrement avec l'empereur de Russie, qui a
« donné les preuves les plus fortes de la sagesse et de l'élévation des sentiments
« dont il est animé, et du vif intérêt qu'il prend à la sûreté et à l'indépendance
« de l'Europe. »

Telle est la lettre qui décida du sort du monde européen. Cinq jours après, le cabinet de Saint-James remettait à l'ambassadeur de Russie, à Londres, une note où il était proposé à son gouvernement de coopérer à enlever à la France toutes ses conquêtes, et à la réduire aux limites de 1792, d'après l'assurance que l'ambassadeur russe avait donnée de l'accord secret de la cour de Vienne. Cependant les propositions de Napoléon trouvèrent sur les bancs de l'opposition anglaise un énergique protecteur dans son chef, l'orateur Fox. De son côté, l'Empereur ordonna de communiquer ces propositions, ainsi que la réponse de lord Mulgrave, aux trois corps de la législature. La franchise de cette communication porta au plus haut degré l'enthousiasme public, déjà exalté par la générosité de la démarche faite auprès de Georges III.

Le 14 janvier, pour éterniser la création du Code civil, la statue de Napoléon, son fondateur, fut inaugurée au Corps législatif. Une pompeuse solennité consacra ce grand hommage national; elle eut lieu en présence de l'Impératrice, de la famille impériale, de toute la cour et des premiers pouvoirs de l'État. M. de Vaublanc, qui présidait, s'exprima en ces termes :

« Messieurs, vous avez signalé l'achèvement du Code civil des Français par un
« acte d'admiration et de reconnaissance. Vous avez décerné une statue au prince
« illustre dont la volonté ferme et constante a fait achever ce grand ouvrage, en
« même temps que sa vaste intelligence a répandu la plus vive lumière sur cette
« noble partie des institutions humaines. Premier consul alors, empereur des
« Français aujourd'hui, il paraît dans le temple des lois, la tête ornée de cette
« couronne triomphale dont la Victoire l'a ceint si souvent, en lui présageant le
« bandeau des rois, etc... » Un banquet et un bal, offerts à l'Impératrice, suivirent cette séance. L'Empereur y parut le soir ; les arts, dans cette belle fête qui célébrait si justement le premier bienfait de toute civilisation, étalèrent à l'envi tout ce qu'ils peuvent produire de plus brillant, de plus ingénieux.

Cependant Napoléon avait habilement profité de la juste exaspération du cabinet de Madrid, et une convention venait d'être signée à Aranjuez entre la France et l'Espagne. Cette convention, par laquelle l'Espagne s'engageait à tenir à la disposition de son allié trente vaisseaux et cinq mille hommes de débarquement, renfermait aussi le détail des forces de terre et de mer rassemblées dans les divers ports de l'empire. Ainsi, au moment où Napoléon offrait la paix à l'Angleterre, il comptait cent quatre-vingt-treize mille hommes prêts à être embarqués sur soixante-neuf vaisseaux de ligne, et plus de deux cents bâtiments de guerre et de transport, tous armés, n'attendant que son signal ou l'espérance de six heures de calme pour voguer vers la Tamise.

Au milieu des immenses préparatifs que Napoléon multipliait pour triompher de l'Angleterre ou la contraindre à la paix, une nouvelle couronne, la couronne de fer des rois d'Italie, vint se placer sur son front. En même temps, dans le but de rassurer l'Europe et surtout la maison d'Autriche, il s'engageait à donner ce trône à son fils adoptif, et à le séparer à jamais de celui de France, aussitôt que Malte aurait été rendue par l'Angleterre, et la république des Sept-Iles évacuée par la Russie. La députation solennelle qui apporta à Napoléon le vœu du peuple italien fut présentée au Sénat. Napoléon s'y rendit le 28 mars. « Le génie du mal, dit-il « alors, cherchera en vain des prétextes pour mettre en guerre le continent. Ce « qui a été réuni à notre empire par les lois constitutionnelles de l'État y restera « réuni. *Aucune nouvelle puissance n'y sera incorporée...* » Le 2 avril, l'empereur et l'Impératrice se mirent en route pour Milan. En passant à Troyes, où il laissa un moment l'Impératrice et sa cour, Napoléon, accompagné de son grand écuyer et de deux officiers, se rendit à Brienne, où l'attiraient les souvenirs de son enfance. Il ne revit pas sans une vive émotion le berceau de son éducation : il y retrouva toute la mémoire de ses premières années, reconnut jusqu'aux serviteurs de l'école militaire, dont les ruines l'attristèrent visiblement. Napoléon oublia à Brienne, pendant quelques heures, et l'empire de France et le royaume d'Italie.

De retour à Troyes, l'Empereur se dirigea sur Lyon, où il séjourna quelque temps. Tout ce que le génie de cette ville si célèbre dans l'histoire des arts utiles put créer de plus éclatant, fut mis en œuvre pour célébrer le passage de l'Empereur. La reconnaissance était pour ainsi dire gravée sur les murs de cette grande cité, dont il avait relevé les ruines. Jamais population ne se montra transportée d'un enthousiasme plus vrai, plus légitime. Elle devait à Napoléon la protection de son commerce; aussi déploya-t-elle avec profusion, dans cette circonstance, les merveilles de son industrie.

L'Empereur continua sa route par Chambéry et Turin; il s'arrêta quelques jours au château royal de Stupinitz, où il attendit le pape. Il se rendit ensuite à Alexandrie, où il affecta une somme de vingt millions pour faire de cette ville la première place d'armes de l'Europe. Cet immense fondation militaire devait être aussi un grand monument politique de l'alliance de la France et de la péninsule italique. Il reparut avec l'uniforme républicain de Marengo, sur ce même champ de bataille qui le vit conquérir l'Italie pour la seconde fois. Là, au milieu de trente mille hommes, dont il récompensa les plus braves par la décoration de la Légion d'honneur, il posa solennellement la pierre du monument que sa reconnaissance élevait aux héros moissonnés à Marengo. Enfin, le 8 mai, il fit son entrée à Milan ; le 26, eut lieu le second couronnement : il fut sacré par le cardinal Caprara, et cette cérémonie effaça celle de Paris par sa splendeur. Au bout de dix siècles, la couronne de fer des Lombards, placée sur la tête d'un empereur des Français, apprenait au monde que Charlemagne avait un successeur. Ainsi qu'à Paris, Napoléon prit la couronne sur l'autel, et la plaçant sur sa tête : « *Dieu me la donne*, dit-il à haute voix, *gare à qui la touche !* » L'ordre de la Couronne de Fer fut créé avec ces mots pour devise. Napoléon nomma le prince Eugène vice-roi d'Italie. Il ne pouvait donner à ses nouveaux sujets un gage plus certain de son affection qu'en choisissant, pour le représenter comme souverain, le fils de son adoption et l'élève de sa gloire militaire.

Le 10 juin, l'Empereur partit de Milan pour continuer la revue de ses trophées d'Italie ; quarante mille hommes commandés par les maréchaux Jourdan et Bessières l'attendaient au camp de Castiglione ; il y fit, comme à Marengo, une distribution solennelle de croix de la Légion d'honneur. Ensuite il visita Peschiera, Vérone, l'imprenable Mantoue et la ville de Bologne. C'est là qu'il donna audience au marquis de Gallo, envoyé par le roi de Naples pour solliciter et garantir la neutralité de ce prince, ainsi qu'à une députation du sénat de Lucques, qui demandait à la France un souverain. Peu de temps après, cette petite république, érigée en principauté, devint l'apanage de la princesse Élisa, depuis grande-duchesse de Toscane. L'État de Parme obtint aussi l'honneur d'être réuni au grand empire.

Le doge Durazza, l'archevêque de Gênes et une députation du sénat de cette république, étaient venus à Milan demander la réunion de l'État de Gênes à l'empire français. Napoléon arriva à Gênes, suivi des ambassadeurs de Naples et de Portugal. Le plus imposant éclat accompagna la cérémonie de prise de possession de l'ancienne rivale de Venise. Ce fut à Gênes que le cardinal Maury, si célèbre par son opposition à la révolution française, fut admis en présence de Napoléon, qui lui accorda volontiers la permission de revenir à Paris.

Le 8 juillet, l'Empereur était à Turin, et en repartit presque aussitôt au milieu d'une manœuvre de la garnison. Il allait au-devant des nouvelles de la flotte de Villeneuve. Trois jours après il était à Fontainebleau, où il apprit le second combat de la flottille batave, qui, sous les ordres de l'amiral Verhuell, triompha, les 17 et 18 juillet, des efforts de la croisière anglaise. La flottille parvint à sa destination, au port d'Ambleteuse.

Pendant que Napoléon était couronné à Milan, l'Angleterre, pressée par le sentiment profond du danger que lui faisait courir l'imminence de la descente des Français, signait à Pétersbourg un traité dans lequel la Russie s'engageait à lever, moyennant un subside de cinquante millions, une armée de cent quatre-vingt mille hommes pour reprendre le Hanovre, affranchir la Hollande et la Suisse, rétablir sur son trône le roi de Sardaigne, obtenir l'évacuation du royaume de Naples par l'armée française, et enfin donner en Italie *une frontière* à l'Autriche : en un mot, l'Angleterre, qui avait rompu le traité d'Amiens, armait l'Europe contre celui de Lunéville.

Le 7 septembre, une armée autrichienne, forte de quatre-vingt-dix mille hommes, sous les ordres de l'archiduc Ferdinand dont la tutelle militaire était confiée au général Mack, envahit subitement la Bavière. La cour électorale de Munich fut forcée de se réfugier à Wurtzbourg. Quarante mille hommes, commandés par l'archiduc Jean, prirent position dans le Tyrol, et cent mille combattants se dirigèrent vers l'Adige, sous les drapeaux de l'archiduc Charles.

Napoléon avait pénétré depuis longtemps la ténébreuse politique de l'Autriche. Il connaissait les engagements secrets de cette puissance avec l'Angleterre et la Russie, et il apprit ses mouvements militaires au camp de Boulogne, où il était venu faire un essai de la descente, pour tromper les Autrichiens et occuper les Anglais. En effet, sous ses yeux, ses équipages furent embarqués ; le corps entier du maréchal Soult le fut pendant quarante-huit heures. En s'assurant d'une armée formidable, qu'il s'apprêtait à quitter pour voler en Allemagne, en veillant sur la conservation de nos flottes répandues au dehors, et de ses immenses préparatifs d'invasion contre l'Angleterre, Napoléon improvisait dans sa pensée le vaste ensemble des mémorables opérations militaires de la campagne d'Austerlitz. Il est impossible d'omettre, dans la vie de ce grand capitaine, le fait rapporté à ce sujet par un homme dont personne ne récusera le témoignage. « M. Daru était à Boulogne, remplissant les fonctions d'intendant général de l'armée. Un matin, l'Empereur le fait appeler dans son cabinet; Daru le trouve transporté de colère, parcourant à grands pas son appartement, et ne rompant un morne silence que par des exclamations brusques et courtes... « Quel amiral!... Quels sacrifices perdus!... Mon « espoir est déçu. Ce Villeneuve! au lieu d'être dans la Manche, il vient d'entrer « au Ferrol! C'en est fait! Il y sera bloqué... Daru, mettez-vous là, et écrivez. »

En effet, l'Empereur avait reçu de grand matin la nouvelle de l'arrivée de Villeneuve dans un port d'Espagne, où il se trouvait bloqué; il avait vu sur-le-champ l'expédition d'Angleterre avortée; les immenses dépenses de la flotte et de la flottille perdues pour longtemps, pour toujours peut-être! Alors, dans l'emportement d'une fureur qui ne permet pas même aux autres hommes de conserver leur jugement, il avait pris subitement l'une des résolutions les plus hardies, et tracé l'un des plans de campage les plus admirables qu'aucun conquérant ait pu concevoir à loisir. Sans s'arrêter un seul instant, il dicta en entier le plan de la campagne d'Austerlitz, le départ de tous les corps d'armée, depuis le Hanovre et la Hollande jusqu'aux frontières de l'ouest et du sud de la France : l'ordre des marches, leur durée, les lieux de convergence et de réunion des colonnes, tout fut prévu, la victoire assurée dans toutes les hypothèses. Telles étaient la justesse et la vaste prévoyance de ce plan, que, sur une ligne de départ de deux cents lieues, des lignes d'opération de trois cents lieues de longueur furent suivies d'après les indications primitives, jour par jour, jusqu'à Munich. Au delà de cette capitale, les époques seules éprouvèrent quelque altération, mais les lieux furent atteints, et l'ensemble du plan fut couronné d'un plein succès.

Dans le même moment où il allait mettre ses troupes en mouvement, sous le nom de *Grande-Armée*, substitué à celui d'*Armée d'Angleterre*, Napoléon chargeait le général Duroc de se rendre à Berlin pour s'assurer de la neutralité de la Prusse. Cette négociation fit triompher la diplomatie française, malgré les efforts des généraux russes, du prince de Metternich et d'autres personnages réunis à Berlin pour entraîner la cour de Prusse dans la coalition. Une armée de cent mille hommes, aux ordres du vieux maréchal de Mollendorff, sage conseiller du trône dans cette circonstance, et une réserve de cinquante mille commandée par le roi lui-même, devait garantir sa neutralité armée.

Quant au traité qui liait la nouvelle coalition pour la coopération commune des forces de l'Angleterre, de la Russie, de l'Autriche et de la Suède contre la France, il portait à plus de trois cent mille hommes les armées autrichiennes. La Russie s'était engagée à envoyer cent mille hommes en Allemagne. Un autre corps devait de Corfou débarquer à Naples, s'y réunir aux Anglais et aux Napolitains, et s'avancer sur le Pô, tandis que l'archiduc Charles passerait l'Adige avec son armée. Un troisième corps anglo-russe devait se réunir à l'armée suédoise, commandée par le roi Gustave, et s'emparer du Hanovre. Enfin, une quatrième armée russe, placée sur le Bug, non loin de Varsovie, était destinée à observer la Prusse, et à contenir ou entraîner sa neutralité. En regard de ces masses immenses qui s'ébranlaient de toutes les extrémités de l'Europe, la France ne comptait que deux cent trente-cinq mille combattants, mais dont cent soixante mille, commandés par Napoléon en personne, étaient divisés en sept corps sous les ordres de Bernadotte, Davoust, Ney, Soult, Lannes, Augereau, Marmont, et la cavalerie sous Murat. Masséna, en Italie, n'avait, pour lutter contre l'archiduc Charles, que cinquante mille hommes, et les vingt-cinq mille qui occupaient le royaume de Naples sous les ordres du général Gouvion Saint-Cyr.

Plus la haine se montrait violente au dehors, plus ardent et plus passionné était l'enthousiasme de la France pour Napoléon. Un premier décret ordonna la levée de quatre-vingt mille hommes sur la classe de 1806, et un second la réorganisation des gardes nationales; car, dans les moments de danger, les gouvernements, avertis par la nécessité, éclairés par le sentiment de leur salut, ont toujours eu recours, depuis quarante ans, à cette belle institution, qui fait la force des empires. Les gardes nationales se montrèrent dignes de prendre rang dans l'armée active pour la défense du territoire.

Napoléon partit de Paris pour Strasbourg. Ce fut là qu'il reçut de tous ses corps d'armée les renseignements les plus satisfaisants. Déjà le prince Murat et le maréchal Lannes avaient passé le Rhin, et opéré le mouvement à l'aide duquel l'Empereur cherchait à faire croire au général Mack que nous voulions pénétrer en Souabe par les défilés de la forêt Noire. En même temps et d'un autre côté, les maréchaux Ney, Soult et Davoust avaient marché, le premier sur Stuttgart, le second sur Heilborn, le troisième sur les hauteurs d'Ingelfingen. Les autres corps avaient suivi le mouvement général sur chaque point qui leur était indiqué.

L'Empereur lui-même se trouvait le 1ᵉʳ octobre sur la rive droite du Rhin, après avoir adressé à son armée une de ces proclamations qui pendant quinze ans ont prophétisé la victoire. L'électeur et les princes de Bade vinrent à Etlingen, au-devant de Napoléon, ainsi que l'électeur de Bavière, qui avait mis toutes ses espérances en lui; la cour de Bade, malgré son penchant pour la Russie, s'était vue obligée de transiger par un contingent de quatre mille hommes. Quant à l'électeur de Wurtemberg, Ney avait dû ouvrir à coups de canon les portes de Stuttgart. Napoléon employa quelques séductions auprès de l'électeur, conclut avec lui un traité qui nous donna un corps auxiliaire de huit mille hommes, et gagna un allié dont la fidélité lui fut depuis toujours utile.

Pour assurer le succès du grand mouvement de son aile gauche, qu'il dérobait aux ennemis, et séparer le général Mack des renforts autrichiens et russes qui accouraient vers lui, Napoléon dirigeait toutes ses divisions sur Nordlingen. Il fallait surtout que Bernadotte, avec un corps grossi des troupes gallo-bataves amenées par Marmont, marchât sur Wurtzbourg, où la cour de Munich s'était réfugiée, y prît le commandement de l'armée bavaroise, forte de vingt-cinq mille hommes, et manœuvrât dans la même direction que les autres divisions. Le temps nécessaire manquait au maréchal pour se porter sur le Danube, à Ingolstadt, à moins qu'il ne violât les possession prussiennes en Franconie. Napoléon n'ignorait pas les mauvaises dispositions de la Prusse, il sentait les dangers de l'accession de cette puissance à la coalition. En conséquence, l'ordre de franchir le territoire d'Anspach et de Bareuth fut donné à Bernadotte en ces termes : « Tra-

« verser ces territoires, éviter d'y séjourner, faire beaucoup de protestations en
« faveur de la Prusse, témoigner beaucoup d'attachement pour elle, le plus d'égards
« qu'on pourra ; puis traverser ses possessions avec rapidité, en alléguant l'im-
« possibilité de faire autrement, parce que cette impossibilité est réelle. » Ces
précautions, dictées par une raison prévoyante, et les explications de notre
ambassadeur à Berlin, n'empêchèrent pas la Prusse de faire éclater son mécontentement et ses menaces ; elle ouvrit la Silésie et ses autres provinces aux troupes
russes pour se rendre à leur destination.

Mack, doublement trompé, soit par les démonstrations de Napoléon à l'entrée
des gorges de la forêt Noire, soit par la marche rapide et le rassemblement vers
Stuttgart des trois corps d'armée de la garde impériale, avait également ignoré
le mouvement circulaire de notre aile gauche, composée des autres corps, aux
ordres des maréchaux Ney et Davoust. Il apprit enfin que le gros de l'armée française se portait sur le Danube ; à cette nouvelle, il concentra ses forces autour de
la ville d'Ulm. Cent mille hommes de troupes françaises se trouvèrent le même
jour sur la rive gauche du Danube, et le passèrent au même instant, du 6 au 7 octobre, à Donawert, Neubourg et Ingolstadt.

Le passage du Danube, l'occupation d'une partie de la Bavière, et la présence
d'une armée française que fermait derrière lui le cercle tracé par Napoléon,
frappèrent de stupeur le général autrichien ; il rassembla ses troupes à la hâte
sur l'Iller, dans l'espoir de nous rejeter au delà du Danube, et de se défendre au
moins jusqu'à l'arrivée de la première armée russe. Pour atteindre ce but, il cher-

cha à s'emparer du pont de Donawert avec un corps composé de douze bataillons de grenadiers arrivés du Tyrol et soutenus par quatre escadrons de cuirassiers d'Albert. Murat, en marche avec sept mille hommes de cavalerie, rencontra à Wertingen, à quatre lieues de Donawert, ce corps d'élite : il manœuvra aussitôt pour l'entourer et lui couper la retraite. Un combat opiniâtre s'engagea entre les Français et les ennemis; enfin, renforcé par le général Oudinot, venu de Donawert à son secours, Murat dispersa la division autrichienne et lui fit trois mille prisonniers. Au combat de Wertingen succéda le combat de Gunzbourg; en vain les Autrichiens résistent avec acharnement, en vain le prince Ferdinand est accouru pour soutenir de sa présence le courage des siens à défendre cette position; le maréchal Ney, secondé par l'héroïsme des troupes, s'empare du pont

et de la ville après avoir fait douze cents prisonniers, enlevé six pièces de canon et tué deux mille hommes aux ennemis. A la suite de cette action, le général Dupont, à qui Baraguey-d'Hilliers devait se réunir près d'Albeck, pour se porter ensemble sur Ulm, arrive seul au hameau d'Hasslach; il trouve les escarpements de la place couronnés par une grande partie de l'armée autrichienne : vingt-cinq mille hommes sont devant lui, il n'en commande que sept mille. S'il recule un moment, il est perdu peut-être, lui et sa division : il n'hésite pas à aborder à la baïonnette les ennemis en marche pour l'envelopper, et renverse leur première ligne. Ce succès anime les troupes, en partie composées de conscrits : mais ces conscrits ont un beau nom à soutenir, celui de *l'incomparable* 9e légère, celui de la *brave* 32e, toutes deux immortalisées en Italie. Aussi les attaques successives des Autrichiens sont repoussées avec une étonnante vigueur. Le village de Jungingen fut repris six fois par cette poignée de braves. Resté maître du champ de bataille, Dupont se retira avec plus de quatre mille prisonniers, nombre presque égal à ce qu'il avait encore de soldats après un combat si terrible, et reprit avant le jour la route de son camp d'Albeck.

Dans le dessein d'acculer toute l'armée ennemie sur la place d'Ulm, Napoléon se rend à Augsbourg, d'où il envoie Soult sur Memmingen. Le maréchal, après une brillante rencontre avec un corps ennemi, repassa l'Iller et vint se placer devant Ulm. Du côté de l'ouest, le maréchal Lannes achevait le blocus de cette place, et donnait la main au général Marmont, arrivé d'Augsbourg avec le deuxième corps, ainsi qu'à la garde impériale, commandée par le général Bessières, et à la division de grosse cavalerie du général d'Hautpoul, tous en position devant la ville menacée. Les annales militaires conserveront éternellement le souvenir de l'allocution que Napoléon, au milieu de la neige et du froid le plus vif, adressa sur le pont du Lech aux Français et aux Hollandais formant le corps de Marmont. Il leur expliqua de la manière la plus précise la situation désespérée de l'ennemi, fruit de ses combinaisons et de la constance de l'armée à braver les plus grandes fatigues, leur annonça une bataille inévitable, et leur promit un triomphe certain.

Le 13 octobre au soir, l'armée se trouva près d'Ulm et partout en face de l'ennemi. L'Empereur ordonne l'attaque générale pour le lendemain. D'un côté, nos tirailleurs repoussent tous les avant-postes autrichiens; de l'autre, le maréchal Ney attaque les redoutables positions d'Elchingen, que défendent quinze mille hommes et quarante pièces de canon; le pont est enlevé, malgré la vive résistance des Autrichiens, et traversé au pas de course par nos troupes. Bientôt Laudon, qui occupe Elchingen, voit ses soldats culbutés et poursuivis jusqu'au pied de ses retranchements ; il perd trois mille prisonniers, des drapeaux, plusieurs pièces d'artillerie. Deux régiments ont péri presque en entier ; deux bataillons, enfoncés par le 3ᵉ régiment de hussards, mettent bas les armes. Sur la rive droite du Danube, le maréchal Lannes emporte la tête de pont de la ville d'Ulm avec tant de vivacité, que la cavalerie autrichienne peut à peine rentrer dans la place ; le même jour, le général Marmont complète le blocus de la rive droite.

De l'abbaye d'Elchingen, où est son quartier général, Napoléon contemple à ses pieds la ville d'Ulm dominée de toutes parts, à demi-portée de canon, par nos positions, et l'armée autrichienne enfermée dans les murs de cette place, et ne pouvant désormais la quitter qu'avec la permission du vainqueur. Ses desseins sont accomplis ; il fait retirer ses troupes engagées trop avant, et attend l'événement avec une patience vigilante, sans vouloir céder aux cris de ses soldats qui demandent l'assaut. Il veut épargner le sang : il préfère user de son ascendant pour déterminer les Autrichiens à se rendre, à la cruelle résolution de détruire à la fois une grande ville et une valeureuse armée trahie par la fortune ; il tente de persuader le général Mack et le prince de Lichtenstein, de la nécessité de capituler. L'ennemi hésite : on canonne la place pendant vingt-quatre heures, les fascines, les échelles, les troupes, tout est prêt pour l'assaut : Mack essaye de dissimuler sa position par un ordre du jour menaçant pour ceux qui parleraient de se rendre; mais le lendemain il se présente au quartier général français et

accepte la capitulation, motivée sur la situation désespérée de son armée. Deux jours après, trente mille hommes conduits par seize généraux, soixante pièces de canon, quarante drapeaux et trois mille chevaux, défilèrent devant l'armée française et Napoléon, entouré de son état-major et de sa garde. Il traita les vaincus avec une noble bienveillance, non pas toutefois sans laisser tomber, en s'entretenant avec les généraux ennemis, quelques-unes de ces paroles menaçantes qui ressemblaient à des oracles dans la bouche d'un homme accoutumé à réaliser les promesses de son génie, et à déconcerter par des merveilles inattendues tous les calculs de la prudence humaine.

Cependant la violation du territoire prussien avait beaucoup accru la prépondérance du parti russe à Berlin. L'empereur Alexandre était venu en personne aigrir les mécontentements du roi. Un traité mystérieux fut renouvelé et juré entre eux sur la tombe du grand Frédéric, à Potsdam. Ce traité, ce serment, avaient des racines plus profondes qu'on ne le crut alors : ils étaient inspirés par ce jésuitisme politique qui attacha constamment une restriction mentale à toutes les conventions que l'Europe conclut avec Napoléon, depuis celles de Lunéville et d'Amiens.

Napoléon ne s'arrêta qu'un moment à Munich, qui le reçut en libérateur. Déjà toutes les divisions, arrivées simultanément aux différents points désignés, avaient franchi l'Inn, malgré les efforts d'une vive résistance. Au terrible combat de Diernstein, le maréchal Mortier cueillit une des plus belles palmes de cette guerre mémorable. Il n'a que cinq mille soldats, et rencontre dans un défilé l'arrière-garde russe, forte de vingt-cinq mille hommes. L'action dure depuis six heures du matin jusqu'à quatre heures du soir. Le maréchal tue à l'ennemi deux mille hommes, fait neuf cents prisonniers, prend dix drapeaux et six pièces de canon, se fraye un passage au milieu des colonnes russes, et rejoint l'armée avec sa troupe héroïque sur la rive droite du Danube. Le 15 novembre, Vienne reçoit le vainqueur dans ses murs.

L'empereur François, qui s'était retiré à Olmütz, dépêcha MM. de Stadion et de Giulay, munis de pleins pouvoirs pour négocier avec Napoléon, qui offrit préalablement un armistice, afin d'arrêter l'effusion du sang. Il reconnut bientôt que toutes les démarches de ses ennemis n'étaient que des ruses dans le but de laisser à une troisième armée russe le temps d'arriver. La seconde armée russe ne tarda pas à faire sa jonction à Wischau avec le général Kutusoff. Napoléon envoya complimenter Alexandre à Wischau, et proposer une entrevue à ce prince, qui lui adressa son aide de camp Dolgorouki. Napoléon venait de faire à dessein un mouvement rétrograde de trois lieues. Dolgorouki le trouva occupé à fortifier sa nouvelle position, et il retourna prophétiser à son maître la destruction de l'armée française. Les Russes saisirent ardemment ce fol espoir; ils crurent Napoléon égaré par la victoire à deux cents lieues de sa frontière, au centre de la Moravie, inquiété par l'accession secrète de la Prusse et par la fermentation du peuple de Vienne. Napoléon jugea autrement sa situation; il courut se porter sur Brünn, où il arriva avant les Russes. « *De là*, dit-il, *je choisirai mon moment et mon ennemi.* »

Le 28 novembre, les coalisés étaient en deçà de Wischau, et commençaient le fatal mouvement que Napoléon leur avait, pour ainsi dire, inspiré par une feinte retraite. A la nouvelle de leur marche, Napoléon réunit sous sa main toutes les troupes dont il a besoin, et établit sa ligne de bataille, la droite au lac de Menitz, la gauche au pied des montagnes, entre les deux bassins de la Schwartza et de la March. Cette ligne a devant elle le Santon, position élevée d'où Napoléon peut embrasser à la fois toutes les opérations. En parcourant les hauteurs de Pratzen, il avait dit à ses généraux : « Si je voulais empêcher l'ennemi de passer, c'est ici « que je me placerais ; mais je n'aurais qu'une bataille ordinaire : si, au contraire, « je resserre ma droite en la retirant vers Brünn, et que les Russes abandonnent

« ces hauteurs, ils sont perdus sans ressources. » Le sort de la monarchie autrichienne allait être décidé dans les plaines de la Moravie, autour d'une petite ville à deux lieues de Brünn.

Le 1er décembre, Napoléon voit avec une indicible joie les Russes, animés de la plus funeste confiance, exécuter en plein jour leur mouvement de flanc pour tourner sa droite. Il s'écrie à plusieurs reprises : « *Avant demain au soir, cette armée est à moi !* » et dans ce moment même, il dicte une proclamation qui met les troupes dans la confidence des projets de l'ennemi et du succès assuré de nos

efforts. Le soir, il veut visiter incognito les bivouacs de son armée; mais, reconnu dès les premiers pas, soudain toute la ligne est éclairée par des fanaux de paille, et nos soldats, transportés d'allégresse, célèbrent déjà la victoire du lendemain.

On rapporte que dans cette tournée qui fut longue, un vieux grenadier s'approcha de l'Empereur, et avec le ton d'une familiarité encore toute républicaine : « Sire, lui dit-il, tu n'auras pas besoin de t'exposer; je te promets, au nom des « grenadiers de l'armée, de t'amener demain les drapeaux et l'artillerie de l'ar- « mée russe, pour célébrer l'aniversaire de ton couronnement. » Il rentra à son bivouac à minuit, et les airs retentirent encore longtemps après des cris de : *Vive l'Empereur !*

Dès la veille, toute l'armée française était concentrée sur le terrain choisi à l'avance par Napoléon. Le maréchal Lannes, avec les divisions Suchet et Caffarelli, formait la gauche, qui s'appuyait au Santon, position très-importante, que l'Empereur avait fait fortifier et armer de dix-huit pièces de canon. Le maréchal Bernadotte était au centre, avec les divisions Rivaud et Drouet. La droite, sous les ordres du maréchal Soult, se composait des divisions Vandamme, Saint-Hilaire et Legrand. Toute la cavalerie, commandée par Murat, était rangée sur deux lignes. Napoléon avait sous la main une réserve composée de dix bataillons de sa garde, avec quarante pièces d'artillerie, et de dix autres bataillons de grenadiers réunis du général Oudinot. Enfin, le jour paraît, et trouve chacun à son poste. « Soldats! dit Napoléon en passant sur le front de bandière de l'armée, il faut « finir cette campagne par un coup de tonnerre » Le soleil se leva radieux, et acheva de dissiper les brouillards du matin. On vit alors l'armée ennemie quitter les hauteurs de Pratzen et descendre dans la plaine à travers un terrain inégal. Napoléon la laissa s'y engager. « Combien vous faut-il de temps, demanda-t-il au maréchal Soult, pour couronner les hauteurs que l'ennemi nous abandonne? — Une heure, répondit le maréchal. — En ce cas, attendons encore un quart d'heure, » dit Napoléon. Peu d'instants après, une vive canonnade, qui se fit entendre sur la droite, annonça que le combat commençait.

L'armée coalisée était divisée en six corps sous les ordres de Kutusoff : sa réserve se composait de la garde russe, commandée par le grand-duc Constantin. Dès que le maréchal Soult eut couronné les hauteurs de Pratzen, Kutusoff sentit l'importance de la position qu'il avait imprudemment abandonnée et voulut la reprendre au prix des plus grands sacrifices : après deux heures d'une lutte acharnée, il fut forcé de nous abandonner les hauteurs avec toute l'artillerie qui les couronnait. Dès ce moment nous occupions le centre et la gauche de l'ennemi, qui se trouvaient coupés du champ de bataille. Pendant cette terrible mêlée, le maréchal Lannes et Murat avaient attaqué avec succès la droite de l'armée ennemie aux ordres de Bagration, et la cavalerie russe qui la soutenait; nos cuirassiers avaient culbuté tout ce qui avait essayé de tenir devant eux. Certain que, de ce côté, la victoire ne pouvait nous échapper, l'Empereur se dirigea sur la droite avec sa garde et la réserve aux ordres du général Oudinot, pour aider le maréchal Soult à détruire l'aile gauche de l'armée russe; en un clin d'œil, canons, artillerie, étendards, tout tombe en notre pouvoir. Les deux empereurs de Russie et d'Autriche contemplent cet effroyable désastre des hauteurs d'Austerlitz; c'est dans la plaine de ce nom que s'achève la ruine de l'ennemi : écrasées par l'artillerie qui plonge sur elles, acculées à un lac glacé, ses divisions périssent, déposent les armes, ou se noient en voulant fuir sur la glace, qui se rompt sous leurs pas.

La victoire d'Austerlitz eut d'immenses résultats : vingt-cinq mille Russes tués ou blessés, et vingt mille prisonniers, quarante drapeaux, parmi lesquels les étendards de la garde impériale russe, deux cents pièces de canon, et tous les équipages, tels furent les fruits de cette immortelle journée, qui reçut aussi le nom de

Bataille des trois Empereurs. La fuite de l'armée russe fut si précipitée, qu'elle laissa derrière elle les routes couvertes de canons, de chariots et de bagages. Dans les villages où nous entrâmes en les poursuivant, on trouva les granges et les églises remplies de blessés ennemis, abandonnés sans secours. Kutusoff avait eu soin de faire placer seulement des écriteaux portant en langue française : *Je recommande ces malheureux à la générosité de l'empereur Napoléon et à l'humanité de ses braves soldats.*

Parmi les généraux français, le brave général Valhubert fut le seul dont on eut à regretter la perte. Il ne survécut que vingt-quatre heures à sa blessure; pendant ses derniers moments il écrivit à l'Empereur une lettre qui finissait ainsi : « Je « ne regrette pas la vie, puisque j'ai contribué à une victoire qui vous assure un « règne heureux. Quand vous penserez aux braves qui vous étaient dévoués, « souvenez-vous de moi. Il me suffit de vous dire que j'ai une famille, je n'ai « pas besoin de vous la recommander. »

La générosité de l'Empereur envers les troupes qui avaient combattu à Austerlitz fut grande comme la victoire. Il adopta les enfants de ceux qui avaient succombé; tous devaient être élevés aux frais de l'État; il accorda six mille francs de pension aux veuves des généraux, deux mille quatre cents francs à celles des colonels et majors, mille deux cents francs à celles des capitaines, huit cents francs à celles des lieutenants et sous-lieutenants, et deux cents francs aux veuves des soldats. Quant à l'armée victorieuse, il la remercia par cette proclamation :

« Soldats !

« Je suis content de vous; vous avez, à la journée d'Austerlitz, justifié tout ce « que j'attendais de votre intrépidité; vous avez décoré vos aigles d'une immor- « telle gloire; une armée de cent mille hommes, commandée par les empereurs « de Russie et d'Autriche, a été, en moins de quatre heures, ou coupée ou dis- « persée : ce qui a échappé à votre feu s'est noyé dans les deux lacs...

« Soldats ! lorsque le peuple français plaça sur ma tête la couronne impériale, « je me confiai à vous pour la maintenir toujours dans ce haut état de gloire qui « seul pouvait lui donner du prix à mes yeux; mais, dans le même moment, nos « ennemis pensaient à la détruire et à l'avilir, et cette couronne de fer, conquise « par le sang de tant de Français, ils voulaient m'obliger de la placer sur la tête « de nos plus cruels ennemis : projets téméraires et insensés, que le jour même « de l'anniversaire de votre Empereur, vous avez anéantis et confondus. Vous « leur avez appris qu'il est plus facile de nous braver et de nous menacer que de « nous vaincre.

« Soldats ! lorsque tout ce qui est nécessaire pour assurer le bonheur et la pros- « périté de notre patrie sera accompli, je vous ramenerai en France. Là vous « serez l'objet de mes tendres sollicitudes. Mon peuple vous reverra avec joie, et « il vous suffira de dire : J'étais à la bataille d'Austerlitz, pour qu'on vous ré « ponde : *Voilà un brave !* »

Deux jours après la bataille, l'empereur d'Autriche vint saluer le vainqueur à son bivouac. Dans cette entrevue, les deux empereurs convinrent d'un armistice et des principales conditions de la paix future. Le général Savary alla instruire l'empereur de Russie de la capitulation convenue entre l'empereur François et Napoléon. L'armée russe était cernée; Alexandre souscrivit aux conditions qui l'obligeaient à se retirer par journées d'étape, et à évacuer l'Autriche et la Pologne. En se montrant trop généreux dans cette circonstance, Napoléon commit une grande faute qu'il ne tarda pas à se reprocher, car il pouvait détruire ou faire prisonnier le reste de l'armée russe. Une convention fut signée le 6 décembre; elle réglait la ligne des deux armées française et autrichienne en Moravie. La ville de Presbourg fut choisie pour la réunion des plénipotentiaires des deux nations. La paix qui y fut signée termina cette glorieuse campagne et dénoua la troisième coalition.

Par le traité de Presbourg, l'Autriche perdit les États Vénitiens, qui firent désormais partie du royaume d'Italie, et le Tyrol, qui fut donné à la Bavière. Pour récompenser la fidélité des deux électeurs de Bavière et de Wurtemberg, leurs États furent érigés en royaume. Le margrave de Bade reçut le titre de grand-duc; Murat devint grand-duc de Berg, et Berthier obtint la principauté de Neuchâtel. Le prince Eugène, nommé vice-roi d'Italie, et héritier présomptif de cette couronne dans le cas où Napoléon viendrait à mourir sans postérité, épousa la fille du roi de Bavière. Peu de temps après, Napoléon allait donner à son frère Joseph le royaume de Naples, et Louis allait régner sur la Hollande. Ainsi l'homme que la coalition avait voulu renverser, vainqueur de deux empereurs, venait de rendre à l'un ses États, à l'autre son armée, distribuait lui-même des couronnes et faisait des rois.

CHAPITRE XXVI

1806

Mort de Pitt. — Ministère de Fox. — Quatrième coalition entre la Prusse, la Russie, l'Angleterre et la Suède, contre la France. — Bataille d'Iéna. — Napoléon à Berlin.

Si un nouvel empire d'Occident semblait renaître à la voix du vainqueur d'Austerlitz, le sceptre des mers restait sans partage à son implacable ennemi. L'Angleterre pouvait se consoler aussi par d'éclatants succès de la haute fortune de l'homme qu'elle poursuivait sans relâche. Après le déplorable échec qu'avaient essuyé au cap Finistère les flottes française et espagnole, la marine britannique venait de nous en faire éprouver, au cap Trafalgar, un autre bien plus important, et qui à lui seul compensait la victoire d'Austerlitz. A dater de cette époque, la France ne reparut plus sur les mers, et n'opposa plus à son ennemi que la domination et le blocus du continent.

A l'époque de l'armistice, que suivit bientôt le traité de Presbourg, toute la monarchie autrichienne se trouvait occupée par les armées françaises. Jamais possession ne fut plus complète; jamais il n'eût été plus vrai de dire : *La maison d'Autriche a cessé de régner.* Aucune force humaine ne pouvait s'élever contre une pareille sentence. L'empereur de Russie fuyait vers le Nord avec les débris que le vainqueur lui avait laissés; générosité impolitique qui continuait et envenimait la lutte. Le roi de Prusse, secrètement ligué avec la Russie contre la France, avait envoyé à Brünn un ambassadeur chargé de rompre avec Napoléon s'il était battu, et de le complimenter si la victoire couronnait ses armes. Aussi Napoléon, qui avait pénétré leur secrète intimité, se contenta de dire en souriant au comte de Hauswitz, qui le félicitait sur la victoire d'Austerlitz : « Voilà un compliment « dont la victoire a changé l'adresse. »

Les choses en étaient là quand un grand événement vint appeler l'attention de l'Europe : le 23 janvier 1806, William Pitt avait cessé de vivre. Agé seulement de quarante-sept ans, il en avait passé vingt-trois à la tête des affaires de son pays. Héritier de la place, des talents et de toute l'antipathie de lord Chatam, son père, pour la France, il avait poussé ce sentiment à l'excès, et lui avait sacrifié l'honneur et les intérêts de sa patrie. C'était lui qui avait transformé la diplomatie britannique en agence de complots, alimenté la terreur, soulevé la Vendée, la chouannerie, et armé le bras des conspirateurs; c'était lui aussi qui, au mépris de la foi jurée, avait rompu le traité d'Amiens, et qui venait encore de coaliser la Russie et l'Autriche contre Napoléon. Fox, qui avait puissamment élevé la voix dans le parlement pour blâmer la rupture du traité d'Amiens, lui succéda. Le noble caractère de Fox devait faire présager un changement de système dans le cabinet de Saint-James. Il avait connu personnellement le Premier consul à Paris, et en fut accueilli comme le premier orateur et le plus grand homme d'État de l'Angleterre. En voyant Fox rappelé au ministère si peu de temps après la session du parlement, où il avait hautement dénoncé l'iniquité de l'infraction au traité d'Amiens, et le méfait de sa rupture, Napoléon dut naturellement espérer de renouer avec l'Angleterre des relations pacifiques. Sa mort trop prompte détruisit malheureusement les espérances que son avénement au pouvoir avait fait concevoir aux deux nations.

Ce fatal événement encouragea les ennemis de la France, leur rendit un puissant auxiliaire dans le parti anglais comprimé par le ministère de Fox, et donna le signal à toute l'Europe pour une nouvelle coalition. L'immense victoire d'Austerlitz ne fut qu'un échec que la cause générale des anciennes dynasties était appelée à réparer. L'Espagne elle-même, toute française sous la République, sembla se repentir aussi de l'amitié qu'elle avait si hautement proclamée jadis pour Bonaparte, et parut disposée à suivre le mouvement dont la Prusse levait le drapeau.

Dans une note pressante qu'il venait d'adresser au gouvernement, le ministère prussien demandait : « 1° que toutes les troupes françaises sans exception fussent

« tenues de repasser le Rhin, en commençant leur marche du jour même où le
« roi espérait la réponse de l'Empereur, et en la poursuivant sans s'arrêter;...
« 2° qu'il ne fût plus mis de la part de la France aucun obstacle à la formation de
« la ligue du Nord, qui devait embrasser sans exception tous les États non nom-
« més dans l'acte fondamental de la Confédération du Rhin... » Une réponse
prompte était exigée pour le 8 octobre.

« Maréchal, dit l'Empereur au prince de Neuchâtel, on nous donne un rendez-
« vous d'honneur pour le 8 : jamais un Français n'y a manqué ! Mais, comme on
« dit qu'il y a une belle reine qui veut être témoin des combats, soyons courtois,
« et marchons, sans nous coucher, pour la Saxe. » En effet, la reine de Prusse
était à l'armée, portant l'uniforme de son régiment de dragons. « Il semble, disait
« le premier bulletin de Napoléon, voir Armide dans son égarement, mettant le
« feu à son propre palais. »

Ainsi le roi de Prusse, entraîné par des conseils aussi aveugles que perfides,
osait, sous de vains prétextes, imposer avec arrogance au vainqueur d'Austerlitz
des conditions déshonorantes. Le cabinet prussien n'ignorait pas la raison de la
prolongation du séjour de quelques troupes françaises en Allemagne. Il savait que
ces troupes devaient revenir en France aussitôt que l'Autriche aurait réglé définitivement avec la Russie, en vertu du traité de Presbourg, la remise des Bouches
du Cattaro : or, cette clause était si loin d'être remplie, que les généraux Marmont
et Lauriston chassaient de Castel-Nuovo et des défilés de Bielbrich un corps de six
mille Russes, et que l'amiral russe Siniavin refusait, à cause de la rupture de la
Prusse, de remettre Cattaro aux Français.

On a peine à concevoir encore cette duplicité du cabinet prussien, qui envoyait
son ambassadeur à Paris avec des lettres de créance, quand il devait, trois semaines après, déclarer la guerre. L'ultimatum de la Prusse donna le signal de la
retraite à ce plénipotentiaire; il demanda et obtint ses passe-ports dans les premiers jours d'octobre. Fox avait emporté dans la tombe toute l'espérance de la
paix du monde. La Prusse suivait dans sa politique l'exemple de la Russie, qui
venait de signer un traité avec la France pour couvrir ses derniers préparatifs, et
qui le rompit par un simple désaveu de son représentant. Dans son agression,
c'était l'Autriche que cette même Prusse imitait : Frédéric-Guillaume avait envahi
la Saxe comme François II la Bavière, sans déclaration de guerre. Il fallait donc
répondre aussi à la Prusse par une autre bataille d'Austerlitz. La garde impériale
quitta Paris, et partit en poste pour cette nouvelle campagne.

L'Empereur passa le Rhin le 1er octobre, et porta son quartier général à Bamberg. Son armée était divisée en sept corps, commandés par les maréchaux Bernadotte, Lannes, Davoust, Ney, Soult, Augereau et Lefebvre. Le grand-duc de
Berg commandait la réserve de la cavalerie; un huitième corps, aux ordres du
maréchal Mortier, se rassemblait sur les frontières de la Westphalie. Le centre de

l'armée se composait de la réserve du grand-duc de Berg, des corps de Bernadotte et de Davoust, ainsi que de la garde impériale; il déboucha par Bamberg, et força le passage de la Saale. La droite comprenait les corps de Soult et de Ney et une division de Bavarois; la gauche était formée des corps de Lannes et d'Augereau.

En quittant Bamberg, l'Empereur se porta sur Schleist. A son arrivée, dix mille Prussiens furent chassés de ce poste par le prince de Ponte-Corvo; le même jour, Soult s'empare de Hoff, et Lannes défait les Prussiens à Saalfeld. Le jeune prince Louis de Prusse, frappé à mort dans le combat par un maréchal des logis du 9e régiment de hussards, devint la première victime de cette guerre, dont il avait été à Berlin un des champions les plus ardents.

L'armée prussienne, composée de l'élite de la population militaire et des troupes saxonnes, comptait deux cent trente mille hommes. Elle avait choisi la Saxe pour le théâtre des hostilités, et se croyait tellement certaine du triomphe, qu'elle avait laissé à découvert Berlin et Dresde. Ainsi, dès son entrée en campagne, cette armée était débordée à sa gauche. Elle occupait Gotha, Erfurth et Weimar. L'armée française entra à Géra, d'où elle marcha bientôt sur Nauemberg et Iéna, petite ville de la Thuringe, qui allait obtenir la célébrité de Marengo, d'Austerlitz, etc. La position des deux armées présentait une singularité tout à fait nouvelle dans les annales militaires : les Prussiens tournaient le dos au Rhin, et les Français bordaient la Saale et tournaient le dos à l'Elbe. Les Prussiens avaient pour eux les souvenirs et ce qui restait des soldats du grand Frédéric; Napoléon avait pour lui sa gloire présente et l'armée d'Austerlitz.

Au moment où les deux armées étaient en présence, Napoléon, fidèle au système de modération qu'il avait adopté dès le principe, écrivit au roi de Prusse :

« Si j'étais à mon début dans la carrière militaire, si je pouvais craindre les « hasards des combats, le langage que je tiens à Votre Majesté serait tout à fait « déplacé; mais Votre Majesté sera vaincue; et, sans l'ombre d'un prétexte, elle « aura compromis le repos de ses jours et l'existence de ses sujets. » Cette lettre resta sans réponse.

Le roi de Prusse avait divisé son armée en deux parties : l'une, composée de soixante-dix mille hommes environ, marchait sur Auerstaedt, à six ou sept lieues du théâtre où l'autre partie de ses forces devait combattre sous les ordres du

prince Hohenlohe. Napoléon, au contraire, n'avait fait que réunir ses masses; la nuit du 13, pendant que ses ennemis sommeillaient dans leurs camps, dispersés sur un espace de trente-cinq lieues, il acheva toutes les dispositions d'une victoire assurée. Dès la veille, il avait fait occuper par un corps de garde et une forte artillerie le Landgrafenberg, position dominante dont il avait reconnu l'importance, et qui devait avoir sur l'affaire d'Iéna la même influence que la position du Santon à Austerlitz. Les bivouacs des deux armées étaient à demi-portée de canon; les sentinelles étaient si près l'une de l'autre, qu'il ne se faisait pas un mouvement qui ne fût entendu. A quatre heures du matin, Napoléon passa devant le front de plusieurs régiments : « Soldats, leur dit-il, l'armée prussienne est « coupée comme celle de Mack l'était à Ulm, il y a aujourd'hui un an. Cette « armée ne combat plus que pour se faire jour et regagner ses communications. « Le corps qui se laisserait percer se déshonorerait. Ne redoutez pas cette célèbre « cavalerie; opposez-lui des carrés fermés et la baïonnette. » Cette harangue porta au plus haut degré l'enthousiasme des soldats, qui répondirent par les cris de *Marchons!*

A six heures, l'Empereur, qui n'aurait voulu attaquer que deux heures plus tard, pour attendre sa grosse cavalerie et des corps d'infanterie restés en arrière, donna cependant le signal. De premiers succès sur plusieurs points nous présagèrent déjà l'heureuse issue de la journée; vers une heure, l'action devint générale. Sous les yeux de l'Empereur, qui planait sur les ennemis comme sur son armée, et voyait exécuter avec la même précision qu'à Austerlitz les plans qu'il avait conçus avec le même génie, Augereau, Soult, Lannes, font partout ployer

les Prussiens malgré la plus vive résistance. Une partie de notre cavalerie n'avait pu rejoindre encore; elle arriva avec deux des divisions du maréchal Ney. A cette nouvelle, Napoléon fit avancer toutes les troupes qui étaient en réserve sur la première ligne; elles marchent et forcent à reculer tout ce qui leur est opposé. Alors la cavalerie, ayant à sa tête le grand-duc de Berg, se précipite sur les Prussiens, dont la retraite, d'abord opérée avec calme et sang-froid, ne présente bientôt plus qu'un affreux désordre. En vain l'infanterie se forme en carrés, entre les villages de Gross et de Klein-Romstedt, pour résister à nos dragons et à nos cuirassiers; cinq de ces carrés sont enfoncés et culbutés sans pouvoir se rallier. D'un autre côté, la cavalerie prussienne, qui n'avait pu supporter le choc des bataillons du maréchal Soult, s'était repliée sur la route de Weimar à Naüembourg. En ce moment se montra le corps du général Ruchel, composé de vingt-six bataillons et de vingt escadrons; en moins d'une heure, mais après une lutte terrible, il disparut tout entier sous les attaques simultanées que Napoléon dirigea contre ce renfort si impatiemment attendu par le prince Hohenlohe. Enfin, grâce

aux efforts inouïs des soldats et à l'habileté des généraux, il n'y avait plus d'armée devant nous. Maître du champ de bataille, et ne voulant laisser aucun relâche aux vaincus, Napoléon fit poursuivre avec une ardeur infatigable le débris de leurs colonnes, qui éprouvèrent de nouveaux désastres dans une sanglante et difficile retraite, ou plutôt dans une fuite désordonnée. Pendant l'action, Napoléon s'était montré sur tous les points; au fort de la mêlée, voyant ses ailes menacées par la cavalerie, il se porta où le danger était le plus grand, pour faire former les carrés. En ordonnant ces manœuvres, il était interrompu constamment par le cri de *Vive l'Empereur!* La garde impériale se voyait avec dépit condamnée à rester l'arme au bras, tandis que l'armée était aux prises avec l'ennemi. En passant devant elle, l'Empereur entendit le cri de *En avant!* « Qu'est-ce? « dit-il; ce ne peut être qu'un blanc-bec qui ose vouloir m'indiquer ce que je « dois faire; qu'il attende qu'il ait commandé dans trente batailles rangées, avant « de prétendre me donner des avis. » C'étaient en effet de jeunes vélites dont le courage était impatient de se signaler.

Pendant que Napoléon remportait la victoire d'Iéna, le maréchal Davoust soutenait seul, à Auerstaedt, contre le roi de Prusse en personne et le duc de Brunswick, le choc d'une masse près de trois fois supérieure à la faible armée que lui formaient les divisions Morin, Gudin et Friant. Davoust, qui dans cette affaire, l'un des plus beaux trophées de l'armée française, avait montré les talents et le caractère d'un habile capitaine, fut récompensé par le nom d'*Auerstaedt*.

Les Prussiens perdirent les deux champs de bataille, environ cinquante mille hommes tués ou pris, trois cents bouches à feu, soixante drapeaux, et tous leurs magasins. Parmi les prisonniers figuraient six mille Saxons et trois cents officiers. En arrivant à Weimar, Napoléon se fit présenter ces officiers, auxquels il dit qu'en prenant les armes il n'avait eu pour but que d'empêcher la nation saxonne d'être incorporée dans la monarchie prussienne. Il leur accorda, ainsi qu'aux soldats, le retour libre dans leur patrie. Ces officiers s'engagèrent tous par serment à ne jamais porter les armes contre la France et ses alliés. Ils retournèrent en Saxe, chargés d'une proclamation par laquelle Napoléon se déclarait le protecteur de la nation saxonne.

Les vieux compagnons d'armes de Frédéric trouvèrent presque tous à Iéna leur journée fatale. Le fameux duc de Brunswick, dont le manifeste avait si insolemment outragé la nation française en 1792, le maréchal Moellendorf et le lieutenant-général de Schmettau, blessés dangereusement, ne devaient pas survivre à cet anéantissement de la gloire militaire qu'ils avaient fondée sous le grand roi. Le prince Henri de Prusse, le général Ruchel, étaient particulièrement blessés, tandis que l'armée française n'avait à regretter qu'un général, cinq colonels et douze mille hommes environ, tant tués que blessés sur l'un et l'autre champ de bataille. Le roi de Prusse lui-même eut beaucoup de peine à s'échapper à travers les divisions françaises, et faillit rester prisonnier. Le surlendemain, ce prince, fuyant son armée, fit demander une armistice. Napoléon répondit qu'il était impossible, après une victoire, de donner à l'ennemi le temps de se rallier, et qu'il ne traiterait qu'à Berlin.

Le même jour, au combat de Greussen, le maréchal Soult écrasait le général Kalkreuth, l'un des plus vaillants compagnons de Frédéric II, et le poursuivait jusqu'à Magdebourg. Le 17, au combat de Hall, le prince de Ponte-Corvo mettait dans la déroute la plus complète la réserve prussienne, commandée par le prince

Eugène de Wurtemberg, lui prenait trente-quatre pièces de canon, quatre drapeaux et cinq mille hommes, ainsi que deux généraux. Le 18 octobre, Erfurth se rendait par capitulation au grand-duc de Berg, et livrait entre nos mains cent vingt pièces d'artillerie, d'immenses magasins et quatorze mille hommes prisonniers de guerre; parmi eux on comptait le maréchal de Moëllendorf, le prince d'Orange, depuis roi des Pays-Bas, et quatre généraux. L'infortunée reine de Prusse subissait à son tour le sort de la guerre qu'elle avait allumée. Fuyant de ville en ville, elle était à Stettin le 19, et le 20 à Custrin; aucun lieu ne pouvait lui offrir une hospitalité assurée.

Napoléon alla visiter le champ de bataille de Rosbach, non loin de celui d'Iéna. Heureux d'avoir vengé la France, il ordonna que la colonne élevée par Frédéric II, en mémoire de la défaite des Français, le 5 novembre 1757, serait transportée à Paris. Le quartier général fut ensuite porté à Potsdam, où les maréchaux Lannes, Lefebvre et Bessières s'établirent avec la garde. A Potsdam, Napoléon s'empressa d'aller visiter le tombeau du grand Frédéric. Il prit l'épée du héros du dix-huitième siècle, la ceinture de général qu'il portait à la guerre de Sept ans, et son cordon de l'Aigle noir. « J'aime mieux cela que vingt millions, dit-il. Je les enverrai aux « Invalides : les vieux soldats qui ont survécu aux guerres de Hanovre accueilleront

« avec un respect religieux tout ce qui appartient à l'un des premiers capitaines
« dont l'histoire conserve le souvenir. »

Au moment où Napoléon arrivait à Potsdam, la fameuse forteresse de Spandau, qui, avec une brave garnison, des approvisionnements et des ouvrages bien armés, pouvait faire une longue défense, capitulait entre les mains du maréchal Lannes; on y trouva quatre mille chevaux tout équipés, qui servirent à monter quatre mille dragons à pied. Après un beau combat de cavalerie à Zehdenick, le grand-duc de Berg força à Vignendorf les gendarmes du roi à mettre bas les armes. Enfin, le 27 octobre, Napoléon, précédé de sa garde à cheval, entra à Berlin, reçut, sous l'arc de triomphe élevé en l'honneur de Frédéric II, les hommages du corps municipal, puis alla descendre au vieux palais, où la princesse héréditaire de Hesse-Cassel, près d'accoucher, se trouvait, par l'effet des circonstances, dans un état de dénûment absolu. L'empereur chargea le grand écuyer de la rassurer sur sa position, et de lui remettre une somme d'argent, en y ajoutant la promesse d'un traitement pour le temps qu'elle voudrait rester au palais. La Fortune, qui comblait Napoléon de tant de faveurs que l'on pouvait dire qu'elle était passée à son service, lui offrit dans cette journée même l'occasion de se reposer des émotions d'une telle gloire, par un des plus beaux actes de clémence qui aient jamais honoré le caractère d'un souverain victorieux.

Le prince de Hatzfeld, gouverneur de Berlin, et connu pour l'un des plus ardents provocateurs de la guerre, s'était empressé de présenter à l'Empereur tous les fonctionnaires civils et militaires de la capitale : « Ne vous présentez pas devant « moi, lui dit l'Empereur; je n'ai pas besoin de vos services; allez vous retirer « dans vos terres. » Peu de moments après, le prince fut arrêté. Une lettre par laquelle il instruisait le roi des mouvements de l'armée française, avait été interceptée et remise à l'Empereur. Le crime de trahison était suffisamment prouvé : une commission militaire allait juger le coupable, quand la princesse de Hatzfeld vint se jeter aux genoux de Napoléon, et protester que son mari était incapable d'une telle perfidie : « Vous connaissez son écriture, » dit Napoléon en lui présentant la lettre du prince; « jugez-le vous-même, madame. » La princesse lut la lettre et tomba évanouie. L'état de grossesse où elle était ajoutait encore au malheur comme à l'intérêt de sa situation, qui avait vivement ému l'Empereur. Des secours furent prodigués à la princesse, qui revint à elle. « Tenez, madame, « lui dit Napoléon, cette lettre est la seule preuve que j'aie contre votre mari : « jetez-la au feu. » Ainsi fut sauvé le prince de Hatzfeld.

Chacune des journées de cette étonnante campagne fut marquée par plusieurs succès. Le 28 octobre, le grand-duc de Berg fit capituler au combat de Prentzlow le prince de Hohenlohe, qui avait succédé dans le commandement au vieux duc de Brunswick. Ce prince défila devant le général français à la tête de seize mille hommes d'infanterie, de six régiments de cavalerie, élite de l'armée prussienne, avec soixante pièces de canon et quarante-cinq drapeaux. Cette capitulation ne fut pas signée sans des mouvements de fureur et d'indignation de la part des Prussiens; mais, cernés de tous côtés, il fallait périr jusqu'au dernier ou se rendre, et leur chef ne crut pas devoir immoler plusieurs milliers d'hommes à sa gloire personnelle. La forte ville de Stettin capitula avec une garnison de six mille hommes et soixante pièces de canon, entre les mains du général Lassalle, à la tête de quelques escadrons. Custrin se rendit au maréchal Davoust avec quatre mille hommes, quatre-vingt-dix pièces de canon, et nous donna tout le cours de l'Oder. Chaque jour ravit au roi de Prusse une division ou une armée, une position militaire ou une forteresse.

Cependant le général Blücher avait trouvé le moyen de réunir sa division aux divisions commandées par le duc de Brunswick-Oels et par le duc de Weimar, qui retournait dans ses États. Blücher avait en outre rassemblé une quantité de petits corps, et voulait essayer de s'ouvrir un passage pour aller à Graudentz, où le roi était encore à la tête de quinze mille hommes; mais il n'avait pu se soustraire à la poursuite combinée du grand-duc de Berg et des maréchaux Soult et Bernadotte. Prévenu partout, à peine s'il eut le temps de se jeter dans Lubeck. Suivi par les trois maréchaux, une terrible action fut livrée dans les murs et hors des murs de cette ville. Soult força l'ennemi par la porte de Muhlen, Bernadotte par celle de la Trave; et entre les deux, le grand-duc de Berg poussa sa fougueuse cavalerie. Les Prussiens se défendirent pied à pied dans les rues, sur les places, dans les ouvrages, dans les maisons. Tout fut escaladé, enfoncé, détruit. Après deux jours de combats, le général Blücher et le duc d'Oels se rendirent avec cinq cent dix-huit officiers, onze généraux, soixante drapeaux, quatre mille chevaux, plus de vingt mille hommes, l'artillerie entière, en un mot tout ce qui avait échappé à la journée d'Iéna et d'Auerstaedt.

Le lendemain de la prise de Lubeck, la grande place forte de la Prusse, Magdebourg, bombardée par le maréchal Ney, se rendit. On y trouva vingt généraux, seize mille homme, les débris de cent soixante-dix bataillons, huit cents bouches à feu, d'immenses magasins. La nouvelle de la capitulation de Magdebourg, apportée en toute hâte à Berlin par le baron de Saint-Aignan, aide de camp du prince de Neufchâtel, empêcha l'Empereur de signer la paix, négociée entre le grand maréchal Duroc et le marquis de Lucchesini. Une heure plus tard, cette paix était conclue. L'Empereur frappa la Prusse et ses alliés d'une contribution de cent soixante millions.

CHAPITRE XXVII

1806-1807

Napoléon à Posen. — Déclaration de guerre de la Porte à la Russie. — Paix avec la Saxe. — L'électeur reçoit le titre de roi. — Bataille d'Eylau. — Bataille de Friedland. — Paix de Tilsitt.

La prise de Magdebourg et celle de Lubeck terminent la campagne de Prusse proprement dite par la possession totale des États héréditaires de la maison de Brandebourg ; toutefois la conquête de la monarchie n'est pas complète ; il reste à envahir la Silésie et la Pologne prussienne. Cette dernière province va devenir le théâtre de la guerre. Le roi a réuni au delà de la Vistule les débris de son armée. C'est là aussi que ce prince attend son allié du Nord. La Russie ne pouvait croire qu'en six semaines le royaume tout militaire de la Prusse se verrait entièrement occupé et désarmé. Elle pensait arriver à temps en montrant ses drapeaux dans les premiers jours de novembre ; mais les Français, qu'aucun obstacle ne pouvait plus arrêter, continuaient leur marche victorieuse. La capitale de la haute Silésie,

Glogau, investie par le prince Jérôme, traitait pour sa reddition. La capitale de la Grande-Pologne, Posen, recevait dans ses murs le maréchal Davoust. Les Russes touchent enfin le terrain où Napoléon ne va pas tarder à les joindre. L'armée russe, qui forme à elle seule toute la coalition depuis la destruction des Prussiens et la disparition des troupes suédoises, arrive dans le faubourg de Varsovie, dans ce faubourg de Praga dont les habitants n'ont pas oublié le massacre de toute une population par ces mêmes Russes.

Les négociations suivies entre le grand maréchal Duroc et le marquis de Lucchesini avaient amené une suspension d'armes, par laquelle le roi de Prusse s'engageait à faire remettre aux Français les places non encore soumises; cette convention avait été signée à Charlottenbourg. En attendant la ratification du roi Frédéric, la guerre va nous ouvrir les portes de ces villes abandonnées à elles seules au milieu de l'occupation française. Le maréchal Mortier prend possession de Hambourg, Brême, le duché de Mecklenbourg, le Hanovre sont occupés. Peu de jours après, un embargo général ferme l'Elbe et le Weser, ainsi que les ports ci-devant anséatiques, au commerce des ennemis de la France. Deux décrets datés de Berlin les menacent tous à la fois : l'un organise les gardes nationales de France et appelle à la formation de leurs cohortes les citoyens de vingt à soixante ans, soit pour le service intérieur, soit pour le service actif; l'autre crée ce fameux système continental qui déclare les Iles-Britanniques en état de blocus, et applique la saisie à toute marchandise anglaise à tout Anglais trouvé sur le territoire de la France, sur celui des pays qu'elle a conquis et de ceux qui reconnaissent la domination de ses alliés.

Napoléon quitte Berlin pour se porter sur le lieu des nouvelles opérations militaires; son quartier général est à Posen. Le lendemain, le grand-duc de Berg entre à Varsovie. Le général Beningsen a refusé la bataille qu'on lui présentait, et repassé la Vistule, dont il a brûlé le pont derrière lui. Le 1er décembre, Napoléon adresse à son armée la proclamation suivante :

« Soldats !

« Il y a aujourd'hui un an, à cette heure même, vous étiez sur le champ mé« morable d'Austerlitz. Les bataillons russes, épouvantés, fuyaient en déroute; ou « enveloppés, rendaient leurs armes aux vainqueurs. Le lendemain, ils firent « entendre des paroles de paix, mais elles étaient trompeuses. A peine échappés, « par l'effet d'une générosité peut-être condamnable, aux désastres de la troisième « coalition, ils en ont ourdi une quatrième. Mais l'allié sur la tactique duquel ils « fondaient leur principale espérance n'est déjà plus ! Ses places fortes, sa capitale, « ses magasins, ses arsenaux, deux cent quatre-vingts drapeaux, sept cents pièces de « bataille, cinq grandes places de guerre, sont en notre pouvoir. L'Oder, la Wartha,

« les déserts de la Pologne, les mauvais temps de la saison, n'ont pu nous arrêter
« un moment. Vous avez tout bravé, tout surmonté; tout a fui à votre approche.
« C'est en vain que les Russes ont voulu défendre la capitale de cette ancienne
« et illustre Pologne : l'aigle française plane sur la Vistule. Le brave et infortuné
« Polonais, en vous voyant, croit revoir les légions de Sobieski de retour de leur
« mémorable expédition. Soldats! nous ne déposerons point les armes que la paix
« générale n'ait affermi et assuré la puissance de nos alliés, n'ait restitué à notre
« commerce sa liberté et ses colonies. Nous avons conquis, sur l'Elbe et l'Oder,
« Pondichéry, nos établissements des Indes, le cap de Bonne-Espérance et les
« colonies espagnoles. Qui donnerait le droit de faire espérer aux Russes de ba-
« lancer les destins! qui leur donnerait le droit de renverser de si justes desseins?
« *Eux et nous, ne sommes-nous pas les soldats d'Austerlitz?* »

Les grandes situations inspirent les grandes idées. Ce fut de Posen que Napoléon décréta que sur l'emplacement de la Madeleine serait élevé un monument
dédié à ses braves, avec cette inscription : *L'Empereur Napoléon aux soldats de
la Grande-Armée!* Là devaient être tracés, sur des tables de marbre, les noms de
tous les guerriers qui avaient assisté aux batailles d'Ulm, d'Austerlitz et d'Iéna,
et sur des tables d'or massif les noms de ceux qui étaient morts sur les champs de
bataille.

Le 11 décembre, se conclut aussi à Posen un traité de paix et d'alliance entre
Napoléon et l'électeur de Saxe. Par ce traité, ce prince reçut le titre de roi, et
entra dans la Confédération du Rhin. Son contingent devait être de vingt mille
hommes. Napoléon plaça avec plaisir une couronne sur la tête du patriarche des
souverains allemands. L'effet moral et politique de cette élévation fut d'attirer
à son auteur une part du respect dès longtemps attaché aux vertus de ce digne
prince.

Cependant le grand maréchal Duroc s'était rendu de Posen à Osterode, pour
faire ratifier par le roi de Prusse la suspension d'armes conclue à Charlottenbourg.
Mais ce prince lui déclara que, les Russes occupant le reste de ses États, il se
trouvait dans leur entière dépendance et ne pouvait reconnaître la suspension
d'armes, faute de moyens pour en exécuter les conditions.

L'heure de la grande guerre venait de sonner encore une fois. Napoléon quitta
Varsovie et leva ses quartiers d'hiver. Le combat de Mohrunhen servait de prélude à ce terrible réveil. Le 1er février, toute l'armée était en marche. Les affaires
de Bergfried, de Waltersdorf, de Deppen, qui avaient eu lieu du 3 au 6 février,
mais surtout l'enlèvement du plateau de Preussisch-Eylau et la prise de cette ville,
que les Russes défendirent avec acharnement depuis la matinée du 7 jusqu'à dix
heures du soir, annonçaient assez qu'un engagement général ne pouvait tarder
plus longtemps. En effet, le 8, les deux armées se trouvaient en présence, à demi-

portée de canon l'une de l'autre. Au point du jour, les Russes, au nombre d'environ quatre-vingt mille hommes, occupaient des hauteurs hérissées d'artillerie; les Français, inférieurs en nombre, et dans une position moins avantageuse, ne pouvaient déboucher et développer leur ligne que sous le feu des batteries ennemies. Beningsen, ayant disposé en deux colonnes les troupes du centre de sa ligne et celles de sa réserve, engagea l'action par un grand feu d'artillerie dirigé contre Eylau, qu'il parut vouloir enlever. Napoléon, toujours au poste du danger,

suivant sa coutume dans les graves circonstances où sa présence était surtout nécessaire, fit avancer quarante pièces de canon de sa garde qui répondirent à l'ennemi. Cette canonnade, très-meurtrière pour les deux partis, fut soutenue avec une admirable constance par les Russes et les Français. Le dessein de l'Empereur était d'envelopper l'aile gauche de l'ennemi, appuyée aux villages de Serpallen et de Sansgarten. De son côté, Beningsen, comptant sur sa formidable artillerie, tenta de manœuvrer par sa droite et d'emporter la ville d'Eylau; mais l'audace de nos troupes à se déployer sous le feu plongeant de ses batteries, et, bientôt après, l'attaque formée par le maréchal Augereau, le mouvement de la division Saint-Hilaire pour seconder la marche du maréchal Davoust sur le Serpallen, dégagèrent notre gauche. En ce moment, une neige épaisse, poussée avec violence par le vent du nord, obscurcit tout à coup l'horizon; les Français, qui la recevaient en face, en étaient aveuglés. Pendant cette nuit, les colonnes du maréchal Augereau perdirent leur point de direction, et se trouvant aux prises avec l'aile droite des Russes, leur centre et la réserve du général Doctorow eurent beaucoup à souffrir. Augereau, grièvement blessé, fut emporté du champ de bataille. Aussitôt qu'il en fut informé, Napoléon ordonna au grand-duc de

Berg et au maréchal Bessières de prendre soixante-dix escadrons de cavalerie pour les lancer sur le centre de l'ennemi. La cavalerie russe fut culbutée au premier choc de cette masse énorme; le grand-duc et le maréchal firent alors charger l'infanterie. Deux lignes russes enfoncées d'abord, deux fois traversées, abandonnèrent leur artillerie; il y eut là une mêlée affreuse, et une perte immense pour l'ennemi. Il se rallia pourtant à la troisième ligne et se déploya; une de ses colonnes, forte de quatre mille hommes, qui pendant l'obscurité s'était trop approchée du cimetière d'Eylau, au moment d'attaquer, s'arrêta tout à coup devant un bataillon de la garde qu'avait envoyé Napoléon; abordée à la baïonnette par ce bataillon, chargée en tête par l'escadron de service de l'Empereur, et en queue par le grand-duc de Berg, elle périt presque tout entière. Pendant cette lutte, le maréchal Davoust, ayant manœuvré pour tourner la gauche de l'ennemi, parvint, après un combat long et meurtrier, à occuper les hauteurs du village de Sansgarten. L'action n'était pas moins vive en avant de Serpallen, entre les Russes et la division Morand, que le général Saint-Hilaire devait soutenir par une attaque de flanc. Tour à tour assaillis et assaillants, les Russes nous cédèrent enfin l'avantage. Dès lors le maréchal Davoust put exécuter les mouvements prescrits par l'Empereur pour envelopper et renverser l'aile gauche de l'ennemi, et le sort de la bataille fut décidé. Beningsen maintenait toutefois sa position en face d'Eylau; mais les progrès de l'aile droite des Français rendaient cette position périlleuse, et d'ailleurs il avait employé toutes ses réserves, tandis que celles de Napoléon étaient intactes et n'avaient pas tiré un coup de fusil. Les ennemis ne songeaient plus qu'à assurer leur retraite, lorsque le corps prussien du général Lestocq, dont le maréchal Ney avait retardé l'arrivée sur le champ de bataille jusqu'à quatre heures du soir, vint se joindre à leur droite et prévenir leur ruine, mais non pas leur défaite; ce nouveau combat ne fit que montrer la valeur, la constance des Russes, et la supériorité des Français. Vers les huit heures du soir,

Napoléon ordonna d'allumer sur toute la ligne des feux de bivouac, qui semblaient éclairer et constater sa victoire. Le général Beningsen fit un dernier effort pour soutenir d'abord et ensuite dégager son aile droite, que débordait le maréchal Ney; mais bientôt cette aile mise en déroute par une charge à la baïonnette le força lui-même à profiter de l'obscurité pour dérober sa retraite. Napoléon resta maître du champ de bataille, où vingt mille morts et trois à quatre mille chevaux tués, la neige couverte de sang, de débris de boulets, d'obus, d'armes de toute espèce, et un nombre immense de blessés, formaient le plus hideux spectacle. Le bulletin qui apporta à Paris le récit de la bataille d'Eylau produisit une douloureuse impression et offrait la trace des pénibles pensées qui déchiraient l'âme du vainqueur. « Après la bataille d'Eylau, disait-il, l'Empereur a passé tous les
« jours plusieurs heures sur le champ de bataille, spectacle horrible, mais que le
« devoir rendait nécessaire. Il a fallu beaucoup de travail pour enterrer tous les

« morts. On a trouvé un grand nombre de cadavres d'officiers russes avec leurs
« décorations. Il paraît que parmi eux il y avait un prince Repnin. Quarante-huit
« heures après la bataille, il y avait plus de cinq mille Russes blessés qu'on n'a-
« vait pas encore pu emporter. On leur faisait porter de l'eau-de-vie et du pain;
« et successivement on les a transportés à l'ambulance. » La bataille d'Eylau, où
l'armée française perdit seize généraux tués ou morts des suites de leurs blessures,
est, relativement au nombre des combattants, la plus sanglante qui ait eu lieu
sous l'Empire. Le lieutenant général d'Hautpoul fut blessé à mort. Il avait exécuté à la tête de ses cuirassiers *cette fameuse charge qui traversa toute l'armée
russe*. Napoléon courut les plus grands dangers à cette terrible affaire : en vain
le prince Berthier voulut l'empêcher de rester constamment sous le feu le plus
violent des batteries ennemies, il persista à s'exposer, sans donner le plus léger
signe d'émotion, au milieu des alarmes que sa position inspirait à tous ses
généraux.

La seconde capitale de la Prusse, Kœnigsberg, n'échappa à nos armes que pour
un moment; car Beningsen l'avait évacuée après la bataille d'Eylau, et Napoléon
a conservé l'offensive. En Poméranie, le maréchal Mortier investit Stralsund,
dont le gouverneur avait brûlé le faubourg. Le maréchal Lefebvre s'empare de
Marienwerder, sur la Vistule, et marche vers Dantzick, dont le siége lui est confié.
En attendant que l'artillerie de siége soit arrivée des places fortes de la Silésie
qui se sont rendues au prince Jérôme, le maréchal fait commencer les ouvrages
de circonvallation. Le 16, la victoire d'Ostrolenka, longtemps disputée, est enfin
arrachée au général Essen par le général Savary. A Braunsberg, le général Dupont
attaque dix mille Russes à la baïonnette, les chasse de la ville, prend deux mille
hommes et seize pièces de canon. Par ces affaires d'avant-postes, Napoléon veut
assurer la tranquillité de ses troupes dans leurs cantonnements. Là, sa sollicitude

vraiment paternelle veille sans relâche sur les besoins du soldat, sur les hôpitaux, où les vainqueurs d'Eylau reçoivent les secours de la science et de l'humanité, comme sa prévoyance de général veille sur tous les détails de l'administration militaire; car, si pendant le combat il ménage peu la vie de ses compagnons d'armes, après la victoire il compte leurs blessures, et de nombreuses promotions viennent acquitter la dette de la patrie.

Pendant que Napoléon attendait au quartier général de Finkenstein le moment de reprendre lui-même la conduite des opérations militaires, de grands événements s'étaient passés à Constantinople et avaient signalé l'ambassade du général Sébastiani. La violation du territoire ottoman par le général russe Michelson, la surprise des villes de Choczim et de Bender au milieu de la paix, étaient de véritables forfaitures, auxquelles la politique anglaise, que représentait à Constantinople lord Arbuthnot, était loin d'être étrangère.

La Russie avait demandé au divan le rétablissement des hospodars de Valachie et de Moldavie, destitués par la Porte. Les menaces de l'Angleterre appuyèrent cette demande; et le sultan Sélim, ayant besoin de la paix pour exécuter le projet qu'il avait conçu, avec Mustapha Barayctar, d'accomplir une révolution dans l'empire turc, rétablit les deux hospodars. Ce fut après cette condescendance de la Porte que le général Michelson entra inopinément sur le territoire ottoman, s'empara de Choczim, de Bender et força les Turcs propriétaires en Moldavie de vendre leurs biens et d'évacuer la principauté. L'armée de Michelson, destinée à de plus importantes opérations, allait se renforcer d'autres troupes déjà en marche, quand la prise de Varsovie par les Français, appelant tout à coup sur la Vistule les bataillons russes du Don et du Danube, obligea Michelson, abandonné à lui-même, de s'arrêter à Bucharest, où l'avant-garde ottomane suffit pour lui fermer le passage.

La guerre fut déclarée à la Russie avec une grande solennité : on déploya le drapeau de Mahomet. Quelques jours après le départ de l'ambassadeur russe, lord Arbuthnot transmit au divan une déclaration dans laquelle il était dit : « ... Les « cours de Russie et d'Angleterre ont arrêté et arrangé entre elles que l'une ferait « entrer par terre des troupes sur le territoire musulman, tandis que l'autre « enverrait par mer sa flotte à la capitale de l'empire ottoman. Si la Sublime « Porte procède sur-le-champ au renouvellement de son alliance avec lesdites « cours d'Angleterre et de Russie sur l'ancien pied, et si elle chasse de la « résidence impériale l'ambassadeur de France Sébastiani, la guerre cessera à « l'instant ; mais s'il en est autrement, la rupture avec l'Angleterre est désormais « inévitable... »

Le sultan resta inébranlable et dit à l'ambassadeur Sébastiani : « Les Anglais « veulent que je chasse l'ambassadeur de France, et que je fasse la guerre à mon « meilleur ami. Écris à l'Empereur qu'hier encore j'ai reçu une lettre de lui ; qu'il « peut compter sur moi comme je compte sur lui. » Le Sérail, les côtes d'Europe et d'Asie, ainsi que les Dardanelles, se hérissèrent de batteries formidables, au nombre de vingt-neuf, armés de cent neuf mortiers et de cinq cent vingt pièces de canon ; dix vaisseaux de guerre suivirent jusqu'aux Dardanelles la flotte anglaise, qui battit en retraite.

Napoléon, malgré les chances que le brillant commencement de la guerre, sa position dans le pays ennemi et l'ardeur de son armée, lui donnaient pour de nouveaux succès, ne négligeait aucun moyen de poursuivre ses avantages contre les Russes et d'assurer la protection du littoral de la France. En conséquence, au mois d'avril, un sénatus-consulte appela aux armes la conscription de 1808, qui, formée en cinq légions commandées chacune par un sénateur, fut destinée à la défense du territoire.

Le siége de Dantzick se continuait avec une grande vigueur, pendant que l'empereur de Russie, le grand-duc Constantin et le roi de Prusse, étaient arrivés à Bartentstein. Pour sauver Dantzick, on décida de secourir la ville par mer. Napoléon, qui avait pénétré le projet des deux souverains, chargea le maréchal Lannes d'aller avec la division Oudinot renforcer à Marienbourg, ancien chef-lieu de l'ordre Teutonique, l'armée de siége du maréchal Lefebvre. Une armée russe et prussienne débarqua sous le fort de Weichselmunde, d'où elle déboucha pour marcher vers la ville. Mais l'espace qui la séparait du fort était occupé par nos troupes, et les alliés furent repoussés sur les palissades de Weichselmunde. Après cinquante et un jours de tranchée ouverte, le général Kalkreuth, dont le vieux courage avait si bien défendu ce qui restait de la Prusse guerrière de Frédéric, capitula, et livra au maréchal Lefebvre le grand port militaire de la Baltique. Huit cents pièces de canon, cinq cent mille quintaux de grains, furent les fruits de cette conquête. Le maréchal Lefebvre fut fait duc de Dantzick.

Plusieurs affaires, telles que celles de Spanden, de Lomitten, d'Altkirchen, de Wolfesdorf, de Deppen, le combat de Gutstadt, la journée meurtrière d'Heilsberg, dans lesquelles l'armée des alliés perdit une trentaine de mille hommes et de fortes positions retranchées, forment les glorieux préludes de l'immortelle bataille qui, le 14 juin, rappelant l'anniversaire de Marengo, reçut de Napoléon le nom de Friedland. Cette terrible action ne commença qu'à cinq heures du soir. Le maréchal Ney commandait la droite, le maréchal Lannes le centre, le maréchal Mortier la gauche. Les généraux Grouchy, Latour-Maubourg, Lahoussaye, commandaient la cavalerie de ces trois corps, et contribuèrent activement au gain de la bataille. Dans cette journée, Napoléon se complut à déployer toute la puissance de son génie militaire : tranquille au milieu de vingt mille hommes de sa garde, qu'il condamne, ainsi que deux divisions de la réserve du premier corps, à être témoins immobiles de son succès, il fait détruire la valeureuse garde, l'armée de l'empereur Alexandre et les derniers débris de celle du roi de Prusse, par les bataillons de la ligne, soutenus de la cavalerie française et saxonne, sous les yeux des deux souverains, dont l'un comptait se venger d'Austerlitz, l'autre d'Iéna. Cinquante à soixante mille hommes tués, blessés ou pris, parmi lesquels vingt-cinq généraux; quatre-vingts pièces de canon, soixante-dix drapeaux, furent le résultat de la défaite des coalisés. Le lendemain, ce n'est plus la bataille, c'est la déroute qui continue. L'ennemi fuit vers la Russie par les deux directions de Kœnigsberg et de Tilsitt. L'armée victorieuse poursuit sa route, qu'elle voit jalonnée de canons, de caissons, d'équipages. Le maréchal Soult entre le 16 à Kœnigsberg, où il trouve vingt mille blessés russes et prussiens, et d'immenses approvisionnements en tout genre, tels que cent soixante mille fusils anglais non encore débarqués. Napoléon poursuit les souverains par Druckheim et Sheisgirren, et le 19 il arrive seul à Tilsitt, où il a été précédé le matin par les troupes légères. Elles avaient paru tandis que le pont, qui venait de mettre les princes alliés et le reste de leurs forces en sûreté sur la rive droite du Niémen, brûlait encore.

Quelques cavaliers de l'escorte de Napoléon n'ont pu le suivre au delà d'une petite chapelle qui domine Tilsitt. Il s'aventure seul, emporté par la confiance de sa gloire, dans les plaines qui entourent la dernière ville prussienne que l'ennemi a traversée le jour même. De l'autre côté commence la Russie. Napoléon a vu le Niémen, et s'est arrêté.

L'orgueil du nom moscovite anéanti par nos armes, sous les yeux d'Alexandre et des grands-ducs, malgré la présence des plus habiles généraux russes, a porté, le 14 juin 1807, la gloire de Napoléon et la puissance française au plus haut degré d'élévation politique et militaire où jamais peuples et conquérants soient parvenus. Alors et sur le champ de bataille de Friedland, où notre victoire a ouvert au maréchal Soult les portes de Kœnigsberg, et a été suivie immédiatement de la conquête de toute la Silésie; alors, et alors seulement, Napoléon, selon son expression si souvent reproduite depuis, pouvait partager le monde en deux; c'est à Tilsitt que le vainqueur d'Austerlitz, d'Iéna et de Friedland, pouvait proclamer la division de l'Europe et peut-être celle de la terre en deux empires. Là il pouvait renouveler avec Alexandre le traité qu'avait conclu Paul Ier pour la destruction de l'empire asiatique de l'Angleterre; là il pouvait réparer la faute du traité de Presbourg, et, réalisant une grande idée européenne, former de la Pologne toute entière et des vastes démembrements de la Prusse une immense monarchie qui eût à jamais isolé la Russie des frontières germaniques de la France, et reléguer ainsi au delà du Caucase les populations belliqueuses de la Scythie d'Europe.

Le Niémen va attacher son nom à une grande scène; le 25 juin, un radeau reçoit l'Empereur victorieux et l'Empereur vaincu; ils se donnent la main. La moitié de Tilsitt est neutralisé; Alexandre y entre le lendemain. Derrière Alexandre est un roi suppliant, à qui Tilsitt appartenait la veille, à qui Memel seule, sur la frontière russe, appartient encore: il n'a plus d'autre royaume, et c'est avec cette faible couronne qu'il marche à la suite des deux empereurs; il cherche à se confondre dans la foule des généraux de Napoléon, qui ont su le vaincre et qui savent le respecter. Cependant fidèle à l'alliance que le malheur a transformée en une courageuse amitié, Alexandre ne perd pas de vue le prince dont il est la sauvegarde, et il a pu faire admettre son allié devant celui qu'il a si injustement provoqué. Mais Napoléon aime à accorder à Alexandre l'amnistie de Frédéric-Guillaume, et le traité de Tilsitt est conclu. Remis en possession de la moitié de ses États, le roi de Prusse reprend une place parmi les souverains.

Alexandre reconnut les couronnes de Louis, de Joseph, et celle de Jérôme, pour lequel un royaume de Westphalie, formé des États de Hesse-Cassel, d'une partie de ceux de la Prusse, de ceux de Brunswick, de Paderborn, de Fulde, d'une partie de l'électorat de Hanovre, vient d'être improvisé. Il y a plus de faiblesse que de vanité dans l'élévation des frères de Napoléon. Cet homme, si terrible contre les rois armés, soumet sa politique et son caractère à ce qu'il appelle les devoirs de famille. Enfin ses frères sont rois de l'aveu d'Alexandre; ce prince fait plus, il a reconnu le roi de Saxe grand-duc de Varsovie, et Napoléon protecteur de la Confédération du Rhin. Mais le blocus continental fut le plus important objet, et la condition essentielle du traité de Tilsitt.

Après vingt jours d'entretiens confidentiels entre Alexandre et Napoléon, les deux monarques se séparèrent, et l'Empereur revint à Paris. Des fêtes magnifiques accueillirent dans la capitale le retour des soldats de la garde impériale, dignes représentants de la grande armée. Un arc de triomphe d'une proportion gigantesque, et sous lequel vingt hommes pouvaient aisément passer de front, fut élevé près de la barrière par laquelle ils devaient entrer dans la capitale. Dès le matin, une foule immense s'était portée à leur rencontre ; des cris d'enthousiasme annoncèrent, vers le milieu du jour, l'approche de ces braves, sous les ordres du maréchal Bessières. Le corps municipal de la ville de Paris s'avança à leur rencontre, et le préfet de la Seine, d'une voix émue, leur parla en ces termes :

« Héros d'Iéna, d'Eylau, de Friedland, conquérants de la paix, grâces immor-
« telles vous soient rendues !

« C'est pour la patrie que vous avez vaincu, la patrie éternisera le souvenir de
« vos triomphes, vos noms seront légués par elle, sur le bronze et sur le marbre,
« à la postérité la plus reculée, et le récit de vos exploits enflammant le courage
« de nos derniers descendants, longtemps encore après vous-mêmes vous proté-
« gerez, par vos exemples, ce vaste empire si glorieusement défendu par votre
« valeur.

« Braves guerriers, ici un même arc triomphal dédié à la grande armée s'élève
« sur votre passage ; il vous attend : venez recevoir sous ses voûtes la part qui vous
« est due des lauriers votés par la capitale à cette invincible armée. Qu'ainsi com-
« mence la fête de votre retour ! venez, et que ces lauriers, tressés en couronnes
« par la reconnaissance publique, demeurent appendus désormais aux aigles
« impériales qui planent sur vos têtes victorieuses ! »

Après ce discours, les couronnes d'or votées par la ville de Paris furent appendues aux aigles de la garde impériale.

Le corps municipal vint se placer ensuite dans une des deux tribunes qui avaient été ménagées dans l'intérieur de l'arc de triomphe. La seconde était occupée par un nombreux orchestre, qui exécuta aussitôt le *Chant du retour*, dont le célèbre Méhul avait composé la musique pour cette fête militaire.

Puis la garde impériale défila dans l'ordre suivant : les fusiliers de la garde, les chasseurs à pied, les grenadiers à pied, les chasseurs à cheval, les mameluks, les dragons, les grenadiers à cheval, la gendarmerie d'élite. Chaque régiment était précédé des officiers généraux et supérieurs chargés de son commandement.

C'est dans cet ordre, et entourée d'une innombrable population, que la garde parvint aux Tuileries. Elle y entra par l'arc de triomphe du Carrousel, déposa ses aigles dans le palais, et, traversant le jardin impérial, où elle déposa ses armes en faisceaux, elle se rendit aux Champs-Élysées. Là, tous les corps qui la composaient et un détachement de la garde de Paris prirent place à un immense banquet qui leur était préparé, et dont le corps municipal fit les honneurs.

Deux jours après, le Sénat se réunit pour témoigner à l'armée sa reconnaissance et son admiration. Une fête fut donnée à la garde impériale dans le jardin du Luxembourg. Le président du Sénat adressa à cette occasion le discours suivant au maréchal Bessières :

« Monsieur le Maréchal, invincible Garde Impériale,

« Le Sénat vient au-devant de vous ; il aime à voir les dignes représentants de la
« grande armée remplir ses portiques; il se plait à se voir entouré de ces braves
« qui ont combattu à Austerlitz, à Iéna, à Eylau, à Friedland, de ces favoris de la
« victoire, de ces enfants chéris du génie qui préside aux batailles. Cette enceinte
« doit vous plaire, invincible garde impériale : ces voûtes ont tant de fois retenti
« des acclamations qui ont célébré vos immortels faits d'armes et tous les triom-
« phes de la grande armée! Vos trophées décorent nos murailles; les paroles
« sacrées que le plus grand des monarques daigna nous adresser du haut de son
« char de victoire sont gravées dans ce palais par la reconnaissance, et vous
« retrouverez parmi nous plusieurs de ceux qui ont porté la foudre de notre
« Empereur, et dirigé les hardis mouvements de ses phalanges redoutables.

« Représentants de la première armée du monde, recevez, par notre organe,
« pour vous et pour tous vos frères d'armes, les vœux du grand et bon peuple dont
« l'amour et l'admiration vous présagent ceux de la postérité ! »

Si la flatterie allait chercher les soldats, on peut croire qu'elle ne manquait pas à l'Empereur. Il recevait toutes les félicitations et tous les hommages; mais il n'en était point ébloui. Il vint lui-même quelque temps après, sans orgueil, sans emphase, dérouler, avec sa netteté habituelle, au Corps législatif, le tableau des grands événements qui venaient de s'accomplir et de la prospérité de la France :

« Messieurs les Députés et messieurs les Tribuns, dit-il ;

« Depuis votre dernière session, de nouvelles guerres, de nouveaux triomphes,
« de nouveaux traités de paix ont changé la face de l'Europe politique.

« Si la maison de Brandebourg, qui la première se conjura contre nous, règne
« encore, elle le doit à la sincère amitié que m'a inspirée le puissant empereur du
« Nord. Un prince français régnera sur l'Elbe ; il saura concilier l'intérêt de ses
« nouveaux sujets avec ses premiers et plus sacrés devoirs. La maison de Saxe a

« recouvré, après cinquante ans, l'indépendance qu'elle avait perdue. Les peuples
« de la ville de Varsovie, du duché de Dantzick, ont recouvré leur patrie et leurs
« droits.

« La France est unie aux peuples d'Allemagne par les lois de la confédération
« du Rhin ; à ceux des Espagnes, de la Hollande, de la Suisse et de l'Italie par les
« lois de notre système fédératif. Nos nouveaux rapports avec la Russie sont ci-
« mentés par l'estime réciproque de ces deux grandes nations.

« Dans tout ce que j'ai fait, j'ai eu uniquement pour but le bonheur de mes
« peuples, plus cher à mes yeux que ma propre gloire. — Je désire la paix mari-
« time. Aucun ressentiment n'influera jamais sur mes déterminations : je ne saurai
« jamais en avoir contre une nation, jouet et victime des partis qui la déchirent,
« et trompée sur la situation de ses affaires comme sur celles de ses voisins. —
« Mais quelle que soit l'issue que les décrets de la Providence aient assignée à la
« guerre maritime, mes peuples me trouveront toujours le même, et je trouverai
« mes peuples dignes de moi.

« Si pendant ces dix mois d'absence et de périls j'ai été présent à votre pensée,
« les marques d'amour que vous m'avez données ont excité constamment mes
« plus vives émotions, toutes mes sollicitudes ; tout ce qui pouvait avoir rapport
« même à la conservation de ma personne ne me touchait que par l'intérêt que
« vous y portiez, et par l'importance dont elle pouvait être pour vos futures
« destinées. »

Cette même année avait vu resserrer l'alliance de Napoléon avec le roi de
Wurtemberg, par le mariage du nouveau roi de Westphalie avec la princesse
Catherine. Aucune couronne n'eût été déplacée sur la tête de cette jeune reine,
en qui la beauté ajoutait encore à l'éclat de l'esprit et à l'élévation du caractère.

CHAPITRE XXVIII

1807

La Suède seule contre la France. — Bombardement de Copenhague par les Anglais. — Traité de Fontainebleau entre la France et l'Espagne. — Conquête du Portugal. — Départ de la famille de Bragance pour le Brésil. — Grave accident survenu dans la famille royale d'Espagne.

La paix de Tilsitt venait d'être signée, et la France ne comptait plus en Europe d'autre ennemi que l'Angleterre, lorsque la Suède, qui, au commencement de l'année 1807, avait signé un armistice en Poméranie, saisie par un esprit de vertige indéfinissable, rompit subitement cet armistice. Jaloux sans doute de renouveler Charles XII, Gustave seul reprit ses faibles armes contre le maître de l'Europe. Brune fut chargé de châtier ce prince téméraire, enfermé dans Stralsund. Gustave abandonna cette forte place, qui se rendit au maréchal, ainsi que l'île de Augen. Tout le littoral de la Baltique subit le joug de la France. La Suède perdit la Poméranie, et Gustave l'affection de ses sujets. Il avait compté sur les armements de l'Angleterre, dont il était le plus fidèle allié ; mais il se trompait dans ses calculs. On vit cette puissance, au lieu de secourir Gustave, risquer une flotte contre les batteries improvisées aux Dardanelles par l'ambassadeur Sébastiani, exposer une partie de son armée, qu'elle avait laissée à Rosette, sur le sol de l'Égypte, et frapper à l'improviste un prince voisin plutôt que de secourir celui qui s'était dévoué si imprudemment à sa cause.

Le gouvernement anglais ne procédait plus que par voix d'extermination. Le 12 août, à l'exemple de lord Arbuthnot à Constantinople, l'ambassadeur Jackson vint signifier au prince royal, à Copenhague, que la Grande-Bretagne exigeait du Danemark une alliance offensive et défensive, et pour garantie, la remise de la flotte, de la forteresse de Cronenbourg, ainsi que la capitale. Il ajoutait que l'Angleterre compenserait avec de l'argent les pertes que le Danemark pourrait éprouver : « Et avec quoi compenserez-vous l'honneur ? » répondit le prince royal. Les hostilités éclatèrent aussitôt. Le même jour, le Gouvernement danois mit le séquestre sur le commerce et les propriétés d'Angleterre dans ses États, et les Anglais jetèrent douze milles hommes dans la forteresse de Frederichsberg, aux portes de Copenhague. La proclamation anglaise déclarait aux Danois que la Grande-Bretagne se présentait comme amie et ne demandait leur flotte qu'à titre de dépôt : c'était ajouter la dérision à la violence. Lord Cathcart, commandant les forces britanniques, écrivit au général Peymann, gouverneur de Copenhague, que si les propositions de l'Angleterre n'étaient pas acceptées, la ville subirait les horreurs d'un siége par terre et par mer. Le 2 septembre, à sept heures du soir, les Anglais commencèrent un bombardement qui dura soixante-douze heures et réduisit en cendres trois cents maisons. Le général Peymann, dangereusement blessé, se vit forcé de capituler. Les Anglais s'emparèrent de la flotte danoise, qui consistait en vingt-huit vaisseaux de ligne, seize frégates, neuf bricks, et une quarantaine de petits bâtiments. Le prince royal, dont le caractère ne se démentit pas un seul instant, refusa de reconnaître la capitulation. Il avait donné au général Peymann l'ordre de faire sauter la flotte, s'il ne pouvait la sauver ; mais l'officier porteur de cet ordre avait été pris.

Victime d'une agression aussi barbare, le roi de Danemark y trouva la justification du blocus continental que la France imposait à ses alliés : il s'empressa d'y adhérer, ordonna la saisie de toutes les propriétés britanniques dans ses États, l'arrestation de tous les Anglais, et interdit tout commerce avec l'Angleterre ; le 16 octobre, il signa avec la France un traité offensif et défensif, et, seul des alliés de Napoléon, il respecta ses engagements jusqu'au dernier moment. Indigné de la violence que l'Angleterre venait d'exercer envers le Danemark, l'empereur Alexandre proclama hautement, par un ukase, les principes de neutralité armée que lui avait légués Catherine II ; il proscrivit, en outre, toute communication entre les deux États, jusqu'à ce que le Danemark fût satisfait et jusqu'à la paix de la France avec la Grande-Bretagne. Ce prince, dont aucune influence étrangère n'altérait alors la politique, accéda entièrement à toutes les conditions du système continental, et fit exécuter dans la Russie entière les mesures rigoureuses de ce pacte contre les sujets, les propriétés et le commerce de l'Angleterre. Le traité de Tilsitt semblait avoir jeté de profondes racines dans l'esprit d'Alexandre ; il s'en montrait l'observateur dévoué. Jamais alliance entre les deux plus puissants princes de l'Europe n'avait été cimentée par de plus grands engagements. Ainsi l'exclusion des Anglais du nord de l'Europe étant complète, Napoléon tourna ses regards vers le midi, qui allait devenir le théâtre de plus graves événements.

Depuis le traité de Bâle, l'Espagne avait toujours vécu en bonne intelligence avec la France ; l'avénement de Napoléon au pouvoir n'avait fait que resserrer les liens qui unissaient les deux États. Cependant, en 1806, au moment où les hostilités soudaines de la Prusse semblaient annoncer une nouvelle coalition contre l'empire français, parut une proclamation du prince de la Paix, proclamation singulière, et qui appelait tous les Espagnols aux armes contre un ennemi qu'elle ne désignait pas. Napoléon reconnut de suite l'influence anglaise ; toutefois, comme la Prusse n'était pas encore vaincue et que la Russie se montrait menaçante, il ne témoigna rien de ses soupçons. Mais quand la victoire d'Iéna eut décidé du sort de la monarchie prussienne, il demanda des explications ; le ministre espagnol, effrayé de son imprudente levée de boucliers, répondit qu'il avait craint une tentative armée de l'empereur de Maroc et quelques mouvements militaires du Portugal. Napoléon temporisa. Cependant la glorieuse paix de Tilsitt laissait l'Empereur libre de s'occuper des soins de sa vengeance, et contre l'Espagne, d'où était partie la proclamation, et contre l'Angleterre, qui l'avait poussée à cette dangereuse manifestation. Il comprit que l'alliance avec le Midi ne lui offrait plus la même stabilité que par le passé : l'Espagne, ruinée dans son commerce, et privée, par le système continental, des ressources de ses colonies, désirait la rupture du traité qui la liait à la France. Napoléon voulut prévenir cette rupture, et recommencer, comme il disait, l'ouvrage de Louis XIV, en renouant avec solidité la ligue des États du Midi, et en plaçant des princes de sa famille à la tête de tous ces États. Se considérant comme héritier, par le choix populaire de la couronne de Louis XIV, il voulait être le maître de tous les royaumes qui avaient formé l'héritage des descendants de ce monarque.

La guerre avec le Portugal, seul endroit du continent où il pouvait attaquer l'Angleterre, lui fournit l'occasion de faire entrer des troupes en Espagne. Un traité conclu avec le ministre tout-puissant Godoy, prince de la Paix, mettait même à sa disposition l'armée espagnole, en stipulant l'envoi, sur les côtes de la Baltique, de vingt-deux mille hommes de leurs meilleures troupes, sous les ordres du marquis de la Romana, et l'introduction en Espagne de trente mille hommes.

de troupes françaises, destinés en apparence à agir contre le Portugal, mais en réalité à assurer l'invasion de la Péninsule. Ce fut là le traité de Fontainebleau.

Le Portugal seul, en Europe, était resté accessible à l'influence directe de la Grande-Bretagne. Dans les premiers jours de septembre, la cour de Lisbonne avait reçu de celle des Tuileries la proposition formelle d'adhérer au blocus continental, ou, en cas de refus, de s'attendre à être traitée comme ennemie de la France. Depuis le mois d'août, une armée de vingt-cinq mille hommes, commandée par Junot, était réunie à Bayonne, sous le nom de corps d'observation de la Gironde. Le 18 octobre 1807, cette armée passa la Bidassoa, et, quinze jours après, prit ses cantonnements à Salamanque.

Cependant la cour de Lisbonne, malgré les notes menaçantes de l'ambassadeur français, attendait sans s'émouvoir le coup mortel. Pour l'arracher à ce sommeil léthargique, le cabinet de Londres se hâta d'armer une escadre dont le commodore Sydney-Smith eut le commandement. Aussitôt Napoléon donna à Junot l'ordre d'entrer en Portugal, de marcher, sans s'arrêter un seul jour, droit à la capitale, et de la saisir avant l'arrivée des Anglais. Junot remplit exactement cette mission. Il ébranla son armée en répandant le bruit qu'elle faisait partie d'une expédition préparée contre Gibraltar, et il la transporta en cinq jours à Alcantara. Là, toujours avec la même rapidité, il franchit l'Herjas, ruisseau qui sépare les deux royaumes, et il s'avança sur Abrantès. Pendant cinq jours, l'armée parcourut un pays désolé et stérile. La pluie ne cessa d'embarrasser sa marche, et le débordement des affluents du Tage arrêta les convois de l'artillerie. Les vivres manquèrent, et l'on ne put subsister qu'en arrachant aux rares habitants de cette malheureuse contrée leurs chétives provisions. Enfin on atteignit Abrantès sans rencontrer un seul soldat portugais. Junot réorganisa sur-le-champ, dans cette ville, un corps de sept à huit mille hommes, et prit position à Punhète. Là, il somma de livrer Lisbonne le ministère portugais, qui savait à peine si le territoire était envahi.

Le même jour, la flotte britannique parut à l'embouchure du Tage. L'entrée lui en fut refusée. La cour, espérant enfin satisfaire aux exigences de l'Empereur, s'était décidée à rompre avec l'Angleterre. Sidney-Smith répondit par des hostilités immédiates. Une incroyable confusion régnait à Lisbonne. Aucune mesure n'avait été prise; cependant dix mille hommes de garnison, secondés par l'élan d'une ville de deux cent mille âmes et par le débarquement des troupes anglaises qu'on attendait d'un instant à l'autre, offraient de puissants moyens de résistance. Mais telle était alors la terreur inspirée par les armes françaises, qu'à l'injonction de Junot ces ressources s'évanouirent, et que la famille royale ne trouva pas d'autre parti à prendre que celui de s'embarquer à bord des vaisseaux anglais. On sut qu'elle abandonnait l'Europe pour le Brésil, et tout un peuple, ému de tant de détresse, ne trouva rien à lui offrir que de stériles vœux.

Aussitôt après son départ, Junot poussa en avant, sans canons, sans bagages, sans munitions. Les pluies continuaient; les fleuves, sortis de leur lit, couvraient toutes les routes. Il était impossible de marcher en ordre, et quinze cents soldats, au plus, avaient gardé leurs rangs, lorsqu'à la nuit on parvint aux portes de Lisbonne. Il fallut payer d'audace : le lendemain, cette poignée d'hommes, harassée par la pénible course qu'elle venait de faire, entra dans cette ville au milieu d'une immense population stupéfaite de tant de hardiesse. La flotte anglaise s'éloigna ; les divisions espagnoles, se portant dans les Algarves et sur le Duero, complétèrent l'occupation du littoral de tout ce royaume. Mais ce n'était là que le prélude des grandes scènes qui allaient se passer dans le reste de la Péninsule, et amener une série d'événements impossibles à prévoir.

Le 3 octobre de cette même année, l'héritier de la couronne d'Espagne, le prince des Asturies, avait été arrêté comme chef d'un complot tendant à détrôner le roi son père. Charles IV faisait en même temps présenter à ses conseils une communication où il était dit : « ... Ma vie, qui a été si souvent en danger, était
« à charge à mon successeur, qui, préoccupé, aveuglé, et abjurant tous les prin-
« cipes de la religion qui lui étaient imposés avec le soin et l'amour paternels,
« avait adopté un plan pour me détrôner. J'ai voulu m'en imposer sur la vérité
« de ce fait. L'ayant fait venir dans mon appartement, j'ai mis sous ses yeux les
« chiffres d'intelligence qu'il recevait des malveillants. J'ai appelé à l'examen le
« gouverneur lui-même du conseil ; je l'ai associé aux autres ministres, pour qu'ils
« prissent avec la plus grande diligence leurs informations. Il en est résulté la
« connaissance de différents coupables, dont l'arrestation a eu lieu : la prison de
« mon fils est son habitation... »

Un mois après cette étrange communication, le roi adressait le décret suivant au gouverneur par intérim du conseil de Castille : « La voix de la nature désarme
« le bras de la vengeance, et lorsque *l'inadvertance* réclame la pitié, un père ten-
« dre ne peut s'y refuser. Mon fils a déjà déclaré les auteurs du plan horrible que
« lui avaient fait concevoir les malveillants. Son repentir et *son étonnement* lui
« ont dicté les remontrances qu'il m'a adressées, et dont voici le texte :

« Sire et mon Père,

« Je me suis rendu coupable *en manquant à Votre Majesté*. J'ai manqué à mon
« père et à mon roi ; mais je m'en repens, et je promets à Votre Majesté la plus
« humble obéissance. Je ne devais rien faire sans le consentement de Votre
« Majesté ; mais j'ai été surpris : *j'ai dénoncé les coupables*, et je prie Votre
« Majesté de me pardonner, et de permettre de baiser vos pieds à votre fils
« reconnaissant.

« Saint-Laurent, 5 novembre 1807.
« Ferdinand. »

« Madame et Mère,

« Je me repens bien de la faute que j'ai commise contre le roi et la reine, mes
« père et mère ; aussi, avec la plus grande soumission, je vous en demande par-
« don, ainsi que de mon opiniâtreté à vous nier la vérité l'autre soir. C'est pour-

« quoi je supplie ma mère, du plus profond de mon cœur, de daigner interposer
« sa médiation envers mon père, afin qu'il veuille bien permettre d'aller baiser les
« pieds de Sa Majesté à un fils reconnaissant.

« Saint-Laurent, le 5 novembre 1807.
« FERDINAND. »

Charles IV ajoutait : « En conséquence de ces lettres, et à la prière de la reine,
« mon épouse bien-aimée, je pardonne à mon fils, et il rentrera dans ma grâce dès
« que sa conduite me donnera des preuves d'un véritable amendement dans ses
« procédés... » Ces documents n'ont pas besoin de commentaires. Il est facile de
deviner le personnage qui a dicté les résolutions du roi, ainsi que les deux lettres
par lesquelles Ferdinand a demandé grâce. Ces pièces suffiraient pour faire connaître et la famille royale et le gouvernement d'Espagne à cette époque.

Voici ce qui avait précédé et amené cette triste situation. La haute faveur dont jouissait Manuel Godoy d'une part, et de l'autre les intérêts prévoyants qui s'attachent à la fortune de tout prince destiné au trône, avaient créé deux partis à la cour d'Espagne : celui du prince des Asturies, et celui de Charles IV et de son favori, qu'on aurait pu appeler le parti de la reine ; car Charles IV était gouverné par son épouse. M. de Beauharnais, ambassadeur de France à Madrid, partageait hautement avec Ferdinand et la cour l'animadversion que Godoy s'était attirée en usurpant et en avilissant l'autorité royale. Son caractère d'ambassadeur accrédita, pour ainsi dire, une sorte de proscription publique contre le favori, et d'étranges conjectures résultèrent de ses discours. On parlait même assez ouvertement du mariage du prince des Asturies avec une nièce de l'ambassadeur, projet qui tenait à un plan plus étendu, dont il ne formait que le principe. Une fois ce mariage approuvé par Napoléon, vers lequel demeuraient constamment fixées les espérances des deux partis et celles de la nation, on nommait déjà le ministère nouveau qui devait être installé après l'exil de Godoy ; on allait même jusqu'à penser que le roi abdiquerait en faveur de son fils.

Le prince de la Paix, qui savait tout, ne s'alarmait point et recevait de son négociateur à Paris, Isquierdo, des renseignements qui le tranquillisaient. Le traité de Fontainebleau ne contribuait pas peu à le rassurer contre ses ennemis ; mais il comprit que, pour la sûreté de son pouvoir, il fallait que le prince des Asturies succombât. Se croyant certain de l'amitié de Napoléon, il résolut de tout oser. En même temps, les conseillers de Ferdinand, pressés d'accomplir leur dessein, et s'appuyant sur l'assentiment que l'ambassadeur de France semblait leur donner, firent écrire par le prince des Asturies, le 11 octobre, une lettre dans laquelle *il demandait à Napoléon l'honneur de s'allier à une personne de sa famille.*
« ... J'implore avec la plus grande confiance la protection de Votre Majesté,
« disait-il, afin que non-seulement elle daigne m'accorder l'honneur de m'allier

« à sa famille, mais qu'elle aplanisse toutes les difficultés et fasse disparaître
« tous les obstacles qui peuvent s'opposer à cet objet de mes vœux. Cet effort de
« bonté de la part de Votre Majesté Impériale m'est d'autant plus nécessaire, que
« je ne puis pas, de mon côté, en faire le moindre, puisqu'on le ferait passer
« peut-être pour une insulte faite à l'autorité paternelle, et que je suis réduit
« à un seul moyen, à celui de refuser, comme je le ferai avec une invincible
« constance, à m'allier à toute personne que ce soit sans le consentement et l'ap-
« probation positive de Votre Majesté Impériale, de qui j'attends uniquement le
« choix d'une épouse. » Le prince de la Paix, muni de ces preuves, les dénonça
au roi en lui faisant entendre que *son abdication et peut-être sa mort* avaient été
résolues par les conspirateurs. La reine soutint de tout son crédit sur le roi la
dénonciation du favori. Déjà prévenu contre Ferdinand, Charles IV fit comparaître
son fils, en présence de ses ministres, dans son appartement, l'y constitua prisonnier et lui donna des gardes. On procéda, sous les yeux du monarque, à l'examen des papiers du prince : on y trouva la copie de sa lettre à Napoléon, quelques
listes des partisans de Ferdinand, ainsi que deux mémoires écrits de sa main,
dans l'un desquels il priait le roi d'ordonner une enquête devant lui sur les actions
et la fortune de Godoy. Prenant Napoléon pour juge de ces déplorables débats,
Charles IV lui écrivit le 29 octobre :

« Monsieur mon Frère,

« Dans le moment où je m'occupais que des moyens de coopérer à la destruc-
« tion de notre ennemi commun (l'Angleterre); quand je croyais que tous les com-
« plots de la ci-devant reine de Naples avaient été ensevelis avec sa fille (première
« femme de Ferdinand), je vois, avec une horreur qui me fait frémir, que l'esprit
« d'intrigue le plus horrible a pénétré jusque dans le sein de mon palais. Hélas!
« mon cœur saigne en faisant le récit d'un attentat si affreux. Mon fils aîné,
« l'héritier présomptif de mon trône, avait formé le complot de me détrôner; il
« s'était porté jusqu'à l'excès d'attenter contre la vie de sa mère. Un attentat
« pareil doit être puni avec toute la rigueur des lois. La loi qui l'appelait à la
« succession doit être révoquée : un de ses frères sera plus digne de le remplacer
« et dans mon cœur et sur le trône. Je suis en ce moment à la recherche de ses
« complices pour approfondir ce plan de la plus noire scélératesse, et je ne veux pas
« perdre un seul moment pour en instruire Votre Majesté Impériale et Royale, en
« la priant de m'aider de ses lumières et de ses conseils. »

L'attitude de M. de Beauharnais rassurait les conseillers et les amis du prince.
Ils étaient fondés à croire que Napoléon autorisait la conduite de son ambassadeur;
mais, comme on l'a vu, Ferdinand se pressa de tout avouer, et par conséquent il

s'était mis à la discrétion de son ennemi. Peut-être que ce prince eut peur de l'échafaud, et qu'il se trouva réduit à choisir entre la honte de devoir sa grâce à Godoy et le danger d'être jugé pour crime de trahison envers son roi et son père. Quant à ceux qu'il avait dénoncés, ils furent tous reconnus innocents par le conseil de Castille, dont Godoy dirigea l'opinion. L'Empereur engagea le roi à assoupir cette affaire, et ne répondit point à la lettre de Ferdinand.

Cependant le favori triomphait : il s'imagina avoir perdu Ferdinand dans l'esprit de la nation; mais il ne fit que s'assurer de nouveaux droits à la haine des Espagnols, et ne parvint qu'à avilir la majesté royale. Fier du succès de la négociation de Fontainebleau par son affidé Isquierdo, il avait cru pouvoir attaquer ouvertement l'héritier du trône, et, pour satisfaire sa vengeance, il compromit l'existence de la monarchie et la sienne. Enfin, Godoy s'aveugla au point de penser que l'intérêt de Napoléon demandait son élévation, tandis qu'il n'était pour ce prince que l'instrument momentané du système qui fermait l'Europe aux Anglais.

Tandis que tous ces événements se passaient dans la Péninsule, Napoléon suivait à Fontainebleau les intérêts du gouvernement de l'Empire et ceux du système continental. Le cabinet de Londres venait de soumettre tous les navires neutres ou alliés de la France à la visite, à une station obligée dans un des ports de l'Angleterre et à une imposition sur leur chargement, et de s'emparer de l'île de Madère, une des plus belles possessions de son allié le roi de Portugal. Dans un décret daté de Milan, où il était allé pour visiter le royaume d'Italie et les nouvelles provinces réunies à la France par le traité de Presbourg, Napoléon déclarait, par représailles, *dénationalisé et de bonne prise* tout bâtiment qui se soumettrait à la tyrannie du pavillon anglais. Ainsi, la déprédation, la fiscalité armée, régnaient sur les mers, tandis que la violence de la politique remplaçait, sur le continent, la puissance des armes.

CHAPITRE XXIX

1808

Révolution d'Espagne. — Les Français à Madrid. — Napoléon à Bayonne.
La famille royale d'Espagne à Bayonne.
Insurrection de Madrid. — Abdication de Charles IV en faveur de Napoléon. — Joseph, roi d'Espagne.
Le grand-duc de Berg, roi de Naples.
Insurrection espagnole. — Évacuation du Portugal par la France.

L'Empereur était revenu le 1ᵉʳ janvier à Paris, de son voyage d'Italie, après avoir fait du port de Venise un chantier de grandes constructions de marine militaire, et décrété également l'ouverture d'un canal qui devait unir le Pô à la Méditerranée. La réunion à la France du port de Flessingue, des places de Wesel, de Cassel et de Kehl, avec leurs dépendances, venait aussi d'être proclamée par le Sénat. Dès lors le Rhin tout entier était français. En même temps, une instruction du ministre de la guerre annonçait la formation de deux corps d'observation dans le département de la Gironde.

Tout à coup la nouvelle se répand que, envahies contre le droit des gens, Pampelune et Barcelone ont été occupées militairement par l'armée française. Cette armée, destinée pour le Portugal et pour une expédition contre Gibraltar, reçoit subitement l'attitude d'une armée d'invasion en Espagne. Surprise dans la sécurité du traité de Fontainebleau et de la convention qui a placé en Danemark les quinze mille hommes du marquis de la Romana sous les aigles de Napoléon, l'Espagne va bientôt sortir de la stupeur qui la saisit au bruit des troubles qui sont près d'agiter sa capitale. Elle va se trouver placée en un moment entre la guerre qui éclate encore une fois dans le palais de ses rois et celle qui enlève ses forteresses. Figuières et Saint-Sébastien ont éprouvé le sort de Pampelune et de Barcelone. Le grand-duc de Berg, général en chef, dirigeait cette invasion dans un pays ami.

Au commencement de 1808, l'Espagne était toute française, ou plutôt toute napoléonienne. Par ses victoires et ses grands actes d'administration, l'Empereur avait conquis l'admiration de cette nation enthousiaste. Les dissensions intérieures de la famille royale n'avaient pas peu contribué à cette disposition du peuple espagnol, qui regardait Napoléon comme l'arbitre de sa destinée. Son voyage à Madrid avait reçu de l'impatience des peuples de ce royaume une sorte de certitude officielle. L'armée de réserve de la Gironde avait reçu le nom d'*armée libératrice*. On supposait qu'elle renfermait les corps de la garde impériale, ce qui confirmait la nouvelle de l'arrivée prochaine de Napoléon. Cette armée était entrée par les deux portes de Perpignan et de Bayonne. Des arcs de triomphe avaient été élevés dans toutes les villes, et même dans les plus petits villages, sur la route qu'elle devait suivre, jusqu'à l'embranchement de celle qui de Burgos conduit à Madrid. Un enthousiasme qui prouvait toute la misère de la nation avait fait affluer sur le passage des troupes impériales une foule immense d'habitants, accourus des provinces voisines pour voir le héros dont la protection était devenue si populaire. Ce sentiment exerçait tant de puissance sur les Espagnols, que la surprise de Pampelune, de Mont-Jouy, de Saint-Sébastien, de Figuières, de Barcelone, ne put ébranler leur confiance, et qu'ils acceptèrent sans arrière-pensée les explications des généraux français relativement à la nécessité d'assurer les derrières de l'armée. D'ailleurs, on s'entretenait publiquement d'une expédition en Afrique et du siége de Gibraltar. Ce projet, dans l'état d'animosité des Espagnols contre l'Angleterre, contribuait encore à exalter en faveur des Français l'esprit de la multitude.

Au palais d'Aranjuez, la scène était différente. Le prince de la Paix, c'est-à-dire la famille royale et le gouvernement, avait subitement perdu toute espérance. Le retour de l'agent Isquierdo avait produit ce terrible changement. Celui-ci annonça qu'il n'était plus question du traité de Fontainebleau; que l'Empereur exigeait la réunion à l'empire des provinces de la rive gauche de l'Èbre, déjà occupées par l'armée française, et que cette cession serait compensée par celle du Portugal. Godoy, qui, de la grande faveur où il se croyait dans l'esprit de l'Empereur, se trouvait tout à coup réduit à lui-même; Godoy, qu'obsédait en outre un redoublement d'inimitié de la part des principaux personnages de l'Etat et de la population de la capitale, effrayé du triomphe de Ferdinand, à qui il se voyait publiquement sacrifié, conseillé de plus, dit-on, par Isquierdo, Godoy se détermina à faire suivre l'exemple de la cour de Lisbonne à celle de Madrid, et à aller se réfugier avec elle dans l'empire que Cortès avait fondé en Amérique. Du consentement de la reine à celui du roi le passage fut prompt; la crainte de tomber sous le pouvoir de Ferdinand décida le départ. En sa qualité de généralissime, le prince

de la Paix expédia secrètement à divers corps qui, par leur marche sur le Portugal, protégeaient l'invasion française, l'ordre de rétrograder et de s'échelonner sur la route de Madrid à Cadix, où l'embarquement de la famille royale devait s'opérer. La cour habitait à Aranjuez; mais, soit indiscrétion, soit trahison, le secret du voyage du roi cessa bientôt d'en être un dans cette résidence et à Madrid. On apprit aussi que, sous prétexte de manœuvres militaires dont l'usage s'était perdu depuis longtemps, des troupes allaient se rassembler à Aranjuez. Le conseil suprême de Castille voulut au moins retarder le mouvement de ces troupes et adressa au roi de vives remontrances, en le suppliant de ne pas quitter sa capitale; ce fut inutilement : les troupes marchèrent la nuit sur Aranjuez. Alors seulement Godoy, instruit de la disposition des esprits, s'avisa de redouter pour lui-même la présence des forces dont il avait pressé l'arrivée malgré les représentations du conseil suprême. On répandit à profusion une proclamation qui démentait le bruit du départ du monarque. Mais le peuple ne répondit à ces publications que par le cri de : *Mort à Godoy!* Une foule de paysans armés, renforcés d'une partie de la population de la capitale et de toute celle d'Aranjuez, affluèrent subitement dans cette résidence. Les troupes depuis longtemps indisposées contre Godoy, dont la domination leur était également insupportable, s'unirent avec les habitants. Tous accusaient Godoy d'avoir appelé en Espagne les bataillons français. Le roi fit publier une autre proclamation par laquelle, après avoir remercié ses sujets de leur *noble agitation*, il leur disait : « Sachez que « l'armée de mon cher allié, l'empereur des Français, traverse mes États avec « des sentiments de paix et d'amitié. Elle a pour but de se porter sur les points « menacés d'un débarquement de l'ennemi (des Anglais). La réunion d'un corps « de ma garde n'a pour objet ni de défendre ma personne, *ni de m'accompagner* « *dans un voyage que la malignité vous a fait supposer nécessaire.* »

Cette seconde proclamation fut encore plus mal accueillie que la première. Le peuple, persuadé que Godoy avait invoqué le secours du prince Murat, dont l'armée s'approchait de Madrid, résolut de sacrifier le favori à sa vengeance, dût le roi lui-même descendre d'un trône que Godoy souillait chaque jour par la plus indigne usurpation. Le 17 mars, à quatre heures du matin, la foule se porta en armes au palais de Godoy et fut d'abord repoussée par sa garde. Godoy n'eut que le temps de se réfugier dans un grenier, où il resta caché pendant vingt-quatre heures sans prendre aucune nourriture. Pressé de toutes parts, le roi voulut conjurer l'orage en proclamant *qu'il donnait au prince de la Paix la démission de toutes ses charges, et qu'il prenait lui-même le commandement de toutes ses troupes.* Malgré cette concession, la foule poursuivit son triomphe avec encore plus de vigueur, et Ferdinand accepta d'elle la royauté séditieuse qu'elle lui conférait. Le lendemain, un domestique resté fidèle à Godoy fut reconnu comme il allait chercher des aliments pour son maître; forcé par la nécessité de sauver sa propre vie, il découvrit la retraite du prince. Dans cet intervalle, le roi avait abdiqué en faveur de Ferdinand, sous la condition que Godoy serait épargné. On eut bien de la peine à protéger sa vie. Ce ne fut qu'en promettant une prompte justice qu'on put l'arracher à la fureur du peuple, et il fut constitué prisonnier dans ce même palais de Villa-Viciosa où se passait cette terrible scène. Le décret d'abdication fut aussitôt publié; il avait pour motif *l'état d'infirmité du roi et le besoin de jouir de la vie privée dans un climat plus tempéré.* Jamais dévouement d'un souverain à son sujet n'égala celui de Charles IV envers Godoy. Il renonçait à cause de lui à sa couronne, et ne mettait que le salut de son ministre pour condition à cet immense sacrifice! Cette abdication, annoncée le 19 à Aranjuez, produisit un effet magique. Les armes tombèrent des mains d'une multitude effrénée; ce calme subit révéla éloquemment au roi et à la reine toute la pensée de la nation. L'abdication, signée au milieu des baïonnettes et du tumulte populaire, devait avoir de fatales conséquences; car aux yeux de personne, elle ne pouvait passer pour un acte libre et volontaire. Le lendemain, le roi Charles en instruisit l'Empereur.

Le premier acte de la souveraineté de Ferdinand fut un édit qui confisquait, au profit de la couronne, tous les biens du prince de la Paix, meubles et immeubles. Il faut le dire, cette satisfaction était due à la nation espagnole. Ferdinand annonça ensuite qu'il allait se rendre à Madrid pour s'y faire proclamer. Le duc de l'Infantado reçut, avec le grade de colonel des gardes, la présidence du conseil de Castille. Aussitôt que ces différentes résolutions furent rendues publiques, le peuple et les soldats pillèrent, soit à Madrid, soit à Aranjuez, les palais du prince de la Paix, de plusieurs de ses parents, des ministres, et en brûlèrent les meubles sur la place publique. Le 21, le roi fit un acte de protestation secret contre son abdication, et se hâta de l'adresser à l'Empereur. « Je n'ai déclaré me démettre « de ma couronne que lorsque le bruit des armes et les clameurs d'une garde « insurgée me faisaient assez connaître qu'il fallait choisir *entre la vie et la mort*, « *qui eût été suivie de celle de la reine...* » Ainsi Ferdinand était accusé de parricide par sa mère auprès du grand-duc de Berg, et par son père auprès de Napoléon. De telles confidences, de telles accusations jugeaient à elles seules la maison d'Espagne.

D'après ces événements, le grand-duc de Berg, sans prendre les ordres de l'Empereur, crut devoir quitter Burgos, et s'avança vers Madrid à la tête des corps de Moncey et de Dupont. Il avait probablement interprété en sa faveur l'impatience ancienne de cette capitale à recevoir Napoléon, dont il se croyait le précurseur. Cette ambition, mal déguisée, aveugla Murat, et eut pour conséquence la faute bientôt irréparable d'arriver à Madrid la veille du jour où Ferdinand devait y entrer en qualité de roi des Espagnes. Les habitants se trouvaient si heureux de leur triomphe sur Godoy, qu'ils regardèrent avec une sorte d'indifférence la présence des troupes de Murat. L'entrée solennelle de Ferdinand, qui eut lieu le lendemain, porta au dernier degré d'enthousiasme la population de Madrid. Le nouveau souverain se hâta d'envoyer auprès de l'Empereur le comte Fernando Nuñez, pour l'informer de son avénement. Mais la conduite du grand-duc de Berg, qui s'abstint d'aller saluer Ferdinand et de le reconnaître comme roi, jeta soudain dans l'esprit de ce prince l'inquiétude la plus vive; il craignait, et avec raison, d'avoir été prévenu auprès du grand-duc par son père et par sa mère.

Dès qu'il connut les événements d'Aranjuez, et en réponse à la correspondance du grand-duc de Berg, Napoléon lui adressa la lettre suivante. Cette lettre si importante fera mieux juger que toutes les réflexions quelle était l'opinion ou plutôt l'incertitude de Napoléon sur les affaires de l'Espagne et sur sa propre position vis-à-vis de ce royaume à l'époque du 29 mars.

« Monsieur le grand-duc de Berg,

« Je crains que vous ne me trompiez sur la situation de l'Espagne, et que vous ne vous trompiez vous-même. L'affaire du 20 mars a singulièrement compliqué les événements ; je reste dans une grande perplexité.

« Ne croyez pas que vous attaquiez une nation désarmée, et que vous n'ayez que des troupes à montrer pour soumettre l'Espagne. La révolution du 20 mars prouve qu'il y a de l'énergie chez les Espagnols. Vous avez affaire à un peuple neuf, il a tout le courage et il aura tout l'enthousiasme que l'on rencontre chez des hommes que n'ont point usés les passions politiques.

« L'aristocratie et le clergé sont les maîtres de l'Espagne ; s'ils craignent pour leurs priviléges et pour leur existence, ils feront contre nous des levées en masse, *qui pourront éterniser la guerre.* J'ai des partisans ; si je me présente en conquérant, je n'en ai plus.

« Le prince de la Paix est détesté parce qu'on l'accuse d'avoir livré l'Espagne à la France ; voilà le grief qui a servi l'usurpation de Ferdinand : le parti populaire est le plus faible.

« Le prince des Asturies n'a aucune des qualités qui sont nécessaires au chef d'une nation ; cela n'empêchera pas que, pour nous l'opposer, on n'en fasse un héros. Je ne veux pas qu'on use de violence envers les personnages de cette famille ; il n'est jamais utile de se rendre odieux et d'enflammer des haines. L'Espagne a plus de cent mille hommes sous les armes ; c'est plus qu'il n'en faut pour soutenir avec avantage une guerre intérieure : divisés sur plusieurs points, ils peuvent servir de soulèvement à la monarchie entière.

« Je vous présente l'ensemble des obstacles qui sont inévitables ; il en est d'autres que vous sentirez. L'Angleterre ne laissera pas échapper cette occasion de multiplier nos embarras : elle expédie journellement des *avisos* aux forces qu'elle tient sur les côtes du Portugal et dans la Méditerranée, elle fait des enrôlements de Siciliens et de Portugais.

« La famille royale n'ayant point quitté l'Espagne pour aller s'établir aux Indes, il n'y a qu'une révolution qui puisse changer l'état de ce pays ; c'est peut-être celui de l'Europe qui est le moins préparé. Les gens qui voient les vices monstrueux de ce gouvernement et l'anarchie qui a pris la place de l'autorité légale, font le plus petit nombre ; le plus grand nombre profite de ces vices et de cette anarchie.

« Dans l'intérêt de mon empire, je puis faire beaucoup de bien à l'Espagne ; quels sont les meilleurs moyens à prendre ?

« Irai-je à Madrid? exercerai-je l'acte d'un grand protectorat, en prononçant entre le père et le fils? Il me semble difficile de faire régner Charles IV; son gouvernement et son favori sont tellement dépopularisés, qu'ils ne se soutiendraient pas trois mois.

« Ferdinand est l'ennemi de la France, c'est pour cela qu'on l'a fait roi; le placer sur le trône sera servir les factions qui, depuis vingt-cinq ans, veulent l'anéantissement de la France. Une alliance de famille serait un faible lien. La reine Élisabeth et d'autres princesses françaises ont péri misérablement, lorsqu'on a pu les immoler impunément à d'atroces vengeances. Je pense qu'il ne faut rien précipiter, et qu'il convient de prendre conseil des événements qui vont suivre... Il faudra fortifier les corps d'armée qui se tiendront sur les frontières du Portugal, et attendre.

« Je n'approuve point le parti qu'a pris Votre Altesse impériale de s'emparer si précipitamment de Madrid; il fallait tenir l'armée à dix lieues de la capitale. Vous n'aviez pas l'assurance que le peuple et la magistrature allaient reconnaître Ferdinand sans contestation. Le prince de la Paix doit avoir dans les emplois publics des partisans; il y a d'ailleurs un attachement d'habitude au vieux roi, qui pouvait produire des résultats. Votre entrée à Madrid, en inquiétant les Espagnols, a puissamment servi Ferdinand. J'ai donné ordre à Savary d'aller, auprès du vieux roi, voir ce qui se passe: il se concertera avec Votre Altesse impériale. J'aviserai ultérieurement au parti qui sera à prendre; en attendant, voici ce que je juge convenable de vous prescrire.

« Vous ne m'engagerez à une entrevue en *Espagne* avec Ferdinand que si vous jugez la situation des choses telle que je doive le reconnaître comme roi d'Espagne. Vous userez de bons procédés envers le roi, la reine et le prince Godoy : vous exigerez pour eux, et vous leur rendrez les mêmes honneurs qu'autrefois. Vous ferez en sorte que les Espagnols ne puissent pas soupçonner le parti que je prendrai : cela ne sera pas difficile, *je n'en sais rien moi-même*.

« Vous ferez entendre à la noblesse et au clergé que, si la France doit intervenir dans les affaires d'Espagne, leurs priviléges et leurs immunités seront respectés. Vous leur direz que l'Empereur désire le perfectionnement des institutions politiques de l'Espagne, pour la mettre en rapport avec l'état de la civilisation de l'Europe, pour la soustraire au régime des favoris... Vous direz aux magistrats et aux bourgeois des villes, aux gens éclairés, que l'Espagne a besoin de recréer la la machine de son gouvernement, et qu'il lui faut des lois qui garantissent les citoyens de l'arbitraire et des usurpations de la féodalité; des institutions qui raniment l'industrie, l'agriculture et les arts. Vous leur peindrez l'état de tranquillité et d'aisance dont jouit la France, malgré les guerres où elles s'est toujours engagée; la splendeur de la religion, qui doit son rétablissement au Concordat que j'ai signé avec le pape. Vous leur démontrerez les avantages qui peuvent résulter d'une régénération politique : l'ordre et la paix dans l'intérieur. Tel doit être l'esprit de vos discours et de vos écrits: ne brusquez aucune démarche ; je puis attendre à Bayonne, je puis passer les Pyrénées, et, me fortifiant vers le Portugal, aller porter la guerre de ce côté.

« *Je songerai à vos intérêts particuliers, n'y songez pas vous-même... Le Portugal restera à ma disposition...* Qu'aucun projet personnel ne vous occupe et ne dirige votre conduite ; cela me nuirait, et vous nuirait encore plus qu'à moi.

« Vous allez trop vite dans vos instructions du 14 : la marche que vous prescrivez au général Dupont est trop rapide à cause de l'événement du 19 mars. Il y a des changements à faire ; vous ordonnerez de nouvelles dispositions ; vous recevrez des instructions de mon ministre des affaires étrangères.

« J'ordonne que la discipline soit maintenue de la manière la plus sévère ; point de grâce pour les plus petites fautes. L'on aura pour les habitants les plus grands égards ; l'on respectera principalement les églises et les couvents.

« L'armée évitera toute rencontre, soit avec des corps de l'armée espagnole, soit avec des détachements, il ne faut pas que d'aucun côté il soit brûlé une amorce.

« Laissez Solano dépasser Badajoz ; faites-le observer seulement ; donnez vous-même l'indication des marches de votre armée, pour la tenir toujours à une distance de plusieurs lieues des corps espagnols. *Si la guerre s'allumait, tout serait perdu.*

« C'est à la politique et aux négociations qu'il appartient de décider des destinées de l'Espagne. Je vous recommande d'éviter des explications avec Solano, comme avec les généraux et gouverneurs espagnols.

« Vous m'enverrez deux estafettes par jour ; en cas d'événements majeurs, vous m'expédierez des officiers d'ordonnance ; vous me renverrez sur-le-champ le chambellan de Tournon qui vous porte cette dépêche ; vous lui remettrez un rapport détaillé. Sur ce, etc.

« NAPOLÉON. »

Il résulte de cette lettre remarquable que le grand-duc de Berg avait commis une grande faute en venant, pour ainsi dire, avec son armée, préparer à Madrid l'entrée du roi Ferdinand. Il était évident aussi que Napoléon condamnait la royauté de Charles IV, et que sans approuver celle de Ferdinand, il n'était pas éloigné de le reconnaître et de traiter avec lui. Napoléon ne dissimulait pas non plus qu'il regrettait que la famille royale ne fût point partie pour l'Amérique ; il voyait la nécessité d'une révolution en Espagne ; *il ne savait pas lui-même le parti qu'il prendrait* : celui de placer Joseph sur le trône d'Espagne n'existait pas encore. Napoléon s'abandonnait tout à fait au mouvement des circonstances, et n'avait de bien arrêté dans ses idées que la force de la nation espagnole, la crainte d'une levée en masse, *qui pourrait éterniser la guerre*, et la certitude *que tout serait perdu si la guerre s'allumait*. Cette lettre prouve suffisamment que Napoléon, si mal servi par son ambassadeur lors des affaires de l'Escurial et d'Aranjuez, ne l'était pas mieux par son lieutenant, à qui il reproche l'occupation de Madrid, et comme cédant à un secret pressentiment, la marche du général Dupont sur Tolède ; elle ne laisse non plus aucun doute sur l'empire que Napoléon eût exercé en Espagne six mois plus tôt, s'il fût arrivé à Madrid en souverain conciliateur de la famille royale. C'est dans cette anxiété d'esprit qu'il décida son départ pour Bayonne. A cette époque, le général Savary se trouvait à Madrid, où il avait été envoyé auprès de Charles IV, avec une mission relative au voyage de la famille royale à Bayonne.

Il y eut donc au premier mot du général Savary, de la part de la vieille cour, non-seulement consentement, mais empressement à courir se jeter à Bayonne dans les bras de Napoléon ; elle n'avait qu'une inquiétude, c'était d'être prévenue par Ferdinand. Ce prince, dont la répugnance au départ pour Bayonne eût paru naturelle, au grand étonnement du négociateur, alla au-devant de cette proposition, et, chose étrange, tant il est facile aux hommes passionnés de prendre le parti qui doit leur enlever tout à coup le prix de tous leurs efforts, les ducs de l'Infantado, del Parque, le chanoine Escoïquitz, le ministre Cevallos, les premiers meneurs de l'affaire de l'Escurial et de celle d'Aranjuez, présentèrent à Ferdinand le voyage de Bayonne comme un autre coup d'État que la fortune mettait entre ses mains.

Ce prince se mit en route dans l'espoir de faire approuver son usurpation par Napoléon, ne doutant pas qu'il aurait de la peine à atteindre Burgos, sans même y rencontrer l'Empereur, dont l'arrivée à Madrid était toujours annoncée. Avant de s'éloigner, Ferdinand établit un conseil de régence sous la présidence de son oncle D. Antonio; il partit avec le général Savary, le duc de l'Infantado et le chanoine Escoïquitz. En arrivant à Burgos, on ne trouva aucune nouvelle du prochain passage de Napoléon, et l'on poussa jusqu'à Vittoria, où l'on n'en apprit pas davantage. Mais dans cette ville, de fidèles serviteurs de la famille royale supplièrent Ferdinand de s'arrêter; parmi eux se trouva le chevalier Urquijo qui arrivait exprès de Bilbao pour conjurer le prince de ne pas aller plus avant. Ferdinand, ébranlé par ses conseils, se décida à écrire à l'Empereur la lettre suivante, que porta le général Savary :

« Monsieur mon Frère,

« Élevé au trône par l'abdication libre et spontanée de mon auguste père, je n'ai
« pu voir, sans un véritable regret, que S. A. impériale le grand-duc de Berg,
« ainsi que l'ambassadeur de Votre Majesté impériale et royale, n'aient pas cru
« devoir me féliciter comme souverain d'Espagne, tandis que les représentants
« d'autres cours, avec qui je n'ai point de liaisons si intimes ni si chères, se sont
« empressés de le faire : ne pouvant en attribuer la cause qu'au défaut d'ordres
« positifs de Votre Majesté, elle me permettra de lui exposer, avec toute la sincérité
« de mon cœur, que, dès les premiers moments de mon règne, je n'ai cessé de
« donner à Votre Majesté impériale et royale les témoignages les plus marquants
« et les moins équivoques de ma loyauté et de mon attachement à sa personne;
« que l'objet de mon premier ordre a été de renvoyer à l'armée de Portugal les
« troupes qui l'avaient déjà quittée pour se rapprocher de Madrid; que mes pre-
« miers soins ont eu pour but l'approvisionnement, le logement et les fournitures
« de ses troupes, malgré l'extrême pénurie dans laquelle j'ai trouvé mes finances,
« et le peu de ressources qu'offraient les provinces où elles ont séjourné; et que
« je n'ai pas hésité un moment à donner à Votre Majesté la plus grande preuve de
« confiance, en faisant sortir mes troupes de ma capitale pour y recevoir une partie
« de son armée : j'ai cherché pareillement, par les lettres que j'ai adressées à
« Votre Majesté, de la convaincre, autant qu'il a été en mon pouvoir de le faire,
« du désir que j'ai toujours nourri de resserrer d'une manière indissoluble, pour
« le bonheur de mon peuple, les liens d'amitié et d'alliance qui existaient entre
« Votre Majesté impériale et mon auguste père. C'est dans les mêmes vues que j'ai
« envoyé auprès de Votre Majesté une députation de trois grands de mon royaume
« pour aller au-devant de Votre Majesté, aussitôt que son intention de se rendre
« en Espagne me fut connue; et, pour lui démontrer d'une manière encore plus
« solennelle ma haute considération pour son auguste personne, je n'ai pas tardé à
« faire partir dans un égal objet mon très-cher frère l'infant don Carlos, déjà arrivé

« depuis quelques jours à Bayonne. J'ose me flatter que Votre Majesté aura reconnu
« dans ces démarches mes véritables sentiments.

« A ce simple exposé des faits Votre Majesté me permettra d'ajouter l'expression
« des vifs regrets que j'éprouve en me voyant privé de ses lettres, surtout après la
« réponse franche et loyale que j'ai donnée à la demande que le général Savary
« vint me faire à Madrid, au nom de Votre Majesté. Ce général m'assura que Votre
« Majesté désirait seulement savoir si mon avénement au trône pourrait amener
« quelque changement dans les rapports politiques de ses États. J'y répondis en
« réitérant ce que j'avais eu l'honneur de manifester par écrit à Votre Majesté, et
« je me suis rendu volontiers à l'invitation que le même général me fit de venir
« au-devant de Votre Majesté, pour m'anticiper la satisfaction de la connaître per-
« sonnellement, d'autant plus que j'avais déjà manifesté à Votre Majesté mes in-
« tentions à cet égard. En conséquence, je me suis rendu à ma ville de Vittoria,
« sans égard aux soins indispensables d'un nouveau règne, qui aurait exigé ma
« résidence au centre de mes États.

« Je prie donc instamment Votre Majesté impériale et royale de vouloir bien faire
« cesser la situation pénible à laquelle je suis réduit par son silence, et de dissiper,
« par une réponse favorable, les vives inquiétudes qu'une trop longue incertitude
« pourrait occasionner à mes fidèles sujets.

« Sur ce, je prie Dieu qu'il vous ait en sa sainte garde. De Votre Majesté impé-
« riale et royale le bon frère   « FERDINAND. »

Vittoria, 14 avril 1808.

Tandis que Ferdinand entrait à Burgos et à Vittoria sous des arcs de triomphe, un ordre de la régence, dicté par une main invisible, ouvrait au prince de la Paix les portes de sa prison, et le dérobait au jugement qui était l'objet de l'impatience générale de la nation. Dès ce jour le peuple espagnol, à qui l'on arrachait son grand coupable, jura vengeance et extermination aux Français. L'Espagne, qui tout entière accusait le prince de la Paix, se leva tout entière aussi contre ceux qu'elle crut pouvoir, dès lors, nommer les protecteurs du ministre déchu.

L'Empereur était arrivé à Bayonne dans la nuit; le général Savary lui remit la lettre de Ferdinand, et rapporta au prince cette mémorable réponse :

« Mon Frère,

« J'ai reçu la lettre de Votre Altesse royale; elle doit avoir acquis la preuve,
« dans les papiers qu'elle a eus du roi son père, de l'intérêt que je lui ai toujours
« porté. Elle me permettra, dans la circonstance actuelle, de lui parler avec fran-
« chise et loyauté. En arrivant à Madrid, j'espérais porter mon illustre ami à
« quelques réformes nécessaires dans ses États, et à donner quelque satisfaction à
« l'opinion publique. Le renvoi du prince de la Paix me paraissait nécessaire pour
« son bonheur et celui de ses sujets. Les affaires du Nord ont retardé mon voyage.
« Les événements d'Aranjuez ont eu lieu. Je ne suis point juge de ce qui s'est passé
« et de la conduite du prince de la Paix; mais ce que je sais bien, c'est qu'il est
« dangereux pour les rois d'accoutumer les peuples à répandre du sang et à se
« faire justice eux-mêmes. Je prie Dieu que Votre Altesse royale n'en fasse pas un
« jour elle-même l'expérience. Il n'est pas de l'intérêt de l'Espagne de faire du mal
« à un prince qui a épousé une princesse du sang royal, et qui a si longtemps régi
« le royaume. Il n'a plus d'amis : Votre Altesse royale n'en aura plus si jamais elle
« est malheureuse. Les peuples se vengent volontiers des hommages qu'ils nous
« rendent. Comment d'ailleurs pourrait-on faire le procès au prince de la Paix sans
« le faire à la reine et au roi votre père? Ce procès alimentera les haines et les
« passions factieuses; le résultat en sera funeste pour votre couronne. Votre Altesse
« royale n'y a de droits que ceux que lui a transmis sa mère. Si le procès la désho-
« nore, Votre Altesse royale déchire par là ses droits. Qu'elle ferme l'oreille à des
« conseils faibles et perfides. Elle n'a pas le droit de juger le prince de la Paix. Ses
« crimes, si on lui en reproche, se perdent dans les droits du trône. J'ai souvent
« manifesté le désir que le prince de la Paix fût éloigné des affaires : l'amitié du roi
« Charles m'a porté souvent à me taire et à détourner les yeux des faiblesses de
« son attachement. Misérables hommes que nous sommes ! faiblesse et erreur, c'est
« notre devise. Mais tout cela peut se concilier : que le prince de la Paix soit exilé
« d'Espagne, et je lui offre un refuge en France. Quant à l'abdication de Charles IV,
« elle a eu lieu dans un moment où mes armées couvraient les Espagnes, et, aux
« yeux de l'Europe et de la postérité, je paraîtrais n'avoir employé tant de troupes

« que pour précipiter du trône mon allié et mon ami. Comme souverain voisin,
« il m'est permis de vouloir connaître, avant de reconnaître cette abdication. Je le
« dis à Votre Altesse royale, aux Espagnols, au monde entier : si l'abdication du
« roi Charles est de pur mouvement, s'il n'a pas été forcé par l'insurrection et
« l'émeute d'Aranjuez, je ne fais aucune difficulté de l'admettre, et je reconnais
« Votre Altesse royale comme roi d'Espagne. Je désire donc causer avec elle sur
« cet objet. La circonspection que je porte depuis un mois dans ces affaires doit
« lui être garant de l'appui qu'elle trouvera en moi, si, à son tour, des factions, de
« quelque nature qu'elles soient, venaient à l'inquiéter sur son trône. Quand le roi
« Charles me fit part de l'événement du mois d'octobre dernier, j'en fus douloureu-
« sement affecté ; et je pense avoir contribué, par les insinuations que j'ai faites,
« à la bonne issue de l'affaire de l'Escurial. Votre Altesse royale avait bien des
« torts ; je n'en veux pour preuve que la lettre qu'elle m'a écrite et que j'ai con-
« stamment voulu ignorer. Roi à son tour, elle saura combien les droits du trône
« sont sacrés. Toute démarche près d'un souverain étranger, de la part d'un prince
« héréditaire, est criminelle. Votre Altesse royale doit se défier des écarts, des
« émotions populaires ; on pourra commettre quelques meurtres sur mes soldats
« isolés, mais la ruine de l'Espagne en serait le résultat. J'ai déjà vu avec peine
« qu'à Madrid on ait répandu des lettres du capitaine général de la Catalogne, et
« fait tout ce qui pouvait donner du mouvement aux têtes. Votre Altesse royale
« connaît ma pensée tout entière ; elle voit que je flotte entre diverses idées qui
« ont besoin d'être fixées. Elle peut être certaine que, dans tous les cas, je me
« comporterai avec elle comme envers le roi son père. Qu'elle croie à mon désir de
« tout concilier, et de trouver des occasions de lui donner des preuves de mon affec-
« tion et de ma parfaite estime.

« Sur ce, je prie Dieu, mon frère, qu'il vous ait en sa sainte et digne garde.

« NAPOLÉON. »

Bayonne, le 16 avril 1808.

Malgré les pressentiments que cette lettre devait éveiller en lui, Ferdinand se
décida à achever son voyage. Ce prince arriva le 20 à Bayonne, où Napoléon vint
lui faire visite, en continuant de le traiter d'Altesse royale. Dans cette première
entrevue, il ne fut nullement question des affaires d'Espagne. Ferdinand dut
regretter amèrement alors de n'avoir point écouté, à Vittoria, les représentations
du chevalier Urquijo. Mais il n'était plus temps. Aussitôt après le départ de Ferdinand, le grand-duc de Berg avait fait rendre la liberté au prince de la Paix, qui
se mit en route pour la France, sous escorte.

Peu après son arrivée à Bayonne, Ferdinand fut suivi par Charles IV, la reine
sa mère et les infants ses frères. Là, le vieux roi, irrité comme monarque et ulcéré
comme père, voulut prendre Napoléon pour juge de ses dissensions domestiques.

Les scènes les plus violentes eurent lieu entre le roi et son fils. Cette malheureuse famille portait la peine de la faiblesse du père et de l'impudicité de la mère. Le résultat de toutes ces querelles, qui servaient sans doute les desseins de Napoléon, mais auxquelles il demeura étranger, fut une abdication formelle et complète du roi Charles IV, en faveur du prince qu'il plairait à l'empereur des Français de donner pour roi aux Espagnes et aux Indes.

Le peuple de Madrid avait vu partir avec peine le roi et les princes de la famille royale. La reine d'Étrurie, sœur de Ferdinand, et son fils, l'infant don François de Paule, étaient seuls, avec l'infant don Antonio, président de la junte du gouvernement provisoire, restés dans la capitale. Une lettre du roi Charles IV les appela à Bayonne. Le 1ᵉʳ mai, des officiers envoyés par le grand-duc de Berg auprès de la junte en firent la demande formelle, déclarant qu'en cas de refus on emploierait la force. La junte, après en avoir délibéré, répondit qu'elle était bien décidée à ne point consentir au voyage du jeune prince. Le lendemain, 2 mai, jour de funèbre mémoire, une foule immense se pressait sur la place du palais; une seule pensée animait cette multitude, celle de ne pas laisser partir l'infant. Les voitures étaient depuis longtemps préparées, lorsqu'un aide de camp de Murat vint apporter l'ordre du départ. On laissa partir la voiture de la reine d'Étrurie; mais lorsque celle de l'infant parut, précédée d'un officier français, toute cette masse se rua sur la voiture, dont les traits furent coupés; en un moment le feu s'engagea de part et d'autre, et toute la ville fut bientôt en insurrection. On battit la générale, et les troupes qui campaient aux portes de Madrid prirent les armes; toutefois la garnison, forte seulement de trois mille hommes, parvint à comprimer la sédition, grâce au secours de l'artillerie française, qui mitrailla dans les rues les révoltés, et sauva de leurs mains le parc et les fusils de l'arsenal, dont ils allaient s'emparer. Des charges de cavalerie vigoureusement conduites achevèrent de détruire ce qui avait échappé à l'artillerie et à la baïonnette. Un grand nombre d'Espagnols périrent dans cette journée déplorable, et les conséquences soudaines de leur mort justifièrent toute la portée de ce mot de Napoléon, à Murat : « *Si je me présente en conquérant, je n'aurai plus de partisans.* » Dès ce jour la terre d'Espagne devint hostile aux Français.

Le premier acte de la reprise de souveraineté du roi Charles avait été de donner la régence au grand-duc de Berg en la retirant à l'infant don Antonio; le second, fut le traité signé à Bayonne le 5 mai, par lequel Charles disposait de sa couronne en faveur de l'empereur Napoléon. Le 10 mai suivant, se régla entre le général Duroc et don Juan Escoïquitz un autre traité par lequel Ferdinand adhérait, ainsi que ses frères, à la cession du royaume d'Espagne faite par leur père. Ainsi se termina la vengeance du père sur le fils, du fils sur le favori, du favori sur le prince héréditaire, et celle de la reine, plus implacable encore, parce qu'elle avait sacrifié à ses ressentiments la haine invétérée qu'elle portait à la France, et oublié depuis longtemps qu'elle était la femme de Charles IV et la mère de Ferdinand. Après ces deux traités, les deux cours se séparèrent. Le roi, son épouse, la reine d'Étrurie, l'infant don François de Paule et le prince de la Paix partirent pour le château de Compiègne, le prince des Asturies, accompagné de son frère don Carlos et de son oncle don Antonio, partit pour le château de Valençay, appartenant à M. de Talleyrand. Plus tard le roi Charles obtint d'aller s'établir à Marseille, l'air de Compiègne étant trop froid pour sa santé.

Cependant le grand-duc de Berg gouvernait au nom de l'empereur Napoléon. Le 15 mai, le conseil de Castille, présidé par le marquis de Caballero, qui avait dirigé pour Ferdinand l'insurrection d'Aranjuez, rédigea une adresse à Sa Majesté impériale et royale, par laquelle, après avoir dit qu'*il n'y avait plus de Pyrénées*, il demandait pour roi des Espagnes l'aîné des augustes frères de Sa Majesté. La ville de Madrid exprimait le même vœu par l'organe de son conseil, et Louis de Bourbon, cardinal archevêque de Tolède, écrivait à l'Empereur une lettre dans laquelle il annonçait que la cession de la couronne d'Espagne *lui imposait la douce obligation de déposer aux pieds de l'Empereur l'hommage de son respect et de sa fidélité*, et suppliait Sa Majesté de le regarder comme son plus fidèle sujet et de lui faire connaître ses intentions pour mettre sa soumission à l'épreuve. Tout ce qui était resté à Bayonne du cortège et de la cour du vieux roi et de son fils ne cessait de renouveler journellement à Napoléon les mêmes hommages. Ces hommes, naguère de partis si différents, confondaient tout à coup leurs intérêts dans celui de leur dévouement à Napoléon. Ils suivaient l'exemple du prince des Asturies et de ses frères, qui, avant de quitter Bayonne, avaient adressé au gouvernement provisoire de Madrid, non-seulement leur adhésion au traité du 5 mai, mais encore une exhortation toute paternelle aux Espagnols de s'y conformer, ainsi qu'une déclaration qui les relevait du serment de fidélité. Toutefois la nation avait considéré à sa manière et interprété d'après son propre jugement la position, la parole et les écrits de Ferdinand; elle s'était décidée déjà, le 2 mai, par l'insurrection de Madrid, à forcer qui que ce soit et dont il fût mandataire, de régner sur elle; ou plutôt c'était en son nom qu'elle avait levé le drapeau de l'indépendance. Il ne restait plus en Espagne des personnes favorables à la révolution de Bayonne que ce petit nombre d'hommes de cour, d'État et d'administration, qui se groupaient déjà autour du trône de Joseph, soit par ambition, soit par mépris pour la dynastie fugitive, soit aussi par amour pour une patrie à qui Napoléon destinait de nobles et sages institutions. Trop peu éclairée alors, la masse des Espagnols ne voyait qu'une armée française à la place de ses souverains; devant cette force étrangère, qui seule pouvait la sauver de ses propres fureurs, elle devint implacable, et ne prit conseil que du sentiment d'une indépendance qu'elle n'était pas en état de supporter. Le peuple espagnol et Napoléon se trompèrent tous deux, l'un en servant Ferdinand, l'autre en couronnant Joseph. L'Empereur fut mal informé de la situation morale de l'Espagne. Ce fut donc en pure perte pour les intérêts communs des deux nations qu'il fit publier cette proclamation, dont la gloire et le bonheur des Espagnols étaient le double but.

« Espagnols!

« Après une longue agonie, votre nation périssait. J'ai vu vos maux; je vais y
« porter remède. Votre grandeur fait partie de la mienne. Vos princes m'ont cédé
« tous leurs droits à la couronne des Espagnes : je ne veux point régner sur vos
« provinces, mais je veux acquérir des titres éternels à votre amour et à votre
« reconnaissance. Votre monarchie est vieille : ma mission est de la rajeunir.
« J'améliorerai toutes vos institutions, et je vous ferai jouir, si vous me secondez,
« des bienfaits d'une réforme, sans froissements, sans désordres, sans convulsions.

« Espagnols! j'ai fait convoquer une assemblée générale de députations des
« provinces et des villes. Je veux m'assurer par moi-même de vos désirs et de vos
« besoins; je déposerai alors tous mes droits, et je mettrai votre glorieuse cou-
« ronne sur la tête d'un autre moi-même, en vous garantissant une constitution
« qui concilie la facile et salutaire autorité du souverain avec les libertés et les pri-
« viléges du peuple.

« Espagnols! souvenez-vous de ce qu'ont été vos pères; voyez ce que vous êtes
« devenus. La faute n'en est pas à vous, mais à la mauvaise administration qui
« vous a régis. Soyez pleins d'espérance et de confiance dans les circonstances
« actuelles, car je veux que vos derniers neveux conservent mon souvenir et disent :
« *Il est le régénérateur de notre patrie.* »

Cette proclamation n'est pas une des moindres preuves de cette grande idée qui inspire tout le règne de Napoléon, celle de régénérer la vieille monarchie européenne, et de recréer une vaste société politique, conforme au progrès du siècle. Les hommes qui n'ont vu dans Napoléon qu'un conquérant, parce qu'il était toujours victorieux sur le champ de bataille où ses ennemis l'appelaient incessamment, ne l'ont compris ni dans la guerre ni dans la paix. Il était aussi éminemment législateur que grand capitaine; il ne cessait de dire aux différents peuples ce qu'il disait aux Espagnols : « *Votre Europe est vieille; ma mission est de la rajeunir.* » Mais les Espagnols étaient loin d'être mûrs pour apprécier le bienfait qu'on venait leur apporter.

En conséquence de la proclamation de Bayonne, un décret convoqua dans cette ville, pour le 15 juin, l'assemblée des notables de la nation espagnole. Le 3 du même mois, la junte du gouvernement, résidant à Madrid, publia un manifeste par lequel elle invitait les insurgés à déposer leurs armes, et instruisait les habitants des avantages politiques et sociaux qui allaient résulter pour eux du nouveau règne. Le 6, Napoléon rendit un décret, où, d'après les vœux de la junte d'État du conseil de Castille et de la ville de Madrid, il proclama roi des Espagnes et des Indes son frère Joseph, roi de Naples et de Sicile. Bientôt parut, en reconnaissance de cet événement, une adresse aux Espagnols par les députés à la junte générale extraordinaire. Le duc de l'Infantado faisait partie des nombreux signataires de cette adresse, ainsi que le duc del Parque, l'ex-ministre Cevallos, le duc d'Hijar, le comte de Ferdinand Nuñez, le marquis de Santa-Cruz, le duc d'Ossuna; parmi les signataires du manifeste de la junte de gouvernement, on remarquait le ministre de la guerre O'Farril, le marquis Caballero, le duc de Grenade; tout ce que la nation comptait d'hommes considérables par leur naissance, leurs dignités, leur fortune, leurs services et leur rang, sanctionna le nouvel ordre de choses.

Enfin, le 7 juin, l'Empereur se porta en pompeux cortége au-devant de son frère Joseph, à deux lieues de Bayonne, et, après leur entrée au château de Marac, les grands d'Espagne, le duc de l'Infantado à leur tête, vinrent offrir leurs hommages au nouveau roi. M. d'Urquijo, qui avait vainement supplié Ferdinand de ne pas dépasser Vittoria, eut, ainsi que Cevallos, une longue conférence avec Joseph. Les députations du conseil de Castille, des conseils de l'inquisition, se succédèrent. La députation de l'armée fut présentée par le duc del Parque. Après plusieurs séances de la junte extraordinaire, où se discuta l'acte constitutionnel, le 7 juillet, la junte étant réunie dans le lieu de ses séances, Joseph, sur son trône, prononça un discours, et ordonna la lecture de cet acte. Ce prince prêta serment sur l'Évangile à la religion et à la constitution de l'État. Le serment fut ensuite successivement prêté au roi et à la constitution par tous les membres de la junte, les grands officiers de la couronne et les officiers de la maison du roi. La junte vota des remercîments à l'Empereur et fut admise en sa présence. Joseph se mit en route pour ses nouveaux États avec un cortége de cent voitures; l'Empereur l'accompagna jusqu'à la première poste.

Mais tandis qu'à Madrid et à Bayonne, les adresses de la junte suprême du conseil de Castille, de la ville de Madrid, et toutes les supériorités civiles et religieuses, remerciaient Napoléon d'être devenu l'arbitre de l'Espagne et lui demandaient son frère pour souverain, le 27 mai, la Saint-Ferdinand faisait sonner dans toute l'Espagne méridionale le tocsin de nouvelles Vêpres siciliennes contre l'avénement de l'ex-roi des Deux-Siciles et contre les partisans du protectorat français. Ce même

jour avait été choisi dans le silence d'une vaste conjuration comme célébration de la fête du dernier roi espagnol, pour inaugurer l'insurrection à Cadix et la junte provinciale à Séville. En vain la grande junte d'État, réunie à Bayonne, s'était proclamée l'organe du vœu national pour mettre sur la tête de Joseph Ier la couronne des Espagnes et des Indes : en vain elle parlait au nom du lien qui unit la France à la Péninsule : la junte provinciale de Séville déclara à l'Europe la royauté de Ferdinand VII, et à la France la guerre révolutionnaire de l'Espagne. Le premier acte de l'insurrection de Cadix fut la prise de l'escadre française et le meurtre du capitaine général ; à Valence, un équipage français, qui s'y était réfugié pour éviter la poursuite d'une frégate anglaise, périt égorgé par le peuple ; le capitaine général tomba aussi massacré. A Carthagène, à Grenade, à San Lucar, à Saragosse, à Badajoz, à Valladolid, dans le royaume de Léon, dans celui des Asturies, dans la Galice, dans l'Estramadure, dans les deux Castilles, dans la Navarre, l'Aragon, la Catalogne, la rage populaire répéta, contre les principales autorités et les citoyens les plus distingués, les mêmes scènes de carnage. Plusieurs gouverneurs furent mis en pièces sous les yeux de leurs familles, et leurs têtes portées au bout de piques. Un chanoine de Madrid, Balthasar Cabo, organisa la réaction sanglante de Valence; car les poignards avaient été bénis comme dans les temps barbares de notre histoire. Cette nouvelle Saint-Barthélemi s'était aussi annoncée par des miracles solennellement proclamés à Saragosse, à Valladolid, à Valence, à Séville; et rien ne manqua à cette fureur, digne du moyen âge, qu'alimentèrent les passions les plus redoutables du cœur humain, la vengeance et la religion. La marche de Joseph sur Madrid fut éclairée par les premiers feux de cette autre guerre de Sept-Ans, à laquelle la présence seule de Napoléon donnera quelques délais et arrachera quelques lauriers.

Le maréchal Bessières ouvrit la campagne, et envoya d'abord de forts détachements sur Logroño, Saragosse, Ségovie, Valladolid et Santander. Le 6 juin, le général Verdier prit Logroño, et revint ensuite attendre à Vittoria le passage du roi. Le général Frère enleva de vive force Ségovie, où le parlementaire français avait été accueilli à coups de canon. Le même jour, le général Lasalle se porta de Burgos sur Torquemada, où il atteignit et battit aussi les insurgés; il désarma ensuite la ville et la province de Palencia, et, se dirigeant sur Valladolid, après avoir fait sa jonction avec le général Merle, il détruisit un corps d'insurgés qui occupait une forte position, et entra dans Valladolid. L'évêque de Santander était le chef de l'insurrection de son diocèse. Le général Merle marcha sur ce point, dispersa tous les rassemblements, reçut la soumission de Santander, qui, ainsi que

Palencia, Ségovie et Valladolid, prêta serment au nouveau roi. Le maréchal Bessières avait, en quinze jours, pacifié la province de Guipuzcoa, l'Alava, la Biscaye, et une grande partie de la Navarre. Pendant ce temps, le général Lefebvre-Desnouettes soumettait le midi de cette dernière province, et, après avoir défait les insurgés en plusieurs rencontres, il effectuait, avec le général Verdier, le blocus de Saragosse, où s'étaient réfugiés les divers partis qui n'avaient pu tenir la campagne. Le général Duhesme soutint la guerre dans la Catalogne, et le maréchal Moncey dans le royaume de Valence, qui avait vu se former une junte insurrectionnelle : un égal succès couronna leurs opérations. Parti de Madrid à la fin de mai, le général Dupont s'avança sur l'Andalousie; et, après avoir écrasé l'ennemi à Alcoléa, il se présenta devant Cordoue. Dix-sept cents hommes, qui défendaient cette ville, empêchèrent le corrégidor de la rendre. Il fallut battre en brèche : Cordoue fut enlevée; Jaen eut le même sort.

Pendant ce temps, un corps d'environ quarante mille Espagnols était parti de la Galice afin de couper au roi Joseph, alors en route pour Madrid, le chemin de la capitale. Le maréchal Bessières courut au-devant de ce grand péril avec douze mille hommes seulement, prit position sur les hauteurs de Medina del Rio-Seco, et attaqua audacieusement les Espagnols : leur armée fut détruite et la ville emportée à la baïonnette; quarante pièces de canon, six mille prisonniers, dix mille morts, les bagages et les munitions de toute cette armée furent les trophées de cette bataille mémorable. Bessières poursuivit l'ennemi sur Benavente, Mayorga et Léon, qui firent leur soumission. Napoléon crut un instant que cette victoire avait décidé l'anéantissement de l'insurrection espagnole et que la guerre allait avoir un terme. « *Voilà*, dit-il en apprenant la victoire de Rio-Seco, *une nouvelle bataille de Villa-Viciosa. Bessières a mis Joseph sur le trône d'Espagne.* » Ce succès important assura nos communications avec le Portugal, et devint très-utile à l'armée que Junot commandait dans cette province.

Dès le 16 juin, les Portugais avaient imité les Espagnols; le cri du patriotisme les avait appelés dans Oporto à une insurrection générale. Les provinces du nord étaient déjà évacuées par l'armée française. Les Espagnols et les Portugais donnaient à l'Europe le beau spectacle de deux peuples ennemis se réunissant tout à coup pour défendre en commun leur foyer domestique et cette antique indépendance qui est la propriété de toute nation. Mais les fusils de fabrique anglaise dont ils sont armés, les officiers supérieurs de l'Angleterre qui dirigent les mouvements de leurs troupes, apprennent aussi à l'Europe que Napoléon, en portant ses armées en Portugal, et en Espagne, n'a fait que prévenir celles de l'Angleterre. Le régent de Portugal, dominé par l'ambassadeur anglais, avait abandonné ses États, au lieu de les conserver sous l'alliance et la protection de Napoléon, au prix de l'adoption du système continental. Dans les affaires de l'Escurial et d'Aranjuez, il fut également reconnu que Ferdinand, en voulant détrôner son père, n'avait pas d'autre intention que de rejeter l'amitié de la France pour s'unir à l'Angleterre.

Le 15 juillet, un décret impérial daté de Bayonne donna au grand-duc de Berg la couronne de Naples. Murat se hâta de quitter l'Espagne, où le général Savary, duc de Rovigo, le remplaça dans le commandement général de l'armée. Le maréchal Bessières avait ouvert à Joseph les portes de Madrid; le 20, ce prince y fit son entrée au milieu d'une foule silencieuse. Cette attitude de la population prouva énergiquement qu'il n'y avait eu de vaincu que l'armée battue par Bessières; que si Joseph occupait le trône, la nation occupait le champ de bataille : en effet, elle y était tout entière. Napoléon, rappelé en France par les soins de son vaste empire et par la nécessité de veiller sur l'Europe, qui le regardait avec crainte et se préparait à saisir la première occasion de l'abaisser, quitta Bayonne et retourna lentement à Paris; il s'arrêta dans les principales villes, où d'heureuses dispositions administratives signalèrent son passage.

Arraché aux délices de Naples, et réduit désormais à lui-même, le roi Joseph dut conquérir pour régner, et rester toujours armé pour conserver sa couronne. Une armée s'épuise et la guerre finit; mais une nation ne périt jamais : aussi la défaite de Medina del Rio-Seco ne tarda pas à être vengée. La première nouvelle que le roi Joseph reçut des mouvements de l'armée française en arrivant à Madrid, fut celle de la fatale capitulation d'Andujar.

Le général Dupont, ayant sous ses ordres les généraux Vedel et Gobert, avait, vers la fin de juin, placé l'un de ces officiers à Baylen, l'autre à La Carolina; lui-même, avec sa première division, occupait Andujar sur le Guadalquivir, où il avait fait construire une tête de pont, ainsi qu'à Menjibar, sur la route de Jaen à Baylen. Le général Dupont était placé de manière à se trouver à l'abri de tout événement, puisque, dans le cas d'une attaque par un adversaire trop supérieur en nombre, un jour suffisait pour mettre les défilés de la Sierra-Morena entre lui et les assaillants. D'ailleurs il avait reçu du duc de Rovigo l'ordre impératif de se replier sur Madrid par cette même route, et l'expresse défense de s'engager avec l'ennemi, même dans l'espoir d'un succès. La division Gobert n'avait été envoyée par le général en chef que pour assurer davantage la retraite du général Dupont, dont la division Vedel devait commencer le mouvement. Le 20 juillet, jour de l'entrée de Joseph à Madrid, l'ennemi, fort de quarante mille hommes, présenta la bataille à Dupont, qui n'avait qu'une seule division de treize mille hommes. A cette infériorité numérique il joignit deux fautes graves : celle de n'avoir pas conservé sa communication avec Madrid; et séparé qu'il était des divisions Vedel et Gobert, qui faisaient les deux tiers de son armée, d'accepter le combat avec des forces disproportionnées et dans une position désavantageuse. Après une lutte inégale, où le général espagnol Castaños avait eu l'habileté de l'attirer, Dupont signa le 22 juillet, à Andujar, une capitulation, au moment d'opérer avec le général Vedel une jonction qui mettait entre deux feux l'armée ennemie. Le général Vedel, qui avait déjà enlevé trois pièces de canon, deux drapeaux, et fait prisonnier le régiment de Jaen, n'était plus séparé du général Dupont que par le corps qu'il venait de battre. Malgré la situation où le plaçait si inopinément la capitulation, Vedel imposait encore à l'ennemi, et il effectuait sa retraite sur Madrid, quand, *après une grande journée de marche*, il lui fut signifié par le chef d'état-major du général Dupont, ainsi qu'au général Gobert, qu'ils étaient, eux et leurs divisions, compris dans l'acte déshonorant d'Andujar : exemple inouï pendant toute la guerre d'Espagne, où les armées françaises ont eu des fortunes diverses, mais où elles n'ont jamais essuyé l'opprobre d'une capitulation en rase campagne. D'immenses bagages,

honteusement qualifiés, avaient retardé, disait-on, la marche du général Dupont sur Baylen, et leur conservation l'avait décidé à capituler... Napoléon reçut à Bordeaux, le 1ᵉʳ août, cette affreuse nouvelle. « Des officiers français, s'écria-t-il, « n'aiment pas mieux mourir que de signer que l'armée restituera les vases sacrés « qu'elle a volés! Je voudrais effacer cette honte de tout mon sang. » Sa pudeur toute française ne permit pas que la capitulation d'Andujar fût imprimée dans aucune feuille publique. Si cependant Napoléon l'eût permis, l'armée aurait, dans le temps, défendu la cause de l'honneur français, en rejetant le crime sur les vrais coupables ; car les soldats, irrités de se voir soumis à l'inspection de leurs havre-sacs, désignèrent aux Espagnols les fourgons qui recélaient les vols dont ils subissaient l'affront, et l'infamie seule resta aux spoliateurs.

L'affaire d'Andujar fut jugée par l'indignation de la France et par l'exaltation de l'Espagne; elle porta l'atteinte la plus grave à la cause de Napoléon; elle enflamma le parti de l'insurrection et lui rallia les dissidents nombreux qui, sans ce désastre, allaient se réunir autour du trône de Joseph. Le contre-coup de cette commotion morale, qui ébranla soudain toute l'Espagne, retentit aussitôt dans les cabinets, et alla à huit cents lieues de Baylen éveiller, sur la côte de la Baltique, les soldats de La Romana. La Romana forma le généreux projet d'aller avec ses troupes secourir sa patrie. Il trompa Bernadotte, que l'Empereur avait engagé à surveiller les Espagnols, et parvint à s'embarquer sur des vaisseaux anglais avec la moitié de son armée. Jamais événement n'acquit plus rapidement une plus grande importance. Castaños, qui fit capituler Dupont à Baylen, fut loin de se douter lui-même de l'immense service qu'il venait de rendre à sa cause. Cette capitulation portait que les troupes sous les ordres de Dupont, déclarées prisonnières de guerre, seraient embarquées à San Lucar ou à Rota, sur des vaisseaux espagnols qui les transporteraient à Rochefort. Mais, entraînée tout à coup par l'enthousiasme général, la junte suprême de Séville viola le droit des gens. Elle rejeta la convention que Castaños avait signée, et, donnant elle-même à la lutte espagnole l'affreux signal du mépris des traités, elle arrêta que l'armée de Dupont, forte de vingt-six mille hommes, officiers et soldats, au lieu d'être conduite à Rochefort, resterait renfermée dans les pontons à Cadix. La capitulation de Baylen avait dissipé le prestige, si important à entretenir, de l'invincibilité française, et enlevé à notre armée le tiers de sa force : méconnue par la junte, elle faisait du trône de Joseph une simple position militaire qui fut constamment assiégée, et devait à la fin tomber sous l'opiniâtreté d'une guerre à outrance. Huit jours après son arrivée à Madrid, le 1er août, Joseph se vit contraint d'aller se réfugier à Vittoria. Le général Duhesme retourna aussi à Barcelone pour réunir son corps et contenir cette grande ville, dont il occupait tous les forts. La royauté de Joseph se trouvait déjà circonscrite dans un camp retranché.

Une autre conséquence de la capitulation d'Andujar fut le débarquement d'une armée anglaise sous les ordres de sir Arthur Wellesley, depuis lord Wellington, qui prit terre à Leyria, à trente lieues au nord de Lisbonne, et unit ses drapeaux à ceux de l'armée portugaise. Le général anglais, à la tête de vingt-six mille hommes des deux nations, marcha sur Vimeiro, où l'intrépide Junot, avec dix mille hommes seulement, accepta la bataille le 22 août. Junot fut battu et obligé de se replier sur Lisbonne devant des troupes trop supérieures en nombre, après cinq heures de combat. Les pertes des deux armées furent égales. Junot, en dépit de cette valeur si connue dont il multiplia les efforts en cette circonstance, n'avait pu contraindre les Anglais à se rembarquer, ni s'emparer de leur position; mais, malgré cet échec, la journée de Vimeiro tourna encore à la gloire du général français. Son attitude parut si imposante, même après ce revers, qu'elle amena un armistice. Le 30 août, Junot, dont les divers corps en Portugal n'excédaient pas vingt mille hommes, obtint du général anglais, qui comptait sous ses drapeaux trente mille combattants et toute l'insurrection, l'honorable capitulation de Cintra. En vertu de ce traité, notre armée devait évacuer le Portugal, et être transportée en France, sur des vaisseaux anglais, avec toute son artillerie, ses caissons et ses bagages. L'armée n'était point prisonnière de guerre; à sa rentrée sur le sol natal, elle pouvait reprendre sa place de bataille. Cette capitulation, loin d'effacer la honte de celle de Baylen, la fit ressortir davantage. Le général français se montra dans sa négociation tel que sur le champ de bataille. Il méritait et emporta l'estime et le respect de son adversaire. Junot et ses soldats quittèrent le Portugal comme après une victoire, mais les Anglais restaient dans ce pays; et l'Espagne, où l'armée de Joseph n'avait plus que Barcelone, la Navarre, la Biscaye et l'Alava, applaudit au succès de ces nouveaux hôtes armés, que, trois mois auparavant, elle jurait d'exterminer sous les aigles de Napoléon. Jamais vicissitude plus contraire ne brisa en moins de temps la destinée de deux nations. Dès ce jour pâlit l'astre de Napoléon; un fusil espagnol croisé avec un fusil anglais devint le contre-poids de tant de prospérités.

CHAPITRE XXX

1808

Révolution de Constantinople. — Napoléon à Erfurth. — Continuation de la guerre d'Espagne. — Napoléon à Madrid. — Siége de Saragosse. — Armement de l'Autriche. — Napoléon revient à Paris.

L'Année 1807 avait vu s'accomplir une grande révolution dans l'empire turc. Le sultant Sélim, le même qui avait préféré l'alliance de la France à celle de l'Angleterre, assis depuis dix-sept ans sur le trône ottoman, avait été tout à coup déposé par les janissaires et relégué dans l'intérieur du sérail. Son neveu, proclamé empereur par cette milice indomptable, lui avait succédé sous le nom de Mustapha IV. Le vizir Barayctar, l'ami de Sélim, qui conservait à son maître malheureux une fidélité digne des plus beaux caractères, avait conçu depuis longtemps l'audacieux projet d'affranchir les sultans de la tyrannie des janissaires; Barayctar commandait les forces ottomanes sur le Danube. Au mois de juillet 1808, sous le prétexte apparent de venir rendre hommage à Mustapha, il prit la route de

Constantinople, et à la tête de huit mille hommes, campa sous ses murs. Il fut accueilli avec distinction par le sultan, qui lui témoigna la plus grande confiance. Tout à coup il entra dans Constantinople avec son armée, et vint demander à Mustapha le sultan Sélim, jusque sous les murs du sérail. Ce palais se ferma, et bientôt ne se rouvrit que pour livrer Sélim égorgé à son généreux défenseur.

Barayctar couvrit de larmes le corps de son maître, dont il avait causé la mort, déposa Mustapha, fit trancher la tête à ses partisans, et proclama empereur Mahmoud, cousin de Sélim. Nommé grand vizir, il s'attacha à poursuivre la réforme des janissaires, auxquels il substitua le corps des seymens, et gouverna avec une habileté et une fermeté jusqu'alors inconnues dans l'empire des sultans. Mais le nombreux corps de janissaires réunis à Constantinople ou campés aux portes de la capitale, impatients de la discipline sévère qu'on leur imposait, éclatèrent tout à coup le 14 septembre, attaquèrent les seymens, en firent un affreux carnage, et escaladèrent les murs du sérail. Le grand vizir, voyant le triomphe de ses ennemis, ne voulut pas tomber vivant entre leurs mains. Il fit mettre à mort Mustapha, et, mettant lui-même le feu à un amas de poudre caché à dessein dans son palais, il se fit sauter. Le sultan Mahmoud continua l'œuvre de Barayctar, et à force d'audace et de persévérance parvint, vingt ans plus tard, à détruire d'un seul coup cette milice redoutable qui tenait depuis si longtemps asservi le trône des sultans.

Au mois de juillet de cette même année 1807, Napoléon et Alexandre, en se séparant à Tilsitt, avaient promis de se revoir avant la fin de l'année suivante. Cette entrevue avait encore acquis plus d'importance depuis les événements d'Espagne et le débarquement d'une armée anglaise dans la Péninsule. La Russie elle-même venait de recevoir le contre-coup de cette invasion : l'amiral russe Siniavin avait été ou paraissait avoir été contraint de livrer à l'amiral anglais Cotton la flotte qu'il commandait dans le Tage, pour être gardée comme un dépôt en Angleterre jusqu'à la paix entre les deux États. Mais la politique demandait surtout que les deux empereurs s'entendissent sur la situation de l'Allemagne. Le sort de la faible Prusse était fixé depuis Tilsitt; quelques différends restaient seulement à régler. Il était question de réduire l'armée prussienne à quarante mille hommes pendant dix ans ; les places de Glogo, Stettin, et Kustrin, devaient être occupées chacune par une garnison de dix mille Français que la Prusse solderait jusqu'à parfait payement des contributions de guerre, dont les arrérages, arrêtés entre les parties, montaient à cent quarante millions; sept routes militaires devaient en outre traverser la Prusse.

Au mois de juin 1808, l'Autriche, sortie tout à coup de sa routine militaire, avait introduit aussi chez elle, à l'instar de la France, la conscription et la garde nationale. Les landwehrs avaient été réorganisées, les landsturms, ou levées en masse, venaient d'être ordonnées. On savait que l'armée de ligne autrichienne allait être portée à quatre cent mille hommes, et les landwehrs d'Allemagne à trois cent mille; enfin tout présentait en Autriche l'aspect d'une guerre imminente, malgré l'amitié qui existait entre elle et Napoléon. Il n'ignorait pas que, dès le commencement de l'année, l'Autriche et l'Angleterre s'étaient rapprochées; que cette dernière puissance, aussitôt après la nouvelle des événements de Bayonne, avait offert ses escadres à l'archiduc Charles, afin de le mettre à même de faire valoir ses prétentions au trône d'Espagne, en sa qualité d'héritier des droits de Charles VI, compétiteur de Philippe V. Aussi, dès le mois de juillet, Napoléon demanda au gouvernement autrichien des explications positives, tant sur ses préparatifs militaires que sur ses nouvelles relations politiques, et, en même temps, il invitait les princes de la confédération *à préparer leurs contingents, pour éviter une guerre sans motifs, tout en faisant voir à l'Autriche qu'on était prêt à la soutenir.* Suivant son usage, le cabinet de Vienne se confondit en protestations d'amitié, et colora de différents prétextes ses armements, qu'il ne pouvait nier.

Napoléon, qui saisissait volontiers l'occasion de dire toute sa pensée, même à ses ennemis, interpella à Saint-Cloud, en présence de tout le corps diplomatique, l'ambassadeur d'Autriche, M. de Metternich; il lui retraça hautement tout ce que lui devait son maître et le roi de Prusse, après la destruction de leurs armées à Austerlitz et à Iéna : « Croyez-vous, ajouta-t-il, que le vainqueur d'une armée « française, qui eût été maître de Paris, eût agi avec cette modération ? »

L'accroissement subit et immodéré de l'état militaire de l'Autriche pouvait faire craindre à Napoléon une nouvelle coalition, d'autant plus que le comte de Stadion, l'implacable ennemi de l'Empereur et de la France, était alors en Autriche le ministre dirigeant. D'après cet ensemble de circonstances graves, et les rapports de ses ministres de la guerre et des relations extérieures, Napoléon adressa, le 4 septembre, au Sénat, un message où il s'exprimait ainsi : « ... Je suis résolu à pousser les « affaires d'Espagne avec la plus grande activité, et à détruire les armées que « l'Angleterre débarquera dans ce pays...... Mon alliance avec l'empereur de « Russie ne laisse à l'Angleterre aucun espoir dans ses projets. Je crois à la paix « du continent, mais je ne veux ni ne dois dépendre des faux calculs et des erreurs « des autres cours; et puisque mes voisins augmentent leurs armées, il est de mon « devoir d'augmenter les miennes...» C'était à la face de l'Europe que Napoléon déclarait à la France qu'il avait besoin de nouvelles forces pour repousser une agression qui la menaçait sous le voile de la paix de Presbourg. En réponse à cette communication, le Sénat vota une levée de cent soixante mille hommes. La France comptait alors douze armées : celle de Pologne, celle de Prusse, celle de Silésie, celle de Danemark, celle de Dalmatie, celle d'Albanie, celle d'Italie, celle de Naples, celle d'Espagne, et des armées de réserve à Boulogne, sur les côtes, sur le Rhin et dans l'intérieur. Profondément indigné de la capitulation de Baylen, et convaincu que cet événement devait amener la retraite de ses troupes sur l'Elbe, Napoléon résolut d'aller lui-même se placer à leur tête, pour soumettre la Péninsule. Mais avant de retourner vers le Midi, il se rendit à Erfurth, où Alexandre allait le rejoindre.

Napoléon arriva le 27 à Erfurth, et alla au-devant de l'empereur Alexandre, qui était à Weimar depuis deux jours. Il trouva à Erfurth tous les princes de la confédération, envers lesquels il se plut à exercer son impériale hospitalité. Deux souverains seulement n'y parurent pas : le roi de Prusse et l'empereur d'Autriche; mais ce dernier eut soin de faire partir le baron de Vincent, porteur d'une lettre pour Napoléon, conçue en ces termes :

« Monsieur mon frère,

« Mon ambassadeur à Paris m'apprend que Votre Majesté impériale se rend à « Erfurth, où elle se rencontrera avec l'empereur Alexandre. Je saisis avec em- « pressement l'occasion qui la rapproche de ma frontière, pour lui renouveler le « témoignage de l'amitié et de la haute estime que je lui ai vouées; et j'envoie « auprès d'elle mon lieutenant général, le baron de Vincent, pour lui porter l'as- « surance de ces sentiments invariables. Je me flatte que Votre Majesté n'a jamais « cessé d'en être convaincue, et que si de fausses représentations, qu'on avait ré- « pandues sur des institutions intérieures organiques que j'ai établies dans ma « monarchie, lui ont laissé pendant un moment des doutes sur la persévérance de « mes intentions, les explications que M. le comte de Metternich a présentées à ce « sujet à ses ministres les auront entièrement dissipées. Le baron de Vincent se

« trouve à même de confirmer à Votre Majesté ces détails et d'y ajouter ceux qu'elle
« pourra désirer... »

Le baron de Vincent arriva à Erfurth plusieurs jours avant Napoléon. L'empressement de l'empereur François, dans cette circonstance, signalait son déplaisir de n'avoir pas été appelé à l'entrevue d'Erfurth. Le déplaisir était d'autant plus vif, que cette exclusion, suffisamment motivée par l'attitude hostile que l'Autriche avait tenue depuis le voyage de Bayonne, prouvait à ce prince que le sort de l'Europe allait se régler sans lui.

Là, dans les épanchements d'entretiens intimes, les deux empereurs resserrèrent les liens d'amitié qui unissaient la France et la Russie; Alexandre était fier de l'affection que lui témoignait Napoléon : une circonstance fortuite va le prouver d'une manière toute particulière. On avait établi un théâtre français à Erfurth : le célèbre Talma et les acteurs de la Comédie-Française y furent appelés; chaque jour avaient lieu des représentations auxquelles assistaient les deux empereurs, les souverains de l'Allemagne, leurs ministres, leurs courtisans. Un soir qu'on jouait l'*Œdipe* de Voltaire, au moment où Philoctète, en parlant d'Hercule, prononce ce vers :

L'amitié d'un grand homme est un bienfait des dieux :

Je l'éprouve tous les jours, dit Alexandre en serrant fortement la main de Napoléon. Ces mots, entendus de tous les assistants, retentirent bientôt dans toute l'Europe.

On n'était qu'à cinq lieues de Weymar. Les deux empereurs, accompagnés des rois de Bavière, de Saxe, de Wurtemberg et de tous les princes de la confédération, se rendirent dans cette résidence, où le duc les avait invités à une fête ma-

gnifique : il y eut une chasse au cerf, ensuite un banquet, et le soir un spectacle sur le théâtre de la cour, où fut représentée *la Mort de César*. Un bal brillant ter-

mina cette journée. Le lendemain, Napoléon alla visiter le champ de bataille d'Iéna ; il y trouva un temple à la Victoire, élevé au centre du plateau sur lequel il avait bivouaqué deux ans auparavant. C'était le terrain même où le grand-duc de Saxe-Weymar, qui faisait les honneurs de cette fête triomphale, avait été battu à la tête d'une division prussienne; où le roi de Prusse, l'allié d'Alexandre, avait perdu sa couronne; où le roi de Saxe, l'allié du roi de Prusse, avait gagné la sienne. Pendant ce court séjour de Napoléon à Weymar, les deux plus célèbres littérateurs de l'Allemagne, Gœthe et Wieland, lui furent présentés. Un décret daté d'Erfurth leur accorda la décoration de la Légion d'honneur. Cet ordre du mérite français devenait insensiblement l'ordre du mérite européen, moyen de conquête tout à fait neuf, et qui ne devait appartenir qu'à son fondateur. Gœthe et Wieland étaient les deux plus beaux génies de l'Allemagne. On prétend qu'admis à une audience particulière par Napoléon, ces deux hommes éminents agitèrent avec ce prince des questions qui n'étaient ni philosophiques ni littéraires, telles que celle de la réorganisation de l'Allemagne luthérienne, mais que Napoléon éconduisit cette proposition au nom de la foi qu'il devait à la Prusse par le traité de Tilsitt. On attribua depuis à ce refus loyal la conjuration du *Tugendbund prussien*, qui dès lors s'organisait dans un dessein bien différent de celui de venger la maison de Brandebourg.

Napoléon attachait à cette entrevue d'Erfurth, placée sur le théâtre de sa gloire, un tout autre intérêt que celui d'y recevoir de vains hommages et de présider avec Alexandre un congrès de rois et de souverains dont aucun n'était initié à leurs secrètes délibérations. Sa grande affaire, but constant de sa politique, de ses victoires, celle qui seule l'avait entraîné dans la guerre de la Péninsule, c'était la paix générale. Napoléon savait bien qu'il n'avait pas plus besoin pour régner de joindre à la France les royaumes d'Espagne et de Portugal, que ceux de Prusse, de Bavière et de Wurtemberg. Cette Espagne, quoique devenue pour lui une royauté de famille par l'avénement de son frère; ce Portugal, quoique ouvert à ses armées par la fuite de la maison de Bragance, ne formaient dès le principe, on ne peut trop le répéter, que des compensations qu'il voulait amasser pour la paix avec l'Angleterre. L'Empereur ne regardait ces deux pays que comme des gages qu'il se proposait de rendre à leurs possesseurs naturels le jour où il signerait le traité du repos de la terre. Pressés du désir de hâter ce résultat de leurs communs efforts, les deux empereurs, alors unis par un seul intérêt, écrivirent au roi d'Angleterre pour le prier *d'écouter la voix de l'humanité en faisant taire celle des passions; de chercher, avec l'intention d'y parvenir, à concilier tous les intérêts, et partant de garantir toutes les puissances qui existent et d'assurer le bonheur de l'Europe... Beaucoup d'États ont été bouleversés, de plus grands changements peuvent encore avoir lieu, et tous contraires à la politique de la nation anglaise...* Le ministre britannique répondit le 28 : « *Le roi a fait connaître à chaque occasion ses désirs et sa volonté d'entamer une négociation pour la paix générale, à des conditions qui puissent être compatibles avec la tranquillité et*

la sûreté de l'Europe... Le roi d'Angleterre ayant pris des engagements avec les rois de Portugal, de Sicile et de Suède, et avec le gouvernement espagnol actuel, il doit leur être permis de prendre part à la négociation à laquelle S. M. B. a été invitée. »
Quoi qu'il en soit, il était important pour Napoléon, pressé de terminer les affaires d'Espagne, de donner à la maison d'Autriche des gages de ses intentions pacifiques. En conséquence, il écrivit d'Erfurth aux princes de la confédération du Rhin pour les inviter à faire rentrer leurs troupes dans les garnisons, d'après les nouvelles assurances d'amitié qu'il avait reçues de l'empereur François, et il remit au baron de Vincent la lettre suivante, adressée à son maître :

Erfurth, le 14 octobre 1808.

« Monsieur mon Frère,

« Je remercie Votre Majesté impériale et royale de la lettre qu'elle a bien voulu
« m'écrire, et que le baron de Vincent m'a remise ; je n'ai jamais douté des in-
« tentions droites de Votre Majesté, mais je n'en ai pas moins craint un moment
« de voir les hostilités se renouveler entre nous. Il est à Vienne une faction qui
« affecte la peur pour précipiter votre cabinet dans des mesures violentes qui
« seraient l'origine *de malheurs plus grands que ceux qui ont précédé.* J'ai été le
« maître de démembrer la monarchie de Votre Majesté, ou du moins de la laisser
« moins puissante ; je ne l'ai pas voulu. Ce qu'elle est, elle l'est de mon vœu ;
« c'est la plus évidente preuve que nos comptes sont soldés, et que je ne veux
« rien d'elle. Je suis toujours prêt à garantir l'intégrité de sa monarchie ; je ne
« ferai jamais rien contre les intérêts principaux de ses États. Mais Votre Majesté
« ne doit pas remettre en discussion ce que quinze ans de guerre ont terminé ;
« elle doit défendre toute proclamation ou démarche provoquant la guerre. La
« dernière levée en masse aurait provoqué la guerre, si j'avais pu craindre que
« cette levée et ces préparatifs fussent combinés avec la Russie. Je viens de licen-
« cier le camp de la confédération. Cent mille hommes de mes troupes vont à
« Boulogne pour renouveler mes projets sur l'Angleterre. Que Votre Majesté
« s'abstienne de tout armement qui puisse me donner de l'inquiétude et faire
« une diversion en faveur de l'Angleterre. J'ai dû croire, lorsque j'ai eu le bonheur
« de voir Votre Majesté, et que j'ai conclu le traité de Presbourg, que nos affaires
« étaient terminées pour toujours, et que je pouvais me livrer à la guerre mari-
« time sans être inquiété ni distrait. Que Votre Majesté se méfie de ceux qui, lui
« parlant des dangers de sa monarchie, troublent ainsi son bonheur, celui de sa
« famille et de ses peuples ; ceux-là seuls sont dangereux, ceux-là seuls appellent
« les dangers qu'ils feignent de craindre. Avec une conduite droite, franche et
« simple, Votre Majesté rendra ses peuples heureux, jouira elle-même du bonheur
« dont elle doit sentir le besoin après tant de troubles, et sera sûre d'avoir en moi

« un homme décidé à ne jamais rien faire contre ses principaux intérêts. Que ses
« démarches montrent de la confiance, et elles en inspireront. La meilleure poli-
« tique aujourd'hui, c'est la simplicité et la vérité. Qu'elle me confie ses inquié-
« tudes lorsqu'on parviendra à lui en donner : je les dissiperai sur-le-champ. Que
« Votre Majesté me permette un dernier mot : qu'elle écoute son opinion, son
« sentiment ; il est bien supérieur à celui de ses conseils. Je prie Votre Majesté de
« lire ma lettre dans un bon sens, et de n'y voir rien qui ne soit pour le bien et la
« tranquillité de l'Europe et de Votre Majesté. »

Mais le parti de l'Autriche était pris ; elle continua ses organisations militaires. N'ayant point été appelée à Erfurth, elle ne reconnut pas le roi Joseph, comme l'avaient fait l'empereur de Russie et les autres princes de l'Allemagne, malgré la promesse qu'elle en avait faite par l'organe de M. de Metternich, à Paris, avant le voyage d'Erfurth, en retour de l'évacuation de la Silésie, qui s'était opérée immédiatement de la part de la France. Le 14 octobre, Alexandre et Napoléon se séparèrent pour ne plus se revoir. Ils prirent le même jour la route de leurs États, ainsi que les autres souverains. Le 19, Napoléon était à Saint-Cloud, où le suivit le comte Romanzoff, ambassadeur de Russie.

Aussitôt après son retour, eut lieu l'ouverture du Corps législatif. L'Empereur y prononça un discours qui renfermait ces passages remarquables :

« J'ai fait cette année plus de mille lieues dans l'intérieur de mon empire... La
« vue de cette grande famille française, naguère déchirée par les opinions et les
« haines intestines, aujourd'hui prospère, tranquille et unie, a sensiblement ému
« mon âme. J'ai senti que pour être heureux il me fallait d'abord l'assurance
« que la France fût heureuse... Une partie de mon armée marche contre celles
« que l'Angleterre a formées ou débarquées dans les Espagnes. C'est un bienfait

« particulier de cette Providence qui a constamment protégé nos armes, que les
« passions aient assez aveuglé les conseils anglais pour qu'ils renoncent à la pos-
« session des mers, et présentent enfin leurs armes sur le continent. Je pars dans
« peu de jours pour me mettre moi-même à la tête de mon armée, et, avec l'aide
« de Dieu, couronner dans Madrid le roi d'Espagne, et planter nos aigles sur les
« forts de Lisbonne... L'empereur de Russie et moi, nous nous sommes vus à
« Erfurth. Nous sommes d'accord et invariablement unis pour la paix comme pour
« la guerre... » Ces derniers mots ne pouvaient être mis en doute. On se rappelait
qu'à Erfurth, Napoléon avait donné deux épées, la sienne à Alexandre, et une autre
très-riche à Constantin, et qu'en recevant celle de Napoléon, Alexandre lui avait
dit : « *Je l'accepte comme une marque de votre amitié. Votre Majesté est bien
certaine que je ne la tirerai jamais contre elle.* »

Cependant, depuis cette époque, à l'ombre des lauriers et même du trône de
Napoléon, une conspiration sourde s'attacha dès lors à envenimer ses paroles, à
noircir ses projets, à jeter sur les opérations de son gouvernement et sur ses victoires même une défaveur et une méfiance acharnée. Les hommes de ce parti
veillaient sur les adversités de l'Empereur; ils semaient dans la société de sinistres
prophéties, et ne cessèrent de flétrir, soit les succès, soit les malheurs de Napoléon, que lorsque, le voyant abattu, ils prirent hautement l'attitude du triomphe,
et démasquèrent soudain, toute couverte des livrées impériales, leur longue et
secrète conjuration.

Impatient de diriger lui-même en Espagne les opérations militaires, Napoléon
part pour Bayonne, où il arrive le 3 novembre; le 4, il est en Espagne : la victoire
y entre avec lui. Le roi Joseph vient au-devant de lui jusqu'à Vittoria. L'Empereur

marche vers Madrid, dont il faut conquérir la route; l'armée d'Estramadure, forte de vingt mille hommes, commandée par le comte de Belvédère, défend la ville de Burgos. Napoléon place toute la cavalerie sous les ordres du maréchal Bessières, et donne le commandement du deuxième corps au maréchal Soult. Celui-ci se met en mouvement le 10, et trouve l'ennemi en position à Gamonal, où il est reçu par une décharge de trente pièces de canon. La division Mouton bat le pas

de charge; l'artillerie la soutient, et le duc d'Istrie a débordé l'ennemi. Enfoncés par l'attaque impétueuse de l'infanterie, les Espagnols éprouvent une déroute complète, et laissent sur le champ de bataille trois mille morts, autant de prisonniers, deux drapeaux et vingt-cinq pièces de canon; le reste se sauve à Burgos, où les Français pénètrent pêle-mêle avec les fuyards, et les poursuivent de tous côtés. Nos troupes occupent le château de Burgos, que l'ennemi avait bien approvisionné. L'Empereur entre avec sa garde à Burgos; on y recueille des magasins de laine pour une valeur de trente millions.

L'armée de Galice, qui était forte de quarante-cinq mille hommes, battue à Bilbao, se voit poursuivie par le duc de Bellune dans la direction d'Espinosa, par le duc de Dantzick dans celle de Villarcayo, et tournée par le duc de Dalmatie dans celle de Reynosa. Le général Lasalle est à Lerma; le général Milhaud à Palencia. Valladolid tombe en notre pouvoir. Les Anglais ont débarqué à la Corogne; une division de leur armée de Portugal tient Badajoz : notre armée brûle de se mesurer avec eux. Pendant ce temps, défaite de nouveau dans les combats de Durango, Guenès, Valmacéda, l'armée de Galice est presque détruite; le 12, à la bataille d'Espinosa, que livre le duc de Bellune, Blake perd dix mille hommes et cinquante pièces de canon. Parvenu à Reynosa, le duc de Dalmatie achève la ruine de cette armée, et lui enlève ses parcs, ses bagages, ses magasins. Le 16, le duc d'Istrie arrive à Aranda, dirige des partis de cavalerie, d'un côté sur Léon, de l'autre sur Madrid, pendant que le duc de Dalmatie entrait à Santander, où il s'emparait de neuf mille fusils anglais, et saisissait sur la côte plusieurs convois chargés d'artillerie et de munitions.

Les armées de Galice et d'Estramadure, commandées par Blake et La Romana, avaient à peu près disparu aux batailles d'Espinosa et de Burgos; il restait à atteindre la grande armée d'Andalousie, de Valence, de la Nouvelle-Castille, de l'Aragon, sous les ordres de Castaños, Penas et Palafox; portée à quatre-vingt-mille hommes, elle occupait en partie Calahorra et Tudela. Le 22, L'Empereur transporte son quartier général de Burgos à Lerma. Le duc d'Elchingen entre dans Soria (l'ancienne Numance) et dans Medina-Cœli. Les ducs de Montebello et de Conegliano font leur jonction à Lodosa; le duc de Bellune est à Venta de Gomez. Les avenues de Madrid, du côté du nord, sont interceptées. Le duc de Montebello marche avec vingt-quatre mille hommes pour présenter la bataille à l'armée espagnole : il la rencontre, le 23, en avant de Tudela, forte de quarante-cinq mille hommes, avec quarante pièces de canon, et conduite par le général Castanos. Cette armée ne peut résister à l'impétuosité de l'attaque que dirige le général Maurice Mathieu; son centre est enfoncé; la cavalerie du général Lefebvre y pénètre et enveloppe sa droite. Le général Lagrange complète la victoire en culbutant la ligne de Castaños. Les Espagnols, en pleine déroute, ont à regretter quatre mille morts, trois mille prisonniers, trois cents officiers, sept drapeaux, trente pièces de canon, et abandonnent à Tudela d'immenses approvisionnements. Le duc de Conegliano avance sur Saragosse; le duc d'Elchingen s'est emparé de riches magasins à Agreda.

Ainsi le centre de l'armée espagnole avait été battu à Burgos, la droite à Espinosa, la gauche à Tudela. L'Empereur porte son quartier général au village de Bozeguillas; le 30, le duc Bellune se trouve au pied de la fameuse montagne de Somo Sierra, dont dix mille hommes de la réserve espagnole, que commande San Benito, protégés par des retranchements et ayant en batterie seize pièces de canon, défendent le passage. A peine la fusillade et la canonnade sont engagées, que le général Montbrun, à la tête des chevau-légers polonais, gravit les hauteurs, exécute une des plus belles charges qui aient honoré la cavalerie de la garde, dont ce corps fait partie, et décide l'affaire; ce régiment se couvre d'une gloire immortelle. Les Espagnols se dispersent dans les montagnes en jetant leurs armes : ils laissent au vainqueur seize pièces de canon, dix drapeaux, deux cents chariots de bagages, les caisses militaires, et parmi les prisonniers on compte tous les officiers supérieurs de cette division. Après ce combat prodigieux, où une troupe de cavalerie légère emporte au galop les escarpements d'une position que la nature a rendue inexpugnable pour toute autre arme que l'infanterie, les Français n'ont plus qu'à marcher à Madrid. Le 1ᵉʳ décembre, le quartier général impérial est à Saint-Augustin, et le 2, l'armée victorieuse célèbre l'anniversaire du couronnement de Napoléon sous les murs de la capitale de l'ennemi. L'Empereur paraît le jour même sur les hauteurs qui environnent la ville; la cavalerie du duc d'Istrie et la garde impériale l'accueillent avec enthousiasme.

Madrid est toujours au pouvoir de l'ennemi; soixante mille hommes armés, composés en partie de la populace barbare et fanatique des campagnes, l'ont conquise sur ses propres habitants : la garnison régulière est de six mille hommes de ligne; cent pièces de canon défendent les remparts. On a barricadé les rues, les portes les maisons; les cloches de deux cents églises sont en branle, les cris d'une multitude dont le désordre égale le délire ajoutent une horreur particulière à la consternation qui frappe cette grande cité. Le duc d'Istrie envoie sommer Madrid, où s'est formée une junte militaire sous la présidence de Castellar; un général de la ligne vient y répondre, accompagné d'hommes furieux qui surveillent ses paroles et dictent son refus. L'aide de camp du duc d'Istrie, chargé de la sommation, n'a été sauvé de la fureur de la populace que par les troupes de ligne; le général Montbrun n'a dû la vie qu'à ses armes. La veille, le marquis de Paralès, faussement accusé d'avoir fait remplir de sable les cartouches, a été déchiré par le peuple, et ses membres portés dans tous les quartiers. Voilà la situation de Madrid.

L'armée française n'est plus qu'à trois lieues de cette ville : Napoléon passe le reste de la journée à la reconnaître, et à arrêter un plan d'attaque qui concilie également les intérêts de l'humanité et ceux de sa gloire. Il ne veut pas livrer l'assaut. C'est par l'impression de sa présence sur cette tourbe féroce et sur les honnêtes habitants qu'elle tyrannise, que Napoléon conçoit l'espérance de voir s'ouvrir devant lui les portes de Madrid. Le soir, à sept heures, il ordonne au général Maison de se loger dans les faubourgs, et le fait soutenir par le général Lauriston, avec quatre pièces d'artillerie de la garde. A minuit, le prince de Neufchâtel envoie un lieutenant-colonel, pris à Somo Sierra, porter une nouvelle sommation au gouverneur de Madrid, qui demande encore un délai. Mais, dans cet intervalle, le général Sénarmont, avec ses trentes pièces d'artillerie, fait une brèche aux murs du Retiro; un bataillon de voltigeurs s'y jette et chasse les quatre mille hommes qui le défendent. Tous les débouchés tombent au pouvoir de nos troupes, pendant que vingt pièces de canon de la garde trompent, d'un autre côté, l'ennemi par une fausse attaque. La prise du Retiro a rendu désormais toute résistance inutile; mais Napoléon ne perd pas de vue son grand objet, celui de ménager la ville. Indépendamment de l'horreur que lui inspire l'idée des scènes de carnage et de désolation qu'offrirait une aussi vaste cité prise d'assaut, et défendue par une population fanatisée comme l'est celle de Madrid, il ne veut pas frayer un chemin à son frère sur les ruines de sa capitale, et se contente de faire avancer quelques compagnies de voltigeurs, qu'il a soin de ne pas faire soutenir, afin d'éviter le pillage et la guerre des maisons.

A onze heures, le prince de Neufchâtel, n'ayant pas reçu de réponse du général Castellar, lui renouvelle sa sommation, et lui écrit que l'Empereur consent à suspendre l'attaque jusqu'à deux heures. Ce terme s'écoule, et cependant le drapeau blanc n'est pas arboré. Napoléon se décide encore à attendre. Enfin, à neuf heures, arrivent le général Morla et un député de la ville. Ils déclarent au major-général que la population s'obstine à vouloir résister, et demandent la journée du 4 pour l'apaiser. Le prince de Neufchâtel les présente à l'Empereur, qui, s'adressant au général Morla : « Retournez, lui dit-il, à Madrid; je vous donne jusqu'à demain « six heures du matin. Revenez alors, si vous n'avez à me parler du peuple que « pour m'apprendre qu'il s'est soumis; sinon, vous et vos troupes serez tous « passés par les armes. » L'Empereur n'avait pas plus de trente mille hommes devant Madrid.

Le lendemain, à six heures du matin, le général Morla revint apportant la soumission de Madrid. A dix heures, le général Belliard prit le commandement de la ville. Un pardon général fut proclamé. Les boutiques restèrent ouvertes jusqu'à

onze heures du soir, et la sécurité régna dans Madrid comme par enchantement. La caserne seule des gardes du corps, dernier refuge des assiégés, continuait encore à vomir la mort au milieu de la ville soumise, et ce ne fut qu'après deux heures de supplications, et à travers les plus grands périls, que le corrégidor et les alcades parvinrent à apaiser la fureur de ces hommes désespérés : effrayant caractère imprimé dès l'origine, et jusqu'au dernier moment, à cette guerre terrible! Une autre circonstance non moins remarquable, en raison de la haine que les Espagnols portaient à la royauté de Joseph, c'est le respect qui avait protégé son palais depuis sa fuite de Madrid. Les Espagnols sont idolâtres de la royauté : un palais leur semble un temple dont la violation tiendrait du sacrilége. A l'Escurial, tout était à la place et dans l'état où Joseph l'avait laissé : ce prince retrouva même le portrait de sa femme, et Napoléon le sien, dans le tableau du fameux passage du Saint-Bernard, peint par David. Il fit de sérieuses réflexions sur cette nation qui proscrivait son roi et respectait ses propriétés, mais il était trop tard.

Grâce à la présence de Napoléon, la ville de Madrid coûta moins aux assiégés que la prise de la moindre citadelle. Il donna des ordres pour la poursuite des fuyards de Burgos, de Tolède, de Somo Sierra, d'Aranjuez, qui se précipitèrent sur les routes de l'Andalousie, et fit son entrée à Madrid le 4 décembre. Quelques jours après, il adressa aux Espagnols cette proclamation :

« Espagnols,

« Vous avez été égarés par des hommes perfides ; ils vous ont engagés dans une lutte insensée... Dans peu de mois vous avez été livrés à toutes les angoisses des factions populaires. La défaite de vos armées a été l'affaire de quelques marches. Je suis entré dans Madrid : les droits de la guerre m'autorisent à donner un grand exemple et à laver dans le sang les outrages faits à moi et à ma nation : je n'ai écouté que la clémence... Je vous avais dit dans ma proclamation du 2 juin que je voulais être votre régénérateur. Aux droits qui m'ont été cédés par les princes de la dernière dynastie, vous avez voulu que j'ajoutasse le droit de conquête. Cela ne changera rien à mes dispositions. Je veux même louer ce qu'il peut y avoir de généreux dans vos efforts ; je veux reconnaître que l'on vous a caché vos vrais intérêts... Espagnols, votre destinée est entre vos mains. Rejetez le poison que les Anglais ont répandu parmi vous... Tout ce qui s'opposait à votre prospérité et à votre grandeur, je l'ai détruit ; les entraves qui pesaient sur le peuple, je les ai brisées ; une constitution libérale vous donne, au lieu d'une monarchie absolue, une monarchie tempérée. Il dépend de vous que cette constitution soit encore votre loi. « Mais si mes efforts sont inutiles, ajoutait-il en terminant, et si vous ne répondez pas à ma confiance, il ne me restera qu'à vous traiter en provinces conquises, et à placer mon frère sur un autre trône. Je mettrai alors la couronne d'Espagne sur ma tête, et je saurai la faire respecter des méchants, car Dieu m'a donné la force et la volonté nécessaires pour surmonter tous les obstacles. »

Les Espagnols parurent aussi peu touchés des menaces que des promesses de Napoléon. Mais le mot de constitution ne fut pas prononcé en vain ; et les chefs de l'insurrection se trouvèrent conduits, bientôt après, par la force des circonstances, à donner à l'Espagne une constitution plus démocratique encore que celle qui avait été adoptée à Bayonne. Le corrégidor de Madrid, à la tête de la députation de la ville, porta aux pieds du vainqueur l'expression de sentiments qui n'étaient pas dans les âmes, mais dont la manifestation était rendue nécessaire par l'occupation militaire de la capitale.

« Je regrette, répondit l'Empereur, le mal que Madrid a essuyé ; et je tiens à honneur d'avoir pu la sauver et lui épargner de plus grands maux.

« Je me suis empressé de prendre des mesures qui tranquillisent toutes les classes de citoyens, sachant combien l'incertitude est pénible pour tous les peuples et pour tous les hommes.

« J'ai conservé les ordres religieux en restreignant le nombre des moines. Il n'est pas un homme sensé qui ne jugeât qu'ils étaient trop nombreux. Du surplus des biens des couvents, j'ai pourvu aux besoins des curés, de cette classe la plus intéressante et la plus utile parmi le clergé.

« J'ai aboli ce tribunal contre lequel le siècle et l'Europe réclamaient. Les prêtres doivent guider les consciences, mais ne doivent exercer aucune juridiction extérieure et corporelle sur les citoyens.

« J'ai supprimé les droits féodaux, et chacun pourra établir des hôtelleries, des fours, des moulins, des pêcheries, et donner un libre essor à son industrie... L'égoïsme, la richesse et la prospérité d'un petit nombre d'hommes nuisent plus à votre agriculture que les chaleurs de la canicule.

« Comme il n'y a qu'un Dieu, il ne doit y avoir dans un État qu'une justice. Toutes les justices particulières avaient été usurpées et étaient contraires aux droits de la nation. Je les ai détruites.

« ... Les Bourbons ne peuvent plus régner en Europe. Les divisions dans la famille royale avaient été tramées par les Anglais. Ce n'était pas le roi Charles ni le favori que le duc de l'Infantado, instrument de l'Angleterre, comme le prouvent les papiers trouvés dans sa maison, voulait renverser du trône : c'était la prépondérance de l'Angleterre qu'on voulait établir en Espagne... La génération présente pourra varier dans ses opinions; trop de passions ont été mises en jeu, mais vos neveux me remercieront comme leur régénérateur. Ils placeront au nombre des jours mémorables ceux où j'ai paru parmi vous, et de ces jours datera la prospérité de l'Espagne. »

Malheureusement tous ces bienfaits, venus d'une main ennemie, étaient constamment repoussés par les Espagnols, et l'insurrection renaissait partout de ses cendres.

Ayant enfin appris le passage du Duero par l'armée anglaise, dont la cavalerie avait paru le 15 à Valladolid, et sa marche sur Saldagna, où se trouvait le duc de Dalmatie, l'Empereur quitta Madrid le 22 décembre, pour couper la retraite à l'ennemi. Avant de partir, il mit sous les ordres de Joseph, qu'il nomma son lieutenant général, la garnison de Madrid, les corps des ducs de Bellune et de Dantzick, et la cavalerie des généraux Lasalle, Milhaud et Latour-Maubourg. Le mouvement de l'Empereur décida tout à coup les Anglais à rebrousser chemin ; et la tourmente affreuse qui retint Napoléon et son armée, pendant deux jours, dans les défilés du Guadarrama, leur donna le temps d'échapper. Cependant le duc d'Istrie les poursuivit vivement avec neuf mille hommes de cavalerie. Le général Lefebvre-Desnouettes, à la tête de quatre cents chevaux, se porta sur Benavente, et, croyant la ville évacuée, il passa la rivière à gué; mais, attaqué par deux mille cavaliers de l'arrière-garde anglaise, son cheval fut tué, et lui-même, blessé, fut

pris au milieu du fleuve. Le 30, le duc de Dalmatie atteignit la gauche de l'ennemi et la culbuta à Maveilla.

Le quartier général de l'Empereur était à Astorga le 1er janvier 1809. Dans la route de cette ville à Villa-Franca, le général Auguste Colbert, qui avait remplacé Lefebvre-Desnouettes à l'avant-garde du duc d'Istrie, fit deux mille prisonniers. Deux jours plus tard, au combat de Pierros, où le général Merle, du corps du duc de Dalmatie, enleva les hauteurs défendues par les Anglais, le général Colbert tomba frappé d'une balle, et dit, avant de rendre le dernier soupir : « *Ma mort est digne d'un soldat de la grande armée : je vois fuir les éternels ennemis de ma patrie.* »

L'Empereur reçut à Astorga la confirmation des préparatifs hostiles de l'Autriche, et des intrigues qui s'ourdissaient à Paris. Il quitta Astorga, et laissa le duc d'Elchingen pour appuyer le duc de Dalmatie. Il porta d'abord son quartier général à Benavente, puis à Valladolid. Le 10, eut lieu le beau combat de Tarragona, où le duc de Bellune fit mettre bas les armes au corps de Venegas, qui y périt. Trois cents officiers, douze mille Espagnols prisonniers, entrèrent à Madrid, avec leur artillerie et leurs drapeaux, sous l'escorte de trois bataillons français. Le 13, le duc de Dalmatie était à Lugo, ayant ses avant-postes sur la route de la Corogne, où se précipitent les Anglais, au nombre de vingt mille, fuyant devant une armée de la même force. Une bataille fut livrée au port del Curgo; le général en chef Moore y fut tué et le général Baird dangereusement blessé. A la suite de cette victoire, la Corogne capitula. Mais une partie de l'armée anglaise avait eu le temps de s'embarquer sur ses nombreux bâtiments; elle était réduite aux deux tiers, et les armées espagnoles n'étaient plus formées que de débris sans organisation.

Si Napoléon avait pu continuer encore à conduire la guerre en personne, il aurait été permis d'en prédire la fin prochaine; car à lui seul appartenait d'entreprendre et d'opérer la destruction des Anglais et la conversion politique des Espagnols. Lui seul aussi pouvait à la fois commander plusieurs armées et en gouverner les généraux. Mais, le 17 janvier, l'Empereur reparaît tout à coup à Burgos, qu'il a quitté le matin, après avoir parcouru en cinq heures, à cheval, une distance de trente-cinq lieues. Le 23, il était à Paris. Quelques jours après, le comte de Montesquiou remplaça M. de Talleyrand en qualité de grand-chambellan. Cette disgrâce fut un événement pour la capitale, encore étonnée du retour si subit de l'Empereur. En Espagne, son absence avait tout à coup rendu le courage aux Espagnols. Quant aux Anglais, le signal de détresse fait à leur allié d'Autriche, depuis le moment où ils osèrent ouvrir leur campagne à Valladolid devant Napoléon, avait été entendu à Vienne, et ce prince s'était mis en route pour aller au-devant d'une cinquième coalition, abandonnant à Joseph, au major-général Jourdan et à ses généraux, le soin de continuer les prodiges de ses armes. Quatre cents lieues le séparaient à Madrid de ce nouvel ennemi, qu'il est obligé, non plus de vaincre, mais d'anéantir, bien moins pour assurer l'Espagne à son frère, qu'afin de l'enlever aux Anglais.

Le service que l'Autriche venait de rendre à l'Angleterre, en reprenant les armes, était immense; car, je le répète, encore un seul mois peut-être passé dans la Péninsule à la tête de ses armées, Napoléon achevait la ruine de l'influence britannique sur le continent, et domptait l'insurrection espagnole. L'engagement qui venait de lier encore une fois les cours de Londres et de Vienne remontait au commencement de la révolution française. Dès lors se cimenta entre tous les rois de l'Europe un pacte qui, gardant son invariabilité et son caractère implacable, n'avait cessé de combattre, d'abord collectivement, ensuite séparément, et toujours au nom des vieilles monarchies, ou la république ou l'empire français. Tout traité avec la France ne fut qu'une trahison qui prenait du repos; toute paix ne fut qu'une trêve, surtout quand Napoléon, sorti des rangs de l'armée, après avoir étonné le monde par ses triomphes, fit subitement de la république indivisible la base du trône qu'il élevait sur l'Europe. La mort de Louis XVI affecta beaucoup moins les rois; cette mort ne leur parut qu'un attentat qui devait rendre odieuse la révolution française. Mais l'avénement du général Bonaparte leur parut insupportable, parce qu'il plaçait réellement sur le trône cette révolution qui l'avait produit. Aussi les vieux commensaux de la monarchie virent avec horreur s'asseoir au banquet des souverains ce soldat, dont ils ne reconnurent la légitimité que comme une loi de la victoire.

La lutte continuait en Espagne. Le 27 janvier, le Ferrol s'était rendu au duc de Dalmatie, qui a trouvé dans le port onze vaisseaux de ligne, trois frégates et quinze cents pièces de canon. Le maréchal marche sur Oporto; Vigo a capitulé. Enfin, la grande ville de l'Aragon, la véritable citadelle de l'insurrection espagnole, Saragosse, est emportée, le 21 février, par le duc de Montebello, qui depuis un mois avait pris le commandement supérieur de ce siége à jamais mémorable. Depuis la bataille de Tudela, Palafox s'était retiré dans cette ville à la tête de trente mille hommes. Là se déploya de la part des assiégés tout ce que le fanatisme peut produire de plus effrayant. Les vainqueurs et les vaincus s'étonnent également de leurs efforts. Défendue par la rage et par le désespoir de soixante mille habitants et d'une armée nombreuse, Saragosse supporte vingt-huit jours de tranchée ouverte après huit mois d'attaque, et résiste encore pendant vingt-trois jours, de rue en rue, de maison en maison. Chaque habitation, chaque monastère, chaque église, devient une forteresse sacrée qu'aucune capitulation ne doit livrer. Tous les habitants, hommes, femmes, enfants, prêtres, moines, tout combat, tout périt, et les Français prennent avec stupeur possession de cette vaste enceinte de ruines fumantes et ensanglantées où fut Saragosse. Ils n'y voient debout que les potences élevées pendant le siége pour y attacher ceux qui auraient parlé de se rendre! Cette florissante et antique cité ne peut plus s'appeler que la ville des morts; plus de quarante mille personnes de tout sexe, de tout âge, immolées pour sa défense, remplissent ses portiques, ses places, ses avenues. Les cadavres achevèrent la destruction des vivants; une affreuse épidémie moissonne près de mille individus par jour. Les hôpitaux, où s'entassent quinze mille malades, ne sont que de vastes cimetières. On trouva dans la ville cent mille fusils, presque tous de fabrique anglaise, et deux cents pièces de canon. En protégeant les malheureux habitants échappés à la contagion et à ce siége meurtrier, le brave maréchal Lannes se chargea d'acquitter une dette de la victoire. Les restes de la population de Saragosse s'en souviendront toujours; et s'ils ne furent pas soumis, ils furent reconnaissants. Mais le patriotisme, cette vertu inexorable, qui ne peut jamais transiger sur les grands intérêts de l'indépendance et de l'honneur du pays, se retrempa encore au milieu des débris de Saragosse.

Partout où les troupes françaises portent leurs armes, elles sont illustrées par d'importants succès. Le 25 février, le général Gouvion Saint-Cyr, au combat de Vels, non loin de Tarragone, détruit à la baïonnette un corps espagnol après une action meurtrière, et s'empare de son artillerie. Le 27 mars, le général Sébastiani gagne la bataille de Ciudad Réal. Le lendemain, à Medelin, dans l'Estramadure, le duc de Bellune défait complétement le général Cuesta, et pousse ses avant-postes jusqu'à Badajoz. En Portugal, la fortune se montre encore plus brillante et plus favorable pour nous. La seconde expédition que commande le duc de Dalmatie, contre ce royaume sans souverain, commence par la prise de Chavès, qui renferme un riche matériel d'artillerie. Le lendemain, les Portugais succombent, malgré une longue résistance, au combat de Lanhozo. Enfin, le 29, se donne la grande bataille que l'évêque d'Oporto livre au maréchal sous les murs de cette ville. Deux lignes récemment formées, que défendent deux cents pièces de canon, sont enlevées par les Français, et vingt mille Portugais couvrent le champ de bataille. Cette victoire met entre nos mains la ville la plus opulente du Portugal après Lisbonne.

L'esprit de Napoléon anime encore les rangs français dans toute la Péninsule.

CHAPITRE XXXI

1809

Révolution en Suède. — L'Autriche déclare la guerre à la France. — Bataille d'Abensberg. Bataille d'Eckmuhl. — Prise de Vienne. — Réunion des États romains à l'Empire. — Bataille d'Essling. Mort du maréchal Lannes. — Les Français dans l'île de Lobau.

Une révolution inattendue vint tout à coup apprendre à l'Europe l'abdication du roi de Suède. Mais cette abdication présenta un tout autre caractère que celle de Charles IV et de Ferdinand VII; car les Espagnols avaient pris les armes pour défendre la légitimité de leur prince, tandis que le peuple suédois tout entier, usant du droit primitif de possesseur du sol, et de la faculté inhérente à tout corps social de redresser ses propres griefs, avait déposé Gustave-Adolphe IV.

Le plus important changement dont un État puisse être le théâtre, s'était terminé sans trouble, sans violence et sans nulle opposition. Cet événement, qui honore à jamais le caractère noble et généreux, ainsi que l'esprit éclairé et la haute civilisation des habitants de ce royaume, cet événement n'a cependant d'importance que pour les Suédois. La guerre de la Péninsule et la cinquième coalition, au milieu desquelles s'accomplit la révolution de Stockholm, absorbent l'attention de l'Europe.

Depuis quatre ans l'Autriche dévorait en silence l'humiliation du traité de Presbourg; les divisions territoriales qui en furent la suite n'avaient cessé d'entretenir en Allemagne une sourde fermentation. Le Tyrol surtout supportait impatiemment le joug de la Bavière, à laquelle il était échu. L'empereur François crut le moment favorable pour reprendre les provinces que le sort des armes lui avait enlevées. Soudain un cri de guerre rétentit sur les bords de l'Inn et au sein de la Bavière, et la lettre suivante est apportée à Munich le 9 avril :

A M. LE GÉNÉRAL EN CHEF DE L'ARMÉE FRANÇAISE EN BAVIÈRE.

« D'après une déclaration de S. M. l'empereur d'Autriche à l'empereur Napo« léon, je préviens M. le général en chef de l'armée française que j'ai ordre de
« me porter en avant avec les troupes sous mes ordres, et de traiter en ennemi
« toutes celles qui me feront résistance.
« A mon quartier général, le 9 avril 1809.
                                             « CHARLES. »

Telle est la première pièce officielle de cette rupture, qui, tout à coup, surprit la Bavière livrée à ses seules ressources.

L'armée autrichienne, forte de près de trois cent mille combattants, était ainsi placée : l'archiduc Ferdinand commande quarante mille hommes en Pologne; treize mille sont en Saxe. Sous les ordres directs de l'archiduc Charles, il y a en Bohême les cinquante mille hommes de Kolowrath et de Bellegarde; l'armée principale, de cent mille Autrichiens et Tyroliens, sous le marquis de Chasteller, occupe le Tyrol; l'archiduc Jean est en Italie, à la tête de quatre-vingt mille hommes. L'artillerie de cette armée s'élève à sept cents pièces de canon. Voici quelles étaient à la même époque la force et la position des Français : en Pologne, dix-huit mille hommes sous Poniatowski : Bernadotte, en Saxe, compte douze mille Saxons, et Gratien huit mille Hollandais; le roi Jérôme a quinze mille hommes en Westphalie. L'armée principale, que Napoléon va commander, se compose du deuxième corps de vingt-cinq mille hommes sous le maréchal Lannes et le général Oudinot, à Augsbourg; du troisième, sous le maréchal Davoust, à Ratisbonne, fort de quarante-cinq mille hommes; du quatrième, sous le maréchal Masséna, à Ulm, de trente mille hommes; du septième, de trente mille Bavarois, sous le maréchal Lefebvre, à Munich et à Landshut; du huitième, de douze mille Wurtembergeois, sous Vandamme, à Heydenheim, et de douze mille confédérés de l'Allemagne méridionale. Le vice-roi et le maréchal Macdonald ont en Italie quarante-cinq mille hommes, et Marmont quinze mille en Dalmatie. Cette armée de deux cent soixante-sept mille hommes avait cinq cent soixante pièces de canon; elle est inférieure de soixante-dix mille hommes à l'armée autrichienne; mais ce sont les soldats d'Austerlitz, d'Iéna, de Friedland, et ils ont pour les conduire des chefs dont les noms sont ceux de nos victoires.

Du 10 au 16 avril, l'armée de l'archiduc Charles marcha de l'Inn sur l'Iser; les Bavarois portèrent les premiers coups à ceux qui violaient leur territoire; Napoléon apprend à Paris, par le télégraphe, dans la soirée du 12, le passage de l'Inn par les Autrichiens : un instant après cette nouvelle, il est en voiture. Le 16, il voit le roi de Bavière à Dillingen, lui promet de le ramener dans quinze jours à Munich, et de le faire plus grand que ses ancêtres. Le 17, le quartier général se trouvait à Donawerth, d'où Napoléon adresse à son armée cette courte proclamation :

Soldats!

« Le territoire de la Confédération a été violé. Le général autrichien veut que
« nous fuyions à l'aspect de ses armes et que nous abandonnions nos alliés. J'arrive
« avec la rapidité de l'éclair. Soldats! j'étais au milieu de vous lorsque le souve-
« rain de l'Autriche vint à mon bivouac en Moravie : vous l'avez entendu implorer
« ma clémence et me jurer une amitié éternelle. Vainqueurs dans trois guerres,
« l'Autriche a dû tout à notre générosité : trois fois elle a été parjure! Nos succès
« passés nous sont un sûr garant de la victoire qui nous attend. Marchons donc,
« et qu'à notre aspect l'ennemi reconnaisse son vainqueur! »

Le lendemain, l'Empereur porta son quartier général à Ingolstadt. Dès le début de cette campagne, chaque jour amène une action et chaque action donne une victoire. Le 19, le général Oudinot, parti d'Augsbourg, disperse quatre mille Autrichiens au combat de Pfeffenhofen. Le maréchal Davoust a quitté Ratisbonne pour marcher sur Neudstadt. Il atteint l'ennemi et gagne la bataille de Thann. Le soir il fait sa jonction avec le duc de Dantzick, qui, venu d'Abensberg, s'est montré à temps avec les Bavarois qu'il commande pour compléter la défaite autrichienne. Le 20, Napoléon se dirige sur Abensberg, où il a résolu de charger de front et de détruire les soixante mille hommes de l'archiduc Louis et du général Hiller. Napoléon, fidèle à sa tactique de l'armée d'Italie, manœuvre pour couper la ligne d'opération de l'ennemi. Davoust a ordre de contenir trois divisions autrichiennes, et Masséna de leur intercepter les communications en se portant sur leurs derrières. Lannes doit attaquer avec la gauche, et Napoléon se réserve

de commander la droite, uniquement composée de Bavarois sous les ordres du prince royal, et des Wurtembergeois conduits par le général Vandamme. Ce jour-là, Napoléon se livra tout entier à la loyauté comme à la bravoure des troupes de la Confédération ; elles se montrèrent dignes du grand capitaine qui les avait choisies pour triompher avec elles. Le choc fut terrible ; les Bavarois et les Wurtembergeois avaient des injures personnelles à venger. On se battit longtemps dans une mare de sang ; jamais victoire ne parut plus hideuse aux vainqueurs. Elle leur donna huit mille prisonniers, huit drapeaux et douze pièces de canon. La journée d'Abensberg, dont tout l'honneur appartient à la valeur des alliés, prouva à l'empereur d'Autriche que son joug était brisé, rendit la Bavière à son prince, et acquit parmi les troupes de la Confédération une juste popularité au prince qui avait vaincu par leurs armes.

Le flanc de l'ennemi est à découvert. Napoléon, qui a voulu couper Landshut, marche le 21 sur cette place. La cavalerie du duc d'Istrie et les grenadiers du général Mouton forcent les Autrichiens dans la plaine, s'élancent sur le pont qui est en flammes, et s'emparent de la ville. Neuf mille prisonniers, trente pièces de canon, six cents caissons, trois mille chariots de bagages, les magasins, furent les résultats de ce combat.

L'empereur, qui a triomphé de l'archiduc Louis à Abensberg et à Landshut, va mesurer ses armes avec le plus habile général de l'Autriche, l'archiduc Charles, qu'il connaît et qu'il apprécie depuis longtemps. Le maréchal Davoust a répondu à la confiance de l'Empereur. Après l'occupation inattendue de Ratisbonne par les Autrichiens, le maréchal, voyant la plus grande partie des forces du prince Charles se porter sur lui, ne prend conseil que de la ténacité de son caractère, et par une opiniâtreté véritablement héroïque, il se prépare à cette bataille dont Napoléon va donner le nom à son intrépide lieutenant. L'armée de l'archiduc, composée de cent dix mille combattants, prend position au village d'Eckmühl ; elle est divisée en quatre corps, qui au premier signal de Napoléon, se trouvent tout à coup attaqués sur tous les points, tournés par leur gauche et mis en fuite de toutes parts. Vingt mille prisonniers, une grande quantité d'artillerie, tous les blessés de l'ennemi et quinze drapeaux, sont les trophées de la victoire d'Eckmühl ; victoire importante qui ouvre la route de Vienne, et que trois heures de combat ont décidée !

Le 23, Napoléon est devant Ratisbonne, où le général autrichien a renfermé six régiments. Huit mille hommes de cavalerie, qui couvrent les approches de la ville, sont bientôt sabrés, et forcés de repasser le Danube. L'infanterie arrive sous les murs de Ratisbonne : l'artillerie bat en brèche ; les échelles sont dressées. Le duc de Montebello y fait monter un bataillon qui ouvre une poterne, et l'armée se précipite dans la place. L'ennemi, en fuyant, n'a pas le temps de couper le pont, et les Français passent aussitôt sur la rive gauche. Les Autrichiens perdent tout ce qui a fait résistance et environ huit mille prisonniers. Ratisbonne devient en grande partie la proie des flammes ; mais elle appartient au roi de Bavière, et la haine autrichienne voit brûler avec plaisir cette ville qu'elle n'a pas su défendre. Napoléon se charge de faire reconstruire les maisons incendiées.

De Ratisbonne, où il a été blessé au talon, sans que cette circonstance l'ait retardé un moment, Napoléon dirige sur Passau Masséna, et Lannes sur Mühldorf. Le maréchal Davoust poursuit l'archiduc Charles, qui est en pleine retraite par les montagnes de la Bohême. Le maréchal Lefebvre fait évacuer Munich par l'ennemi. Le roi de Bavière reparaît dans sa capitale et retourne à Augsbourg. Pour la première fois, Napoléon a vaincu sans sa garde ; les Bavarois et les Wurtembergeois ont seuls combattu depuis la journée d'Abensberg. Avant de quitter Ratisbonne, il remercie son armée en ces termes prophétiques :

« Soldats !

« Vous avez justifié mon attente. Vous avez suppléé au nombre par votre bravoure... En peu de jours nous avons triomphé dans les trois batailles de Thann,
« d'Abensberg, d'Eckmühl, et dans les combats de Landshut et de Ratisbonne...
« L'ennemi, enivré par un cabinet parjure, paraissait ne plus conserver un sou-
« venir de vous : vous lui avez apparu plus terribles que jamais. Naguère il a tra-
« versé l'Inn et envahi le territoire de nos alliés ; naguère il se promettait de
« porter la guerre dans le sein de notre patrie : aujourd'hui, défait, épouvanté,
« il fuit en désordre. Déjà mon avant-garde a passé l'Inn ; avant un mois nous se-
« rons à Vienne. »

Napoléon tint parole à son armée. De Mühldorf, où est le quartier général, il envoie le général de Wrède châtier l'ennemi à Lauffen et à Saltzbourg. Les corps de Lannes et de Bessières se joignent à Berghausen, dont les Autrichiens ont brûlé le pont. Le 30, toute l'armée a passé la Saltza. Le 2 mai, Napoléon arrive à Ried et à Lambach; Bessières et Lannes sont à Wels. Le lendemain, Bessières et le général Oudinot font leur jonction avec Masséna, qui, le même jour, est entré à Lintz. Le général autrichien Hiller, dans la crainte d'être tourné par le maréchal Lannes, s'est porté sur la formidable position d'Ebersberg avec neuf mille hommes pour y passer le Traun. Ebersberg, qui domine le Traun, défendu, ainsi que le château, par une armée aussi forte que celle d'Hiller, verrait échouer les efforts de tout autre général que l'audacieux Masséna. Le maréchal qui suivait sa cavalerie légère avec la division Claparède, se trouve arrêtée, par un feu bien nourri, en avant du pont du Traun. A la tête des tirailleurs, le général Cohorn débusque les quatre bataillons qui occupent les maisons et les jardins. Si le pont est brûlé, Ebersberg demeure inattaquable. Cohorn se précipite en avant, poursuit l'ennemi l'épée dans les reins sur le pont de Traun, long de deux cents toises, et, malgré le feu terrible des batteries ennemies, enfonce la porte de la ville. Là commence un furieux combat, où sa brigade est obligée de croiser la baïonnette contre la foule d'ennemis qui l'entourent. Le maréchal envoie à son secours les deux autres brigades de la division Claparède, et les soutient par vingt pièces de gros calibre, en attendant que la division Legrand, à qui il expédie ordre sur ordre, se mette en ligne. Cependant Cohorn chassait tout devant lui et marchait au château. Le général Hiller, voyant qu'il n'a affaire qu'à une division, fait avancer des renforts et parvient à la rejeter au bas de la place. La division prend poste dans les maisons et y résiste aux efforts de l'ennemi. Cette lutte mémorable de sept mille hommes contre trente-cinq mille durait depuis trois heures. Enfin, le général Legrand paraît, il emporte la partie basse de la ville. Claparède s'empare du château qui foudroyait nos troupes : la porte est brisée par ses sapeurs. Maîtresses des hauteurs, les deux divisions françaises renversent la première ligne ennemie sur la seconde, où s'engage un autre combat contre quatre nouvelles colonnes autrichiennes qui se précipitent à la baïonnette. On se battit longtemps au milieu d'un affreux carnage, sur les corps des blessés et des morts, à demi dévorés par les flammes qui s'élançaient de toutes les maisons ; car l'incendie avait gagné la ville. Enfin, le général Durosnel, détaché par l'Empereur, vint, avec mille chevaux, prendre part à l'action. A la tête de cette cavalerie, Bessières poursuit le général Hiller, qui, ayant perdu huit mille cinq cents hommes, dont sept mille prisonniers, se retire rapidement vers Ens, en brûle le pont, et continue sa fuite sur Vienne.

L'Empereur suit la route de Saint-Polten, où il établit, le 8, son quartier général; il marchait entre les maréchaux Berthier et Lannes, quand le guide leur montra les ruines du château de Diernstein, qui avait servi de prison à Richard Cœur de lion. Napoléon s'arrêta, et, les yeux fixés sur ces ruines : « ...Celui-là « aussi, dit-il, avait été guerroyer dans la Palestine et la Syrie. Il avait été plus

« heureux que nous à Saint-Jean-d'Acre, mais non plus vaillant que toi, mon
« brave Lannes... Il fut vendu par un duc d'Autriche à un empereur d'Allemagne,
« qui l'enferma, et qui n'est connu que par cet acte de cruauté... Tels étaient ces
« temps barbares, qu'on a la sottise de nous peindre si beaux... Quel progrès a
« fait notre civilisation! Vous avez vu des empereurs, des rois en ma puissance
« ainsi que leurs capitales et leurs États : je n'ai exigé d'eux ni rançon ni aucun
« sacrifice d'honneur!... Et ce successeur de Léopold et de Henri, que nous tenons
« plus qu'à moitié, il ne lui sera pas fait plus de mal que la dernière fois, malgré
« son attaque assez félone. »

Le 10, à neuf heures du matin, Napoléon était aux portes de Vienne. L'archiduc Maximilien veut défendre la ville, dont les immenses faubourgs, qui renferment les deux tiers de la population, sont occupés par les troupes françaises. Le général Tharreau marche sur l'esplanade qui sépare ces faubourgs de la cité ; on le reçoit à coups de canon. Le maréchal Lannes envoie un parlementaire porter une sommation à l'archiduc; le parlementaire est assailli par la populace et blessé. Une députation des huit faubourgs de Vienne, que Napoléon vient de recevoir à Schœnbrunn, se charge d'aller remettre à l'archiduc une lettre du prince Berthier qui renouvelle la sommation ; mais le feu des remparts redouble à l'arrivée des députés, et plusieurs d'entre eux sont tués par leurs concitoyens. Alors l'Empereur ordonne de jeter un pont sur un bras du Danube ; quinze pièces de canon en proté-

gent la construction. Il fait couper la promenade du Prater. A neuf heures du soir, une batterie de vingt obusiers, construite à cent toises de la place, lance en moins de quatre heures dix-huit cents obus dans la ville, qui bientôt paraît tout en flammes. L'archiduc Maximilien essaye de reprendre le Prater ; mais, déçu dans ses espérances, redoutant de se voir couper la retraite, il donne le signal de la fuite et

repasse les ponts. Le 12, de grand matin, une députation composée de quinze personnes, en partie membres des états, se présente à Schœnbrunn, où elle est généreusement accueillie par l'Empereur. Le général Andréossy, nommé gouverneur de Vienne, reçoit la capitulation de cette ville ; et le 13, Napoléon publie l'ordre du jour suivant :

« Soldats !

« Un mois après que l'ennemi a passé l'Inn, au même jour, à la même heure,
« nous sommes entrés dans Vienne. Ses landwehrs, ses levées en masse, ses rem-
« parts créés par la rage impuissante des princes de Lorraine, n'ont point soutenu
« vos regards. Les princes de cette maison ont abandonné leur capitale, non
« comme des soldats d'honneur qui cèdent aux circonstances de la guerre, mais
« comme des parjures que poursuivent leurs propres remords. En fuyant de Vienne,
« leurs adieux à ses habitants ont été le meurtre et l'incendie. Comme Médée, ils
« ont, de leurs propres mains, égorgé leurs enfants. Soldats ! le peuple de Vienne,
« selon l'expression de la députation de ses faubourgs, délaissé, abandonné,
« sera l'objet de vos égards. J'en prends les bons habitants sous ma spéciale
« protection. Soldats ! soyez bons pour les pauvres paysans, pour ce bon peuple
« qui a tant de droits à notre estime ; ne conservons aucun orgueil de nos
« succès ; voyons-y une preuve de cette justice divine qui punit l'ingrat et le par-
« jure. »

Napoléon marqua son court séjour à Vienne par un acte solennel que lui conseillait l'abaissement de la maison d'Autriche, l'alliée dominante du Saint-Siége :
c'est de Vienne que fut daté le décret qui réunit tout à coup les États-Romains à
l'empire français. Cet événement si extraordinaire ne fit pas plus d'effet sur
l'Europe que le détrônement de Gustave n'en avait produit quelque temps auparavant ; il en fut de même de l'excommunication que le pape Pie VII lança, trois

semaines après, contre l'Empereur. Rome elle-même, indifférente à cette fulmination, n'y vit que la représaille d'une vengeance temporelle. Quant à Napoléon, la réunion de Rome à son empire lui devint plus utile que l'occupation de Vienne : cette mesure enleva subitement à la coalition son arsenal le plus redoutable, celui qui alimentait le pouvoir de l'Angleterre en Sicile, son influence en Espagne, l'esprit d'insurrection dans une partie de la Germanie, dans le Tyrol, et dans les provinces limitrophes du royaume d'Italie.

La capitale de l'Autriche en notre pouvoir n'avait pas terminé la campagne, et le Danube était lui-même une difficile conquête à faire. Napoléon a auprès de lui, à Vienne, les corps de Lannes et de Masséna, du général Oudinot, et la garde impériale. Le corps du maréchal Davoust occupe Vienne et Saint-Polten ; Bernadotte reste à Lintz, ayant une réserve à Passau ; le maréchal Lefebvre à Inspruck.

L'intention de Napoléon, comme en 1805, était de jeter un pont sur le Danube à Nussdorf, et un autre à Ebersdorf ; le maréchal Lannes fut chargé du premier, le maréchal Masséna du second. L'expédition de Nussdorf, conduite par le général Saint-Hilaire, échoua par l'imprudence du détachement, qui, chargé de s'assurer de la possession d'une île, s'aventura, et succomba presque en entier devant des forces supérieures qui l'attaquèrent tout à coup. Masséna eut plus de bonheur que le maréchal Lannes ; la division Molitor se porta sur Ebersdorf et protégea les travaux. Les quatre bras du fleuve présentaient en cet endroit une largeur de quatre cents toises ; mais ces îles, dont la principale se nomme Lobau, servirent à appuyer les ponts, dont la construction fut confiée aux généraux Bertrand et Pernetti. Le 19, l'Empereur vint à Ebersdorf, et, en voyant tous les bateaux rassemblés, il ordonna de jeter les ponts. Le 20, l'armée commença son passage. Vers le milieu du jour il n'y avait encore sur la rive gauche que cinq

divisions, dont trois d'infanterie du quatrième corps, et deux de cavalerie, celle de Lasalle et celle d'Espagne; en tout vingt-quatre mille fantassins et cinq mille cinq cents cavaliers. Une partie de l'infanterie occupe les villages d'Aspern et d'Essling; ces villages vont donner leurs noms à une terrible bataille de deux jours, sans résultats pour les deux armées. Le quartier général de l'archiduc Charles est à Ebersdorf, et celui de Napoléon à la ferme de la Tuilerie, sur le champ de bataille. Le 21, l'armée ennemie se déploie, forte de quatre-vingt-dix mille hommes. L'Empereur charge Masséna de la défense d'Aspern, et Lannes de celle d'Essling. L'ennemi brise ses masses toute la soirée contre ces villages, où combattent les plus valeureux soldats de l'Europe. Essling, Aspern, sont pris et repris cinq ou six fois. Au milieu de cette terrible action, la division de cuirassiers, conduite par Bessières, se couvre d'une gloire immortelle, mais elle perd le brave général d'Espagne et les trois colonels qui la commandent. La nuit vient mettre un terme aux sanglants combats livrés sur cet obscur théâtre, et l'incendie éclaire le résultat de cette lutte inouïe dans les annales de la guerre. C'est à cette funeste clarté que Masséna garde les ruines d'Aspern, le général autrichien Bellegarde le cimetière et l'église du même village. Accablées de lassitude, les deux armées ennemies donnent quelques heures au repos sur cet étroit champ de bataille.

L'Empereur expédie continuellement des ordres pour hâter la marche de l'armée, qu'avaient retardée plusieurs accidents survenus aux ponts par le choc des bateaux lancés sur le fleuve. Le maréchal Davoust est venu au quartier général annoncer l'arrivée prochaine de son corps et des autres troupes qui le suivent. Une partie de l'armée se trouve déjà réunie aux braves de la veille. Napoléon entend avec joie, au lever de l'aurore, retentir le signal d'une attaque générale sur Aspern et sur Essling, où l'archiduc a poussé encore une fois toute l'impétuosité de ses masses. Nos soldats résistent avec la même intrépidité que le jour précédent, et après les prodiges d'une telle défense contre des forces si supérieures, Napoléon conçoit à son tour le dessein de prendre l'offensive. Il adresse de nouveaux ordres à ses maréchaux pour enfoncer le centre de l'armée autrichienne et la rejeter sur la Bohême et sur la Hongrie. Soudain commence cette habile manœuvre connue depuis longtemps des lieutenants de Napoléon ; et déjà la violence avec laquelle se sont élancées ses troupes a formé le vide au centre de la ligne ennemie. Vainement le généralissime autrichien, le premier et le plus brave de son armée, semble multiplier au milieu des périls l'exemple du

courage et le sacrifice de sa vie ; en vain, saisissant le drapeau du régiment de Zach, emporté hors de la ligne par le mouvement rétrograde, il veut le ramener au combat : entraîné à la fin lui-même, ce prince désespère du sort de la journée. Napoléon ne le cède pas à son antagoniste : il s'expose avec la témérité d'un soldat, et tellement qu'au fort de l'action, le général Walther, commandant des grenadiers de la garde, lui dit : « *Retirez-vous, Sire, ou je vous fais enlever par mes grenadiers.* » Il était à peine huit heures du matin ; Napoléon pressait avec son ardeur ordinaire le succès de cette belle opération, quand, au lieu de voir arriver le corps du maréchal Davoust et ses parcs, il apprend que les ponts du Danube sont encore rompus!..... Il entend avec calme cette désastreuse nouvelle, qui lui arrache une victoire certaine, et tandis qu'il ordonne au maréchal Lannes de ralentir son mouvement, il envoie prendre des informations plus précises sur l'état des ponts. Le rapport qu'il reçoit ne lui permet plus de rien espérer de la rive droite. D'énormes barques chargées de pierres des moulins abandonnés à la dérive par l'ennemi, ont brisé le grand pont et entraîné les bateaux qui portaient

les pontonniers et leurs officiers. L'archiduc et son armée sont également frappés de l'affaiblissement du feu de l'armée française. L'archiduc connaît bientôt la cause qui nous arrête, et n'a pas de peine à ramener ses troupes sur le champ de bataille, où elles ne sont plus poursuivies.

D'incroyables faits d'armes signalèrent du côté des Français cette seconde partie de l'action, que leur valeur entretint encore pendant douze heures autour et au milieu des enceintes ravagées d'Essling et d'Aspern. Là le général Saint-Hilaire trouva la fin de sa carrière, et le brave maréchal Lannes, le compagnon de toutes les victoires de Napoléon, eut les deux genoux fracassés par un boulet. Napoléon l'aperçut pendant qu'on le transportait à Ebersdorf ; il courut aussitôt à lui, le serra dans ses bras en pleurant, et s'écria : « Lannes, me connais-tu? c'est ton ami, c'est

« Bonaparte ; Lannes, tu nous seras conservé. » Le maréchal ouvrit les yeux à cette voix bien connue et répondit avec peine: « Je désire vivre si je puis vous servir... ainsi que notre France... mais je crois qu'avant une heure vous aurez perdu... celui qui fut votre meilleur ami. » Napoléon était à genoux auprès du brancard, et couvrait Lannes de ses larmes. On emporta le maréchal; ses dernières paroles furent touchantes : il espérait toujours pouvoir servir la France. Il perdit connaissance le 24, et mourut le 30. Napoléon le visita tous les jours, l'entendit souvent, égaré par la fièvre, parler de combats, donner des ordres à ses officiers; l'appeler lui-même à son secours, et exhaler ainsi son âme guerrière dans un délire de gloire où, jusqu'au dernier moment, il eut le bonheur de croire qu'il combattait encore pour sa patrie. Ainsi se termina la terrible bataille d'Essling, que les Français soutinrent le 21 et le 22 dans la proportion d'un contre trois, le premier jour avec trente mille hommes, le second avec cinquante mille, et qui fut abandonnée le soir du 22 par la force d'un événement totalement étranger à l'honneur et au courage des armées. Dans cette lutte héroïque, le général Mouton, qui donna des preuves d'une rare intrépidité, obtint le titre de comte de Lobau.

Napoléon prouva bien à la fin de la journée du 22, après les cruelles émotions que la nécessité de la retraite et la mort de son plus ancien compagnon d'armes lui avaient causées, la puissance des facultés de son âme. Si son génie était fait pour commander à la victoire, son âme était trempée pour commander à la fortune. La prudence remplaça tout à coup en lui l'ardeur qui, le matin, l'avait si brusquement inspiré; mais la force ne l'abandonna pas. Il appela auprès de lui ses maréchaux pour les consulter sur la situation de l'armée : tous furent d'avis de la mettre à couvert sur la rive droite. Davoust promit d'y arrêter l'archiduc, et Masséna de conserver l'île Lobau.

« Abandonnerons-nous nos blessés? répondit Napoléon... Dirons-nous à l'Eu-
« rope que les vainqueurs sont aujourd'hui les vaincus?... Vous voulez repasser le

« Danube! il nous faudrait courir jusqu'au Rhin; car ces alliés, que la victoire et
« la fortune nous ont donnés, une apparente défaite nous les ôtera et les tournera
« même contre nous. Il faut rester ici; il faut menacer un ennemi accoutumé à

« nous craindre, et le retenir devant nous... Avant qu'il ait pris un parti, avant
« qu'il ait commencé d'agir, les ponts seront réparés de manière à braver tous les
« accidents; d'ailleurs, l'armée d'Italie va nous apporter le secours de sa force et
« de ses succès. Alors nous serons entièrement maître des opérations. » Ces paroles
généreuses et ces vues hardies enflammèrent le dévouement de ses compagnons de
gloire.

L'ordre fut donné aux troupes de se reployer à deux heures du matin. Masséna
eut le commandement de la rive gauche et des îles : « Masséna, lui dit Napoléon,
« tu vas achever ce que tu as si glorieusement commencé. Il n'y a que toi qui
« puisses imposer assez à l'archiduc pour le retenir immobile devant nous. Je viens
« de parcourir l'île Lobau, le terrain te sera favorable[1]. »

A une heure du matin, par la nuit la plus orageuse, au milieu des débris qu'entraîne le débordement du Danube, Napoléon entre avec Berthier dans une nacelle. Au lieu de chercher le repos dont il a tant besoin, il brave un danger immense pour aller consoler sur la rive droite le corps de Davoust de n'avoir pu prendre part à la bataille d'Essling. Mais, avant de partir, il a songé aux blessés, que l'on place tous dans les hôpitaux de l'île Lobau sous la garde de Masséna. Le deuxième corps et le quatrième corps étaient encore à minuit, l'un à Essling, l'autre à Aspern, et la cavalerie entre les deux villages, comme ils avaient été postés la veille. Ainsi le champ de bataille et ses deux grandes redoutes nous restèrent. La garde commença le mouvement rétrograde; elle fut suivie successivement de la cavalerie, des grena-

[1] Napoléon traça alors lui-même le plan des défenses de Lobau.

diers d'Oudinot et des deuxième et quatrième corps. Une division dut rester à Essling, une autre à Aspern, pour dérober notre retraite à l'ennemi : celui-ci avait aussi fait la sienne en reprenant les positions qu'il occupait la nuit précédente. Masséna, Davoust et Bessières ajoutèrent encore à leur renommée pendant cette première partie de la campagne. Parmi les généraux qui s'étaient le plus distingués sous leurs ordres, l'armée regrettait d'Espagne et Saint-Hilaire; quant à Lannes, sa perte était irréparable pour la France et pour Napoléon.

CHAPITRE XXXII

1809

Campagne de Pologne. — Insurrection armée dans le nord de l'Allemagne.
Campagne du Tyrol, d'Italie, de Dalmatie, de la Péninsule. — Affaires de Rome et de Naples.
Bataille de Raab, gagnée par le prince Eugène.

En 1809, la guerre embrasse le plus vaste théâtre dont il soit fait mention dans l'histoire militaire moderne; ce théâtre ne s'agrandit qu'une fois, ce fut dans la campagne de 1812. Napoléon lutte contre l'Autriche, dans les États héréditaires, en Pologne, dans le Tyrol, en Italie, en Dalmatie; contre l'Angleterre, en Belgique, en Espagne, en Portugal, et contre les deux peuples de la Péninsule; à Rome, contre les foudres du Vatican; à Paris, contre une faction domestique. Seul il est chargé de faire face à tant de périls; seul il est responsable, envers la France, des diverses chances où tant d'éléments conjurés peuvent entraîner la fortune publique et la sienne. Le tableau rapide des principaux événements de ces hostilités, toutes correspondantes et néanmoins éloignées du terrain où combat Napoléon, doit être mis sous les yeux du lecteur.

L'archiduc Ferdinand, frère de l'impératrice d'Autriche, chargé de la conduite des opérations militaires en Pologne, était entré sur le territoire du grand-duché le 15 avril, à la tête d'une excellente armée de quarante mille hommes, dont cinq mille de cavalerie, avec quatre-vingt-quatorze bouches à feu. Le roi de Saxe n'avait à lui opposer, sous les ordres du prince Joseph Poniatowski, ministre de la guerre, qu'un corps d'armée de douze mille hommes, composé de nouvelles levées. Malgré une telle infériorité, Poniatowski, en véritable patriote polonais, résolut de commencer la campagne par livrer bataille à l'archiduc. Il attendit l'ennemi à Raszyn, à quatre lieues en avant de Varsovie, où l'on en vint aux mains. Les Polonais et les Saxons eurent la gloire de soutenir pendant huit heures l'effort de nombreuses troupes d'élite; la nuit mit fin au combat; les deux armées se reployèrent avec des pertes égales : celle de l'archiduc sur Falenty, celle de Poniatowski sur Varsovie. Les Polonais étaient trop faibles pour défendre les lignes immenses tracées autour de leur capitale; cependant ils s'y placèrent fièrement, protégés par quarante-cinq pièces de canon dont on venait d'armer ces lignes à la hâte. L'archiduc parut bientôt devant Varsovie, et offrit au prince une capitulation. Poniatowski, dans l'impossibilité où il était de résister, obtint les conditions les plus honorables, entre autres la neutralité de Varsovie et l'exemption de toute contribution extraordinaire; mais sous deux jours la ville devait être et fut évacuée. Le sénat, les ministres, les conseillers d'État, les autorités, voulurent partager la fortune de l'armée nationale, qui seule pouvait s'attribuer le salut de la capitale, car, après le combat de Raszyn, la cavalerie et l'artillerie saxonnes avaient repris la route de leur pays. Poniatowski transporta les pénates militaires de la patrie sur la rive droite de la Vistule, entre les places de Bug et de Praga, au centre du royaume, en face de Varsovie. Cette résolution audacieuse étonna l'archiduc, qui croyait que Poniatowski profiterait de la convention pour se retirer vers la Saxe ou sur la basse Vistule. Ainsi les intrigues de l'Autriche, ourdies depuis un an en Pologne, se trouvèrent déjouées, et le patriotisme polonais reparut avec toute son exaltation.

Poniatowski ne tarda pas à reprendre l'offensive. Sa petite armée s'aguerrit tout à fait dans quelques attaques qui coûtèrent un millier d'hommes au général Mohr. Un corps autrichien, posté à Ostroweck, protégeait la construction d'un pont à Gora; le prince chargea le général d'artillerie Pelletier d'aller l'enlever : cette expédition fut conduite avec autant de rapidité que de valeur. L'archiduc arriva, mais trop tard; le pont était détruit. Le 14 mai, Poniatowski occupa Lublin et marcha sur Sandomir, tandis que l'archiduc prenait la route de Thorn. Ce fut après l'affaire d'Ostroweck qu'on enleva un courrier autrichien, porteur d'une lettre par laquelle *le général russe Gortzakoff félicitait l'archiduc, et lui montrait le désir et l'espoir de coopérer bientôt à ses succès*. Cette lettre passa dans les mains de Napoléon, qui la fit expédier à Saint-Pétersbourg. On se contenta de rappeler Gortzakoff.

Telles étaient les dispositions de l'allié de Napoléon envers l'Autriche, au moment où, croyant apprendre que les Russes avaient attaqué, il allait pouvoir appeler à lui le corps de Poniatowski. On se battait depuis le 17 avril ; on était à la fin de mai ; les Russes, au nombre de quinze mille hommes, au lieu de cent cinquante mille qui étaient promis, se rendaient en Galicie sous les ordres du prince Galitzin. Ils avaient défense de dépasser la Vistule. L'indécision de la Russie entre la France et l'Autriche méritait encore plus de reproches que celle de la Prusse, qui n'était pas retenue par un traité de coopération à la guerre actuelle. En Prusse, il y avait, depuis Tilsitt, deux pouvoirs bien distincts : le roi et le cabinet. Le roi voulait tenir ses engagements avec la France, sous le bon plaisir de la Russie, à qui il devait tout ; le cabinet n'en voulait tenir aucun, et alimentait la guerre en Allemagne, ne pouvant encore la faire en Prusse. Un grand lien politique, le démembrement de la Pologne, unissait secrètement et pour toujours les trois puissances copartageantes. Cette idée simple, mais forte, aurait dû suffire pour déterminer Napoléon à prononcer le rétablissement du royaume de Pologne dans son intégrité primitive. Cette juste restauration eût brisé le pacte des trois couronnes du Nord et rétabli l'équilibre continental.

La Prusse lançait ses guérillas patriotiques dans le nord de l'Allemagne, pendant que Poniatowski, livré à ses propres forces, et séparé par deux cents lieues de notre armée, sollicitait en vain, en faveur du grand-duché, l'intervention du prince Galitzin. Le nouveau royaume de Westphalie vit éclater le premier l'insurrection du *Tugendbund*. Le 3 avril, le major prussien Katt souleva les anciens militaires dans les provinces de Stendal, parcourut la vieille Marche, et osa s'approcher de Magdebourg. Poursuivi par les troupes westphaliennes, il se sauva sur le territoire prussien d'où il fut chassé, et se retira en Bohême auprès du duc de Brunswick-Oëls, généralissime de la conjuration germanique. Le duché d'Anhalt eut aussi un rassemblement armé du côté de Coëthen. En Westphalie, le chef secret de la conspiration était Doernberg, aide de camp du roi et colonel d'un régiment de sa garde ; il avait commandé auparavant un bataillon de chasseurs-carabiniers, alors en Espagne. La rébellion ayant éclaté le 22 avril dans plusieurs parties du royaume, le roi confia à Doernberg la direction des forces destinées à la réprimer. Mais Doernberg, qui se crut découvert, se mit à la tête des insurgés. Le roi n'avait que deux mille hommes ; il se livra noblement à la loyauté de ses sujets, et porta une partie de sa garnison en avant de sa capitale. Doernberg arriva avec un rassemblement d'une vingtaine de mille hommes, soldats et paysans. Mais au lieu d'entraîner la troupe fidèle qui était sous les armes, il fut accueilli à coups de canon. La cavalerie du général Wolf acheva la déroute des bandes de Doernberg. Le lendemain, une autre insurrection se présenta et fut aussi facilement dissipée. Le maréchal Kellermann envoya de Francfort des renforts qui délogèrent de Marbourg les révoltés ; de leur côté, les troupes westphaliennes reprirent Ziegenhagen, et le royaume fut totalement délivré des agitateurs par la fuite de Doernberg, qui alla chercher un asile auprès du duc de Brunswick. Le roi de Westphalie se contenta de porter plainte à Berlin contre le major Schill, directeur de l'association militaire du *Tugendbund* en Prusse, et ancien chef des partisans.

Ce major était sorti de Berlin, où il se trouvait en garnison, avec cinq cents hussards de son régiment, sous prétexte de les faire manœuvrer. Rejoint par trois cents hommes d'infanterie légère d'un bataillon qui portait son nom, il se porta sur Wittemberg, et rétablit dans plusieurs villes les autorités prussiennes. Il recruta pendant sa route, marcha sur la Westphalie, et se vit bientôt à la tête d'une petite armée, publiant partout que le roi de Prusse venait de déclarer la guerre à la France. Ce prince était resté à Kœnigsberg, mais son ministère résidait à Berlin. Aussitôt après la nouvelle de nos succès contre l'Autriche, il s'empressa de désavouer Schill. Après la bataille d'Essling, Schill reparut et tenta un coup de main sur Magdebourg. Il fut repoussé, se retira sur le bas Elbe, et alla s'établir à Domitz, vieille forteresse que lui abandonnèrent les cent invalides qui la gardaient ; il y laissa deux escadrons, et se dirigea sur Stralsund, dont il fit sommer le duc de Mecklembourg de lui ouvrir les portes. Il espérait par là, non sans raison, communiquer librement avec l'escadre anglaise de la Baltique. La trahison l'accueillit dans toute la Poméranie. Les déserteurs de Stralsund grossirent ses troupes ; il pénétra dans la ville, s'occupa aussitôt de sa défense, et mit en batterie cent pièces de gros calibre. Le corps de Schill s'élevait déjà à six mille hommes ; mais il lui fut impossible d'entrer en communication avec la flotte anglaise. Le général Gratien, à la tête d'une division hollandaise de deux mille quatre cents hommes, augmentée de mille cinq cents Danois, avait suivi sa marche. Le 31 mai, Gratien se trouvait devant Stralsund, dont il s'empara de vive force. Le combat continua dans les rues; Schill fut tué, et une partie de sa troupe passée au fil de l'épée : le reste se dispersa. Les Anglais eurent le spectacle de la prise de Stralsund : ils arrivèrent quand Gratien y entrait. Quelques heures de résistance de plus de la part de Schill, Stralsund devenait, par le secours de l'escadre anglaise, une des plus importantes places d'armes de la coalition. Pendant que Schill quittait la Saxe, le duc de Brunswick, qui avait perdu à Iéna son père et ses États, devenus province westphalienne, pénétrait dans ce royaume avec un corps prussien qu'il avait levé pour le compte de l'Autriche. Le général prussien Thielmann, fidèle alors à la cause de la France, marcha contre lui, et le força de se retirer en Bohême par Zittau.

Cependant l'archiduc Ferdinand n'était pas plus heureux en Pologne que les agitateurs de l'Allemagne, avec lesquels il tâchait de faire correspondre ses mouvements. Le jour où Poniatowski entrait à Lublin, l'archiduc se présenta devant Thorn, qu'il attaqua vivement, mais en vain, sur les deux rives de la Vistule. Il perdit beaucoup de monde, et dut se rapprocher de Varsovie. Dombrowski, dont le nom se rattache aux combats de la liberté dans son pays et à ceux de la république française, et Zayoncheck, ancien aide de camp du général en chef de l'armée d'Orient, vinrent prendre part à cette lutte patriotique. Sokolniki fit capituler la garnison autrichienne de Sandomir, qui perdit deux mille cinq cents prisonniers. Zamosz fut enlevée de vive force par le général Pelletier, qui prit deux mille hommes et soixante pièces de canon. Lemberg ouvrit ses portes. De tels triomphes enflammèrent les habitants. Poniatowski envoya alors au prince Galitzin le général Pelletier, chargé de l'inviter à marcher de concert avec les Polonais contre l'archiduc. Galitzin donna à Pelletier un ordre qui prescrivait au général Souwarow de se porter tout de suite en avant. Souwarow répondit franchement à Pelletier qu'il ne voulait pas passer pour un lâche à ses yeux, et qu'un aide de camp de Galitzin, arrivé depuis une demi-heure, lui avait dit *de regarder cet ordre comme non avenu*. Le 30, Ferdinand quitta Varsovie, et vint mettre le siége devant Sandomir, qu'il fit attaquer dans la nuit du 15 au 16 par dix mille hommes. Sokolniki défendit la place, tua quinze cents Autrichiens, mais se voyant sans munitions, menacé d'un nouvel assaut, il capitula et rejoignit Poniatowski. Le mouvement des Russes avait commencé le 4 juin seulement. La guerre de Pologne offrit dès lors un aspect singulier. Les Autrichiens abandonnèrent aux Russes les pays qu'ils ne pouvaient pas garder. La ville de Lemberg, reprise et évacuée, fut remise à Souwarow, qui eut l'air de l'avoir enlevée.

Antique possession de la maison d'Autriche, sous laquelle il avait joui pendant plusieurs siècles de tous les avantages d'un gouvernement vraiment paternel, le

Tyrol, concédé à la Bavière par le traité de Presbourg, avait le premier levé l'étendard de l'insurrection. La conspiration dans cette contrée portait l'empreinte du caractère sauvage de ses habitants. Elle se ressentit aussi du fanatisme religieux qui dominait la population ; fomentée par les moines et les prêtres, elle se montra perfide et cruelle. Les Tyroliens étaient la seule armée que la cour de Rome pouvait opposer en Allemagne à Napoléon, et le peuple entier se leva, non en haine du gouvernement doux et éclairé de la Bavière, ni pour les intérêts politiques de l'Autriche, mais uniquement contre Napoléon, que le Vatican avait excommunié. Cette crise, toute populaire, marcha sous la devise des croisades : *Dieu est avec nous*. Ses principaux acteurs furent un aubergiste et un capucin : le premier, André Hofer, espèce d'Hercule fanatique, exerça tout d'abord, par sa stature athlétique et par l'exaltation de sa piété, un grand empire sur ses compatriotes. Aux approches de la guerre, il était allé à Vienne, où on l'avait accueilli comme le libérateur futur de sa patrie. Le Vorarlberg, séparé du Tyrol par la seule vallée de l'Inn, également enlevé à l'Autriche, s'unit à la même cause. Les signaux parurent subitement allumés sur les rochers, dans les premiers jours d'avril. La Bavière, se reposant sur la fidélité de ses nouveaux sujets, n'avait dans le Tyrol que cinq bataillons disséminés à Inspruck, à Brixen, à Trente, à Kufstein, et quelques centaines de chevaux. Napoléon lui-même était si éloigné d'avoir la moindre inquiétude au sujet des Tyroliens, dont il avait oublié la complicité lors des *Pâques vénitiennes*, pendant sa première campagne d'Italie, qu'il faisait traverser leur pays par quatre mille conscrits en deux détachements. Le 8 avril, jour où l'armée autrichienne commença son mouvement, une insurrection générale éclata dans le Tyrol. Partout les Bavarois sont assaillis ; partout ils tombent les armes à la main sous les coups de leurs amis de la veille. Inspruck est forcée et prise par vingt mille paysans : cette journée coûta beaucoup de sang ; les officiers et les soldats bavarois, au nombre de quinze cents environ, succombèrent presque tous. Surpris dans une route de montagne, l'un des deux détachements français mit bas les armes, l'autre parvint par son courage à se frayer un chemin, et arriva à Trente. En quatre jours les Tyroliens ont délivré leur pays tout entier. Ils firent six mille prisonniers, dont deux mille Français. Le reste des Bavarois périt, soit pendant, soit après l'action ; car de lâches et féroces assassinats complétèrent le carnage d'Inspruck. Hofer y fit son entrée entre deux capucins. On promena la statue de la Vierge sur un char attelé de quatre chevaux blancs, et la fête du Sacré-Cœur de Jésus, qu'on retrouve dans toutes les révolutions où le fanatisme domine, fut instituée comme fête nationale. Le général autrichien Chasteller, arrivé à Inspruck le 15, envoya des troupes sur Kufstein, qui tenait toujours, et même sur Munich. La Souabe fut inondée d'insurgés tyroliens. L'insurrection, organisée par Chasteller, descendit dans les plaines de la Lombardie et donna la main à l'archiduc Jean, qui commandait l'armée opposée au prince Eugène. La Valteline se souleva également. Les bandes de tous ces montagnards avancèrent jusqu'à vingt lieues de Milan, et leurs chefs proposèrent aux Autrichiens de s'unir aux conjurés du Piémont. Les guinées des Anglais et les indulgences de Rome avaient pénétré dans toutes les régions des Alpes.

Après avoir organisé cette vaste insurrection, Chasteller alla rejoindre l'armée du prince Jean; mais ayant appris les brillants succès de Napoléon, il revint à Inspruck avec un corps de troupes. Le maréchal Lefebvre, qui commandait l'armée bavaroise, marcha sur cette ville, où il arriva après neuf jours de combats dans les défilés dont la contrée est hérissée. Vainqueurs à Abensberg, les Bavarois, généraux, officiers et soldats, qui avaient à venger le massacre de leurs compatriotes égorgés au sein de la paix, exercèrent de terribles représailles. On ne comptait de Français dans cette armée que le maréchal Lefebvre, chargé par l'Empereur de la difficile mission de pacifier le Tyrol. La nouvelle de la prise de Vienne venait d'enlever tout à coup aux révoltés leur plus ferme appui. Chasteller avait été rappelé par l'archiduc. La junte insurrectionnelle livra le pays à la clémence du roi de Bavière, et Inspruck ouvrit ses portes au maréchal. La soumission du Vorarlberg suivit de près celle du Tyrol, et ne fut pas plus sincère. Le maréchal, croyant la paix rétablie, partit pour Saltzbourg, laissant à Inspruck une division bavaroise; mais bientôt la nouvelle de la bataille d'Essling se répandit dans le Tyrol, et Inspruck se vit bloqué par une seconde insurrection.

Les troupes d'Italie aux ordres du prince Eugène composaient l'aile droite de la grande armée, dont l'aile gauche se battait en Pologne sous le prince Poniatowski. De ses bivouacs de l'Inn et du Danube, Napoléon dirigeait leurs mouvements.

Ces troupes, échelonnées d'Isonzo à la Chiusa, attendaient des renforts qui se trouvaient encore à une grande distance; sa force ne dépassait pas cinquante mille hommes; l'armée de l'archiduc Jean s'élevait à plus de quatre-vingt mille hommes, avec cent soixante-neuf pièces de canon, et avait pour auxiliaires les insurgés des Alpes, les escadres anglaises qui couvraient l'Adriatrique, les Anglo-Siliciens, et la neutralité du saint-siége. Eugène se voyait donc réduit à un système de défense dont l'Adige formait le point d'appui. Le 10 avril, la guerre qu'un parlementaire autrichien était venu dénoncer à un petit poste du vice-roi, commença à l'instant comme une invasion de barbares. Après divers engagements, l'archiduc arriva à Udine. Le vice-roi crut devoir l'attendre à Sacile, où il fut battu le 16. Eugène, qui avait eu affaire à des forces doubles des siennes, se retira lentement sur l'Adige, sans être poursuivi. Au 26 avril, son armée occupait la forte position de Caldiero. L'archiduc campait vis-à-vis de nous, soutenu par le voisinage de l'insurrection tyrolienne, dont Chasteller, déjà parvenu près de Brescia, avait réuni quinze mille hommes à son corps. La position du vice-roi devenait critique, et le découragement commençait à gagner ses troupes; mais bientôt les courriers arrivent : ce sont les triomphes de Napoléon que le canon de Vérone annonce aux deux armées : c'est la victoire d'Eckmühl, qui sauve l'Italie. Après de vaines démonstrations, pour tourner Caldiero, et un combat où les régiments italiens méritèrent d'être appelés les frères d'armes des régiments français qui combattaient avec eux, l'archiduc décida sa retraite. Le vice-roi se mit à sa poursuite, l'atteignit sur la Piave, dont il força le passage devant lui. Cette action opiniâtre coûta à l'ennemi dix mille hommes et quinze pièces de canon. Ainsi fut brillamment réparée notre défaite de Sacile, où l'archiduc rentra avec des souvenirs qui rendaient sa situation plus amère. L'arrière-garde autrichienne fut battue à Saint-Daniel et à Venzone. où elle perdit deux mille hommes. Le 18, le vice-roi fit occuper Trieste, s'empara des retranchements de Malborghetto, et enleva la position de Tarvis. Le 20, il porte son quartier général à Villach. Deux jours après, son aile droite força le camp retranché, ainsi que la ville de Laybach, de capituler, et fit quatre mille prisonniers. Le 25, le vice-roi détruisit à Saint-Michel le corps de Jellachich, qui se sauva avec deux mille hommes. L'archiduc Jean attendait, à quarante lieues de Vienne, à Gratz, les troupes de Jellachich pour arrêter le vice-roi ; mais quand il vit arriver les débris des troupes autrichiennes fuyant en désordre devant l'avant-garde d'Italie, il partit précipitamment, le 26, de Gratz, et se retira en Hongrie sur Kormond. Le lendemain, le prince Eugène opéra à Bruck, en Styrie, sa jonction avec la grande armée, après avoir laissé le général Broussier chargé d'assiéger la citadelle de Gratz.

Le général Marmont commandait en Dalmatie un corps de douze mille hommes destinés à appuyer, selon les circonstances, soit les Russes, soit les musulmans, et à fermer aux Anglais d'excellents ports militaires. L'agression de l'Autriche vint tout à coup l'isoler du théâtre de la guerre. Il était observé par les troupes de Stoichewitz, qui faisaient partie de l'armée de l'archiduc Jean : mais ayant reçu du vice-roi la nouvelle de la retraite de ce prince, Marmont commença son mouvement le 14 mai, jour du passage de l'Isonzo, et après une affaire très-vive à Mont-Kitta, où le général ennemi fut pris et lui blessé, il défit de nouveau les Autrichiens à Gospiez et à Ottoszacz, et le 3 juin à Laybach. Marmont continuait rapidement sa marche, afin d'opérer sa jonction avec la division Broussier ; mais il avait été prévenu par le général Giulay, qui, à la tête de vingt mille hommes, poussa jusqu'aux faubourgs de Gratz, et força Broussier de se replier sur la route de Vienne ; celui-ci, instruit de l'approche de Marmont, se reporta en avant, délogea l'ennemi de Kalsdorf, et osa envoyer deux bataillons pour réoccuper Gratz, en présence des dix-huit mille Autrichiens campés non loin des murailles de la ville. Ces deux bataillons appartenaient au 84e régiment, et ne formaient que treize cents hommes, commandés par le colonel Gambin. Tout à coup ils se jettent dans les maisons, où

ils reçoivent l'attaque de forces considérables. Obligés à la retraite, ces braves se rallient, percent en colonne serrée la masse autrichienne, parviennent au cimetière Saint-Léonard, s'y retranchent, et pendant dix heures soutiennent seuls, avec deux pièces de canon, le siége le plus mémorable peut-être de l'époque, contre toute l'armée de Giulay. Enfin Broussier envoya trois bataillons qui dégagèrent par un nouvel exploit leurs intrépides compagnons ; et, réunis, ils s'emparèrent des faubourgs de Grobon, après avoir enlevé quatre cents prisonniers et mis douze cents hommes hors de combat. Ce glorieux fait d'armes assura la jonction de Marmont et de Broussier. Napoléon fit graver sur l'aigle du 84° cette inscription digne des beaux temps de Sparte : *Un contre dix!* Le 1er juillet, Marmont alla avec le 11° corps rejoindre la grande armée dans l'île de Lobau.

Telle était la suite des affaires militaires, depuis la mer Baltique jusqu'à l'Adriatique, à l'époque de la bataille d'Essling, qui fut célébrée partout où la coalition exerçait quelque influence, comme une victoire décisive dont la conséquence serait la destruction de Napoléon et de l'armée française. Le comité de Paris agissait dans le même sens ; il resserrait ses liens et faisait cause commune avec les agents de l'Angleterre et de l'Autriche. Une grande expédition anglaise était prête. On attendait la nouvelle de son arrivée sur les côtes de la Belgique et de la Hollande. On attendait avec plus d'impatience encore le résultat de la première bataille qui devait sortir du repos des deux armées. D'après ces dispositions, l'Autriche recommença à fomenter de toutes parts l'insurrection. On répéta les mêmes manœuvres en Franconie. Dans le pays de Wurtemberg, l'insurrection offrit un caractère plus alarmant, en raison du voisinage du Vorarlberg et du Tyrol. Le Tyrol était excité de nouveau par l'Autriche, qui lui annonçait l'archiduc Jean, et par le général Chasteller, qu'un ordre du jour de Napoléon condamnait à la peine de mort, comme sujet français. L'armée insurrectionnelle de Hofer avait repris une offensive redoutable, et, après un violent combat livré en avant d'Inspruck, le général Deroi, entouré par toute la population des montagnes, s'était vu forcé de battre en retraite et d'évacuer cette ville. Malheureusement la marche du prince Eugène sur l'archiduc avait totalement dégarni la Lombardie. Les escadres britanniques, les Autrichiens revenus sur l'Isonzo, les montagnards du Tyrol, inquiétaient le royaume d'Italie et les départements français. Le pape semblait leur donner le signal de l'invasion par l'excommunication fulminée le 10 juin contre Napoléon. L'amiral Stuart, avec une grande flotte qui portait une armée de quinze mille Anglais et Siciliens, parut, le 12, sur les côtes de Naples. Il descendit à Procida et à Ischia, dont le château résista à ses attaques. Il tenta aussi de se rendre maître du fort de Scilla en Calabre ; mais le général Parthouneaux le força de se rembarquer et s'empara du matériel préparé pour le siége. Rebutés par le mauvais succès de leurs tentatives, les Anglais se bornèrent à faire une guerre de corruption et de menaces ; ils se placèrent aux îles de Ponza, qui sont entre Naples et Rome, espérant qu'un signal de la côte romaine ou napolitaine leur annoncerait l'insurrection de quelques provinces et leur permettrait un débarquement. En attendant, ils jetèrent dans les deux pays une bande de malfaiteurs qui portèrent la terreur et le meurtre jusqu'aux portes de Rome. Le général Miollis, gouverneur des États-Romains, se trouvait placé au milieu des plus grands périls. Rome n'est distante de la mer que de cinq lieues.

La sagesse, la vigueur du général Miollis, l'estime dont il jouissait, attachaient et contenaient les esprits, mais la ville n'était pas à l'abri d'un coup de main soutenu par un parti intérieur : aussi le roi Joachim, qui sentait toute l'importance de la conservation de cette capitale pour sauver la sienne, expédia quelques troupes de sa garde au général Miollis. Il crut également devoir renouveler, auprès de la consulta que l'Empereur avait chargée d'organiser les États-Romains, l'invitation de faire sortir Pie VII de Rome et de l'envoyer en France jusqu'à la paix. Joachim motivait cette demande sur le péril que courait le pape lui-même si la guerre s'allumait dans Rome, divisée par les factions ; il présentait en outre le saint-père, tant qu'il serait en Italie, comme un des chefs les plus dangereux de la coalition, et comme l'instrument le plus puissant dont se servait l'Angleterre pour exciter et alimenter les divisions et les complots dont Spolète venait d'être le théâtre.

Les premiers jours du mois de juin avaient été employés par Napoléon à préparer des mesures puissantes de répression contre les insurrections du Tyrol, du Vorarlberg, de l'Allemagne, contre les incursions des troupes autrichiennes dans la Saxe et dans la Franconie. L'armée du roi de Westphalie, forte de quinze mille hommes, avait expulsé les Autrichiens de Leipsick et de Dresde. Le maréchal Davoust s'empara d'Engereau sur le Danube, s'y fortifia, et porta son quartier général à Haimbourg. La ville de Neudstadt était le point de réunion des divisions de l'armée d'Italie ; mais avant de les appeler auprès de lui, Napoléon voulut qu'elles achevassent, sous le prince Eugène, ce qu'elles avaient si glorieusement commencé. L'archiduc se trouvait toujours à Kormond ; le 9 juin, le vice-roi eut ordre de se mettre en mouvement sur cette ville ; l'archiduc l'évacua et se dirigea sur Raab, qu'il atteignit le 13, après avoir été inquiété dans sa marche par les troupes d'Italie : il trouva à Raab son frère l'archiduc palatin à la tête de l'insurection hongroise. Le prince rangea son armée en bataille sur les hauteurs ; ses forces réunies formaient quarante-cinq mille hommes. Le lendemain 14 juin, Eugène présenta le combat, saisissant l'occasion de célébrer la journée de Marengo. Jamais bataille ne fut livrée par un général français sous de plus brillants auspices. L'action très-vive dura quatre heures, et coûta aux Autrichiens plus de six mille hommes. Les archiducs se retirèrent sur Kormond, où le vice-roi les poursuivit inutilement ; ils avaient passé le Danube. La victoire de Raab devint pour Napoléon le signal de la reprise des opérations qu'il avait méditées depuis la bataille d'Essling.

Tout est prêt dans l'île Lobau, qui, pendant quarante jours, devenue la place d'armes la plus formidable de l'Europe, a vu s'accomplir, grâce au génie de l'Empereur, et sous la direction du général Bertrand, des miracles de conception et d'audace pour le passage du Danube. Trois grands ponts parallèles portés par des pilotis, destinés à servir de route à une armée de cent cinquante mille hommes, à une artillerie de cinq cents pièces de canon, n'attendant qu'un signal pour s'élever au-dessus des eaux du Danube, et lier entre elles ces îles auxquelles Napoléon a décerné les nom glorieux de Lannes, de d'Espagne et de Saint-Hilaire, tués à Essling.

CHAPITRE XXXIII

1809

Passage du Danube. — Bataille de Wagram. — Armistice de Znaïm. — Expédition des Anglais sur l'Escaut. — Enlèvement du pape à Rome. — Continuation de la guerre. — Tentative de Stabs. — Paix de Vienne.

L'armée de l'archiduc Charles occupait Essling, Aspern, Enzersdorf et la rive droite du Danube, liés par des ouvrages hérissés d'une artillerie formidable.

Le 30 juin au soir, le maréchal Masséna apporta dans l'île de Lobau l'ordre de rétablir l'ancien passage qui avait servi pour la bataille d'Essling. En cinq quarts d'heure le pont se termina, sous la protection de l'artillerie. Une brigade franchit le fleuve, et enlève deux bataillons autrichiens. Le 1er juillet, l'Empereur commande de s'emparer de l'île du Moulin. Le chef de bataillon Pelet, aide de camp de Masséna, est chargé de cette expédition ; il prend six cents voltigeurs, et, sous le feu le plus terrible, il opère sa descente, tue cent Autrichiens, repousse toutes les attaques, tandis que derrière lui, en deux heures, malgré tout l'effort de l'artillerie ennemie, s'élève un pont de soixante-dix toises ; de nouvelles troupes s'y précipitent. L'île était prise, et fut aussitôt armée de plusieurs batteries.

Rien n'arrêtait plus l'exécution du plan que Napoléon avait mûri pour une affaire décisive, pendant le repos de Schœnbrunn. L'ordre est donné aux troupes qui occupent Komorn, Gratz, Lintz, de rallier la grande armée. Le 4, dans la nuit, tous ces corps étaient réunis et formaient cent cinquante mille hommes, avec quatre cents pièces de canon. La nuit du 4 au 5 fut employée au passage de toute l'armée. Le feu continuel de cent neuf pièces de gros calibre, joint aux roulements de la foudre et aux sillonnements des éclairs, annonça et montra à l'archiduc la route que Napoléon s'était réservée. Enfin le soleil se leva dans tout son éclat, et l'armée se rangea fièrement en bataille sur la rive gauche du fleuve. Les plaines de Marchfeld étaient le théâtre où le sort de l'Autriche allait se décider encore une fois. Napoléon avait employé toute cette terrible nuit à diriger lui-même, à pied, le passage de ses colonnes sur tous les ponts. Aux premiers rayons du jour il était à cheval, parlant à son armée. Les deux masses s'observèrent pendant quelque temps. A midi, Napoléon se porta en avant; bientôt l'archiduc vit tous ses ouvrages tournés, et dut évacuer Enzersdorf, qui ne tarda pas à paraître en flammes. Les villages d'Essling et d'Aspern, qui avaient coûté tant de sang à l'une et à l'autre armée, ne devaient pas être les seuls témoins d'une lutte entre les deux empires; ils furent traversés par la bataille. L'archiduc se mit en retraite sur Wagram et sur Stramersdorf; vers six heures, l'armée française était sur le Russbach, s'étendant vers Breitenlée. Nous attaquons le centre de l'archiduc. Macdonald enfonce sa ligne, mais le prince accourt avec toutes ses réserves: au milieu de la mêlée, il reçoit une blessure: les troupes autrichiennes partagent les périls et l'impétuosité de leur chef. Les divisions de Macdonald et d'Oudinot sont ramenées en deçà du Russbach; une terreur panique s'est emparée de ces braves soldats, que le nombre n'avait jamais effrayés. Enfin, ralliés autour de l'invincible garde, ils se reforment sous les regards de Napoléon, et volent reprendre leur position sur le Russbach. Bernadotte, qui devait enlever Wagram, ne fit qu'y paraître; les Saxons qu'il commandait furent chassés de ce village et se retirèrent sur Aderklaa, que peu d'heures après ils quittèrent sans ordre. Le Russbach vit terminer à onze heures du soir la journée d'Enzersdorf; une grande partie de l'armée ennemie n'avait pas encore été engagée. L'archiduc passa la nuit sur les hauteurs de Wagram.

C'est aussi Wagram qui frappe les yeux de Napoléon à son réveil, mais au moment où il va donner l'ordre d'attaquer, les Autrichiens prennent l'offensive. Quatre mille toises règnent sur le front des deux armées: Napoléon les parcourt avec la rapidité de l'éclair, et en courant il désigne de la main à ses maréchaux les hauteurs de Russbach, de Neusiedel, Baumersdorf et Wagram; pantomime éloquente que chaque chef comprend, à laquelle chaque soldat brûle d'obéir. Un vivat général répond à cet ordre muet de vaincre ou de mourir.

L'attaque commence à Aderklaa, poste important que Bernadotte n'a pas su défendre, et que l'archiduc a repris. Ce village rappelle aux combattants les scènes d'Aspern et d'Essling ; il change plusieurs fois de maître en peu d'instants, et demeure en définitive à l'archiduc, qui y lance de nombreux renforts. Bernadotte est revenu à Aderklaa avec ses Saxons ; ils fuient de nouveau, et Masséna les fait charger pour les ramener à l'ennemi. Cependant Napoléon a paru, et l'ordre

se rétablit à la gauche, que le dernier choc a ébranlée. La droite de l'archiduc entre en ligne à dix heures ; elle s'étend du Danube à Wagram ; soixante pièces la précèdent : elle prend à revers l'armée française, menace l'île de Lobau et les ponts. Napoléon marche aussi ; cent pièces d'artillerie, qui couvrent une demi-lieue de terrain en avant de son armée, vomissent la mort et brisent ces masses terribles, dont rien ne semblait pouvoir arrêter le mouvement. Notre artillerie reste engagée entre les deux armées, mais elle est bientôt soutenue par Macdonald, par la garde à pied et à cheval. Napoléon se tenait au milieu du feu, à la gauche de la division Lamarque, qui souffrait beaucoup ; ce général court à lui, et au nom du salut de l'armée le conjure de se retirer.. Tout à coup un aide de camp de Masséna arrive pour avertir l'Empereur que le corps de Klenau est derrière lui ; que Boudet, repoussé dans l'île de Lobau, a perdu ses canons. Napoléon regardait la tour de Neusiedel, et ne répondait pas ; enfin il aperçoit le feu de Davoust qui la dépasse : « *Allez*, dit-il à l'aide de camp, *courez dire à Masséna qu'il attaque, et que la bataille est gagnée.* » Macdonald, Oudinot, Davoust, reçoivent l'ordre de presser leurs attaques. Il est près de midi, le clocher de Süssenbrunn est le centre de l'archiduc. La terrible colonne de Macdonald se fait jour et perce le centre des Autrichiens. Macdonald se trouve avec quinze cents hommes seulement au delà de la ligne ennemie, les autres sont restés dans la route sanglante qu'il a frayée; il s'arrête en avant de Süssenbronn, et compte les braves qui l'ont suivi. Ces débris de huit bataillons n'en forment plus qu'un seul. Le général Lamarque a eu quatre chevaux tués sous lui et a vu tomber ses six ordonnances. Cependant l'heure de la victoire n'était pas encore arrivée; elle avait été préparée par les prodiges de valeur du corps de Davoust et de celui d'Oudinot, qui ont dispersé les troupes de Hohenzollern, après les avoir chassées des hauteurs de Russbach. Rossenberg a subi le même sort autour de Neusiedel; six généraux autrichiens furent mis hors de combat dans l'affreuse mêlée qui précéda la prise de la tour de Neusieted. Cette tour avait cédé enfin à l'opiniâtreté de Davoust; le brave général Gudin y reçut quatre blessures, à côté du maréchal. A l'extrémité de la ligne, Masséna a poursuivi, sans s'arrêter un seul moment, sa marche de flanc, malgré le feu d'une artillerie formidable et les charges réitérées de la cavalerie ennemie. Déjà le maréchal avait repris Essling et avançait sur Aspern, lorsque le canon du centre l'avertit que c'était contre l'aile droite des Autrichiens qu'il devait lancer ses colonnes.

A une heure, la face de la bataille était changée; la grande armée avait repris l'offensive. Davoust et Oudinot ont appuyé Macdonald, qui, après avoir encore enlevé le village de Gerasdorf, bivouaqua à Bronn, où la nuit vint interrompre le feu. L'aile droite achevait aussi son mouvement en combattant. Davoust s'établit à Wagram; Masséna à Léopoldau. Là succomba le premier, peut-être, de nos généraux de cavalerie, Lasalle, dans une charge pendant laquelle sa bouillante ardeur l'entraîna au milieu des carrés autrichiens : la balle d'un fantassin l'atteignit au front. Les pertes des deux armées furent à peu près égales ; cinquante mille hommes environ restèrent sur le champ de bataille, ou entrèrent aux hôpitaux ; trente pièces de canon, plusieurs drapeaux, vingt mille prisonniers, tombèrent entre nos mains. Les Français eurent à regretter les généraux Lasalle, Gauthier,

Lacour, et sept colonels ; le maréchal Bessières et vingt généraux reçurent des blessures. Napoléon embrassa Macdonald et le nomma maréchal, ainsi qu'Oudinot et Marmont ; il prononça aussi la dissolution du neuvième corps que commandait Bernadotte. L'ennemi eut trois généraux tués et dix blessés ; parmi ces derniers était l'archiduc Charles, qui, pendant toute cette journée, n'avait manqué aucune occasion de payer de sa personne, et avait été atteint pour la seconde fois au fort de la mêlée, vers le milieu de l'action. Il déploya, comme toujours, le courage d'un guerrier intrépide et les talents d'un grand capitaine ; sa retraite se fit en bon ordre.

Napoléon poursuivit l'armée ennemie, et porta son quartier général à Wolkerdorf. Bernadotte s'y présenta, mais l'Empereur ne voulut point le recevoir : il avait contre lui d'anciens et de nouveaux griefs ; Bernadotte s'était montré faible à la bataille d'Austerlitz ; à Auestaedt, il avait laissé Davoust seul aux prises avec le roi de Prusse ; le 5 juillet, il attaqua mollement Wagram et abandonna le poste important d'Aderklaa, sous prétexte qu'il se voyait trop aventuré. Dans la matinée du 6, la déroute de ses Saxons avait été un scandale pour l'armée. Après le refus qu'il venait d'éprouver au quartier général de Napoléon, Bernadotte se retira mécontent et partit pour Paris. Davoust et Marmont reçurent l'ordre de suivre l'ennemi sur Nicolsbourg, et Masséna sur Znaïm ; Napoléon, avec la garde, le corps d'Oudinot et l'armée d'Italie, occupait l'intervalle de ces deux directions. Il visita le théâtre de son triomphe, et chargea spécialement les ducs de Frioul et de Bassano du soin de faire enlever les blessés des deux armées ; on en transporta trente mille aux hôpitaux de Vienne.

Masséna, dans sa marche, enleva la ville de Kornenbourg. Il apprit des prisonniers et des habitants qu'il était sur les traces de l'archiduc. Ce prince attendait les Français sur les hauteurs de Mallebern. Le 8 au soir, Masséna reçut l'ordre de suivre en toute hâte la route de Znaïm, et Davoust celle de Wülfersdorf. Napoléon voulait prévenir la jonction des deux archiducs, qui cherchaient à opérer un mouvement combiné sur Vienne. Toujours prévoyant, il ordonne de porter l'armement de cette ville à cent bouches à feu, la garnison à six mille hommes, avec des vivres pour six mois; de rétablir le pont sur pilotis et d'élever des ouvrages pour le conserver.

Le prince Eugène, renforcé des Saxons de Bernadotte et des Wurtembergeois, fut chargé, avec une armée de cinquante mille hommes, de veiller sur l'archiduc Jean et sur Vienne. Macdonald garda le théâtre de sa gloire, le pays entre la Manche et le Danube, le Marchfeld. Après une affaire très-vive, Masséna s'empara d'Hollabrunn. L'archiduc n'était qu'à deux lieues de cette ville, à Guntersdorf, occupant la route de Znaïm : il soutint sa retraite avec des forces supérieures; mais, dans la crainte d'être à la fois prévenu à Znaïm par Marmont, poursuivi par Masséna, pris en flanc par Napoléon, il se porta vivement à Brenditz, d'où il pouvait dominer la poursuite des deux maréchaux, et il s'y arrêta jusqu'au 12.

En effet, Marmont, ayant passé la Taja, s'avançait sur Znaïm, et, le 10, il parut en face de Tesswitz. Très-étonné de trouver devant Znaïm toute l'armée autrichienne, il s'établit à Tesswitz, s'y vit bientôt attaqué, eut l'honneur d'y soutenir un combat très-chaud, pendant lequel ce bourg, pris et repris plusieurs fois, finit par nous rester. Le soir, le général Bellegarde écrivit au maréchal que le prince de Lichtenstein se rendait auprès de l'empereur Napoléon pour demander une suspension d'armes. Tandis que Marmont se battait à Tesswitz, Masséna s'emparait de vive force de Guntersdorf, et l'Empereur se dirigeait sur Znaïm; il arriva devant cette ville au moment où Masséna était engagé. Il mit bientôt en mouvement le corps de Marmont ; il pressa la marche de Davoust et d'Oudinot, afin de réunir autour de lui, avant l'arrivée du prince de Lichtenstein, les moyens de recevoir avec plus d'avantage la demande dont le négociateur autrichien était chargé. On se battait dans les faubourgs de Znaïm, quand, à sept heures du soir, au moment où Masséna ordonnait l'attaque de la ville et où l'action était le plus acharnée, arriva la nouvelle de la conclusion d'un armistice : les officiers des deux armées envoyés pour la faire connaître aux combattants n'y parvinrent qu'au péril de leur vie, et revinrent blessés rendre compte de leur mission. L'armistice était d'un mois, avec quinze jours d'avertissement ; il livrait à l'armée française plus du tiers du territoire autrichien, et huit millions d'habitants. L'empereur François ne reconnut cette trêve que le 18 juillet. Il désavoua d'abord son frère, qui avait si vaillamment combattu pour défendre la monarchie, qui la sauvait par la convention de Znaïm et lui conservait sa dernière armée.

L'Autriche avait un motif puissant pour temporiser, en contenant l'armée française par les lenteurs d'une négociation. Pendant ce temps l'Angleterre était partout : à Walcheren, sur les côtes de Hollande; à Cuxhaven, sur les rives du Weser; elle inquiétait aussi celles de l'Elbe et les côtes de la Baltique ; une de ses armées marchait sur Madrid. L'escadre anglo-sicilienne stationnait devant Naples. Les vaisseaux de la Grande-Bretagne avaient bombardé Gallipoli et tenaient la Calabre en échec. L'escadre de l'amiral Collingwood avait quitté les parages de Toulon, et menaçait les îles Ioniennes, qu'elle devait occuper. Mais le principal objet des attaques de l'Angleterre était l'Escaut, vers lequel elle dirigeait une grande expédition composée de soixante-quatorze bâtiments de guerre. Cette flotte portait cent mille hommes, parmi lesquels on comptait quarante-cinq mille soldats de débarquement. Lord Chatam, ministre et grand maître de l'artillerie, dont le nom seul était une hostilité héréditaire contre la France, commandait l'armée; sir Richard Strachan commandait la flotte. Ce n'était pas la faute de l'Autriche si l'Angleterre, en intervenant par une démonstration aussi formidable, ne la déployait pas en temps utile. Son ambassadeur Stahremberg avait inutilement pressé à Londres, dans le mois de mai, le concours de ces forces imposantes, qui appareillèrent le 29 juillet seulement, huit jours après que la nouvelle de l'armistice de Znaïm, conclue le 13, fut connue du gouvernement anglais. L'expédition de l'Escaut était donc réduite à n'être qu'un désaveu donné à la négociation autrichienne, et l'Angleterre courait gratuitement le risque d'une lutte sans alliés. Mais elle crut pouvoir porter avec succès la guerre dans les parties occidentales du territoire français, pendant que Napoléon et ses armées se reposaient sur le Danube des terribles victoires qu'ils venaient de remporter. La possession de l'Escaut importait plus à l'Angleterre que la défaite de Napoléon à Wagram. Anvers était un autre Plymouth qu'à tout prix il fallait enlever à son ennemi. l'Angleterre ne se battait point dans la vue de conquérir des concessions pour une paix future, à l'exemple des puissances continentales et de Napoléon lui-même; elle se battait afin de faire du mal à la France, sans lui laisser l'espoir des compensations. Elle ne convoitait de la Belgique qu'Anvers, pour le détruire, comme port militaire, comme ateliers de constructions. Elle se rappelait Toulon, et cherchait à obtenir une revanche éclatante de sa défaite, et surtout du chagrin de n'avoir pu consommer la ruine totale de cette ville, autrefois sauvée de ses mains par le jeune commandant de l'artillerie républicaine. Elle voulait détruire Flessingue, s'emparer de l'île Walcheren, des bouches de l'Escaut, et brûler la flotte française dans le port d'Anvers; vingt millions sterling (cinq cents millions de francs) furent dépensés pour ce coup de main, car tel est le nom resté à l'expédition.

La flotte ennemie s'empara facilement de Walcheren et de Middelbourg, malgré les efforts du brave général Osten, qui se vit contraint, avec quinze cents hommes, de se retirer devant dix-huit mille Anglais. Trois jours après le débarquement, l'armée anglaise se trouvait à quatre lieues d'Anvers, l'unique objet de l'expédition. Mais au lieu de marcher droit sur elle par le gué du canal de Berg-op-Zoom, lord Chatam alla mettre le siége devant Flessingue, dont la prise d'Anvers nécessitait la chute. Cette ville n'avait pour toute garnison que quelques dépôts de régiments. Le général Fauconnet, qui la commandait, fut puissamment secondé par le colonel Lair, à la tête des ouvriers militaires de la marine, et par le chef de bataillon du génie Bernard, depuis aide de camp de Napoléon. Les forts et les batteries furent armés; l'escadre mouilla sous la forteresse : les marins devinrent des troupes de terre. Le sénateur Rampon arriva de Saint-Omer avec des gardes nationales. Mais à Anvers on était déjà complètement en mesure contre toute attaque. En effet, lord Chatam la jugea impossible. D'ailleurs les maladies causaient chaque jour des pertes immenses à son armée. La retraite de la flotte anglaise fut décidée immédiatement, et lord Chatam laissa à Flessingue seize mille hommes que la fièvre dévora en grande partie. Ce grand échec, que venait d'éprouver l'orgueil britannique, donna aussi à l'Empereur une nouvelle confiance dans sa destinée.

On a vu plus haut que le roi Joachim, n'ayant pu obtenir de la consulta française le renvoi du pape, se réservait d'accomplir ses desseins par lui-même. En effet, vers la fin de juin, il fit demander au saint-père une réponse catégorique sur la proposition de l'Empereur. Pie VII, qui y avait déjà répondu par l'excommunication, refusa d'autres explications. Le 6 juillet, jour de la bataille de Wagram, le général Radet, commandant la gendarmerie, renouvela au pape, de la part du roi de Naples, la même demande, menaçant Sa Sainteté d'un enlèvement si elle persistait dans son refus. Pie VII répliqua que, dès le premier jour, sa résolution avait été signifiée à l'Empereur; il donna ordre de barricader son palais, et s'y renferma noblement, attendant l'événement. Le général Radet osa pénétrer jusqu'à lui, en escaladant les murailles. Il était de la dignité et du caractère du pontife romain de bien constater la violation de sa demeure et de n'opposer ensuite aucune résistance. Pie VII monta avec Radet dans une calèche, et partit comme un criminel d'État sous l'escorte de la gendarmerie. Voilà par quels moyens Joachim, de sa seule autorité, tenta de terminer la lutte entre les deux pouvoirs qui seuls alors dominaient l'Europe. Le pape gagna à cette odieuse et impolitique violence la couronne du martyre; la tiare, prisonnière, n'en devint que plus sacrée. Rome, l'impassible Rome, se rappelant sans doute les vicissitudes de son histoire, assista presque sans émotion à l'enlèvement de son souverain. Cependant toute la haute Italie se trouva à genoux sur le passage du saint-père; il arriva ainsi à Grenoble, bénissant les populations. Il eut le triomphe de la sainteté et celui de la persécution.

La péninsule ibérique était en même temps le théâtre d'une autre lutte. Le 28 juillet, le roi Joseph, à qui Napoléon, en quittant l'Espagne, n'avait pas laissé son génie militaire, faisait un malheureux essai de ses armes à Talavera de la Reyna, où le maréchal Victor attaqua sir Arthur Wellesley avec une trop faible armée, au lieu d'attendre la coopération du maréchal Soult et la jonction des maréchaux Ney et Mortier. Wellesley eut à regretter six mille hommes, le roi presque autant. Néanmoins, la victoire resta indécise, car les Français couchèrent sur le champ de bataille. A trois lieues de là, le 8 août, le maréchal Soult, avec les corps de Ney et de Mortier, franchissait le Tage au-dessus du pont de l'Arzobispo, et le 21 le général Sébastiani mettait en déroute, à Almonacid, l'armée de Venegas. Le 19 novembre suivant, le maréchal Mortier, à la tête de vingt-cinq mille hommes, détruisit, à Ocana, près d'Aranjuez, l'armée des insurgés, qui comptait cinquante mille combattants. L'occupation des défilés de la Sierra Morena n'avait fait qu'ouvrir l'Andalousie aux Français : la victoire d'Ocana décida l'invasion de cette province. Le 25, à cinq lieues de Salamanque, le général Kellermann livra le beau combat d'Alba de Tormès, battit avec quelques régiments de cavalerie une nombreuse armée espagnole et lui enleva son artillerie. Enfin, après cinq mois d'un siége mémorable, habilement conduit par le général Gouvion Saint-Cyr, Girone capitula, et se rendit le 10 décembre. On trouva dans la ville deux cents pièces de canon.

La victoire d'Ocana, qui pacifiait le midi de l'Espagne, amena cependant un fâcheux résultat. Ce succès, alors si important, arrêta malheureusement Napoléon, qui, depuis les nouvelles de Talavera, avait résolu d'aller prendre lui-même la direction de la guerre. Déjà la garde impériale était en pleine marche ; une partie venait d'arriver à Bordeaux ; la cavalerie était à Poitiers, l'infanterie et l'artillerie sur la Loire. Cent mille hommes se dirigeaient vers les Pyrénées. Indépendamment de l'influence que la présence du vainqueur de Wagram aurait exercée sur ses ennemis de la Péninsule, elle eût été toute-puissante pour réduire au silence les rivalités qui s'élevaient parmi ses généraux ; on sait combien ces divisions furent fatales. Le maréchal Soult remplaçait, comme major-général de l'armée, le maréchal Jourdan, qui avait instamment demandé et enfin obtenu de retourner en France. L'armée vit avec regret partir un de ses plus anciens et de ses plus illustres capitaines. Joseph n'avait pas sur les maréchaux cette autorité du génie, à laquelle, sous les yeux de Napoléon, ils étaient habitués à sacrifier leurs rivalités.

Pendant ce temps, les conférences d'Altenbourg continuaient sans se terminer. On négociait de part et d'autre, l'épée au côté. La France demandait cent millions de contribution de guerre, l'Autriche n'en voulait donner que la moitié. Un événement inattendu mit fin à cette discussion. On était au 13 octobre ; les troupes défilaient à Schœnbrunn devant Napoléon ; un étudiant, nommé Frédéric Stabs, âgé de dix-huit ans, fils d'un ministre protestant de Hambourg, s'avança tout d'un coup vers l'Empereur, placé entre le prince de Neufchâtel et le général Rapp, aide de camp de service, et lui adressa la parole en allemand. Napoléon accueillit ce jeune homme avec bonté, et le renvoya au général Rapp, qui parlait sa langue. Stabs, passant derrière la foule, se rapprocha encore de Napoléon. En éloignant Stabs, Rapp sentit une arme cachée ; il le fit saisir par un gendarme qui l'entraîna. On trouva sur ce jeune fanatique un grand couteau et un portrait. Ramené en présence de Napoléon, il déclara qu'il était venu pour délivrer son pays de l'oppresseur de l'Allemagne. Napoléon inclinait à le regarder comme malade ou comme fou. « Ni l'un ni l'autre ! » s'écria Stabs. Corvisart, ayant été consulté, lui tâta le pouls et répondit : « Monsieur se porte bien. — Je vous l'avais bien dit, » reprit Stabs avec une sorte de satisfaction. Napoléon, vivement frappé de l'assurance de ce malheureux, lui promit sa grâce s'il demandait pardon de son crime. Stabs avoua qu'il n'avait que le regret de n'avoir pu réussir. « Il parait qu'un crime n'est rien pour vous ? — Vous tuer n'est pas un crime, c'est un devoir. — Quel est ce portrait trouvé sur vous ? — Celui de ma meilleure amie, de la fille adoptive de mon vertueux père. — Quoi! votre cœur est ouvert à des sentiments si doux, et, en devenant un assassin, vous n'avez pas craint d'affliger, de perdre des êtres que vous

aimez? — J'ai cédé à une voix plus forte que celle de la tendresse. — Mais en me

frappant au milieu de mon armée, pouviez-vous échapper? — Je suis en effet étonné d'exister encore. — Celle que vous chérissez sera bien affligée. — Elle sera bien affligée de ce que je n'ai pas réussi ; elle vous hait autant que je vous hais moi-même. — Si je vous faisais grâce... — Je ne vous tuerais pas moins. » Stabs fut encore interrogé en prison et persista dans ses aveux. Il refusa toute nourriture depuis le jour de son arrestation jusqu'au 17, où il subit son arrêt. Arrivé au lieu de l'exécution, on lui annonça que la paix venait d'être signée, et il s'écria : « *Vive la liberté! vive l'Allemagne!* » Ce furent ses dernières paroles. Jusqu'au moment fatal, Napoléon penchait pour le pardon, et peu s'en fallut que Stabs ne conservât la vie.

Depuis le 11 octobre, de sérieuses difficultés s'étaient élevées entre les plénipotentiaires français et autrichiens, et nos corps d'armée avaient reçu l'ordre de se tenir prêts pour une nouvelle campagne. Frappé de la responsabilité qui pesait sur sa tête, le prince de Lichtenstein se sacrifia. Il accorda quatre-vingt-cinq millions de contribution au lieu de cinquante, et le 14, dans la nuit, il signa, les larmes aux yeux, le traité de Vienne.

Par ce traité conquis les armes à la main, l'Autriche dut abandonner : 1° aux souverains de la confédération du Rhin les pays de Saltzbourg et de Berchtolsgaden, et une partie de la haute Autriche; 2° à la France les pays de Goritz, Montefalcone, Trieste, la Carniole, le cercle de Villach, une grande partie de la Croatie, Fiume, le littoral hongrois, l'Istrie autrichienne, la rive droite de la Save, devenue limite entre les deux États; 3° au roi de Saxe les enclaves de la Bohême situées dans son royaume, et en sa qualité de grand-duc de Varsovie, la nouvelle Galicie, l'arrondissement de Cracovie, etc.; 4° à la Russie un territoire de quatre cent mille âmes dans l'ancienne Galicie, etc. Cette cession à la Russie du district de Tarnepol ne pouvait compenser pour elle la cession de la Galicie occidentale au grand-duché de Varsovie, qu'elle dut regarder comme la base du rétablissement prochain du royaume de Pologne. C'était menacer ou au moins inquiéter la Russie, avec laquelle Napoléon ne se trouvait pas en état de solder le compte de la conduite du prince Galitzin en Pologne. L'Autriche s'engageait aussi à reconnaître tous les changements survenus et à survenir en Espagne, en Portugal et en Italie, et elle adhérait au système continental... Voilà les principales clauses du traité de Vienne.

Le 15, Napoléon partit pour Munich, où il devait attendre la ratification encore incertaine de l'empereur d'Autriche. Des signaux furent placés sur la route, afin d'informer promptement Napoléon de ce qui arriverait. Jamais aucune paix ne ressembla autant à la guerre. Avant son départ, l'empereur avait remis le commandement au major général, en lui donnant les ordres les plus précis et les plus circonstanciés pour le cas de l'évacuation, qu'il régla de manière à préserver nos troupes de toute surprise. Par la lettre qui contenait ces dispositions, il enjoignait à Berthier de faire sauter les bastions de Vienne, et plus tard les fortifications de Brunn, Raab, Gratz; de démolir entièrement les travaux de Spitz, mais seulement après l'échange des ratifications, qui eut lieu le 19. Napoléon en reçut la nouvelle à

456 HISTOIRE DE NAPOLÉON

Munich, ainsi que la réponse de l'empereur d'Autriche à la lettre qu'il lui avait écrite après la signature du traité. Cette réponse respirait le sentiment d'une union à laquelle semblait attachée la prospérité des deux nations.

La paix était dans la lettre de François II, mais la guerre resta dans son cabinet. Napoléon quitta la capitale de la Bavière le 23, et le 26 il arriva à Fontainebleau. Tandis qu'il revenait triomphant dans ses États, Frédéric-Guillaume, après trois ans d'absence, reprenait, le 20 novembre, à Berlin, le faible trône que le traité de Tilsitt lui avait laissé.

CHAPITRE XXXIV

1810-1811

Divorce de Napoléon. — Son mariage avec Marie-Louise, archiduchesse d'Autriche.
Paix de la Suède avec la France.
Réunion de la Hollande à l'Empire. — Le prince de Ponte-Corvo appelé au trône de Suède.
Naissance du roi de Rome. — Continuation de la guerre d'Espagne.

Les années 1810 et 1811 forment l'époque la plus glorieuse du règne de Napoléon. Alors nos frontières s'étendaient des bouches de l'Elbe aux défilés de Terracine. Rome était devenue la seconde ville de l'empire. Tous les souverains de l'Europe, jadis coalisés, s'honoraient de notre alliance. L'Angleterre seule, cette rivale éternelle de la grandeur de la France, conservait des sentiments d'inimitié, mais le blocus continental, rigoureusement observé, atteignait son commerce et rendait pour elle l'avenir menaçant.

Ce temps de prospérité inouïe dans les fastes d'une nation fut marqué dans la vie de Napoléon par l'un des plus grands événements qui aient intéressé ses affections domestiques, le divorce avec Joséphine et son second mariage avec une archiduchesse d'Autriche. La tentative criminelle de Stabs avait ramené la pensée de l'Empereur sur ce qui ariverait à la France dans le cas où la mort viendrait à le frapper avant qu'il eût laissé un héritier de son sang qui pût continuer son ouvrage. Il avait toujours désiré ardemment un fils, vœu bien légitime dans le fondateur d'un si vaste empire ; mais depuis longtemps sa première épouse ne lui laissait plus d'espérance à cet égard. La raison d'État parla plus haut que les affections du cœur, et il se résolut à un divorce auquel Joséphine se soumit généreusement. Eugène Beauharnais fut chargé de lui annoncer cette fatale nouvelle en la disposant à consommer un si grand sacrifice. Napoléon avait bien choisi son interprète, et jamais de part et d'autre l'héroïsme de la reconnaissance et du dévouement ne mérita d'être plus admiré.

Le 15 décembre 1809, le prince Cambacérès, archichancelier de l'Empire, et le comte Regnault Saint-Jean-d'Angely, secrétaire de l'état civil de la maison impédiale, furent appelés dans le cabinet de l'Empereur : tous les princes et toutes les princesses de la famille de Napoléon, ainsi que le vice-roi d'Italie, faisaient partie de cette réunion. L'Empereur s'adressa à l'assemblée en ces termes :
« .... L'intérêt de mes peuples, qui a constamment guidé toutes mes actions,
« veut qu'après moi je laisse à des enfants, héritiers de mon amour pour la
« France, ce trône où la Providence m'a placé. Cependant, depuis plusieurs années
« j'ai perdu l'espérance d'avoir des enfants de mon mariage avec ma bien-aimée
« épouse l'impératrice Joséphine ; c'est ce qui me porte à sacrifier les plus douces
« affections de mon cœur, à n'écouter que le bien de l'État et à vouloir la disso-
« lution de notre mariage. Parvenu à l'âge de quarante ans, je puis concevoir
« l'espérance de vivre assez pour élever dans mon esprit et dans ma pensée les
« enfants qu'il plaira à la Providence de me donner... Ma bien-aimée épouse a
« embelli quinze ans de ma vie...., elle a été couronnée de ma main... Je veux
« qu'elle conserve le rang et le titre d'impératrice... » L'impératrice Joséphine
prit ensuite la parole : « ..... Je me plais, répondit-elle, à donner à notre auguste
« et cher époux la plus grande preuve d'attachement et de dévouement qui ait
« jamais été donnée sur la terre : je tiens tout de ses bontés : c'est sa main qui
« m'a couronnée, et, du haut de ce trône, je n'ai reçu que des témoignages d'affec-
« tion et d'amour du peuple français. Je crois reconnaître tous ces sentiments en
« consentant à la dissolution d'un mariage qui, désormais, est un obstacle au bien
« de la France, qui la prive du bonheur d'être un jour gouvernée par les descen-
« dants d'un grand homme, évidemment suscité par la Providence pour effacer les
« maux d'une terrible révolution et pour rétablir l'ordre social... » Cette dernière phrase, dans cette réponse toute politique, était sans doute la manifestation des principes sur lesquels l'Empereur voulait s'appuyer plus fortement que jamais, en contractant une alliance avec une ancienne maison régnante en Europe. L'obéissance d'une reine répudiée n'avait pas encore été mise à une aussi grande épreuve.

Aussitôt un projet de sénatus-consulte fut adressé à l'archichancelier, qui convoqua le Sénat pour le lendemain 16. Si l'épreuve avait été cruelle pour Eugène Beauharnais en présence de sa mère, dans le cabinet de l'Empereur, elle ne le fut pas moins au Sénat ; car, après que le comte Regnault eut développé les motifs du sénatus-consulte, le prince vice-roi eut le courage de prendre la parole :
« Lorsque ma mère, dit-il, fut couronnée devant toute la nation par les mains de
« son auguste époux, elle contracta l'obligation de sacrifier toutes ses affections
« aux intérêts de la France : elle a rempli avec courage et dignité ce premier des
« devoirs ; son âme a été souvent attendrie en voyant en butte à de pénibles com-
« bats le cœur d'un homme accoutumé à maîtriser la fortune et à marcher d'un
« pas ferme à l'accomplissement de ses desseins. Les larmes qu'a coûtées cette
« résolution à l'Empereur suffisent à la gloire de ma mère... »

Le divorce de Napoléon mit en émoi toutes les cours de l'Europe. Après avoir pensé à prendre pour épouse une princesse de Saxe, son choix s'arrêta sur une princesse russe. Alexandre parut flatté du désir de Napoléon ; mais il demanda du temps à cause de l'extrême jeunesse de la grande-duchesse Anne, sa sœur, à laquelle Napoléon avait pensé. L'Empereur ne crut pas que la politique, qui seule réglait sa conduite dans cette importante question, lui permît d'attendre.

Le 3 mars, le prince de Neufchâtel, chargé de demander la main de l'archiduchesse Marie-Louise, arriva à Vienne ; François II agréa avec empressement la proposition qui lui fut faite de donner sa fille à l'empereur Napoléon. Le 11, le prince de Neufchâtel épousa solennellement, au nom de son souverain, la fille de l'empereur François. Deux jours après, cette princesse quitta Vienne, accompagnée de plus de trois cents personnes, parmi lesquelles on comptait plusieurs dignitaires de l'empire d'Autriche, douze dames du palais, douze chambellans, etc. Une vaste baraque, divisée en trois salons, l'un regardant l'Autriche, l'autre la France, et celui du milieu déclaré neutre, avait été construite avec une promptitude et une magnificence extraordinaires entre Braunau et Altheim. La reine de Naples, entourée d'une suite nombreuse, avait été envoyée par Napoléon pour recevoir la princesse des mains de sa famille. La remise se fit en présence des deux cours, avec une pompe dont Napoléon lui-même avait pris le soin de dicter le cérémonial. Tout ce que renfermait la corbeille était un véritable miracle de cette industrie parisienne qui, sous le nom de modes, constitue l'empire de la domination française dans le monde entier.

Après la cérémonie, Marie-Louise partit pour Braunau, où elle prit le titre d'Impératrice des Français, et ne vit plus autour d'elle que la maison que Napoléon lui avait formée. La princesse trouva sur la route, à chaque coucher, une lettre de son époux. Le 29, elle se mit en route pour Compiègne, où résidait l'Empereur, entouré des princes de la famille impériale et de la cour la plus brillante. Napoléon s'était aussi occupé d'un cérémonial pour l'entrevue, fixée par lui au lendemain. Mais, cette fois, l'étiquette céda à son impatience, et le législateur

passa par-dessus sa propre loi. Au lieu d'attendre le jour suivant et de se rencon-

trer avec l'Impératrice *dans la tente du milieu, où la princesse devait s'incliner pour se mettre à genoux, et l'Empereur la relever, l'embrasser et s'asseoir à côté* d'*elle*, Napoléon sortit furtivement du palais, accompagné du roi de Naples, dans une simple calèche sans livrée. Vêtu de la redingote grise de Wagram, il se plaça en embuscade, à cause de la pluie, sous le porche d'une petite église, au delà de Soissons, dans le village de Courcelles ; l'Impératrice devait y relayer. Aussitôt qu'elle arriva, il monta brusquement dans la voiture, et le lendemain il fit servir le déjeuner près du lit de l'Impératrice. Ce fut ainsi que se passa *l'entrevue de Compiègne*, qu'on appela *la surprise de Courcelles*. Le 30, toute la cour se réunit à Saint-Cloud pour la célébration du mariage civil. Le mariage fut prononcé par l'archichancelier ; le soir, on donna sur le théâtre de la cour *Iphigénie en Aulide*, devant celui qui alors était le roi des rois.

Le 31, l'Empereur et l'Impératrice firent leur entrée solennelle dans la capitale, au milieu d'un concours immense de peuple. Ils reçurent la bénédiction nuptiale du grand aumônier de France, le cardinal Fesch. On déploya dans cette occasion la plus grande magnificence. On avait disposé en chapelle une salle de la galerie du Louvre, avec des tribunes pour les rois, les autres souverains et les ambassadeurs. Toute la famille impériale entourait l'Empereur et l'Impératrice dans cette brillante solennité, qui eut aussi pour témoins les membres du sacré collège : quelques cardinaux seulement voulurent soutenir les droits du sacre pontifical, s'abstinrent de paraître, et furent éloignés. Tous les corps de l'État, toutes les dignités civiles et militaires, enfin tout ce que la cour de France et les cours étrangères pouvaient offrir de plus distingué, se trouvaient réunis, au nombre de huit mille personnes, dans la grande galerie. Pendant toute la journée, la cour et la ville furent dans l'ivresse d'une fête générale. Cependant le souvenir fatal du mariage de l'archiduchesse Marie-Antoinette attristait involontairement la pensée, et quelques mois plus tard, l'incendie qui embrasa tout à coup la maison où le prince de Schwartzenberg donnait un bal à la fille de son souverain, renouvela cruellement ce souvenir. L'impératrice courut quelque danger, dont Napoléon la préserva. Une belle-sœur de l'ambassadeur périt, ainsi que quelques autres personnes. Un grand nombre reçurent des blessures graves. Les témoins du mariage de Louis XVI avaient prédit une issue funeste à la nouvelle alliance avec la maison d'Autriche; leur prophétie ne s'accomplit que trop bien.

Le 17 avril, l'Empereur et l'Impératrice partirent de Compiègne pour aller visiter le canal de Saint-Quentin, Cambrai, Anvers, Bruxelles. Le roi et la reine de Westphalie et le prince vice-roi accompagnaient Napoléon. A Anvers, l'Empereur vit lancer le plus fort vaisseau que l'on eût construit sur les bords de l'Escaut; il était de quatre-vingts canons. Le roi de Hollande vint rejoindre l'Empereur à Anvers. Napoléon parcourut les principales villes de la Belgique, de la Zélande, et l'île de Walcheren. Ce voyage était une grande reconnaissance des bouches de l'Escaut, sur lesquelles l'expédition britannique, dans la dernière campagne, avait fortement attiré l'attention de Napoléon, qui voulait en outre aller inspecter lui-même les pays cédés par le roi son frère, conformément à la convention du 16 mars, et dont la remise venait d'être faite le 27 avril. Cette cession comprenait le Brabant hollandais, la Zélande, l'île de Schoonen, une partie de la Gueldre, et limitait au cours du Vahal la France et la Hollande. Le voyage de l'Empereur devait produire encore d'autres fruits.

Des fêtes de toute nature célébrèrent dans chaque ville l'union de Napoléon et de Marie-Louise, et partout le cri de la paix se confondit avec les bénédictions des peuples. En visitant les côtes septentrionales de son empire et les derniers départements réunis, Napoléon s'applaudit des nouvelles conquêtes du blocus continental. Le 6 janvier précédent, la Suède y avait accédé, en recevant la restitution de la Poméranie pour prix de sa mission. Désormais les traités n'auront plus d'autre base, les ruptures d'autre motif, les alliances d'autre lien. Toujours occupé de ce dessein, Napoléon continua la tournée des côtes en revenant vers la capitale. Il visita Bruges, Gand, Lille, Calais, Dunkerque ; il revit Boulogne et la tour de César, et après avoir traversé Dieppe, le Havre et Rouen, il était le 1er de juin à Saint-Cloud. Partout il laissa des traces de sa sollicitude pour la prospérité des peuples. Son passage fut marqué, ici par de hautes dispositions administratives, là par des créations maritimes, par d'importantes concessions aux villes du Nord, et par de nobles récompenses à ceux qui avaient bien mérité de l'État dans toutes les carrières. Les fêtes du mariage furent consacrées dans les principales villes par l'union d'une foule de soldats qu'il dota. Déjà l'année 1810 avait été inaugurée par un décret qui ordonnait de placer sur le pont de la Concorde les statues décernées aux généraux Saint-Hilaire, d'Espagne, Lasalle, Lapisse, Cervoni, Colbert, Lacour, morts au champ d'honneur.

Par le traité du 16 mars, le roi de Hollande venait de perdre plusieurs provinces maritimes. Napoléon avait appris sur les lieux à connaître les alliés secrets nécessaires de l'Angleterre ; et par une conséquence naturelle de cette découverte, il tenait son frère pour suspect. Aussi, loin de le rassurer sur l'existence future de son royaume, le voyage de l'Empereur avait pu inspirer des alarmes sérieuses au souverain des Bataves. Dans une position qui poussait les choses à l'extrême entre les deux colosses qui se disputaient le monde sous la condition d'être ou de n'être pas, tout devenait légitime, surtout quand il ne fut plus possible de douter que la Hollande n'avait d'autres intérêts que ceux de l'ennemi mortel du grand empire. Éclairé par cette conviction, Napoléon jugea qu'il était plus avantageux à la Hollande d'être réunie à un pays de quarante millions d'habitants, que de garder une apparente indépendance, sous le joug inévitable du système continental. Le royaume de Hollande, qui se trouvait pour ainsi dire écroué entre les deux pavillons, ne pouvait commercer qu'avec celui qu'il était forcé de rejeter. Son souverain, plus attaché à ses devoirs de roi qu'à son titre de prince français, n'avait pas balancé à préférer le bien-être de ses peuples à la politique de la France ; il s'était attaché, autant qu'il était en lui, à leur rendre moins onéreuse la servitude de la loi commune. Il avait reçu à cet égard beaucoup d'avis du gouvernement français, et la réunion récente des départements des Bouches-du-Rhin et des Bouches-de-l'Escaut annonçait assez énergiquement à Louis le sort qui attendait le reste de ses États, s'il ne consentait pas à les enfermer dans le cercle tracé autour du littoral de l'Europe. Aucune considération ne permettait de relâcher ni d'interrompre la chaîne qui environnait l'Angleterre pour lui interdire l'approche du continent, et rejeter à la fois ses marchandises et ses agents : un seul anneau de moins ouvrait la porte à la destruction du système entier. Une armée de vingt mille hommes, sous le commandement du maréchal Oudinot, entra dans le royaume pour y assurer l'exécution du blocus continental. Le roi de Hollande abdiqua le 3 juillet en faveur de son fils. Napoléon rejeta cette abdication, et, le 9 juillet, un décret impérial réunit la Hollande à l'empire.

Pendant que ces choses se passaient en Hollande, un événement qui devait avoir pour l'Europe, et surtout pour la France, les conséquences les plus graves, attira faiblement d'abord, mais fixa bientôt après les regards de l'Europe sur le royaume de Suède. Le roi Charles XIII, vieux et sans enfant, avait adopté le prince Charles-Auguste de Holstein-Augustembourg, d'une branche cadette de sa maison et de celle de Danemark. Quelques mois après, à une manœuvre de cavalerie, le nouveau prince royal tomba de cheval et mourut presque subitement. Cependant la vieillesse du roi et l'intérêt de la Suède exigeaient impérieusement le choix d'un successeur. La reconnaissance de trois officiers suédois envers un général français pourvut à cette nécessité de l'État. Dans la guerre de 1807, ces trois officiers, faits prisonniers à Stralsund, reçurent du général en chef Bernadotte le meilleur traitement. Il adoucit par des services particuliers leur longue captivité ; il obtint même pour eux en France la résidence de la ville qu'ils désiraient habiter jusqu'à leur échange. Son affection les avait suivis dans leur nouveau séjour ; et, quand il leur fut permis de revoir leur pays, ils allèrent remercier le maréchal de tous les actes de bienveillance dont ils gardaient le profond souvenir. A la mort du prince d'Augustembourg, ils se le rappelèrent plus vivement que jamais, et formèrent ensemble le projet de témoigner leur gratitude à Bernadotte d'une manière éclatante, en le faisant monter sur le trône de Suède. Ces officiers tirèrent habilement parti, auprès des membres des états, de l'influence que pouvait leur donner leur position sociale : ils n'eurent pas de peine à démontrer que, dans ce siècle de guerre et de tumulte politique, le royaume, de toutes parts circonvenu par des alliés ou des voisins jaloux et puissants, avait besoin d'un prince guerrier qui sût commander le respect de sa couronne. Les libertés suédoises trouveraient d'ailleurs leur garantie dans le choix spontané d'un homme qui, sans droits et sans aïeux, appelé à l'honneur de siéger parmi les souverains, se regarderait comme invinciblement engagé envers la nation qui lui aurait confié sa destinée. Ces considérations réussirent ; elles balancèrent si fortement les opinions, déjà partagées entre trois princes de race royale, que ces officiers furent investis des pouvoirs nécessaires pour aller à Paris offrir le sceptre de la Suède au prince de Ponte-Corvo, et demander l'agrément de l'empereur Napoléon. Bernadotte accepta les offres de la Suède. La volonté unanime des états proclama, dans leur séance du 11 août, le maréchal prince de Ponte-Corvo prince royal de Suède. Le roi Charles XIII l'adopta aussitôt pour fils. Le 1er novembre, Bernadotte, qui avait embrassé la religion réformée, prêta serment en qualité de prince de la couronne de Suède. Le 15, le gouvernement suédois déclara son adhésion au système continental. On verra par la suite que les déclarations des cours du Nord, à l'exception du fidèle Danemark, n'étaient que les manifestes de la grande trêve qui couvrait les apprêts d'une guerre nouvelle.

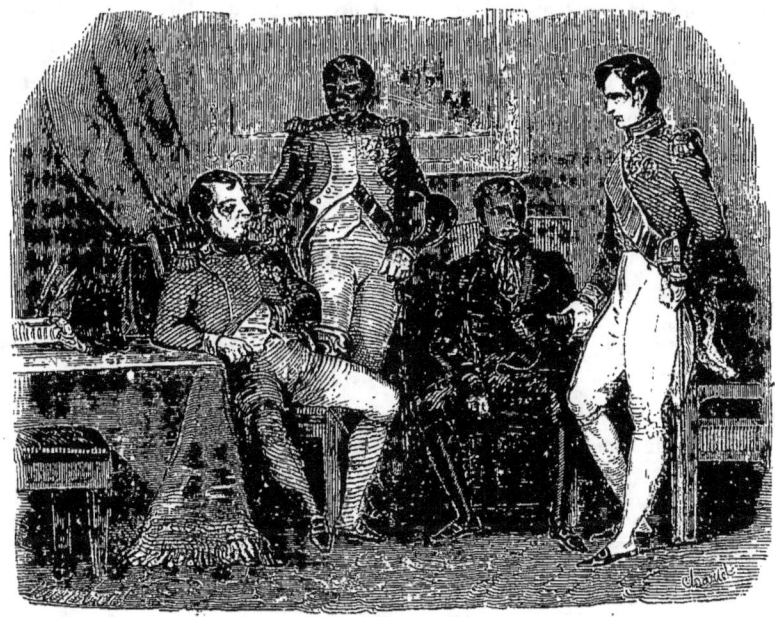

L'affaire de la Hollande n'avait pas seule occupé les conseils de Napoléon. Pendant le séjour des rois de la famille impériale à Paris, il fut question aussi, entre l'Empereur et Joachim, d'une expédition en Sicile que devait soutenir une forte escadre de Toulon. La Sicile était pour les Anglais une immense place d'armes, un vaste port militaire et commercial. De là ils menaçaient, tenaient en échec le blocus continental de la Méditerranée, et l'attaquaient par une contrebande active, où leur politique consentait à sacrifier la moitié de la valeur de leurs produits industriels. Pour combattre cette fraude, Napoléon rendit, le 17 août, un décret qui ordonnait le brûlement de toutes les marchandises anglaises dans la France et dans les États confédérés, et attacha à ces douanes des cours prévôtales dont les jugements n'étaient pas susceptibles du recours en cassation. Par ces terribles moyens, l'importation devenait une opération à peu près impraticable. Cependant il était impossible de se passer d'objets de première nécessité, non manufacturés, tels que les productions naturelles aux colonies. Le dangereux système des licences pourvut aux besoins publics, mais non sans les plus grands abus, et les produits des fabriques françaises furent livrés aux Anglais en échange des denrées brutes provenant des possessions des deux Indes.

Conformément aux intentions de l'Empereur, une nouvelle campagne en Portugal s'était ouverte au mois de mai 1810, au moment où commencèrent les préparatifs de l'expédition de Sicile. Le maréchal Masséna commandait cette expédition ; il arriva le 2 à Valladolid, ayant sous ses ordres le maréchal Ney, le duc d'Abrantès et le général Reynier ; la cavalerie obéissait au général Montbrun. Masséna débuta par trois siéges importants : celui d'Astorga, qui, le 6 mai, se rendit au duc d'Abrantès ; celui de Ciudad Rodrigo, qui capitula le 10 juillet entre les mains du maréchal Ney, et enfin celui d'Almeida, qui se soumit aussi le 28 août. Les deux clefs du Portugal, sur la frontière de la province de Salamanque étant au pouvoir de l'armée du prince d'Essling, il s'avança sur Busaco le 15 septembre, marchant sur Lisbonne, dont il avait ordre de s'emparer. Mais l'Empereur lui avait enjoint de ne commencer ses opérations que quand il aurait réuni soixante mille hommes. Il était naturel à un homme comme Masséna de ne pas prendre conseil de cette circonspection, et de se précipiter sur la route de Lisbonne avec la confiance de ses anciens et de ses nouveaux succès. On doit regretter qu'il ait cédé si facilement à cet entraînement ; au lieu de tourner l'ennemi, qui avait fait de Busaco une position formidable, il l'attaqua de front et fut battu, laissant sur le champ de bataille trois mille morts, et abandonnant à Coimbre autant de blessés. Cependant Wellington, pour couvrir Lisbonne, se retirait lentement devant les Français vers les lignes de Torrès Vedras. La lenteur de cette retraite fut moins attribuée à l'attitude que la supériorité numérique de son armée devait lui donner devant celle du maréchal, qu'à une affreuse combinaison résultant des ordres de la régence de Lisbonne. Effrayée de la reddition si prompte des places fortes de Ciudad Rodrigo et d'Almeida, la régence avait arrêté l'exécution d'un plan de dévastation générale de toute la fertile province de la Beyra, c'est-à-dire d'une étendue de pays de plus de huit cents lieues carrées, et d'en refouler toute la population sur Lisbonne. Les milices portugaises, qui figuraient pour quatre-vingt mille hommes dans l'armée de Wellington, pendaient et fusillaient impitoyablement ceux qui se refusaient à incendier leurs récoltes, leurs champs, leurs habitations. A Coimbre, ville de vingt-cinq mille habitants, l'armée française ne trouva que quelques vieillards, qui durent à leur faiblesse la permission de mourir au sein de leurs foyers. Elle avait laissé ses blessés dans les hôpitaux de cette ville, ils furent massacrés par des Portugais. Le drapeau anglais protégeait toutes ces barbaries.

Le prince d'Essling voulut en vain poursuivre sa marche sur Lisbonne; il trouva dans les lignes de Torrès Vedras, tracées par Wellington en avant de la capitale, une triple enceinte de défense, inexpugnable pour une armée aussi faible que la sienne. Le but de cette troisième campagne une fois manqué, Masséna dut songer à la retraite. Elle fut protégée par le maréchal Ney, qui exécuta à Miranda d'admirables manœuvres. Le général en chef n'avait plus qu'un objet, celui de ravitailler Almeida, qui venait d'être investie par soixante-dix mille Anglo-Portugais; mais Masséna, qui avait paru avec trente-trois mille hommes devant Torrès Vedras, n'en comptait plus que vingt-trois mille devant Almeida. Aussi, ne pouvant réussir à secourir cette ville, il envoya au général Brennier, qui y commandait, l'ordre d'en faire sauter les fortifications. Cet ordre reçut son accomplissement dans la nuit du 9 au 10 mai 1811. Sur dix-huit cents hommes qui composaient la garnison d'Almeida, la moitié rejoignit l'armée. Les armes de Masséna furent moins heureuses en Portugal que dans toutes les autres contrées de l'Europe, où il avait mérité le nom d'*invincible*.

En Espagne, la guerre fut heureuse pour la France, si une semblable guerre pouvait l'être. La victoire d'Ocana, remportée le 19 novembre précédent, avait ouvert l'Andalousie à nos armes. L'armée du roi Joseph, commandée par le maréchal Soult, prit le nom de sa conquête. Dans une marche rapide et triomphante, elle occupa Baylen, et successivement Jaën, l'antique Cordoue, Carmona. Le 7 janvier, le général Sébastiani dispersa l'armée espagnole sous les murs de Grenade, et le lendemain il entra dans cette place. Le 9, il était maître de Malaga. Le 1er février, Séville, résidence de la junte suprême, se rendit au maréchal Soult. La junte se réfugia à l'île de Léon, et ensuite à Cadix. Le maréchal Victor eut l'ordre d'assiéger ou plutôt de bloquer avec le premier corps les avenues de cette ville, défendues par plus de vingt mille hommes du côté de la terre, et sur mer par vingt-cinq vaisseaux de ligne. Le 26, une action brillante illustra le nom français dans la rade de Cadix : six cents prisonniers de la capitulation de Baylen, presque tous officiers, détenus sur les pontons, aperçoivent de loin flotter sur le rivage le drapeau tricolore ; soudain ils s'emparent d'un mauvais navire sans agrès, traversent audacieusement les escadres anglaise et espagnole sous le feu des chaloupes canonnières et des batteries, et vont aborder la plage, où l'armée du maréchal Victor les reçoit avec transport. Au nord de l'Espagne, la guerre était ralentie par les places fortes qui tenaient dans la Catalogne et dans le royaume de Valence. La prise d'Hostalrich avait entraîné celle de Girone ; mais le château de la première de ces deux villes ne fut évacué que le 12 mai, et sa garnison périt dans la fuite. Le 14 mai, le maréchal Suchet ouvrait la tranchée devant Lérida ; dix-sept jours après, cette place capitula. Le 8 juin, Mequinenza tomba aussi au pouvoir des Français.

En France, cependant, un événement auquel est attaché le sort de la nouvelle dynastie occupe Napoléon tout entier ; bientôt il sera père, et l'ambitieuse espérance, qui enflamme et soutient toujours les hommes de sa trempe, lui promet un fils. Le 20 mars 1811, le moment décisif arrive, mais la délivrance de Marie-Louise rencontre des obstacles imprévus. Ses jours ainsi que ceux de son enfant sont également en péril : ils dépendent d'une opération pénible et incertaine. Le chirurgien Dubois vient consulter Napoléon. « *Ne pensez qu'à la mère*, répondit-il, « *et traitez l'Impératrice comme une bourgeoise de la rue Saint-Denis.* » Alors il se rend au lit de Marie-Louise, l'exhorte, l'encourage. Après vingt-six minutes d'un travail douloureux, l'enfant est mis au monde par le secours des fers ; mais pendant sept autres minutes, il ne donne aucun signe de vie. Enfin, à force de soins, l'enfant respire, il vit. Transporté, hors de lui-même, l'Empereur se précipite à la porte du salon où la France et l'Europe semblent attendre leurs destinées ; il ouvre, il s'écrie : *C'est un roi de Rome*.

Cent un coups de canon annoncèrent à la capitale la naissance de Napoléon II;

l'ivresse fut générale. A l'Hôtel de Ville, M. Bellart et les membres du conseil, qui proclamèrent quatre ans plus tard la déchéance de Napoléon, votèrent dix

mille francs de rente au premier page qui vint leur apporter la nouvelle impatiemment attendue. Ce fut la dernière fois qu'un même sentiment de bonheur unit la France et Napoléon. La nature sembla n'avoir produit qu'à regret cet enfant sur lequel se confondaient tous les vœux ; il avait fallu le lui arracher : aussi, en contemplant, après une si grande anxiété, le berceau qui venait de recevoir son fils, Napoléon dut s'applaudir de ce que sa fortune triomphait de la nature elle-même [1].

L'année 1811 continue d'une manière brillante pour les armes françaises. Elle présente une série de succès presque sans interruption entre le maréchal Soult et le général Suchet. Après dix jours de tranchée ouverte, foudroyée par quarante-trois bouches à feu, Tortose se rendit le 2 janvier au général. Le 22 du même mois, Soult, après avoir battu les généraux Mendizabal et Ballesteros, forçait l'importante ville d'Olivenza à capituler ; le 19 février, il cueillait de nouveaux lauriers sur la Gebora, où l'ennemi perdit plus de cinq mille hommes ; cette bataille ouvrit au maréchal, le 11 mars, les portes de Badajoz, capitale de l'Estramadure. Quelques semaines ont suffi à Soult et à ses vingt mille hommes pour détruire deux armées espagnoles, faire vingt-deux mille prisonniers et prendre deux places fortes, Olivenza et Badajoz. Cependant, deux mois après, cette dernière ville est investie par le général Beresford, à la tête de vingt-cinq mille Anglais soutenue par une armée espagnole. Soult réunit des forces pour secourir Badajoz : Beresford lève le siège et se porte en avant de cette ville, sur les bords de l'Albuera, avec les troupes anglaises, portugaises et espagnoles. La rencontre fut opiniâtre autant que meurtrière ; les alliés la célébrèrent comme un triomphe, quoiqu'ils eussent à regretter dix mille hommes et leurs positions. Le maréchal Soult put donner avec plus de raison le nom de victoire à une bataille qui l'avait conduit au but qu'il s'était proposé, c'est-à-dire de dégager Badajoz et de faire entrer des secours dans la place. Après avoir assuré la défense de Badajoz, le maréchal Soult revint à Séville. Mais vers les premiers jours de juin, Wellington, ayant opéré sa jonction avec Beresford, reprit le siège de Badajoz et ouvrit la tranchée. La ville soutint et repoussa deux assauts ; elle devait encore être délivrée. Les maréchaux Soult et Marmont se réunirent à Mérida. L'armée combinée ennemie jugea prudent de ne pas les attendre ; elle repassa la Guadiana. Le maréchal Soult chercha vainement à l'engager ; fidèle à ses habitudes de retraite, Wellington reprit de nouveau ses lignes, et rentra en Portugal. Il en fut de même du blocus de Ciudad Rodrigo : dans le mois de septembre, Wellington se vit contraint de l'abandonner devant le maréchal Marmont et le général Dorsenne. Après deux affaires où l'avantage fut de notre côté, nous parvînmes à débloquer et à ravitailler Ciudad Rodrigo. La prise de Murcie termina la campagne du maréchal Soult en 1811.

---

[1] Le baptême du roi de Rome fut célébré le 11 juin 1811, avec toute la pompe souveraine, en présence de cent évêques, de vingt cardinaux et des députés de toutes les contrées de l'empire.

De son côté, le général Suchet continuait le cours des plus brillants faits d'armes. A la fin d'avril, il marcha sur la forte ville de Tarragone; il l'investit le 4 mai, l'attaque le 16 juin; et le 28, après cinq assauts dont le premier avait eu lieu le 21, son armée se précipite dans la place avec la fureur d'un triomphe chèrement acheté. Cinq mille hommes sont passés au fil de l'épée, dix mille sont pris; Tarragone est livrée au pillage. Ce fut dans ses remparts sanglants que l'intrépide général Suchet trouva son bâton de maréchal. Le 29 octobre, la bataille de Sagonte ou de Murviedro, qu'il gagna complétement sur les généraux Blake et O'Donnel, lui livra la ville de Sagonte, dont la position, fortifiée par la nature, par les Romains, par les Maures, et par des constructions récentes, le rendit maître des routes de Valence, de Barcelone, de Saragosse, et assura son établissement dans le midi de la Péninsule. Le 26 novembre, attaché aux traces du général Blake, qui voulait lui fermer le chemin de Valence, il le força d'abandonner son camp retranché derrière le Guadalaviar, et le rejeta dans la place. Un mois après le 26 décembre, Suchet franchissait le Guadalaviar; et, au bout de quinze jours, la grande ville de Valence, devenue le dépôt général de toutes les forces et de tous les approvisionnements des insurgés, se rendait au nouveau maréchal, avec une garnison de dix-huit mille hommes, que commandaient dix généraux, neuf cents officiers, et que défendaient quatre cents pièces de canon. Le titre de duc d'Albuféra conquis sous les murs de Valence, le grade de maréchal gagné à Tarragone, récompensèrent dignement la plus belle année de sa vie militaire. L'armée, qui lui était dévouée, puisqu'il exécuta avec elle de si grandes choses, trouva dans ces hautes distinctions données à un chef aimé et respecté de tous, un nouveau prix de ses nobles travaux.

Tel est le tableau de la guerre de la Péninsule pendant l'année 1811; cette guerre continua la gloire et prouva la supériorité de nos armes. Mais, par une fatalité attachée aux entreprises contre le droit le plus sacré des peuples, les Espagnols se retrempaient au sein de leurs revers, et semblaient sortir victorieux des combats qu'ils avaient perdus. Le temps n'était pas éloigné où, n'ayant plus que Cadix et l'île de Léon, ils s'applaudiraient de ne pouvoir désormais être renfermés dans des murailles, et d'avoir pour forteresses, pour campements, pour champs de bataille, les montagnes, les forêts, les déserts de leur patrie. Toute la terre espagnole conspirait et se levait comme un seul homme, alors que Napoléon, maître de toutes ses villes, la croyait vaincue, asservie. Jamais le fanatisme de la nationalité n'avait agi plus puissamment sur un peuple. Il se battait pour les rois qui l'avaient livré, pour les moines qui le tenaient abruti. C'est à cette stupide indépendance qu'il s'offrait chaque jour en sacrifice. L'Angleterre s'empara habilement de cet élément barbare. Saisie d'une inspiration gigantesque, elle se mit à la tête de la combinaison qui allait placer le colosse guerrier de la France entre ce peuple superstitieux du Midi et ce peuple serf du

Nord, qui, également défendu par la nature, également courbé sous un double fanatisme, lui présentait dans la Russie l'alliée naturelle de l'Espagne. La nécessité suggéra cette audacieuse conception à la Grande-Bretagne; en effet, elle voyait chaque jour le blocus continental triompher de son blocus maritime. Deux ans encore de cette loi inflexible, et la Grande-Bretagne est aux pieds de sa rivale : il n'y a plus à balancer. Le Tage est armé, il faut armer la Néva; il faut que le géant qui tant de fois a vaincu les Russes et les Espagnols périsse sous leurs armes combinées. La politique de Londres va réunir contre l'ennemi commun deux nations que sépare toute la civilisation de l'Europe.

Cependant Napoléon, entouré de toutes les prospérités humaines, ne se reposait point sur la foi du traité de Tilsitt, ni sur les assurances simulées d'Erfurt. Des avis secrets signalaient à son attention les rassemblements militaires qui s'opéraient silencieusement dans le Nord. Tout le portait à ménager la Russie et à lui ôter le moindre prétexte d'un mécontentement, au moment où l'Espagne et l'Angleterre occupaient ses armées. Le discours par lequel il ouvrit le Corps législatif, le 16 juin, exprima nettement sa pensée sur la situation de l'Europe : « Les An-
« glais, dit-il, mettent en jeu toutes les passions : tantôt ils supposent à la France
« tous les projets qui peuvent alarmer les autres puissances; tantôt ils font un
« appel à l'amour-propre des nations pour exciter leur jalousie. C'est la guerre
« sur toutes les parties du continent qui peut seule assurer la prospérité. Je ne
« veux rien qui ne soit dans les traités que j'ai conclus. » Puis, parlant de la guerre d'Espagne : « L'Angleterre, dit-il, s'est trouvée contrainte d'en changer la
« nature, et d'auxiliaire elle est devenue partie principale. Cette lutte contre Car-
« thage, qui paraissait devoir se décider sur le champ de bataille de l'Océan ou au
« delà des mers, le sera donc désormais dans les plaines des Espagnols! Lorsque
« l'Angleterre sera épuisée, qu'elle aura enfin ressenti les maux qu'avec tant de
« cruauté elle verse depuis vingt ans sur le continent, que la moitié de ses familles
« seront couvertes du voile funèbre, un coup de tonnerre mettra fin aux affaires
« de la Péninsule, et vengera l'Europe et l'Asie en terminant cette seconde guerre
« punique. » Le désordre énergique de ces dernières paroles exprimait la passion dont Napoléon était dominé, et avertissait en même temps l'Angleterre du péril qui la menaçait si elle ne parvenait pas à détruire son ennemi; elle sentit qu'il n'y avait plus pour elle de salut que dans la guerre.

Trois mois après, le 19 septembre, Napoléon partit pour aller revoir ses nouvelles provinces de Hollande et examiner lui-même les immenses travaux qu'il avait ordonnés, à son dernier voyage, dans les places fortes, dans les ports, dans les chantiers. Le 4 octobre, il est à Anvers, et peut admirer les miracles de ses créations. Sur la rive gauche de l'Escaut, où il n'existait il y a deux ans qu'une redoute, s'élève une ville de deux mille toises de développement; vingt et un vaisseaux de guerre, dont huit à trois ponts, sont en construction; on a creusé un bassin ayant vingt-six pieds d'eau, capable de contenir quatre-vingt-dix vaisseaux de ligne. L'Escaut, désormais praticable pour les plus gros bâtiments de toute espèce, depuis son embouchure jusqu'à Anvers, présente une rade continue que défendent Flessingue et cinq autres petits forts ou forteresses. La Hollande semble un vaste port inexpugnable. L'Empereur visita Willemstadt, Helvoetsluys, Dordrecht, Gorcum, l'île de Gorée, fit son entrée à Amsterdam, inspecta les fortifications du Helder, la flottille du Texel, séjourna à Rotterdam, à Delft, à Leyde, et revint le 11 novembre à Saint-Cloud, par Dusseldorf et Cologne. Ce voyage de deux mois fut consacré à l'amélioration civile, politique, militaire et maritime de la Hollande, qui se pliait sans grand effort aux lois et au régime administratif de l'empire.

L'Espagne est conquise ou occupée, tout le continent en paix ou soumis : on se demande avec inquiétude pourquoi le mois de décembre 1811 appelle, comme celui de 1810, cent mille conscrits sous les drapeaux. Napoléon seul le savait. Au sein de la paix, sous la foi des traités, sous le masque des relations les plus amicales, la Russie a fait descendre du Nord de nombreuses armées ; la Lithuanie a vu arriver successivement les divisions les plus éloignées ; la guerre avec les Turcs seule retient encore en Moldavie l'armée de Kutusoff.

La France avait atteint la plénitude de la prospérité. Cette prospérité, dont ils recueillaient leur part, sembla avoir corrompu les chefs de l'armée. Ils se disaient rassasiés de gloire : ils l'étaient. Mais l'Angleterre ne voulait pas que cette gloire devînt par son repos, une puissance solide et permanente ; elle avait conçu le projet de l'épuiser sur les champs de bataille, au prix de tout le sang européen. L'année 1811 expire dans le malaise de cette haute fortune qui désormais ne peut que descendre, parce qu'elle ne peut plus monter.

CHAPITRE XXXV

1812

Coalition de l'Angleterre, de la Russie, de la Suède, de l'Espagne, contre la France, l'Autriche, la Prusse, l'Allemagne et l'Italie. — Napoléon à Dresde avec l'empereur d'Autriche. — Paix de Bukharest entre la Turquie et la Russie. — Entrée de Napoléon en Pologne. — Passage du Niémen. — Prise de Smolensk. — Bataille de la Moskowa. — Napoléon à Moskou. — Incendie de Moskou. — Retraite de l'armée française. — Combat de Malo-Jaroslavetz. — Souffrances inouïes — Passage de la Bérésina. — Napoléon confie la retraite au prince Eugène et revient à Paris.

Une guerre générale planait sur l'Europe. La réunion à la France de la Hollande, des villes Hanséatiques, du Lawembourg, en un mot des bouches du Rhin, de l'Escaut, du Weser, de l'Elbe et du duché d'Oldenbourg, avait, en 1810 et 1811, commencé le blocus de la mer du Nord et de la Baltique. Ce blocus fut complété, le 26 janvier 1812, par l'occupation de Stralsund et de la Poméranie suédoise, dont le général Friant s'empara au nom de la France.

Le système continental avait imposé une dure condition à la Russie ; mais cette condition, sans doute, était maintenant juste à ses yeux, puisqu'elle l'avait acceptée. La Russie eut d'autant plus raison de signer le traité de Tilsitt, que sur son refus, l'empereur Napoléon, au lieu de suivre contre elle, dans ses déserts, une lutte interminable, se serait probablement décidé à former, avec les démembrements de la Pologne et de la Prusse, un grand État intermédiaire qui, protégé par une armée française permanente et gardienne de sa frontière, jusqu'au moment ou l'armée nationale aurait acquis toute la force nécessaire, serait devenu pour toujours la sauvegarde de la civilisation et de la paix du continent ; et plût à Dieu que Napoléon eût pris une résolution si haute et si sage à la fois! Le cabinet russe prévit cette terrible conséquence d'un refus qui ne lui avait pas réussi après Austerlitz, et il s'humilia sous la loi de Tilsitt. Il jugea habilement qu'il était question, sur le radeau du Niémen, ou de faire partie de la patrie européenne, ou d'en être exilé à jamais, et de perdre en un moment l'héritage politique de Pierre et de Catherine. La foi punique présida au traité; la Russie y souscrivit, déterminée en secret à l'éluder d'abord, et à le rompre ensuite avec éclat. La France ne tarda pas à pénétrer les dispositions de cette puissance. Sa conduite pendant la campagne de 1809 ne permit plus à Napoléon de douter qu'elle ne fût bien éloignée de vouloir contribuer à l'abaissement de l'Autriche. En 1810, l'expression de la politique russe fut plus prononcée : le 19 décembre, elle avait brisé le nœud de Tilsitt par un ukase qui ouvrait ses ports à l'Angleterre et les fermait à la France. La réunion de ses armées sur les frontières de la Lithuanie, et la menace d'envahir le grand-duché de Varsovie, sous prétexte d'indemniser le duc d'Oldenbourg, signalèrent depuis l'énergie des nouveaux conseils qui dirigeaient la cour de Saint-Pétersbourg. Dans le mois de février 1811, Napoléon avait cru devoir, non-seulement demander à la Russie des explications sur ce changement opéré dans son système à la fin de 1810, mais encore engager le roi de Saxe à concentrer sur la Vistule les troupes du duché de Varsovie, pour les mettre à l'abri d'une attaque soudaine.

Dès l'année 1811, la Russie avait annoncé l'envoi à Paris de M. de Nesselrode. Ce négociateur, chargée d'aplanir les différends, devait arriver en novembre ; quatre mois après on l'attendait encore. Napoléon, instruit enfin que la mission de M. de Nesselrode n'aurait pas lieu, fit appeler le colonel Czernicheff, aide de camp d'Alexandre, qui résidait alors à Paris, et lui communiqua le traité d'alliance offensive et défensive signé, le 12 février, avec la Prusse, trop heureuse d'échapper à sa ruine en se réunissant à Napoléon, qui aurait nécessairement commencé par elle la guerre qu'il se voyait obligé d'entreprendre contre la Russie. Napoléon accompagna cette confidence de toutes les explications conciliatrices qu'il pouvait offrir, et rendit Czernicheff porteur d'une lettre particulière adressée à l'empereur Alexandre. Czernicheff partit pour Saint-Pétersbourg le 25 février ; deux jours après, Napoléon apprit que cet envoyé, abusant de son caractère et de sa position auprès du gouvernement français, avait acheté à prix d'or et emporté *l'état effectif de nos armées*. On courut après lui, mais il était déjà hors de toute atteinte. Le commis de la guerre que Czernicheff avait corrompu paya de sa tête la déloyauté de l'agent moskovite.

Dans le même moment, Napoléon, jugeant la guerre inévitable, se disposa à confier à la garde nationale la défense du territoire, *pendant que nos armées allaient s'éloigner;* il avait rattaché aussi l'Autriche à la cause de la France, par un traité conclu à Paris, le 14 mars, entre le duc de Bassano et l'ambassadeur prince de Schwartzenberg ; traité qui prévoyait le rétablissement du royaume de Pologne. En expédiant cet acte diplomatique à M. de Neipperg, ministre d'Autriche en Suède, M. de Schwartzenberg écrivait : « Que leur souverain avait épuisé vainement toutes « les démarches tendant à la conservation de la paix sur le continent, auprès du ca-« binet de Pétersbourg, et que, dans un état de choses où tout devait être dirigé « vers le but commun, il l'engageait à employer tout son crédit auprès du gouver-« nement suédois pour le lier à la cause actuelle, en lui faisant espérer, de l'im-« mense avantage qu'une pareille diversion apporterait au mouvement des alliés dans « le Nord, le recouvrement de la province de Finlande. Les nœuds d'amitié et de « famille qui existent entre notre notre cour et celle de France, ajoutait l'ambassa-« deur viennent d'être renforcés aujourd'hui par un lien qui devait en être la suite « naturelle, pour établir d'une manière solennelle des relations de confiance et « d'intimité entre les deux empires. » Tels étaient, au mois de mars 1812, les sentiments de la cour d'Autriche pour la France. Neuf mois plus tard, la fortune devait les transporter à cet ennemi contre lequel le cabinet de Vienne voulait armer la Suède et marcher lui-même. Les tentatives de ce cabinet et toutes celles de Napoléon échouèrent devant les mauvaises dispositions de Bernadotte, qui, oubliant la source de sa gloire et foulant aux pieds le souvenir de sa première patrie, s'engageait, le 24 mars, par un traité avec la Russie, à combattre contre nous. Le prix de cette désertion était l'assurance donnée au prince royal qu'Alexandre l'aiderait à porter une guerre injuste dans le sein du Danemark pour lui enlever la Norwége. Napoléon essaya aussi d'empêcher la Porte de conclure la paix avec la Russie, et chercha tous les moyens de décider le sultan, auquel la France et l'Autriche garantissaient tous ses États, à entrer en campagne avec cent mille hommes : on verra plus tard comment le succès de cette démarche fut compromis, malgré la reprise des hostilités sur le Danube.

La conduite de Czernicheff, le long silence qui suivit la lettre dont il était chargé, ne faisaient pas augurer heureusement des résolutions de l'empereur Alexandre, et présageaient une issue peu favorable pour les négociations. Tout d'ailleurs démontrait que ce prince était dans les mains de l'Angleterre; en conséquence, Napoléon crut devoir s'adresser à cette puissance. Par ses ordres, M. de Bassano écrivit au lord Castlereagh pour lui donner connaissance des dispositions pacifiques de la France. La lettre du ministre fut expédiée pour Londres le 17 avril. La France déclarait « renoncer à toute extension du côté des Pyrénées. Elle garan-« tissait l'intégrité de l'Espagne ; la dynastie actuelle devait être déclarée indé-

« pendante, et l'Espagne régie par une constitution nationale. La maison de
« Bragance régnerait en Portugal. Le royaume de Naples resterait au roi Joachim,
« et le royaume de Sicile serait garanti à la maison régnante. Par suite de ces
« stipulations, l'Espagne, le Portugal et la Sicile devaient être évacués par les
« troupes françaises et anglaises de terre et de mer. » Le 23 avril, lord Castlereagh
répondit qu'il ne pouvait traiter si la dynastie de Ferdinand n'était reconnue en
Espagne.

Sur ces entrefaites arriva enfin le baron de Serdobin avec la réponse de Saint-Pétersbourg à la lettre que Napoléon avait remise à M. de Czernicheff. La Russie exigeait, avant tout, que *les armées françaises évacuassent la Prusse et se retirassent derrière le Rhin*. Napoléon, qui ne voulait pas prendre à la lettre ces arrogances diplomatiques, donna au comte de Narbonne, son aide de camp, l'ordre de partir pour Saint-Pétersbourg. Le prétexte de sa mission était de communiquer au cabinet russe les pièces de la correspondance anglaise ; mais le voyage du nouvel envoyé avait pour but véritable de connaître la pensée dernière du czar. Peu de jours après, les négociations suivies à Paris depuis dix-huit mois par le duc de Bassano avec le prince Kourakin, échouèrent devant l'ultimatum dans lequel persistait cet ambassadeur, qui demanda plusieurs fois ses passe-ports, et annonça le 11 mai qu'il se retirait à la campagne en les attendant.

Cependant, au milieu des soins et des occupations de toute espèce où les anxiétés de ces discussions orageuses avec la Russie et celle de la guerre terrible dont il était menacé entraînaient Napoléon, il donnait, le 29 janvier 1812, à son empire, un ministère du commerce et des manufactures, institution qui semblait être le gage d'un état de paix assuré. L'immense étendue des côtes de l'empire, et les efforts prodigieux résultant des encouragements accordés à l'industrie, avaient nécessité cette création, qui était en même temps une grande disposition auxiliaire destinée à resserrer l'interdit jeté sur tous les ports qui obéissaient à la France. Le blocus contre l'Angleterre était, comme on l'a dit plusieurs fois, l'unique loi de la politique de l'empire français. La moindre infraction renversait tout le système d'attaque et de défense de Napoléon ; elle empêchait l'œuvre de la paix générale, cette condition exclusive du salut de Napoléon et de son empire ; enfin, cette infraction présageait infailliblement une rupture. Aussi la Russie avait rassemblé quatre cent mille hommes pour appuyer, sur ses frontières, l'ukase du 19 décembre 1810.

L'imminence d'une nouvelle lutte, dont la mystérieuse préparation avait quelque chose d'implacable, la continuation de celle d'Espagne et de Portugal, où l'Angleterre employait avec profusion ses trésors, ses armées et ses flottes, devaient nécessairement absorber toutes les forces militaires de la France, et appeler, soit aux bords du Tage, soit aux bords du Niémen, les troupes qui soutenaient sur toutes les côtes de l'empire le blocus continental. Il fallait donc pourvoir au remplacement de ces troupes, que les circonstances pressantes où se trouvait Napoléon rendaient aux mouvements de la guerre active. En conséquence, le 10 mars, l'Empereur soumit à la sanction du Sénat un projet de sénatus-consulte qui divisait en trois bans la garde nationale : le premier comprenait les hommes de vingt à vingt-six ans; le second, de vingt-six à quarante; le troisième, les hommes de quarante à soixante. Le sénatus-consulte, voté à l'unanimité, mit à la disposition du gouvernement, sur les six cent mille citoyens dont se composait le premier ban, cent cohortes de mille hommes, pour être chargées de la garde des frontières, de celle des établissements maritimes, des arsenaux et des places fortes. Ainsi toute l'armée active était ou allait être en marche, et la plus forte partie avait déjà pour point de réunion ce fleuve lointain qui bornait la Pologne septentrionale, ce fleuve qui vit offrir et accepter avec tant d'empressement la paix de Tilsitt, contre laquelle la Russie entière venait encore de s'armer.

Le 9 mai, l'Empereur partit pour Mayence avec l'Impératrice, qui devait l'accompagner jusqu'à Dresde; le 17, il était arrivé dans la capitale de la Saxe. Le 20 mai, Napoléon, craignant que M. de Narbonne n'eût pas été admis auprès de l'empereur Alexandre, voulut tenter une démarche plus décisive par l'entremise de son ambassadeur. En conséquence, il ordonna au duc de Bassano d'écrire à Lauriston de se rendre de Pétersbourg à Wilna. « Il dira que, pressé d'écarter cette querelle de gens « de plume, je lui ai donné l'ordre de franchir les intermédiaires et de parvenir « jusqu'à l'empereur, pour obtenir de sa bouche un mot d'explication qui puisse « laisser la voie ouverte à notre accommodement ; il ajoutera que je suis persuadé

« que le prince Kourakin est allé au delà de ses instructions, etc. » Au reçu de cette lettre, Lauriston demanda au gouvernement russe des passe-ports pour exécuter l'ordre qu'il venait de recevoir.

En même temps une cour de rois se réunissait à Dresde autour de Napoléon. L'empereur et l'impératrice d'Autriche avaient quitté Vienne pour se trouver à Dresde sur le passage de leur gendre, et sanctionner par toutes les démonstrations de l'amitié l'intérêt qu'ils prenaient à la guerre contre le czar, qui semblait alors devenu l'ennemi commun du continent. Le roi de Prusse offrit le prince royal pour aide de camp à Napoléon, qui, n'écoutant qu'une délicatesse généreuse, le refusa. Tous les monarques de la Baltique au Rhin, dont les contingents grossissaient la grande armée, attestaient par leurs vœux la part qu'ils ambitionnaient dans les triomphes de nos armes.

Au moment où Napoléon recevait tant d'hommages et tant de garanties, un traité secret pour une paix définitive était signé à Bukharest entre les Russes et les Ottomans. Ouvrage de l'Angleterre, la paix subite de Bukharest eut lieu, grâce à l'emploi d'une pièce fausse que le cabinet de Londres fit parvenir à la connaissance du grand vizir; c'était une prétendue lettre de Napoléon dans laquelle il proposait à Alexandre le partage de l'empire turc. Joseph Fonton, depuis longtemps stipendié de l'Angleterre, consulté par Galib-Effendi, certifia l'authenticité du document. La présence du comte de Narbonne à Wilna aida encore à convaincre les stupides Ottomans. L'Empereur ne fut pas le seul trompé dans cette circonstance : le sultan le fut également; quand il apprit l'entrée de Napoléon en Russie, il refusa de ratifier le traité, et ne s'y détermina que par l'influence menaçante de l'Angleterre. Ce retard à la ratification retint l'armée russe en Moldavie, et ne lui permit de s'ébranler qu'au mois d'octobre.

Le comte de Narbonne était revenu de Wilna, sans autre réponse que l'*ultimatum* remis par le prince Kourakin. Napoléon sentit que les négociations ne pouvaient plus obtenir de succès, et se prépara aussitôt à quitter Dresde. Le 29 mai, à trois heures du matin, il partit pour l'armée et arriva à Glogau; le 30, il entra en Pologne; il reçut à Posen la lettre de Bernadotte, qui, déjà lié à la Russie par un traité, demandait la Norwége et un subside pour se rallier à la cause française; maîtrisant avec peine son indignation : « Bernadotte, s'écria-t-il, n'est « que mon lieutenant; qu'il marche quand ses deux patries le lui ordonnent! S'il « hésite, qu'on ne me parle plus de cet homme... Je n'achèterai point un allié « douteux aux dépens d'un allié fidèle. » De Posen, Napoléon se rendit à Thorn, d'où il dirigea les premiers mouvements de son armée. Le 7 juin, il arriva à Dantzick, dont il inspecta les ouvrages. Parti de Dantzick, il entra à Kœnigsberg, après avoir passé en revue sur la route les six belles divisions de Davoust. Appliqué tout entier aux détails de la plus vaste des administrations militaires, pendant que ses divers corps d'armée exécutaient les marches prescrites, il resta dans cette ville jusqu'au 17. Le 18, il était à Insterburg, où il trouva les rives de la Pregel couvertes de vivres, et deux cent vingt mille hommes y débouchant à la fois par quatre chemins différents. Le 19, son quartier général se trouvait à Gumbinen; c'est là qu'il apprit le refus des passe-ports réclamés par le général Lauriston pour se pouvoir rendre à Wilna. On lui avait seulement permis l'envoi d'un exprès chargé de solliciter, de sa part, une audience d'Alexandre. Cette seconde demande n'avait obtenu qu'une réponse négative. « Les vaincus, dit-il à cette nouvelle, « prennent le ton des vainqueurs! Ils nous provoquent... Acceptons comme « une faveur l'occasion qui nous fait violence, et passons le Niémen. » Le 22, de son quartier impérial de Wilkowiski, l'Empereur adressa à ses armées la proclamation suivante :

« Soldats !

« La seconde guerre de Pologne est commencée. La première s'est terminée à « Friedland et à Tilsitt. La Russie a juré éternelle alliance à la France et guerre « à l'Angleterre; elle viole aujourd'hui ses serments : elle ne veut donner aucune « explication de cette étrange conduite, que les aigles françaises n'aient repassé le « Rhin, laissant par là nos alliés à sa discrétion. La Russie est entraînée par la « fatalité; ses destins doivent s'accomplir. Nous croirait-elle donc dégénérés? Ne « sommes-nous plus les soldats d'Austerlitz? elle nous place entre le déshonneur

« et la guerre : le choix ne saurait être douteux. Marchons donc en avant, pas-
« sons le Niémen, portons la guerre sur son territoire. La seconde guerre de
« Pologne sera glorieuse aux armées françaises comme la première; mais la paix
« que nous conclurons portera avec elle sa garantie, et mettra un terme à la
« funeste influence que la Russie a exercée depuis cinquante ans sur les affaires de
« l'Europe. »

Napoléon entrait en campagne avec quatre cent mille hommes, français et étrangers, partagés en dix corps d'armée. Sur ce nombre immense de soldats, deux cent mille passèrent avec lui le Niémen aux environs de Kowno, le 24 juin, presque sans opposition de la part des Russes. Le corps que commandait Macdonald avait également franchi le Niémen à Tilsitt; désormais nous sommes maîtres du fleuve, que nos approvisionnements, retenus dans la Pregel, vont remonter sans obstacles. Quelques troupes détachées en avant ont occupé Kowno : l'Empereur, après avoir donné aux officiers du génie l'ordre de mettre cette place à l'abri d'un coup de main, fait avancer les cinq corps d'armée qu'il avait tenus en arrière sur la droite, rejoint les avant-postes du prince d'Eckmühl et la cavalerie aux ordres de Murat, en pleine marche sur Wilna, capitale de la Pologne russe, ville forte et influente, autour de laquelle l'empereur Alexandre avait voulu d'abord concentrer son armée. Tout annonçait une bataille générale, et Napoléon s'y préparait, mais son attente fut trompée : l'ennemi fit sauter le pont de la Willia, brûla ses magasins, et nous livra Wilna. Sa retraite se fit dans le plus grand désordre et en abandonnant les corps éloignés au hasard des événements. Napoléon s'arrêta dix-sept jours à Wilna.

Ce long repos au début d'une campagne aussi active n'est point dans les habitudes du vainqueur d'Italie ; il étonne également ses soldats et ses adversaires. L'histoire, jusqu'à présent, n'a point recueilli le secret de ce retard, qui empêchera Napoléon d'arriver quinze jours plus tôt à Moskou. Mais elle rend compte des soins multipliés qu'il prend lui-même pour qu'il soit pourvu à tous les besoins du service et de l'administration de l'armée, et à l'établissement d'une police militaire, afin de réprimer les désordres, cent fois plus dangereux que les défaites. Il s'occupe aussi à créer un gouvernement provisoire pour la Lithuanie, qui nous accueille en libérateurs. Dès le 26 juin, la diète de Varsovie avait proclamé le rétablissement du royaume de Pologne, et donné le signal de la liberté à toute la nation. Immédiatement après ce grand acte de patriotisme qui fait tressaillir en Europe tous les cœurs généreux, les regards de l'assemblée s'étaient portés vers le conquérant dont on attendait la résurrection de la patrie de Sobieski et de Kosciuszko. Une députation, ayant à sa tête le sénateur Wibicki, apporta une adresse de la diète à Napoléon, où il était dit : « que les Polonais n'avaient été soumis ni par la paix, ni par la « guerre, mais par la trahison ; qu'ils étaient donc libres de droit devant Dieu « comme devant les hommes ; qu'aujourd'hui, pouvant l'être de fait, ce droit deve- « nait un devoir ;... mais que c'était à lui, qui dictait au siècle son histoire, en qui « la force de la Providence résidait, d'appuyer des efforts qu'il devait approuver, « qu'ainsi ils venaient demander à Napoléon le Grand de prononcer ces seules « paroles : *que le royaume de Pologne existe,* et qu'il existerait. » Napoléon leur répondit : « Députés de la confédération de Pologne, j'ai entendu avec intérêt ce « que vous m'avez dit. Polonais, je penserais et agirais comme vous ; j'aurais voté « comme vous dans l'assemblée de Varsovie. L'amour de son pays est le premier « devoir de l'homme civilisé. Dans ma situation, j'ai beaucoup d'intérêts à concilier, « beaucoup de devoirs à remplir. J'aime votre nation : pendant seize ans, j'ai vu « vos soldats à mes côtés. J'applaudis à ce que vous avez fait ; j'autorise les efforts « que vous voulez faire. Je ferai tout ce qui dépendra de moi pour seconder vos « résolutions. Si vos efforts sont unanimes, vous pouvez concevoir l'espérance de « réduire vos ennemis à reconnaître vos droits... Je vous ai tenu le même langage « dès ma première entrée en Pologne : je dois y ajouter que j'ai garanti à l'empe- « reur d'Autriche l'intégrité de ses domaines. » Cette réponse, que dictaient malheureusement des circonstances impérieuses, désenchanta la Pologne et mécontenta la France, qui s'était plu d'avance à prononcer la restauration du royaume dévoré par le coupable triumvirat du Nord. Elle laissa penser, de plus, que Napoléon, en doutant de sa force, doutait de son succès.

Les corps des maréchaux Ney, Macdonald, Oudinot et du roi de Naples, viennent se ranger l'un après l'autre sur les bords de la Dwina, qui protége les Russes dans leur camp retranché de la Drissa, où l'empereur Alexandre, ayant Barclai de Tolly sous ses ordres, attend avec anxiété des nouvelles de ses autres généraux dispersés au loin, et surtout de Bagration. Mais le roi de Westphalie a perdu deux fois un temps précieux pour la poursuite de l'arrière-garde de ce général; et si Davoust, chargé de le détruire, a montré beaucoup d'audace et de fermeté devant elle, il n'est pas sorti ou n'a pu sortir à propos de Minsk pour l'écraser. Néanmoins Napoléon, convaincu de la possibilité de réparer encore le mal, transmet de nouvelles instructions à son lieutenant, ainsi qu'au roi Jérôme, et prescrit au prince de Schwarzenberg, qu'il a lancé aussi sur les traces de Bagration, de venir se placer entre la forêt de Bobruisk et les marais de Pinsk. Tel est l'emploi connu des dix-sept jours passés à Wilna, et qu'on a tant reprochés au grand capitaine accoutumé à terrasser ses ennemis par des coups de tonnerre.

Alexandre, dans sa proclamation, avait juré de combattre et de vaincre dans son camp retranché de la Drissa; Napoléon marche à sa rencontre pour lui livrer bataille. Mais, à son approche, le czar ordonne d'évacuer ce camp fameux, fruit d'une année de travaux immenses, tandis qu'il va se rendre à Saint-Pétersbourg afin de presser la levée générale que réclame le salut de son empire. L'abandon subit du camp de la Drissa présente à nos armes une guerre toute nouvelle. D'après les ordres de Napoléon, tous nos corps d'armée, partis du Niémen à des époques et par des routes différentes, arrivent le même jour sur les rives de la Duna; mais on ne trouve plus que des traînards au delà du fleuve. Devancé par Barclai de Tolly à Witepsk, il y court après avoir mis en mouvement le maréchal Macdonald qui s'avance sur Riga, et Oudinot qui doit détruire d'abord le camp de la Drissa, occuper ensuite Polotsk, devancer Wittgenstein à Séhége, et lui couper la retraite sur Saint-Pétersbourg. En cet instant le bruit du canon semble annoncer un engagement avec Barclai de Tolly, résolu à nous disputer Witepsk. Mais ce n'était qu'une affaire d'avant-garde à Ostrowno, affaire sérieuse toutefois, et dans laquelle la brillante valeur de Murat et du prince Eugène, secondée par l'intrépidité de nos braves soldats, triompha de l'inébranlable constance des Russes. Une autre action, plus acharnée encore, eut lieu au delà d'Ostrowno avec le corps de Pahlen et d'Ostermann. L'Empereur survint au moment nécessaire pour achever la seconde victoire, en chassant l'ennemi d'un bois dans lequel on n'avait pas osé s'engager, et qu'il paraissait vouloir tenir après sa retraite. A la pointe du jour, nous n'étions plus qu'à deux lieues de Witepsk. Le 27 juillet, l'Empereur, présent à l'avant-garde, fut témoin d'un troisième engagement avec dix mille hommes de cavalerie et d'infanterie russe. L'avantage de leur position, l'artillerie qu'ils démasquèrent, l'obligation où nous étions de passer devant eux, sur un seul petit pont, le ravin qui les défendait, rien ne put empêcher leur défaite. C'est là que deux cents voltigeurs parisiens, du 9ᵉ de ligne, excitèrent l'admiration de toute l'armée par une héroïque et victorieuse résistance à une nuée de lanciers ennemis.

Les deux armées en présence n'étaient plus séparées que par le ruisseau de la Lutchissa. Barclai de Tolly paraît vouloir accepter la bataille, qu'il ne peut éviter sous peine de renoncer entièrement à sa réunion avec Bagration ; mais tout à coup un courrier de Bagration, sauvé de nos mains par miracle, fait reculer Barclai, et nous livre tout le pays entre la Duna et le Borysthène, avec Witepsk entièrement abandonné de ses habitants. Napoléon accorde, autour de cette ville, un repos nécessaire à son armée. La plus puissante activité signale sa présence à Witepsk. Recevoir les dépêches, dicter les ordres, veiller sur les subsistances, sur le service des hôpitaux, sur les besoins de ses soldats, s'enquérir de leurs souffrances, leur distribuer des récompenses pour leurs exploits, administrer, gouverner avec autant de régularité qu'aux Tuileries, voilà l'emploi de ses jours; ses nuits sont consacrées aux plus hautes méditations de la guerre, et aux moyens d'assurer le succès d'une campagne qui peut terminer enfin la lutte avec l'Angleterre. Au lieu de se laisser effrayer par les nouveaux obstacles que lui suscitent l'inconcevable paix de Bukharest, la défection de Bernadotte, plus étonnante encore, la réunion des armées ennemies, la profonde exaltation du peuple moscovite, auquel le czar lui-même a mis le glaive et la torche à la main au nom du ciel, il sent redoubler sa constance, même au milieu des hésitations de ses lieutenants.

Tandis que les Russes quittaient les environs de Smolensk pour marcher droit sur Witepsk, son génie, enflammé par la grandeur des circonstances comme par l'importance du but, enfanta l'admirable conception de se porter rapidement sur la rive gauche du Dnieper, de surprendre Smolensk, de repasser le fleuve sur les ponts de cette ville, et de revenir attaquer en queue les corps qui l'ont quittée. En quarante-huit heures, cent quatre-vingt-cinq mille hommes ont exécuté ce mouvement avec une telle précision et un tel secret, que les deux généraux ennemis apprirent seulement par Smolensk le danger qu'ils couraient. Pendant les marches incertaines de Bagration et de Barclai de Tolly, Smolensk, prise au dépourvu, n'aura personne pour fermer ses portes aux Français victorieux dans deux combats. Bagration, instruit le premier de cette habile manœuvre, retourne sur ses pas; Barclai le suit bientôt. La ville allait tomber, le 16 août, au pouvoir des troupes du maréchal Ney, quand elle est secourue par l'arrivée dans ses murs des vingt mille hommes de Rajewski, que Bagration ne tarde pas à appuyer avec trente autres mille hommes.

L'action commence le 17, à deux heures après midi, par l'attaque des faubourgs de Roslaw et de Mitislaw, confiée aux généraux Morand et Gudin. Sur la gauche du Dniéper, le général Ledru, placé sous les ordres du maréchal Ney, pénètre dans le faubourg de Krasnoï ; nous trouvons partout une opiniâtre résistance. Vers notre droite, les Polonais, que conduit Poniatowski, enflammés à la vue de Smolensk, théâtre des exploits de leurs pères, et attachée pendant un siècle à la Lithuanie, enveloppent le faubourg Nicolskoï, où a lieu un affreux carnage. La cavalerie du général Bruyères, après avoir chassé celle des Russes des abords du faubourg de Raczewska, occupe un plateau qui domine la ville ; c'est de là que bientôt une batterie de soixante pièces tire à mitraille sur les masses qui couvraient le bord opposé. A cinq heures, tous les faubourgs de la rive gauche sont emportés avec la plus rare intrépidité, sous les yeux de l'Empereur, qui voit l'ennemi acculé au pied des murs. Le corps tout entier de Baggowouth vient au secours de Doctoroff, réduit à la dernière extrémité. Le prince Eugène de Wurtemberg, avec une division de grenadiers, s'élance pour disputer à Davoust la porte Malakouska ; d'un autre côté, le maréchal Ney, devenu maître d'une position hors de Smolensk, après un combat obstiné, va pénétrer par la brèche du bastion ; un nouveau renfort s'oppose à son dessein, tandis que deux bataillons de la garde russe secondent ceux qui luttaient à la porte Nicolskoï contre les Polonais victorieux. A six heures du soir, le canon bat les murailles de la ville ; des obus dépostent les Russes des ouvrages avancés ; en même temps, les batteries disposées par le général Sorbier, enfilent tous les chemins couverts, dont l'occupation devient dès lors impossible aux ennemis. L'assaut se prépare. Pour en rendre l'effet décisif, et enfermer la garnison dans un cercle de feu dont elle ne puisse sortir, nous avons resserré la place du côté du Dnieper, et nos pièces foudroient les passages des ponts. Smolensk, qui ne saurait nous échapper, va nous livrer les restes formidables de ses quarante mille défenseurs ; mais Barclai les rappelle à la faveur de la nuit. Nous entrons dans Smolensk au milieu des flammes et des débris qu'elles achevaient de dévorer.

Cette journée, où cent mille hommes furent engagés de part et d'autre, attestait notre supériorité sur un ennemi protégé par des fortifications, par un grand fleuve, et par tous les avantages d'une position admirable ; elle causa des pertes immenses aux Russes, et nous coûta aussi bien cher. Le récit d'une action aussi acharnée, qui ne donnait à Napoléon qu'une ville en cendres, produisit en France une impression douloureuse comme le bulletin de la bataille d'Eylau. Quelques-uns des chefs de l'armée commencent à faire des réflexions pénibles et mêlées de découragement. Napoléon demeure inébranlable dans ses desseins, mais non pas inaccessible à la pitié ; ses secours et ses ordres sauvent tout ce qu'on peut sauver dans un tel désastre ; il est à la fois la providence des vaincus et des vainqueurs. Cependant il pousse en avant le maréchal Davoust, les divisions Gudin et Compans, la cavalerie du général Bruyères et celle du roi de Naples, sur les traces de Barclai de Tolly ; il commande aussi à Junot de se placer derrière l'ennemi, au delà des défilés de Valoutina.

Barclai de Tolly, qui s'était d'abord retiré sur Saint-Pétersbourg, avait ensuite changé de marche, et opérait pour se réunir à Bagration sur le chemin de Moscou. Napoléon, qui l'apprend, y envoie en toute hâte le maréchal Ney. Celui-ci trouve, de hauteur en hauteur, un ennemi qui résiste et recule tour à tour ; à chaque pas, le nombre augmente devant nous. Napoléon expédie des renforts à son lieutenant, et charge en même temps le général Gourgaud d'aller s'informer de l'état des choses. A minuit, cet officier revient. Les renforts sont arrivés ; le maréchal a livré un combat aussi terrible que glorieux ; mais Junot, après avoir passé le Dniéper au point indiqué, n'a point suivi les ordres de l'Empereur. Par sa coupable inaction, il a préservé de la ruine l'armée de Barclai de Tolly, séparée de celle de Bagration, divisée elle-même en deux parties, embarrassée dans un étroit défilé, d'où elle ne peut sortir qu'homme à homme.

La faute de Junot et ses funestes conséquences ; le miracle du salut de l'armée russe ; la fatalité qui s'attache en son absence aux opérations les mieux conçues et les plus décisives ; la bataille générale qui recule toujours devant lui ; la mollesse du prince de Schwarzenberg à soutenir le général Reynier victorieux de Tormazoff ; en Wolhynie, l'insuccès inattendu des soixante mille hommes confiés au maréchal Oudinot, contre Wittgenstein beaucoup plus faible que nous : telles sont les idées qui poursuivent Napoléon à son retour de Valoutina. Des méditations profondes et voisines du dégoût s'emparent de lui et semblent devoir l'arrêter à Smolensk. Mais tout à coup le général Gouvion Saint-Cyr a réparé les fautes ou le malheur du duc de Reggio à Polotsk, et mérité le bâton de maréchal qu'il obtient; les nouvelles du roi de Naples, du prince d'Eckmühl, du général Grouchy, sont favorables; les Russes, consternés, se replient en toute hâte, abandonnant leurs blessés : l'armée française va marcher en avant, malgré les murmures de la faiblesse, du découragement, et les alarmes d'un certain nombre d'hommes qui, de feu dans les combats, sont de glace dans le conseil, et tremblent d'envisager d'avance des dangers ou des obstacles qu'ils affronteront tous avec le plus grand courage. D'après de nouveaux renseignements, Napoléon met en mouvement l'armée du prince Eugène, et part de Smolensk ; il juge qu'une bataille est devenue indispensable pour achever ses ennemis, consternés de la prise de Smolensk, et court la livrer sur la route de Moskou.

Le 29 août, nous étions à Wiasma; nous trouvons la population fugitive et la ville incendiée : nous en arrachons aux flammes une moitié, ainsi qu'un grand nombre d'approvisionnements. Là on apprend que Barclai de Tolly, avant l'arrivée du feld-maréchal Kutusoff, son successeur, se dispose à tenter la fortune des armes entre Wiasma et Ghjath; mais Kutusoff, qui a pris le commandement, veut choisir une autre position, et prépare tout pour nous combattre dans celle du village de Borodino, à deux petites marches de la ville de Gdjath, où Napoléon s'arrête les trois premiers jours de septembre. Le 5, l'armée française, à deux heures, découvre toute l'armée des Russes en ordre de bataille sur une rangée de collines. La redoute importante de Schwardina, construite en avant sur un mamelon, défendue avec acharnement par Bagration en personne, tombe devant nous, ainsi que toutes les pièces dont elle était armée : c'est le premier présage de notre triomphe. Pendant la nuit, nos troupes achèvent d'occuper leurs positions. Après quelques heures de repos sous sa tente, l'Empereur est à cheval aux premiers rayons du jour. Au milieu de la matinée, ses reconnaissances et ses dispositions sont interrompues par deux courriers : l'un, M. de Bausset, apporte, avec des lettres de l'Impératrice, le portrait du petit roi de Rome; Napoléon redevient père un moment. Il appelle tous les officiers de sa maison et tous les généraux qui attendent à quelque distance ses ordres, pour leur faire partager les sentiments dont son cœur est rempli. Le second courrier, le colonel Fabvier, lui apprend la funeste issue de la bataille des Arapiles, livrée par le maréchal Marmont. Malgré cette fatale nouvelle, Napoléon achève sa dernière reconnaissance sous la mitraille de l'ennemi, en face de Borodino. La journée se termine par les derniers préparatifs. Le lendemain 7, il sort de sa tente, et dit à ses officiers : «Voilà un beau soleil, *c'est le soleil d'Austerlitz.*» Toute l'armée prend les armes, et chaque compagnie entend la lecture de cette proclamation, dont le caractère grave et l'énergique simplicité contrastent avec la brillante exaltation des proclamations d'Italie :

« Soldats !

« Voilà la bataille que vous avez tant désirée. Désormais la victoire dépend de
« vous; elle nous est nécessaire; elle nous donnera de l'abondance, de bons quar-
« tiers, et un prompt retour dans la patrie. Conduisez-vous comme à Austerlitz,
« à Friedland, à Witepsk, à Smolensk, et que la postérité la plus reculée cite avec
« orgueil votre conduite dans cette journée; que l'on dise de vous : *Il était à cette
« grande bataille dans les plaines de Moskou!* »

Bientôt, parvenu en avant de la redoute prise par le général Compans, Napoléon met pied à terre, et l'action s'engage. Sous le feu des deux batteries, les divisions Compans et Desaix marchent sur les positions de Bagration; Poniatowski attaque par la vieille route de Smolensk; Eugène par celle de Moskou. Tout réussit d'abord; mais Compans, Desaix et Rapp, blessés, le maréchal Davoust, renversé avec son cheval atteint d'une balle, ont compromis le premier succès; le maréchal Ney reçoit de l'Empereur, presque placé sur la ligne d'attaque, l'ordre de recommencer le combat. Le vice-roi enlève Borodino. Le même triomphe couronne la valeur des maréchaux Ney et Davoust, réunis dans le but d'emporter les redoutes de Bagration, et, malgré l'opiniâtreté de ses tentatives pour les reprendre, elles restent en notre pouvoir. L'aile gauche des Russes n'a plus d'appui, pour s'opposer au nouveau mouvement que fait le maréchal Davoust; Bagration appelle Kutusoff à son secours; mais, assailli par le prince Eugène, maître de Borodino, Kutusoff n'a pu nous empêcher de forcer sa grande batterie du centre, vers laquelle il envoie incessamment des secours; et ce n'est qu'avec des efforts inouïs qu'elle parvient à rentrer dans la redoute, que le général Bonami s'obstine à défendre jusqu'au dernier soupir. Alors Kutusoff porte ses masses sur sa gauche; Napoléon, qui l'a prévu, engage ses réserves et fait avancer une batterie de quatre-vingts pièces de canon. Les Russes se précipitent pour l'attaquer. Les carabiniers de Lepaultre et de Chouars, les cuirassiers de Saint-Germain, les hussards de Pujol et de Bruyères, s'élancent à leur tour et remportent une sanglante victoire. Enfin l'Empereur, un moment attiré par le *hourra* de huit régiments d'Ouvaroff et de quelques milliers

de cosaques de Platoff, vers le prince Eugène, s'apprête à percer la ligne de l'ennemi, qui vient d'être renouvelée pour la troisième fois. Sur notre front tonne avec fureur une artillerie immense, à laquelle répond toute l'artillerie russe : huit cents pièces de canon vomissent la mort des deux côtés dans l'espace d'une demi-lieue. A droite, Poniatowski marche malgré tous les obstacles; à gauche, le prince Eugène dirige trois divisions sur les parapets de la grande redoute; au centre, l'Empereur s'avance jusqu'à la position de Semenowskié. Longtemps impassible sous la mitraille des Russes, comme ceux-ci sous la nôtre, les soldats français vont droit à l'ennemi, qui s'ébranle à son tour. On se joint, on se charge à la baïonnette, au milieu d'une troisième mêlée plus affreuse encore que les autres. L'attaque et la résistance sont également acharnées; mais enfin, grâce aux efforts de Davoust et à l'héroïsme du maréchal Ney, notre cavalerie, conduite par Murat, peut se développer et décider l'action, en enfonçant le centre de Kutusoff. Pendant ce temps, Montbrun s'élance à la tête des cuirassiers, il tombe mort; Auguste Caulincourt lui succède, et pénètre par la gorge dans la grande redoute, que le prince Eugène envahit d'un autre côté. Un combat terrible se renouvelle sur ce point; il se termine par le massacre de tous les Russes; leur retraite, que presse la cavalerie de Grouchy, le brillant succès des Polonais de Poniatowski sur les troupes qui lui sont opposées, achevèrent notre triomphe : toutefois les débris de l'armée de Kutusoff s'arrêtent dans le ravin de Psarewo, et demeurent exposés au feu de nos batteries, qui causent d'effroyables ravages dans leurs rangs jusqu'à la fin du jour, et les forcent enfin à s'éloigner. Pour achever la destruction des Russes, il eût fallu faire donner la garde et entamer un corps intact qui pouvait sauver l'armée dans un péril ou assurer la victoire dans une autre action. Une prudence si hautement justifiée par le reste de la campagne empêcha Napoléon de porter un second coup à Kutusoff.

Cette bataille, trop peu décisive, nous coûta plus de vingt mille hommes hors de combat et neuf mille tués : il n'y eut presque pas de division qui ne déplorât la mort d'un ou de plusieurs de ses chefs. Nous perdîmes les généraux Plauzolle, Romeuf, Marion, Bonami, Compère, Huart, Lanubère, Montbrun et Auguste Caulincourt; un grand nombre d'officiers supérieurs furent blessés. Les Russes eurent à regretter environ cinquante mille hommes, parmi lesquels on comptait le prince Bagration, le général Koutaisoff et les deux Toutchkoff. Les Français s'emparèrent de cinquante pièces de canon, et firent plusieurs milliers de prisonniers. Le maréchal Ney reçut le titre de *prince de la Moskova;* Davoust, et surtout le vice-roi, n'avaient pas moins mérité que lui; Compans, Gérard, Morand, Caulincourt, Montbrun, Poniatowski et ses Polonais, enfin les généraux d'artillerie Forestier, Sorbier, Lariboisière, etc., avaient aussi puissamment contribué au succès de la journée.

Poursuivi sur la route de Moskou, Kutusoff annonça, par une vive résistance à Mojaïsk, l'intention de nous livrer une seconde bataille dans la belle position de Fili, à une demi-lieue en avant de Moskou; mais le 14 septembre, les troupes du feld-maréchal eurent la douleur de quitter encore cette position sans combattre, et de traverser en vaincus l'antique capitale de la Russie et le berceau de l'empire. On vit des officiers et des soldats pleurer de rage et de désespoir. L'abandon de Smolensk, qui passait pour une lâcheté et presque pour une trahison, avait répandu le deuil et l'indignation dans tous les cœurs russes : qu'on juge de l'effet de l'évacuation de Moskou, la ville sainte, par une armée que la veille encore on disait victorieuse et par le général qui, après avoir juré par ses cheveux blancs de défendre à toute extrémité la vieille capitale des czars, la laissait à la merci de Napoléon! Mais, chose à peine croyable, à l'instant où sa défaite le forçait, pendant la nuit qui suivit la bataille, d'ordonner la retraite pour ne pas être coupé, le lendemain, de la route de Moskou, et acculé contre la Moskowa, Kutusoff ne craignait pas d'écrire aux deux généraux en chef qui relevaient de son commandement, que l'armée française avait été écrasée à Borodino; il fit proclamer à Moskou cette nouvelle, qui allait être démentie au moment même. Deux bulletins venus du quartier général, et publiés dans Saint-Pétersbourg, portaient que les Français avaient été taillés en pièces à Mojaïsk, et la garde impériale détruite; qu'outre cent pièces de canon restées entre ses mains, Kutusoff avait fait mille prisonniers, parmi lesquels on comptait le prince vice-roi, le maréchal Davoust et le maréchal Ney, et que l'ennemi était poursuivi par Platoff, avec trente mille Cosaques qui avaient culbuté notre cavalerie dans l'action générale. Les plus brillantes récompenses devinrent le prix, comme elles avaient été le motif, de ces mensonges, qui déshonorent à jamais le nom de Kutusoff.

Cependant son arrière-garde, serrée en queue par le roi de Naples, et menacée de flanc par le prince Eugène, courait le danger d'être prise ou détruite dans les rues de Moskou. Miloradowich, pour la sauver, proposa une suspension d'armes, déclarant qu'il mettrait le feu à la ville si l'on voulait inquiéter sa retraite; une convention verbale lui donna la sécurité. Des hauteurs du mont du Salut, qui domine Moskou, on voyait cette grande cité, moitié orientale, moitié européenne, avec ses huit cents églises, ses mille clochers, ses coupoles dorées, étincelantes au soleil. A cet aspect, nos soldats, frappés d'étonnement et d'admiration, s'écrient avec transport : « Moskou! Moskou! » Les chefs partagent cet enthousiasme ; Napoléon lui-même en est saisi un moment : une exclamation de bonheur lui échappe. A deux heures, il s'arrête dans l'une des premières maisons du faubourg de Dorogomilow ; le lendemain il descend au Kremlin : c'est là que, satisfait d'avoir exécuté, malgré tous les obstacles, son gigantesque projet, fier de posséder l'antique capitale de l'empire moskowite, il contemple avec orgueil l'image de Pierre Ier. Ah! que les désastres de Charles XII étaient alors loin de la pensée du vainqueur! Au faîte de la gloire, il touchait à une effroyable catastrophe!

Moskou avait vu partir ses habitants, désabusés des mensonges de Kutusoff par le passage de son armée fugitive, mais une partie de la population était restée. Nous avions trouvé un grand nombre de palais ouverts, avec les domestiques aux portes tout prêts à nous recevoir. Les plus riches propriétaires avaient annoncé leur prochain retour, et recommandé par écrit leurs maisons aux officiers qui les occuperaient. L'arsenal du Kremlin renfermait soixante mille fusils anglais, autrichiens et russes, et cent pièces de canon ; hors de la ville, de vastes bâtiments contenaient quatre cents milliers de poudre. Moskou, encore debout et intact, nous offrait des ressources immenses et d'admirables quartiers d'hiver. Napoléon dispose tout dans sa pensée pour mettre à profit sa conquête, rétablir l'ordre dans la ville, la discipline dans son armée, et coordonner tous les éléments du nouveau système qu'il a conçu. Quelles craintes peuvent l'atteindre? Kutusoff, battu, a trop bien senti la supériorité de l'armée française pour tenter de nous inquiéter au sein de Moskou. Si les autres généraux russes font leur jonction avec le feld-maréchal, nous comptons derrière nous deux cent soixante mille hommes échelonnés de manière à venir successivement renforcer la grande armée. D'ailleurs, le caractère d'Alexandre, que Napoléon croit avoir bien pénétré, et ce fut son erreur depuis Tilsitt, lui donne l'espérance de la paix au printemps. De leur côté, les soldats, qui avaient regardé Moskou comme le terme de leurs souffrances et le but de leurs travaux, remplis d'une confiance sans bornes pour le grand capitaine qui semblait jusqu'alors avoir toujours commandé à la fortune, se reposaient avec un plaisir mêlé d'orgueil, entourés des magnificences de la ville des czars. Autour de nous tout respirait l'espoir, le calme et la sécurité.

Mais le gouverneur même de Moskou, Rostopchin, émule de cette politique britannique à laquelle nul crime ne coûte pour la ruine de ses ennemis, avait fait fabriquer des fusées, des étoupes soufrées et goudronnées. Soudain, à un signal donné, un affreux incendie éclate : une multitude de malfaiteurs dont on a ouvert les cachots se répandent de tous côtés; armés de torches, ils portent le ravage et la flamme de maison en maison, de palais en palais. Les efforts de la garde impériale ont peine à sauver un quartier qui renferme l'hôpital des Enfants-Trouvés. Toutes les pompes ont disparu par les ordres de Rostopchin. Moskou tout entier présente l'image d'une vaste fournaise; au-dessus de cette ville un océan de feu vomit des tourbillons de fumée et d'énormes débris avec un bruit horrible. Les flammes s'élancent, et des milliers d'incendies partiels accroissent sans cesse l'incendie général, auquel le souffle des vents opposés communique les mouvements

contraires et les fureurs d'un ouragan. Quel spectacle pour Napoléon! avec quelle douleur il sent l'impuissance de sa volonté contre un tel désastre! Il conçoit d'autant moins cette détermination sans exemple, que jamais semblable barbarie ne fût entrée dans sa pensée, même quand il eût fallu acheter au prix de la ruine de Moskou l'empire du monde. L'armée, qui s'est épuisée en efforts inutiles pour sauver sa conquête, tombe dans la stupeur. Au milieu de cette tempête, les exécrables instruments du gouverneur sont saisis; Napoléon les interroge lui-même : ils avouent hautement leur crime, et sont fiers d'avoir obéi aux ordres de Rostopchin; jugés par une commission militaire, et fusillés sur l'heure, leurs cadavres disparaissent dans le gouffre de flammes qu'ils ont allumé.

Tandis que l'incendie dévorait Moskou, le Kremlin, environné de hautes murailles, paraissait à l'abri de toute atteinte; mais les flammèches qui tombaient dans la cour de l'arsenal, les brandons enflammés qui volaient de toutes parts, pouvaient causer l'explosion des caissons de la garde. Déjà deux fois le feu avait été mis à la forteresse; la nuit approche, le vent redouble avec violence, chaque instant ajoute à l'intensité du mal, et diminue les chances de salut. Vaincu par les instances et les supplications de ses principaux officiers, Napoléon consent avec peine à quitter ce fatal séjour, où la grandeur même du danger semblait le retenir par une espèce de puissance qui n'agit que sur des hommes d'une trempe comme la sienne et qui n'aiment à reculer devant aucun obstacle. Un chemin brûlant le conduit au château impérial de Petrowskoï, au milieu des cantonnements du prince Eugène. C'est là que, voyant Moskou lui échapper, il conçoit le projet de marcher sur Saint-Pétersbourg en effectuant sa retraite sur la basse Dwina, et en donnant la main aux armées du maréchal Gouvion Saint-Cyr, des ducs de Tarente et de Bellune. Des obstacles invincibles le détournent de ce projet. Il rentre au Kremlin le 18 septembre.

Moskou, malgré sa destruction, pouvait encore faire vivre l'armée dans une certaine abondance : on avait sauvé plusieurs grands magasins particuliers; les caves, pour la plupart, étaient restées intactes, les nombreux jardins étaient remplis de légumes. Napoléon appliqua tous ses soins à établir l'ordre dans l'emploi de toutes ces ressources devenues d'un prix inestimable. D'ailleurs il a mis toute son espérance à attendre la paix à Moskou. Fatale illusion ! l'incendie de Moskou disait assez qu'il n'y avait point de terrain en Russie pour la paix. Alexandre l'avait déclaré. Napoléon ne se souvenait que de l'Alexandre de Tilsitt et d'Erfurt, et il espérait encore le retour de ces souvenirs, malgré l'incendie de Moskou. Un incident vint bientôt lui offrir une occasion de sonder les dispositions du czar. La maison des Enfants-Trouvés, placée sous la protection spéciale de l'impératrice mère, avait été préservée des flammes. Admis devant l'Empereur, le directeur de l'établissement demanda la permission d'adresser son rapport à l'impératrice, dans lequel il fut autorisé à glisser des ouvertures de paix. Une autre tentative plus directe fut faite aussi par Napoléon dans une lettre à l'empereur Alexandre, remise entre les mains de M. Jakowleff, qui partit le 24 septembre pour Saint-Pétersbourg, en assurant qu'il parviendrait jusqu'au czar. Dix jours après, toujours plus impatient de la paix, l'Empereur envoya au camp des Russes, le général Lauriston, avec des propositions d'entrer en négociations et d'y préluder par un armistice. Le feld-maréchal Kutusoff, alléguant le défaut de pouvoirs, se contenta d'expédier à Saint-Pétersbourg le prince Volkonski, chargé de communiquer au ministère les offres de Napoléon.

Cependant les Russes avaient continué leur retraite, dans l'intention de nous donner le change sur leur destination véritable; soudain, à la faveur de la nuit, ils tournent vers le sud, pour se rendre par Padol entre Kalouga et Moskou. Cette marche autour de la ville, dont les flammes éclairaient notre armée, tendait à exciter au plus haut degré l'indignation des soldats russes, auxquels leurs officiers ne cessaient de répéter : « Non contents d'avoir brûlé Smolensk, l'antique boulevard de notre patrie, les Français portent une main sacrilége sur la ville sainte. Les flammes qui dévorent l'antique capitale vous prouvent qu'ils veulent la destruction de notre nation et le renversement de notre religion. » Napoléon ne tarda pas à connaître le vrai mouvement de l'armée russe, et traça en conséquence des instructions au roi de Naples, à Poniatowski, au duc d'Istrie. Bientôt les tentatives hardies de l'ennemi, à moitié chemin de Mojaïsk à Moskou, dont une colonne de trois mille Russes a intercepté la route, attirent toute son attention : il les fait poursuivre avec vigueur. Dans l'intervalle du départ de ses ordres à leur exécution, il apprend, par différents courriers qui se succèdent au quartier général, les fatales lenteurs de Schwartzenberg devant Tormazoff, et sa retraite à l'approche de l'armée de l'amiral Schitchagoff; mais, réduisant ce renfort à sa juste valeur, et comptant les soldats de l'amiral comme s'il les avait vus, il écrit au général autrichien pour l'engager à ne pas croire aux exagérations accoutumées des Russes sur leurs forces et à les attaquer sans retard ; en même temps, par un surcroît de prudence, il demande à François II de nouveaux secours. Ses lettres excitent de même le zèle de la Prusse et de nos autres alliés du continent. Il s'applique surtout à tracer des règles de conduite sûres et précises au duc de Bellune, qu'il retient à Smolensk afin de surveiller Minsk et Wilna.

En même temps, Napoléon se préparait depuis le 5 octobre à quitter Moskou, qui ne pouvait plus être une position militaire. Il avait annoncé sa retraite au roi de Naples, aux ducs d'Abrantès et de Bellune, en leur prescrivant tout ce qu'ils avaient à faire, soit pour seconder son mouvement, soit pour la sûreté de la route et des communications de Moskou à Smolensk. Il va ramener son armée entre Smolensk, Mohilow, Minsk et Witepsk. Là, entouré de ses imposantes réserves et de ses deux ailes, appuyé sur un pays ami, la Pologne, sur six lignes de dépôts et de magasins de toute espèce d'approvisionnements qu'il a rassemblés avec tant de soins, il pourra menacer au printemps la ville de Saint-Pétersbourg, dont sa nouvelle situation l'aura rapproché de cinquante lieues.

Retenu par tant de travaux, et plus encore par l'attente des réponses de Saint-Pétersbourg, qui ne vinrent point, qui ne devaient pas venir, il a vu la première neige tomber le 13, et il se hâte de mettre ses différents corps en marche, recommande à Murat de se bien garder et de tenir à Winkovo autant qu'il sera possible, en même temps que le vice-roi, destiné à déguiser notre direction sur Kalouga, faisait faire à la division Delzons un mouvement en sens contraire sur Demilzow. Tous les maréchaux ont reçu leur destination : le duc de Trévise et la jeune garde ne doivent quitter Moscou et le Kremlin qu'au moment marqué. Il existait entre nous et les Russes une espèce de suspension d'armes, pendant laquelle le rusé Kutusoff, ainsi que ses généraux, n'avaient négligé aucun moyen de tromper le roi de Naples par la continuelle manifestation de leurs vœux pour la paix. Le 18 octobre, tandis que Napoléon passait la revue du corps d'armée du maréchal Ney, qui allait sortir de Moskou, on apprend que l'armée russe, quittant ses cantonnements, est venue prendre position sur la Nara. A minuit, Beningsen, secondé par les généraux Baggowouth, Ostermann et Doctoroff, a passé le fleuve, assailli nos troupes, surpris et tourné la division Sébastiani. Le roi de Naples, voyant que l'intention de l'ennemi était de forcer notre gauche, avait sur-le-champ porté des secours de ce côté. Pendant ce temps, Kutusoff s'était avancé avec le reste de ses troupes ; mais des prodiges de valeur de Murat et la vive résistance de Poniatowski, sur notre droite, aux généraux Ostermann et Baggowouth, avaient fait échouer le mouvement de Beningsen et l'attaque de Kutusoff. Ce combat d'une avant-garde contre une armée était glorieux sans doute ; et quoique les Russes eussent perdu peut-être plus de monde que nous, il nous coûtait trop cher dans un moment où nous avions besoin d'économiser nos forces. Cette surprise causa un excessif mécontentement à l'Empereur. Murat s'était laissé tromper par les Russes.

Napoléon sortit de Moskou le lendemain, avec la vieille garde et le premier et le troisième corps ; c'était le 25 octobre. Le même jour, la conspiration Malet éclatait à Paris. A la tête d'une armée de cent mille combattants observée de toutes parts, au milieu d'un pays où le dernier paysan est un ennemi passionné et un espion volontaire, Napoléon va dérober son mouvement à Kutusoff. Après avoir suivi d'abord la vieille route de Kalouga, Napoléon passe tout à coup à droite et gagne rapidement la nouvelle route. Abusé par un rideau de troupes qu'on a laissées vis-à-vis de lui en arrière d'un défilé, l'ennemi n'a point aperçu la contre-marche du roi de Naples et de Paniatowski ; tranquille dans son camp de Taroutino, que nous avons tourné, il nous attend sur son passage, quand nous sommes parvenus à Borowsk, et bientôt à Malo-Jaroslavetz, d'où l'armée n'a plus qu'une marche à faire pour la devancer à Kalouga. A Borowsk, on apprend que le duc de Trévise a quitté Moskou le 23, à deux heures du matin, après avoir fait sauter le Kremlin ; le maréchal est à la tête de la jeune garde. Le général Wintzingerode et son aide de camp Narischkin, qui s'étaient laissé emporter par leur ardeur de pénétrer dans la ville, suivent nos colonnes comme prisonniers. Aussitôt après notre départ, les cosaques et les paysans envahirent Moskou et se précipitèrent sur leur proie. L'humanité française avait sauvé, nourri et soigné comme nos propres soldats plusieurs milliers de blessés russes.

L'habile manœuvre de Napoléon a réussi ; encore un moment, et un succès complet couronne ses espérances : ce succès paraît assuré si le prince Eugène, ou plutôt le général Delzons, fait occuper Malo-Jaroslavetz par une division tout entière, ainsi que l'a ordonné l'Empereur, instruit de la marche d'un corps ennemi sur ce point. Malheureusement son ordre ne fut pas exécuté : Kutusoff, ayant enfin pénétré le mouvement de l'armée française, avait levé son camp de Taroutino dans la nuit du 23 au 24, pour tâcher de nous devancer à Malo-Jaroslavetz, et soutenir Doctoroff, qu'il y avait envoyé avec ordre de s'en emparer. Deux bataillons français seulement gardaient cette ville ; assaillis par des forces supérieures, ils furent obligés de plier ; mais la treizième division accourut, et Delzons répara noblement sa faute en reprenant la position. La lutte s'y soutenait avec des chances variées, lorsque l'armée de Kutusoff se montra successivement et se déploya autour de nous. Au premier bruit du canon, Napoléon s'était élancé au galop. Rencontré par un courrier du vice-roi, il expédie à Eugène l'ordre de tenir à tout prix, et lui annonce des secours ; en même temps, il presse lui-même la marche des colonnes de Davoust.

Arrivé vers midi, Napoléon trouve une affaire terrible engagée. Les troupes françaises ont renoncé à la défensive pour aborder l'ennemi avec intrépidité. Dans une de leurs furieuses attaques, l'héroïque Delzons étant tombé mort, le général Guilleminot l'a remplacé. Mais les Russes, d'abord ébranlés par lui, ont reçu dans leurs rangs de nouvelles troupes : il a donc fallu faire avancer une nouvelle division pour soutenir les deux autres. Pendant cette lutte terrible, le vice-roi porte son attention sur les alternatives du combat à Malo-Jaroslavetz, que les deux partis se disputent avec un acharnement sans exemple. La ville, incendiée par les obus de Kutusoff, a été prise et reprise jusqu'à sept fois : nous

en restons les maîtres. Dès son arrivée, Napoléon a fait soutenir Eugène par deux fortes batteries placées sur la droite et sur la gauche; en même temps, deux ponts à chevalet, établis au-dessus du pont de l'Ougea, ont facilité les communications, ainsi que l'envoi des secours au moment opportun, précautions sans lesquelles nos troupes n'auraient jamais pu sortir victorieuses d'une lutte aussi inégale. Témoin de l'action, l'Empereur en laisse tout l'honneur au prince vice-roi ; il loue les belles dispositions autant que la brillante valeur de son fils adoptif, et la constance des jeunes soldats d'Italie, élevés et déjà rivaux de ses vieux compagnons de guerre. Repoussé avec soixante-dix mille hommes qui n'ont eu en face que seize mille combattants entassés dans un ravin, dominés par une ville bâtie sur une pente rapide et escarpée, Kutusoff rappelle ses troupes et recule sa ligne en gardant la route de Kalouga.

Kutusoff voudra-t-il tenter de nouveau le sort des armes? va-t-il, au contraire, opérer sa retraite? La première conjecture ne trouve que des partisans autour de l'Empereur, et presque tous conseillent d'éviter absolument tout autre engagement général. Napoléon, avec son coup d'œil sûr et rapide, se décide pour la seconde, malgré tous les rapports dont on l'assiége : l'aspect du champ de bataille, où les Russes ont laissé tant de morts et de débris, le confirme dans son sentiment. Cependant Murat, Davoust, le comte de Lobau et une foule d'autres, persistent dans l'idée contraire. Suivant eux, Kutusoff se prépare à une bataille ; et tous, comme de concert, s'appliquent à multiplier les arguments pour qu'on ne coure pas les mêmes chances de succès : « Reculer devant Kutusoff ! » s'est écrié Napoléon au premier mot de retraite prononcé par ses généraux, « reculer devant l'ennemi quand on vient de le battre, au moment peut-être où il n'attend qu'un signe pour reculer lui-même ! » Cette pensée était prophétique. Napoléon en est fortement préoccupé ; il s'y attache pendant la journée du 25, consacrée à des reconnaissances ; le 26 au matin, il apprend le départ des Russes ; ce sont eux qui fuient : l'honneur est satisfait. L'Empereur cède alors à l'avis unanime de ses lieutenants de revenir sur Mojaïsk et Wiasma, afin de reprendre la route de Smolensk. Funeste influence des conseils timides ! elle perdra la grande armée. Si Napoléon n'eût écouté que son inspiration, ou il aurait surpris et écrasé les Russes, ou, s'ils eussent pu éviter notre attaque, ils se seraient retirés derrière l'Oka, comme ils en avaient l'ordre, en abandonnant aux Français une contrée riche et un chemin sûr, quelque direction qu'ils prissent pour retourner en Pologne. Cette conséquence résulte de l'aveu de nos adversaires eux-mêmes[1] ; aussi regardèrent-ils la retraite de Kutusoff comme une faute grave qui pouvait le perdre. Elle ne le perdit point, parce que Napoléon, laissant fléchir une seconde fois encore sa volonté par d'importunes remontrances, ne trancha pas le nœud gordien avec son épée, ainsi qu'il l'avait fait en Italie, en Égypte, pendant la campagne d'Austerlitz et à l'île de Lobau. On vit alors un singulier spectacle, les deux armées ennemies se tourner le dos, et l'arène où elles venaient de se heurter rester vide entre elles ! Napoléon avait seul jugé et senti les périls de cette guerre inconnue ; mais, soit qu'il n'eût plus ce caractère qui, dans la campagne d'Italie, lui faisait dire que la guerre était une affaire de tact, soit que son génie lui-même eût reculé devant la responsabilité d'un demi-million d'hommes entraînés par lui aux extrémités de l'Europe, il soumit malheureusement sa conviction aux opinions de ses lieutenants.

Tandis que Kutusoff, sans cesse retenu par la circonspection, malgré les instances du commissaire anglais Wilson, et presque toujours trompé dans nos mouvements, malgré les nombreux cosaques qui éclairaient sa marche et la nôtre, nous cherche vers Mojaïsk, nous suivons la route de Smolensk, non loin de Borodino ; ce nom réveille de glorieux souvenirs qui ne peuvent balancer les sombres impressions de l'aspect du champ de bataille. Napoléon s'arrête au grand hôpital de Kolotskoï. Là, voyant avec douleur que ses ordres envoyés de Moskou pour l'évacuation des blessés n'ont pas reçu toute leur exécution, il fait placer devant lui dans les voitures qui défilent, et dans les siennes propres, tous ceux dont le transport est praticable, et les recommande aux officiers de santé de sa

---

[1] M. de Boutourlin.

maison; on confie les autres à la reconnaissance des officiers russes qui étaient encore à l'hôpital, et que nos chirurgiens avaient pansés après la bataille. Il court ensuite à Gjath, et entre le 31 à Wiasma; il y reste pour attendre ses troupes, dont il presse la marche. Dans l'intervalle, les hordes de Platoff ont tenté d'entamer le corps du maréchal Davoust près l'abbaye de Kolotskoï, en même temps que le colonel Kaizaroff, avec une brigade de cosaques, attaquait les équipages du vice-roi. Toutes ces insultes ont été vigoureusement repoussées.

Nous nous dirigeons vers Smolensk, et le duc de Bellune, chargé de conserver ce poste important, l'a confié à la garde du général Charpentier, pour se porter au secours de Gouvion Saint-Cyr sur la Dwina. Le maréchal, au lieu de pouvoir seconder les opérations du duc de Tarente du côté de Riga, n'a fait que se maintenir devant Wittgenstein; et quand ce général s'est avancé avec vingt-cinq mille hommes de renfort, nous avons évacué Polotsk. Les choses vont plus mal sur le Bug : Schwartzenberg, reculant à l'approche de l'amiral Tchitchagoff, a abandonné la Volhynie, et s'est laissé couper de Minsk, de la Bérésina et de la grande armée française.

Convaincu enfin de notre retraite sur Smolensk, Kutusoff veut nous devancer dans cette ville avec toutes ses forces; il faut le prévenir. Le 2 novembre, notre avant-garde n'est plus qu'à une journée de Wiasma; les autres corps approchent de cette ville : Napoléon y laisse le maréchal Ney, qui doit relever Davoust dans le service d'arrière-garde. Ney, après avoir pris toutes les précautions nécessaires à la facilité des communications entre la droite et la gauche de sa ligne, occupait des positions avantageuses sur le flanc de Wiasma. Tout à coup le vice-roi se voit attaqué par Miloradowitch, entre cette ville et Federowskoë. Arrêter ses colonnes, s'emparer des hauteurs qui prenaient à revers la gauche des Russes, se porter contre eux sur la grande route, furent les premières résolutions du vice-roi. En même temps, Davoust, à la tête du quatrième corps, faisait avancer la division Compans pour frayer le passage : ce premier choc renverse les Russes et les pousse en arrière des bois où leur gauche s'appuyait. Alors les corps français se déploient en bataille; une action terrible s'engage. Malgré les charges multipliées de sa cavalerie, qui essaye de tourner nos deux ailes, Miloradowitch ne peut obtenir le succès sur lequel il avait compté pour prix de la marche habile et rapide qui l'avait amené devant nous. Vivement pressé par une attaque de Raescoff, combinée avec celle de Miloradowitch, non-seulement Ney soutint ce furieux effort, mais encore il put envoyer aux deux généraux français, témoins de sa lutte opiniâtre, un régiment qui, traversant Wiasma au galop, courut se jeter derrière les divisions russes. L'ennemi, enfoncé après cinq heures du combat le plus sanglant, vit son aile droite rejetée au delà de l'Ulitza; son aile gauche, coupée de cette rivière, nous abandonna le champ de bataille. Les seules troupes de Davoust et du vice-roi avaient passé sur le corps de vingt-cinq mille hommes de Miloradowitch; l'armée française continua sa marche sans autre obstacle que l'importunité des cosaques, toujours voltigeant autour de notre arrière-garde, et toujours repoussés par Ney, qui la commandait.

Dans trois jours nous serons à Smolensk; des désastres nous y attendent, des désastres nous y poussent. La neige tombe en abondance; un vent impétueux souffle et couvre l'horizon d'un brouillard épais et sombre. Presque tous les chevaux meurent, la cavalerie est à pied, l'artillerie n'a plus d'attelages. Parmi les hommes, les uns, engourdis et glacés, cèdent au sommeil, qui donne la mort; les autres sont désarmés par la faim, qui leur ôte la force d'agir, et par la rigueur intolérable du froid, qui gèle leurs mains; ceux qui peuvent encore se servir de

leurs fusils ont à dissiper des nuées de cosaques pendant le jour, et ne trouvent aucun repos, même pendant la nuit. Déjà, depuis Wiasma, le désordre s'est mis au sein de l'armée; des bandes d'hommes de tous les corps suivent la route comme un troupeau sans défense, ou se répandent dans toutes les directions pour chercher du pain et un abri. Néanmoins, au milieu de cette désorganisation, un grand nombre de soldats et d'officiers, et surtout les vieux compagnons de guerre de l'Empereur, conservaient un calme, une constance et une force de volonté, en même temps qu'une vigueur d'action, qui rendaient notre débris d'armée encore imposant aux yeux de l'ennemi. Pendant cette retraite pénible, l'attitude de Napoléon fut celle d'une grande âme aux prises avec l'adversité : les souffrances de l'armée, son héroïsme, le soin de son salut, la prévoyance des projets de l'ennemi, la France inquiète, occupent sa vaste pensée sans troubler son génie.

Ainsi qu'à Wiasma, l'arrière-garde du maréchal Ney, attaquée près de Dorogobouje, en queue et en flanc, par Platoff et Miloradowitch, a constamment repoussé les Russes, mais en évacuant successivement ses positions. Le vice-roi, dans sa route vers Witepsk, s'est vu soumis aux plus rudes épreuves sur des chemins que la neige et le verglas ont détruits : il a néanmoins chassé les cosaques de Platoff, qui le harcèlent sans cesse. La perte de douze cents chevaux retarde sa marche, et cette lenteur inévitable permet à Platoff de nous devancer à Dukhowszina, où nous attendaient encore de cruelles angoisses. Le vice-roi avait ordonné de jeter sur le Woop un pont que l'accroissement des eaux a empêché de construire. La rivière, fangeuse et encaissée entre deux rives escarpées, présente un obstacle presque insurmontable; tout en résistant aux cosaques de Platoff, le vice-roi, la fait passer à gué par sa garde. Cependant on a formé une rampe sur laquelle commencent à défiler l'artillerie et les bagages; la rampe enfonce, et nos canons

s'engloutissent dans de profondes ornières. La nuit arrive; il faut s'arrêter d'un côté du Woop, tandis que la garde, avec deux régiments et une partie de l'artillerie, reste séparée sur le bord opposé. Après des efforts inouïs, nous ne parvenons à franchir le Woop que le 10 novembre, en abandonnant soixante pièces de canon enclouées et sans attelage, ainsi qu'une grande quantité de bagages. L'ennemi nous attend au milieu de la route; on le repousse; enfin le prince, sous la protection de la division Broussier et de la cavalerie bavaroise, arrive à Smolensk avec un débris informe, composé des plus braves soldats du monde. Les scènes les plus cruelles signalèrent notre séjour dans cette ville. Smolensk, où nous attendions tous les secours préparés, grâce à la prévoyance de Napoléon, était devenue le théâtre des plus effroyables désordres dans la distribution des vivres, enlevés par une multitude affamée. Après quatre jours d'un repos si chèrement acheté, il fallut quitter Smolensk.

Précédée à Krasnoë par une masse de soixante mille hommes désorganisés, l'armée française partit de Smolensk pour gagner les ponts d'Orcha. Miloradowitch nous a dépassés; souvent puni de sa témérité, il hésite cette fois à s'opposer à notre passage ; mais ce qui rend le péril pressant, c'est Kutusoff, qui lui-même marche vers Krasnoë. Toutefois le vice-roi, Davoust et Ney, qui forment l'arrière-garde, étant en arrière, l'Empereur veut attendre. Soudain vingt-quatre mille Russes, aux ordres de Rajewski et de Miloradowitch, ferment le chemin aux Français à la sortie de Dubrowinka! Fier de l'avantage du nombre, et s'adressant d'abord à une colonne de quinze cents hommes que commande Guilleminot, l'ennemi somme le général de mettre bas les armes; mais une indignation unanime repousse cette injurieuse proposition plusieurs fois répétée, et ces braves fondent sur les masses ennemies : la moitié d'entre eux succombe dans cette lutte inégale; le reste rejoint le vice-roi et le trouve aux prises avec Miloradowitch, qui occupe la route devant nous. C'est là que quatre mille hommes, harassés, manquant de tout, n'ayant plus que quelques canons, mais soutenus par les habiles dispositions, encouragés par les généreux exemples du prince et la brillante valeur de tous leurs chefs, ont affronté à plusieurs reprises un corps considérable que protégeaient un bois et des hauteurs hérissées d'une nombreuse artillerie ; c'est là que trois cents hommes ont osé aborder et atteindre ces hauteurs où deux masses de cavalerie les ont assaillis avec fureur. Toute l'impétuosité, toute la constance des Français, n'ont pu forcer le passage : il faudra périr ou se rendre. La nuit survient ; le prince, loin de s'abandonner au découragement, en profite pour tourner les positions des Russes, et par cet habile stratagème il se réunit avec le quatrième corps et la jeune garde, placée par Napoléon dans Krasnoë.

Pendant ce temps, Kutusoff, à la tête de la grande armée russe, nous poursuivait sans relâche. Le 15 novembre, Napoléon le prévient à Chirkowa et Maliewo, où il culbute le corps d'Ojarowski et arrête le feld-maréchal pendant vingt-quatre heures. Il apprend que Beningsen, Strogonoff, Galitzin et Miloradowitch, avec plus de cinquante mille hommes, veulent lui fermer le chemin et attaquer ses quatorze mille soldats réduits à un état déplorable. Il peut se retirer sur Orcha et Borizow, donner la main à l'armée du duc de Bellune, et ensuite à ses autres réserves : la route lui est encore ouverte; mais inquiet du sort de ses deux lieutenants, Ney et Davoust, il cherche, pour les sauver, à attirer vers lui tous les efforts de la grande armée russe. Le 17, avant le jour, il revient sur ses pas, et à la tête des débris de sa vieille garde, il s'avance au centre de quatre-vingt mille hommes. Là, gravissant à pied les escarpements couronnés par l'ennemi, foudroyé de trois côtés par une artillerie formidable, il dirige en personne les charges les plus impétueuses. A la droite et sous les ordres du maréchal Mortier, les restes de la jeune garde, commandés par le général Roguet, quelque cent chevaux de Latour-

Maubourg, une faible artillerie renforcée par celle de l'inébranlable Drouot, prêtaient dignement leur appui à tant de constance. De son côté, Claparède, avec une poignée d'hommes, défendait Krasnoë contre les tentatives multipliées du général Rosen. Il ne fallait pas moins que le génie et la présence de Napoléon pour empêcher la destruction complète de notre armée. Les Russes, frappés d'admiration et

de terreur, reculèrent. Voyant toutes ses combinaisons dérangées, Kutusoff suspendit les ordres par lui donnés à Tormasoff et rappela les principales troupes de Miloradowitch. Le prince d'Eckmühl profita de ce moment de relâche, et, se frayant un passage, rejoignit le quartier général. Restait le maréchal Ney, qui avait quitté Smolensk un jour plus tard et que le généralissime d'Alexandre espérait écraser au sortir de cette ville.

En effet, l'avant-garde de Ney, au moment où elle touchait à Krasnoë, fut saluée, à portée de mitraille, par une batterie de quarante pièces, dont le feu croisait la route à travers un épais brouillard et dominait le dernier ravin qui lui restait à franchir. Le 15e léger, le 33e et le 40e, s'élancent et renversent la première ligne de Miloradowitch; mais, bientôt attaqués de front par les meilleures troupes de ce général, chargés en queue par la division Paskewitch, à droite par les hulans de la garde, à gauche par les grenadiers de Pawlosk, et accablés sous la mitraille, le plus grand nombre périt aux cris de *vive l'Empereur! vive la France!* Aussitôt, recueillant les débris de ces braves, Ney s'avance en personne. Il détache quatre cents Illyriens sur le flanc gauche de l'ennemi, et lui-même, avec trois mille hommes, monte à l'assaut des hauteurs que couronnent une armée et une artillerie formidables. La première ligne des Russes est de nouveau culbutée. Tout à coup une grêle de balles et de boulets écrase une partie de nos valeureux soldats; le reste recule en désordre. Ney les reforme avec calme derrière le ravin leur unique abri, et ose affronter encore les deux cents bouches à feu qui sèment la mort autour de lui. Au plus fort de cette terrible action, un officier de Miloradowitch vient le sommer de se rendre : il répond comme l'avait fait Eugène. Tout à coup le maréchal apprend que Napoléon est parti de Krasnoë; l'extrémité du péril lui suggère de retourner vers Smolensk, et de chercher à gagner Doubrowna par la rive droite du Dniéper. L'Empereur avait deviné ce mouvement, et avant de quitter Doubrowna, il avait prescrit à Davoust, qui commandait l'arrière-garde, de rester le plus longtemps possible dans cette ville. Davoust n'attendit point assez : et, par une précipitation non moins funeste ici que l'avait été sa lenteur à Smolensk, il faillit de nouveau causer la perte de Ney. En effet, quand celui-ci, un moment après le départ de Davoust, se présenta devant Doubrowna, il trouva le pont détruit. Il ne lui restait d'autre parti que de tenter le passage du fleuve; il le franchit, mais à travers de cruelles épreuves, en abandonnant son artillerie et ses bagages. Enfin, Ney et ses intrépides compagnons, au nombre de quinze cents, la plupart mutilés, approchèrent d'Orcha, après avoir fait vingt lieues en deux jours, au milieu des cosaques qui les tenaient comme assiégés. Sur cette heureuse nouvelle, Eugène et Mortier s'étaient disputé la gloire de voler au secours de l'héroïque colonne. La joie de Napoléon, lorsqu'il apprit l'admirable retraite de Ney, éclata par des mouvements du cœur et par des paroles qui retentiront dans la postérité.

A Doubrowna, que Napoléon était parvenu à occuper avant l'ennemi, le ciel s'adoucit, notre position devint meilleure, les vivres arrivèrent : nous trouvâmes des abris dans un pays habité. Orcha nous offrit ses magasins assez abondants, un équipage de pont de soixante bateaux, et trente-six canons attelés, dont nous avions tant besoin. La garnison de cette ville et la cavalerie polonaise, qui avait été cantonnée aux environs, se réunirent à nous. Les traîneurs s'étaient ralliés et avaient pris place dans les rangs. Cependant, quelle faible armée nous reste, et que de sujets d'inquiétude renferme l'âme de Napoléon! Si Kutusoff et la grande armée russe ont cessé de le harceler, Wittgenstein a surpris Witepsk, l'amiral Tchitchagoff est entré à Minsk, et nos hôpitaux, des subsistances suffisantes pour cent mille hommes pendant six mois, d'immenses approvisionnements de munitions et d'artillerie, sont tombés en son pouvoir. Schwartzenberg, victorieux de Sacken, l'un des lieutenants de l'amiral russe, pouvait empêcher la chute de Minsk et opérer en notre faveur la plus importante des diversions; il aima mieux désobéir à Napoléon, et se diriger sur Kobrin. Cette conduite serait inexplicable, si elle ne cachait pas une nouvelle iniquité de la politique autrichienne. « Minsk est pris, il faut le reprendre! » s'est écrié Napoléon; et le 19 novembre, il avait expédié de Doubrowna l'ordre au duc de Bellune de contenir Wittgenstein; au duc de Reggio, de se porter en toute diligence, avec le deuxième corps, sur Borizow, et de là sur Minsk. Napoléon annonçait aux deux maréchaux qu'il allait lui-même suivre cette direction, afin d'occuper ensuite la ligne de la Bérésina. Mais, pendant la marche du duc de Reggio, Ojarowski, détaché par Kutusoff,

s'est emparé de Borizow et de notre seul pont sur la Bérésina. Le 22, Napoléon apprend cette triste nouvelle sur la route de Kokanow à Toloczin. Ainsi, la mollesse ou la perfidie du prince de Schwartzenberg, le défaut de concert entre les ducs de Bellune et de Reggio, la blessure de ce dernier, qui s'est laissé prévenir et battre à Polotsk; la marche trop méthodique de Saint-Cyr, qui, après sa première victoire, s'est contenté de substituer une habile et glorieuse défensive à une offensive hardie; enfin, une espèce de fatalité attachée à l'exécution des ordres les plus importants de Napoléon pendant toute cette campagne, ont amené le plus funeste résultat : en face d'un grand fleuve qu'il faut franchir, les Français se trouvent resserrés entre Kutusoff, Wittgenstein et Tchitchagoff à la tête de cent quarante mille combattants qui occupent tous les passages.

Le duc de Reggio reçoit la mission de reconnaître au-dessus et au-dessous de

Borizow des positions favorables pour jeter plusieurs ponts. On trouve un gué vis-à-vis de Stoudziancka; sans perdre un seul instant, Napoléon ordonne aux généraux Chasseloup et Éblé de partir avec les pontonniers, les sapeurs, les caissons d'outils que lui-même avait voulu voir mettre en réserve à Orcha, et au duc de Bellune de marcher audacieusement et en toute diligence sur Wittgenstein. Le maréchal doit empêcher à tout prix le général russe de se porter sur le duc de Reggio et de nous devancer à la Bérésina. Conformément à ses instructions, le duc de Reggio a fait toutes les démonstrations possibles pour tromper l'ennemi vers le point de Stoudziancka, où ont lieu tous nos préparatifs de passage, que le maréchal espère opérer le 24 novembre. Cette attente est déçue; à minuit, un courrier vient annoncer, au contraire, que nous sommes encore à Borizow, et que l'ennemi s'est renforcé sur les bords du fleuve : le duc de Reggio demande des secours. Mortier part avant le jour, et l'Empereur donne au duc de Bellune l'ordre de couper la route de Lepel, afin que l'ennemi ne puisse surprendre Oudinot dans une position qui devient de plus en plus critique. Heureusement que Tchitchagoff, trompé par des démonstrations habilement conçues, a pris le change sur nos véritables dispositions, et que, descendant la Bérésina au moment où nous la remontions, il a emmené avec lui ses forces très-loin au-dessous de Stoudziancka. L'Empereur a vu avec une indicible joie les dernières files des colonnes ennemies s'éloigner et disparaître : il faut profiter de cette faveur inespérée de la fortune. Le 26 au matin, un escadron de la brigade Corbineau, auquel le premier officier d'ordonnance de l'Empereur, le colonel Gourgaud, avait montré le chemin, traverse la rivière à la nage, chaque cavalier portant un fantassin en croupe; en attendant l'achèvement des ponts, la division Dombrowski passe sur trois radeaux.

La rive gauche est à nous ; les cosaques s'enfuient, chassés par nos troupes et par l'aspect des batteries établies sur les hauteurs de Stoudziancka. A une heure de l'après-midi, le corps du duc de Reggio défile sur le premier pont avec deux pièces de canon seulement, et occupe le débouché des bois qui mènent à Borizow. Un peu moins de rapidité dans ce mouvement, il n'était plus temps; le général Tschaplitz, ramené en toute hâte par les avis de ses cosaques, nous prévenait. A quatre heures du soir, le génie livre le deuxième pont aux voitures. L'artillerie du duc de Reggio se hâte de rejoindre ce maréchal, aux prises avec l'ennemi, qu'il pousse sur Borizow. Deux cent cinquante bouches à feu et leurs caissons roulent sur le pont, les chevalets s'enfoncent sous le poids d'une si énorme charge : la présence de l'Empereur, les prodiges qu'elle inspire à nos pontonniers, à nos marins, à nos sapeurs, plongés jusqu'aux épaules dans l'eau glacée, triomphent de tous les obstacles. La garde franchit le fleuve à son tour ; le duc d'Elchingen lui succède à Stoudziancka. Le jour disparaît; Napoléon veille toute la nuit. Le duc de Reggio a battu Tschaplitz, mais les Russes se renforcent dans leur position ;

Ney va soutenir notre avant-garde; Mortier le suivra. Le vice-roi et le prince d'Eckmühl sont rappelés de la ville d'Orcho; le duc de Bellune, arrivé à Borizow, reçoit l'ordre de former l'arrière-garde à Stoudziancka pour faire face à Wittgenstein, qui peut paraître d'un moment à l'autre. L'Empereur a les yeux fixés sur le point important de Borizow, et charge un officier d'ordonnance d'observer tous les mouvements de l'ennemi au delà du pont. Le 27, Napoléon voit avec peine que la foule des traîneurs n'ait pas profité de la nuit pour s'écouler, et qu'elle encombre encore les ponts; rien n'a pu arracher des bivouacs ces malheureux en proie à tous les besoins, et qui n'ont pas conservé leurs forces morales et physiques comme les soldats unis ensemble sous les armes, et soutenus les uns par les autres. Le vice-roi a rejoint. Napoléon passe au milieu de sa vieille garde et se porte aux avant-postes du duc de Reggio. Il veut qu'au plus tard dans la matinée du lendemain, s'effectue le passage de l'armée entière. Eugène et le prince d'Eckmühl doivent franchir la rivière successivement; le duc de Bellune fermera la marche et achèvera de mettre la Bérésina entre les Français et Wittgenstein.

La nuit s'écoule dans de grandes inquiétudes sur le sort de la division Parthouneaux, laissée à Borizow par le duc de Bellune pour garder le chemin de Stoudziancka; le jour les augmente, et amène de bien plus graves sujets d'alarmes : Wittgenstein débouche sur Borizow; il a opéré sa jonction avec l'avant-garde de Kutusoff aux portes de cette ville, et Tchitchagoff est le maître de rétablir le pont de Borizow pour communiquer avec Wittgenstein et le feld-maréchal. Au point du jour, l'ennemi engage deux batailles sur les deux rives de la Bérésina. Tchitchagoff vient d'attaquer le duc de Reggio; l'Empereur vole à ce dernier, qu'on emporte blessé de nouveau, et lui donne pour successeur le maréchal Ney, qu'appuie en arrière le duc de Trévise. De l'autre côté du fleuve, le duc de Bellune est aux prises avec Wittgenstein. Bientôt un affreux désordre se répand sur le pont, où la foule des combattants se précipite avec fureur; les chevalets fléchissent, et il faut les réparer, il faut ouvrir le passage aux ordres que Napoléon transmet pour soutenir les deux luttes sanglantes auxquelles il préside avec sa fermeté ordinaire.

Jusqu'au moment de sa blessure, le duc de Reggio avait repoussé avec vigueur les efforts de Tchitchagoff pour l'acculer sur la Bérésina; le maréchal Ney a changé la défensive en une brillante offensive : l'action n'en est devenue que plus longue et plus acharnée. Enfin l'ennemi ayant fait avancer ses réserves, le cinquième et le troisième corps, que l'Empereur lui-même avait placés derrière le duc de Reggio, prennent part au combat. On vit alors les cuirassiers du général Doumerc, lancés sur les Russes à l'instant où la légion de la Vistule marchait contre leur centre à travers un bois, enfoncer successivement six carrés d'infanterie. Vers dix heures du soir, convaincu de l'inutilité de ses attaques et de sa résistance, l'ennemi nous abandonne la victoire et un grand nombre de prison-

niers. Cependant, après avoir donné la première impulsion à cette affaire et assuré
le succès de ses armes, l'Empereur quitte son quartier général où, placé, à la tête
de sa garde, entre les deux rives, il dirige tous les mouvements. Il a hâte de se
rapprocher de Victor, qui, ayant sa gauche au fleuve et protégée par un ravin, lutte
avec six mille soldats contre les trente mille hommes de Wittgenstein. Menacé
d'être forcé ou enveloppé dans cette position difficile, Victor s'est concentré plus
près du point de passage pour en défendre l'accès; mais une batterie russe, portée
jusque sur le bord de la rivière, écrase à la fois les braves qui combattent et la
multitude inerte confusément entassée à l'entrée des ponts. Il parvient à faire
reculer cette batterie meurtrière; mais elle n'en a pas moins causé un désastre
affreux parmi cette foule de malheureux qui, au lieu de céder à l'épouvante,
auraient affronté le fer et le feu de l'ennemi, et résisté à la rigueur de la saison,
s'ils eussent conservé leurs rangs et leurs armes comme l'avaient fait leurs intrépides défenseurs. Dans le cours et au plus fort de l'action, Fournier, Latour-
Maubourg, à la tête de la cavalerie, avaient percé le centre de la ligne ennemie,
et ces charges vigoureuses sauvèrent le faible corps d'armée : réduit à quelques

cents chevaux, le 7ᵉ régiment de cuirassiers, commandé par le colonel Dubois,
se précipita sur un carré de sept mille Russes. Le duc de Bellune couronna la
belle conduite de ses troupes dans cette affaire par une action qui en était digne :
rappelé le soir de la position de Stoudziancka, il eut la constance d'y demeurer
toute la nuit, afin de donner aux isolés qui restaient encore sur le rivage le
temps d'échapper au fer de l'ennemi. Le lendemain, un peu avant le jour, il fit
son mouvement, emmenant ses blessés, ses bagages, son artillerie; à huit heures

du matin, le général Éblé brûla les ponts qu'il avait construits, et mit cette barrière entre les Russes et les Français. Dans le passage de la Bérésina, en présence et malgré les efforts de trois armées qui avaient juré de le fermer ; dans les deux batailles livrées avec des chances si inégales du côté des Français, que leur prodigieux affaiblissement et leur situation presque désespérée semblaient condamner à une ruine entière, tout était un sujet de triomphe ; la seule division Parthouneaux, égarée dans sa route pendant la nuit, avait succombé devant Wittgenstein.

Des quatre-vingt mille hommes qu'il avait sur les bords de la Bérésina, Napoléon en ramène soixante mille qu'il dirige vers Zemblin, où le vice-roi l'a précédé, ensuite vers Kamen ; dès lors nous n'avons plus affaire qu'à des cosaques qui se signalent toujours par une prompte fuite à l'aspect de quelques soldats français. Malodeozeno et Smorgoni offrent à l'armée des ressources dont sa détresse lui fait sentir le besoin bien pressant. On approche de la Wilia, où déjà le corps bavarois du général de Wrède est venu s'emparer de la position prescrite. Napoléon voudrait retenir un peu l'armée derrière la ligne que forme cette rivière : il transmet en conséquence ses ordres au vice-roi, et consacré deux jours à prendre les autres dispositions nécessaires. L'Empereur appelle à lui une partie des immenses provisions rassemblées sur ce point par les soins du duc de Bassano. A Malodeozeno, on reçoit quatorze estafettes de Paris; on envoie pour réponse le terrible bulletin du 3 décembre. Depuis vingt et un jours, tout le monde ignorait le sort de la grande armée.

Cependant Heudelet approchait du Niémen avec dix mille hommes, et Loison arrivait de Wilna avec un égal nombre; mais tous deux ne viennent que pour prendre leur part des malheurs de l'armée, s'il convient désormais de donner ce nom à un débris confus d'hommes accablés par la faim, par la soif, par un froid d'une rigueur excessive, même en Russie. L'Europe est derrière nous et peut fermer la route; la France va éprouver une commotion profonde à la nouvelle de nos désastres : il faut les réparer promptement pour ne pas laisser aux Russes le temps de s'avancer jusqu'au Rhin, en se grossissant peut-être des forces de nos alliés, devenus tout à coup nos ennemis; il faut aller chercher d'autres soldats, et c'est à Paris qu'on doit les demander et les obtenir. La nation, toujours pleine d'enthousiasme pour la gloire, et soutenue du sentiment de ses ressources, ne refusera rien à Napoléon présent et se montrant supérieur à une si grande adversité.

Il part de Smorgoni le 5 décembre, après avoir confié son projet à ses lieutenants : le commandement de l'armée est remis au roi de Naples. Cette résolution n'a pas manqué de censeurs, quoiqu'elle ait été dictée par le premier devoir d'un prince. Personne n'a exprimé la vérité à cet égard avec plus de franchise et de justice que le colonel Boutourlin, aide de camp de l'empereur de Russie. « Napo-
« léon, dit-il, n'était pas seulement le chef de l'armée qu'il quittait, mais, puisque
« les destinées de la France entière reposaient sur sa tête, il est clair que dans
« cette circonstance il était moins impérieux d'assister à l'agonie de son armée
« que de veiller à la sûreté du grand empire qu'il gouvernait. » Napoléon se justifie encore mieux par quelques-unes de ces paroles que la raison rend irrésistibles : « Je suis plus fort, dit-il alors, en parlant du haut de mon trône, aux
« Tuileries, qu'à la tête d'une armée que le froid a détruite. »

Rassuré par les approvisionnements que le duc de Bassano vient de lui envoyer, par les renforts qui arrivent successivement, par les armées du duc de Tarente et du prince de Schwartzenberg, qui sont encore imposantes, il a résolu de rallier l'armée à Wilna et de faire du Niémen une barrière que les ennemis ne pourront franchir. Ses ordres au prince Berthier, datés de Bichitza le 5 décembre, attestent sa profonde sollicitude, ainsi que l'étendue de sa prévoyance; et quand on considère ce qui restait de ressources sur les lieux, en matériel et en hommes, si l'hiver n'avait pas dérangé tous les calculs; quand on ajoute à ces ressources toutes celles que le génie de Napoléon enfanta depuis son retour à Paris jusqu'à l'ouverture de la campagne, on ne saurait douter que cet immortel capitaine ne dût se trouver prêt beaucoup plus tôt que ses adversaires, ressaisir la victoire, et dicter encore la paix, avant que la ligue du continent pût éclater contre lui. Mais, la nuit même de son départ, un froid de 28 degrés vint mettre le comble à tant de désastres.

Napoléon, accompagné du grand écuyer Caulaincourt, de Duroc, du comte de Lobau, faisait la plus grande diligence. Il faillit être pris par un pulsk de cosaques aux ordres du partisan Sesslaven. Son étoile le sauva. Arrivé à Wilna avec le duc de Bassano, qu'il avait trouvé à Miedniki, l'état de ses magasins, qui renfermaient des munitions de toute espèce pour cent mille hommes pendant quarante jours, lui causa la plus vive satisfaction. L'Empereur se rendit de cette ville à Varsovie, de Varsovie à Dresde, où il courut le risque d'être arrêté par suite des menées des agents anglais résidant à Vienne, et sous les yeux de ce vénérable roi de Saxe, dont l'honorable fidélité venait d'accueillir avec tant de loyauté le prince à qui il devait sa couronne. Le 15, Napoléon expédie de Dresde des courriers à son armée, à son beau-père, au roi de Prusse, et prend la route de Leipsick et de Mayence; le 19, après quatorze jours du voyage le plus rapide et le plus secret, il embrassait, dans la nuit, sa femme et son fils au palais des Tuileries.

Pendant qu'il ressaisissait les rênes de l'Empire, la rigueur de la saison semblait augmenter encore, chaque jour, dans la Lithuanie; et dès lors il n'est plus de termes pour exprimer la souffrance et la profonde désorganisation du reste d'hommes qu'on pouvait appeler les ruines de la grande armée. Il y eut à Wilna, comme à Smolensk, des désordres déplorables dans la distribution des vivres; les magasins, les hôpitaux, furent également envahis. Enfin quelque régularité s'établit à la voix des chefs. Tous ces malheureux soldats, encore en armes, et la foule qui les accompagnait, commençaient à s'applaudir de pouvoir prendre quelque repos sans avoir à redouter les cosaques, quand tout à coup paraît l'avant-garde de Kutusoff. Loison, de Wrède, réduits, l'un à deux mille hommes par les combats, l'autre à trois mille par le froid seul, retardent avec courage l'approche de l'ennemi. Si le roi de Naples, conservant son ancienne activité, eût donné des ordres, la garnison de la ville et la garde impériale pouvaient défendre Wilna pendant plusieurs jours, quoiqu'on n'y eût pas achevé les travaux tant de fois recommandés par l'Empereur. Murat ne fit rien qui fût digne d'un lieutenant de Napoléon. Ney, toujours le héros de la retraite depuis Smolensk, mais entouré d'une poignée de braves seulement, ne céda qu'en combattant sans cesse contre les cosaques de Platoff, la ville et les magasins que nous n'avions aucun moyen d'évacuer. Une foule de Français, que rien n'avait pu arracher des asiles ouverts à leur détresse, succombèrent sous la barbarie des cosaques, et surtout sous la barbarie des juifs : plus cruels encore que les cosaques, ces derniers jetaient par les fenêtres leurs hôtes infortunés pour qu'ils périssent de froid ou fussent égorgés !

Au sortir de Wilna, le défilé de Ponary, devenu presque impraticable à cause du verglas, fut témoin de nouveaux désastres, mais aussi de traits de courage qui continrent longtemps l'avant-garde russe. Dans cette extrémité, le maréchal Ney fit distribuer à la garde le trésor de l'Empereur. Ce dépôt, confié à l'honneur militaire, fut fidèlement rapporté à la caisse de l'armée par chacun des dépositaires, à leur retour en France. A Kowno, les mêmes revers, et quelques prodiges de valeur encore plus admirables qu'à Wilna. Il n'existe plus aucune ombre de la grande armée, tout a disparu ! Ney seul, avec ses aides de camp, entre dans la ville ; elle contenait une garnison de trois cents Allemands, et quatre cents hommes aux ordres du général Marchand : il en prend le commandement. Les Russes attaquent par la porte de Wilna ; Ney y court ; ses pièces sont enclouées, ses artilleurs en fuite. Il appelle

les Allemands ; la mort de leur chef blessé, qui se brûle la cervelle, les met aussi en déroute. Il veut en vain les rallier ; alors, ramassant leurs fusils, secondé de quelques officiers seulement, il ose affronter l'ennemi. Gérard accourt avec trente hommes, et fait avancer deux pièces d'artillerie légère ; à l'aide de ce faible secours, Ney, redevenu grenadier, résiste aux Russes ; et tandis que Marchand vole, accompagné de son bataillon de recrues polonaises, au pont de Kowno pour reprendre le passage dont l'ennemi s'est emparé, lui, à la tête d'une poignée de combattants, se maintient jusqu'à la nuit à la porte de Wilna, traverse Kowno et le Niémen, et atteint l'autre rive. Marchand, de son côté, repoussé vers la route de Vilkowiki, inondée de Cosaques, se jette sur la droite dans les forêts prussiennes. Murat, parvenu à Gumbnen, dirige les restes des corps sur les différentes villes qui bordent la Vistule; mais le passage subit de l'atmosphère à une température plus douce, éprouvant tout à coup les soldats, cause la mort des hommes les plus robustes qui avaient soutenu jusque-là les rigueurs d'un climat de fer.

Cependant une suspension d'armes venait d'être conclue secrètement, à Taurogen, entre le général russe Diebitch et le général prussien Yorck, placé sous les ordres de Macdonald. Ce dernier, abandonné furtivement dans Tilsitt, le 31 décembre, s'était vu réduit à neuf mille hommes, et hors d'état de continuer les succès qu'il avait jusqu'alors obtenus sur les Russes. Il poursuit sa retraite sur Kœnigsberg. Cette défection si inattendue, quoique tramée de loin, livrait aux ennemis la rive droite de la Vistule. Aussi le roi de Naples fut-il obligé de transporter son quartier général de Kœnigsberg à Varsovie, et ensuite à Posen ; il était maintenant impossible que l'armée attendît sur les bords du Niémen, et même sur ceux de la Vistule, les renforts qui lui arrivaient de l'intérieur. D'ailleurs, une autre perfidie se préparait : le prince de Schwartzenberg, qui avait si mal servi Napoléon victorieux, ne devait pas rester fidèle à Napoléon trahi par la fortune. Les Russes, libres désormais de tous leurs mouvements, s'étaient peu hâtés de profiter de leurs avantages. Murat, ranimé par leurs lenteurs et par la présence de Macdonald, dont la jonction avec Heudelet avait doublé les forces, parut un moment vouloir reprendre l'offensive ; mais le lendemain, 16 janvier 1813, malgré les ordres formels de Napoléon, il abandonna l'armée à elle-même.

L'armée ne pouvait rester sans chef ; dès le 17, le vice-roi en prit le commandement. Ce prince, qui, pendant toute la campagne, avait montré autant de sang-froid que d'héroïsme, déploya une habileté qui manquait à Murat; il arrêta le mouvement rétrograde, rétablit la discipline, réunit les troupes, et leur donna le temps de se reposer et de se refaire. Un armistice, conclu avec l'ennemi par Schwartzenberg, laissait le corps de Reynier exposé seul aux coups des Russes, et vint jeter de nouvelles difficultés dans notre position, qui commençait à s'améliorer; elles s'augmentèrent par le départ du feld-maréchal pour la Galicie, conformément aux instructions de sa cour. Pour comble de malheurs, la cavalerie saxonne avait été entraînée dans le mouvement des Autrichiens en Bohême. Quoique dénué du secours de cette arme, Eugène fit sa retraite avec ordre sur l'Elbe; il passa un mois à Posen, où il réorganisa sa faible armée, et se mit en marche pour la Prusse : le 21 février, il occupait Berlin, après avoir brûlé les ponts de Crosen et de Francfort-sur-l'Oder.

Ainsi se termina l'expédition de Russie, qui a fourni à l'histoire de la guerre ses pages les plus funèbres. Il me reste à décrire des infortunes non moins funestes à la France, mais plus solennelles pour son héros; car l'Europe n'est plus secrètement conjurée contre le distributeur d'une partie de ses trônes, contre le prince que l'héritier de l'antique maison de Habsbourg a choisi pour gendre, l'Europe tout entière s'est hautement déclarée contre le grand homme qui en quinze années a élevé sa patrie au-dessus de tous les États de l'univers. Mais cependant, quelle que soit l'immensité des périls qui vont assiéger Napoléon, il est plus facile de les dépeindre que de retracer l'imperturbable constance qu'il sut leur opposer jusqu'au dernier moment de sa vie, à jamais glorieuse pour la France.

CHAPITRE XXXVI

1813

Nouveaux préparatifs de Napoléon. — Concordat de Fontainebleau. — Affaires de Prusse. Marie-Louise régente. — Napoléon part pour Mayence.

De retour aux Tuileries, Napoléon après avoir consacré quelques heures aux tendres affections de sa famille, se montra à ses courtisans, à ses ministres, aux différents corps de l'État, avec le calme d'une âme ferme et au-dessus des coups de la fortune. Tous les cœurs étaient encore remplis de la funeste impression du bulletin de Malodeozeno (le 29e), aussi vrai mais autrement terrible que ceux des batailles d'Eylau et d'Essling, dont Friedland et Wagram étaient venus effacer les fatals souvenirs.

Napoléon lut cette impression sur tous les visages, et ne chercha pas à l'affaiblir par ses discours; il avoua sans ménagement l'immensité du désastre, et offrit l'exemple de la constance inébranlable qui surmonte une douleur profonde. Avant cette première audience, il avait déjà arrêté avec son ministre de la guerre les moyens de créer une nouvelle armée et un nouveau matériel; ensuite il appela ses autres ministres à un examen approfondi de l'état intérieur du pays. Parmi les sujets qu'il mit en discussion, aucun ne parut alors prendre autant d'empire sur son esprit que la conspiration du général Malet qui avait éclaté pendant son absence; il en était encore stupéfait et indigné. Mais ce qui le blessa peut-être plus vivement que l'entreprise elle-même, ce fut la faiblesse du préfet de la Seine. Il ne pouvait concevoir, disait-il, que le premier magistrat civil de la capitale se fût fait subitement et sans opposition l'agent d'une révolution, plutôt que d'aller se ranger près du fils et de la femme de son souverain, à qui il avait prêté serment. Le lendemain, il répondit à la harangue du Sénat : «... Des soldats timides et lâches perdent « l'indépendance des nations, mais des magistrats pusillanimes détruisent l'em- « pire des lois, les droits du trône et l'ordre social lui-même. La plus belle mort « serait celle d'un soldat qui périt au champ d'honneur, si la mort d'un magistrat « périssant en défendant le souverain, le trône et les lois, n'était pas plus belle « encore. » Après le Sénat, il reçut le Conseil d'État, et, toujours occupé de la conduite du préfet de la Seine, il termina sa réponse par ces mots remarquables : «... Le Conseil d'État d'un grand empire doit joindre à ces principes un courage « à toute épreuve, et, à l'exemple des présidents Harlay et Molé, être prêt à périr « en défendant le souverain, le trône et les lois. » Napoléon avait ordonné une enquête sur la conduite du préfet de la Seine. Ce magistrat fut condamné par ses pairs, les membres du conseil, et destitué par un décret. Si la probité, l'honneur et les bons services avaient pu obtenir le pardon d'une si grande faute, M. Frochot aurait échappé à sa juste punition ; mais la politique ordonnait un exemple. « La « révolution n'est pas morte, dit l'Empereur à cette occasion ; ma dynastie n'a pas « pris racine parmi les membres de mon conseil. »

Si Napoléon eût voulu étendre l'enquête au Sénat, une partie de ce corps, où la conjuration Malet avait des ramifications, se serait trouvée compromise. Malgré le chagrin qu'il ressentit de ces funestes découvertes, il garda le silence ; et, sans perdre de vue ses ennemis secrets, il leur fit sentir, par des paroles publiques dont eux seuls pouvaient bien comprendre le véritable sens, que leur conduite en son absence n'avait plus de mystère pour lui. Trop environné de difficultés de toute espèce, trop éclairé en politique pour éclater autrement, et pour montrer à l'Europe des symptômes de divisions autour de son trône, il remit à d'autres temps le soin de remédier au mal. Quoi qu'il en soit, la conspiration Malet réveilla dans le cœur de Napoléon toutes ses méfiances contre la révolution ; il voulut lui opposer d'autres barrières, et renforcer encore le dogme de l'hérédité par de nouveaux engagements. Sur la demande expresse du Sénat, toujours empressé de prévenir ou de consacrer la volonté de l'Empereur, le roi de Rome dut être couronné, ainsi que l'Impératrice ; un serment solennel unira la France à l'héritier du trône : trop faible garantie pour défendre contre l'Europe coalisée un empire que Napoléon lui-même ne pourra sauver !

Une activité prodigieuse signala le retour de l'Empereur : la France y reconnut les créations miraculeuses de l'époque consulaire ; il sembla même que, retrempé par les revers, Napoléon déployât encore plus de ressources et d'énergie. Les conseils se multipliaient chaque jour, et il les présidait tous. Des dispositions civiles, des mouvements de troupes, des décrets, des sénatus-consultes, des traités même, tels que le Concordat de Fontainebleau, remplissaient la journée, sans le fatiguer jamais. La nuit, quand tous les membres de son gouvernement cédaient au besoin du repos, lui seul veillait encore et délibérait avec son génie sur le salut de la France. A peine dérobait-il à cette grande pensée quelques moments pour attacher ses regards paternels sur ce fils héritier de tant de gloire, et dépositaire de tant d'espérances.

Cependant des courriers apportaient de jour en jour à Napoléon des nouvelles du Nord. Du côté de l'Espagne, le marquis de Welesley, après avoir triomphé dans Madrid, s'était laissé arrêter avec toute son armée par le général Dubreton, qui, pendant trente jours, défendit, à la tête de quinze cents hommes, le château de Burgos; Le roi Joseph avait repris l'offensive, occupé de nouveau la capitale, et forcé Wellington à rentrer en Portugal. Burgos, Valladolid, Madrid, le royaume de Valence, l'Aragon et la Catalogne, étaient entre nos mains, deux cent soixante-dix mille soldats gardaient encore notre conquête. Ils ne quitteront pas la Péninsule; mais Napoléon va tirer de leurs rangs cent cinquante cadres de bataillons, composés de vieux officiers et sous-officiers, destinés à instruire les jeunes conscrits de 1813, qu'il avait fait appeler au moment de s'enfoncer dans les plaines de la Moskovie. Cette nouvelle levée, les quatre-vingts cohortes de gardes nationales organisées avant son départ, quarante mille artilleurs de la marine qui peuvent entrer dans les cadres de l'armée de terre, les troupes tirées d'Italie, vont former une armée de trois cent mille hommes sur l'Elbe, sur le Rhin et sur le Mein; une autre armée, de la même force, contiendra l'Espagne, tandis qu'Eugène, avec cinquante mille hommes, Français et Italiens, conservera l'Italie. Ces dispositions seules prouvent énergiquement que l'Espagne a porté un coup mortel à l'empire de Napoléon. En effet, si les légions du Midi avaient pu se réunir à celles du Nord, Napoléon, à la tête de six cent mille Français, ferait plus que de dicter la paix aux puissances coalisées contre lui.

En apprenant la défection de la Prusse et ses résultats, Napoléon vit que ce *qui suffisait hier ne suffisait plus aujourd'hui*, et demanda sans hésiter au Sénat, ou plutôt à la nation, cent mille hommes sur les cohortes, cent mille hommes sur les conscriptions des quatre dernières années, et cent cinquante mille hommes sur la conscription de 1814. Tout fut décrété par le Sénat. Les citoyens, les corps judiciaires, les compagnies, les villes, les campagnes, rivalisèrent de zèle dans une si grande circonstance; l'amour de la patrie, le sentiment de l'honneur national, le juste orgueil de vingt années de gloire, caractérisèrent la conduite des Français. Ils firent avec leur élan ordinaire de généreux sacrifices; mais il y manqua le ferment de la liberté, qui les inspire, qui les renouvelle; il manqua aussi le concours moral de la masse de la nation, qui naguère, soulevée tout entière par ses représentants, n'avait pas moins contribué que ses douze cent mille soldats au triomphe de la République. En effet, c'était la nation sous les armes que les rois avaient surtout désespéré de vaincre : c'est devant elle qu'ils s'étaient abaissés; c'est à elle qu'ils avaient demandé la paix et son alliance. Peut-être Napoléon ne crut-il pas nécessaire de se servir de la force populaire; peut-être même craignait-il l'emploi d'un si redoutable instrument; cette faute, suite d'une erreur de jugement, fut décisive contre lui; car, en face de la plus redoutable des coalitions que l'Angleterre eût jamais formées sur le continent, il ne pouvait se sauver qu'avec la nation et par la nation.

Occupé des plus vastes préparatifs de guerre, Napoléon ne négligeait pas la puissante ressource des négociations; mais nous n'étions plus au temps où, presque aussi redoutées avant le combat qu'après la victoire, nos armes retenaient nos alliés dans le devoir, ou ramenaient nos ennemis promptement punis de leur imprudente déloyauté. A la nouvelle de notre désastre, l'Autriche avait failli éclater contre Napoléon; son retour aux Tuileries l'engagea à temporiser : elle envoya à Paris le comte de Bubna avec une mission toute pacifique en apparence, et très-hostile en réalité, sur laquelle l'opinion publique ne s'abusa pas un moment. Napoléon ne se laissa pas tromper par les protestations de l'envoyé de son beau-père; mais il espérait qu'une grande victoire au centre de l'Allemagne retiendrait dans son alliance la maison d'Autriche. Cette puissance devint la médiatrice de la paix; déjà déclarée au fond du cœur contre nous, elle ne tarda pas à profiter des événements pour dépouiller son rôle d'amie et d'alliée. Napoléon dut le prévoir en apprenant la défection des Prussiens; et, de plus, la conduite du prince de Schwartzenberg, à l'époque où le contingent autrichien, fort de trente mille hommes, laissa l'armée russe du Danube entrer dans Minsk, avait pu dès lors le préparer au changement de politique de la cour de Vienne.

Entre les négociations qui appelaient toute l'attention de Napoléon, à l'instant où, près de recommencer la lutte avec ses ennemis, il devait chercher à éteindre tout germe de division intérieure en France et en Italie, il faut mettre au premier rang le Concordat de 1813. Le fond de tous les démêlés entre Napoléon et le souverain pontife n'était pas l'expédition des bulles en trois ou en six mois pour les évêques nouvellement nommés: c'était la séparation à jamais du temporel et du spirituel dans la royauté pontificale. L'élévation extraordinaire de l'autorité religieuse du pape, sa prédominance sur les diverses communions de l'Europe, formaient la compensation de ce sacrifice ; et le moyen de rendre cette dernière combinaison conforme au plan que Napoléon avait conçu de recréer la vieille Europe, était l'établissement du saint-siége dans le palais métropolitain de la ville de Paris, qui fût ainsi devenue la capitale *du monde chrétien*.

Le projet de l'enlèvement de Pie VII à Savone, par les Anglais, avait déterminé sa translation à Fontainebleau; S. S. y tenait, avec tous les honneurs de la majesté souveraine, sa cour composée d'une foule de prélats italiens et français. Cette ville avait aussi vu renouer les négociations : elles reprirent dans le courant de janvier une force nouvelle, et semblaient toucher à une conclusion prochaine. Le 19 de ce mois, Napoléon quitta brusquement une partie de chasse à Gros-Bois, pour se diriger sur Fontainebleau, son arrivée émut singulièrement le souverain pontife. Aux premières paroles, tout le passé fut mis en oubli, comme entre des personnes qui ont une affection mutuelle. Le lendemain, le pape rendit à Napoléon sa visite; un seul entretien, rempli d'égards réciproques et de témoignages de bienveillance, ouvrit et fixa la négociation. Ne pouvant obtenir Rome, et ne voulant pas accepter la résidence de Paris, Pie VII opta pour celle d'Avignon : à l'avenir il devait donner ses bulles aux nouveaux évêques, ou, à son défaut, le métropolitain, six mois après que leur nomination aurait été notifiée au saint-siége. Le 25 janvier, le pape lui-même, après quatre jours employés à la rédaction du Concordat, l'apporta avec une sorte de solennité dans le salon de l'Impératrice, où le traité fut signé par les deux souverains, puis publié comme loi de l'État le 15 février.

Avant son départ de Fontainebleau, Napoléon combla de grâces et de distinctions les membres de la cour pontificale; il alla même au-devant des désirs du pape, en rappelant de l'exil les cardinaux qui avaient refusé d'assister au mariage de Marie-Louise. Mais initiés, pendant leur dispersion, dans les secrets de la conspiration européenne, et fidèles à toutes les doctrines usurpatrices de la cour de Rome, le premier usage qu'ils firent de leur liberté fut de la tourner contre Napoléon, en assiégeant de terreurs et de remords l'âme timorée du saint-père. Le 23 mars, au mépris des serments les plus solennels, ils obtinrent du vénérable vieillard, ou plutôt ils lui arrachèrent, un véritable parjure. Ainsi, les intérêts temporels l'emportèrent sur l'intérêt de la religion, appelée par Napoléon à la conquête de l'Europe entière ; et le plus vertueux des pontifes, qui, livré à ses seules inspirations, aurait donné tout son sang pour étendre l'empire de l'Évangile sur toute la terre, préféra la possession de Rome à l'espérance de l'universalité de la foi catholique. A la lecture du bref par lequel le pape lui exposait les motifs de sa rétractation, Napoléon, qui avait oublié avec tant de générosité toutes les trames du saint-siége pendant les guerres de la République en Italie et à l'époque de la campagne de Wagram, éprouva la plus vive indignation. Aussi, le jour même de la réception de ce bref, le 25 mars, il y répondit par un décret qui substituait le métropolitain au souverain pontife, et prescrivait l'obéissance au Concordat dans toute l'Europe.

Cette grande négociation, échouée presque aussitôt que terminée, n'était pas d'un heureux augure pour la bonne foi des autres puissances. Effectivement, une conjuration nouvelle les liait déjà toutes contre Napoléon, et non-seulement elles se préparaient à violer envers lui tous les usages de la civilisation, mais elles avaient déjà enfreint les pactes les plus sacrés, en donnant, comme l'Autriche et la Prusse, l'exemple à peu près inconnu de la trahison et de la défection sous les armes, au milieu d'une guerre à laquelle leur ambitieuse adulation avait réclamé l'honneur de prendre part. D'ailleurs, en Prusse, il existait deux gouvernements : le premier, représenté par le roi, paraissait servir loyalement l'alliance armée contractée avec la France contre la Russie en mars 1812; le second, organe caché du *Tugendbund* prussien, était l'âme de la ligue germanique contre Napoléon.

Cependant, à son passage de Wilna à Paris, le duc de Bassano avait reçu à Berlin, du chancelier baron de Hardenberg et du roi lui-même, les protestations les plus vives sur la fidélité de la Prusse à l'alliance. Elles étaient journellement renouvelées au comte de Saint-Marsan, ministre de France. Indépendamment de ces assurances, l'annonce du remplacement du général Yorck, l'ordre de son arrestation et de sa mise en jugement, inséré dans la *Gazette de Berlin*, le désaveu de la conduite de cet officier et l'expression de l'indignation du roi, apportés aux Tuileries par le prince de Hatzfeld, le même à qui Napoléon avait fait grâce de la vie en 1807, semblaient devoir inspirer la confiance. Pour l'accroître encore, Frédéric avait chargé son envoyé extraordinaire de déclarer à l'Empereur qu'il était prêt à lever cinquante ou soixante mille hommes au service de la France, si on lui donnait de l'argent. Ce prince le pouvait d'autant plus facilement, qu'au lieu des quarante mille hommes auxquels l'avait réduit le traité de Tilsitt, il en comptait déjà quatre-vingt-quatre mille sous les armes, et trois semaines après il en eut deux cent mille. Le prince de Hatzfeld fut encore chargé de laisser entrevoir au gouvernement français le désir d'une alliance de famille par le mariage d'une nièce de l'Empereur avec le prince royal de Prusse. Rien n'était négligé pour endormir la prudence de Napoléon. Notre ambassadeur, ainsi que le maréchal Augereau, qui commandait à Berlin le 2ᵉ corps, frappés également de la plus déplorable crédulité, écrivaient dans le même moment au prince de Neuchâtel *que le roi et son ministre n'étaient pour rien dans la capitulation de ses généraux, qu'il fallait montrer au roi plus de confiance...* Mais tout à coup un événement imprévu annonça le changement de système du gouvernement prussien. Le 22 janvier, on apprit à Berlin que Frédéric venait de partir pour Breslau. On prétendait que ce monarque avait craint d'être enlevé de sa capitale, tandis qu'à Breslau, ville ouverte, il aurait plus d'indépendance pour maintenir au moins sa neutralité. Le départ du roi pour Breslau fut l'ouvrage de son cabinet, que devait gêner à Berlin la présence du corps que commandait Augereau.

Le comte de Saint-Marsan, aussi peu clairvoyant que le maréchal, avait suivi Frédéric à Breslau, et l'alliance y subsista encore en apparence. Ce fut au nom de cette alliance et de la neutralité de la Silésie que parurent dans cette ville, les 8, 9 et 10 février, les édits royaux qui appelaient aux armes toute la population virile de la Prusse. Bientôt une ordonnance, émanée de Frédéric lui-même, proclama l'innocence du général d'Yorck, le confirma dans son commandement, en mettant sous ses ordres, comme une preuve de satisfaction et de confiance illimitée, les troupes du général Bulow, qui venait de livrer le bas Oder aux Russes. Enfin, le 15 mars, l'empereur Alexandre arriva à Breslau, et ses premières paroles au roi de Prusse furent celles-ci : « Je jure de ne déposer les armes que quand « l'Allemagne sera délivré du joug des Français. » La défection de la Prusse n'était que le prélude d'une convention qui fut signée, le 19 mars, à Breslau, par le comte de Nesselrode et le baron de Hardenberg ; elle stipulait que tous les princes allemands seraient appelés à concourir sans délai à l'affranchissement de leur patrie, *faute de quoi ils seraient privés de leurs États*. Le vénérable roi de Saxe s'indigna de cette tyrannie, qui était une atteinte aux droits des couronnes. Dès le 23 février, ce prince, ne voulant pas trahir sa foi engagée à Napoléon, mais menacé de la perte de son trône par les proclamations d'un général russe, et craignant d'ailleurs de tomber, dans son propre palais, aux mains du partisan Brindel, était allé chercher un asile à Ratisbonne.

A la nouvelle de la défection de la Prusse, Napoléon avait eu raison de dire : « J'aime mieux un ennemi déclaré qu'un ami toujours prêt à m'abandonner. » Ceci pouvait s'appliquer aussi à l'Autriche. Cette puissance, qui, pendant que Napoléon était encore engagé dans les glaces de la Russie, avait pris une attitude menaçante, tenait un autre langage depuis son retour à Paris, et ne cessait de multiplier les protestations d'amitié. On disait à Paris au duc de Bassano, et à Vienne au comte Otto : « L'Autriche désire plus la paix pour elle et pour l'Europe « que pour la France. Ce n'est pas l'empereur Napoléon qui en a le plus besoin ; « lui seul est intact, malgré ses pertes; lui seul est en mesure de dicter la paix : « il dépend de lui de rester un an sur la Vistule. Jamais les Russes ne franchiront « cette barrière. » L'Autriche manifestait un esprit de conciliation désintéressé, et demandait en conséquence la confiance de Napoléon. Bientôt, comme si les choses eussent été d'accord entre le beau-père et le gendre, elle déclara sa négociation ouverte avec l'empereur Alexandre, et couvrit ainsi d'une bonne apparence les intrigues qu'elle formait contre nous.

Telle était l'attitude officielle de l'Autriche vis-à-vis de la France, lorsque l'arrivée du prince de Schwartzenberg à Paris fut annoncée pour la fin de février. En sa qualité d'ambassadeur et de commandant du contingent autrichien, il devait suivre la marche des négociations *et prendre les ordres de l'Empereur pour la campagne prochaine*. Dans l'attente où le cabinet des Tuileries était de l'arrivée du prince de Schwartzenberg, et dans la crainte que l'ambassadeur Otto ne se fût laissé tromper, on fit aussitôt partir, pour lui succéder, le comte de Narbonne, aide de camp de l'Empereur pendant la campagne de Russie. Dès les premiers jours de son arrivée à Vienne, ce ministre découvrit, avec une sagacité merveilleuse, les secrets de la politique autrichienne et les engagements qui, peu de mois après, furent proclamés sous le nom de *quadruple alliance*. L'Autriche avait fait du chemin. M. de Metternich, dévoilé, prit alors avec M. de Narbonne le langage de médiateur armé; il exigeait le sacrifice des départements anséatiques; il déclarait que l'Autriche ne se battrait ni pour les Polonais, ni même pour conserver à Napoléon le titre de *protecteur de la Confédération du Rhin*.

L'Angleterre était satisfaite; elle allait recueillir enfin les fruits de la rupture du traité d'Amiens ; car, depuis cette époque, elle avait conçu l'idée d'étouffer le vainqueur sous le poids des trophées qu'il coûtait à l'Europe. En même temps elle achetait avec des subsides et la promesse de la Guadeloupe et de la Norwége, la coopération de Bernadotte, qui devait commander trente mille Suédois, les vingt-cinq mille hommes du corps prussien de Bulow, et un corps russe. A ce prix, Bernadotte, enfant de la France, Bernadotte que notre gloire avait fait roi, devait porter les armes contre sa première patrie, contre le héros qui lui avait permis d'occuper un trône, et pardonné des conspirations tramées pour sa ruine.

Mais l'horizon politique s'obscurcissait chaque jour davantage, et tout annonçait pour la France la nécessité de renouer ses alliances par des victoires; pendant ce temps, la saison des combats venait de s'ouvrir, et les armées en marche entre le Rhin et l'Elbe donnaient à Napoléon le signal du départ. Le temps lui manqua pour remplir le vœu du Sénat, qui avait manifesté le désir de voir couronner le roi de Rome et l'Impératrice. Napoléon recula aussi devant le luxe intempestif qui aurait distrait une partie de son trésor, dévoué tout entier aux besoins de la guerre. Cependant, pensant toujours à la conspiration Malet, et voulant laisser, pendant son absence, une garantie à l'Empire, il décerna solennellement, le 30 mars, la régence à Marie-Louise.

Napoléon a congédié M. de Bubna : ce négociateur est parti pour Vienne avec des déclarations précises en échange des protestations mensongères ; car il a parlé à M. de Bubna de l'indépendance du royaume d'Italie, de celle de la Toscane, de celle des États Romains, de celle de la Hollande au delà du Rhin, et enfin des villes anséatiques, si l'on veut faire la paix générale. Ainsi, la France impériale ne serait plus que la France de la République, telle que le premier Consul l'avait trouvée : ultimatum généreux, ou le désintéressement de tant de gloire prouve éloquemment à quels sacrifices le héros de la France, prêt au combat, pouvait descendre pour le salut et l'honneur de sa patrie ! Napoléon a rendu M. de Bubna porteur d'une lettre qui ajoute une garantie à ses intentions pacifiques.

Enfin, le 13 avril arriva le prince de Schwartzenberg ; il avait mis seize jours à venir de Vienne à Paris. L'Empereur partait le 15 : il reçut l'ambassadeur le 14 ; mais comme il avait tout dit à l'Empereur d'Autriche dans sa lettre et à M. de Bubna, le nouvel envoyé ne fut pour lui que le commandant du contingent autrichien, et il lui adressa ces paroles :

« Je pars. Probablement du 22 au 25 avril, j'ordonnerai à votre lieutenant, le
« général Frimont, de dénoncer l'armistice que vous avez fait. Je serai de ma
« personne, dans les premiers jours de mai, sur la rive droite de l'Elbe avec trois
« cent mille hommes. L'Autriche pourrait porter à cent cinquante mille hommes
« votre armée de Cracovie, en même temps qu'elle rassemblerait trente à qua-
« rante mille hommes en Bohême; et le jour que j'arriverais sur l'Elbe, nous
« déboucherions tous à la fois contre les Russes. C'est ainsi que nous parviendrons
« à pacifier l'Europe. » Le prince de Schwartzenberg répondit « que si les
« instructions du major général étaient envoyées au général Frimont, il ne dou-
« tait point qu'on y obéît aussitôt. » Cette réponse était celle que voulait Napoléon, pour faire croire à l'Europe, à la France surtout, que l'alliance ne courait
point de dangers. Schwartzenberg paraissait trop tard, et c'était à dessein. Grâce
aux lenteurs combinées de l'Autriche, Napoléon venait de rentrer lui-même sous
le joug de la fortune militaire, et sa volonté restait enchaînée jusqu'après le combat. Le 15, à une heure du matin, Napoléon voyageait sur la route de Mayence,
où il arriva le 16 à minuit.

CHAPITRE XXXVII

1813

Départ de Mayence. — Combat de Weissenfels. — Bataille de Lutzen. Napoléon à Dresde. — Arrivée de M. de Bubna à Dresde. — Position des deux armées. — Départ de Dresde. Batailles de Bautzen et de Wurschen.

Pendant les huit jours que Napoléon passa à Mayence, il parvint à organiser tous les corps de la nouvelle armée que la France venait d'improviser et à compléter le système défensif de cette grande place d'armes sur la rive droite du Rhin. Il y reçut une lettre importante du roi de Saxe. Ce prince, à qui il avait offert un asile, l'informait que, dans l'intention de servir la médiation autrichienne, à laquelle l'intérêt de son alliance avec la France l'a fait accéder, il avait quitté Ratisbonne pour s'établir à Prague. Napoléon pénétra facilement le motif de la préférence accordée par le vieux monarque à une capitale de la maison d'Autriche; et il jugea que le temps était arrivé de donner à la Saxe le spectacle d'une victoire française. Le 25, l'Empereur se trouvait à Erfurt, à Erfurt où, quatre ans auparavant, il était le roi des rois. Le même jour, son quartier général est à Auerstaedt, théâtre d'une autre gloire. Le prince de la Moskowa marchait sur Naumbourg, le comte Bertrand sur Iéna, le duc de Reggio sur Saalfeld, le duc de Raguse se trouvait à Veissenzée, et le vice-roi s'avançait sur Hall et sur Mersebourg; la garde impériale était à Weimar. En parcourant une route jalonnée par tant de glorieux souvenirs, Napoléon reçut les acclamations de la jeune armée, qu'il ne connaissait pas encore. Il s'arrêtait pour assister lui-même à la distribution des premières armes qu'elle eût portées; et, passant lentement au travers de leurs longues colonnes, il parlait à ses nouveaux soldats et les encourageait. Bientôt tous l'eurent vu; tous étaient certains de vaincre avec lui, et lui, de vaincre avec eux.

Le 29, Napoléon quitta Erfurt à la tête de quatre-vingt mille hommes; le vice-roi manœuvrait avec quarante mille pour opérer sa jonction. Ainsi, dès le lendemain, nous allions déployer cent vingt mille combattants devant les alliés, qui croyaient encore n'avoir plus à détruire que les débris échappés de la Russie. L'Empereur avait ordonné la réunion du corps du maréchal Ney à Weissenfels. L'avant-garde, sous les ordres du général Souham, se trouva tout à coup en face de sept mille chevaux du général Landskoi, soutenu par douze pièces de canon. A défaut de cavalerie, nos conscrits armés de la veille se forment en carrés, protégés aussi par douze pièces d'artillerie, repoussent vigoureusement les charges multipliées des Russes, et ouvrent à Napoléon les portes de Weissenfels. A la suite de cette brillante affaire, l'ennemi évacua toute la rive gauche de la Saale. Le même jour, le mouvement général s'exécutait sur toute la ligne française. Le duc de Tarente emportait Marsebourg de vive force, et en chassait les Prussiens d'Yorck, qui avaient déserté ses rangs sur le Niémen. Le général Bertrand entrait à Bernbourg et se rendait maître du pont d'Iéna. Le duc de Raguse occupait Kosen; le duc de Reggio, Saalfeld. La direction était sur Leipsick par Lutzen.

Le corps du prince de la Moskowa se remit en marche, et le 1er mai la division Souham, déjà aguerrie par le succès du 29, soutenue cette fois par la cavalerie du comte de Valmy, et suivie des divisions Girard et Marchand, força les défilés de Poserna, que défendaient quinze mille chevaux, une forte artillerie et une division d'infanterie sous les ordres du général en chef Wittgenstein. L'ennemi appela vainement deux nouvelles divisions de cavalerie et une batterie de vingt pièces. Une batterie de la garde impériale, dirigée par le général Drouot, fit replier les Russes, et le corps du maréchal Ney continua son mouvement, le général Souham sur Lutzen, le général Girard sur Pégau. Mais ce succès coûta des larmes à Napoléon: au commencement de l'action, un coup de canon tua le duc d'Istrie, qu'il avait envoyé reconnaître l'ennemi; il fut profondément affecté de la mort de ce vieux compagnon de ses exploits d'Italie et d'Égypte. Réduit, faute de cavalerie, à ne point poursuivre l'armée ennemie, et par conséquent à ignorer sa direction, Napoléon marchait en quelque sorte à l'aventure, et dans la nuit il occupa avec la vieille et la jeune garde la petite ville de Lutzen, célèbre depuis deux siècles par la victoire et la mort de Gustave-Adolphe. La jeune garde bivouaqua non loin de la ville, sur la route de Leipsick, autout du monument élevé à la mémoire du vainqueur des Impériaux. Ce fut là que le vice-roi revit l'Empereur. Ce rendez-vous auprès de la tombe d'un grand homme de guerre était éloquent : les adieux de Napoléon et d'Eugène dataient de Smorgony. Napoléon coucha à Lutzen au milieu de ce qui restait de sa vieille garde de Moskou.

La gauche de l'armée française s'appuyait à l'Elster et à l'armée du vice-roi, dont le quartier général était à Mersebourg. Le centre obéissait au prince de la Moskowa, qui s'établit dans les villages de Kaya, de Gros-Gœrschen. La droite était sous les ordres du duc de Raguse, aux défilés de Poserna. L'avant-garde du prince de la Moskowa était à Gros-Gœrschen, sur le chemin de Lutzen à Pégau, par où l'ennemi avait débouché à l'insu du maréchal, qui ne se doutait pas que les alliés fussent si près de lui.

Dans la même nuit, l'ennemi, bien instruit de la marche confiante des Français, avait fait ses dispositions. Le comte de Wittgenstein avait ordonné le mouvement des deux armées russe et prussienne sur la rive gauche de l'Elster. Elles formaient ensemble une masse de cent cinq mille combattants, soixante mille Russes et quarante-cinq mille Prussiens, et d'un cinquième plus forte que l'armée française. Elles franchirent l'Elster à Pégau et à Zeitz. Le général Yorck conduisait l'aile droite, le général Blücher le centre, et le comte de Wittgenstein, successeur du vieux Kutusoff-Smolenski, mort à Buntzlau en Lusace, s'était réservé le commandement de l'aile gauche, avec l'intention d'attaquer l'aile droite de Napoléon dans sa marche sur Leipsick, et de le renfermer entre l'Elster, la Saale et la Luppe. A onze heures du matin, l'armée alliée était en bataille. Elle avait couché à trois lieues de la nôtre.

Napoléon, cependant, n'avait d'autre but que de livrer la grande bataille qui devait lui ouvrir les portes de Dresde et le rapprocher de la Bohême, en transportant en Silésie le théâtre de la guerre. Le général Lauriston exécutait l'ordre du vice-roi de se porter sur Leipsick et de s'y établir. Le vice-roi était en marche, et le maréchal Macdonald le suivait avec le 11e corps. L'Empereur quitta Lutzen à neuf heures, accompagné du maréchal Ney, qui était venu recevoir ses ordres. Au moment où l'Empereur, qui avait mis pied à terre pour consulter ses cartes, fixait son attention sur ce point, une épouvantable canonnade se fit entendre du côté de la position où les troupes du prince de la Moskowa avaient passé la nuit. Bientôt des aides de camp accoururent pour apprendre à Napoléon que toute l'armée alliée nous attaque. Aussitôt, changeant ses dispositions, il accepta le champ de bataille de l'ennemi : il chargea le vice-roi de diriger sur le feu le duc de Tarente, et prescrivit au duc de Raguse de tenir la droite et de marcher à travers champs à l'ennemi ; le général Bertrand, plus en arrière, devait le seconder. Bientôt toutes les troupes en colonnes sur la route de Leipsick, entre Markandstedt et Lutzen, s'arrêtent, se forment en ligne, et, par une rapide conversion à droite, s'élancent dans la plaine au secours du maréchal Ney. La vieille garde avait déjà rétrogradé de sa marche sur Leipsick, et le duc de Trévise, à la tête de la jeune, s'avançait pour soutenir le maréchal. Celui-ci reçoit l'ordre rigoureux de résister seul à l'armée ennemie pendant les trois heures nécessaires à l'accomplissement du mouvement général. Drouot est déjà sur le champ de bataille ; il précède Napoléon, qui se porte vivement au feu. Toute l'artillerie de la garde et de la ligne se tient prête à marcher. « *C'est une bataille d'Égypte*, dit-il, *nous n'avons pas de cavalerie ; mais une infanterie française avec de l'artillerie doit se suffire.* »

Les Russes avaient déclaré à Dresde *que leur guerre était finie ;* ce qui voulait dire que c'était aux Prussiens à prendre le fardeau de leur nouvelle alliance. Averti par ces paroles de ce qu'on attendait de lui, Blücher, en première ligne, avait commencé l'attaque sur les villages qu'occupait le prince de la Moskowa, et qui allaient devenir le centre de l'action. Une résistance inattendue l'avait forcé de déployer toutes ses forces et d'appeler le corps du général Yorck ; enfin Wittgenstein dut faire marcher sa réserve. Vainement l'ennemi chercha, suivant son premier projet, à déborder à la fois la gauche de l'armée française et la droite, où le duc de Raguse venait d'entrer en ligne, et à gagner la route de Weissenfels : il fut arrêté dans le village de Starsiedel par la division de marine du général Compans. Ces intrépides marins virent échouer contre leurs carrés sept charges successives de vingt-cinq mille hommes de cavalerie. Cependant le grand effort de l'ennemi a lieu sur le centre : quatre des cinq divisions du maréchal Ney soutiennent à elles seules tout le choc des Prussiens; ils ont enlevé le village de Kaya après un combat des plus acharnés. Nos conscrits en désordre, mais non en fuite, cherchaient à se rallier dans la plaine; l'Empereur arrive : sa présence les ranime, et il ordonne au comte de Lobau de conduire la division Richard du 5ᵉ corps à l'attaque de Kaya, sous la protection de la garde, que l'Empereur a ordonné de disposer en échelons entre ce village et Lutzen. La position est reprise sous les yeux de Napoléon, qui, faisant relever les troupes fatiguées, pressant l'arrivée des renforts, reformant lui-même nos rangs ébranlés, conservant toujours au besoin des lignes intactes, prévoit, commande, répare et conduit tout au sein de la plus affreuse mêlée.

Cette lutte sanglante durait depuis plus de deux heures, lorsqu'on commença enfin à apercevoir la poussière et les premiers feux du général Bertrand, qui entrait en ligne à la droite du duc de Raguse. Dans le même moment, sur la gauche, le prince vice-roi opérait la plus importante diversion, et le duc de

Tarente, attaquant les réservés de Wittgenstein, menaçait sa droite. Ce double mouvement inattendu, qui mettait soudainement en sa présence des troupes que l'ennemi croyait avoir coupées du champ de bataille, ne lui laissa plus entrevoir de salut que dans une charge désespérée sur le centre de l'armée française; pour la seconde fois il emporta le village de Kaya. Notre centre fléchit un moment, mais cette valeureuse jeunesse, se ralliant tout à coup à la voix de Napoléon, s'ébranle de nouveau en criant : *Vive l'Empereur!*

Napoléon voyait tomber à ses pieds une foule d'officiers et de soldats. Jamais il ne s'exposa davantage; il sentait la nécessité de gagner cette première bataille, soit pour étonner encore l'Europe, soit pour rassurer la France. A l'instant, le comte de Lobau reçut l'ordre de se porter, avec seize bataillons de la jeune garde, sur Kaya, de donner tête baissée, et de faire main basse sur tout ce qui s'y trouverait : en même temps quatre-vingts pièces de l'artillerie de la garde partirent au galop, et, couvrant la plateau qui dominait le village, protégèrent par un feu terrible l'intervalle du front qu'allaient occuper les corps de Raguse et de Bertrand. Mais les seize bataillons du comte de Lobau, dont le premier choc avait forcé les Prussiens, ne purent résister à de nouvelles troupes et à toute la garde prussienne; ils durent évacuer le village, où l'ennemi rentrait pour la troisième fois. Les Français s'arrêtèrent à cinquante pas; et, s'étant reformés froidement à la voix du duc de Trévise et du comte de Lobau, ils se précipitèrent avec une intrépidité sans égale dans Kaya, où ils combattirent corps à corps à l'arme blanche contre les vieux soldats des réserves prussiennes. Derrière eux sont les bataillons sacrés, la vieille garde, que commande Roguet. Il faut vaincre devant de pareils témoins. Dans le même instant, la détonation de soixante pièces de canon sur la gauche annonce l'attaque de Macdonald. Le vice-roi a culbuté la droite des alliés; leur gauche a été renversée par les divisions Bonnet, Morand et Compans. La bataille est gagnée sur tous les points. Les alliés sont rejetés sur leurs positions du matin. Vingt-cinq mille morts couvrent le champ de bataille, qu'éclaire, toute la nuit, l'incendie de quatre villages; c'est à la lueur de ces flammes dévorantes que Napoléon fait expédier les nouvelles de sa victoire.

Les souverains confédérés furent défaits à Lutzen avec deux armées de vieux soldats, vingt-cinq mille hommes de la première cavalerie de l'Europe, et une immense artillerie, par des divisions de conscrits armés de la veille. Avec ses cinq divisions et quelques centaines de chevaux badois et hessois, le maréchal Ney avait résisté pendant trois heures à tous les efforts des armées combinées. De son côté, le vice-roi avait puissamment contribué à la victoire, soit en culbutant l'aile droite d'Yorck, soit en coupant à l'ennemi toute retraite sur Swenckau. Le défaut de cavalerie empêcha de poursuivre les vaincus; et comme une grande partie de celle de l'ennemi était intacte, l'Empereur ordonna à l'armée de se former et de passer la nuit en carrés par divisions. Il fit plus, il voulut visiter les avant-postes pour s'assurer de la manière dont l'armée se gardait. Grâce à cette prévoyance, la jeune garde, surprise, sur les neuf heures du soir, par une irruption subite de la cavalerie des alliés, la repoussa, et lui fit éprouver une perte considérable.

Napoléon n'attachait qu'une grande influence morale et politique à cette victoire sans prisonniers et sans poursuite; mais elle était d'autant plus honorable, qu'ayant été assailli en marche par toute une armée animée de l'espoir de détruire la sienne, en la coupant de son aile gauche et des corps échelonnés derrière elle depuis Mayence, il n'avait pu engager que le tiers de ses forces, et enfin qu'il avait triomphé avec des jeunes gens qui maniaient les armes pour la première fois. Cependant, malgré ce sentiment d'incontestable supériorité, Napoléon, préoccupé du désir de terminer la guerre, conçut en même temps, au lieu de s'endormir sur l'incroyable succès de Lutzen, la pensée d'une démarche que peu de jours après il fit faire à Dresde auprès de l'empereur Alexandre. Napoléon victorieux avait toujours été disposé à la paix; mais c'était la première fois qu'il appelait la paix au secours de la victoire.

Le comte de Wittgenstein avait résolu de gagner les bords de l'Elbe, où il voulait attendre la seconde armée russe que le général Barclai de Tolly amenait de Pologne. Les Prussiens se retirèrent par Borna et Colditz sur Meissen. Le prince vice-roi, qui précédait l'Empereur, la garde et les corps de Macdonald et de Marmont, marcha sur Borna. Les Russes opérèrent leur retraite vers Dresde, ayant à leur tête les deux souverains alliés. Le général Bertrand les suivit par Chemnits et Freyberg. Le général Lauriston poussait devant lui, sur la route de Leipsick à Dresde, les Prussiens de Kleist, que le jour de la bataille il avait chassés de Leipsick. Le maréchal Ney avait sa direction vers l'extrême gauche, sur Wittemberg et Torgau : c'est la route de Berlin. Le maréchal Victor et le général Sébastiani devaient se réunir au maréchal Ney, dont les forces seraient complétées à trente mille hommes ; les opérations de cette armée allaient se combiner avec celles du maréchal Davoust, qui, averti le 7 du mouvement sur Berlin, était chargé de s'emparer de Hambourg à tout prix. Ainsi, Napoléon s'avançait sur Dresde et menaçait Berlin. Sa pensée dominante, depuis Lutzen, était de porter le théâtre de la guerre sur la Vistule.

Après plusieurs avantages que le vice-roi remporta sur le général Miloradowitch, qui, à la tête de vingt-cinq mille hommes de troupes fraîches, couvrait la retraite des Russes, le général Bertrand eut l'ordre d'entrer à Dresde. Les souverains alliés s'y étaient fait précéder par le bruit d'un succès complet, dont les habitants partagèrent l'ivresse, mais l'arrivée successive des nombreux convois de blessés russes et prussiens commença à dissiper l'illusion que le retour d'Alexandre et de Frédéric-Guillaume, et plus encore l'incendie de tous les ponts de la ville à l'approche de notre avant-garde, ne tardèrent pas à détruire entièrement. Tout à coup le général Grundler prend possession de la ville vieille. Arrivé à Dresde, Napoléon fit de sévères reproches à la députation nombreuse qui l'attendait aux portes de la ville, et pardonna aux habitants en faveur de leur monarque. De justes griefs cependant s'élevaient contre ce prince, retiré à Prague par les conseils et sous l'influence de l'Autriche, avec laquelle, à la vérité, il n'avait encore contracté que des engagements conditionnels, résultant en partie soit de ceux qui, par l'armistice de Varsovie, avaient entraîné le départ de la cavalerie saxonne et des troupes du grand-duché, soit de l'assurance que le cabinet de Vienne en avait donnée de la partialité qu'il conservait pour la France et ses alliés ; mais la fermeté du langage de Napoléon, suffisamment éclairé sur la conduite de l'Autriche, et la droiture si honorable du souverain de la Saxe, ramenèrent bientôt les choses à leur état naturel. Une députation courut à Prague supplier le roi de revenir à Dresde.

Le 12 mai, Frédéric-Auguste rentra dans sa capitale. L'Empereur alla au-devant du roi de Saxe à trois quarts de lieue de Dresde. Il reçut ce monarque au milieu de sa garde impériale, qu'il avait retenue pour imprimer plus de solennité à un retour si important dans ces circonstances. Frédéric-Auguste, réuni aux alliés, aurait pu entraîner la défection de l'Allemagne, tourner contre nous son peuple et son armée ; rattaché à notre cause, il maintenait par son exemple toute la Confédération, et nous donnait encore des forteresses, des positions et des auxiliaires. Napoléon voyait en outre dans ce retour la preuve que le cabinet autrichien n'avait pas pris jusqu'alors de parti décisif, puisqu'il laissait sortir de Prague le roi de Saxe, pour venir se mettre à Dresde entre nos mains : ainsi donc, malgré son attitude menaçante de médiateur armé, ce cabinet se condamnait encore à un système de réserve. Pour fortifier davantage cette disposition d'un ennemi caché, Napoléon se hâta d'envoyer en Italie le prince vice-roi, qui avait fait prendre une si haute idée de lui aux coalisés, dans l'expédition de Moskou et dans les deux retraites de cette campagne. Le motif de ces résolutions de l'Empereur était la nécessité d'appuyer par des démonstrations vigoureuses soit le déploiement des grands moyens qu'il avait préparés depuis les remparts de Hambourg jusqu'aux rives du Pô, soit ses négociations avec une puissance de plus en plus chancelante dans son alliance avec nous.

En effet, il était résulté des confidences du roi de Saxe à Napoléon, et des lettres saisies à Dresde, une nouvelle certitude de la secrète union qui liait étroitement l'Autriche à la ligue du Nord contre la France. On ne manquait pas de preuves des sentiments plus qu'équivoques, pour ne pas dire hostiles, du cabinet de Vienne ; mais la victoire imprévue de Lutzen était venue modifier pour le moment la politique autrichienne. Rassuré, disait-on à Vienne, par le succès que l'on se plaisait à regarder comme un gage de paix, on s'était hâté de dépêcher M. de Bubna à Dresde et M de Stadion auprès des alliés. Dans la lettre dont M. de Bubna était porteur, l'empereur d'Autriche écrivait à son gendre : « Le médiateur est l'ami de « Votre Majesté... Il s'agit d'asseoir sur des bases inébranlables la dynastie que « vous avez fondée et dont l'existence s'est confondue avec la mienne. » Malgré ces protestations, l'Autriche ne craignait pas de révéler ses prétentions sur

68

l'Illyrie et sur la Pologne, et même sur la Bavière. Napoléon vainqueur ne pouvait accepter des conditions que plusieurs défaites auraient à peine motivées ; et, en même temps pressé par les événements, il adhérait à la proposition du congrès, où devaient être appelés les plénipotentiaires de toutes les puissances, même *ceux des insurgés espagnols.* « Mais, ajoute-t-il à son beau-père, comme tous les « Français généreux, je préférerais mourir les armes à la main, à me soumettre, « si l'on veut me dicter des conditions. » Après avoir congédié M. de Bubna, Napoléon partit pour rejoindre son avant-garde. Toutefois, dans la route, ne voulant pas laisser planer sur sa tête le reproche d'avoir fait couler de nouveau le sang humain avant d'avoir employé tous les moyens de conjurer ce malheur, et, de plus, désirant ardemment échapper à l'hypocrite médiation de l'Autriche, l'Empereur prescrivit au prince major général d'envoyer demander aux avant-postes russes si l'on consentirait à recevoir le duc de Vicence pour traiter d'un armistice. Il savait aussi que le moment présent était le seul qui permît de s'adresser directement à l'empereur Alexandre. L'admission de son plénipotentiaire au camp russe était donc pour Napoléon l'unique moyen d'échapper à la médiation armée de l'Autriche, et à une rupture avec cette puissance. Mais Napoléon voulait obtenir deux choses bien difficiles : dénouer la ligue du Nord et garder ses alliés. Il prévoyait le fatal isolement où le précipiterait tout à coup le système de défection dont le cabinet de Vienne tenait tous les éléments, aussitôt que l'Autriche se trouverait assez forte pour parler militairement aussi haut que la Russie et la Prusse. Ces considérations pressantes justifiaient assez l'impatience que Napoléon montra toute cette journée, soit à Dresde, soit le lendemain à son quar-

tier général de Harta, où il attendit vainement la réponse à son parlementaire. Le silence de l'empereur Alexandre lui prouvait suffisamment l'influence du comte de Stadion, dont l'envoi était déjà une hostilité personnelle, et il mesura toute l'étendue des périls de sa position.

Les huit jours que Napoléon passa à Dresde furent employés à la confection des travaux relatifs à la défense de cette ville, à la réunion des corps en marche et à l'incorporation des nouvelles levées. Il reçut à Dresde dix mille hommes de cavalerie, huit mille hommes de la garde, et la cavalerie que le roi de Saxe avait ramenée de Prague. Notre armée se trouva portée à cent cinquante mille hommes : celle des alliés, accrue des corps de Kleist et de Barclai, en comptait cent soixante mille. « Si nous étions d'un mois plus vieux, disait-il à Harta, je ne demanderais « jamais une plus belle occasion de finir les affaires du monde les armes à la « main ; car j'aurais de la cavalerie. Si j'en avais, je ne leur proposerais pas d'ar- « mistice ; ils sont loin de s'attendre à ce qui va leur tomber sur le corps. » Napoléon voulait parler de la marche rétrograde prescrite au maréchal Ney, de Luckau sur Bautzen.

Notre armée cependant, dont la poursuite avait été retardée quatre jours par la destruction des ponts de Dresde, continuait son mouvement, et se portait au-devant de l'armée ennemie ralliée tout autour de Bautzen, où le duc de Tarente n'avait pu pénétrer. Parti de Harta le 19 mai dans la matinée, Napoléon s'était arrêté au village de Bischoffwerda, brûlé par les alliés ; il fit distribuer des secours aux incendiés. Il se rendit ensuite aux avant-postes, d'où il ne revint que fort tard à son quartier général de Kleinfortsgen. Il reconnut, des hauteurs qui dominent la Sprée, les deux positions des ennemis, dont la gauche s'appuyait sur

Bautzen, petite ville qu'ils avaient crénelée; elle soutenait leur centre. Leur droite s'est formée entre Pliskowitz et Kreckwitz, sur des mamelons fortifiés, qui, en 1758, servirent de refuge à Frédéric le Grand, battu par le maréchal Daun. Une forte arrière-garde occupe le couvent de Marienstern. Le front des coalisés, protégé par la Sprée, s'étend sur une lieue et demie de terrain. A trois mille toises en arrière, au village d'Hochkirch, s'ouvre l'enceinte d'un vaste camp retranché, présentant, autour des trois villages, une masse de défense que les travaux liés entre eux par des ravins et des marécages rendent formidable.

Dans la soirée du 19, l'Empereur apprend qu'on a refusé verbalement de recevoir le duc de Vicence. Il ne reste donc plus qu'à combattre. Napoléon prend ses dispositions définitives pour la journée du lendemain, et avec d'autant plus de confiance, que la canonnade qu'il a entendue sur la gauche, du côté de Weissig, lui annonce que ses ordres sont exécutés. Le 20 mai, à huit heures du matin, il se place sur une hauteur, en arrière de Bautzen, et ordonne aux quatre corps d'armée de franchir la Sprée par différentes directions. Le duc de Reggio, qui commande la droite, marchera sur les hauteurs de Doberschau, où s'appuie la gauche de l'ennemi; il passera la Sprée à Grabschutz; le duc de Tarente, chargé de l'attaque de Bautzen, passera la rivière sur le pont de pierre; le duc de Raguse jettera un pont de chevalets près de Seydau, et fera son mouvement au-dessous de la ville, malgré le feu des Prussiens. En seconde ligne s'avancent les réserves de la garde, le duc de Trévise à leur tête; à notre gauche, le général Bertrand menace l'aile droite des alliés, que conduit le maréchal Blücher; il exécutera son passage à Niedergurick ou à Ninschutz, position qu'il a ordre d'enlever. Le duc de Dalmatie dirige et accorde toutes ces opérations sous les yeux de Napoléon, tandis que le prince de la Moskowa, avec les généraux Reynier et Lauriston, doit forcer le passage de la Sprée à Klix, occupée par Barclai, et se porter d'abord vers Wurschen, le grand quartier général des alliés. A midi, les Français sont de l'autre côté de la Sprée. Le général russe Miloradowitch est chassé de Priswitz par le duc de Tarente; Bautzen est enlevée, à l'escalade, par les marins du général Compans. Le duc de Reggio a culbuté Gortschakow, et gagné les montagnes; la cavalerie ennemie est canonnée jusqu'au défilé de Niedguritz, dont Bertrand s'est emparé après avoir emporté la position de Ninschutz. Cependant le général Kleist, pressé par le duc de Raguse, entretenait un feu terrible le long de la Sprée, sur les hauteurs de Nieder-Kayna, où il avait pour lui tout l'avantage du terrain. La nécessité de conserver ce point central décide le maréchal Blücher à envoyer au général Kleist un renfort de trois mille hommes d'infanterie, et à garnir les défilés de Niedguritz d'une infanterie et d'une artillerie nombreuse, afin d'empêcher les Français de déboucher. Le général Kleist se maintient jusqu'à la nuit entre le corps du prince de la Moskowa et le gros de l'armée française; mais, pris en flanc à sa gauche par la division Bonnet, le général prussien opéra sa retraite, et abandonna la position de Nieder-Kayna. A sept heures du soir, l'ennemi était rejeté sur sa seconde ligne, et l'armée française, maîtresse des hauteurs qu'avait occupées l'armée combinée, venait de rendre inutile une partie des travaux élevés par les ennemis. Blücher seul s'était maintenu à Kreckwitz. Au moment même, le maréchal Ney arrivait devant Klix avec le 3º et le 5º corps. Ce point du passage de la Sprée est le seul, avec celui de Kreckwitz, qui reste à reconquérir pour la journée du lendemain.

Non moins prévoyant qu'à Lutzen, Napoléon fit bivouaquer en carrés les troupes des ducs de Reggio, de Tarente, de Raguse, de Dalmatie, la garde impériale et la cavalerie du général Latour-Maubourg, et leur accorda quelque repos qu'il ne partagea pas : toute la nuit se passa à donner des ordres. La veille, Napoléon avait parcouru la position; il la reconnut encore avec soin, et résolut définitivement de frapper le coup décisif sur la droite des ennemis : c'était l'opération destinée au prince de la Moskowa. Mais ce mouvement ne pouvant être exécuté avant midi, Napoléon fit annoncer sur toute la ligne que l'attaque générale aurait lieu à une heure. En attendant, les ducs de Reggio et de Tarente reçurent l'ordre d'entretenir l'action contre le corps de Miloradowitch, formant l'aile gauche. Cette disposition de l'Empereur avait pour but de masquer sa véritable attaque; d'un autre côté, le prince de la Moskowa se disposait à forcer le passage à Klix, pour manœuvrer derrière l'ennemi par Glein et Wurschen, en raison de l'ordre du matin, tandis que Napoléon se réservait de tenir en échec le centre et la gauche des alliés, où commandaient Blücher et Miloradowitch.

Alexandre prit le change sur le dessein de Napoléon. Il crut que les Français avaient le projet d'opérer à sa gauche pour lui fermer la retraite sur Lobau; Napoléon, au contraire, voulait faire tourner sa droite par le maréchal Ney. Tout favorise cette erreur. Dès cinq heures du matin, le duc de Reggio, à notre extrême droite, attaque vivement les positions de Miloradowitch, en avant du camp d'Hochkirch. Aussitôt le général russe précipite toutes ses troupes sur le 12º corps, avec une telle impétuosité, que le duc de Reggio est rejeté au delà de Bidowitz, en arrière de son point de départ. Le duc de Tarente, craignant que la division Gérard, qui lie les 11º et 12º corps, ne soit compromise par la retraite du 12º, lui envoie l'ordre de se retirer. Mais Gérard a vu le péril de notre droite; il demande, au contraire, une brigade de plus au duc de Tarente, et tente avec tant d'audace et d'habileté une attaque commencée sous ses yeux par le brave colonel Labédoyère, commandant le 112º régiment, que, deux heures après, la division Gérard avait repris les positions du 12º corps. Pendant que ce succès important rétablissait l'offensive contre la gauche de l'armée alliée, et l'empêchait de se dégarnir pour aller au secours de sa droite, le prince de la Moskowa forçait les Russes de Barclai de Tolly au village de Klix, passait la Sprée, chassait l'ennemi de Molschwitz, tandis que Lauriston le renversait des hauteurs de Gottameld, et poursuivant Barclai à Glein, lui enlevait encore cette quatrième position. Ce fut sur le mamelon de Glein que le maréchal reçut, à dix heures, un billet au crayon, par lequel l'Empereur lui prescrivait de se porter à onze heures sur Preititz. Dans l'intervalle, il ordonna à Souham d'entrer à Preititz : il était trop tard. Barclai avait rétrogradé en bon ordre sur Baruth et Rachel. Kleist était arrivé à son secours. Souham se trouva entre deux feux; sa division se débanda et perdit beaucoup de monde. Enfin Reynier parut vers une heure à Klix, avec le 7ᵉ corps, et dans le même moment Lauriston, avec le 5ᵉ, marchait de Gattameld sur Baruth. Alors le maréchal força Preititz avec trois divisions; mais, tout à coup pris en flanc par l'artillerie que Blücher faisait descendre de Klein-Bautzen, égaré par l'erreur du combat, Ney, au lieu d'avancer à gauche, gravit sur la droite les hauteurs qui dominent Klein-Bautzen. Ainsi fut manquée cette grande manœuvre, qui devait couper la retraite aux alliés.

Cependant Napoléon, s'apercevant que le prince de la Moskowa faisait peu de progrès, combina, pour y suppléer, de nouveaux efforts sur le centre de Blücher. Il était une heure. La garde et la réserve de l'armée, infanterie et cavalerie, masquées par un rideau, pouvaient se porter sur la gauche et sur la droite, selon les vicissitudes de la journée. Le maréchal Soult, à tête du 4ᵉ corps, attaqua vivement les Prussiens de Ziethen, et leur enleva Doberchütz et Plisskowitz. Placé tout à coup entre le mouvement du prince de la Moskowa et celui du duc de Dalmatie, le comte de Wittgenstein vit bien que, pour avoir raison du maréchal

Ney, il n'avait d'autre ressource que d'arrêter le maréchal Soult. Mais, de son côté, Napoléon sentit que le moment de gagner la bataille était arrivé, et il se mit à la tête de la garde. La cavalerie du général Latour-Maubourg et une réserve d'artillerie marchaient sur le flanc de la droite de la position de l'ennemi, devant le centre de l'armée russe; enfin le mamelon de Kreckwitz, dont les alliés faisaient leur point d'appui, et où le maréchal Blücher croyait pouvoir braver tous nos efforts, fut emporté par la division Morand et par la division wurtembergeoise, malgré la résistance des gardes prussiennes que Blücher rappela de Preititz. Le général Devaux établit sur ces hauteurs une batterie de la garde. Les généraux d'artillerie Dulauloy et Drouot se portèrent en avant avec soixante pièces de réserve, tandis que la jeune garde, aux ordres du duc de Trévise, si aguerrie par le combat terrible de Kaya, se précipitait sur Litten et en chassait Yorck. Débordé sur sa gauche, attaqué de front, pris à revers par les trois maréchaux, Blücher s'était retiré sur Burschwitz. Le général en chef Wittgenstein, ayant été obligé de dégarnir sa droite, afin de parer à la nouvelle attaque que dirigeait l'Empereur en personne, le prince de la Moskowa avait profité de ce mouvement pour marcher en avant. Il avait repris Preititz; maître du village de Prussig, il avait débordé les alliés, et s'avançait sur Wurschen. Le comte de Wittgenstein, voyant sa droite tournée, ordonna la retraite. Le général Barclai de Tolly se retira par Grœdlitz sur Weissemberg, ainsi que l'aile droite, toute composée de Prussiens, et l'aile gauche, ou l'armée russe, sur Hochkirch et Lobau. Trente mille hommes payèrent de leur sang la défense et l'attaque des retranchements, désormais inutiles, de Bautzen et d'Hochkirch : douze mille du côté des Français, dix-huit mille du côté des alliés.

Ainsi s'accomplit la prophétie annoncée le matin par Napoléon à son armée. La bataille s'engagea à une heure après midi, et, selon sa prédiction, elle fut gagnée à trois heures; mais nous manquions, comme à Lutzen, d'une cavalerie assez nombreuse pour tirer parti de notre victoire. Cependant un parlementaire se présente au quartier impérial, porteur d'une lettre pour le duc de Vicence. Cette lettre était de la veille, et était accompagnée d'un billet du jour même. La lettre, qui, disait le billet, n'avait pas été expédiée la veille à cause de la bataille déjà engagée, était la réponse de M. de Nesselrode à la démarche du 18; il déclarait que l'empereur de Russie ne pouvait recevoir les propositions que par l'intermédiaire du médiateur. Ainsi le vaincu, le troisième jour de sa défaite, imposait à Napoléon le joug autrichien! Il ne restait donc à l'Empereur que la ressource de vaincre. Et plût à Dieu qu'il n'eût cherché d'autre intermédiaire que son armée ! Une grande pensée couronna la journée de Bautzen. Profondément ému des preuves de dévouement de sa jeune armée, frappé d'admiration pour cette guerre de héros qu'avaient faite sous ses yeux des conscrits à peine sortis de leurs dépôts ou du village de leurs pères, il décréta qu'un monument serait érigé sur le Mont-Cenis, et consacrerait à jamais sa reconnaissance envers ses soldats de France et d'Italie.

Le 22 mai, à quatre heures du matin, l'armée s'avança vers la Silésie par trois chemins différents. A l'aile gauche, le maréchal Victor et le général Sébastiani se dirigent sur Glogau, pour le débloquer. Les maréchaux Macdonald, Marmont et le général Bertrand suivent Wittgenstein sur la route de Schweidnitz. Le maréchal Ney s'avance sur celle de Breslau. L'Empereur se met lui-même à la poursuite des alliés avec la cavalerie de la garde, celle du général Latour-Maubourg et une partie de son infanterie : il marcha toute la journée à la tête de l'avant-garde; on arriva sans obstacle à Weissemberg. Plus loin, l'infanterie saxonne du général Reynier dut aborder les hauteurs en arrière de Reichenbach, où le général Miloradowich, commandant l'arrière-garde ennemie, s'était arrêté pour protéger la retraite des souverains, qui avaient couché à Lowemberg. L'attaque, d'abord repoussée par l'ennemi, quoique combinée des deux côtés, réussit enfin, grâce aux efforts de la cavalerie sous les ordres des généraux Lefebvre-Desnouettes et Colbert, et aux cuirassiers de Latour-Maubourg; malheureusement elle coûta la vie au général de division comte Bruyères, l'un des officiers les plus distingués de l'armée et l'un des vétérans de l'Italie. Dans le même instant, et au milieu du feu le plus vif, un chasseur de l'escorte est tué à quelques pas; Napoléon, qui le voit tomber presque sous les pieds de son cheval, dit au duc de Frioul : « Duroc, la Fortune nous en veut bien aujourd'hui. » La Fortune allait frapper un autre coup.

Au lieu de s'arrêter à Reichenbach avec le quartier général, Napoléon, apprenant que l'ennemi tenait encore du côté de Makersdorf, rejoint son avant-garde et ordonne un mouvement sur la ville de Gorlitz, où il espérait passer la nuit. Tout à coup, comme on descendait rapidement le chemin creux du village pour se porter sur une hauteur voisine, un boulet perdu ricoche contre un arbre, tue roide le général du génie Kirgener, et ouvre le bas-ventre au grand maréchal Duroc. L'Empereur était lancé au galop et gravissait la hauteur, quand un aide de camp d'Oudinot vint lui annoncer la mort du duc de Frioul. « *Ce n'est pas possible!* dit Napoléon, *je lui parlais tout à l'heure.* » En ce moment le colonel Gourgaud, premier officier d'ordonnance, vint rendre compte à l'Empereur du mouvement que le prince de la Moskowa avait dû exécuter sur Gorlitz, ajoutant que l'ennemi ne présentait plus qu'une faible arrière-garde. Mais, sans lui répondre, Napoléon revint sur ses pas, et, suivi des ducs de Dalmatie et de Vicence, alla voir le grand maréchal, près duquel étaient réunis les docteurs Larrey et Yvan, et quelques officiers de santé.

Napoléon, en arrivant près de lui, le trouva avec toute sa connaissance, et montrant le plus grand sang-froid. Le duc serra la main de l'Empereur, qu'il porta sur ses lèvres. « Toute ma vie, lui dit-il, a été consacrée à votre service, « et je ne la regrette que pour l'utilité dont elle pourrait vous être encore. — « Duroc, lui dit l'Empereur, il est une autre vie; c'est là que vous irez m'attendre « et que nous nous retrouverons un jour. — Oui, Sire; mais ce sera dans trente « ans, lorsque vous aurez triomphé de vos ennemis, et réalisé toutes les espé- « rances de notre patrie. J'ai vécu en honnête homme, je ne me reproche rien. « Je laisse une fille, Votre Majesté lui servira de père. » L'Empereur, serrant de la main droite le grand maréchal, resta un quart d'heure, la tête appuyée sur la main gauche, dans le plus profond silence. Le grand maréchal rompit le premier ce silence : « Ah! Sire, allez-vous-en; ce spectacle vous peine. » L'Empereur, s'appuyant sur le duc de Dalmatie et sur le grand écuyer, se retira sans pouvoir

dire au duc de Frioul autre chose que ces mots : « *Adieu donc, mon ami !* »
Napoléon ne quittait le lit du mourant que pour veiller sur l'armée ; mais il n'en était pas moins pénétré de la plus vive douleur. Cette douleur était juste ; en effet, il perdait dans Duroc non-seulement un compagnon d'armes, mais encore un de ces amis sûrs et dévoués auxquels on peut tout confier, et qui ont acquis le droit de dire la vérité tout entière. Convaincu de l'étendue de cette perte, et afin d'éterniser le souvenir de leur amitié, il ordonna que le corps du grand maréchal fût transporté à Paris, dans l'église des Invalides, pour y recevoir les honneurs funèbres. Il voulut aussi acheter de ses deniers la maison où Duroc était mort, et la donner au pasteur du village, à condition de placer et de con-

server, à l'endroit où avait été le lit du grand maréchal, une pierre avec cette inscription :

ICI LE GÉNÉRAL DUROC,
DUC DE FRIOUL,
GRAND MARÉCHAL DU PALAIS DE L'EMPEREUR NAPOLÉON,
FRAPPÉ D'UN BOULET,
A EXPIRÉ DANS LES BRAS DE SON EMPEREUR ET DE SON AMI.

Cependant, la vivacité de la poursuite de Napoléon et toutes les conséquences d'une pénible retraite fatiguaient les alliés : ébranlés par trois victoires, ils changent de langage et renoncent à l'orgueil de leurs refus récents ; le lendemain de leur défaite, ils réclament la faveur d'un armistice. Le prince de Stadion, constant dans sa haine pour Napoléon, et occupé à consommer une nouvelle trahison contre lui, s'empressa d'adresser au comte de Neuchâtel les paroles trompeuses des puissances coalisées ; l'Empereur accepta leur demande, sans penser qu'une proposition faite par un homme aussi acharné à sa perte et à celle de la France ne pouvait cacher que la plus fatale déception.

Enfin, en dix jours, la Saxe avait été délivrée par Napoléon ; en huit jours la haute Silésie était au pouvoir des Français ! Breslau va tomber. L'armée ennemie est acculée au fond de la basse Silésie, où Napoléon s'apprête à porter le théâtre de la guerre ; une seule bataille doit peut-être refouler sur elle-même l'invasion du Nord. On attend la chute de Hambourg ; cet important événement ouvrira une autre route sur Berlin à une autre armée française. Encore deux jours, l'Elbe et l'Oder sont conquis, les chemins sont libres pour marcher sur Custrin, sur Varsovie, sur Dantzick. Dans cette dernière ville, trente mille Français et alliés vont devoir leur délivrance à nos succès. Aussi M. de Nesselrode ne retarde-t-il pas sa réponse comme à Harta. Quand tous ces grands résultats nous attendent, le 28, le duc de Vicence reçoit une lettre des plénipotentiaires russe et prussien, avec la copie des pleins pouvoirs du commandant en chef des armées combinées. La teneur de ces pouvoirs exprimait clairement que la médiation autrichienne, à laquelle Napoléon voulait se soustraire, était la condition *sine qua non* de toute espèce d'arrangement. De plus, l'empereur Alexandre *n'envisageait l'armistice que comme un objet purement militaire*, et par là on éludait l'admission du duc de Vicence auprès de ce prince. Ainsi la campagne militaire se trouvait suspendue ; mais la campagne politique était près de s'ouvrir, et dans cette autre guerre Napoléon allait rencontrer un ennemi actif, adroit, passionné, qui lui disputerait corps à corps le champ de la négociation. Le comte de Stadion, le commissaire impérial de la médiation autrichienne au quartier général des alliés, devenu le général en chef de leur retraite, les avait attirés vers la Bohême, où de grandes intelligences militaires leur étaient préparées.

Napoléon, parti le 29 pour Rosning, établissait le lendemain son quartier général à Neumarck. Le duc de Bassano était resté à Liegnitz, afin de tracer les instructions au duc de Vicence. Le comte de Bubna, qui était retourné à Vienne, devait y faire connaître le résultat de sa mission à Dresde. Les propositions dont il était porteur concernaient l'ouverture d'un congrès pour la paix, soit générale, soit continentale, la conclusion d'un armistice, et enfin la nomination des plénipotentiaires chargés de régler entre la France et l'Autriche le sort de l'alliance et l'acceptation de la médiation. Le 30, le comte de Bubna arriva à Liegnitz, où il eut une conférence avec le duc de Bassano; le lendemain, il repartit pour Vienne, après avoir donné l'assurance qu'il serait bientôt de retour avec les pouvoirs nécessaires qu'on lui avait déjà demandés à Dresde, et dont il aurait été muni, dès ce moment, si sa cour eût voulu remplir avec honneur la généreuse mission d'un médiateur désintéressé

CHAPITRE XXXVIII

1813

Armistice de Pleswitz. — Prise de Hambourg. — Retour de Napoléon à Dresde.
Convention de Dresde avec l'Autriche. — Retraite d'Espagne. — Bataille de Vittoria. — Congrès de Prague.
Déclaration de guerre de l'Autriche à la France.

Les conférences relativement à l'armistice s'ouvrirent, le 30 mai, à l'abbaye de Waldstadt, entre le duc de Vicence pour la France, le comte de Schouwaloff pour la Russie, et M. de Kleist pour la Prusse ; elles continuèrent à Gebersdorf le 31 et le 1er juin, et furent transportées à Pleswitz. Les prétentions des alliés et les résistances de Napoléon, qui voulut, selon son usage, dominer cette négociation, la rendirent tellement orageuse, qu'elle put lui faire pressentir les difficultés que le congrès lui présenterait ; car ce ne fut qu'après une véritable bataille de six jours que, le 3 juin, l'armistice fut signé. Un avantage bien réel pour Napoléon, et sur lequel il devait établir, en cas de rupture à Prague, une grande combinaison militaire, c'était la prise de Hambourg, où entra, le 31 mai, le général Vandamme ; mais l'ennemi l'avait prévu, et la neutralisation de Breslau, possession alors bien plus importante que celle de Hambourg, avait été la compensation de cette ville. Cette condition, à elle seule, devait faire rejeter la trêve. Cependant, le 29, le Danemark avait renoué son alliance avec la France, et l'armée danoise, cammandée par le comte de Schulembourg, était depuis lors sous les ordres du maréchal prince d'Eckmühl. Nous n'avons plus d'autres alliés dans le Nord que le Danemark et la Pologne. La Pologne, que l'Autriche a livrée aux Russes, restait représentée auprès de la France par la petite armée que l'illustre Poniatowski vient de soustraire au vasselage de la défection autrichienne. Après avoir dû traverser, désarmés, les provinces de l'empereur d'Autriche, les Polonais ont repris leurs armes en mettant le pied dans la Lusace : ils n'ont plus d'autre patrie que le drapeau français. Aussi Napoléon a décrété le 1er juin, à Neumarck, qu'ils sont tous à la solde de la France.

Le lendemain de la signature de la convention d'armistice, Napoléon a quitté son quartier général de Neumarck; le 10, il occupe à Dresde le palais Marcolini, situé dans un faubourg; le même jour, arrive de baron de Kaas, ministre de l'intérieur de Danemark, qui fait à l'Empereur d'utiles révélations. A Altona, les alliés n'ont épargné ni promesses ni menaces pour détourner cet ambassadeur d'aller remplir sa mission : ils ont même été jusqu'à lui offrir d'annuler la cession de la Norwége à la Suède; mais, sur son refus, et pour se venger de l'attachement du Danemark envers la France, le lendemain de la prise de Hambourg, l'apparition de la flotte anglaise était venue dans la rade de Copenhague réveiller un affreux souvenir. Un capitaine de vaisseau n'avait pas craint de sommer le roi de souscrire sous quarante-huit heures le traité de la cession spoliatrice qu'on osait lui imposer, de remettre en dépôt la province de Drontheim, et de donner vingt-cinq mille hommes à la ligue du Nord. Le roi avait repoussé cette injurieuse sommation, et le prince royal de Danemark, déguisé en matelot, était parvenu à débarquer en Norwége, où il appelait les habitants à la défense nationale. Par le traité que M. de Kaas était venu stipuler à Dresde, son souverain mettait douze mille hommes à la disposition de Napoléon.

L'Empereur reçut aussi M. de Bubna : au lieu d'apporter les réponses aux demandes qu'avait faites le duc de Bassano à Dresde, et qu'il avait renouvelées à Liegnitz, cet envoyé se contenta de notifier au cabinet de France l'acceptation de la médiation autrichienne par les alliés, et d'annoncer la prochaine arrivée de M. de Metternich pour la même négociation. Cependant il a été autorisé à dire que la mission du baron de Weissembourg à Londres a échoué, et que le cabinet britannique *trouve à présent trop favorables encore à la France les bases de Lunéville!* Cette confidence faite par le gouvernement autrichien portait avec elle son commentaire.

La ville de Prague avait été adoptée par le congrès; l'empereur d'Autriche ne tarda pas à se rendre, avec sa chancellerie et ses ministres, au château de Gittschin, voisin de la capitale de la Bohême. Alexandre et le roi de Prusse s'étaient établis non loin de là, à Trachenberg, sur les bords de l'Oder. Cependant le mois de juin s'écoulait sans que le congrès s'ouvrît, et les délais d'un armistice de quarante jours se consommaient sous les lenteurs du cabinet autrichien. D'après le silence de M. de Bubna sur la question de l'alliance qui touchait particulièrement Napoléon, le duc de Bassano avait écrit à M. de Metternich qu'il avait tous les pouvoirs nécessaires pour traiter et de la médiation et de l'alliance. Le 22, M. de Metternich annonça qu'il était autorisé à signer une convention pour la médiation, et à convenir de certaines réserves pour l'alliance. Ce jour même, le duc de Bassano répondit : « *L'Empereur, qui ne veut pas rendre son alliance onéreuse à ses amis, ne fait aucune difficulté d'y renoncer.* » Aussi, le 27, M. de Metternich, débarrassé du fardeau de l'alliance, accourut à Dresde. Le lendemain, ce ministre fut admis à remettre à l'empereur Napoléon une lettre de son souverain : cette audience devint une longue conférence consacrée à l'exposition des prétentions de l'Autriche : elle demandait la moitié de l'Italie, l'Illyrie, le retour du pape à Rome, la Pologne saxonne, l'abandon de la Hollande, celui de l'Espagne, la renonciation au protectorat de la Confédération du Rhin et à la médiation helvétique : « *C'est le partage de l'empire français que vous voulez,* » dit Napoléon. Impatient alors de tous ses griefs contre l'Autriche, il les récapitula avec chaleur; puis, arrivant successivement aux engagements secrets de cette puissance avec l'Angleterre, la Russie et la Prusse, et hors d'état de conserver cette réserve que leur supériorité impose aux souverains : « *Dites-moi, Metternich, combien l'Angleterre vous a-t-elle promis pour me faire la guerre?* » Cependant cette apostrophe ne termina point la conférence, et en congédiant le ministre autrichien : « *La cession de l'Illyrie,* lui dit-il, *n'est pas mon dernier mot.* »

C'est sous ces fâcheux auspices que fut signée, le 30 juin, la convention relative à la médiation autrichienne. M. de Metternich repartit pour Gittschin avec le ressentiment de son injure. La convention signée ne ressemblait guère à celle que Napoléon avait proposée dans le but d'une paix générale. C'était la paix du monde, sur les bases déjà publiées dans *le Moniteur* du 24 mai, qu'il voulait soumettre à la médiation de l'Autriche. Jamais, sans doute, arbitrage plus honorable n'avait été confié à aucune couronne; mais le cabinet autrichien s'obstina à retrancher de cette proposition tout ce qu'elle contenait de généreux ; il n'y maintint que ce dont il avait besoin pour assurer le succès de ces projets hostiles contre la France. Aux termes de la convention du 30 juin, les plénipotentiaires devaient se réunir à Prague le 5 juillet : en conséquence, l'armistice devait être prorogé jusqu'au 10 août, et le cabinet de Vienne s'était réservé de faire agréer cet engagement par la Russie et la Prusse. Il ne se hâta point de remplir sa promesse, et ce fut le 12 juillet seulement que M. de Metternich informa le duc de Bassano de l'assentiment des cours de Pétersbourg et de Berlin. L'acte résultant de cet assentiment ne fut signé que le 26 juillet, à Neumarck, par les commissaires français et alliés. Ainsi Napoléon, en se résignant à la médiation de l'Autriche, venait d'éprouver de la part des alliés une opposition de vingt-six jours pour l'exécution de l'article le plus important du traité.

A Prague, le même système accueillit la négociation française. M. de Narbonne, nommé plénipotentiaire avec le duc de Vicence, l'y avait précédé et n'avait pu voir les plénipotentiaires des alliés. M. de Vicence y arriva le 26 juillet. M. de Humboldt était le représentant de la Prusse, et M. d'Anstett, né Français, et par cela seul incapable, aux termes de l'article 20 du décret du 26 août 1811, *de servir comme plénipotentiaire dans un traité où devaient être débattus les intérêts de la France*, se trouvait le négociateur de la Russie. Toutes ces circonstances, unies au choix de M. d'Anstett, qui avait quelque chose d'inconvenant et d'hostile, ne pouvaient que beaucoup déplaire à Napoléon; mais il dut regretter bien plus vivement encore de s'être engagé dans la carrière des négociations avec des puissances malveillantes et sans foi, quand il apprit que, non contente de s'être liée par des engagements, à Reichenbach, envers l'Angleterre et les alliés, l'Autriche, le 9 juillet, en avait contracté d'autres à Trachenberg, quartier général de l'empereur Alexandre. Napoléon fut instruit de ce nouveau pacte, qui enchaînait tout à coup au serment de sa destruction la Prusse, la Suède, la Russie, et l'Autriche enfin, dix jours après l'avoir acceptée pour médiatrice. Il sentit alors, plus que jamais, qu'il devait aussi se préparer à la guerre, et que, ne pouvant augmenter son armée, il lui fallait chercher, plutôt dans son génie militaire que dans sa politique, les moyens de lutter contre les deux cent mille hommes de l'Autriche, les réserves russes et prussiennes, et l'armée suédoise, qui allaient doubler les forces dont il venait de triompher. En considérant la défection de Bernadotte, en se rappelant la conduite du roi de Naples pendant la retraite de Russie, peut-être Napoléon aurait-il dû se défier de ce prince, qui, quoique sous le poids d'un accord secret avec l'Autriche, avait offert alors son épée à son beau-frère. Napoléon, qui le savait si brave, ne le croyait peut-être en ce moment pas moins fidèle, et le vit avec plaisir arriver pour prendre, comme Français, sa part de péril et de gloire dans nos derniers combats.

Pendant l'armistice et les longues délibérations qui en remplirent le cours, l'Empereur ne cessa pas un instant de suivre les relations du dehors, les affaires du dedans, et de régler avec une infatigable activité tout ce qui concernait l'armée : à en juger par les détails et l'ensemble de ce qu'il fit sous ce rapport, il semblait que ce fût un grand ministre de la guerre consacrant toutes ses facultés à cette seule partie du gouvernement; convois d'artillerie, troupes en marche, officiers en mission, police des cantonnements, travaux du génie, situation des arsenaux, armement, équipement des soldats, direction des renforts sur les divers

corps qui les attendent, arrivée des munitions, transport des approvisionnements, rien n'échappe à ses regards, à sa vigilance, à son action. Par lui, l'ordre règne au milieu de tant d'éléments de confusion : par lui, la Saxe est préservée des fléaux qui accompagnent ordinairement la présence des armées. En même temps, les trésors qu'il a tirés de ses caves du pavillon Marsan acquittent toutes les dépenses et alignent la solde. Ce sont les alliés vaincus à Austerlitz, à Iéna, à Wagram, qui ont fourni eux-mêmes les précieuses réserves que Napoléon emploie aujourd'hui contre eux. Dresde, protégé par les nombreux ouvrages qui s'élèvent, et asile du quartier général, où abondent une foule de militaires de tous rangs, offre tout à la fois l'aspect d'un camp et le mouvement d'une brillante capitale, où les préparatifs même de la guerre communiquent une nouvelle activité à toute la population. Au milieu d'elle, calme et agité, méditant, ordonnant et faisant exécuter, Napoléon veille en même temps sur l'Allemagne et sur la France, comme sur l'Italie et sur l Espagne ; les nouvelles de ce dernier pays sont d'une nature fâcheuse.

Enhardi par nos revers, Wellington avait repris l'offensive le 28 mai, à la tête de soixante et dix mille hommes, et sa marche avait décidé Joseph à évacuer Madrid. L'armée française était parvenue à mettre l'Èbre entre elle et Wellington ; mais, lorsqu'on apprit que l'ennemi avait passé ce fleuve, l'alarme se répandit au quartier général du roi : un conseil de guerre fut tenu ; le maréchal Jourdan proposait de descendre l'Èbre et de se retirer sur Saragosse pour y rallier l'armée de Clausel et communiquer ainsi avec Saint-Sébastien, Bilbao, Pampelune, et avec le corps du général Foy. C'était sur les hauteurs inexpugnables de Salinas et de Mont-Dragon qu'il voulait arrêter Wellington ; et par les mouvements simultanés de la retraite du maréchal Suchet, qui venait de sauver Tarragone et de forcer lord Murray à se rembarquer après un échec complet, la barrière des Pyrénées pouvait être fermée à l'invasion étrangère. Le conseil se rangea à l'avis du maréchal Jourdan ; mais Joseph, saisi mal à propos d'un rêve de gloire, voulut combattre, et l'ordre de la bataille fut donné pour le lendemain, 21 juin. La bravoure française soutint jusqu'au dernier moment sa haute renommée ; nos soldats ne cédèrent qu'à l'immense supériorité du nombre des ennemis : la bataille de Vittoria fut glorieuse pour nos armes, et la perte presque égale des deux côtés. Mais l'imprévoyance et l'inhabileté du chef, qui ne savait ni commander ni abdiquer le commandement, l'absence de toute précaution pour assurer la retraite, l'amoncellement des immenses bagages de cette royauté fugitive, changèrent un revers, facile à réparer peut-être, en un désastre qui nous enlevait l'Espagne sans retour. Cent cinquante pièces de canon, quatre cents caissons, tout le matériel de l'armée, ainsi que tous les bagages, furent la proie de l'ennemi. L'armée se précipita confusément sur la route de Tolosa, où l'illustre général Foy arrêta les vainqueurs, à la tête de seize mille hommes.

A la nouvelle de ce fatal événement, qui plaçait tout à coup la France entre deux invasions, Napoléon ordonna au maréchal Soult de voler défendre les barrières méridionales de la patrie : « Je vous ai nommé, disait l'ordre dicté par « l'Empereur, mon lieutenant général commandant mes armées en Espagne et « sur les Pyrénées. » Le 12 juillet, le maréchal était à Bayonne ; il organisa l'armée et la divisa en trois corps sous les ordres des généraux Reille, Drouet d'Erlon et Clausel ; cette armée s'élevait à soixante mille hommes. L'armée anglaise occupait la Basse-Navarre, et couvrait les siéges de Pampelune et de Saint-Sébastien ;

mais, lorsqu'il apprit l'arrivée du duc de Dalmatie, dont il connaissait l'habileté, Wellington reprit son système de circonspection accoutumée.

En Italie, la présence du vice-roi, qui formait trois corps d'armée sur l'Adige, le dévouement des Italiens, profondément convaincus que leur destinée repose tout entière sur le succès de Napoléon, inspirent de la sécurité. A Munich, un allié loyal et fidèle va porter son armée à quarante mille hommes. Ainsi donc, bientôt s'ouvrira une seconde campagne. En attendant l'organisation et la disposition définitive de ses corps d'armée, le vice-roi, plus éloigné, reçoit l'ordre de se tenir prêt. Sa direction est la route de Vienne ; il sera secondé par l'armée bavaroise, le 9° corps du duc de Castiglione et la cavalerie du général Milhaud. En Espagne, le maréchal Suchet doit hâter sa retraite vers les Pyrénées, et laisser quelques garnisons sur la route de Barcelone. Quant au maréchal Soult, il est chargé de commencer de vigoureuses opérations pour arrêter Wellington. Elles seront appuyées par trente mille hommes que l'Empereur a demandés aux départements du Midi. Les garnisons assiégées reçoivent l'avis de la reprise des hostilités, on leur fait espérer des secours. Napoléon visite en cinq jours les places de l'Elbe, ensuite il va reconnaître dans la Basse-Lusace les positions importantes de Luckau et de Luben. A peine revenu à Dresde, instruit du départ de l'Impératrice, qu'il a appelée à Mayence, il se met en route pour cette ville. Le 3 août, il doit être de retour à Dresde, afin d'y suivre de plus près la négociation de Prague, et de donner plus tôt ses derniers ordres pour une campagne que la joie de ses ennemis, à la nouvelle du désastre de Vittoria, lui fait regarder comme inévitable.

L'intention de Napoléon avait été de décliner la fatale médiation de son ennemi caché, et, malgré le peu de succès qu'avait eu sa démarche après la bataille de Lutzen, de chercher de nouveau à conclure, sans intermédiaire, avec Alexandre une paix glorieuse pour ce prince, et conséquemment de faire payer à l'Autriche, par la perte de son influence en Europe, sa mauvaise foi dans la campagne de 1812 et dans le moment présent, où elle jouait un rôle encore plus odieux. Mais ses plénipotentiaires n'étant pas parvenus à échanger une parole avec celui de Russie ni avec celui de Prusse, pressé d'ailleurs par le terme si prochain de l'armistice, Napoléon fut obligé de tenter du côté du médiateur l'œuvre de la paix. Aussi, pendant ces orageuses discussions, une négociation secrète arrivait au château impérial de Brandeitz. C'est à son beau-père que s'adresse directement Napoléon : une lettre confidentielle, du 9 août, charge seul le duc de Vicence de cette démarche ; elle a pour objet « *de savoir de quelle manière l'Autriche entend que la paix peut se faire, et si, l'empereur Napoléon adhérant à ses propositions, l'Autriche fera cause commune avec la France, ou si elle restera neutre.* » Le 7, l'Autriche répondit qu'elle demandait « *la dissolution du grand-duché de Varsovie, qui serait partagé entre la Russie, l'Autriche et la Prusse ; le rétablisse-*

ment des villes anséatiques dans leur indépendance; la reconstruction de la Prusse avec une frontière sur l'Elbe; la cession à l'Autriche de toutes les provinces illyriennes, y compris Trieste. » Il était question aussi de l'indépendance de la Hollande et de l'Espagne, mais comme devant être traitée à la paix générale. Puis, tout à coup on apprend à Dresde que le congrès est dissout! M. de Metternich l'a déclaré aux plénipotentiaires français. Le 15 août, M. de Narbonne arrive à Dresde, porteur de la déclaration de guerre de l'Autriche.

Ainsi l'armistice, d'abord refusé par la Russie, et demandé depuis par M. de Stadion, n'a été conclu que pour donner à l'Auriche le temps de compléter ses armements, et le congrès n'a eu lieu que pour aider cette puissance à dénouer des engagements qu'elle n'avait pas le courage de rompre ouvertement. Telle fut l'issue de ce complot diplomatique, où la haine la plus déclarée et l'intention la plus évidente d'une guerre implacable se cachait sous un vain semblant d'amour de la paix.

CHAPITRE XXXIX

1813

Préliminaires de la campagne. — Napoléon en Bohême. — Il revient sur Blücher. — Bataille de Dresde. Batailles de Kulm, de Gross-Beeren. — Traité de la triple alliance à Tœplitz.

Napoléon avait trois pensées dominantes pour cette seconde campagne : l'occupation de Berlin par les armées concertées des maréchaux Davoust et Oudinot; celle de Breslau par l'armée de Lusace, aux ordres du maréchal Ney; et enfin celle de Prague par la grande armée, qu'il commandait. Le 10 août, l'armistice avait été dénoncé; le même jour, l'Autriche, disait son manifeste, *réunie de principes aux puissances, avant même que les traités eussent consacré leur union*, voyait déjà son armée en ligne avec ses nouveaux alliés. Barclai de Tolly avait, pendant les derniers jours du congrès, fait faire plusieurs marches en Bohême aux quatre-vingt mille hommes qu'il amenait de Pologne. Moreau, le général républicain Moreau, armé jadis contre la *tyrannie consulaire*, venait de rompre le ban de son exil, et, parjure à la patrie à qui il avait dû tant de gloire, mais docile à l'appel de Bernadotte, il était arrivé à temps au quartier général de l'empereur Alexandre pour s'associer à la haine des rois contre la France et Napoléon. Cependant les hostilités ne devaient commencer que le 17, six jours après la dénonciation de l'armistice ; mais le 12, le maréchal Blücher, connu, depuis sa retraite d'Iéna sur Lubeck, pour être peu scrupuleux en fait de bonne foi, fit marcher ses troupes sur le terrain de la neutralité. Le maréchal Ney, placé à Liegnitz, attendant la fin de l'armistice, se trouva surpris par Blücher, et, après cinq jours de résistance, fut forcé d'abandonner Goldberg, Liegnitz, Haynau et Buntzlau. Ainsi la campagne s'ouvrit, du côté des alliés, par une violation des droits de la guerre.

Les ennemis avaient cinq cent mille hommes sous le drapeau, divisés en trois armées : celle de Bohême, dite la grande armée, sous le prince Schwarzenberg; l'armée de Silésie, sous le maréchal Blücher, et l'armée du Nord, sous le prince royal de Suède. Napoléon n'avait que trois cent mille hommes, y compris la garde, formant onze corps d'armée, qui obéissaient à Vandamme, Victor, Bertrand, Ney, Lauriston, Marmont, Reynier, Poniatowski, Macdonald, Oudinot, Saint-Cyr. La cavalerie, sous les ordres du roi de Naples, est commandée par Latour-Maubourg; Sébastiani, Arrighi, Kellermann ; Mortier conduit l'infanterie de la garde, Nansouty la cavalerie. Davoust compte vingt mille hommes sous Hambourg; Augereau vingt-quatre mille en Bavière; le prince Eugène organise en Italie trois corps d'armée qui seront portés à cinquante mille hommes. L'Autriche a une forte armée sous les ordres du général Hiller, en Italie ; elle a mis activement dans la balance cent trente mille combattants.

L'Empereur, parti de Dresde le 15 août, s'avança avec sa garde sur Bautzen. Le dessein de Napoléon était de menacer les communications entre l'armée de Blücher, celle de Barclai et celle de Schwartzenberg. Connaissant la lenteur autrichienne, il pense qu'il a le temps, avant de prévenir l'ennemi à Dresde, de courir en Silésie, et de repousser les cent mille hommes de Blücher au delà des positions que le maréchal Ney a été contraint de leur abandonner. Arrivé le 21 à Lowemberg avec vingt-cinq mille hommes, il fait jeter des ponts sur le Bober; Maison, à la tête du 5e corps, attaque vivement Yorck en avant de Lowemberg; en même temps Ney et Marmont chassent Sacken de Buntzlau, tandis que Macdonald et Lauriston menacent le centre de Blücher. A la manière dont s'exécutent ces mouvements, Blücher a deviné que Napoléon est là, et il ne cherche plus à disputer le terrain et se concentre derrière la petite rivière de Haynau ; mais l'armée française continue son attaque avec vigueur, et le force à se réfugier derrière la Katzbach. A la fin de cette journée a lieu la première défection dans nos rangs : un régiment de hussards westphaliens passe en entier à l'ennemi. Enfin, le 23 août, se termine la poursuite de Blücher par Napoléon. Défait de nouveau à Goldberg, le général prussien se retire en toute hâte sur Jauer, où le 24 il réunit son armée. Pendant les trois jours qui ont vu Napoléon à la tête de son armée en Lusace, le terrain de la neutralité envahi par Blücher a été reconquis presque en entier.

Napoléon avait bien calculé ; il a eu le temps de battre et de repousser Blücher, il aura celui d'arriver à Dresde avant Schwartzenberg. Il donne pour instruction au maréchal Macdonald, qui remplace le maréchal Ney au commandement, de concentrer toutes ses troupes, d'éviter la bataille, de se replier sur la Queiss, et même sur le camp de Dresde, s'il a affaire à des troupes supérieures. Napoléon avançait sur Dresde à toute course ; il venait d'apprendre que les alliés avaient franchi les montagnes de l'Erzgebirge. Il rallie en passant les corps de Victor et de Vandamme. Le 24, le maréchal Saint-Cyr, après une faible canonnade, quitte le camp de Pirna devant la grande armée de Bohême, et se retire à Dresde, qui a été mise à l'abri d'un coup de main. Le lendemain, le prince de Schwartzenberg campait devant Dresde avec deux cent mille hommes ; mais il remit l'attaque au 26, pour attendre l'arrivée du corps de Klenau. Moreau, qui connaissait le prix du temps, et qui surtout appréciait l'absence de Napoléon, voulait que l'attaque eût lieu au moment même.

Depuis les conférences de Trachenberg, Napoléon savait que les Autrichiens, les Russes et les Prussiens s'étaient donné rendez-vous *à Dresde dans le camp de l'ennemi*. Il avait formé son plan en conséquence. La démonstration qu'il venait de faire par la Silésie sur la Bohême avait eu aussi pour but d'inspirer aux alliés l'espoir d'arriver avant lui à Dresde, et lorsque ces mêmes alliés s'avanceraient dans la plaine, Napoléon devait, en passant les ponts de l'Elbe à Kœnigstein, revenir se placer sur les derrières de l'armée ennemie, en la coupant des montagnes de la Bohême, et la forcer de recevoir la bataille au moment où elle comptait attaquer Dresde. Mais il fallait, pour l'exécution de cette opération, que Dresde pût tenir jusqu'au 28 ; et sur cette question, une réponse négative, rapportée la nuit par le général Gourgaud à l'Empereur, le détermina à renoncer à son dessein. Le général Vandamme avait été chargé de débloquer Pirna : l'Empereur lui expédia le général Haxo, pour lui prescrire de s'emparer des défilés de Peterswald, sur la Bohême. « *C'est à lui*, dit Napoléon, *à ramasser l'épée des vaincus.* » Alors, mettant encore à profit la circonspection autrichienne, il entre à Dresde le 26, vers dix heures du matin.

Il était temps : en effet, quelques heures plus tard, le prince de Schwartzenberg s'était décidé à ne plus attendre le corps de Klenau, et à commander l'assaut. Les alliés, formés en six colonnes précédées chacune de cinquante bouches à feu, s'avancent sur les ouvrages. En peu de moments la canonnade devient terrible. L'artillerie de la redoute de la porte de Freyberg est démontée par celle de l'ennemi, qui emporte également la redoute du centre. Nos troupes se replient sur les faubourgs. Les alliés débouchent entre Striesen et l'Elbe, et portent le combat jusqu'au pied des palissades. Les réserves de Saint-Cyr sont engagées. Napoléon juge le moment de l'offensive arrivé pour lui. Le maréchal Ney débouche par la porte de Plauen, sur la gauche des alliés; le maréchal Mortier sur la droite par la porte de Pirna. Le roi de Naples, avec la cavalerie de la garde et celle de Latour-Maubourg, repousse l'ennemi sur la route de Willsdruff. Bientôt la victoire, que Schwartzenberg croyait certaine, se change en une défaite sanglante, et les Français ont repris toutes leurs positions. Cinq généraux de la garde ont été blessés. Nous avons perdu trois mille hommes, l'ennemi six mille, dont deux mille prisonniers. On consacre la nuit, de part et d'autre, aux dispositions de la bataille du lendemain. Les corps de Victor et de Marmont, et trois divisions de cavalerie commandées par Kellermann, sont arrivées le soir, et ajoutent quarante mille hommes aux soixante mille qui viennent de sauver Dresde. Aussi, dès la pointe du jour, Napoléon, sûr de son succès, présente la bataille, et Schwartzenberg l'accepte, plein de confiance dans la supériorité de ses forces. La pluie, qui toute la nuit est tombée par torrents, dure toujours; elle rend inutiles les armes à feu de l'infanterie : la baïonnette, le sabre et le canon décideront cette grande lutte.

A sept heures, la canonnade commence de toutes parts. Notre aile droite fait des progrès rapides : le roi de Naples et le maréchal Victor attaquent avec furie le corps de Giulay, prennent ou détruisent cinq régiments et l'avant-garde de Klenau; la division de cavalerie de Metzko avec son général met bas les armes. Le centre des alliés est coupé de leur gauche, qui éprouve une défaite complète : dix mille prisonniers sont conduits à Dresde. Sur leur droite, le maréchal Ney avait affaire aux Russes. Wittgenstein, malgré la plus opiniâtre résistance, a été rejeté avec une perte considérable jusqu'à Grossdobritz ; au centre, Napoléon faisait soutenir le feu avec une violence égale depuis le matin. Marmont et Saint-Cyr, adossés aux retranchements, repoussent les charges multipliées des Prussiens et des Autrichiens. Saint-Cyr a repris le grand parc, et a chassé Kleist de Strehlen. Les hauteurs de Rocknitz, où se tiennent les souverains alliés, sont couvertes de masses énormes, qu'il est impossible d'attaquer autrement qu'avec l'artillerie. C'est celle de la garde qui est chargée de les disperser, et bientôt on peut juger qu'elle y a porté de grands ravages. Un désordre étrange agite tout à coup le groupe des souverains. Un boulet de la garde a emporté les deux jambes au géné-

ral Moreau, qui s'entretenait avec Alexandre. Ainsi furent vengés la France, l'armée et Napoléon. La conspiration de Moreau avait fait proscrire sa vie; sa mort a fait proscrire jusqu'à sa mémoire. La nuit est venue : Schwartzenberg, voyant que les deux grandes communications sur la Bohême sont occupées, l'une à Pirna par Vandamme, l'autre à Freyberg par le roi de Naples, ordonne la retraite en trois colonnes sur Tœplitz. Il laisse sous les murs de Dresde trente mille morts et douze mille prisonniers.

Après cette grande bataille, dont le résultat était la Bohême, les trophées ne manquèrent point dans la poursuite, comme après les journées de Lutzen et de Wurschen. Plus de deux cents pièces ou caissons, mille fourgons, une foule de traînards, furent pris par le maréchal Marmont et par le roi de Naples, sur la route de Freyberg. Le roi de Naples poursuit Klenau sur Marienberg : Marmont, Colloredo et Chasteller sur Altenberg; Saint-Cyr, Kleist et Barclai sur Dohna; Vandamme, Ostermann et le prince de Wurtemberg sur Tœplitz ; Vandamme a marché avec tant de rapidité et de succès, que ce jour même, 28, il était maître de Ghieshubel, qu'il avait franchi le défilé de Peterswalde, et qu'il était établi le soir à Nollendorf, après avoir enlevé deux mille prisonniers aux Russes. Le bruit de sa marche a chassé de Tœplitz le corps diplomatique et tout l'état-major. Les premiers avantages de Vandamme à Pirna contre Ostermann avaient décidé la retraite de Schwartzenberg. C'en est fait de la grande armée de Bohême, pressée qu'elle doit être entre les maréchaux et Vandamme, maître de Tœplitz. Napoléon est arrivé à Pirna avec sa garde; il s'y arrête et y prend un léger repas. Tout à coup il est saisi par des vomissements violents, que l'on attribue à un refroidissement causé par la pluie constante de la veille. On le met en voiture, et il est transporté à Dresde. Cette fatalité n'est pas la seule. A Dresde, Napoléon apprend que le 26, jour de la délivrance glorieuse de cette ville, Oudinot est en retraite devant Bernadotte, et Macdonald en mouvement pour attaquer Blücher. Hélas! il va résulter des opérations d'Oudinot, de Macdonald, de Vandamme et de Ney, que Napoléon ne peut être remplacé pour la victoire par aucun de ses lieutenants.

Cependant rien n'est changé aux ordres donnés aux maréchaux et à Vandamme; ces ordres sont renouvelés le 29 à Dresde, et le 30, Mortier a pour mission de soutenir Vandamme avec trois divisions de la jeune garde. Le 30, dans la journée, Napoléon, instruit du désastre de Macdonald sur la Katzbach, envoie contre-ordre aux maréchaux et à Vandamme. Les maréchaux le reçoivent et arrêtent leur mouvement. Vandamme ne le reçoit point, et il continue le sien. Ce jour même il est descendu sur Kulm avec dix bataillons ; mais, entre Kulm et Tœplitz, il se trouve arrêté par Ostermann à la tête de douze mille grenadiers russes. Vandamme appelle vainement à lui tout ce qu'il a laissé du premier corps à Nollendorf ; son attaque est repoussée par Ostermann, qui semble résolu à défendre Tœplitz comme le palladium de l'armée de Bohême. La ténacité d'Ostermann, au lieu d'éclairer Vandamme, lui prouve au contraire toute l'importance de Tœplitz : il a d'ailleurs dix-huit mille hommes contre douze mille, et, de plus, il se croit suivi d'un côté par Mortier avec la jeune garde, de l'autre appuyé par Saint-Cyr et Marmont, et il prend position à Kulm, où il passe la nuit, malgré l'avis de ses généraux. Pendant la nuit, l'armée alliée, n'étant plus poursuivie, avait afflué sur Tœplitz par toutes les routes. Au point du jour, le 31, Vandamme a la certitude que ce n'est plus le corps d'Ostermann seul, mais l'armée entière de Schwartzenberg qui est devant lui ; il a le temps encore de se retirer sur Nollendorf, et même sur Peterswalde. D'ailleurs il ne peut douter que les maréchaux ne soient à la suite de l'armée alliée, ils vont déboucher sur lui au premier moment, et Napoléon lui-même marche après Mortier avec l'invincible garde. Vandamme se dévoue : il ne compte ni ses soldats, ni ses ennemis. Là, tout à coup débordé à droite par les Russes, à gauche par les Autrichiens, assailli par dix mille hommes de cavalerie, il voit sa gauche forcée de se replier sur Arbesau ; toutefois, sa droite et son centre, appuyés sur Kulm, soutiennent le combat avec d'autant plus de vigueur, qu'une forte colonne débouche de Nollendorf : c'est Saint-Cyr ou Mortier. Pendant plusieurs heures les dix-huit mille braves de Vandamme reçoivent et repoussent le choc de soixante-dix mille Russes et Autrichiens. Mais enfin la colonne se découvre, elle approche, et Vandamme a reconnu le corps de Kleist, en retraite devant Saint-Cyr. Il n'est plus possible de se maintenir à Kulm ; il faut s'ouvrir une route sanglante ; tous l'ont juré. Corbineau est à leur tête : formés en colonne serrée, ils se précipitent à l'arme blanche sur les Prussiens, les culbutent, les traversent, enlèvent toute leur artillerie, et gravissent les hauteurs avec ce trophée qu'ils ramassent en fuyant. Dans cette affreuse bagarre, chargés avec fureur par les Russes et les Autrichiens, ils sont forcés d'abandonner les canons de Kleist, Vandamme, Haxo, Guyot et sept mille hommes tombent au pouvoir de l'ennemi ; trois mille restent sur le champ de bataille. Corbineau parvient, avec les généraux Dumonceau et Philippon, à ramener huit mille hommes, qui, à deux lieues de là seulement, rejoignent les troupes de Saint-Cyr. Il arrive à Dresde, et le sabre prussien dont il est encore armé apprend à Napoléon le désastre de Vandamme.

Ce fut sous ces auspices funestes pour la France que, le 2 septembre, les trois souverains alliés se réunirent à Tœplitz. Le 9, on signa en présence de lord Aberdeen le traité qui proclama l'accession de l'Autriche à la ligue du Nord. Ce traité rendait à l'Autriche le *statu quo* de 1803, à la Prusse celui de 1805! l'empereur d'Autriche donnait lui-même rendez-vous dans le camp de l'*ennemi commun*!

Napoléon avait dit, le 21 août, en allant au secours de Dresde : *Aujourd'hui Oudinot entre à Berlin*. En effet, tandis que le maréchal Davoust occupait Schwerin, menaçant Rostock et Wismar, le duc de Reggio quittait, le 17, la position de Dahme et s'établissait à Baruth : malheureusement il demeura dans l'inaction deux jours, abandonna, le jour suivant, la route de Torgau à Berlin, et fit un mouvement sur Wittemberg. Au lieu de suivre la marche si impérieusement tracée par Napoléon, et combinée avec celle du prince d'Eckmühl, Oudinot avait dirigé le septième corps sur Gross-Beeren, le douzième sur Ahrensdorf, et le quatrième sur Blackenfeld, où le général Bertrand se battit toute la journée. Instruit de ces directions, le prince royal de Suède avait porté tous ses efforts sur le centre à Gross-Beeren, jugeant bien que le succès de son attaque entraînerait nécessairement la défaite de nos deux ailes. L'événement justifia cette prévision. La pluie ayant rendu les fusils presque inutiles, on en vint à la baïonnette; mais, écrasé sous le nombre, le général français se vit forcé d'abandonner Gross-Beeren, et de se retirer sur Gottow.

L'Empereur, à la nouvelle de l'échec de Gross-Beeren, chargea le maréchal Ney de le réparer, et lui donna le commandement du maréchal Oudinot, avec l'ordre de se porter en avant et de replacer, par un mouvement de flanc, l'armée sur la route de Dresde à Berlin. Tout à coup, le 30 août, le lendemain du départ de Ney pour l'armée de Berlin, il apprend que Macdonald a essuyé sur la Katzbach une déroute complète contre l'armée de Blücher.

Assiégé de toutes parts, Napoléon s'obstinait à garder Dresde comme un immense arsenal, comme la forteresse d'où, suivi de son invincible garde, il pourrait encore s'élancer au secours de ses armées; mais les alliés avaient résolu de le forcer dans cette position; en conséquence les armées de Schwartzenberg et de Beningsen se combinèrent pour agir sur notre flanc droit, et celles de Blücher et de Bernadotte pour agir contre notre gauche. Afin de résister à un orage si redoutable, Napoléon appela à lui les vingt mille hommes organisés par Augereau à Wurtzbourg, et dès lors la Bavière resta abandonnée à elle-même. Dès la rupture de Prague, le roi Maximilien avait loyalement écrit à Napoléon qu'il espérait pouvoir continuer l'alliance jusqu'à la fin de novembre; mais, le 8 octobre, le traité de Ried fit passer aussi cet ancien ami de la France sous le joug autrichien.

Cependant, avant de partir de Dresde, Napoléon conçoit encore le projet de surprendre Blücher et d'empêcher sa jonction avec Bernadotte. Le 7 septembre, à six heures du matin, il a quitté Dresde; il y laisse deux de ses meilleurs généraux, le maréchal Saint-Cyr et le comte de Lobau, ainsi que trente mille hommes qu'il ne reverra plus. Napoléon marche, à la tête de cent vingt-cinq mille hommes, sur Duben, où est Blücher; mais celui-ci, par une manœuvre hardie, lui échappe : il passe la Mulda, et se réunit à Zœrbig avec le prince royal de Suède. Désespéré de ne pouvoir atteindre ni Blücher ni Bernadotte, Napoléon fut saisi de l'idée de transporter la guerre entre l'Elbe et l'Oder, quand, le 14 octobre, il reçut la déclaration de guerre de la Bavière. Dans peu, le roi de Wurtemberg, le plus dévoué de ses alliés, va céder aussi, malgré lui, à l'obsession menaçante du cabinet de

Vienne. Entraîné par le même tourbillon, le grand-duc de Bade suivra bientôt l'exemple de ses voisins.

Mais le coup le plus funeste vient de lui être porté par l'armée bavaroise, dont la jonction avec le corps de Reuss découvre la frontière française depuis Huningue jusqu'à Mayence. Napoléon n'a plus d'autre ressource, pour ne pas perdre toute communication avec la France, que de gagner rapidement Leipsick, où les armées combinées pourraient le prévenir. D'ailleurs, la grande armée autrichienne avait débouché de la Bohême, et, le 13, le roi de Naples, vivement attaqué vers le village de Wachau, n'a écouté que sa valeur, et a payé un moment de succès par un revers. Le roi de Saxe a suivi la marche de Napoléon ; il arrive dans la dernière ville qui lui reste. Seul de tous les alliés de la France, ce Nestor des rois a rejeté les instances, a dédaigné les menaces de l'Autriche, de la Prusse et de la Russie, qui ont envahi tous ses États. Les alliés n'ont pas cessé d'avancer ; ils sont, avec trois cent cinquante mille hommes, en présence de Napoléon, qui n'en compte que cent cinquante-cinq mille, et n'a que vingt-deux mille hommes de cavalerie à opposer à un nombre plus que double de cette arme, si importante dans de vastes plaines comme celles de Leipsick. C'est avec ces forces que Napoléon va disputer encore, non plus l'empire du monde, mais la victoire d'où dépend le salut de la patrie.

CHAPITRE XL

1813

Batailles de Wachau, de Leipsick et de Hanau. — L'armée revient à Mayence.

La journée du 15 octobre fut employée par les deux armées en préparatifs pour la bataille du lendemain : elle était inévitable ; les vedettes ne se trouvaient plus qu'à une portée de fusil. Il manque aux Français le 7ᵉ corps, qui est en marche d'Eilembourg sur Taucha ; et aux alliés l'armée de Bernadotte, celle de Beningsen et celle de Colloredo, qui n'étaient pas encore arrivées sur le champ de bataille.

A neuf heures précises, au signal de trois coups de canon tirés à intervalles, trois fortes colonnes des armées de Wittgenstein et de Kleist débouchent, couvertes par deux cents pièces d'artillerie. Tous les efforts des alliés se dirigent d'abord sur Wachau et Liebertwolkwitz ; ces deux villages, six fois attaqués, résistent, défendus qu'ils sont par Victor et par Lauriston, et par la cavalerie de Latour-Maubourg, de Sébastiani, de Milhaud. A midi, le deuxième corps repoussait la sixième attaque, lorsque Napoléon juge le moment favorable pour forcer le centre ennemi par un mouvement décisif ; il fait avancer sa réserve. Le prince de Wurtemberg ne peut résister ; ses troupes sont culbutées et vivement poursuivies. L'ennemi allait être enfoncé, quand les grenadiers de Rajewski opposent à l'impétuosité française une barrière impénétrable, et permettent au prince de Wurtemberg de se rallier derrière leurs rangs. Le combat est aussi acharné sur les deux ailes : Macdonald et Lauriston ont repoussé Klenau ; Schwartzenberg envoie aussi sa réserve appuyer son centre. Mais Napoléon, que fatigue une canonnade meurtrière sans résultat, lance la cavalerie par grandes masses. Kellermann débouche par la droite de Wachau avec les Polonais et les dragons de la garde ; par la gauche, s'élance le roi de Naples, avec la cavalerie de Latour-Maubourg ; le duc de Bellune revient à la charge sur les grenadiers de Rajewski et les colonnes du prince de Wurtemberg. Mais, au moment d'acheter la victoire, les généraux Maison et Latour-Maubourg sont tombés blessés ; et, surprise tout à coup, dans le désordre qui suit une charge à fond, par les Cosaques de la garde russe, notre cavalerie recule à son tour, en perdant vingt-quatre bouches à feu dont elle venait de s'emparer. Alors Napoléon met en mouvement les 2° et 5° corps de cavalerie ; une artillerie formidable les soutient ; ils enfoncent le corps de Konzakoff, et enlèvent le village de Gossa. Mais la division prussienne de Pirsch les arrête et rentre dans le village ; elle est appuyée sur deux régiments de la garde russe et par quatre-vingts bouches à feu. Telle fut la dernière attaque que Napoléon dirigea à la journée de Wachau sur le centre des ennemis. A la droite, le prince Poniatowski venait de mériter le bâton de maréchal en défendant avec succès le passage de la Pleiss contre les Autrichiens, malgré la supériorité de leur nombre et la fureur de leurs efforts ; cependant sur le soir, le maréchal Meerweldt était parvenu à la traverser à un gué près de Dolitz. Notre droite se trouvait forcée ; la combinaison de Schwartzenberg pour percer la ligne qui couvrait notre camp et nos parcs, et prendre toutes nos positions à dos, allait réussir, quand l'Empereur, que l'on croyait occupé tout entier du mouvement sur Gossa, envoya le général Curial avec une division de la vieille garde. Dolitz fut repris, le corps de Meerweldt fut culbuté dans la rivière, et lui-même tomba entre nos mains.

Sur la rive gauche de l'Elster, le général Bertrand, chargé de la défense de Lindenau, avait été vivement assailli par le général Giulay, et contraint, après sept heures de combat, à se retirer derrière la Luppe. Bertrand, ayant repris l'offensive, était parvenu à rejeter l'ennemi dans ses positions, et à nous rouvrir la route d'Erfurt, qui est celle de France.

Au nord de Leipsick, nos armes ont autant de gloire peut-être et moins de succès. Privé des deux divisions Souham qu'il a envoyées du côté de Wachau, séparé du corps de Reynier vainement attendu, le prince de la Moskowa a dû soutenir avec le duc de Raguse les efforts des corps de Langeron, d'Yorck et de

Sacken, c'est-à-dire, avec dix-huit mille hommes, le choc des soixante-cinq mille hommes que commande Blücher. Ney a déployé pendant toute la journée une telle vigueur, qu'il a lassé la constance des ennemis, contre lesquels nous luttions dans la proportion d'un contre quatre. Mais enfin nous avons à regretter la position de Mœckern, douze pièce de canon et deux mille hommes, perte que ne compensent point les dix mille qui manquent à Blücher. A six heures, le maréchal Ney fit passer la Partha à Schœnfeld au sixième corps et à la division Delmas. Le duc de Padoue et le général Dombrowski se replièrent sur le faubourg de Hall, à Pfaffendorf.

La nuit approche ; après une action si longue et si terrible, qui a vu trois batailles en un jour, chacun se retire, et les feux du bivouac remplacent les clartés meurtrières de l'artillerie. Les tentes de Napoléon ont été dressées en avant de Probstheyda, près de la route de Rochlitz : c'est là qu'on lui amène le général Meerweldt, auquel il fait rendre son épée ; et, après une longue conférence, ce général est conduit aux avant-postes alliés. L'ancien négociateur du traité de Campo-Formio pour l'Autriche, avec le vainqueur de l'Italie, dont la brillante étoile remplissait l'horizon, va devenir le négociateur de l'empereur Napoléon, dont la fortune touche au déclin. Napoléon envoie le comte de Meerweldt porter des offres conciliatrices à François II. « Ce n'est pas trop, lui dit-il, de l'Autriche, de la France et « même de la Prusse, pour arrêter sur la Vistule le débordement d'un peuple à

« demi nomade, essentiellement conquérant, et dont l'immense empire s'étend
« depuis nous jusqu'à la Chine. »

La journée du 17, pendant laquelle on attendit vainement une réponse de M. de Meerweldt, ne fut pas une journée de repos pour nos soldats; ils la passèrent sous les armes, occupés à se préparer, et battus par une pluie continuelle. L'Empereur, comme cédant à une espèce de pressentiment, se hâta d'envoyer les insignes de maréchal de l'empire au prince Poniatowski. Le 17, au soir, le blocus de l'armée française est consommé : le corps de Colloredo est entré en ligne, ainsi que celui de Beningsen; l'un s'établit à Grœbern, l'autre à Naunhof; le prince royal de Suède remplit le dernier vide en occupant Bretenfeld. Napoléon sent alors la nécessité de rétrécir encore son ordre de bataille, et, en se rapprochant de Leipsick, de se lier plus fortement avec sa gauche. A une heure du matin, il quitte son bivouac, et fait exécuter un changement de front, la gauche en arrière, le village de Connewitz servant de pivot. Pendant ce mouvement, il va donner ses instructions, à Reudnitz, au maréchal Ney, de là il se porte à Lindenau, où il ordonne au général Bertrand de marcher sur Lutzen et de se rendre maître des défilés de la Saale à Weissenfels. A midi, ce général avait rempli cette mission importante. En revenant, Napoléon visite les ponts de Lindenau, et à huit heures du matin, on le revoit sur la hauteur de Tomberg, où est la garde en réserve.

A la même heure s'ébranlent, sur trois points différents, les trois armées ennemies. La grande armée de Bohême, sous Schwartzenberg, s'avançait sur trois épaisses colonnes : celle de droite, commandée par Beningsen, celle du centre par Barclai de Tolly, celle de gauche par le prince de Hesse-Hombourg. Le prince royal de Suède avait quitté Bretenfeld, et manœuvrait pour tourner la droite du maréchal Ney. Blücher, sur la rive droite de la Partha, se disposait à franchir cette rivière. Le prince de Hesse-Hombourg commença l'action. Après une attaque vive et opiniâtre, il emporta les villages de Dolitz et de Dosœn, reçut une blessure, et fut remplacé par le général Bianchi. A dix heures, les deux armées étaient en présence, et la canonnade s'engagea sur tous les points. Les détachements français postés en avant pour arrêter la marche des alliés étaient rejetés sur le gros de l'armée. Macdonald, menacé d'être pris à revers sur sa gauche par Beningsen, déjà maître de Baalsdorf, se retira sur Stœtteritz, et s'étendit jusqu'à Probstheyda, qui devint l'angle saillant de la ligne de défense. Là aussi se porta l'effort de l'ennemi. A la droite, le maréchal Poniatowski était vivement pressé à Connewitz. Il conserva toute la journée cette position, malgré l'acharnement des Autrichiens. Au centre, la grande attaque eut lieu à deux heures. Probstheyda, où se défendaient le duc de Bellune et Lauriston, fut assailli si vigoureusement par le prince Auguste de Prusse, qu'ils perdirent deux fois le village; mais l'occupation de ce poste était si importante, que Napoléon lui-même ordonna une dernière tentative, et en chassa définitivement les Prussiens. Stœtteritz, où s'était replié Macdonald, résista aux troupes de Ziethen et de Beningsen, et fut incendié par leur artillerie. A cinq heures, Napoléon, pressé de finir cette terrible attaque du centre, fit établir ses réserves d'artillerie sur le plateau de Probstheyda, et refoula l'ennemi dans le vallon. Schwartzenberg, repoussé sans cesse, garnit d'une artillerie également formidable le plateau opposé. Deux fois Victor et Lauriston tentèrent de sortir de Probstheyda. Vial et Rochambeau sont tués à la tête de leur division. De part et d'autre, les armées immobiles tombaient foudroyées par une mort inévitable.

La bataille n'était pas moins meurtrière sur les rives de la Partha, où le prince de la Moskowa avait à combattre le prince royal de Suède et Blücher. Menacé d'être tourné par le premier à Mockau, le maréchal Ney, par un changement de front rapidement conçu et habilement exécuté, a fermé la ligne circulaire que l'armée française formait autour de Leipsick. Cette manœuvre venait de s'achever lorsqu'un corps de cavalerie et d'infanterie saxonne, qui faisait partie de l'avant-garde du général Reynier, aux approches de la cavalerie russe, qui débouchait de Taucha, au lieu de la combattre, courut à sa rencontre, et occupa à sa tête le poste d'avant-garde qu'elle venait d'abandonner dans nos rangs. Ce n'était là que le prélude d'une trahison en masse; car, peu après, au moment où l'ennemi parut devant Paunsdorf, le reste des troupes saxonnes, composant deux brigades, avec quarante pièces d'artillerie, l'une sous les ordres du général de Reyssel, l'autre sous ceux du colonel de Brause, et la cavalerie wurtembergeoise, commandée par le général Normann, passèrent à l'ennemi, malgré les efforts de leur chef, le général Zeschau, qui, fidèle à son prince et à l'honneur, demeura parmi nous, n'ayant plus que cinq cents hommes de sa nation. Pour comble d'horreur, à peine ces infâmes déserteurs furent-ils arrivés à distance, qu'ils dirigèrent le feu de leur artillerie sur la division Durutte, dont ils faisaient partie ! La défection des Saxons avait laissé un grand vide dans la ligne française : réduit à quatre mille hommes, le général Reynier était hors d'état de conserver Paunsdorf.

Dans le même moment, le comte de Langeron attaquait avec les Russes le village de Schœnfeld, un des faubourgs de Leipsick ; deux fois il s'en empara, deux fois il en fut chassé par le sixième corps, qui, faute de munitions, dut enfin céder. Mais le maréchal Ney ayant fait relever le sixième corps par le troisième, Schœnfeld tomba de nouveau en notre pouvoir. Langeron engagea alors tout son corps d'armée, et, après des prodiges de valeur, le troisième corps, écrasé par cette masse d'assaillants, se vit aussi obligé d'abandonner ce village. Dix mille hommes de part et d'autre payèrent de leur sang l'affaire de Schœnfeld. Le maréchal Ney se replia sur Reudnitz, où Langeron le suivit de près.

La division Durutte, restée seule contre l'armée suédoise et le corps de Wintzingerode, renforcée bientôt de la division Delmas, était parvenue à déposter les Suédois au village de Kohlgarten ; mais, assaillie par trente mille hommes, elle ne put résister plus longtemps, et l'ennemi poursuivit sa marche sur Leipsick. Les Suédois touchaient déjà aux premières maisons de Wolmansdorf. Le général Delmas se précipita sur eux avec sa division et la cavalerie badoise de Beurmann, et parvint à les repousser ; mais, entouré tout à coup par les Russes, ses troupes durent céder, et lui, il marqua de son sang cette généreuse défense. Averti de ce péril, Napoléon s'y porta de sa personne, avec une division de sa garde à pied et ses grenadiers à cheval, et rejeta l'ennemi jusque sur sa position de Schœnfeld. Aussitôt l'Empereur ordonna à Nansouty de prendre Bernadotte en flanc, pour l'empêcher de se réunir à Beningsen. Mais à peine la cavalerie légère eut-elle débouché par Mœlchau, que Bubna, Bulow et le prince de Hesse-Hombourg l'assaillirent, tandis qu'elle était arrêtée en face par deux divisions suédoises que soutenaient l'artillerie saxonne et une batterie à la Congrève au service du prince de Suède. Bulow resta maître des villages de Stunz et de Sellerhausen. Ney, avec quarante mille hommes, avait résisté toute la journée à cent cinquante mille alliés ; et il fut trahi par les Saxons !

Blücher, de son côté, avait fait attaquer le faubourg de Rosenthal, que les Polonais de Dombrowski et la cavalerie du duc de Padoue défendirent vigoureusement. Le soir, il détacha vers Hall le corps d'Yorck ; il voulait prévenir sur la rive gauche de la Saale la retraite des Français, que parut lui indiquer la marche d'un train considérable d'équipages dans la direction de Weissenfels.

La nuit seule sépara les combattants et mit fin au carnage. Ainsi se termina la fameuse bataille du 18 octobre. Les alliés avaient opposé trois cent mille soldats aux cent trente mille hommes de Napoléon. L'élite de notre armée a été moissonnée dans les champs de Leipsick ; soixante mille hommes manquent aussi à l'ennemi, et il balancerait à venir nous attaquer dans les remparts de Leipsick, si nous avions des munitions pour nous y défendre. Mais, depuis cinq jours, l'armée avait consommé deux cent cinquante mille coups de canon ; il ne restait plus que dix mille cartouches dans les caissons, c'est-à-dire à peine pour soutenir le feu pendant deux heures. Les réserves les plus voisines se trouvaient à Erfurt et à Magdebourg : il fallait donc nécessairement quitter Leipsick, et la retraite fut décidée. Dès le soir, les parcs et les équipages filèrent par Lindenau sur Lutzen, qui avait vu notre première victoire dans cette campagne ; la cavalerie, la garde, une partie de l'infanterie, suivirent dans la nuit. La marche était difficile par le défilé de deux lieues qui sépare Leipsick de Lindenau, et que coupent plusieurs rivières sur lesquelles aucun pont n'avait été jeté, malgré les ordres réitérés de Napoléon.

A la nouvelle inespérée de notre retraite, les alliés tressaillirent de joie et lancèrent toutes leurs masses contre Leipsick. L'Empereur veut épargner à cette malheureuse ville les horreurs qui la menacent. On lui donne le conseil rigoureux, mais utile et décisif, de brûler les faubourgs de Leipsick, et de tenir jusqu'au dernier moment dans cette ville. On lui démontre tous les avantages d'une résistance prolongée, qui assurera au moins la retraite de notre armée. Mais Napoléon préfère le péril de succomber, s'il le faut, dans cette ville fidèle, au crime d'imiter la conduite de Rostopchin à Moscou. Il veut à tout prix conserver Leipsick au vieux monarque qui aussi a préféré l'honneur au salut de ses États. Bientôt l'Empereur va porter des consolations au roi de Saxe. Dans une longue entrevue, il le délie de ses engagements, et le presse de la manière la plus vive, au nom de ses plus chers intérêts, de traiter avec les alliés, qui respecteront sans doute en lui la vieillesse, la vertu et le rang suprême. Le roi ne lui répond que par le chagrin profond qu'il ressent encore de la trahison de ses troupes à Paunsdorf. On ne peut relire sans émotion cette scène des derniers adieux entre Napoléon et son vieil ami, comme il l'appelait. Rien de plus touchant que les paroles du vénérable monarque, qui ne s'occupe que des périls de l'hôte illustre dont il a reçu sa couronne; rien de plus grand que Napoléon, qui, à l'approche de Bernadotte, de Beningsen et de Schwartzenberg, entrés par trois côtés dans Leipsick, ne cède, pour se retirer, qu'aux prières et aux larmes de toute la famille royale.

Napoléon veut sortir de la vieille ville par la porte de Randstadt, mais elle est déjà encombrée : obligé de revenir sur ses pas, il va chercher la porte opposée (celle de Saint-Pierre), et longe le boulevard de l'ouest pour gagner le faubourg par lequel l'armée s'écoule. L'arrière-garde du duc de Raguse tient toujours en avant du faubourg de Hall, que Blücher a vainement tenté de forcer. Reynier occupe le faubourg de Rosenthal; dans ceux de Taucha et de Grimma, le maréchal Ney lutte avec une constance sans égale contre les corps russes de Woronzow, les Prussiens de Bulow, et l'armée suédoise; Poniatowski et Lauriston défendent de même les faubourgs du midi. Deux heures encore d'une pareille résistance, l'arrière-garde est sauvée et se réunit avec tout notre matériel au reste de l'armée, que Napoléon a déjà mise hors d'atteinte; car le premier pont a été miné sous ses yeux, et il a donné au commandant du génie l'ordre de le faire sauter au premier signal. Parvenu enfin à travers tous les obstacles au dernier pont, celui du moulin de Lindenau l'Empereur descend de cheval, placé lui-même sur la route des officiers d'état-major, pour indiquer aux hommes isolés le lieu de la réunion de chaque corps, et s'occupe ensuite de dicter des instructions au duc de Tarente, qu'il charge du commandement en chef de toute l'arrière-garde.

Accablé par les fatigues de la veille et par les émotions de la journée, Napoléon venait de s'endormir au bruit du canon qui tonnait de toutes parts, quand tout à coup une explosion plus forte se fait entendre : peu d'instants après, le roi de Naples et le duc de Castiglione accourent près de l'Empereur en lui annonçant que le grand pont de l'Elster a sauté. Ainsi, près de vingt mille hommes sont séparés du reste de l'armée. Livrés au plus affreux désespoir, les uns jurent de mourir plutôt que de se rendre; d'autres se précipitent dans la Pleiss et l'Elster; mais, pour la plupart, les eaux bourbeuses de ces rivières deviennent un gouffre où ils restent engloutis. Le maréchal Macdonald passe à la nage, le général Dumoutier se noie. Depuis le matin, Poniatowski arrêtait les efforts des alliés par des prodiges de courage; mais en apprenant que tout espoir lui est ravi, il s'élance, suivi de quelques cavaliers au milieu des ennemis : atteint de plusieurs blessures, entouré de tous côtés, ne pouvant plus se faire jour, il traverse la Pleiss, s'avance sur les bords de l'Elster, déjà garnis de tirailleurs russes, pousse son cheval dans les flots, et y trouve la mort.

Expliquons la cause de cet horrible désastre. Les alliés s'étaient enfin rendus maîtres des faubourgs ; l'arrière-garde française se trouvait refoulée sur les boulevards, lorsque la défection d'un bataillon badois, en abandonnant la porte Saint-Pierre, ouvrit à l'ennemi l'entrée de la ville, où il se précipita. Alors nos trois corps d'armée qui la défendent s'efforcent de gagner la grande route en combattant toujours. Leur valeur héroïque eût assuré leur retraite, si l'officier du génie, chargé de la destruction du pont après le passage, n'eût pas confié cette importante commission à un simple caporal de sapeurs. Celui-ci, armé de la mèche fatale, croit que l'ennemi arrive en masse, exécute sa consigne, et détruit l'unique voie de salut pour nos braves soldats, dont la valeur contient encore le gros des alliés. Dès lors, cette héroïque arrière-garde, deux cents pièces de canon et un matériel immense nous sont enlevés. Les ennemis perdirent près de quatre-vingt mille hommes ; mais cette perte énorme ne compensait pas la désorganisation de notre armée, l'abaissement de notre fortune et la ruine de notre influence en Europe. Les journées de Leipsick nous coûtèrent une trentaine de mille hommes, dont vingt mille morts. Vingt-deux mille blessés restèrent dans les hôpitaux de Leipsick ; dix-sept de nos généraux furent pris. Le roi de Saxe aussi fut fait prisonnier. On le déclara traître aux alliés pour n'avoir pas trahi son allié : il fut emmené en Prusse.

Napoléon était en arrière du dernier pont de Lindenau au moment de la destruction du pont de l'Elster ; il devait à sa position de renfermer dans son âme le chagrin profond qui la dévorait : il fit former sa garde en bataille et placer ses batteries ; il se trouva ainsi chargé de protéger jusqu'à la Saale les débris de l'armée, qui, supérieure à la funeste impression d'un si cruel revers et aux défections successives des troupes de la Confédération, ne cessa de combattre de Leipsick jusqu'à Erfurt contre des forces quadruples des siennes. L'ennemi la vit toujours la même, toujours digne de sa renommée. Le 22, l'Empereur était arrivé à Ollendorf, où, débarrassé par la désertion de tous les étrangers qui servaient encore dans ses rangs, il se livrait à quelques instants de repos ; mais un général autrichien, le comte de Mier, s'est glissé la nuit dans le camp. Encore tout couvert de la poussière des trois journées de Leipsick, le preux Murat, ou plutôt le roi de Naples, a reçu cet émissaire à son bivouac. Cette circonstance explique l'ardeur de la poursuite du corps de Giulay, auquel appartient le comte de Mier. Ce général a garanti à Murat son royaume de la part de l'Angleterre et de l'Autriche. Deux jours après, Napoléon et Murat se sont fait des adieux éternels.

Napoléon ne donne, à Erfurt, que deux jours de repos à ses soldats. Menacé par Blücher du côté d'Eisenach, il quitte Erfurt le 25 et se porte sur Gotha ; le 26, on s'engage dans la forêt de Thuringe ; le 28, nous sommes à Schluchtern, et nous avons passé Fulde. Là semblait s'arrêter l'acharnement de l'ennemi ; il n'a mis à notre poursuite que des hordes de Cosaques qui massacraient avec barbarie nos blessés. Nous espérions gagner désormais sans coup férir les remparts de Mayence ; mais un obstacle aussi grand qu'imprévu nous attendait aux bords de la Kintzig, et contraignit la valeur française à marquer par une victoire ses derniers pas sur la terre germanique.

La nouvelle armée austro-bavaroise, qui avait fait sa jonction à Braunau le 19 octobre, s'était mise en mouvement sous les ordres du général de Wrède, et portée à marches forcées sur les derrières de nos troupes, afin de leur fermer la route de la France. Le 24, au bruit de la victoire de Leipsick elle se présenta devant Wurtzbourg : là, elle se vit arrêtée par douze cents Français commandés par le général Tharreau, qui rejeta toutes les sommations. Le 29, de Wrède occupait Hanau avec le gros de son armée. Napoléon, instruit de cette circonstance, et certain qu'une bataille devait encore ouvrir à son armée les portes de la vieille France, fit diriger sur Coblentz tous les bagages, sous la protection de la cavalerie des généraux Milhaud et Lefebvre-Desnouettes. En effet, le 30, quarante-cinq mille hommes nous attendaient sur la Kintzig, en avant de Hanau, couverts par une artillerie formidable. Au débouché de la forêt qui sépare les deux armées,

Napoléon, faute d'artillerie, fut obligé de suspendre l'attaque et de se borner à la fusillade de ses tirailleurs. A trois heures, le général Drouot paraît avec cinquante pièces de la garde, et fait taire le feu de l'ennemi. Mais une charge générale de la cavalerie austro-bavaroise, profitant du moment où le général Nansouty étend la sienne sur la droite, entoure de si près l'artillerie française, que les canonniers sont forcés de défendre leurs pièces à l'arme blanche. Ce fut alors que la cavalerie de la garde et les cuirassiers dégagèrent l'artillerie, et, culbutant par une charge à fond l'infanterie ainsi que les cavaleries ennemies, dispersèrent leur gauche. L'armée austro-bavaroise, repoussée dans le plus grand désordre, ne put se rallier que la nuit sous le canon de Hanau, après avoir eu six à sept mille hommes tués, blessés et prisonniers. Ainsi se termina cette bataille préparée par la trahison. Le 31 octobre, toute l'armée arriva successivement à Francfort; et le 2 novembre, Mayence reçut pour la dernière fois dans ses murs l'empereur Napoléon et son armée.

Les armées combinées prirent des cantonnements sur la rive droite du Rhin;

Blücher s'établit entre Coblentz et le Mein, Schwartzenberg entre le Mein et le Necker, de Wrède sur la rive gauche de ce fleuve; Beningsen bloquait Magdebourg; Klenau retenait le maréchal Saint-Cyr dans Dresde; le 28 octobre, Saint-Priest et ses Russes occupèrent Cassel; leurs troupes envahirent également le duché de Berg, ainsi que le Hanovre; Wintzingerode s'étend dans l'Oldenbourg et l'Ost-Frise, tandis que Bulow marchait pour soulever la Hollande. Les princes coalisés, réduits désormais à parler le langage, à employer les moyens de la Révolution, siégeaient avec leur état-major militaire et politique à Francfort; et c'est de là que, pour consommer la ruine de Napoléon, ils allaient, presque dans les mêmes termes que la Convention nationale, prêcher aux peuples de l'Europe l'insurrection, comme le plus sacré des droits et le plus indispensable des devoirs.

CHAPITRE XLI

1813

Affaires d'Espagne et d'Italie, jusqu'à la fin de 1813. — Napoléon à Paris. — Propositions de Francfort. Séances du Sénat et du Corps législatif.

Avant et depuis la rupture du congrès de Prague, nos armées, excitées dans les deux Péninsules par Napoléon, qui sentait profondément les périls de la France, répondaient avec la même constance, mais avec une fortune diverse, aux appels du génie infatigable de ce grand capitaine. De glorieux faits d'armes, perdus dans les escarpements des montagnes et étouffés par les désastres de la grande armée, signalèrent les derniers efforts de l'armée d'Espagne sous le maréchal Soult. Les généraux Foy, Clausel, Abbé, Reille, Conroux, Drouet, etc., attachèrent leurs noms à cette campagne malheureuse, où la valeur française soutint le dernier vol de l'aigle impériale sur le sommet des Pyrénées. A la fin de 1813, il ne nous restait plus en Espagne que le petit port de Santona, qui partagera avec Hambourg, à l'autre extrémité de l'Europe, l'honneur de garder le drapeau tricolore jusqu'au traité de Fontainebleau.

Le prince Eugène, arrivé le 18 mai à Milan, après s'être illustré par la retraite de Pósen, comptait, vers le milieu de juillet, sous ses drapeaux, plus de cinquante mille hommes. Dans le mois d'août il occupait sur la ligne de la Saave, Villach, Tarvis, Laybach et Trieste; des succès variés lui enlevèrent et lui rendirent ces diverses positions, qu'il aurait fini par conserver, malgré le soulèvement de l'Illyrie et la désertion de tous les soldats des contrées réunies à la France. Mais le traité de Ried entre l'Autriche et la Bavière étant venu donner tout à coup à la guerre en Italie un caractère plus grave, en ouvrant aux troupes autrichiennes les défilés du Tyrol, le vice-roi crut devoir resserrer sa ligne. Ce prince se trouvait, comme son père adoptif, les armes à la main contre son beau-père; comme Napoléon, il marchait entre la défection du roi de Bavière et la perfide amitié du roi de Naples.

La tâche d'Eugène était cruelle : condamné à redescendre les premiers degrés de la gloire militaire de Napoléon, à franchir les pentes et non plus les sommets des Alpes Juliennes, sa retraite est une lutte perpétuelle. 31 octobre, il prend Bassano aux Autrichiens; le 5 novembre, après avoir secouru Palma-Nova et organisé la défense de Venise, il se replie sur l'Adige, et porte son quartier général à Vérone. Le 15, il bat à Caldiero le général Belgarde; le 27, un revers enlève aux Français Ferrare et Rovigo; les Autrichiens s'opiniâtrent à occuper ces deux territoires, parce qu'ils savent que Joachim, qui a fait dresser ses tentes derrière celles du vice-roi, attend des nouvelles du prince Cariati, son négociateur auprès du cabinet de Vienne. Ce prince est resté à Naples avec l'Autrichien Neipperg et un envoyé de l'Anglais Bentinck. Les proclamations couvrent l'Italie. De Ravenne, le général Nugent promet aux Italiens le bonheur dont ils jouissent à présent, sous la maison d'Autriche.

L'attitude équivoque de Murat était l'objet constant de la correspondance de l'Empereur avec le vice-roi. « *Faites-lui toutes les prévenances possibles*, écrivait Napoléon à Eugène, le 3 décembre, *pour en tirer le meilleur parti.* » En attendant, et d'après les ordres de l'Empereur, les villes, les arsenaux, les magasins des provinces françaises et italiennes sont ouverts aux Napolitains. Zara a succombé à un siége et à un bombardement, par la défection des Croates. Venise, que les Autrichiens bloquent étroitement, repousse leurs attaques avec vigueur. Dans les derniers jours de ce mois se consommait la trahison de Joachim : ses troupes arrivaient à Rimini et à Imola; elles entraient comme amies à Ancône et à Bologne. Ce fut alors que le vice-roi, ayant reçu des renforts, prit de nouvelles dispositions militaires.

Immédiatement après la bataille de Hanau, Napoléon, revenu à Mayence, consacre six jours dans cette ville à la réorganisation de son armée. Macdonald est chargé de défendre le Rhin à Cologne, Marmont à Mayence, Victor à Strasbourg; le duc de Valmy va à Metz commander les réserves; le général Bertrand, qui a livré le dernier combat sur la Kintzig, est placé en première ligne à la tête du pont de Cassel, cet inexpugnable boulevard de Mayence. Tout le reste de l'armée a repassé cette grande limite que la nature et la république avaient donnée à la France. Mais, pour surcroît de malheur, le typhus des hôpitaux moissonne sous leurs abris une foule de braves que le champ de bataille a respectés : cette terre, encore française, semble n'avoir plus que des tombes pour ses défenseurs.

Le 9 novembre, Napoléon était de retour à Saint-Cloud. Le même jour, un événement singulier se passait à Francfort. La campagne venait de se terminer par l'enlèvement de M. de Saint-Aignan, ministre de Napoléon près les cours ducales de Saxe. Dans sa route, ayant réclamé contre cette violation, M. de Saint-Aignan fut appelé par M. de Metternich à Francfort, où étaient réunis les ministres des puissances belligérantes. « Il s'agit, lui dit M. de Metternich, de la réponse aux propositions dont le général de Meerweldt a été chargé. *Personne n'en veut à la dynastie de l'empereur Napoléon. L'Angleterre*, reprend lord Aberdeen, *est disposée à rendre à pleines mains. Les choses s'arrangeront bien vite*, ajouta le comte de Nesselrode, *si le duc de Vicence, votre beau-frère, est chargé de la négociation.* » Enfin M. de Saint-Aignan écrit, sous la dictée de M. de Metternich, les propositions qu'il doit transmettre à Napoléon. « Il s'agit d'une paix

« générale. La France sera renfermée entre le Rhin, les Alpes et les Pyrénées.
« L'Angleterre reconnaîtra à la France la liberté du commerce et de la navigation.
« Après l'acceptation de ces bases, une ville sera neutralisée sur la rive droite
« du Rhin pour la négociation. » M. de Saint-Aignan arrive à Saint-Cloud et
remplit sa mission. Napoléon propose Manheim pour le congrès, et nomme pour
plénipotentiaire le duc de Vicence, à qui il donne le portefeuille des affaires
étrangères; tout à coup, dans l'intervalle de la correspondance du cabinet de
France avec celui d'Autriche, paraît, le 1er décembre, la fameuse déclaration de
Francfort, qui, par un arrêt européen de la coalition, sépare la cause de Napoléon
de celle de la nation française, au moment où on négociait avec lui la paix du
monde! Le lendemain, M. de Vicence écrivait à M. de Metternich que l'Empereur
adhérait aux bases proposées.

En effet, l'Autriche avait senti qu'il lui fallait du temps pour armer sa médiation, et elle y employa les deux mois de la négociation de Pleswitz et du prétendu congrès de Prague. Il en était de même à l'égard de la coalition; elle avait décidé la destruction de Napoléon et de l'empire français : toutefois il lui fallait aussi du temps afin de se faire ouvrir toutes les portes de la France, et elle en avait trouvé le moyen dans la fallacieuse négociation de Francfort, pour laquelle Napoléon s'était résigné aux plus grands sacrifices. Déjà, après Leipsick, l'Autriche avait cherché à séduire cette neutralité suisse, admirable privilége que l'Europe lui reconnaissait depuis plusieurs siècles; le 18 octobre, la Suisse l'avait de nouveau réclamée, et Napoléon s'était empressé d'y adhérer. Mais le cours du Rhin, depuis Bâle jusqu'à la mer, ne suffisait pas à l'invasion européenne; les alliés décidèrent secrètement à Francfort que la neutralité helvétique serait traitée comme une protection du sol français, et l'oligarchie bernoise, qui gardait la frontière allemande, convint de prêter la main à la violation du territoire helvétique par le prince de Schwartzenberg, qui, de Francfort, était allé lui-même négocier cette trahison.

Ainsi rien ne pouvait plus arrêter l'envahissement de la France : le Rhin est livré aux coalisés à Bâle, à Reinfelden, à Schaffhouse, et la route de Genève est devant eux. Schwartzenberg est chargé du premier mouvement, Bubna du second; Blücher attend la nouvelle de leur marche pour passer le Rhin à Manheim; Bernadotte attend aussi en Hollande, pour entrer en Belgique, que Blücher ait mis le pied dans la vieille France. Cependant qu'ont-ils à craindre, ces généraux, à la tête de leurs masses victorieuses? Ils n'ont laissé derrière eux que des captifs à Hambourg, à Dantzick et dans quelques places du Nord. Dès le 11 novembre, le maréchal Saint-Cyr avait capitulé à Dresde, pour ses trente-deux mille hommes, avec les généraux Tolstoï et Klenau. Mais le dernier ambassadeur d'Autriche à Paris, le généralissime Schwartzenberg, a refusé de ratifier la capitulation; et lorsqu'ils s'avançaient vers la France, Saint-Cyr et son armée ont été investis, désarmés, conduits prisonniers en Autriche! Le 21 novembre, Stettin, après huit mois de blocus, ouvre ses portes; le 24, Amsterdam reçoit le général Bulow, proclame l'indépendance de la Hollande et le rappel de la maison d'Orange; le 2 décembre, Utrecht se rend; le 4, les Suédois sont dans Lubeck; le 10, l'ennemi occupe Breda et Wilhemstadt; enfin, le 15, pour qu'il ne restât plus en Europe un seul allié à Napoléon, le fidèle roi de Danemarck signe malgré lui un armistice avec les Russes. Cependant la forte ville de Torgau, où vingt-sept mille hommes ont été entassés dans les maisons d'une population de quatre mille cinq cents habitants, a subi toutes les horreurs de la guerre : en proie à une contagion qui dévore quatre cents hommes par vingt-quatre heures, bombardée nuit et jour, livrée à la famine, au désespoir, elle n'a plus d'autre asile pour ses morts que les glaces de l'Elbe. Son cimetière est occupé par l'ennemi. Son gouverneur, Narbonne, le négociateur de Prague, a péri victime du typhus. Le général Dutaillis, qui le remplace, aura jusqu'au dernier moment la force de tenir fermées à l'ennemi les portes de cette malheureuse place.

Le 11 décembre, au milieu des désastres de ses troupes d'outre-Rhin et des trames machiavéliques de la coalition, Napoléon, par le traité de Valençay, donne un gage à la paix, dont il a reconnu les bases posées par les alliés eux-mêmes, et rend l'Espagne à Ferdinand. Le duc de Bassano avait encore entamé une autre négociation avec le pape; il la continua, quoiqu'il ne fût plus ministre des relations extérieures; l'évêque de Plaisance, qui en était le plénipotentiaire, la fit connaître par des lettres qu'il publia dans les journaux. Ainsi Napoléon, en traitant avec Ferdinand et avec le pape, était allé de lui-même au-devant de ces bases de Francfort, qu'on lui refusait depuis qu'il les avait acceptées.

Cependant, le 15 novembre, un sénatus-consulte avait appelé trois cent mille hommes sous les armes; un autre avait fixé au 15 décembre l'ouverture du Corps législatif. Le 17 de ce mois, un décret impérial mobilisait cent quatre-vingt mille gardes nationaux, pour renforcer les garnisons de l'intérieur. Napoléon a besoin de toutes les ressources de la France au moment où il doit faire face aux périls sans nombre qui l'environnent. Pour trouver des secours et du dévouement dans de si graves circonstances, il avait convoqué le Sénat, le Corps législatif et le Conseil d'État. Il ouvrit en ces termes cette séance solennelle :

« Sénateurs, Conseillers d'État, Députés des départements
  au Corps législatif,

« D'éclatantes victoires ont illustré les armes françaises dans cette campagne :
« mais des défections sans exemple ont rendu ces victoires inutiles. La France
« même serait en danger sans l'énergie et l'union de ses enfants... Je n'ai jamais
« été séduit par la prospérité : l'adversité me trouvera au-dessus de ses atteintes ;
« j'ai plusieurs fois donné la paix aux nations lorsqu'elles avaient tout perdu.

« D'une part de mes conquêtes j'ai élevé des trônes pour des rois qui m'ont
« abandonné; j'avais conçu de grands desseins pour la prospérité et le bonheur du
« monde... Cependant, monarque et père, je sens que la paix ajoute à la sécurité
« des trônes et à celle des familles. Des négociations ont été entamées avec les
« puissances coalisées; j'ai adhéré aux bases préliminaires qu'elles m'ont pré-
« sentées : rien ne s'oppose de ma part au rétablissement de la paix...»

Les pièces de la négociation furent communiquées au Sénat et au Corps législatif, qui nommèrent chacun une commission pour les examiner. Le 30, la commission du Sénat présenta son adresse à l'Empereur; le Sénat approuvait tous les sacrifices demandés à la France dans le but de la paix... « C'est le vœu de la France,
« dit la députation; c'est le besoin de l'humanité. Si l'ennemi persiste dans ses
« refus, eh bien, nous combattrons pour la patrie entre les tombeaux de nos
« pères et les berceaux de nos enfants. » Napoléon répondit : « Ma vie n'a qu'un
« but, le bonheur des Français. Cependant, le Béarn, l'Alsace, la Franche-Comté,
« le Brabant, sont entamés; les cris de cette partie de ma famille me déchirent
« l'âme : j'appelle des Français au secours des Français; j'appelle les Français de
« Paris, de la Bretagne, de la Normandie, de la Champagne, et des autres dépar-
« tements au secours de leurs frères. Les abandonnerons-nous dans leur mal-
« heur? *Paix et délivrance de notre territoire!* doit être le cri de ralliement. A
« l'aspect de tout ce peuple en armes, l'étranger fuira ou signera la paix *sur les*
« *bases qu'il a lui-même proposées. Il n'est plus question de recouvrer les conquêtes*
« *que nous avons faites.* » C'était parler en grand homme et en grand citoyen. Le rapport de la commission au Sénat était également digne de la nation, du Sénat et de Napoléon. Il se terminait ainsi : « Le moment est décisif. Les étrangers tiennent
« un langage pacifique; mais quelques-unes de nos frontières sont envahies, et la
« guerre est à nos portes. Trente-six millions d'hommes ne peuvent trahir leur
« gloire et leur destinée... Rallions-nous autour de ce diadème où l'éclat de cin-
« quante victoires brille au travers d'un nuage passager. *La fortune ne manque*
« *pas longtemps aux nations qui ne se manquent pas à elles-mêmes.* »

Le Corps législatif, au contraire, fut hostile : au lieu d'accourir au secours de la patrie, il instruisit le procès de l'empire avec la liberté; sa commission sembla n'être que l'organe du parti de l'étranger. « ... On ne veut pas nous humilier, dit
« l'orateur de la commission; *on veut seulement nous renfermer dans nos limites*
« *et réprimer l'élan d'une activité ambitieuse, si fatale depuis vingt ans à tous les*
« *peuples de l'Europe.* De telles propositions nous paraissent honorables pour la
« nation, *puisqu'elles prouvent que l'étranger nous craint et nous respecte.* Ce
« n'est pas lui qui assigne des bornes à notre puissance; c'est le monde effrayé
« qui invoque le droit commun des nations. Les Pyrénées, le Rhin et les Alpes
« renferment un vaste territoire dont plusieurs provinces ne relevaient pas de

« *l'empire des lis, et cependant la couronne royale de France était brillante de*
« *gloire et de majesté entre tous les diadèmes*. — *Orateur*, s'écrie le duc de Massa,
« *qui présidait, ce que vous dites est inconstitutionnel.* — *Il n'y a ici d'inconstitu-*
« *tionnel que votre présence,* » répliqua l'orateur; et il continua par le tableau
du despotisme sous lequel gémissaient les peuples *du Rhin, du Brabant et de la
Hollande.*

Ainsi l'Europe assiégeante et la France assiégée apprirent en même temps que le Corps législatif se constituait l'opposition. Une adresse à l'Empereur fut votée à la majorité de deux cent vingt-trois voix contre trente et une. Cette adresse était, comme le rapport, une véritable émanation de la déclaration de Francfort; elle séparait ainsi la France de Napoléon; elle exprimait violemment le vœu d'un redressement de griefs imputés au gouvernement impérial; elle demandait à l'Empereur des garanties contre lui-même, *des garanties politiques, pour engager la nation, pour rendre la guerre nationale.*

Napoléon sentit profondément les conséquences d'une division si contraire aux intérêts du pays et à toute saine politique; ne sachant quel remède apporter au mal, il ordonna de saisir l'épreuve du rapport et celle de l'adresse chez l'imprimeur, et de briser les planches de la composition; le lendemain, les portes du palais du Corps législatif furent fermées et la législature ajournée. Peut-être la loi de la nécessité, qui gouverne encore plus les princes et les empires que les particuliers, exigeait-elle cette illégale et violente détermination; mais c'était le cas de la justifier par un appel direct et généreux à la nation, et de s'adresser à elle avec la confiance d'un homme sous lequel elle avait accompli tant de prodiges. Au lieu de cela, Napoléon conçut la malheureuse idée de donner aux députés une audience de congé, et il laissa éclater à peu près en ces mots son mécontentement :

« J'ai supprimé votre adresse : elle était incendiaire. Les onze douzièmes du
« Corps législatif sont composés de bons citoyens ; je les connais, je saurai avoir
« des égards pour eux ; mais un autre douzième renferme des factieux, des gens
« dévoués à l'Angleterre : votre commission et son rapporteur, M. Lainé, sont de
« ce nombre ; il correspond avec le prince régent par l'intermédiaire de Desèze ;
« je le sais, j'en ai la preuve ; les quatre autres sont des factieux... S'il y a quel-
« ques abus, est-ce le moment de me venir faire des remontrances quand deux
« cent mille cosaques franchissent nos frontières ? Est-ce le moment de venir
« disputer sur les libertés et les sûretés individuelles quand il s'agit de sauver la
« liberté politique et l'indépendance nationale ? Il faut résister à l'ennemi, il faut
« suivre l'exemple de l'Alsace, des Vosges et de la Franche-Comté, qui veulent
« marcher contre lui et s'adressent à moi pour avoir des armes... Vous cherchez
« dans votre adresse à séparer le souverain de la nation... C'est moi qui repré-
« sente ici le peuple, car il m'a donné quatre millions de suffrages. Si je voulais
« vous croire, je céderais à l'ennemi plus qu'il ne me demande... Vous aurez la
« paix dans trois mois, ou je périrai... Votre adresse était indigne de moi et du
« Corps législatif. »

Il eût mieux valu se contenter d'avoir dissous la Chambre des députés que de lui adresser une pareille réprimande. Napoléon, quoique doué d'une haute éloquence, ne savait pas gouverner ses paroles dans toutes les circonstances.

Après ce funeste entretien avec le Corps législatif, il soutint sa résolution par des raisons d'État irrésistibles ; dédaignant les voies tortueuses de la diplomatie, il aurait voulu sauver la France par les bras de ses enfants. Mais il n'était plus au pouvoir d'un homme et d'une armée d'obtenir ce prix des plus héroïques efforts.

CHAPITRE XLII

1814

Campagne de France. — Défection du roi de Naples. — Bataille de Brienne. — Bataille de la Rothière. — Bataille de Champ-Aubert. — Congrès de Châtillon. — Combat de Montereau. — Combat de Montmirail. — Bataille de Craonne. — Prise, combat et reprise de Reims. — Combat de Fère-Champenoise. — Bataille et capitulation de Paris.

L'année 1814 commence pour Napoléon sous de sinistres auspices: Sur les bords de la Baltique, les vingt mille braves, reste de la garnison de Dantzick, sont, au mépris de la capitulation, envoyés dans les déserts de la Russie; Genève, qu'un lâche magistrat vient d'abandonner, a ouvert ses portes, que l'on pouvait défendre encore longtemps. Lyon, confié au maréchal Augereau, Lyon, qui doit sauver le midi de la France si le duc de Castiglione se souvient de ce qu'il a fait autrefois et des dernières instructions de Napoléon, menace de tomber aux mains de l'ennemi. Serons-nous plus heureux dans les négociations? La tournure qu'elles prennent laisse peu d'espoir.

Le duc de Vicence, muni des pleins pouvoirs de l'Empereur, n'avait pu être admis auprès de M. de Metternich. Le 18 janvier, il attendait encore ses passeports aux avant-postes français. Napoléon avait lu clairement dans les propositions des alliés, en disant à ses plénipotentiaires qu'elles n'étaient plus qu'un masque. En effet, après les démarches officielles qu'il avait fait résulter de la note confidentielle de M. de Saint-Aignan, il n'était point permis d'accuser l'Empereur de ne pas vouloir mettre un terme à la guerre, quand, d'ailleurs, il ne comptait plus qu'une petite armée de cinquante mille hommes pour défendre la France assiégée par un million de soldats. La paix n'était pas seulement un devoir pour lui ; elle était une nécessité, une loi de la fortune, si toutefois la conduite des alliés s'accordait avec leurs déclarations.

Ce même mois de janvier devait encore nous être fatal. Un souverain à qui la France donnait depuis vingt ans le titre de son *premier soldat*, que Napoléon, en reconnaissance de cette valeur devenue historique, avait uni à sa famille et doté d'une des plus belles couronnes de l'Europe, le roi Joachim, oublie tout à coup qu'il n'est rien sans la France. Il imite Bernadotte, et court se placer à la suite des intérêts et des défections des anciennes dynasties. Le 6 de ce mois, il signe un armistice avec l'Angleterre ; le 11, un traité d'alliance offensive et défensive avec l'Autriche, en vertu duquel trente mille Napolitains doivent entrer en ligne contre nous. Il ferme au vice-roi la route de Vienne, qu'une bataille combinée avec le roi de Naples lui aurait infailliblement ouverte.

La France semble marquée de la même fatalité au dedans qu'au dehors. Dans le courant de janvier, le Fort-Louis, Montbéliard, Haguenau, le Port-l'Écluse, Saint-Claude, Cologne, Trèves, Vesoul, Épinal, Forbach, Bourg-en-Bresse, Nancy, le fort de Joux, Langres, Dijon, Toul, Chambéry, Châlon-sur-Saône, Bar-sur-Aube, sont occupés par l'ennemi. Cependant Napoléon, oubliant la résistance qu'il vient d'éprouver dans le Corps législatif, a appelé aux armes toute la population virile des Vosges, de la Haute-Saône, de l'Isère, de la Drôme, du Jura, du Doubs, du Mont-Blanc, de la Côte-d'Or, de l'Yonne, de l'Aube, du Haut et du Bas-Rhin. On donne aux levées en masse de ces départements des officiers et des généraux qui y sont nés ; le général Berkeim a sous ses ordres toutes celles de l'Alsace. Dès le 8 janvier, un décret a mis en activité les trente mille hommes de la garde nationale de Paris ; l'Empereur les commande en chef, et prend le maréchal Moncey pour major général. Cette armée est l'armée de la capitale. Les invalides de Fleurus, de Jemmapes, d'Arcole, d'Austerlitz, d'Iéna, d'Essling, de Wagram, de Friedland, et quelques-uns de Moscou, demandent à partager les travaux de la défense nationale ; plusieurs centaines de ces généraux vétérans vont grossir les bataillons de l'armée active. : « Le moment est venu, disait *le*
« *Moniteur*, où, de tous les points de ce vaste empire, les Français qui veulent
« délivrer promptement le territoire de la patrie et conserver l'honneur national

« que nous tenons de nos pères, doivent prendres les armes et marcher vers les
« camps, rendez-vous des braves et des vrais Français. » En effet, malgré quelques discours perfides, c'était bien pour la France, et non pour Napoléon, que la nation était appelée aux armes.

La destinée de Napoléon dépend de la guerre et du congrès, qui en suivra toutes les phases. Pour soutenir la guerre, il invoque son génie, dont il a la confiance d'obtenir de nouveaux prodiges; mais en même temps la prudence lui conseille de ne rien négliger dans les négociations, de même que sa dignité lui prescrit de prendre une attitude convenable par une déclaration franche de ses résolutions; il fait donc écrire au duc de Vicence : « La chose sur laquelle sa Majesté est
« revenue le plus souvent, c'est la nécessité que la France conserve ses limites
« naturelles... Le système de ramener la France à ses anciennes frontières est
« *inséparable du rétablissement des Bourbons*. Sa Majesté ne voit que trois partis :
« ou combattre et vaincre, ou combattre et mourir glorieusement; ou enfin, *si la*
« *nation ne la soutient pas*, abdiquer... » Napoléon avait tout prévu, et ne pouvait plus être surpris par aucune chance du sort.

Le 23 janvier, après avoir confié le roi de Rome à la fidélité de la garde nationale, l'Empereur signe les lettres-patentes qui confèrent la régence à l'Impératrice; le 24, par une confiance que rien ne justifie, il abandonne la capitale de la

France à son frère Joseph, qui s'était laissé ravir Madrid et l'Espagne; dans la nuit, il embrasse sa femme et son fils pour la dernière fois, et part, le 25 au matin, en jurant de vaincre et de sauver la patrie, pour le quartier général, qui se trouve à Châlons-sur-Marne; les avant-postes sont à Vitry.

En arrivant, Napoléon apprend que la grande armée autrichienne, descendue des Vosges, a dirigé sa plus forte colonne sur Troyes; un corps de vieille garde, commandé par Mortier, a défendu le terrain pied à pied, et livré de glorieux combats à Colombay-les-Deux-Églises et à Bar-sur-Aube. Marmont est derrière la Meuse, entre Saint-Mihiel et Vitry; le maréchal Victor a abandonné les défilés des montagnes, et s'est replié, ainsi que le prince de la Moscowa, sur Vitry-le-François. Toute l'armée française, moins le corps de Macdonald, que Kellermann doit attendre à Châlons, se trouve réunie sous la main de l'Empereur. Instruit que le duc de Trévise se retire de Troyes, il lui donne avis de sa marche, et vole, dès le 27, attaquer un corps de Blücher à Saint-Dizier, le chasse de cette ville avec vigueur, et coupe en deux l'armée de Silésie. La présence de Napoléon jette la terreur parmi les ennemis, elle ranime le courage des habitants et nous amène une foule de nouveaux défenseurs; on déterre ses armes, on se précipite sur l'ennemi; on lui fait de nombreux prisonniers; l'enthousiasme est universel!

Napoléon, pour empêcher la jonction de Blücher avec Schwartzenberg, se dirige vers Troyes par Brienne, où la rupture du pont de Lesmont-sur-Aube avait retenu ce général. Napoléon s'en applaudit : il voudrait qu'une grande bataille, livrée pour le salut de la France, immortalisât ce bourg de Brienne, son second berceau, cette école militaire que, trente ans après en être sorti, il est réduit à défendre contre les Russes et les Prussiens. Nos attaques sur les terrasses du parc et à l'entrée de la ville basse sont si vives, que Blücher pense être pris. Le bourg, défendu par les Russes, le château par les Prussiens, ont vu le combat le plus acharné, qu'une perte égale rend funeste aux deux armées. La nuit, après douze heures d'une lutte opiniâtre, ne sépara pas les combattants; elle pensa aussi être fatale à Napoléon, qui, vers dix heures du soir, regagnait son quartier général de Mézières, à une demi-lieue de Brienne : un hurra de cosaques se jeta au milieu de sa colonne, et l'un d'eux allait le frapper de sa lance, quand, d'un coup de pistolet, Gourgaud l'abattit à ses pieds. Cette journée fut malheureuse. L'Empereur n'avait avec lui qu'une partie de sa garde et de son armée; le gros de ses forces marchait dans une autre direction pour couper la route de Troyes à Blücher, qui s'était replié silencieusement vers Bar-sur-Aube.

Le 30, à la pointe du jour, Napoléon apprend que Blücher a fait sa jonction avec Schwartzenberg, et que cent mille hommes nous attendent dans les plaines de l'Aube. Le 1er février, il accepte le combat avec ses cinquante mille hommes, presque tous conscrits; il a en tête les vieilles bandes de toutes les nations, l'élite de l'armée de Silésie, celle de l'armée autrichienne, de la garde impériale russe. Napoléon est au centre de son armée, au village de la Rothière, et soutient avec la plus grande vigueur tout l'effort de l'ennemi, qui a dirigé sur ce point son attaque principale. Vainement les généraux Duhesme et Gérard déploient une intrépidité héroïque, l'un à la Rothière, l'autre à Dienville; la supériorité numérique des alliés rend inutiles les miracles de la valeur française. Dans la nuit, Napoléon ordonne la retraite sur Troyes, et trompe habilement Blücher, qui espérait nous détruire. Le lendemain, l'armée française se porte sur la rive gauche de l'Aube, après avoir coupé encore une fois le pont de Lesmont, qui a été rétabli le 30 janvier; mais Marmont, chargé de protéger notre marche, est resté sur la rive droite, et n'a plus d'autre ressource que celle de franchir la Voire à Rosnay. Assailli par les vingt-cinq mille Bavarois du général de Wrède, Marmont se souvient de Hanau : l'épée à la main, il passe sur le corps de ses infidèles alliés, et le même jour il arrive à Arcis.

Le 1er février, Bruxelles avait été évacué. Ne pouvant plus sauver la Belgique, envahie par Bernadotte, Maison était réduit à défendre pied à pied la frontière de la Flandre. Eugène, que l'agression de Murat a forcé, le 4, de se replier de l'Adige sur le Mincio, y attendait les Autrichiens. Murat avait dit au général Gifflenga, aide de camp d'Eugène : « Aujourd'hui, je dois ma couronne à l'Au-
« triche, et à l'Autriche seule : elle pouvait la rendre à la reine Caroline; elle a
« mieux aimé me la conserver. En conséquence, je la servirai fidèlement et

« chaudement, comme j'ai servi l'Empereur... » Murat était trompé sur tout, même sur sa nouvelle fidélité.

Cependant Napoléon apprend, le 5 février, à Piney, entre Brienne et Troyes, que le lendemain le congrès doit s'ouvrir; toute l'Europe diplomatique et toute l'Europe militaire sont réunies contre lui. Si la position avait changé de Prague à Francfort, elle a bien plus changé de Francfort à Châtillon. Comme il n'est déjà plus question à Châtillon des bases de Francfort, le duc de Vicence demande d'autres pouvoirs; Napoléon résiste longtemps aux exigences de sa situation, aux souvenirs et aux instances de ceux qui l'entourent; enfin il donne *carte blanche* à son plénipotentiaire « pour conduire la négociation à une heureuse issue, « sauver la capitale, et éviter une bataille où sont les dernières espérances de « la nation. »

Ainsi le duc de Vicence n'a plus *les mains liées*, et par cette carte blanche, il lui est bien déclaré *que le salut de la France dépend d'une paix, ou d'un armistice à faire dans quatre jours*. Et en effet, les souverains alliés venaient d'arrêter définitivement, à Brienne, la marche sur Paris par les deux rives sur la Seine. Macdonald, repoussé du pays de Liége, était déjà à Meaux, où il retenait les fuyards; il avait dû, le 5, évacuer Châlons devant le général Yorck. Blücher s'était séparé de ses alliés pour agir isolément sur la Marne. Dans le but de l'atteindre, Napoléon, après avoir, le 5 et le 4, marqué son mouvement de retraite par de brillantes affaires d'avant-garde, et avoir forcé l'ennemi de se replier sur Bar-sur-Aube, était parti de Troyes. Cependant la tristesse se répandait dans les rangs de nos soldats, qui n'avaient pas l'habitude de reculer devant l'ennemi. « Où nous « arrêterons-nous? » disaient-ils au sortir de Troyes : ils ne savaient pas qu'ils marchaient au secours de Paris.

Le 7, Nogent est mis à l'abri d'un coup de main par la rupture du pont et par de promptes dispositions. Mais les courriers de Paris et les aides de camp de Macdonald viennent annoncer la nouvelle de la marche de Blücher sur la capitale, par la grande route de Châlons. Le salut ou la perte de la France dépend maintenant du congrès de Châtillon; Napoléon a donné à son plénipotentiaire la mesure du péril public, en mettant entre ses mains le sort de l'État : il a été six heures à s'y décider. Après les révoltes d'un cœur généreux et livré aux plus cruelles angoisses, déterminé enfin par le seul intérêt de la patrie, Napoléon s'est décidé à abandonner la Belgique et la rive gauche du Rhin, l'Italie, le Piémont, Gênes, etc. Il doit signer cette dépêche le 9, à sept heures du matin; mais à cinq heures, il a reçu un rapport sur les mouvements des armées russe et prussienne. A la lecture de ce rapport, une illumination soudaine s'est emparée de lui; le duc de Bassano l'en trouve entièrement préoccupé. « Ah! c'est vous... » dit l'Empereur, qui lui voit dans les mains la dépêche pour Châtillon. « Il s'agit d'autres choses, « ajouta-t-il; je suis dans ce moment à suivre Blücher de l'œil; il marche par Mont-

« mirail. Je pars; je le battrai demain, je le battrai après-demain : si je réussis,
« l'état des affaires va changer, et nous verrons; en attendant, laissez Caulaincourt
« avec les pouvoirs qu'il a. »

Napoléon a donné ses ordres. Bourmont est chargé de défendre à Nogent le passage de la Seine; Oudinot garde le pont de Bray. Le soir, Napoléon arrive à Sézanne par la traverse; il a fait douze grandes lieues avec son armée. Il n'est plus qu'à quatre lieues de Blücher, qui court sur Meaux avec sécurité après Macdonald. Le 10, au matin, il se met en route. Dans l'après-midi, il débouche à Champ-Aubert, engage aussitôt ses troupes, bouleverse les colonnes russes du général Alsufief, qui ont défendu Brienne, et brise l'armée de Blücher. Nansouty en suit une partie sur Montmirail; Marmont poursuit l'autre sur Châlons. Napoléon s'arrête à Champ-Aubert et fait dîner avec lui les généraux prisonniers. En informant le duc de Vicence de ce succès, il se contente de lui recommander *de prendre une attitude plus fière* au congrès. Marmont tenait Blücher en échec, entre Châlons

et Champ-Aubert. Le lendemain 11, Napoléon accourt sur les traces de Sacken, qui marche vers la Ferté, et d'Yorck, qui est déjà en vue de Meaux; mais à la nouvelle de la défaite de Champ-Aubert, ils ont rebroussé chemin et viennent au-devant de la bataille que Napoléon leur apporte; une attaque générale la décide bientôt en faveur des Français. Les deux généraux ennemis, en pleine déroute, fuient vers Château-Thierry dans l'espoir de rejoindre Blücher. Poursuivis le 12 jusqu'à cette ville, les Russes et les Prussiens, qui n'ont pas eu le temps d'en couper le pont, y entrent pêle-mêle avec la cavalerie française. Mortier refoule sur la route de Soissons tous ces fuyards d'Yorck et de Sacken. Les habitants de Château-Thierry ramassent les fusils des vaincus et se forment en partisans.

Cependant Marmont n'a pu contenir plus longtemps Blücher, renforcé de deux corps, russe et prussien, arrivés de Mayence : il a même dû évacuer Champ-Aubert; enfin il se voit poussé jusqu'à Montmirail; tout à coup il fait volte-face et prend position dans la plaine de Vaux-Champs; il se retrouve encore à l'avant-garde, ayant derrière lui Napoléon avec son armée en bataille. Il est huit heures du matin : Blücher, étonné, voudrait refuser la bataille; mais, attaqué soudain par notre cavalerie, qui se précipite sur les carrés prussiens, les enfonce et les disperse, la retraite qu'il ordonne n'est plus qu'une fuite. Lui-même, le soir, enveloppé avec son état-major, il ne peut se dégager que le sabre à la main et à la faveur de l'obscurité. Marmont continue la poursuite toute la nuit. Les huit mille prisonniers russes et prussiens vont porter à Paris les bulletins de cette glorieuse semaine.

Les deux routes de Châlons sont balayées par les troupes françaises victorieuses; maintenant Napoléon est appelé sur les routes de la Seine, où s'avance Schwartzenberg, tandis que Mortier et Marmont restent gardiens des avenues de Châlons. Le 15, l'Empereur marche sur Meaux avec sa garde et le corps de Macdonald; il prévient Victor et Oudinot que le lendemain il débouchera derrière eux par Guignes. Le 16, c'est à leur canon que l'Empereur se rallie; ils se battaient dans la plaine de Guignes : sa présence arrête l'ennemi. Schwartzenberg, avec ses cent cinquante mille hommes, avait à la fin forcé les ponts de Nogent, de Montereau, et s'avançait sur Nangis, dans l'espoir d'arriver à Paris avant Blücher. Le 17, Napoléon attaque Schwartzenberg devant Nangis; les dragons venus d'Espagne avec le général Treilhard contribuent au succès de cette journée. Schwartzenberg éprouve, comme Blücher, la déroute la plus complète. Oudinot et Kellermann poursuivent les Russes jusqu'à Nogent; Macdonald, les Autrichiens sur Bray; et Gérard, les Bavarois, qu'il écrase à Donne-Marie et à Villeneuve. Victor a l'ordre de s'emparer le soir même du pont de Montereau; et Napoléon va coucher au château de Nangis, dans la confiance que Montereau est occupé par ses troupes; il espère alors forcer Schwartzenberg à une bataille rangée.

Le 17, dans la soirée, un officier autrichien se présente aux avant-postes; il vient demander une suspension d'hostilités. Napoléon saisit cette occasion d'échapper aux lenteurs et aux perfidies d'un congrès, et écrit directement à son beau-père, en lui envoyant une lettre de Marie-Louise. Il témoigne le plus vif désir d'entrer en arrangement avec l'Autriche; mais, après ses huit jours de victoire, il compte traiter sur de meilleures bases que celles de Châtillon, par lesquelles on lui dictait les plus dures conditions. En même temps, et sous l'inspiration du retour de la fortune à ses drapeaux, il s'empresse de mander au duc de Vicence : « Je vous ai donné carte blanche pour sauver Paris et éviter une bataille qui était « la dernière espérance de la nation : la bataille a eu lieu ; la Providence a béni « nos armes ; j'ai fait trente à quarante mille prisonniers ; j'ai pris deux cents « pièces de canon, un grand nombre de généraux, et détruit plusieurs armées « sans presque coup férir ; j'ai entamé hier l'armée du prince de Schwartzenberg, « que j'espère détruire avant qu'elle ait repassé nos frontières. Votre attitude doit « être la même, vous devez tout faire pour la paix ; mais *mon intention est que* « *vous ne signiez rien sans mon ordre*, parce que moi seul je connais ma posi- « tion... Je veux la paix, mais ce n'en serait pas une qui imposerait à la France « des conditions plus humiliantes que celles de Francfort... Je suis prêt à cesser « les hostilités, *et à laisser les ennemis rentrer tranquilles chez eux*, s'ils signent « les préliminaires basés sur les propositions de Francfort... »

Pendant que ces choses se passaient à Nangis, le congrès s'était ouvert le 17, et les plénipotentiaires alliés présentaient leur projet de traité préliminaire. Napoléon devait renoncer aux acquisitions faites par la France depuis 1792, ainsi qu'aux titres dérivant de son influence sur les pays placés hors des anciennes limites de la France ; l'indépendance de l'Allemagne, de l'Italie, de la Suisse, était déclarée ; la Hollande rentrait sous la souveraineté de la maison d'Orange, et l'Espagne sous celle de Ferdinand VII, etc. C'était bien le cas sans doute d'accepter ce traité préliminaire, et de faire usage de la carte blanche ; il portait d'ailleurs que quatre jours étaient donnés pour l'échange des ratifications. On ne sait quel motif engagea M. de Vicence à intervenir pour la couronne d'Italie, pour le prince Eugène, le prince Jérôme et le roi de Saxe, et à ne pas répondre sur-le-champ. Quatre ou cinq jours plus tard, il n'était plus libre ; il recevait des lettres de Nangis, du 17, par lesquelles l'Empereur révoquait les pouvoirs sans limites.

Le 17 février doit marquer dans nos fastes comme un jour fatal. Le maréchal Victor n'a pas exécuté l'ordre si précis et si important de s'emparer de Montereau : cependant, le 18, il se présente devant cette ville occupée par les Wurtembergeois, et veut forcer cette position. Le général Chateau, son gendre, qui avait emporté avec tant de valeur les hauteurs de Brienne, y est mortellement blessé. L'action devient générale, l'Empereur s'empare du commandement, pointe plusieurs fois lui-même une pièce de canon en s'exposant aux coups de l'ennemi, et répond gaiement aux alarmes de ses soldats : « Allez, mes amis, ne craignez rien, le « boulet qui me tuera n'est pas encore fondu. » Gérard, qui a puissamment contribué au succès, remplace dans son commandement le maréchal Victor, à qui l'Empereur témoigne un vif mécontentement ; mais bientôt, touché des regrets d'un ancien compagnon d'armes, il lui tend la main, et l'envoie commander deux divisions de sa garde.

Le 19, l'armée a l'ordre de pousser l'ennemi sur Troyes et de nettoyer la rive droite de la Seine. Les Autrichiens, les Russes, les souverains alliés sont en pleine retraite. Paris reçoit les drapeaux des journées de Nangis et de Montereau. Le 20, l'Empereur se trouve à Bray, où Alexandre a couché la veille; le soir, il entre à Nogent, que Bourmont a si vaillamment défendu pendant trois jours, contre toute l'armée de Schwartzenberg, et où il a gagné le grade de lieutenant général. Le 22, Napoléon poursuit sa marche; la retraite des alliés se change en déroute : leurs équipages refluent jusque sur les Vosges et les bords du Rhin. On arrive le 22 à Méry-sur-Seine; de l'autre côté, un corps ennemi en force le passage, et l'on apprend avec la plus grande surprise que ce corps est celui de Sacken, appartenant à cette armée de Blücher qui toujours semble renaître de ses ruines. Une action meurtrière s'engage avec les Russes dans les rues de cette petite ville; ils en sont chassés, et se retirent de l'autre côté de l'Aube. Pendant ce temps, les flammes dévorent Méry, et le quartier général se transporte au hameau de Châtres, où Napoléon passe la nuit du 22 au 23 dans la boutique d'un charron.

Le lendemain, un aide de camp de Schwartzenberg, le prince de Lichtenstein, se présente aux avant-postes, porteur d'une réponse de l'empereur d'Autriche à la lettre du 17 de l'empereur des Français. Une conversation secrète prolonge l'au dience accordée au prince. On assure qu'interrogé touchant l'influence que trois membres de la famille des Bourbons, arrivés en France, semblaient avoir prise sur les intentions des alliés, le prince de Lichtenstein aurait répondu que « l'Au- « triche ne se prêterait à rien de semblable ; qu'on n'en voulait ni à l'existence « de Napoléon ni à sa dynastie, et que sa mission était une preuve sans réplique « qu'on ne voulait que faire la paix. » Sur cette assurance, Napoléon congédie l'envoyé en lui disant qu'il sera le soir même à Troyes, d'où il enverra aux avant-postes pour y traiter d'un armistice.

Après le départ de l'aide de camp autrichien, le baron de Saint-Aignan, beau-frère du duc de Vicence, arrivait de Paris, chargé d'une mission secrète, et il était admis chez l'Empereur, qu'il trouva entièrement rassuré. Cependant deux ministres que n'avait éblouis aucune des victoires qui venaient d'illustrer le mois de février, avaient fait promettre à M. de Saint-Aignan de présenter à l'Empereur le tableau véritable de l'opinion, de la situation de la capitale, et des dangers de toute espèce qui le menaçaient. Les avis dont il s'était chargé étaient sévères ; il les porta à Napoléon avec autant de courage que de fidélité, et le pressa instamment de répondre aux vœux unanimes que l'on formait pour la paix, quelles que fussent les concessions auxquelles il fallût descendre. Malheureusement, confiant dans ses derniers succès et dans les paroles du prince de Lichtenstein, Napoléon repoussa les représentations de M. de Saint-Aignan ; cependant la loyauté de ce plénipotentiaire de la pensée publique ne fut point ébranlée : « Sire, dit-il en terminant, la paix sera assez bonne si elle est assez « prompte. — Elle arrivera assez tôt, répliqua vivement Napoléon, si elle est « honteuse ! »

Les conseils qui arrivaient de Paris avaient sans doute de la sagesse : les circonstances leur prêtaient beaucoup de force : toutefois, si les ministres, celui de la guerre surtout, si le général qui commandait la grande ville, si Joseph et les autres membres du gouvernement eussent rempli la moitié de leur devoir, Napoléon n'aurait pas eu besoin d'entendre de pareils avis, parce qu'il ne se serait jamais vu réduit à une semblable extrémité. En effet, même dans la position où il se trouvait, son génie, qui venait de lui ramener la fortune par de si incroyables succès sur les forces combinées de l'Europe, pouvait encore le sauver.

Le 23 février, dans l'après-midi, nous paraissons devant Troyes : les portes en sont fermées et barricadées. L'ennemi semble vouloir défendre cette ville ou plutôt la détruire avant de l'évacuer. Le combat s'est engagé ; mais à la nuit, l'ennemi fait demander une trêve pour remettre les portes à la pointe du jour : Napoléon préfère le salut de la ville à un nouveau triomphe.

Nous rentrons à Troyes le 24. Fatigués de dix-huit jours de domination étrangère, les habitants laissent éclater des accusations de trahison et de connivence avec l'ancienne dynastie. Deux émigrés sont dénoncés pour avoir porté publiquement la croix de Saint-Louis et la cocarde blanche pendant le séjour des alliés; l'un d'eux est arrêté et fusillé. Napoléon apprend que les proclamations d'Hartwell circulent dans Paris, et que des lettres émanées de Louis XVIII sont mystérieusement parvenues aux principaux personnages de l'Empire. Il sait que le duc de Berri est à Jersey, le duc d'Angoulême à Saint-Jean-de-Luz avec l'armée anglaise, et le comte d'Artois en Franche-Comté. Aussi, à son entrée à Troyes, il rend un décret qui prononce la peine des traîtres contre tous ceux qui auront arboré les insignes de l'ancienne monarchie. Cependant, dans cette même ville de Troyes, l'empereur Alexandre avait déclaré à M. de Vitrolles que les alliés n'épousaient pas la cause de la maison de Bourbon, que ce négociateur officieux venait plaider auprès de lui; les autres souverains tenaient le même langage. A Châtillon, on avait également affirmé au plénipotentiaire français que le comte d'Artois était arrivé à Vesoul sans en prévenir les puissances, sans leur assentiment, et qu'il allait repartir.

Dans l'espoir de tirer un grand parti de sa nouvelle situation, Napoléon s'occupe de la suspension d'armes. Les alliés se sont retirés sur Bar-sur-Aube, d'où le prince de Schwartzenberg fait proposer Lusigny pour la négociation. Le point le plus difficile à décider était la ligne d'armistice, car Napoléon demandait qu'elle s'étendît depuis Anvers jusqu'à Lyon. En attendant leur réponse, il se livrait aux espérances que devait lui donner l'espèce d'empressement que la coalition avait montré pour une trêve, lorsque, dans la nuit du 26 au 27, il découvre l'énigme de cette attaque de Méry, suivie si rapidement d'une retraite de la part des Russes. Ceux-ci étaient la nouvelle avant-garde d'une autre armée de cent mille hommes, récemment formée par Blücher, des différents corps descendus de la Belgique. Cet infatigable général, présent à l'échauffourée du pont de Méry, où il venait de recevoir une blessure, avait voulu, pour la seconde fois, rallier le prince de Schwartzenberg; mais la déroute de ce dernier, après Nangis et Montereau, ayant détruit cette combinaison, le général prussien l'avait remplacée en reprenant un projet plus hardi, celui d'arriver seul à Paris par les deux rives de la Marne. En effet, devant lui Marmont s'était vu forcé d'évacuer Sézanne le 24; Mortier se retirait également de Soissons, et ces deux maréchaux se repliaient sur la Ferté-sous-Jouarre. Loin de se laisser abattre par un événement aussi inattendu, Napoléon se retrouve au contraire dans son élément naturel, les grandes difficultés. La plus pressante à surmonter était celle de masquer son départ et celui de son armée pour courir après Blücher, sans que Schwartzenberg pût en avoir le moindre soupçon. Oudinot et Macdonald doivent contenir les Autrichiens; l'un se bat déjà à Bar-sur-Aube; l'autre, avec Gérard, fait retentir sur toute la ligne ces acclamations qui annoncent la présence de l'Empereur.

Arrivé à Sézanne, il apprend la marche sur Meaux de Mortier et de Marmont, qui n'ont pu tenir à la Ferté-sous-Jouarre. Il faut sauver Meaux, c'est un faubourg de la capitale. De Sézanne, il se porte à la Ferté-Gaucher. Là, il reçoit de fâcheuses nouvelles : Schwartzenberg, qui a reconnu que Macdonald et Oudinot sont seuls devant lui, a, en conséquence, repris vigoureusement l'offensive, aidé de Wittgenstein, et refoulé sur Troyes les faibles corps français placés devant lui.

Cependant Napoléon ne perd pas de vue son but principal. Le 2 mars, pendant qu'on rétablit le pont de la Ferté-sous-Jouarre, détruit par Blücher, il s'arrête dans cette ville pour envoyer au duc de Vicence le *contre-projet* que ce ministre lui a demandé, en réponse au projet du traité préliminaire des alliés. Mais la veille, le traité de la quadruple alliance avait été signé à Chaumont, et renfermait deux clauses bien menaçantes pour la France. Par l'une, chacune des grandes puissances s'engageait à tenir constamment en campagne une armée de cent cinquante mille hommes, et la Grande-Bretagne donnait un subside annuel de 120 millions; par l'autre, aucune négociation séparée ne devait avoir lieu avec l'ennemi commun.

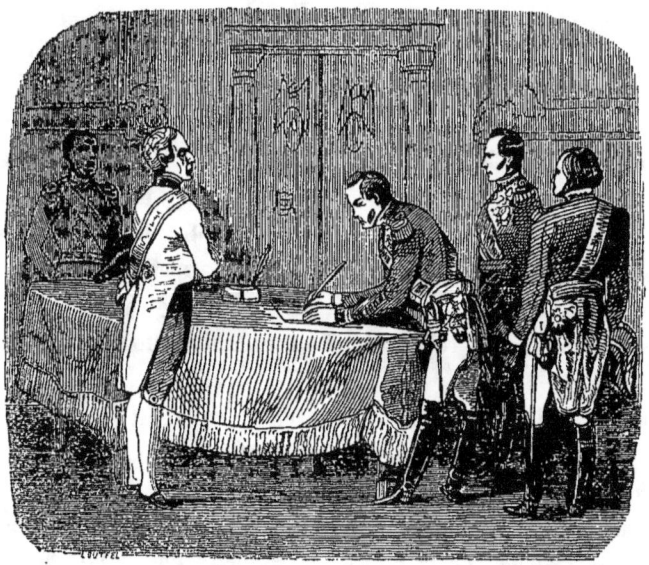

Blücher a pris la rive gauche de la Marne, et s'avance sur Soissons. Tout est sauvé si Napoléon arrive à Soissons avant Blücher, engagé dans des chemins de traverse impraticables. Pas un moment de perdu du côté des Français : des courriers sont expédiés à Paris, à Châtillon, à Meaux; Mortier et Marmont ont l'ordre de ressaisir l'offensive. Le pont de la Ferté est rétabli dans la nuit du 2 au 3, l'Empereur a passé la Marne; il se précipite sur Château-Thierry et sur la route de Soissons; Marmont et Mortier s'y portent par deux routes différentes : ce dernier est tranquille sur le sort de Soissons, défendu par une garnison et par des fortifications nouvellement réparées. Cerné de toutes parts, puisque nous occupons Soissons, Blücher ne saurait éviter sa ruine. Il ne l'ignore pas; aussi se propose-t-il d'emporter la ville de vive force et de s'y renfermer : il se présente, intimide le commandant de la place, qui manque de résolution, et les ponts s'abaissent devant lui!... Le 4 au matin, Napoléon apprend à Fismes l'entrée des Prussiens dans Soissons.

Soissons perdu, la Marne franchie par les alliés, il faut surprendre le passage de l'Aisne. Le 5 mars, l'Empereur court à Béry-au-Bac, qu'enlève le général Nansouty; ainsi le chemin de Reims à Laon nous appartient. Le 6, il marche à Laon, et trouve sur les hauteurs de Craonne une armée russe en position; il remet la bataille au jour suivant. Le soir, des nouvelles de Strasbourg lui apprennent le mouvement presque général de la population des Vosges contre l'ennemi, et le concert d'attaque qui semble lier par des opérations offensives les garnisons du Rhin, celles de la Lorraine et celles de l'Alsace. Mais, le 7, il faut emporter Craonne; Ney et Victor à la tête de l'infanterie, Grouchy et Nansouty à la tête de la cavalerie, s'élancent sur le plateau avec leur impétuosité ordinaire; les trois derniers sont blessés. Belliard prend le commandement en chef de la cavalerie, soutenu par Drouot et son artillerie. Nous sommes maîtres de Craonne, après avoir éprouvé la plus vive résistance. Nous suivons les ennemis jusqu'à l'embranchement de la route de Laon à Soissons : ils tiennent quelques heures à l'auberge de l'Ange-Gardien, afin de donner à Blücher le temps d'évacuer Soissons et de se rallier. Du reste, la journée est sanglante, et notre difficile victoire a un caractère de tristesse qui se manifeste dans toute l'armée. Napoléon avait encore le front tout chargé de soucis quand il arriva à Bray; ce succès sans trophée lui inspirait de profondes réflexions. Tout ce qui l'entoure, hommes de guerre, hommes d'État, a les yeux fixés du côté de Châtillon.

M. de Rumigny, attaché au cabinet, en arrive; il est porteur de nouvelles du duc de Vicence; elles sont graves; les propositions de Lusigny sont qualifiées à Châtillon d'infraction aux bases de la négociation; on ne veut point admettre de discussion; on persiste à exiger que le duc de Vicence souscrive à la condition *des anciennes limites de la France*, ou remette un *contre-projet;* sans cela on menace de se séparer. La dépêche du plénipotentiaire est très-pressante. M. de Rumigny emporte, le 8, une longue réponse à cette dépêche, avec carte blanche, *sauf ratification.*

Napoléon a rejoint la tête de ses colonnes; elles sont en pleine marche sur Laon : il fait occuper Soissons, qui n'est plus une barrière, et à deux lieues de Laon nous nous voyons arrêtés par l'ennemi, maître d'un défilé au milieu des marais; il est trop tard pour forcer ce passage. Napoléon rétrograde jusqu'à Chavignon, où Flahaut vient lui révéler la rupture des conférences de Lusigny. Le mouvement de Blücher a rétabli les affaires des alliés, en attirant Napoléon sur ses traces; ils n'ont plus besoin d'un armistice. Cependant, dans la nuit du 8 au 9, un fait d'armes à la fois heureux et hardi ouvre le défilé au maréchal Ney. Gourgaud, premier officier d'ordonnance de l'Empereur, a surpris les grand'gardes des alliés. L'armée se trouve au pied des hauteurs de Laon. Le 9, Marmont, Ney

et Mortier font leurs dispositions pour aborder, le lendemain, à la pointe du jour, cette forte position; elle est défendue par l'armée de Blücher, grossie de cette avant-garde qui a pris Soissons sans coup férir : cette armée est deux fois plus nombreuse que la nôtre. Laon est le centre presque inexpugnable des opérations du général prussien. Mais dans la nuit qui précède l'attaque, Marmont se laisse surprendre, et son corps est dispersé. Napoléon montait à cheval à quatre heures du matin pour engager l'action, quand il apprit le désastre de son lieutenant : il dut alors se retirer sur Soissons, dont il confia la garde à Mortier.

Ce fut pendant son séjour dans cette ville qu'il écrivit au prince Eugène, le 12 mars : « Je reçois votre lettre et le projet de traité que le roi de Naples vous a « envoyé : vous sentez que cette idée est une folie ; cependant, envoyez un agent « auprès de ce traître extraordinaire, et faites un traité avec lui en mon nom... « Que ce traité reste secret jusqu'à ce qu'on ait chassé les Autrichiens de l'Italie. « *Rien ne doit être épargné dans la situation actuelle pour ajouter à nos efforts* « *les efforts des Napolitains.* »

Le 13, l'Empereur s'empare à force ouverte de Reims, dont Corbineau avait été repoussé par un corps russe aux ordres de l'émigré Saint-Priest. Une scène qui rappelle celle de Victor à Montereau, a lieu le lendemain avec Marmont, qui vient rendre compte du désastre qu'il a essuyé à Laon. Napoléon lui adresse d'abord des reproches foudroyants, puis lui pardonne, et retient à dîner celui qu'il nomme *l'un de ses enfants!* Dans la même journée, il reçoit six mille hommes que lui amène le général hollandais Jansens, commandant dans les Ardennes : un renfort de six mille hommes est un corps d'armée pour Napoléon, qui combat avec trente-cinq mille hommes les forces de tout le nord de l'Europe. Ney s'avance sur Châlons.

Pendant les trois jours de repos que l'armée prend à Reims, deux événements de la plus haute gravité se passaient dans le midi de la France : le duc d'Angoulême entrait à Bordeaux avec l'armée anglo-espagnole ; le 15, Ferdinand VII reparaissait en Espagne sous la protection du maréchal Suchet. Augereau, à qui Napoléon a donné de Troyes l'ordre de se porter à toute course, avec ses vingt mille hommes, sur Vesoul, afin d'y écraser la retraite de Schwartzenberg, n'avait point obéi. Ainsi l'armée de Lyon n'est plus cette précieuse réserve qui doit réunir sous son aigle les belliqueux enfants du Jura et des Vosges, de la Bourgogne et de la Champagne. Augereau, le soldat Augereau, n'a pas voulu de cette gloire qui sauvait la France ; son armée et lui vont cesser de compter dans la défense nationale ; la même semaine aura vu tomber Lyon et Bordeaux, l'un par la défection d'un maréchal, l'autre par l'arrivée d'un prince de la maison de Bourbon.

Jamais la guerre ne s'est présentée sous un aspect plus menaçant. Le cri de la coalition est Paris ! Napoléon a été deux fois à Vienne, à Berlin ; il a été à Moskou : François, Frédéric-Guillaume, Alexandre, ont juré d'aller à Paris ; ils y sont attendus : M. de Vitrolles leur en a porté le vœu. Oudinot et Macdonald ont évacué Troyes le 14 mars.

Le 16 au soir, Napoléon a toujours devant lui Blücher et Schwartzenberg : c'est au dernier qu'il veut livrer bataille. Le 17, il marche sur l'Aube par Épernay ; le 18, il entre à Fère-Champenoise, où M. de Rumigny le rejoint, venant de Châtillon. A la séance du 15, les plénipotentiaires alliés ont renfermé le duc de

Vicence dans un cercle de vingt-quatre heures pour donner son contre-projet. Le duc de Vicence demande un nouveau délai, en réclamant toujours le grand-duché de Varsovie pour le roi de Saxe, et les souverainetés dont ils sont titulaires pour la princesse Élisa, pour le grand-duc de Berg, pour le prince de Neufchâtel, et enfin pour M. de Talleyrand.

La correspondance et le protocole des séances de Châtillon prouvent que la paix aurait été faite le 13, le 14 et le 15, si le duc de Vicence eût accédé aux sacrifices que, dans son intime conviction, on ne pouvait éviter. La gloire d'une résolution généreuse autant qu'habile lui restait tout entière, et sans aucun péril, puisqu'il avait pour appui la voix de la France et le désir secret d'un homme depuis trop longtemps victorieux pour s'avouer vaincu; il fallait le deviner et agir en conséquence.

Le 18, les alliés annoncent à nos plénipotentiaires que les négociations sont terminées par le fait de la France. Cette fatale nouvelle arrive au hameau de Châtres au moment où Napoléon écrivait à Caulaincourt : « *Il est bien temps de* « *parvenir à savoir* quels sont les sacrifices que la France ne peut éviter de faire « pour obtenir la paix. » Tout nous devient funeste : chargé des dépêches de l'Empereur, l'auditeur Frochot est retardé dans sa route; il n'a pu rejoindre le duc de Vicence que le 21, et il le rencontre à quelques lieues de Châtillon. Frappé de la teneur de ces dépêches du 17, Caulaincourt s'arrête à Joigny, d'où il écrit à M. de Metternich, « *que le courrier qu'il vient de recevoir a augmenté ses regrets. Ce qu'il m'a apporté,* dit-il, *ne me laisse pas de doute sur la possibilité qu'on aurait eu à s'entendre, même à Châtillon.* »

Cependant Napoléon apprend à Châtres que la déroute du corps de Saint-Priest à Reims, et sa propre marche sur Épernay, ont changé en retraite vers Troyes le mouvement général des alliés sur Paris. Une terreur panique a saisi le conseil des rois : cette terreur était si grande, qu'Alexandre disait lui-même que la moitié de sa tête en grisonnerait. Macdonald et Oudinot, qui avaient dû rétrograder de Provins, ont rejoint l'Empereur à Plancy; ils croyaient poursuivre Wittgenstein, et Napoléon croyait manœuvrer sur les flancs de l'ennemi contre un corps isolé. Peu de jours après, une erreur tout à fait contraire devait lui être bien fatale.

Le 20, l'Empereur veut traverser Arcis pour remonter jusqu'à Bar-sur-Aube; mais les reconnaissances qu'il a envoyées de Troyes ont rencontré l'ennemi. Une affaire sérieuse s'engage avec l'avant-garde. Napoléon s'y porte à la tête de trente mille hommes, afin de balayer la route. Une armée immense se développe devant lui : c'est celle de Schwartzenberg!... Fatigué des combats partiels dans lesquels Napoléon multipliait successivement la victoire contre les corps de la grande armée alliée, ce généralissime s'était déterminé, du moment où le prince royal de Suède sera en ligne, à faire un mouvement général sur Paris. Mais, pressé de nouveau, l'empereur Alexandre avait décidé de marcher sans attendre Bernadotte. C'était cette tempête inattendue que Napoléon voyait fondre sur lui à Arcis, le 20 mars, jour anniversaire de tant de fortunes diverses dans sa vie.

Bientôt la bataille l'environne. Dans cette journée, il ne se regarde que comme le premier soldat de la France : il offre mille fois sa vie au fer, au feu de l'ennemi; souvent il est obligé de se servir de son épée pour se dégager des masses qui l'entourent. Un obus tombe à ses pieds : il y pousse son cheval : l'obus éclate..., un

nuage de poudre le dérobe tout à coup à ses soldats; mais ni lui ni son cheval ne sont atteints, et il va, inutilement encore, chercher la mort au milieu de ses batteries. Tant qu'il a l'épée à la main, Arcis est inexpugnable pour l'armée de cent cinquante mille hommes qui l'assiége. La nuit vient : elle ne suspend pas les périls du jour. L'incendie des faubourgs et le feu continuel des deux armées éclairent la défense des Français et les travaux des assiégeants, dont cette terrible clarté dirige les attaques. Un seul pont reste encore à Napoléon pour ● soustraire, lui et ses soldats, à une perte inévitable : il ordonne d'en jeter un second, et le 21 au matin nous évacuons Arcis. Cependant le combat ne se ralentit pas, et notre brillante retraite devant des masses si supérieures devient un beau fait d'armes à ajouter à tant d'autres. Napoléon se replie sur Vitry-le-François. Les routes de la capitale appartiennent à l'ennemi !

Napoléon passe à Sommepuis la nuit du 21 au 22; le 23, son quartier général est à Saint-Dizier; le 24, il trouva à Doulevent un avis secret du comte de Lavalette;

directeur général des postes, qui portait : *Il n'y a pas un moment à perdre si l'on veut sauver la capitale.* Napoléon savait bien que, politiquement, Paris c'était la France ; mais, entouré par la grande armée alliée, comment pouvait-il se faire jour afin de la prévenir à Paris ? Le 26, une forte canonnade le rappelle à Saint-Dizier. Attaquée par des forces supérieures, son arrière-garde a évacué cette ville. Milhaud et Sébastiani, accourus avec leur cavalerie, repoussent l'ennemi au gué de Valcourt sur la Marne. Chassé de Saint-Dizier, où nous rentrons, l'ennemi fuit dans le plus grand désordre sur les routes de Bar-sur-Ornain et de Vitry. Le 27 au soir, auprès de cette dernière ville, Napoléon apprend que ce n'est point Schwartzenberg qu'il poursuit, mais un des lieutenants de Blücher, Wintzingerode, que l'on a détaché pour masquer le mouvement général des alliés sur Paris. Là, il apprend encore que Blücher a opéré enfin sa jonction avec Schwartzenberg, le 23, dans les plaines de Châlons.

Le même jour, une proclamation des alliés, dictée par les émissaires du comité de Paris, annonçait à la France la rupture des négociations et la marche de Schwartzenberg et de Blücher sur la capitale ! « Les alliés, dit le général Wilson, « témoin oculaire, se trouvaient dans un cercle vicieux, d'où il leur était impos-« sible de se tirer, si la défection ne fût venue à leur secours... » Cependant Napoléon ne désespère pas du salut de la capitale ; il compte y paraître encore assez tôt pour faire payer cher aux alliés l'erreur qui l'abusait depuis son départ d'Arcis. Il a enjoint à Marmont et à Mortier de se replier à la hâte sur Paris, d'arrêter tous les convois, et de réunir autour d'eux tous les renforts. Ces deux maréchaux présenteront alors à l'ennemi, devant les barricades des faubourgs, une force intacte qui doit enlever et appeler autour d'elle la population de la capitale. Que fera Schwartzenberg quand il trouvera sous les murs de Paris la menace d'une bataille d'extermination, dans laquelle un demi-million de Français combattra pour ses foyers, et quand il sentira peser sur ses derrières Napoléon, arrivant à vol d'aigle à la tête de ses trente mille braves, et soutenu par l'insurrection des habitants des Vosges, du Jura, de l'Aube, de la Côte-d'Or, etc.? D'ailleurs son frère Joseph a l'ordre de résister jusqu'à l'extrémité, de barricader les rues de Paris, de créneler les maisons, de couper les ponts extérieurs, d'enlever les bateaux. Clarke a fait transporter de Cherbourg et du Havre quatre-vingts pièces de gros calibre. Le comité de défense a entouré Paris de redoutes ; vingt mille hommes d'infanterie, établis dans les dépôts voisins, sont prêts à entrer en ligne avec les autres forces de la capitale. Outre la terreur qu'inspire une si grande cité et le dévouement chaque jour renouvelé de sa garde nationale, Paris peut tenir assez longtemps pour que l'arrivée de Napoléon le délivre à l'instant : mais malheureusement il faut compter sur l'intrépidité de Joseph et sur la fidélité de Clarke !

Le 28, au point du jour, Napoléon part de Saint-Dizier pour marcher au secours de la capitale : il croit d'autant plus devancer l'ennemi, que, d'après le rapport de ses courriers, la route de Troyes se trouve libre. L'Empereur, qui s'apprête à suivre la rive gauche, envoie à franc étrier le général Dejean annoncer son approche aux Parisiens : il fait dans cette journée quinze grands lieues avec sa garde, et arrive à Troyes. De cette ville il expédie, avec une pareille mission, Girardin, premier aide de camp du major général; c'était le 29 mars. Dans le même moment, un conseil avait lieu aux Tuileries, et, malgré M. de Talleyrand, qui s'oppose à ce que Marie-Louise et son fils s'éloignent, cette princesse et le roi de Rome partent pour Blois, escortés par deux mille cinq cents hommes de ligne que réclame la défense de Paris. Les grands dignitaires, les ministres, tous se pressent sous les pas de la régente. Talleyrand retarde assez son départ pour que la barrière lui soit refusée. Il demeure à Paris afin de juger les événements. Le comité se rallie autour de lui : la crainte, l'intérêt, l'ambition, tout, excepté le patriotisme, appelle la foule dans son hôtel, devenu tout à coup le centre d'un gouvernement inconnu, qui aujourd'hui délibère mystérieusement, et demain rendra des oracles!

Le 30, après quelques heures de repos, Napoléon poursuit sa route. A quelques lieues de Troyes, il se jette dans une carriole de poste. A chaque relais, il demande des nouvelles de l'Impératrice et du roi de Rome. On lui dit que la veille ils ont quitté Paris, qu'on se bat aux portes... Il vole... A dix heures du soir, cinq lieues seulement le séparent de la capitale... Dans une heure, il se verra à la tête des braves qui en disputent l'entrée aux coalisés. Mais il est trop tard de deux heures... Paris vient de capituler !

Napoléon se trouvait à pied sur la route, au relais de Fromenteau, quand le général Belliard lui apporta cette fatale nouvelle. Les courriers envoyés à Paris, ainsi qu'à Mortier et Marmont, avaient été pris; ces maréchaux, croyant que l'Empereur, après la bataille d'Arcis, se reployait sur eux, étaient venus au-devant de lui jusqu'à Fère-Champenoise, où, le 25, attaqués par la grande armée alliée, et

par un effroyable ouragan qui battit le front de leurs troupes, ils résistèrent pendant plusieurs heures et furent obligés de céder au nombre. Le même jour les généraux Pacthod et Amey escortaient un convoi avec leurs divisions, composées de six mille soldats, dont les deux tiers, encore en habits de paysans, étaient des recrues des départements de l'Ouest. Rencontrés par l'armée alliée, ils se disposèrent à vendre chèrement leur vie; pendant plusieurs heures les gardes russes, prussiennes, autrichiennes, se brisèrent contre ses bataillons rustiques; la mêlée devient affreuse, et cette poignée de Vendéens, assaillie par le nombre, refuse quartier, et périt presque tout entière. Les généraux Pacthod, Amey, Jamin, Delort, seuls encore debout au milieu de leurs carrés renversés, tombèrent aux mains de l'ennemi.

L'armée avait honoré sa retraite sur Paris par de beaux combats à Sézanne, à Chailly, à la Ferté-Gaucher, à Meaux, à Ville-Parisis. Séparés l'un de l'autre à Nangis, Mortier avait marché par Guignes, et Marmont par Melun. Réunis à Brie-Comte-Robert, ils étaient arrivés ensemble à Charenton, où ils arrêtèrent leurs troupes pour la bataille du lendemain, 30 mars. Le 29, les alliés avaient afflué sur Paris par toutes les avenues du nord et de l'est. Cependant, dans cette terrible extrémité, les maréchaux parvinrent à réunir à leurs glorieux débris quelques milliers d'hommes des dépôts, dix mille citoyens de la garde nationale parisienne, et plusieurs compagnies d'artillerie spontanément formées par les élèves de l'École po-

lytechnique. A la tête d'environ trente mille hommes, Mortier et Marmont engagèrent le combat à cinq heures du matin. Jamais les Français n'avaient déployé une plus brillante valeur : les villages de Pantin et de Romainville, pris et repris plusieurs fois, étaient enfin demeurés à nos troupes. Mais le roi Joseph ni le général Clarke, ministre de la guerre, n'avaient organisé la défense de la capitale, malgré les moyens suffisants qu'elle renfermait encore. On avait refusé à vingt mille volontaires les fusils renfermés dans l'arsenal. A midi, la grande ville et la petite armée se trouvèrent enveloppées par l'inondation étrangère, à Montmartre, à Charonne, à Vincennes. Alors le roi Joseph, qui devait rester à son poste jusqu'au dernier soupir, ordonna aux maréchaux de capituler, et se mit en route pour la Loire. Clarke, celui des ministres dont la présence à Paris était de premier devoir, se hâta de suivre le prince fugitif, qui n'avait pas senti bouillonner dans ses veines le sang de Napoléon.

Cependant, tandis que Marmont négociait un armistice, l'ennemi faisait de nouveaux progrès : déjà il occupait Monceaux, Belleville, Ménilmontant, la butte Chaumont, la Villette, et Blücher menaçait de forcer la barrière Saint-Denis, quand des deux côtés on supendit les hostilités. Le maréchal Mortier et Belliard, son chef d'état-major, ignoraient le départ du roi Joseph. Ils continuèrent, malgré leur faiblesse, d'imposer aux ennemis, qui flottaient indécis au pied des hauteurs de Montmartre, lorsque l'aide de camp Dejean, expédié de Doulencourt par Napoléon, arriva, et prescrivit au maréchal de donner avis au prince de Schwartzenberg des ouvertures de paix faites à l'empereur d'Autriche. Le maréchal s'empressa d'obéir ; mais le prince répliqua par la déclaration des alliés après la rupture de Châtillon. Dans l'intervalle de cette communication, Mortier, n'étant pas informé par Marmont de l'ordre de capituler, tenait ferme, et répondait à la sommation d'un aide de camp de l'empereur Alexandre : « Les alliés, pour être au pied de Montmartre, « ne sont point dans Paris ; mes soldats et moi nous périrons plutôt sous ses ruines « que d'accepter une honteuse capitulation. Au reste, quand je ne pourrai plus « défendre Paris, je sais où et comment effectuer ma retraite devant vous et mal- « gré vous. » Cependant Marmont venait de conclure la suspension d'armes, et Mortier, en ayant enfin reçu l'avis, se réunit à son collègue pour traiter. L'armistice ne donnait aux maréchaux d'autre ligne que l'enceinte de Paris.

On convint que l'armée se retirerait avec son matériel et aurait toute la nuit pour sortir de Paris ; cette convention était verbale ; Marmont fut chargé de la rédiger et de la signer au nom de ses collègues. Les troupes se dirigèrent sur Fontainebleau par les barrières du Maine et d'Orléans. Mortier avait évacué Paris le premier ; il occupait Villejuif au moment où le général Belliard faisait à Napoléon le récit de la prise de Paris. Napoléon l'avait écouté dans le plus grand silence ; il le rompit tout à coup en disant : « Il n'y a pas un moment à perdre : partons. —

« Mais, Sire, il n'y a plus de troupes à Paris, lui répondit Belliard. — N'importe,
« reprit l'Empereur, j'y trouverai la garde nationale ; mon armée m'y rejoindra
« demain ou après, et j'y rétablirai les affaires. Suivez-moi avec toute votre cava-
« lerie. — Votre Majesté s'expose, répondit Belliard, à être prise et à faire saccager
« la capitale ; elle est entourée par cent trente mille hommes. » A ces paroles, Napoléon s'achemina lentement vers la maison de poste, ordonna de prendre position, et se résolut à envoyer le duc de Vicence à Bondy, quartier général de l'empereur Alexandre. Alexandre remit sa réponse après son entrée à Paris, qui allait avoir lieu le lendemain. Le duc de Vicence revint attendre dans cette ville l'audience du czar, et Napoléon se décida à attendre à Fontainebleau le résultat de cette dernière tentative de négociation.

Cinquante mille hommes lui restent encore : ils arrivent de la Champagne par Sens, de Paris par Essonne. Ces débris de l'honneur militaire de la France vont se reconnaître en se serrant autour du grand capitaine pour lequel ils sont toujours prêts à combattre et à mourir. Les soldats de Marmont, de Mortier, qui viennent d'illustrer encore une fois nos aigles, doivent protéger le quartier général de l'Empereur. Il donne à son ancien aide de camp, à Marmont, le poste de confiance qui couvre le camp de Fontainebleau.

CHAPITRE XLIII

1814

Les alliés à Paris. — Napoléon à Fontainebleau. — Abdication de Napoléon. — Les adieux de Fontainebleau. — Départ pour l'île d'Elbe. — Bataille de Toulouse.

Le 31 mars à midi, Alexandre et Frédéric-Guillaume, ainsi que le généralissime Schwartzenberg, firent leur entrée dans Paris. Après vingt-deux années de guerre, ils occupent à leur tour en triomphateurs la capitale de leur ennemi.

A leur aspect, Paris parut frappé d'une morne stupeur, car ce moment détruisait tout à coup le juste orgueil de vingt-cinq années de gloire. Les alliés parurent inquiets du silence qui régna sur leur passage. Ce silence ne fut interrompu qu'au boulevard des Italiens, par des cris rares et violents en faveur de la maison de Bourbon. Le bracelet blanc, que Schwartzenberg avait ordonné à l'armée alliée de s'attacher autour du bras, parut un signal que donnait le vainqueur de se rallier à la famille royale. La population, élevée dans la haine de ces couleurs, ne vit en elles que la loi de l'étranger, et demeura muette. Les royalistes, au contraire, encouragés par ce qu'ils regardèrent comme un appel à leur opinion, sortirent tout à coup de l'obscurité dont ils s'enveloppaient depuis six mois, et lancèrent dans les groupes des oisifs du boulevard des Italiens quelques femmes hardies qui attachèrent des cocardes blanches aux chapeaux des hommes ; ils pavoisèrent aussi quelques fenêtres avec des mouchoirs, et firent entendre des balcons de plusieurs maisons les cris de : *Vivent les Bourbons !* D'autres royalistes plus audacieux, au nombre d'environ vingt personnes armées, vinrent, sur le boulevard de la Madeleine, au-devant des souverains, portant des cocardes blanches et le drapeau des fleurs de lis. Des dames se précipitèrent, au péril de leur vie, au milieu des chevaux pour approcher de l'empereur Alexandre ; elles lui demandèrent à grands cris le rétablissement de la famille royale. Mais Alexandre, frappé du calme et de l'aspect de la ville depuis la barrière de Bondy jusqu'à ce boulevard, était resté impassible, et avait froidement continué sa route jusqu'aux Champs-Élysées. Il y fit défiler, pendant trois heures, les armées de la coalition, et se rendit ensuite, à pied, vers cinq heures, à l'hôtel Talleyrand, rue Saint-Florentin, où venait d'être établi le quartier général. Par un sentiment de ménagement pour Napoléon, ce prince avait formellement refusé d'occuper soit le palais des Tuileries, soit celui de l'Élysée, dans lequel il ne s'installa qu'après le traité du 11 avril.

Pendant qu'Alexandre goûtait les premiers fruits de la victoire, un secret entretien avait lieu entre M. de Nesselrode et le prince de Bénévent ; ils y préparaient l'objet qu'on allait discuter le soir dans le conseil des souverains, c'est-à-dire la question du gouvernement à établir en France. Le prince de Schwartzenberg, en sa qualité de généralissime, qui, pendant l'absence de son maître, le rendait l'égal des deux autres souverains, s'était hâté de déclarer *que l'existence de Napoléon en France était incompatible avec le repos de l'Europe, et qu'on devait se fixer au retour de l'ancienne dynastie.* Cette manifestation inattendue des intentions de l'Autriche précéda l'ouverture du conseil. On ne remarquait pas dans Alexandre le même empressement à détrôner Napoléon que dans le représentant de François II ; il y avait, selon lui, trois partis à adopter : *Faire la paix avec Napoléon, en prenant contre lui toutes les sûretés : établir la régence; rappeler la maison de Bourbon.* M. de Talleyrand vota hautement en faveur du dernier parti, ajoutant « *qu'il se portait fort pour le Sénat,* lequel entraînerait Paris, qui entraînerait la France. »

Cependant Alexandre ne paraissait point tout à fait persuadé : alors on proposa d'admettre à cette importante délibération deux membres du comité que M. de Talleyrand avait formé autour de lui. Le conseil se trouva ainsi composé des deux souverains, du généralissime Schwartzenberg, du prince de Bénévent, du duc de Dalberg, de l'archevêque de Malines et du baron Louis. On demanda ensuite les opinions des nouveaux venus : l'un d'eux affirma que *toute la France était royaliste* et que d'ailleurs l'exemple de Paris deviendrait décisif. L'empereur Alexandre prit alors l'avis du roi de Prusse et du généralissime, et, d'accord avec eux, ce prince déclara *qu'il ne traiterait plus avec l'empereur Napoléon ni avec aucun membre de sa famille.* Les votants français obtinrent facilement la permission de publier cette déclaration, dont les imprimeurs Michaud, présents, par hasard ou à dessein, dans une salle voisine, couvrirent, deux heures après, les murailles de la capitale. « *Il y a*, écrivit en 1816 un publiciste devenu célèbre, et qui était de ce conseil, *il y a un point décisif dans les affaires, et il était là… On ne peut trop le dire, la Restauration est sortie de ce conseil.* Cependant on sentit la nécessité de dire quelque chose à la nation dans la déclaration dont le comité venait de fournir l'improvisation à l'empereur Alexandre ; voilà pourquoi cette pièce portait aussi : « *Les souverains alliés reconnaîtront et garantiront la constitution que la nation française se donnera ; ils invitent, en conséquence, le Sénat à désigner un gouvernement provisoire qui puisse pourvoir aux besoins de l'administration et préparer* LA CONSTITUTION QUI CONVIENDRA AU PEUPLE FRANÇAIS. » Convoqué par M. de Talleyrand, et sous la présidence de ce ministre, le Sénat nomma un gouvernement provisoire composé de MM. de Talleyrand, de Beurnonville, de Jaucourt, de Dalberg et de l'abbé Montesquiou. M. Bellard prit sur lui, comme président du conseil général du département de la Seine, de proclamer que la capitale demandait le rétablissement de la famille royale.

Cependant les cris populaires, sur lesquels on avait fondé tant d'espérances, n'avaient pas entièrement convaincu les souverains alliés : l'armée était encore pour Napoléon, et les démonstrations effervescentes de quelques partisans des Bourbons ne leur semblaient pas une manifestation suffisante du vœu national. Le comité, présidé par M. de Talleyrand, vit avec inquiétude cette hésitation ; il sentit qu'il fallait brusquer le dénoûment. Une manœuvre hardie de l'Empereur, une attaque vigoureuse suivie d'un succès, pouvaient détruire en un instant l'œuvre d'une longue trahison.

Pour trancher la question, on inséra dans *le Moniteur* du 2 avril la note suivante : « Le duc de Vicence, s'étant présenté auprès des souverains alliés, n'a pu parvenir « à s'en faire entendre. Ses propositions n'étaient pas celles que les puissances « avaient le droit d'attendre, surtout d'après la manifestation éclatante des ha- « bitants de Paris *et de toute la France.* » Le même jour, à neuf heures du soir, le Sénat déclara « Napoléon déchu du trône, le droit d'hérédité aboli dans sa famille, « le peuple et l'armée déliés envers lui du serment de fidélité. » Le lendemain, une assez forte minorité du Corps législatif adhéra au sénatus-consulte. La cour de cassation envoya également son adhésion ; il en fut de même de la part de la cour des comptes et de la cour impériale. Des milliers d'exemplaires du sénatus-consulte furent expédiés dans les départements, aux armées françaises, et à tous les corps constitués, pour être simultanément publiés.

Munis de cette pièce importante, des émissaires du comité vinrent tenter la fidélité déjà ébranlée de quelques généraux. Un d'eux, le maréchal Marmont, se laissa entraîner. Par suite d'une convention conclue avec le prince de Schwartzenberg, ses troupes quittèrent la position d'Essonne, qui couvrait Fontainebleau, et firent leur soumission au gouvernement provisoire. Les souverains alliés furent dès lors persuadés que l'armée abandonnait l'Empereur, et sa cause fut perdue sans retour dans leurs conseils. Ainsi le procès fut jugé de nouveau contre Napoléon. Remonté dans ses appartements, l'empereur Alexandre fit mander le duc de Vicence et lui déclara que *Napoléon devait abdiquer.* Le duc de Vicence partit pour Fontainebleau.

Cependant, dès le 1er avril, le lendemain de son arrivée à Fontainebleau, l'Empereur n'avait pas perdu un seul moment pour la réorganisation de l'armée ; et le 3, après avoir passé sa garde en revue, il lui avait dit :

« Soldats !

« L'ennemi vous a dérobé trois marches et s'est rendu maître de Paris ; il faut
« l'en chasser. D'indignes Français, des émigrés, auxquels nous avions pardonné,
« ont arboré la cocarde blanche et se sont joints à nos ennemis. Les lâches ! ils
« recevront le prix de ce nouvel attentat. Jurons de vaincre ou de mourir, et de
« faire respecter cette cocarde tricolore qui depuis vingt ans nous trouve dans le
« chemin de la gloire et de l'honneur. »

L'Empereur s'était montré décidé à tenter encore une fois le sort des armes, mais le découragement des maréchaux et des généraux qui l'entouraient l'ayant fait renoncer à ce dessein, il fit remettre, en conséquence, le 4 avril, au duc de Vicence et aux maréchaux Ney et Macdonald, ses mandataires à Paris auprès des souverains alliés, la déclaration suivante :

« Les puissances alliées ayant déclaré que l'empereur Napoléon était le seul
« obstacle au rétablissement de la paix en Europe, fidèle à son serment, il déclare
« qu'il est prêt à descendre du trône, à quitter la France et même la vie pour le
« bien de la patrie, inséparable des droits de son fils, de ceux de la régence de
« l'Impératrice, et du maintien des lois de l'Empire. »

La nouvelle de la convention conclue par Marmont fut accablante pour l'Empereur. « L'ingrat ! s'écria-t-il, il sera plus malheureux que moi ! » Un ordre du jour adressé à l'armée fit partager aux soldats ses douloureux sentiments. Cette pièce peut être considérée comme la seule défense que Napoléon crut devoir opposer alors à la conduite de ses ennemis et aux calomnies de la trahison. Elle est digne et éloquente :

« L'Empereur remercie l'armée pour l'attachement qu'elle lui témoigne, et prin-
« cipalement parce qu'elle reconnaît que la France est en lui, et non pas dans le
« peuple de la capitale. Le soldat suit la fortune et l'infortune de son général, son
« honneur et sa religion. Le duc de Raguse n'a point inspiré ce sentiment à ses
« compagnons d'armes ; il a passé aux alliés. L'Empereur ne peut approuver la
« condition sous laquelle il a fait cette démarche ; il ne peut accepter la vie et la
« liberté de la main d'un sujet. Le Sénat s'est permis de disposer du gouvernement
« français ; il a oublié qu'il doit à l'Empereur le pouvoir dont il abuse maintenant,
« que c'est l'Empereur qui a sauvé une partie de ses membres des orages de la
« révolution, tiré de l'obscurité et protégé l'autre contre la haine de la
« nation. Le Sénat se fonde sur les articles de la Constitution pour la renverser ;
« il ne rougit pas de faire des reproches à l'Empereur ; sans remarquer que,
« comme premier corps de l'État, il a pris part à tous les événements. Il est allé
« si loin, qu'il a osé accuser l'Empereur d'avoir changé les actes dans leur publi-
« cation. Le monde entier sait qu'il n'avait pas besoin de tels artifices. Un signe
« était un ordre pour le Sénat, qui toujours faisait plus qu'on ne désirait de lui.
« Le bonheur de la France était le vœu de l'Empereur ; aujourd'hui que la for-
« tune s'est déclarée contre lui, la volonté de la nation seule pourrait le persuader
« de rester plus longtemps sur le trône. S'il se doit considérer comme le seul
« obstacle à la paix, il fait volontiers ce dernier sacrifice à la France. Il a en
« conséquence envoyé le prince de la Moskowa et les ducs de Vicence et de Ta-
« rente à Paris pour entamer la négociation. L'armée peut être certaine que
« l'honneur de l'Empereur ne se sera jamais en contradiction avec le bonheur de
« la France. »

Les négociateurs revinrent à Paris; l'abdication donnée ne satisfaisait plus les ennemis de Napoléon, on exigeait qu'il abandonnât les droits de son fils. Le premier mouvement de l'Empereur, ainsi poussé à bout, fut de rompre toute négociation.

A Fontainebleau, il avait encore autour de lui vingt-cinq mille hommes de sa garde. Il pouvait rallier les vingt-cinq mille de l'armée de Lyon, les dix-huit mille que le lieutenant général Grenier ramenait d'Italie, les quinze mille revenus de Catalogne avec le maréchal Suchet, les quarante mille du maréchal Soult, et reparaître sur le champ de bataille à la tête de plus de cent vingt mille combattants. Il était maître de toutes les places fortes de France et d'Italie. Il aurait longtemps encore entretenu la guerre, et bien des chances de succès s'offraient à ces calculs; mais ses ennemis déclaraient à l'Europe qu'il était le seul obstacle à la paix : il fit le sacrifice qui lui était demandé au nom de la France, et signa le 11 cette nouvelle formule d'abdication :

« Les puissances alliées ayant proclamé que l'Empereur était le seul obstacle au « rétablissement de la paix en Europe, l'Empereur, fidèle à son serment, déclare « qu'il renonce pour lui et ses enfants aux trônes de France et d'Italie, et qu'il n'est « aucun sacrifice, même celui de la vie, qu'il ne soit prêt à faire aux intérêts de la « France. »

Porteurs de cette pièce, le duc de Vicence, les maréchaux Ney et Macdonald partirent pour Paris, et arrivèrent chez l'empereur Alexandre à deux heures du matin. « *Apportez-vous l'abdication?* » leur dit le prince en les voyant entrer. Le duc de Vicence lui fit la lecture de l'acte; l'empereur en exigea à l'instant une copie, afin de rassurer dans la même nuit le gouvernement provisoire, dont le fantôme de Napoléon armé troublait encore le sommeil.

Indépendamment de la négociation relative à l'abdication absolue, au choix d'une principauté pour Napoléon, et aux arrangements relatifs à la famille impériale, les mandataires de l'Empereur devaient en outre traiter d'un armistice, afin de mettre un terme aux agitations de l'armée.

La publicité qu'on s'empressa de donner à cet armistice manqua son effet par rapport au soldat, qui persista noblement jusqu'à la fin à ne pas se croire étranger au sort de son général. Le soldat n'avait rien entendu à la déchéance, ni à l'abolition de son serment de fidélité; il ne comprenait pas davantage l'intérêt d'un armistice, quand il n'attendait encore qu'un signe de Napoléon pour recommencer la guerre; mais on pensait autrement dans les rangs les plus élevés de l'armée. Les principaux lieutenants de l'Empereur désertaient son drapeau comme son palais; et Fontainebleau, jadis peuplé d'une cour de princes et de rois, heureux de trouver place au milieu des compagnons d'armes de l'Empereur, devenait d'heure en heure plus désert. Berthier lui-même avait offert l'un des premiers l'exemple d'un si lâche abandon; la veille, il avait pris la route de Paris, où il s'était fait précéder par l'acte de son adhésion au gouvernement provisoire. *Il ne reviendra point*, dit froidement Napoléon en le voyant partir. Cependant il y avait des héros à côté des ingrats qui se montraient si impatients de s'éloigner d'un grand homme aux prises avec l'adversité.

Dans une conférence entre le duc de Vicence et l'empereur Alexandre, ce souverain, en parlant du séjour futur de Napoléon, avait insisté pour l'île d'Elbe. Les négociateurs se prévalurent adroitement de cette première ouverture comme d'un engagement pour obtenir que l'île d'Elbe fût accordée à Napoléon, à titre de souveraineté indépendante. Heureusement, cet engagement avait précédé la défection de Marmont, car déjà les alliés, éveillés par les agents de la Restauration sur les dangers d'un tel voisinage pour la France, ne voulaient plus donner l'île d'Elbe.

Cependant, tandis que Napoléon trahi, mais non pas vaincu, traitait encore en souverain, le maréchal Soult, après la bataille d'Orthez, livrée le 27 février, et suivie de la glorieuse retraite de sa petite armée devant les forces considérables des Anglais, était arrivé le 24 mars dans la ville de Toulouse, et, en quinze jours, avait fait un vaste camp retranché de l'antique capitale du Languedoc. Quinze jours aussi avaient paru nécessaires à Wellington pour attaquer les trente mille Français de Soult avec ses quatre-vingt mille vieux soldats. Le 10 avril, à six heures du matin, l'action s'était engagée autour de l'immense enceinte fortifiée

78

par le maréchal sous les yeux de son ennemi. Wellington fut d'abord repoussé sur tous les points. De leur côté, les Espagnols et les Portugais, culbutés et forcés de prendre la fuite, ne parvinrent qu'avec peine à se rallier sous la protection de la cavalerie anglaise. Beresford, que Wellington avait rappelé de Bordeaux, ayant reçu l'ordre de s'emparer des retranchements du Calvinet, jugea, après la déroute des Espagnols, plus prudent de tourner la position que de l'assaillir de front. Le duc de Dalmatie avait fait les plus habiles dispositions pour empêcher le général Beresford d'accomplir son projet, et même pour le séparer du reste de l'armée anglo-espagnole. Malheureusement, les manœuvres que le maréchal ordonna furent mal exécutées : le trouble et la confusion se mirent dans nos rangs, et laissèrent à l'ennemi le loisir d'attaquer le premier. Les Français se virent obligés de plier. Bientôt le combat se ranima avec une nouvelle fureur; nos soldats s'efforcèrent de reprendre l'avantage; mais que pouvaient l'audace et le courage le plus intrépide contre cette masse d'assaillants? Il fallut céder au nombre, et les Anglais se rendirent maîtres du Calvinet. La nuit seule avait terminé cette bataille, où un moment d'hésitation causée par la mort d'un général qui s'égara avec sa colonne, empêcha les Français d'être victorieux. Le maréchal perdit trois mille six cents hommes tués ou blessés; Wellington plus du double. Le lendemain, Soult s'était remis en marche, afin de conduire à Napoléon une de ses plus braves armées, quand, le 12, il reçut de Wellington la copie de la convention conclue à Paris pour la suspension d'armes. Ainsi l'héroïque résistance de notre armée n'avait été qu'un sacrifice inutile à la France!

Dans le moment où l'on publiait l'acte d'abdication absolue et d'adhésion de l'armée à la Restauration, on annonçait aussi l'arrivée à Paris de Monsieur, frère du roi. Le lendemain, ce prince devait y faire son entrée solennelle. Napoléon n'ignorait aucune de ces circonstances, ni aucun de ces nouveaux périls; mais, inflexible dans sa volonté comme au temps de sa puissance, il persista toute la journée du 12 avril à ne point ratifier le traité signé la veille avec toutes les puissances. L'abdication avait été remise au gouvernement provisoire en échange de son acceptation du traité. Rien ne semblait presser Napoléon de se décider; intérieurement dominé par un autre sentiment, il paraissait également indifférent au refus et à l'acceptation des ratifications.

Napoléon se trouvait dans cette disposition, quand les ducs de Tarente et de Vicence arrivèrent à Fontainebleau et lui remirent le traité. Un plénipotentiaire russe y vint aussi pour l'échange des ratifications, mais avec de nouvelles exigences qui blessaient l'honneur de Napoléon. Il insistait pour avoir un ordre de l'Empereur relatif à la remise des places fortes aux alliés. L'Empereur refusa : puisqu'on n'avait pas voulu traiter avec lui, il était au moins étrange de vouloir lui faire donner l'ordre de livrer nos forteresses. Il passa une partie de la soirée avec le duc de Vicence, et se retira à onze heures.

On ignora alors, mais on a su depuis, que Napoléon avait constamment porté sur lui, pendant la retraite de Moskou, un poison inventé par Cabanis pour soustraire ses amis au supplice pendant la Terreur. Devenu prisonnier d'Alexandre, il se souvint de ce poison : la vigueur seule de sa constitution l'en fit triompher, après une longue agonie. *La mort ne veut pas de moi*, dit-il alors. Cependant la crise avait été si violente, qu'il lui fut impossible de se lever avant onze heures pour recevoir le maréchal Macdonald. Son visage était renversé, ses yeux enfoncés dans leurs orbites, son teint livide, ses membres brisés. Enfin, son âme reprit tout à coup sa supériorité sur ses infortunes. Vainement il avait cherché à mourir : l'événement venait de tromper sa dernière volonté. Dès lors soumis à la destinée, il signa les ratifications, et congédia ensuite le maréchal Macdonald, après lui avoir offert un sabre pour reconnaître sa fidélité : *Je regrette*, lui dit-il, *de n'avoir plus à vous donner d'autres témoignages de mon estime.* En effet, pendant toute la négociation, Napoléon s'était plu à nommer le maréchal *un homme d'honneur*.

Par le traité signé le 11 à Paris et le 13 à Fontainebleau, l'empereur Napoléon, l'Impératrice et tous les membres de la famille impériale conservèrent leurs titres et leurs qualités. L'île d'Elbe lui fut accordée en toute souveraineté, avec deux millions de revenu, dont un réversible à l'Impératrice, et à la charge de la France. On donna en toute propriété à l'Impératrice les duchés de Parme, de Plaisance et Guastalla. Le traité affecta en outre deux millions cinq cent mille francs de revenu, comme propriété, et transmissibles à leurs héritiers, aux membres de la famille impériale, indépendamment de leur fortune particulière; il assigna un million pour le traitement de l'Impératrice Joséphine, et un établissement convenable fut assuré hors de la France au prince Eugène. Sur les fonds que l'Empereur abandonna à la couronne, un capital de deux millions fut réservé pour gratifications aux généraux de sa garde, à ses aides de camp, à sa maison. L'article 13 portait : « que les obligations du Monte-Napoleone de Milan envers tous « les créanciers de Napoléon, soit français, soit étrangers, seraient exactement « remplies. » (*C'était la seule condition que Napoléon avait mise à l'abdication du trône d'Italie : elle n'a pas été remplie.*) L'article 17 portait que « S. M. l'empereur « Napoléon pourrait emmener avec lui et conserver pour sa garde quatre cents « hommes de bonne volonté... »

La publication de l'armistice et de l'ordre d'adhésion au gouvernement provisoire arrêta tout à coup dans le Nord les succès miraculeux du général Maison, qui, avec ses douze mille hommes, tenant tête à soixante mille hommes de l'armée du prince royal de Suède, était rappelé en libérateur par les peuples de la Belgique. Le maréchal Soult, tant en son nom qu'au nom du maréchal Suchet, dut aussi conclure un armistice avec lord Wellington. Le général Decaen l'avait signé pour son armée de la Gironde avec lord Dalhousie; et le maréchal Augereau, ayant conclu le sien avec le prince de Hesse-Hombourg, adressa à son armée une allocution dans laquelle il osait dire que *Napoléon n'avait pas su mourir en soldat*, lui qui avait abandonné Lyon aux Autrichiens!

L'abdication et l'armistice passèrent les Alpes, et vinrent avertir le vice-roi qu'il n'y avait plus pour lui ni drapeau français ni drapeau italien. L'évacuation de l'Italie fut convenue entre ce prince et le maréchal de Bellegarde, par des commissaires. Les adieux de l'armée française à la belle Italie durent retentir jusqu'au cœur de Napoléon. Le 15, l'empereur d'Autriche arriva à Paris, pour s'entendre féliciter par le Sénat d'avoir détrôné son gendre; le 16, on enleva à Napoléon son fils et sa femme : l'un et l'autre partirent pour Vienne.

Enfin, le 20 avril, Napoléon va se séparer de sa fidèle armée, de sa garde!... Sa garde! elle est rangée dans les cours du palais pour recevoir ses adieux. Ces vieux soldats, noircis par tous les climats, cicatrisés par la guerre, flétris par la douleur, ne lèvent point les yeux vers l'astre qui les guidait à la victoire; cet astre est à son déclin : ils suivent sa triste fortune; ils tiennent leurs regards baissés ils les fixent sur la terre que leur général va quitter... En traversant les rangs de ces braves, Napoléon allait revoir toute sa gloire et reconnaître tous ses exploits. Cette phalange immortelle compte encore quelques grenadiers d'Arcole, d'Aboukir, de Marengo, les autres datent d'Austerlitz, d'Iéna, de Friedland, de Madrid, de Wagram, de Moskou; naguère encore ils se sont vu décimer au sein de la France dans vingts combats où ils ont toujours vaincu... En contemplant ces témoins ces auteurs de tant de travaux fameux, déjà si loin de lui, il était permis à Napoléon de céder à une impression que les plus inébranlables caractères auraient eu peine à surmonter; mais, puisant des forces nouvelles dans la grandeur même des sacrifices qu'il venait de consommer par la signature du traité, après avoir embrassé ses amis, il descendit les degrés du palais avec autant d'assurance que s'il eût monté les marches du trône; puis, jetant un regard tout à la fois calme et attendri sur ces vieux guerriers, il leur dit d'une voix ferme comme son âme :

« Officiers, Sous-Officiers et Soldats de ma vieille garde,

« Je vous fais mes adieux. Depuis vingt ans que nous sommes ensemble, je suis
« content de vous. Je vous ai toujours trouvés au chemin de la gloire. Toutes les
« puissances de l'Europe se sont armées contre moi; quelques-uns de mes géné-
« raux ont trahi leur devoir et la France; elle-même a voulu d'autres destinées.
« Avec vous et les braves qui me sont restés fidèles, j'aurais pu entretenir la guerre
« civile; mais la France eût été malheureuse. Soyez fidèles à votre nouveau roi,
« soyez soumis à vos nouveaux chefs, et n'abandonnez point notre chère patrie.
« Ne plaignez pas mon sort : je serai heureux lorsque je saurai que vous l'êtes
« vous-mêmes. J'aurais pu mourir; si j'ai consenti à survivre, c'est pour servir
« encore à votre gloire : j'écrirai les grandes choses que nous avons faites. Je ne
« puis vous embrasser tous, mais j'embrasse votre général. Venez, général Petit,
« que je vous presse sur mon cœur!.. Qu'on m'apporte l'aigle, que je l'embrasse
« aussi! Ah! chère aigle, puisse le baiser que je te donne retentir dans la posté-
« rité! Adieu, mes enfants; mes vœux vous accompagneront toujours; gardez
« mon souvenir! »

Cette scène mémorable eut quelque chose de déchirant par l'émotion qui, pour la première fois, attendrissait devant ses compagnons d'armes le visage de Napoléon. Il pleurait, ils pleurèrent aussi : cette douleur commune des premiers soldats et du premier capitaine de l'Europe fut sublime.

Il monta en voiture avec le général Bertrand; une faible escorte le suivit. Le même jour où Napoléon quittait Fontainebleau en exilé, Louis XVIII faisait, comme roi de France, une entrée solennelle dans la ville de Londres. Félicité

à son arrivée au palais par le prince régent, il avait répondu à ce prince :
« ..... C'est aux conseils de Votre Altesse Royale, à ce glorieux pays et à la con-
« fiance de ses habitants que j'attribuerai toujours, après la divine Providence,
« le rétablissement de notre Maison sur le trône de ses ancêtres..... » Et, en
effet, c'était bien la Grande-Bretagne qui rendait la France à Louis XVIII.
Rien ne manquait plus à la catastrophe qui précipitait du trône le premier capitaine du siècle, investi de tous les titres dont peut être décorée une fortune
humaine; celui que l'armée avait appelé son *héros*, la France son *libérateur*, le
Sénat *Napoléon le Grand*; celui qui était pour l'Europe l'homme de la destinée,
le distributeur des couronnes, et le souverain des rois; en qui le clergé français
célébrait l'*Envoyé du Très-Haut*, et que le pape avait nommé tant de fois l'*Oint
du Seigneur*.

Partout sur son passage, Napoléon fut accueilli aux cris de : *Vive l'Empereur!*
Nulle part des témoignages d'amour et de regrets n'éclatèrent plus vivement qu'à
Lyon; mais le maréchal Augereau eut la bassesse d'insulter au malheur d'un
grand homme qu'il avait trahi, et de couronner par cette infamie sa coupable
défection. Le reste du voyage ne fut pas exempt de dangers; ils augmentèrent à
mesure qu'on avançait vers les provinces méridionales. Napoléon n'entra pas dans
Avignon, où douze mille forcenés manifestaient des intentions féroces. A Orgon,
la fureur fut encore plus violente : des misérables, rassemblés pour fêter les généraux autrichiens, voulurent le massacrer. Il courut des risques très-graves, et

peut-être le vainqueur généreux qui avait rendu des trônes aux rois vaincus, et relevé des empires abattus à ses pieds, allait-il être réduit à se mettre sous la protection de l'étranger, pour ne pas tomber victime de brigands apostés par des conspirateurs encore plus odieux que leurs barbares instruments. Cependant Napoléon échappa aux émeutes semées sous ses pas, et s'embarqua enfin au port de Saint-Raphœau. Quatorze ans auparavant, cette même contrée l'avait vu arriver d'Égypte pour aller prendre les rênes d'un empire. Une frégate anglaise se chargea de transporter dans l'étroite domination que la fortune lui laissait celui qui naguère était le maître du continent.

Le 3 mai, à six heures du soir, l'Empereur entra à Porto-Ferrajo; il y fut reçu par le général Duhesme, commandant français : « Général, lui dit-il, j'ai sacrifié « mes droits aux intérêts de ma patrie, et je me suis réservé la propriété et la « souveraineté de l'île d'Elbe. Faites connaître aux habitants le choix que j'ai fait « de leur île pour mon séjour. Dites-leur qu'ils seront toujours pour moi l'objet « de mon intérêt le plus vif. » Le maire de Porto-Ferrajo remit à Napoléon les clefs de la ville; la mairie devint le palais; un *Te Deum*, où assista l'Empereur, fut chanté dans la cathédrale : ainsi se termina l'inauguration de cette souveraineté si restreinte. L'exercice de son gouvernement ne fut pour Napoléon qu'une administration de famille pendant les dix mois qu'il passa dans l'île. Il étendit le travail des mines, fit des plantations, des constructions, répandit des bienfaits. Sa mère, sa sœur, la princesse Pauline Borghèse, quittèrent leur palais de Rome, leurs jardins enchantés, pour venir adoucir, sur les rochers de l'île d'Elbe, l'exil d'un fils et d'un frère; tendres soins, dévouement touchant, où l'histoire se repose de son austère devoir.

Toutefois, l'île qui renferme Napoléon n'est pour lui qu'un observatoire d'où il voit, d'où il croit entendre la France. Souvent il errait sur ses sommets comme un aigle égaré qui plonge ses regards perçants à travers l'immensité pour y chercher sa route vers l'aire paternelle.

CHAPITRE XLIV

1815

Débarquement de Napoléon au golfe Juan. — Son arrivée à Grenoble, à Lyon, à Fontainebleau. Déclaration de Vienne. — Départ de la famille royale.

Napoléon n'était tombé tout entier pour personne, encore moins pour lui-même. La France et lui s'occupaient de leur commun voisinage, mais silencieusement, car aucune communication, aucune intelligence n'avait établi entre eux la moindre relation directe. Il suffisait à Napoléon de la supériorité de son jugement pour démêler la vérité dans les récits qui lui parvenaient, et pour apprécier la position de la France vis-à-vis de son gouvernement. Elle avait été blessée dans tous ses souvenirs, menacée dans ses droits; chez elle, c'était elle qui était devenue étrangère; ses généraux, ses administrateurs, éconduits, l'avaient laissée bientôt sans protecteur et sans guide, sous des princes tout nouveaux pour elle, entourés de généraux inconnus, d'une vieille noblesse pleine de jactance, et d'un clergé fanatique. L'armée, humiliée par d'insolents mépris, avait vu décimer le corps de ses officiers par un ministre, et ce ministre était l'accusé de Baylen! Trois mille vétérans, mutilés dans les guerres de la République et de l'Empire, allaient, en mendiant, porter à leurs villages les nouvelles du changement de système; chassés de l'Hôtel des Invalides, ils avaient été tous remplacés par des Vendéens et des Chouans!

Dès le dernier mois de 1814, Napoléon se sentit entraîné vers la France par le mécontentement qu'elle éprouvait. L'idée d'y revenir lui vint d'abord de Paris par la lecture du *Moniteur*, qui, en lui signalant les aberrations de la politique réactionnaire du gouvernement royal, l'avertit que le moment de son retour était arrivé, comme la lecture des gazettes de Francfort, à Alexandrie, lui avait donné autrefois le signal de son départ d'Égypte. Des lettes de Vienne ainsi que de son beau-frère Joachim, à qui il avait pardonné sa défection, et qui avait des agents auprès du congrès, le fortifièrent dans sa pensée, en lui dévoilant le dessein, proposé aux alliés par les ministres français, de l'enlever de l'île d'Elbe et de le transporter à Sainte-Hélène. Deux nobles Anglais, indignés d'un projet de trahison dont la honte allait retomber sur leur nation, quittèrent Vienne et vinrent eux-mêmes donner à Napoléon des détails qui lui confirmèrent l'imminence du péril qu'il courait. Il n'ignorait pas, d'ailleurs, que le gouvernement royal ne voulait plus exécuter le traité de Fontainebleau, et ces diverses considérations le confirmèrent dans sa résolution. Toutefois, le secret n'en fut confié qu'au roi Joachim, à qui Napoléon prescrivit d'attendre ses ordres pour agir, et à un auditeur au Conseil d'État, Fleury de Chaboulon, qui vint de lui-même rendre compte à Napoléon de l'état de choses en France.

Des munitions de guerre furent achetées à Naples, des armes à Alger, des transports à Gênes. Tout se trouva bientôt prêt pour le départ; une troupe de onze cents hommes, dont six cents de la garde, deux cents chasseurs corses, deux cents fantassins, et cent chevau-légers polonais, reçut l'ordre de se tenir prête. L'embarquement eut lieu le 26 février, à huit heures du soir. Napoléon choisit le jour où le commandant de la station anglaise était parti pour Livourne; et afin d'éloigner tout soupçon, il avait donné lui-même une fête dont sa mère et sa sœur Pauline faisaient les honneurs. Il s'y déroba. *Le sort en est jeté!* dit-il en mettant le pied sur le brick *l'Inconstant*. Ce bâtiment, armé de vingt-six pièces de canon, et six autres petits bâtiments légers, composaient la flottille impériale. Bientôt on perdit l'île de vue. Excepté les généraux Bertrand et Drouot, personne ne savait où l'on allait. Cependant l'opinion commune sur la flottille était que Napoléon débarquerait en Italie; on s'en inquiétait peu : il était là. *Grenadiers*, dit-il après une heure de route, *nous allons en France; nous allons à Paris*. Les cris de *vive la France! vive Napoléon!* s'élevèrent dans les airs, et une joie patriotique reparut sur le front des vieux guerriers de Fontainebleau.

Cependant le vent devint contraire après qu'on eut doublé le cap Saint-André. A la pointe du jour, on n'avait fait que six lieues, et la mer était gardée par les croisières anglaises et françaises. Les marins conseillaient de retourner à Porto-Ferrajo; mais, comme au retour d'Égypte, Napoléon *voulait arriver en France*, et l'on suivit la direction indiquée. Son projet, si l'ennemi l'attaquait, était, ou de s'emparer de la croisière, ou d'aller en Corse. Dans le premier cas, il fallait peut-être se battre, et, pour mieux se préparer à cette nécessité, il commanda de jeter à la mer tous les effets embarqués, sacrifice que chacun fit avec plaisir. Le soir, on découvrit deux frégates; et un bâtiment de guerre français, qu'on reconnut pour être *le Zéphyr*, vint droit sur la flottille. Napoléon préféra passer incognito avec sa fortune, et ordonna à sa garde de se coucher sur le pont. Une heure après, les deux bricks étaient bord à bord, et *le Zéphyr*, ayant demandé à *l'Inconstant* des nouvelles de l'Empereur, Napoléon lui-même répondit qu'il se portait bien. Le 28, on reconnut un vaisseau de 74, qui n'aperçut point le bateau de César. Cette journée fut employée à copier trois proclamations, deux au nom de l'Empereur, l'une aux Français, l'autre à l'armée, et la troisième à l'armée au nom de sa garde. Les ponts se couvrirent de copistes : ce singulier bureau d'état-major écrivant sous la dictée de Napoléon, en vue des croisières ennemies, au milieu de la mer, sur un bâtiment sans défense, des proclamations qui invitaient trente millions d'hommes à arborer la bannière d'un bataillon, est un fait curieux dans cette période si romanesque de la vie de Bonaparte. Enfin, le 1er mars, mois favori de l'Empereur dans ses prospérités, il revit la terre française, et débarqua au golfe Juan. Les habitants ne lui votèrent pas, comme les Calaisiens à Louis XVIII, une plaque de bronze portant l'empreinte du pied qu'il avait posé sur le sol après vingt-cinq ans d'absence; mais il reçut un bon accueil des paysans que réveilla le bruit du débarquement. Le bivouac fut établi dans une plantation d'oliviers. *Beau présage!* s'écria Napoléon, *puisse-t-il se réaliser!* L'un des premiers habitants qui arrivèrent avait servi sous ses ordres; il reconnut Napoléon, et ne voulut plus le quitter. *Eh bien! Bertrand*, dit l'Empereur au grand maréchal, *voilà du renfort!...*

Déjà un capitaine de la garde et vingt-cinq hommes étaient partis pour Antibes, avec ordre de s'y présenter comme déserteurs et de séduire la garnison. Mais Napoléon avait mal choisi ses négociateurs; ils entrèrent dans la ville aux cris de *vive l'Empereur!* et furent dans l'instant désarmés et arrêtés. N'ayant point de nouvelles de ce détachement, Napoléon envoya à Antibes un officier civil chargé d'instructions pour le commandant : cet officier trouva les portes fermées, et ne put communiquer avec personne. A onze heures du soir, la petite troupe que Napoléon appelait *la députation de la garde* se mit en mouvement. Les Polonais, à pied, portaient sur le dos l'équipement des chevaux qu'ils allaient avoir, à mesure qu'on en achèterait sur la route. Après vingt lieues d'une marche continue, Napoléon arriva au village de Cérénon le 2 au soir; le 3, il coucha à Barême; le 4 à Digne, le 5 à Gap. Ce fut dans cette ville qu'il fit imprimer les proclamations qu'il avait dictées à bord le 28 février. Ces proclamations se répandirent aussitôt en France, et produisirent sur la population un effet d'autant plus magique qu'il était inattendu. Elles portaient le cachet de cette éloquence qui tant de fois avait remué les âmes des Français en leur prédisant de si prodigieuses choses, ou en les remerciant de les avoir accomplies. Tout le monde y fut pris, les uns par l'étonnement, les autres, et c'était la foule, par l'admiration. C'était sans doute une étrange merveille jetée tout à coup au milieu de la monarchie des Bourbons, que Napoléon rentrant en France à la tête de onze cents hommes! Le titre de ces proclamations était le titre impérial de son règne; NAPOLÉON, PAR LA GRACE DE DIEU ET LES CONSTITUTIONS DE L'EMPIRE, EMPEREUR DES FRANÇAIS. Il avait apparemment oublié son abdication; ou plutôt il se croyait dégagé d'un traité que les alliés se proposaient de rompre par la force et contre toute espèce de droit; quelle que fût la pensée de Napoléon, il n'avait pas perdu son talent de parler aux hommes le langage du génie et de la gloire.

PROCLAMATION A L'ARMÉE

Golfe Juan, 1er mars.

« SOLDATS !

« Nous n'avons pas été vaincus. Deux hommes sortis de nos rangs ont trahi nos
« lauriers, leur pays, leur prince, leur bienfaiteur. Dans mon exil, j'ai entendu
« votre voix ; je suis arrivé à travers tous les obstacles et tous les périls... Nous
« devons oublier que nous avons été les maîtres des nations, mais nous ne devons
« pas souffrir qu'aucune se mêle de nos affaires. Qui prétendrait être le maître
« chez nous?... Reprenez ces aigles que vous aviez à Ulm, à Austerlitz, à Iéna, à
« Montmirail!... Les vétérans de l'armée de Sambre-et-Meuse, du Rhin, d'Italie,
« d'Égypte, de l'Ouest, de la grande armée, sont humiliés... Venez vous ranger
« sous les drapeaux de votre chef... et la victoire marchera encore au pas de charge.
« L'aigle, avec les couleurs nationales, volera de clocher en clocher jusqu'aux tours
« de Notre-Dame... Dans votre vieillesse, entourés et considérés de vos concitoyens,
« ils vous entendront avec respect raconter vos hauts faits. Vous pourrez dire
« avec orgueil : Et moi aussi, je faisais partie de cette grande armée qui est entrée
« deux fois dans les murs de Vienne, dans ceux de Rome, de Berlin, de Madrid,
« de Moskou, qui a délivré Paris de la souillure que la trahison et la présence de
« l'ennemi y ont empreinte... »

« FRANÇAIS !

« La défection du duc de Castiglione livra Lyon sans défense à nos ennemis.
« L'armée dont je lui avais confié le commandement était, par le nombre de ses
« bataillons, par la bravoure et le patriotisme des troupes qui la composaient, en
« état de battre le corps d'armée autrichien qui lui était opposé, et d'arriver sur
« les derrières du flanc gauche de l'ennemi qui menaçait Paris.
« Les victoires de Champ-Aubert, de Montmirail, de Château-Thierry, de Vaux-

« Champs, de Cormans, de Montereau, de Craonne, de Reims, d'Arcis-sur-Aube
« et de Saint-Dizier; l'insurrection des braves paysans de la Lorraine et de la
« Champagne, de l'Alsace, de la Franche-Comté et de la Bourgogne, et la position
« que j'avais prise sur les derrières de l'armée ennemie, en la séparant de ses
« magasins, de ses parcs de réserve, de ses convois et de tous ses équipages,
« l'avaient placée dans une situation désespérée. Les Français ne furent jamais
« sur le point d'être plus puissants, et l'élite de l'armée alliée était perdue sans
« ressource : elle eût trouvé son tombeau dans ces vastes contrées qu'elle avait
« si impitoyablement saccagées, lorsque la trahison du duc de Raguse livra la
« capitale et désorganisa l'armée. La conduite inattendue de ces deux généraux,
« qui trahirent à la fois leur patrie, leur prince et leur bienfaiteur, changea le
« destin de la guerre. La situation de l'ennemi était telle, qu'à la fin de l'affaire
« qui eut lieu devant Paris, il était sans munitions, par la séparation de ses parcs
« de réserve.

« Dans ces nouvelles et grandes circonstances, mon cœur fut déchiré, mais
« mon âme resta inébranlable, etc... »

Le 6, Napoléon partit de Gap pour Grenoble. A Saint-Bonnet, on allait sonner le tocsin afin de faire lever les villages en sa faveur : « Non, dit-il aux habitants, « vos sentiments me garantissent ceux de mes soldats. Plus j'en rencontrerai, « plus j'en aurai. Restez donc tranquilles chez vous. » A Sisteron, le maire voulait insurger sa commune contre Napoléon; mais le général Cambronne, arrivé seul en avant de ses grenadiers, dont il venait préparer le logement, intimida tellement ce magistrat, qu'il s'excusa sur la crainte que ses administrés ne fussent pas bien payés : « Eh bien! payez-vous, » dit Cambronne en jetant sa bourse. Les habitants fournirent des vivres en abondance, et offrirent un drapeau tricolore au bataillon de l'île d'Elbe. En sortant de la mairie, le général Cambronne se trouva arrêté, avec ses quarante grenadiers, par une colonne envoyée de Grenoble. Il chercha à parlementer; on ne l'écouta pas. Napoléon, instruit de ce contre-temps, s'avança vers la troupe, et fut bientôt rejoint par sa garde, accourue au danger, malgré la fatigue qui l'accablait : « Avec vous, mes braves, leur dit-il, je ne « craindrais pas dix mille hommes. » Cependant, le bataillon sorti de Grenoble, ayant rétrogradé, avait pris position. Napoléon alla le reconnaître, et se fit précéder d'un officier qu'on ne voulut pas entendre : *On m'a trompé*, dit l'Empereur

au général Bertrand; *n'importe, en avant !* Il mit pied à terre, s'avança vers le bataillon indécis, et découvrant sa poitrine : « S'il en est un parmi vous, dit-il en « s'adressant aux soldats, s'il en est un seul qui veuille tuer son général, son « Empereur, il le peut; le voici! » Les soldats répondirent par des cris de *Vive l'Empereur!* et demandèrent à marcher sur Grenoble avec lui. Ce moment fut décisif. Un seul coup de fusil enlevait à la postérité le plus étonnant épisode de l'histoire de France, et la moindre résistance de la part de ce bataillon eût produit celle de toute la division qui couvrait Grenoble. Le colonel Labédoyère n'aurait pas pu amener à Napoléon le 7ᵉ de ligne. Ce puissant renfort le décida à entrer le soir à Grenoble, où le général Marchand avait pris des mesures de défense. Les portes de la ville étaient fermées : la garnison se déployait sur les remparts; elle se composait du 3ᵉ régiment du génie, du 6ᵉ de ligne, dont un bataillon était rangé depuis le matin sous le drapeau impérial ; du 4ᵉ de hussards, et du 4ᵉ d'artillerie, où Napoléon avait été capitaine. Du haut des remparts, où s'était portée la population de la ville, la garnison, frappée d'étonnement, voyait s'avancer Napoléon avec sa troupe, l'arme renversée, et marchant, ivre de joie, aux cris de *vive Grenoble! vive la France! vive l'Empereur!* L'enthousiasme est électrique chez tous les hommes, et principalement dans les circonstances qui surprennent tout à coup leur imagination. Les remparts de Grenoble retentirent soudain des mêmes acclamations, et à l'instant les portes de la ville furent brisées par les habitants. « Tiens! dirent-ils à Napoléon, au défaut des clefs de ta bonne ville, « en voici les portes. — *Tout est décidé maintenant*, dit Napoléon à ses officiers, « *tout est décidé; nous allons à Paris.* »

Le lendemain, 8 mars, il fut reconnu et complimenté solennellement comme empereur par toutes les autorités civiles, judiciaires, militaires et ecclésiastiques. « J'ai su que la France était malheureuse, leur dit-il, j'ai entendu ses gémisse- « ments et ses reproches. Mes droits ne sont autres que les droits du peuple... « Je viens les reprendre, non pour régner, le trône n'est rien pour moi; non pour

« me venger, je veux oublier tout ce qui m'a été dit, fait et écrit depuis la capi-
« tulation de Paris. J'ai trop aimé la guerre ; je ne la ferai plus... Nous devons
« oublier que nous avons été les maîtres du monde... Je veux régner pour rendre
« notre belle France libre, heureuse et indépendante... Je veux être moins son
« souverain que le premier et le meilleur de ses citoyens. » Napoléon redevint

subitement l'homme des soldats et du peuple, dont son retour merveilleux avait
saisi, exalté toutes les facultés. Aussi, à la revue qu'il passa à la garnison de Grenoble, l'enthousiasme public monta jusqu'au délire, surtout après ces paroles
qu'il adressa au 4e d'artillerie : « C'est parmi vous que j'ai fait mes premières
« armes ; je vous aime tous comme d'anciens camarades. Je vous ai suivi sur le
« champ de bataille, et j'ai toujours été content de vous ; mais j'espère que nous
« n'aurons pas besoin de vos canons. Il faut à la France de la modération et du
« repos. L'armée jouira, dans le sein de la paix, du bien que je lui ai déjà fait et
« que je lui ferai encore. Les soldats ont trouvé en moi leur père ; ils peuvent
« compter sur les récompenses qu'ils ont méritées. » Après la revue, la garnison
se mit en marche sur Lyon, au nombre de six mille hommes.

Il y avait sept jours que cette révolution d'une espèce si merveilleuse, et tentée
par un seul homme, continuait son cours, lorsque *le Moniteur* apprit à la France
l'arrivée de Napoléon, par une ordonnance royale qui le mettait hors la loi, et par
une proclamation qui convoquait sur-le-champ les deux Chambres. Le lendemain,
le même journal publia que Napoléon, abandonné des siens, poursuivi par la population et les garnisons, errait dans les montagnes, et ne pouvait échapper à la

haine commune. Mais on connaissait *le Moniteur*, aussi les nouvelles de cette feuille officielle n'obtinrent pas un grand crédit. Toutefois il y eut deux opinions : l'une, celle de la masse, qui croyait au succès de Napoléon; l'autre, celle de la cour, qui méprisait un si faible ennemi, comme vingt-cinq ans auparavant elle avait méprisé la révolution. Cependant on ne put cacher longtemps l'entrée à Grenoble, ni la marche sur Lyon. En conséquence, Monsieur, le duc d'Orléans et le maréchal Macdonald, partirent en toute hâte pour cette ville... le duc d'Angoulême, le maréchal Masséna, les généraux Marchand et Duvernet, devaient fermer la retraite à Napoléon; sur ses flancs se trouvait le général Lecourbe. Le maréchal Oudinot s'avançait à la tête de ses invincibles grenadiers; tout le Midi était levé. Enfin, le 11 mars, on annonça à Paris que Bonaparte avait été complétement battu du côté de Bourgoing. Cependant il avait occupé Bourgoing le 9, sans coup férir, et le 10, à sept heures du soir, il était entré à Lyon à la tête de l'armée envoyée pour le combattre. Descendu à l'archevêché, que venait de quitter Monsieur, il n'avait pas voulu d'autre garde que la garde nationale à pied; celle à cheval s'étant présentée : « Nos institutions, lui dit-il, ne reconnaissent pas de « gardes nationales à cheval; d'ailleurs, vous vous êtes si mal conduits avec le « comte d'Artois, que je ne veux point de vous. » En effet, de tous les nobles dont cette garde était presque entièrement composée, un seul avait suivi le prince jusqu'à ce que sa personne fût hors de tout danger. Napoléon le fit appeler : « Je « n'ai jamais laissé, lui dit-il, une bonne action sans récompense : je vous donne « la croix de la Légion d'honneur. »

Pendant que Napoléon recevait à Lyon, de toutes les divisions militaires de l'Est, les assurances les plus positives de leur retour à son drapeau, le roi recevait chaque jour, des autres points de la France, une foule d'adresses qui lui portaient, au nom des généraux et des troupes, le vœu de mourir pour le défendre.

En écrivant de Lyon à son frère Joseph, Napoléon l'avait chargé de faire déclarer à la Russie et à l'Autriche, ainsi qu'aux autres puissances, qu'il voulait tenir loyalement le traité de Paris. Les paroles qu'il dit alors aux autorités retentirent dans toute la France : ..... *J'ai été entraîné par la force des événements dans une fausse route; mais, instruit par l'expérience, j'ai abjuré cet amour de la gloire, si naturel aux Français, qui a eu pour la France et pour moi tant de funestes résultats..... Je me suis trompé en croyant que le temps était venu de rendre la France le chef-lieu d'un grand empire.* Cet abjuration de l'esprit de conquête était sincère de la part de Napoléon, prêt à jurer le traité de Paris. Ce fut aussi à Lyon que, naturellement entraîné à ce parti par le triomphe politique et militaire qui l'avait porté du golfe Juan, à travers la ville de Grenoble, dans la seconde ville de France, au milieu d'une population dont à chaque moment l'exaltation l'enivrait lui-même, Napoléon reprit la souveraineté et dicta plusieurs décrets d'une haute importance, mais non pas tous marqués du même caractère d'à-propos. Le premier de ces décrets prononçait la dissolution des deux Chambres, et ordonnait la réunion *à Paris*, en assemblée extraordinaire du *Champ-de-Mai*, des colléges électoraux de l'empire, soit *pour corriger nos institutions*, soit pour assister aux couronnement de l'impératrice et du roi de Rome. Un autre décret rétablissait contre les émigrés non rayés, rentrés en France depuis le 1er janvier 1814, la législation des assemblées nationales, et il frappait leurs biens de séquestre.

Le général Bertrand et le duc de Bassano refusèrent avec raison d'apposer leurs signatures à ces décrets. *Je ne signerai point*, disait Bertrand, à Lyon; *ce n'est pas ce que l'Empereur nous a promis.* Et, en effet, Napoléon venait de dire aux magistrats de Grenoble : « Je veux être moins le souverain de la France, que son « premier et son meilleur citoyen. »

Le gouvernement royal avait envoyé le maréchal Ney se mettre à la tête d'une armée à Lons-le-Saulnier : Napoléon chargea le général Bertrand de lui écrire l'état des choses, en le rendant responsable de la guerre civile, s'il ne faisait pas sa soumission. *Flattez-le*, disait l'Empereur, *mais ne le caressez pas trop; il croirait que je le crains, et se ferait prier.* Cependant, grâce à la renommée, la révolution était déjà faite dans l'armée du maréchal : elle n'avait qu'un cri, celui de marcher à Lyon, non pour combattre Napoléon, mais pour le suivre. La défection s'était mise dans plusieurs de ses régiments; et, entraîné par son armée hors du parti du roi, qu'il ne pouvait plus défendre, le malheureux maréchal adressa, le 13 mars, à ses soldats, l'ordre du jour suivant :

« La cause des Bourbons est à jamais perdue. La dynastie que la nation fran« çaise a adoptée va remonter sur le trône... Soldats! *les temps ne sont plus où*

« *l'on gouvernait les peuples en étouffant tous leurs droits. La liberté triomphe* « *enfin, et Napoléon, notre auguste Empereur, va l'affermir à jamais...* » Tel était l'esprit de l'armée; le maréchal n'en était que l'organe.

Rassuré par la déclaration de cette armée, Napoléon alla au-devant d'elle à Auxerre, où, le 18, il embrassa le maréchal. Là, malgré l'ordonnance qui enjoignait *de lui courir sus*, et les projets sinistres qu'on lui annonçait contre sa personne, Napoléon se mêlait au milieu de la foule avec l'abandon de la plus entière confiance. Il comptait sur l'amour du peuple et des troupes : il ne se trompait pas. L'armée, déjà forte de quatre divisions, se mit en marche sous les yeux de l'Empereur, avec l'ordre d'être à une heure du matin dans Fontainebleau. Le 19 au soir, il était arrivé lui-même à Moret, où il s'arrêta pour attendre le retour des grand'gardes qui avaient dû fouiller la forêt, car on supposait que l'armée du duc de Berry occupait les hauteurs d'Essonne. Essonne avait été fatal à Napoléon ; il ne pouvait l'oublier en revenant à Fontainebleau. Il entra dans cette résidence à quatre heures du matin, et revit sans émotion apparente ce théâtre de son abdication, qu'il ne regardait plus que comme une aventure rayée de sa vie. En effet, le départ du roi, qui monta en voiture à minuit, lui ouvrait Paris ; et, au lieu d'être gardé à Fontainebleau, ainsi qu'en 1814, au milieu de trente mille Français, par deux cent mille étrangers, il marchait vers la capitale, accompagné du peuple et de l'armée.

Jamais faveur de la fortune ne dut avoir tant de prix pour Napoléon, elle pouvait effacer à ses yeux l'adversité dont elle était sortie; mais ce grand souvenir rendit nécessairement plus douloureuse la lente agonie de Sainte-Hélène. En regard de ce brillant retour de prospérité, qui faisait saluer encore du nom d'*Empereur* le captif de Fontainebleau, le fugitif de l'île d'Elbe, pendant cette même nuit, une scène à laquelle l'infortune et l'impuissance donnèrent aussi un touchant caractère, s'était accomplie à Paris. Après vingt-cinq ans d'absence et dix mois de règne, Louis XVIII, vieux et infirme, reprenait la route de l'exil, appuyé sur les anciens compagnons qui l'y avaient déjà suivi; et, avant de quitter ce palais de ses pères, témoin de tant d'événements, il n'avait reçu que de timides adieux. Il avait pu entendre les acclamations de la France proclamant Napoléon ; il avait vu revenir tout seuls, de l'armée qui devait arrêter le conquérant, son propre frère et les princes de son sang, réduits comme lui à aller, avec quelques serviteurs, chercher encore un asile sur la terre étrangère.

Cependant le congrès de Vienne publiait, dès le 13 mars, une déclaration qui renouvelait l'ordonnance royale du 6. Ce manifeste, cet arrêt commun de toutes les puissances, devint pour elles un nouveau lien. La nécessité réunit tout à coup ceux que l'intérêt avait déjà divisés. L'entreprise trop prématurée de Napoléon resserra le faisceau des cabinets, qui allait, dit-on, se briser. On parlait d'une convention secrète qui unissait l'Angleterre, l'Autriche et la France avec tous leurs alliés, contre la Russie et la Prusse. L'apparition subite de *l'ennemi commun*, l'effrayant succès de sa marche triomphale d'Antibes à Paris, l'espoir attaché à son retour par la France et l'armée, rapprochèrent soudain les politiques de Vienne, effrayés du murmure des âmes qu'on s'était partagées au nom de l'indépendance des nations !

CHAPITRE XLV

1815

Arrivée de Napoléon à Paris. — Acte additionnel. — Champ de Mai. — Départ de Napoléon pour l'armée du Nord.

Le 20 mars, à neuf heures du soir, Napoléon entra à Paris, par la barrière de Fontainebleau, avec les troupes qui avaient été placées pour le combattre à Villejuif, et il fut porté jusqu'à ses appartements sur les bras de la multitude. il se vit tout à coup entouré d'une partie de ses anciens ministres, des maréchaux, des officiers et des dames du palais : il se retrouvait en famille. Une garde improvisée, et toute composée de généraux, fut placée à sa porte. Les acclamations extérieures se prolongèrent longtemps. Paris, qui s'était éveillé capitale du royaume, s'endormit capitale d'un empire.

Napoléon dit dans ses *Mémoires*, que, la nuit même de son arrivée à Paris, il délibéra si, avec trente-cinq ou trent-six mille hommes qu'il peuvait réunir dans le Nord, il commencerait les hostilités le 1er avril, en marchant sur Bruxelles et ralliant sous les drapeaux cette armée belge qui n'attendait que son signal pour lui servir d'avant-garde. Wellington était à Vienne, Blücher à Berlin. Les forces anglaises et prussiennes étaient faibles, sans chefs et sans places fortes, disséminées sur les bords du Rhin. Mais il sacrifia au vœu général de la France, c'est-à-dire à un sentiment fondé sur la plus grave erreur, une inspiration qui seule eût assuré le succès de la téméraire entreprise qu'il venait d'exécuter. La déclaration du congrès de Vienne ne permettait ni à la France ni à Napoléon la moindre incertitude à cet égard; elle disait *qu'il ne pouvait y avoir ni paix ni trêve avec Napoléon; qu'en détruisant le seul titre légal auquel* L'EXÉCUTION *du traité de Fontainebleau se trouvait attaché, il s'était placé hors des relations civiles et sociales, qu'il s'était livré à la vindicte publique, etc...* Il fallait donc que Napoléon surprît la coalition. Rien ne l'empêchait de s'emparer de la Belgique, d'où le général Maison avait emporté d'énergiques souvenirs de l'attachement des troupes et des habitants pour la France. Napoléon, en différant, laissa l'avantage à ses ennemis du dedans et du dehors.

Dans la nuit du 20 au 21, arrivèrent les grenadiers de l'île d'Elbe. Les généraux Bertrand, Drouot, Cambronne, représentaient aux Tuileries les trophées d'un triomphe qui n'avait pas coûté une seule goutte de sang, qui avait duré vingt jours, et dont Paris était le repos et le terme! Ce triomphe était tout populaire. Aussi Napoléon, entouré de son ancienne cour, et surtout des hommes qui n'avaient presque pas quitté le palais depuis son départ, disait hautement : *Ce sont les gens désintéressés qui m'ont amené à Paris ; ce sont les sous-lieutenants et les soldats qui ont tout fait : c'est au peuple et à l'armée que je dois tout.*

Le 21, l'Empereur passa en revue toute l'armée réunie à Paris, et dont le commandement avait été donné au duc de Berri.

« Soldats! dit-il, je suis venu avec six cents hommes en France, parce que je

« comptais sur l'amour du peuple et sur le souvenir des vieux soldats. Je n'ai pas
« été trompé dans mon attente. Soldats ! je vous en remercie. La gloire de ce que
« nous venons de faire est toute au peuple et à vous. La mienne se réduit à vous
« avoir connus et appréciés... »

Au moment où le général Cambronne et les officiers du bataillon de l'île d'Elbe parurent avec les anciennes aigles de la garde, il reprit la parole et dit :

« Soldats ! voilà les officiers du bataillon qui m'a accompagné dans mon mal-
« heur : ils sont tous mes amis ; ils étaient chers à mon cœur. Toutes les fois que
« je les voyais, ils me représentaient les différents régiments de l'armée. Dans
« mes six cents braves, il y a des hommes de tous les régiments ; tous me rappe-
« laient ces grandes journées dont le souvenir m'est si cher : car tous sont cou-
« verts d'honorables cicatrices reçues à ces batailles mémorables. En les aimant,
« c'est vous tous, soldats de l'armée française, que j'aimais. Ils vous rapportent
« ces aigles ; qu'elles vous servent de ralliement : en les donnant à la garde, je
« les donne à toute l'armée. La trahison et des circonstances malheureuses les
« avaient couvertes d'un voile funèbre ; mais, grâce au peuple français et à vous,
« elles reparaissent resplendissantes de toute leur gloire. Jurez qu'elles se trouve-
« ront toujours et partout où l'intérêt de la patrie les appellera ; que les traîtres
« et ceux qui voudraient envahir notre territoire n'en puissent jamais soutenir les
« regards ! »

Le roi et sa famille avaient quitté Lille pour se rendre à Gand. Le duc de Bourbon, après avoir inutilement cherché à soulever la Vendée, s'était embarqué le 22 mars au Pont-de-Cé, sur la Loire. Il ne restait plus en France que le duc et la duchesse d'Angoulême. La princesse se trouvait à Bordeaux, et le prince à Toulouse. MADAME, animée d'un courage viril, essaya de défendre la première de ces cités, et fut réduite enfin à se retirer sur un vaisseau anglais. De son côté, le duc d'Angoulême voulait entraîner le Midi, à la tête de douze mille hommes de ligne ou de gardes nationales. La guerre civile régnait en Provence et en Languedoc. Le prince avait demandé des secours aux Sardes et aux Suisses. Il marchait avec deux corps d'armée : l'un sous ses ordres, l'autre sous ceux du général Ernouf. Bientôt ce prince se vit, par les mouvements rapides des troupes impériales, renfermé entre la Drôme, le Rhône, la Durance et les montagnes. Il pouvait se sauver seul ; mais il préféra justifier la fidélité du petit nombre de braves qui l'avaient suivi, et capituler. A son lever, l'Empereur reçut la dépêche télégraphique qui transmettait cette importante nouvelle, et décida que la capitulation serait exécutée : cette loyale conduite ne devait pas être imitée par ses ennemis. Dans l'après-midi, quelques oppositions se manifestèrent autour de Napoléon. Sa mise hors la loi semblait lui commander de ne pas se dessaisir d'un otage aussi précieux. Il ordonna cependant que la capitulation fût loyalement exécutée, et il fit écrire au général Grouchy la lettre suivante :

« L'ordonnance du roi, en date du 6 mars, et la déclaration signée le 13 à Vienne
« par ses ministres, pourraient m'autoriser à traiter le duc d'Angoulême comme
« cette ordonnance et cette déclaration voulaient qu'on me traitât, moi et ma
« famille. Mais constant dans les dispositions qui m'avaient porté à ordonner que
« les membres de la famille des Bourbons pussent sortir librement de France,
« mon intention est que vous donniez des ordres pour que le duc d'Angoulême
« soit conduit à Cette, où il sera embarqué, et que vous veilliez à sa sûreté et à
« écarter de sa personne tout mauvais traitement. » Cet ordre reçut son exécution
le 9 avril : le prince mit à la voile le 16 pour l'Espagne. Le lendemain, le général
Grouchy fut nommé maréchal de l'Empire. Par sa marche rapide, Grouchy avait
détruit la guerre civile dans le Midi, comme le général Lamarque dans l'Ouest.
Enfin, la France tout entière voyait flotter le drapeau impérial ; chaque jour
apportait à Napoléon la nouvelle des progrès de sa cause parmi les habitants et
les chefs de l'armée.

Le 26 mars, l'Empereur reçut en audience solennelle les adresses des cours
judiciaires, de ses ministres et de son Conseil d'État ; elles étaient toutes patriotiques, et annonçaient assez à Napoléon qu'une grande révolution s'était opérée,
pendant l'espace qu'ils nommaient l'*interrègne*, dans les esprits de ses anciens serviteurs. Le Conseil d'État surtout s'exprimait avec la plus noble indépendance ;
voici le début de son éloquente adresse :

« Le Conseil d'État, en reprenant ses fonctions, croit devoir faire connaître les

« principes qui sont la règle de ses opinions et de sa conduite. La souveraineté
« réside dans le peuple : il est la seule source légitime du pouvoir... » Après avoir
ainsi proclamé le dogme fondamental de la démocratie, dogme que Napoléon avait
reconnu lui-même en soumettant sa nomination à l'approbation du peuple, après
avoir parcouru les phases de la Révolution, du Consulat, de l'Empire, le Conseil
d'État démontrait que l'abdication de Napoléon, non consacrée par le vœu de la
nation, ne pouvait détruire le contrat formé entre elle et l'Empereur, et que
Napoléon n'était pas libre de sacrifier les droits de son fils. Passant ensuite à
l'établissement du gouvernement royal, il disait que la constitution décrétée par
le Sénat n'avait pas été soumise à l'acceptation du peuple ; *que le roi avait accordé
volontairement, et par le libre exercice de son autorité royale, une charte constitutionnelle appelée ordonnance de réformation;* que cette charte n'avait eu d'autre
sanction que la lecture qui en avait été faite devant une nouvelle Chambre des
députés ; que la présence des armées ennemies avait imprimé un caractère de
violence à la publication de ces actes... « L'Empereur, ajoutait le Conseil d'État,
« est appelé à *garantir de nouveau par des institutions* (et il en a pris l'engage-
« ment dans ses proclamations à la nation et à l'armée) tous les principes libé-
« raux : la liberté individuelle et l'égalité des droits, la liberté de la presse et
« l'abolition de la censure, la liberté des cultes, le vote des contributions et des
« lois par les représentants de la nation légalement élus, le maintien des pro-
« priétés nationales de toute origine, l'indépendance et l'inamovibilité des tribu-
« naux, la responsabilité des ministres et de tous les agents du pouvoir. Pour
« mieux consacrer les droits et les obligations du peuple et du monarque, les
« institutions nationales doivent être revues dans une grande assemblée des
« représentants déjà annoncée par l'Empereur... » Cette adresse ne semblait plus
émaner de l'ancien Conseil d'État de l'Empire ; et bien qu'à cette époque sa composition n'eût pas éprouvé de changement, il renfermait parmi ses membres
beaucoup d'hommes qui saisissaient avec joie une grande occasion de rentrer dans
un ordre constitutionnel.

L'Empereur répondit :

« Les princes sont les premiers citoyens de l'État : *leur autorité est plus ou
« moins étendue, selon l'intérêt des nations qu'ils gouvernent.* La souveraineté
« elle-même n'est héréditaire que parce que l'intérêt des peuples l'exige. Hors de
« ces principes, je ne connais pas de légitimité. J'ai renoncé aux idées du grand
« empire dont, depuis quinze ans, je n'avais encore posé que les bases. Désormais
« le bonheur et la consolidation de l'Empire français seront l'objet de toutes mes
« pensées... » C'était parler en monarque et non en réformateur, comme le
demandait le Conseil. On désirait une autre constitution : Napoléon préparait un
acte additionnel aux constitutions de l'Empire.

L'Ouest, que l'on n'avait pu soulever, le Midi, soumis si rapidement, rendaient à l'heureux Napoléon la France disposée à rentrer avec enthousiasme, encore au nom de la liberté et de l'indépendance nationale, dans la carrière des armes; mais pour se donner tout entière, elle attendait le manifeste de sa régénération politique de la même bouche qui, au golfe Juan, avait proclamé sa délivrance; elle l'attendait de celui qui venait de la mettre en péril, et qu'elle voulait sauver comme elle-même. Par une fatalité, ou plutôt par un aveuglement inconcevable, au lieu de la proclamation solennelle des garanties complètes qui étaient dues à la nation, Napoléon s'obstina à publier, malgré les plus notables oppositions, malgré les vives résistances de ses anciens serviteurs et de ses plus fidèles ministres, L'ACTE ADDITIONNEL AUX CONSTITUTIONS DE L'EMPIRE. Cette promulgation frappa de stupeur la capitale, et apprit à la France que le retour de l'île d'Elbe lui ramenait Napoléon tout entier, et non un empereur converti à la liberté par ces méditations profondes qui inspirent de grandes résolutions à un grand caractère. Le soulèvement général de l'opinion, si cruellement désabusée par un acte supplémentaire qui supposait le maintien des institutions du pouvoir absolu, fut mortel pour Napoléon. Les véritables amis de la liberté légale avaient salué avec transport le dictateur de la patrie en danger; ils jugèrent qu'ils étaient trompés : ils se retirèrent désabusés et mécontents. Dès ce jour, il n'y eut plus à opposer à la crise terrible dont l'Europe menaçait la France qu'une armée et non une nation.

Cependant, le 25 mars, les quatre grandes puissances avaient pris, dans un traité, l'engagement de ne déposer les armes qu'après avoir mis Napoléon hors d'état de troubler à l'avenir la paix de l'Europe. De son côté, le 29 du même mois, il avait renvoyé l'examen de la déclaration de Vienne à une commission composée des présidents de son Conseil d'État : il en était résulté une réfutation qui, par l'énergie du style, le rapprochement des faits et la vigueur du raisonnement, ne laissa pas longtemps méconnaître son auteur : Napoléon répondait lui-même à l'Europe. Cette pièce, d'une haute importance, restera comme une des plus habiles et des plus éloquentes qui soient sorties de la plume d'un homme d'État, et comme un des documents les plus curieux de l'histoire. Malgré l'échange de ces hostilités écrites, Napoléon crut pouvoir reprendre des relations, soit avec la Russie, soit avec l'Autriche. Un traité secret entre la France, l'Autriche et l'Angleterre pour défendre la Saxe du démembrement dont la Russie et la Prusse la menaçaient, avait été oublié dans le cabinet du ministre des affaires étrangères au départ du roi. A l'arrivée de Napoléon à Paris, les ministres d'Autriche et de Russie étaient encore dans la capitale. Napoléon pensa que la communication de ce traité secret au ministre de la Russie détacherait cette puissance des intérêts de la maison de Bourbon et jetterait la discorde dans le congrès de Vienne. En conséquence, on montra ce traité à M. de Boudouskim; d'autres démarches furent faites auprès de l'empereur Alexandre, et quelques ouvertures au cabinet de

Londres. Après ces tentatives préliminaires dont aucune n'atteignit son but, Napoléon, pour répondre aussi par une déclaration à celle du congrès de Vienne, écrivit le 4 avril aux princes de l'Europe. Sa lettre était ainsi conçue :

« Monsieur mon frère,

« Vous aurez appris dans le cours du mois dernier mon retour sur les côtes de
« France, mon entrée à Paris et le départ de la famille des Bourbons. La véritable
« nature de ces événements doit être maintenant connue de Votre Majesté ; ils
« sont l'ouvrage d'une irrésistible puissance, l'ouvrage et la volonté unanime
« d'une grande nation qui connaît ses devoirs et ses droits. L'attente qui m'avait
« décidé au plus grand des sacrifices avait été trompée. Je suis venu, et du point
« où j'ai touché le rivage, l'amour de mes peuples m'a porté jusqu'au sein de ma
« capitale. Le premier besoin de mon cœur est de payer tant d'affection par une
« honorable tranquillité. Le rétablissement du trône impérial étant nécessaire au
« bonheur des Français, ma plus douce pensée est de le rendre en même temps
« utile à l'affermissement du repos de l'Europe. Assez de gloire a illustré tour à
« tour les drapeaux des diverses nations. Les vicissitudes du sort ont assez fait
« succéder de grands revers à de grands succès. Une plus belle arène est aujour-
« d'hui ouverte aux souverains, et je suis le premier à y descendre. Après avoir
« présenté au monde le spectacle des grands combats, il sera plus doux de ne
« connaître désormais d'autre rivalité que celle des avantages de la paix, d'autre
« lutte que la lutte sainte de la félicité des peuples. La France se plaît à proclamer
« avec franchise ce noble but de tous ses vœux. Jalouse de son indépendance, le
« principe invariable de sa politique sera le *respect le plus absolu pour l'indépen-*
« *dance des autres nations*. Si tels sont, comme j'en ai l'heureuse confiance, les
« sentiments personnels de Votre Majesté, le calme général est assuré pour long-
« temps, et la justice, assise aux confins des États, suffit seule pour en garder
« les frontières. »

Cette lettre de Napoléon, jurant à la face du monde le respect le plus absolu pour l'indépendance des autres nations, contrariait trop fortement les plans formés contre cette indépendance par les puissances alliées, alors occupées du projet de se partager l'Europe comme une proie : aussi ne fut-elle point accueillie des cabinets étrangers, qui, se craignant mutuellement, avaient fermé toutes les avenues à des communications avec le gouvernement français. Malgré ce rigoureux interdit, Napoléon renouvela ses démarches auprès de la cour de Vienne ; il fit même sonder le prince de Talleyrand, son ancien ministre, alors plénipotentiaire du roi de France au congrès : datées de Bruxelles, cette lettre, ces démarches ne fussent pas restées sans réponse.

Persuadé que le glaive devait mettre désormais son poids dans la balance de ses destinées, et qu'une victoire éclatante pouvait seule faire de sa nouvelle adoption par la France un titre tout-puissant aux yeux de l'Europe, Napoléon ne négligeait aucun moyen pour assurer le succès de sa cause. Éclairé par l'expérience, il s'attachait à acquérir de la popularité, levier d'une force incalculable dans des positions semblables à la sienne. C'est ainsi qu'il parcourut seul les rangs de la garde nationale, malgré les craintes qu'on avait cherché à lui inspirer, et cette confiance excita un enthousiasme universel; en même temps, il cimentait habile-

ment l'alliance des citoyens avec la garde impériale, par un banquet de quinze cents couverts que ces vieux soldats donnèrent au Champ de Mars à la garde nationale. En même temps, sept armées se formaient sous les noms d'armée du Nord, de la Moselle, du Rhin, du Jura, des Alpes, des Pyrénées; l'armée de réserve se réunissait à Paris et à Laon. Cent cinquante batteries étaient dressées; on allait placer trois cents bouches à feu sur les hauteurs de Paris; les corps francs et les partisans s'organisaient; la levée en masse de sept départements frontières du Nord et de l'Est se préparait. Toutes les villes étaient fortifiées jusque dans le centre de la France; tous les défilés gardés, tous les passages retranchés : les redoutes, les ouvrages de campagne s'élevaient partout où il y avait un obstacle à défendre, une issue à fermer, une route à protéger. La France était comme une citadelle prête à soutenir l'assaut de l'Europe.

De quatre-vingt mille hommes, l'armée se trouva portée à deux cent mille. Dix mille soldats d'élite entrèrent dans les rangs de la vieille garde, les braves marins immortalisés à Lutzen et à Bautzen composèrent un corps de dix-huit mille hommes. La grosse cavalerie fut remontée par dix mille chevaux de la gendarmerie ; trente mille officiers, sous-officiers et soldats, en réforme ou en retraite, s'offrirent pour les garnisons des places fortes. Enfin, la garde nationale de France, réorganisée en trois cent trente bataillons, présentant une masse de deux millions deux cent cinquante mille hommes ; et quinze cents compagnies de chasseurs et de grenadiers de cette garde, formant cent quatre-vingt mille hommes, furent mises à la disposition du ministre de la guerre. Les ouvriers de Paris fabriquèrent quinze cents fusils, et ensuite trois mille par jour : on eut bientôt pris toutes les mesures nécessaires pour assurer l'habillement des troupes. Au 1er juin, quarante-six mille chevaux étaient en ligne ou dans les dépôts ; l'artillerie en comptait en outre dix-huit mille ; la Trésorerie payait comptant toutes ces fournitures ; la solde des troupes était alignée sans que le payement des rentes et des pensions ni aucun service public éprouvassent de retard : le génie et l'infatigable activité de Napoléon enfantaient toutes ces ressources comme par enchantement ; à la vérité, l'élan national le secondait partout.

Si Napoléon n'avait voulu être que le dictateur de la France en péril, la liberté serait sortie triomphante de toutes ses ruines ; je n'en veux pour preuve que ce qui se passait dans l'Est de la France, dans les provinces de montagnes, dont la nature sauvage est en rapport avec les sentiments austères du patriotisme : leurs habitants firent éclater de nouveau l'enthousiasme et les efforts qui les avaient illustrés pour la cause de la liberté. Il y eut dans les Thermopyles des Vosges et du Jura beaucoup d'exemples de dévouements antiques ; en Alsace, en Franche-Comté, beaucoup de femmes, beaucoup de mères, dignes de Rome et de Sparte, excitaient leurs maris et leurs enfants à prendre les armes. Napoléon avait au fond du cœur la persuasion de la nécessité d'une alliance intime avec la nation, et il ne fallait peut-être qu'une conviction forte et une voix courageuse pour le déterminer à suivre son impulsion secrète. Mais, n'ayant autour de lui aucun homme vraiment populaire, nourrissant d'ailleurs d'anciennes et profondes préventions contre la force entraînante des masses, il n'osa point adopter le parti que sa raison jugeait indispensable comme le seul moyen de salut. Il eut peur du peuple, il s'inquiéta pour sa couronne, quand, le 12 mai, il entendit le langage austère des fédérés des faubourgs Saint-Antoine et Saint-Marceau, et leurs acclamations à son passage dans leurs rangs ne dissipèrent pas ses craintes : voilà comment une armée qu'il aurait pu composer au sein de la capitale, avec les robustes enfants du travail, presque tous éprouvés dans les immortelles campagnes de la République, ne devint entre ses mains qu'un secours faible et borné.

L'agitation des clubs qu'il avait fait rouvrir à Paris, et que Fouché, tout en faisant semblant de les protéger, craignait comme un apostat tremble au souvenir de la religion qu'il a quittée, vint encore fortifier cette disposition de l'Empereur, qui eut des conséquences funestes. En effet, les fédérations bretonne, bourguignonne, lyonnaise, angevine, alsacienne, se formèrent vainement sous les plus rigoureux serments, au bruit des chants populaires ; elles ne trouvèrent pas leurs places dans le grand système de la défense générale, dont la nation, ainsi fédérée, eût été l'arme invincible. Inquiet de l'aspect, de l'ardeur de ces fédérations, auxquelles ressemblaient toutes les autres insurrections volontaires des campagnes, Napoléon parut également redouter, en les acceptant, de voir renaître cette force morale qui, après avoir fait lever tout un peuple sous les drapeaux d'un chef pour défendre son indépendance contre l'étranger, se tient encore debout après la victoire pour défendre aussi contre ce même chef les libertés de la patrie. Il jugea les fédérés ; et, ne voulant pas en faire des citoyens, il en fit des-mécontents. Sans doute, Napoléon était bien grand à la tête de la glorieuse armée qui vint ressusciter sous ses aigles ; mais la France entière se levant contre l'Europe entière sous un pareil dictateur, était plus grande encore. Napoléon et l'armée pouvaient succomber dans une lutte avec l'Europe ; Napoléon et la France étaient invincibles.

Le 16 avril, cent coups de canon annoncèrent à la capitale que le drapeau tricolore flottait à Marseille, à Antibes et Draguignan. Le maréchal Masséna, qui commandait cette division militaire, avait eu son gouvernement envahi le premier par Napoléon, et ce fut le dernier qui reconnut l'autorité de l'Empereur. Le 12 avril, là maréchal rendait compte des retards que la présence du duc d'Angoulême avait apportés à la soumission de Toulon et de Marseille. Toulon, que le prince voulait mettre en dépôt entre les mains des Anglais, n'avait arboré que le 11 les couleurs nationales. Pour contre-poids à cette heureuse nouvelle, on apprit par des lettres interceptées que le duc de Wellington avait quitté Vienne le 25 mars, que le roi de Prusse retournait le 30 à Berlin, que les empereurs d'Autriche et de Russie partaient le 1ᵉʳ avril pour le quartier général de Francfort.

Tandis que tout se préparait à la guerre au delà du Rhin et en France, l'Italie aussi était devenue le théâtre d'un événement qui, en dérangeant les combinaisons de Napoléon, donna tout à coup à la coalition un avantage inespéré. Joachim Murat, qui avait abandonné son bienfaiteur en 1814, et qui, en récompense de cet abandon, avait conservé sa couronne, était au moment d'être reconnu par l'Angleterre elle-même, comme l'avait été Bernadotte ; ce même Joachim, cédant tout à coup à une sorte de remords, venait de reprendre les armes. Au lieu d'attendre le signal de Napoléon pour marcher, et de ne pas tromper une seconde fois sa confiance par une tentative qui les perdrait tous deux, il était venu attaquer les Autrichiens à la tête de cinquante mille hommes, et était entré dans Florence le 6 avril. Les Autrichiens, surpris, furent obligés de se replier depuis Césanne jusqu'aux rives du Pô ; mais les généraux Bianchi et Neipperg, combinant leurs mouvements, reprirent à leur tour l'offensive, chassèrent bientôt devant eux les bandes napolitaines, et, le 2 et le 3 mai, leur firent essuyer une déroute complète dans la Marche d'Ancône, à Tolentino et à Macerata.

Dès qu'il apprit la téméraire levée de boucliers de son beau-frère, Napoléon lui envoya un de ses meilleurs officiers généraux pour diriger les opérations de son armée ; mais quand le général Belliard arriva, il n'était plus temps. Un mois avait suffi pour détruire l'armée de Joachim. Vainement sa bouillante ardeur, excitée encore par son désespoir, l'avait vingt fois précipité au milieu des rangs ennemis pour chercher la mort : « Je n'ai pu mourir, madame ! » dit-il à la reine, en revenant à Naples le 18. Son trône avait disparu. Le 19, il nomma des plénipotentiaires pour traiter avec le vainqueur, afin d'arrêter une inutile effusion de sang ; et après avoir comblé de largesses ceux qui lui étaient attachés, il se jeta dans un bâtiment de commerce qui fit voile pour la Provence, où il débarqua le 28, sur la même plage qui avait reçu le souverain de l'île d'Elbe. La reine Caroline, restée seule, se montra la digne sœur de Napoléon : elle déploya un courage égal à une adversité qu'elle avait vainement prédite. Cette princesse, qui méritait un meilleur sort, stipula avec les Anglais son départ de Naples, et le transport de toute sa famille dans le port de Trieste.

Cette funeste catastrophe enleva à Napoléon l'appui de l'Italie. L'ineptie des conseillers de Joachim abusa de la présomption naturelle de ce prince et causa sa perte. Aussitôt débarqué, Joachim envoya un courrier au duc d'Otrante, pour informer l'Empereur de son arrivée et lui offrir son bras. Napoléon se serait vengé noblement en le faisant combattre avec lui pour l'aider à reconquérir le trône; mais il était dit que son ancien lieutenant ne devait pas mourir sous les aigles françaises.

Cependant un second manifeste, publié à Vienne le 12 mai, annonçait l'orage qui menaçait la France. Les alliés avaient déjà pourvu à tous les moyens d'attaque. Depuis les Tartares jusqu'aux Napolitains, tout se trouvait sous les armes : le rendez-vous était encore Paris! le mot d'ordre : Mort a Napoléon !

Le 1ᵉʳ juin, Napoléon ouvrit le Champ de Mai; cette solennité politique rappelait aux citoyens le serment de la première fédération. Ce rapprochement n'échappa à personne : l'amour de la liberté vivait dans tous les cœurs, mais il n'éclata pas avec des transports fréquents et spontanés, comme en 1790, à cette époque de jeunesse et d'enthousiasme où toutes les imaginations, enflammées d'espérance par les magnifiques promesses du présent, s'élançaient vers l'avenir prochain d'un bonheur inconnu jusqu'alors aux nations. Pourtant Napoléon, son génie, sa gloire, sa présence, et les merveilles qu'on en attendait, ne pouvaient manquer d'exercer encore un ascendant magique sur les Français; du haut de son trône, élevé devant la façade de l'École militaire, il fit entendre, en réponse à l'orateur des corps électoraux, un discours qui était une reconnaissance éclatante de la souveraineté nationale :

« Empereur, consul, soldat, je tiens tout du peuple ; dans la prospérité, dans « l'adversité, sur le champ de bataille, au conseil, sur le trône, dans l'exil, la « France a été l'objet unique et constant de mes pensées et de mes actions. « Comme le roi d'Athènes, je me suis sacrifié pour mon peuple, dans l'espoir de « voir se réaliser la promesse donnée de conserver à la France son intégrité « naturelle, ses honneurs et ses droits. L'indignation de voir ces droits sacrés, « acquis par vingt-cinq années de victoires, méconnus et perdus à jamais, le cri de « l'honneur français flétri, les vœux de la nation, m'ont ramené sur le trône qui « m'est cher, parce qu'il est le *palladium* de l'indépendance, de l'honneur et des « droits du peuple.

« Français! en traversant, au milieu de l'allégresse publique, les diverses « provinces de l'Empire pour arriver dans ma capitale, j'ai dû compter sur une « longue paix; les nations sont liées par les traités conclus par leurs gouverne-« ments, quels qu'ils soient. Ma pensée se portait alors tout entière sur les « moyens de fonder notre liberté par une constitution conforme à la volonté et à « l'intérêt du peuple. J'ai convoqué le Champ de Mai. Je ne tardai pas à apprendre « que les princes qui ont méconnu tous les principes, froissé l'opinion et les plus « chers intérêts de tant de peuples, veulent nous faire la guerre. Il méditent d'ac-« croître le royaume des Pays-Bas, de lui donner pour barrières toutes nos places « frontières du Nord, et de concilier les différends qui les divisent encore, en se « partageant la Lorraine et l'Alsace. Il a fallu se préparer à la guerre. Cependant, « devant courir personnellement les hasards des combats, ma première sollicitude « a dû être de constituer sans retard la nation. Le peuple a accepté l'acte que je « lui ai présenté.

« Français! lorsque nous aurons repoussé ces injustes agressions, et que l'Eu-
« rope sera convaincue de ce qu'on doit aux droits et à l'indépendance de vingt-
« huit millions de Français, une loi solennelle, faite dans les formes voulues par
« l'acte constitutionnel, réunira les différentes dispositions de nos constitutions
« aujourd'hui éparses.

« Français! vous allez retourner dans vos départements. Dites aux citoyens que
« les circonstances sont grandes!!! qu'avec de l'union, de l'énergie et de la per-
« sévérance, nous sortirons vainqueurs de cette lutte d'un grand peuple contre
« ses oppresseurs; que les générations à venir scruteront sévèrement notre con-
« duite, qu'une nation a tout perdu quand elle a perdu l'indépendance. Dites-leur
« que les rois étrangers que j'ai élevés sur le trône, ou qui me doivent la con-
« servation de leur couronne, qui tous, au temps de ma prospérité, ont brigué
« mon alliance, dirigent aujourd'hui tous leurs coups contre ma personne. Si je
« ne voyais que c'est à la patrie qu'ils en veulent, je mettrais à leur merci cette
« existence contre laquelle ils se montrent si acharnés. Mais dites aussi aux
« citoyens que, tant que les Français me conserveront les sentiments d'amour
« dont ils me donnent tant de preuves, cette rage de nos ennemis sera impuis-
« sante.

« Français! ma volonté est celle du peuple : mes droits sont les siens; mon
« honneur, ma gloire, mon bonheur, ne peuvent être autres que l'honneur, la
« gloire et le bonheur de la France. »

Après ce discours, prononcé d'une voix ferme, aux applaudissements unanimes des spectateurs, l'orateur des corps électoraux proclama le résultat général des scrutins ouverts dans toute la France pour l'acceptation de l'Acte additionnel. Alors Napoléon, descendant les degrés de son trône, se rendit à un autel immense que l'on avait construit au milieu du Champ de Mars, et là, de même que Louis XVI en 1790, il prêta sur l'Évangile son serment de fidélité à la nouvelle Constitution. Ainsi soumis à un engagement sacré, l'Empereur reçut à son tour le serment du peuple par la députation électorale; celui des armées, par le ministre de la guerre et de la marine; celui des gardes nationales, par le ministre de l'intérieur; et enfin il distribua lui-même les aigles à la garde nationale de Paris et à la garde impériale. *Jurez de les défendre!* leur dit-il; elles répon-dirent : *Nous le jurons!* Le cri de : *Vive l'Empereur!* retentit tout à coup dans l'assemblée et dans le Champ de Mars, et fut au loin répété par la foule. Le troupes défilèrent devant Napoléon. Les habitants de Paris ne pouvaient se rassasier de voir ces bataillons sacrés de la vieille et de la jeune garde, où la croix d'honneur désignait à la reconnaissance publique des rangs entiers de soldats. On se pressait autour d'eux, on les saluait, on les admirait. Ces derniers gardes de Napoléon emportaient avec eux tous les souvenirs de la gloire militaire, de sa liberté et de l'Empire. Leur attitude, toujours héroïque, était pourtant silencieuse : ils avaient l'air de savoir tous qu'ils marchaient à un sacrifice qui ne devait ni sauver l'Empire, ni conquérir la liberté.

L'Empereur fit l'ouverture des Chambres le 7 juin.

Quelques jours après, la Chambre des pairs et la Chambre des représentants furent admises à apporter leurs adresses au pied du trône.

L'Empereur répondit à ces deux adresses avec une haute dignité et une noble indépendance.

Il dit aux pairs :

« La lutte dans laquelle nous sommes engagés est sérieuse. L'entraînement de
« la prospérité n'est pas le danger qui nous menace aujourd'hui. C'est sous les
« Fourches Caudines que les étrangers veulent nous faire passer. C'est dans les
« temps difficiles que les grandes nations, comme les grands hommes, déploient
« toute l'énergie de leur caractère et deviennent un objet d'admiration pour la
« postérité... »

Il dit aux représentants :

« La Constitution est notre point de ralliement ; elle doit être notre étoile
« polaire dans ces moments d'orage. Toute discussion publique qui tendrait à
« diminuer directement ou indirectement la confiance qu'on doit avoir dans ces
« dispositions serait un malheur pour l'État. Nous nous trouverions au milieu des
« écueils, sans boussole et sans direction. La crise où nous sommes engagés est
« forcée. N'imitons pas l'exemple du Bas-Empire, qui, pressé de tous côtés par
« les Barbares, se rendit la risée de la postérité en s'occupant de discussions
« abstraites, au moment où le bélier brisait les portes de la ville. Dans toutes les
« affaires, ma marche sera toujours droite et ferme. Aidez-moi à sauver la patrie.
« Premier représentant du peuple, j'ai contracté l'obligation, que je renouvelle,
« d'employer dans des temps plus tranquilles toutes les prérogatives de la cou-
« ronne, et le peu d'expérience que j'ai acquise, à vous seconder dans l'améliora-
« tion de nos constitutions. »

Pendant que Napoléon promettait ainsi la liberté au peuple français, et donnait à ses représentants des avis prophétiques sur le sort qui attendait la patrie si l'on ne s'unissait pas fortement pour la sauver, l'Europe était en marche. Peut-être Napoléon avait-il conservé jusqu'au mois de mai l'espoir de la paix. Dans ce court espace de temps, il avait trouvé le secret de relever l'Empire, de rallier la France, de mettre sur pied quatre cent mille soldats. Moins de trois mois avaient suffi à l'enfantement de ces prodiges, qui signaleront à l'étonnement de la postérité ce règne de cent jours. L'histoire d'aucun peuple n'offre de terme de comparaison avec cet ensemble de créations, plus surprenantes encore que le miracle de la conquête de la France en vingt jours, par le souverain de l'île d'Elbe, à la tête de mille soldats.

Napoléon n'avait plus qu'un devoir à remplir envers la nation, c'était de maintenir son indépendance menacée. Deux plans de campagne se présentaient à son esprit : l'un était *de laisser les alliés prendre tout l'odieux de l'agression et s'engager dans nos places fortes, pénétrer sous Paris et sous Lyon, et là, de commencer sur ces deux bases une guerre vive et défensive.* Les alliés, d'après l'époque fixée par eux pour le commencement des hostilités, ne pouvaient être arrivés que le 1er août dans le rayon de ces deux grandes villes, dont ils auraient trouvé le système de défense complet. Le camp retranché de Paris étant gardé par cent mille hommes, Napoléon eût manœuvré, sous la protection de ce camp, à la tête d'une armée de cent quarante mille soldats, sur les deux rives de la Seine et de la Marne ; et quand il récapitulait toutes les victoires que ses quarante mille braves avaient remportées, l'année précédente, sur des armées trois fois plus nombreuses, il ne doutait pas de vaincre, avec des forces six fois plus grandes que celles dont il disposait en 1814, les quatre cent cinquante mille étrangers, contre lesquels il devait lutter en 1815. Paris, défendu par Napoléon, par deux armées, par ses habitants, par les sept lieues de lignes fortifiées de son enceinte, pouvait résister à un million d'assaillants. L'Empereur appliqua le même calcul à la ville de Lyon, qui, également appuyée par ses deux fleuves, protégée par une armée de vingt-cinq mille hommes et par une population dès longtemps aguerrie à un siége, eût encore compté sur les talents du maréchal Suchet, ayant soixante mille hommes sous ses ordres. Ce plan, suivant lequel l'ennemi, forcé de bloquer ou d'observer près de cinquante forteresses, fût devenu trop faible contre Paris et contre Lyon, méritait sans doute la préférence, après le projet que Napoléon avait voulu exécuter dès les premiers jours de son arrivée, projet qui consistait comme je l'ai dit, à surprendre les soldats de la coalition, non dans leurs bivouacs, mais dans leurs cantonnements du Rhin et de la Belgique. La résolution d'une attaque imprévue et soudaine rejetée, Napoléon regardait le parti de rester sur la défensive comme le meilleur, mais tous les hommes appelés à avoir une opinion lui représentèrent qu'aussitôt que quelques départements seraient envahis, le découragement se mettrait partout, et que la Chambre des représentants donnerait elle-même le signal de la défection.

Contrarié dans ses idées, l'Empereur adopta alors la proposition de prévenir les alliés, qui ne pouvaient être prêts que le 15 juillet, et d'ouvrir la campagne le 15 juin. Il n'avait affaire qu'à l'armée anglo-hollandaise et à l'armée prusso-saxonne, dans un pays ami, en Belgique, dont l'armée recruterait la sienne si l'ennemi était vaincu. Il se portait alors sur l'Alsace, ralliait à son aigle victorieuse le corps de Rapp, et il allait fermer les Vosges aux armées russe et autrichienne.

Ce projet l'emporta, malgré la conviction de Napoléon. Pour comble de malheurs, la Vendée s'insurgea, et il fallut détacher vingt mille hommes de l'armée de Flandre, sous les ordres du général Lamarque, qui eut la mission de réduire les Vendéens, armés et soldés par l'Angleterre.

Ce plan de campagne arrêté, et l'ouverture des hostilités fixée au 15 juin, la garde impériale partit le 8 de Paris, à marches forcées, pour Avesnes : tous les autres corps de l'armée étaient également en mouvement vers Maubeuge et Philippeville. Dans la nuit du 11 au 12, Napoléon quitta la capitale, chargé de la responsabilité de tous les périls, et de celle, plus forte encore, de toutes les trahisons.

CHAPITRE XLVI

1815

Batailles de Ligny et de Waterloo. — Retour de Napoléon à Paris.

Wellington avait son quartier général à Bruxelles ; son armée, qui présentait une masse de cent quatre mille combattants, campait autour de Gand, de Nivelles, de Genappe et de Soignies. Blücher, à la tête de cent vingt mille hommes, était à Namur ; ses cantonnements, appuyés à la gauche des Anglais, occupaient les environs de Ham, de Charleroi et de Fleurus, rendez-vous général de ses troupes. Un bataillon, détaché à Frasnes par la brigade placée à Genappe, formait le seul point de liaison entre les deux armées. Trop faible pour les affronter à la fois, Napoléon dut adopter le parti de les battre séparément. Il avait calculé, d'après la position de Wellington et de celle de Blücher, qu'il leur fallait au moins deux jours pour faire leur jonction et agir sur le même champ de bataille ; et dès lors la possibilité d'une double victoire lui avait paru probable. Restait à choisir entre deux opérations offensives. Assaillir de front les Anglais pouvait être dangereux, et même n'aboutir, en cas de succès, qu'à amener la réunion des ennemis. Napoléon résolut d'attaquer la tête des colonnes de l'armée prussienne, de percer leur ligne à Charleroi, et d'ouvrir entre elles tout l'espace de Namur à Bruxelles. Il s'était déterminé par de puissantes raisons. « En effet, disait-il, si nous dérobons à l'ennemi le mouvement des deux corps qui doivent, de Lille et de Valenciennes, se rendre à Maubeuge, Blücher ne sera prévenu de notre approche que par l'enlèvement de Charleroi ; conséquemment, nul moyen pour lui, non-seulement de dépasser Namur, mais même d'y réunir le 16 plus de huit divisions. De son côté, Wellington, averti seulement la veille au soir du passage de la Sambre, ne pourra avoir ses troupes rassemblées que le 16 sur la fin du jour ; encore sa cavalerie n'arrivera-t-elle que la nuit suivante : ces circonstances livrent à nos coups Blücher, séparé d'une partie de ses forces. »

Napoléon avait bien exécuté ce qu'il avait bien conçu : l'armée, forte de cent vingt-deux mille quatre cents hommes, et pourvue de trois cent cinquante bouches à feu, se trouvait réunie le 14, à l'insu des Prussiens, et apprenait la présence de l'Empereur par la proclamation suivante :

« Soldats !

« C'est aujourd'hui l'anniversaire de Marengo et de Friedland, qui décida deux
« fois du destin de l'Europe. Alors comme après Austerlitz, comme après
« Wagram, nous fûmes trop généreux. Nous crûmes aux protestations et aux
« serments des princes que nous laissâmes sur le trône. Aujourd'hui, cependant,
« coalisés entre eux, ils en veulent à l'indépendance et aux droits les plus sacrés
« de la France. Ils ont commencé la plus injuste des agressions : marchons donc
« à leur rencontre ! Eux et nous ne sommes-nous plus les mêmes hommes ? Sol-
« dats ! à Iéna contre ces mêmes Prussiens, aujourd'hui si arrogants, vous étiez
« un contre deux, et à Montmirail un contre trois. Que ceux d'entre vous qui ont
« été prisonniers des Anglais vous fassent le récit des maux affreux qu'ils ont souf-
« ferts sur les pontons ! Les Saxons, les Belges, les Hanovriens, les soldats de la
« Confédération du Rhin, gémissent d'être obligés de prêter leurs bras à la cause
« des princes ennemis de la justice et des droits de tous les peuples. Ils savent
« que cette coalition est insatiable ; après avoir dévoré douze millions de Polo-
« nais, douze millions d'Italiens, un million de Saxons, six millions de Belges,
« elle devra dévorer les États du deuxième ordre de l'Allemagne. Les insensés !
« un moment de prospérité les aveugle ; l'oppression, l'humiliation du peuple
« français sont hors de leur pouvoir. S'ils entrent en France, ils y trouveront
« leur tombeau. Soldats ! nous avons des batailles à livrer, des périls à courir ;
« mais, avec de la constance, la victoire sera à nous. Les droits, l'honneur et le
« bonheur de la patrie seront reconquis ; pour tout Français qui a du cœur, le
« moment est arrivé de vaincre ou de périr. »

Tout avait réussi au gré de son attente : le 14 au soir, une sécurité parfaite régnait à Bruxelles, à Charleroi et à Namur. Blücher allait être surpris ; mais le général français Bourmont, qui commandait une division du quatrième corps, et qui n'avait été employé que sur les vives instances du général Gérard, passa à l'ennemi avec le colonel de génie Clouet et le chef d'escadron Villoutrey, écuyer de l'Empereur. Blücher profita des renseignements qu'il reçut du transfuge Bourmont, pour se rapprocher de l'armée anglaise. Napoléon, de son côté, prévoyant les changements que devait produire une révélation aussi funeste, et connaissant le caractère entreprenant de Blücher, prit de nouvelles dispositions : le 15, à la pointe du jour, l'armée française se prépara à passer la Sambre sur trois points. Avant midi, l'avant-garde du 2ᵉ corps, formée par la division du prince Jérôme, culbuta les Prussiens près de Thuin. Vers dix heures et demie du matin, l'Empereur, à la tête de sa garde, et précédé de la cavalerie du général Pajol, entra à Charleroi, abandonné par les Prussiens en retraite sur Gilly. La Sambre était franchie, et tous les corps réunis.

L'Empereur donna aussitôt au maréchal Ney, qui venait de rejoindre l'armée, le commandement de l'aile gauche, forte de trente-huit mille hommes, avec quatre-vingt-seize pièces de canon. Elle était composée des 1ᵉʳ et 2ᵉ corps, sous les ordres des généraux Reille et comte d'Erlon, et de deux divisions de cavalerie. Le prince de la Moskowa eut ordre de se rendre maître des Quatre-Bras, à cinq lieues environ en avant de Charleroi. Napoléon avait senti l'extrême importance de ce poste, point de jonction naturel de l'armée anglaise avec l'armée prussienne, établie à Fleurus, à Bry, à Saint-Amand, à Ligny et à Sombref. En effet, l'occupation des Quatre-Bras par des forces imposantes réparait le mal que la trahison avait pu causer, consommait la séparation des armées ennemies, et assurait la possession de Sombref, dont le maréchal Grouchy était chargé de s'emparer avec le 3⁰ corps. Ce dernier village, à trois lieues des Quatre-Bras, n'avait de point intermédiaire que celui de Bry; le maréchal Ney devait donc déboucher sur la route de Bruxelles, et le maréchal Grouchy sur celle de Fleurus. Napoléon comptait qu'à la nuit l'avant-garde du maréchal Ney aurait occupé les Quatre-Bras, et que, le lendemain 16, Blücher serait débordé par les deux maréchaux, tandis qu'il le presserait de front avec les autres corps.

Après ces dispositions, l'Empereur se porta sur Gilly. Le pont de Châtelet venait d'être enlevé par la tête de colonne du 4⁰ corps, qui menaçait le flanc des Prussiens de Pirsch, que le 3⁰ corps attaquait de face. Aussi ce général abandonna Gilly, et laissa pour protéger sa retraite deux bataillons formés en carré. Retardé par leur résistance, l'Empereur ordonna au général Letort de donner tête baissée sur ces carrés avec les quatre escadrons de la garde et un du 15⁰ de dragons. Les deux bataillons prussiens, bientôt enfoncés, perdirent beaucoup d'hommes et cinq pièces de canon. Mais Letort y périt, et l'armée eut à regretter un de ses plus braves généraux. Pirsch se replia sur Fleurus. A gauche, le maréchal Ney exécutait aussi son mouvement avec le 2⁰ corps, dont la division

Girard était détachée sur la droite. Il poussait l'ennemi de Gosselies, et forçait le prince de Weymar, après lui avoir pris huit cents hommes et deux pièces de canon, à lui abandonner le village de Frasnes, à une lieue des Quatre-Bras, où le prince passa la nuit avec quatre bataillons.

Le soir, Blücher n'avait pu réunir son armée. Cette opération eut lieu pendant la nuit. Quant à l'armée anglaise, elle demeurait tranquille dans ses cantonnements. Deux avis de notre attaque victorieuse ébranlèrent à peine Wellington. Enfin, surpris au bal par un troisième courrier de Blücher, qui voulait livrer bataille le lendemain, Wellington mit son armée en mouvement le 16 au matin, avec ordre de marcher sur la position des Quatre-Bras. Napoléon l'avait prévu en prescrivant la veille l'occupation de ce poste, véritable clef de la position de Blücher.

Dans le même moment, l'Empereur, à qui un officier de lanciers venait annoncer *que l'ennemi présentait des masses du côté des Quatre-Bras*, envoyait le général Flahaut dire au maréchal Ney de s'avancer avec toute l'aile gauche et de dissiper *tout ce qui venait de Bruxelles*, pendant que lui marcherait sur Fleurus, et que le maréchal Grouchy ferait son mouvement sur Sombref. A une heure, en débouchant de Fleurus, on aperçut les Prussiens en avant de Ligny, sauf les trente mille hommes du général Bulow, qui étaient en route de Liége pour rejoindre Blücher. Napoléon fut satisfait de trouver l'ennemi dans un ordre de bataille oblique : il ne doutait pas que l'aile droite prussienne, qu'il croyait débordée depuis le matin par le maréchal Ney aux Quatre-Bras, ne touchât au moment d'être enveloppée, et il fit prendre position. Ainsi Blücher venait de lui-même chercher la bataille que Napoléon et son armée brûlaient de lui livrer. Appuyée sur Bry, sur Saint-Amand, sur Ligny, l'armée prussienne présentait un front formidable. Elle comptait quatre-vingt-seize mille combattants et deux cent quatre-vingt-huit pièces de canon. Napoléon n'avait en ligne que soixante-sept mille hommes avec deux cent quatre pièces d'artillerie. Cependant, malgré cette infériorité numérique, l'Empereur, fort du sentiment unanime qui transportait son armée, ordonna l'attaque. Elle commença à trois heures et demie. Vandamme fit enlever Saint-Amand par une division, malgré une vive résistance. Cette division fut forcée de se retirer devant des forces supérieures ; bientôt elle revint secourue par une autre division, et pendant ce temps, le général Girard, détaché du 2ᵉ corps, arrêtait une colonne prussienne, Vandamme rentra dans Saint-Amand ; mais ce succès coûta la vie au général Girard.

Au centre de la ligne ennemie, Ligny était devenu le théâtre d'une action acharnée et glorieuse pour nos armes. Vers deux heures et demie, Napoléon, toujours persuadé que le maréchal Ney occupait les Quatre-Bras, lui avait envoyé un troisième ordre d'attaquer *tout ce qui était devant lui et de rabattre sur le maréchal Grouchy, afin de concourir à envelopper le corps prussien réuni entre Bry et Sombref.* Une heure après, Napoléon expédia au maréchal un quatrième ordre, ainsi conçu : « Vous devez manœuvrer sur-le-champ de manière à enve-
« lopper la droite de l'ennemi, et tomber à bras raccourci sur ses derrières. Cette
« armée est perdue si vous agissez vigoureusement. *Le sort de la France est dans*
« *vos mains*. Ainsi n'hésitez pas un instant à faire le mouvement que l'Empereur
« vous ordonne, et dirigez-vous sur les hauteurs de Bry et Saint-Amand pour con-
« courir à une victoire peut-être décisive. L'ennemi est pris en flagrant délit au
« moment où il cherche à se réunir aux Anglais. » Cet ordre fut remis au maréchal à six heures du soir par le colonel Forbin-Janson.

Dans sa route, le colonel Forbin-Janson rencontra le comte d'Erlon, qui, retardé dans sa marche, ainsi que l'avait été le maréchal Grouchy, se rendait enfin aux Quatre-Bras à la tête du premier corps ; il lui donna communication de l'ordre relatif à l'aile gauche. Le général s'était empressé de s'y conformer, et déjà la division Durutte, qui était en tête, était arrivée à la hauteur de Villers-Peruin : c'était dans le moment au Blücher renouvelait ses attaques contre Saint-Amand, défendu par Vandamme. Sur sa gauche, à Ligny, la bataille conduite par le comte Gérard était devenue terrible. Ce village fut pris et repris quatre fois, toujours avec la même valeur et la même opiniâtreté des deux côtés. Le combat se prolongeait par le nombre des troupes ennemies, et présentait une effroyable scène de carnage. Toutefois la résistance des Prussiens commençait à mollir, et l'intrépide Gérard était prêt d'enlever Ligny, quand l'apparition d'un corps signalé sur les derrières ralentit son attaque. La garde impériale, qui se portait à son secours, suspendit sa marche pour aller au-devant de la colonne inconnue. C'était le corps du comte d'Erlon. Cet incident fit perdre trois heures précieuses. Malheureusement, d'Erlon crut devoir exécuter l'ordre du maréchal Ney de se réunir à lui ; il se reploya sur Frasmes, laissant aux prises la division Durutte. Ainsi, le corps de d'Erlon ne servit ni à Napoléon ni au maréchal, car il était trop tard pour qu'il pût avec utilité rallier l'aile gauche.

En effet, il était sept heures quand Napoléon apprit qu'il devait renoncer à envelopper l'aile droite de Blücher. Alors, il résolut d'enlever la victoire en perçant la ligne de l'ennemi, qu'il avait forcé par l'attaque de Saint-Amand à dégarnir son centre. De son côté, Blücher, trompé par le mouvement rétrograde de la garde et des cuirassiers de Milhaud, avait cru à notre retraite, et il avait repris avec une violence nouvelle l'attaque sur Saint-Amand, dans le but de rapprocher sa droite vers Chestian, où il comptait s'appuyer sur les Anglais. Mais la brigade de dragons que le maréchal Ney avait laissée à Villers-Peruin se porta vivement avec la division Durutte au-devant de l'attaque de Blücher, qui se vit également arrêté par la division Gérard et par le 3ᵉ corps. Le général prussien se trouva tout à coup dans la même position que Napoléon, obligé de renoncer à l'appui de Wellington et à la jonction des trente mille hommes de Bulow, comme Napoléon devait renoncer à la coopération du maréchal Ney, occupé devant les Quatre-Bras à contenir l'armée anglaise. Blücher se borna donc à s'établir au petit Saint-Amand, et parut s'arrêter. Cependant il conservait encore une partie de Ligny. Saisissant tout à coup ce moment d'indécision de l'ennemi, l'Empereur lança les grenadiers à pied de la garde en colonne serrée par la grande route de Ligny, pendant que les grenadiers à cheval, tournant le village, prenaient en flanc la réserve prussienne. La vigueur et l'ensemble de ces deux attaques portèrent le désordre dans les rangs des Prussiens : une horrible déroute précipita leurs troupes des hauteurs de Ligny, qu'elles couvrirent de leurs débris, et qui furent tout à coup couronnées par nos soldats. Détrompé de son rêve de victoire, Blücher s'avança avec impétuosité au-devant de notre cavalerie à la tête de six escadrons, qui furent rompus par les cuirassiers de Milhaud. Lui-même eut son cheval tué, et il tomba au milieu de nos rangs; mais il dut son salut à la nuit qui survint, et l'obscurité favorisa sa retraite. Il laissa sur le champ de bataille une vingtaine de mille hommes, quarante canons et huit drapeaux : nous eûmes à regretter six mille deux cents hommes, sur lesquels la division Gérard à elle seule en perdit mille neuf cents.

Après la bataille de Ligny, l'armée prussienne, à moitié détruite et dispersée, fit sa retraite dans le plus grand désordre : le premier et le deuxième corps sur Mont-Saint-Guibert, et le troisième sur Gembloux, où il fut rejoint pendant la nuit par les trente mille hommes de Bulow. La précipitation et la fuite des ennemis, et surtout l'obscurité, nous empêchèrent de les poursuivre. De son côté, Wellington passa la nuit aux Quatre-Bras ; mais, instruit de la défaite de Blücher, il ordonna la retraite sur Bruxelles. L'Empereur l'avait prévu : il expédia le général Flahaut au maréchal Ney, avec l'ordre de suivre les Anglais, et d'occuper enfin la position de Quatre-Bras. L'Empereur avait jugé que si Wellington se retirait, il ne laisserait qu'une arrière-garde aux Quatre-Bras, et que, dans le cas contraire, il serait forcé de se replier devant l'attaque combinée du maréchal et des troupes qui allaient déboucher par la route de Namur. En effet, après avoir détaché l'aile droite, forte de cinquante mille hommes, sous les ordres du maréchal Grouchy, pour ne laisser aucun relâche à Blücher, Napoléon se porta lui-même avec soixante-cinq mille hommes, à dix heures du matin, sur Marbais, où il prit position. De ce village il expédia au maréchal Ney un nouvel ordre d'attaquer les Quatre-Bras. Un combat de tirailleurs et la marche de Napoléon mirent décidément Wellington en retraite à une heure. Le maréchal arriva aux Quatre-Bras avec le deuxième et le premier corps, et suivait toujours le général anglais, qui parut toutefois vouloir opposer une certaine résistance en avant de la forêt de Soignes. En effet, Wellington s'arrêta à Waterloo, où il établit son quartier général. L'Empereur marchait derrière le maréchal ; son armée était forte de soixante-sept mille hommes et de deux cent cinquante pièces de canon.

Napoléon comptait sur l'exécution du mouvement qu'il avait prescrit au maréchal Grouchy. Mais celui-ci, mal informé de la marche de Blücher, porta la plus grande partie de ses forces vers Gembloux, pendant que le général prussien, qui avait gagné trois heures sur lui, était déjà à Wavres. Le maréchal ne fit que deux lieues dans la journée, et remit au lendemain la poursuite de l'ennemi. Cependant ses ordres sont précis. Le maréchal doit ne pas perdre de vue les Prussiens, et rendre impossible leur jonction avec l'armée de Wellington. Qui pourrait empêcher le maréchal d'attaquer Wavres le 18 à dix heures du matin ? Ce village n'est qu'à quatre lieues de Gembloux. Cette diversion est d'autant plus importante, que tout annonce pour le lendemain une grande bataille ; Napoléon la désire, car il espère frapper un coup décisif avant que la coalition ait jeté tous ses soldats sur la France.

La coopération de Grouchy était pour Napoléon le gage du triomphe ; la seule crainte qu'il éprouvât, c'était que Wellington n'osât l'attendre dans les plaines de Waterloo ; et, la nuit, il visita les lignes des grand'gardes, pour s'assurer si l'ennemi ne lui abandonnait pas le champ de bataille. Enfin l'aurore vient dissiper ses inquiétudes ; toute l'armée anglaise est devant lui ; les rayons du soleil ont éclairci tout à coup l'atmosphère, chargée depuis quelques jours de nuages orageux.

Les troupes anglo-bataves, rangées en bataille sur la chaussée de Charleroi à Bruxelles, en avant de la forêt de Soignes, occupaient les hauteurs, depuis le plateau qui domine le château de Hougoumont jusqu'au penchant d'un autre plateau près des fermes de la Haie et de Papelotte. La position de Hougoumont, à la gauche des Anglais, devenait pour eux de la plus grande importance, car c'était par là que les Prussiens devaient les joindre. Wellington y avait jeté ses plus braves soldats; c'est sur ce point aussi que Napoléon dirige la première attaque. Jérôme, qui en est chargé, enlève le bois de Hougoumont; prise et reprise plusieurs fois, cette position reste enfin en notre pouvoir. Mais l'ennemi s'est maintenu dans le château, qu'il a crénelé avec soin, et qui renferme ses meilleures troupes; le général Reille reçoit l'ordre de mettre le feu à ce château avec une batterie d'obusiers.

A la droite, le comte d'Erlon, appuyé par une immense artillerie, se porte vers le village de Mont-Saint-Jean. Là éclate une épouvantable canonnade qui porte le ravage dans les rangs de l'infanterie anglaise et balaye le plateau. Napoléon, après avoir parcouru toute la ligne, au milieu de l'enthousiasme de ses troupes, se place sur une éminence près de la ferme de la Belle-Alliance, d'où il peut embrasser toutes les parties du champ de bataille, disposer de ses réserves, et s'élancer à leur tête partout où le danger appellera sa présence.

Napoléon allait faire attaquer le centre de l'armée anglaise par le maréchal Ney, quand il aperçut un corps de troupes sur les hauteurs de Saint-Lambert. Sont-ce les divisions que l'Empereur a envoyé demander à Grouchy pour le seconder contre Wellington? Une lettre interceptée lève bientôt tous les doutes, en apprenant que Bulow vient, avec ses trente mille hommes, occuper l'intervalle entre l'armée française et le corps de Grouchy. Mais si ce maréchal n'a pu arrêter Bulow, ou s'est laissé devancer par lui, sans doute il arrive sur ses derrières; il suit l'armée prussienne, qu'il occupera assez longtemps pour que Napoléon en finisse avec Wellington. En attendant, l'ennemi a quatre-vingt-dix mille hommes à opposer aux soixante-cinq mille hommes de Napoléon, qui est forcé de changer ses dispositions et de se priver d'une partie de sa réserve, afin d'empêcher l'attaque dont un nouvel ennemi le menace.

Domont et Suberwick, avec deux mille cinq cents hommes de cavalerie légère, sont chargés de contenir l'avant-garde de Bulow et de pousser des partis pour se mettre en communication avec le maréchal Grouchy, qu'un premier courrier a prévenu de l'arrivée de Bulow; en même temps un corps de sept mille hommes, aux ordres du comte de Lobau, va se ranger derrière la cavalerie du général Domont, pour garantir nos flancs si le mouvement de Bulow n'est pas arrêté par Grouchy. Ces dispositions prises, Napoléon ordonne au maréchal Ney d'enlever la ferme de la Haie-Sainte. Au bout d'une demi-heure, les batteries ennemies s'éloignent de la ligne, et sont remplacées par d'autres; les tirailleurs anglais se replient à leur tour; Wellington dérobe ses masses que foudroie notre artillerie, et leur cherche un abri derrière les crêtes des hauteurs. Nos troupes se portent en avant. Ney aborde la position avec son intrépidité ordinaire, et quatre-vingts pièces d'artillerie le secondent; mais la cavalerie ennemie s'élance sur l'infanterie française, qu'elle parvient à ébranler, et qui recule après avoir perdu deux aigles et plusieurs pièces de canon. Milhaud accourt avec une brigade de cuirassiers : ils couvrent de morts le champ de bataille. De son côté, l'Empereur, qui avait vu l'ébranlement de notre infanterie à droite, s'y était porté au galop et avait bientôt rétabli l'ordre. La canonnade continue avec fureur, et une nouvelle attaque nous rend maîtres de la ferme de la Haie-Sainte. Le général anglais Picton tombe mort, l'ennemi fuit en désordre, sabré par la cavalerie de l'infatigable Milhaud : la bataille est gagnée si Grouchy se présente.

En ce moment Bulow, débouchant de Saint-Lambert, se déployait devant les bois de la Parise. Trente mille Prussiens s'avançaient au secours de Wellington. « Nous avions ce matin quatre-vingt-dix chances contre une, dit l'Empereur au « duc de Dalmatie, son major-général; l'arrivée de Bulow nous en fait perdre « trente : mais nous en avons encore soixante contre quarante, si Grouchy répare « l'horrible faute qu'il a commise hier de s'arrêter à Gembloux, et s'il envoie son « détachement avec rapidité. La victoire en sera plus décisive, car le corps de « Blücher sera entièrement perdu. »

Cependant le comte de Lobau s'efforçait d'arrêter le nouvel ennemi, qui marchait droit au centre de l'armée française. Mais comment, avec deux mille cinq cents chevaux et sept mille fantassins, empêcher d'avancer les trente mille hommes de troupes fraîches que commande Bulow? Toutefois, Napoléon espère encore enfoncer le centre des Anglais avant l'arrivée des Prussiens. Pendant que le maréchal Ney se soutient au village de la Haie-Sainte, suivant l'ordre qui lui est prescrit, jusqu'à ce qu'on connaisse le résultat de l'arrivée soudaine des Prussiens, Wellington renouvelle ses attaques; ses troupes sont ramenées par notre infanterie. Alors le maréchal, sentant l'urgente nécessité de s'emparer des hauteurs, toujours occupées par l'armée anglo-hollandaise, appelle une brigade de réserve, composée des cuirassiers de Milhaud; ils s'ébranlent: bientôt le maréchal couronne le plateau avec ses troupes, dont les charges font un mal horrible aux ennemis. Cette manœuvre paraît décisive, tout le monde autour de Napoléon croit à la victoire : « *C'est trop tôt d'une heure*, dit l'Empereur; *cependant il faut soutenir ce qui est « fait.* » Voyant alors cette cavalerie exposée au feu meurtrier de la mitraille, il ordonne au comte de Valmy de l'appuyer avec deux autres divisions de cuirassiers. Entraînée par ce mouvement et par un excès d'ardeur, la division du général Guyot les suit : c'était la réserve de la garde; et Napoléon essaye en vain de la rappeler! Il était cinq heures du soir.

Le choc des trois mille cuirassiers de Kellermann et de la grosse cavalerie de la garde fut terrible; Milhaud, qui avait été obligé de se replier devant les forces supérieures de Wellington, se rallie aux nouveaux corps qui viennent le seconder; alors tous se précipitent à la fois sur ce plateau dont l'occupation doit décider de la journée. L'infanterie anglaise, assaillie avec la plus violente impétuosité, se forme en carrés qui vomissent la mitraille et la mort sur les escadrons français; ceux-ci s'élancent successivement contre ces remparts de feu, dont plusieurs sont enfin renversés : au milieu de leurs débris, une nouvelle lutte s'engage entre la cavalerie française et celle de l'ennemi, qui vole au secours de son infanterie. Vingt fois les carrés enfoncés, brisés, se reforment, vingt fois aussi les cuirassiers s'y jettent avec une fureur toujours croissante. Wellington voit s'éclaircir les rangs de son infanterie; obligé lui-même de s'enfermer dans un carré, il ne doit son salut qu'à l'immobilité de ses soldats, qui meurent à leur poste. A l'aspect de ce carnage épouvantable, il verse des larmes : « Encore quelques heures, s'écrie-t-il, pour tailler en pièces ces braves gens; plût au ciel que les Prussiens arrivent auparavant! » Mais la main de fer de nos cuirassiers continue de décimer ses bataillons; pendant deux heures ces héroïques soldats affrontent la mort; rien ne peut ralentir leurs attaques sans cesse renaissantes. Douze mille Anglais sont tombés sous leurs coups.

Wellington est battu! déjà la route de Bruxelles est encombrée de fuyards et de bagages; des soldats de toutes armes se jettent à travers la forêt de Soignes; les caissons, les voitures renversées annoncent le désordre d'une déroute, et le général anglais s'apprête à donner le signal de la retraite : il a même fait rétrograder sur Anvers la batterie de dix-huit qui devait le joindre; la nuit et l'armée prussienne peuvent seules le sauver. C'est dans ce moment extrême que Blücher entre en ligne, à la tête de trente mille hommes, ouvrant la communication entre

Bulow et Wellington. En même temps, deux brigades de cavalerie anglaise, forte de six mille hommes, placées naguère en réserve sur la route, et rendues disponibles par l'arrivée des troupes prussiennes, viennent se présenter aussi devant nous.

Que faisait alors Grouchy? Parti à deux heures seulement de Gembloux, au lieu d'avoir quitté cette position à dix heures du matin, afin de se montrer à Wavres assez tôt pour arrêter Blücher, il était vers midi à moitié chemin de ce village. En vain la canonnade de Waterloo l'appelle sur le terrain où Napoléon

l'attend avec tant d'impatience; en vain Excelmans et Gérard le pressent de voler à son secours : il continue à marcher sur Wavres, où se trouvait seul le corps de Thielmann; Blücher en était parti le matin à sept heures. Napoléon, abandonné à lui-même, privé de son aile droite, en présence de cent cinquante mille hommes qui vont fondre sur sa faible armée, épuisée déjà par huit heures de combat, juge de sang-froid sa position. Il lui faut faire face aux deux armées, et il ordonne un grand changement de front. Les bataillons de la garde se forment en deux colonnes sous ses yeux. Tout à coup trois bataillons d'infanterie de la seconde ligne viennent se mettre en retraite auprès de la garde; Napoléon court au-devant d'eux, et les renvoie à leur poste. Mais leur mouvement rétrograde avait fait aussi reculer plusieurs régiments aux prises avec l'ennemi sur le plateau. A cet aspect, Napoléon sent la nécessité de soutenir sa cavalerie indécise; il se porte avec quatre nouveaux bataillons de la garde à la gauche de la Haie-Sainte, en prescrivant au général Reille de réunir tout son corps, et de le disposer en colonne d'attaque. A la Haie-Sainte, Napoléon rencontre encore une partie des troupes du maréchal Ney en retraite, et les fait ranimer par la nouvelle de l'approche de Grouchy; en même temps, il charge le maréchal Ney, avec les quatre bataillons dont on vient de parler, de se porter en avant pour conserver le plateau.

A la tête des quatre bataillons de la garde, Ney à pied, l'épée à la main, Friant, Cambronne, repoussent tout ce qui se trouve devant eux. L'ennemi cède à l'impétuosité de notre attaque; mais Wellington, entièrement rassuré par l'arrivée des Prussiens, fait avancer les bataillons dont il peut maintenant disposer, et le combat se rallume. La victoire va encore couronner les efforts des soldats français, lorsque Blücher, culbutant la faible division qui lui est opposée, parvient au village de la Haie. Profitant du trouble et de l'hésitation de notre armée,

Wellington lance toute sa cavalerie, qui tourne les huit carrés de la garde pour atteindre l'extrême droite, et pénètre entre la Haie-Sainte et le général Reille. Plus de ralliement possible : la division de cavalerie de réserve aurait pu favoriser notre retraite; mais, par un malheur qui tenait à la fatalité de cette journée, la division de réserve de la garde, composée de deux mille grenadiers à cheval et de dragons, tous gens d'élite, s'était engagée sur le plateau sans l'ordre de l'Empereur. Il n'a plus de disponibles que les quatre escadrons de service autour de sa personne : il les fait charger, et, bientôt accablés par des masses énormes, ces braves sont culbutés, malgré des prodiges de valeur. Maîtresse du plateau, l'armée anglo-batave tout entière marche en avant et occupe cette position qui devait nous assurer la victoire. A ce moment le cri fatal de *sauve qui peut!* poussé par quelques traîtres, et répété par des soldats en désordre, se fait entendre, les lignes se rompent, les rangs se mêlent, la déroute de l'armée française commence. Enfin, les huit bataillons de la garde placés au centre, où les soutenaient le brave Cambronne et l'intrépide maréchal Ney, qui avait eu cinq chevaux tués sous lui, désorganisés à leur tour par la masse des fuyards, tombent écrasés sous le nombre en se défendant jusqu'au dernier soupir. La cavalerie ennemie, multipliant ses charges contre les bataillons rompus et dispersés, redouble la confusion qu'augmente encore l'obscurité de la nuit; l'artillerie anglaise et prussienne balaye le champ de bataille, où quelques carrés de la vieille garde sont encore debout.

Napoléon, qui a tout fait pour prévenir et arrêter ce désordre, se jette au milieu des fuyards, et s'efforce de les rallier derrière un régiment de la garde en réserve à la gauche de Planchenoit avec deux batteries; malheureusement, les ténèbres, qui empêchent de le voir, détruisent l'effet accoutumé de sa présence sur les troupes, en même temps qu'un tumulte effroyable s'oppose à ce qu'on entende sa voix.

Entraîné dans la déroute, entouré d'ennemis, Napoléon se place, l'épée à la main, au milieu d'un carré, et veut périr avec les braves qui combattent encore; son dernier champ de bataille sera son tombeau! Mais les généraux qui sont auprès de lui l'arrachent à la mort, qu'il demande et qu'il affronte comme un soldat. *La mort ne veut pas de vous,* lui disent les grenadiers, *retirez-vous!* Enfin, il se décide à s'éloigner de ce théâtre de destruction, où sa perte ne serait qu'un malheur de plus pour la France et pour l'armée. Plusieurs officiers et soldats, ne pouvant se servir de leurs armes contre les ennemis, les tournèrent contre eux. On dit même que quelques-uns s'aidèrent à accomplir ce dernier sacrifice d'un héroïque désespoir. L'intrépide général Duhesme, blessé, tomba dans les mains des Prussiens, qui l'égorgèrent! Les Belges couvrirent de leur courageuse amitié ceux de nos braves qui respiraient encore; ils veillèrent toute la nuit sur le terrain où venaient de s'éteindre la gloire des cinquante batailles rangées que les Français avaient gagnées avec Napoléon.

Arrivé à Genappe avec son état-major, l'Empereur essaya d'y réunir quelques troupes pour former l'arrière-garde et mettre un terme aux poursuites de l'ennemi ; la nuit, la confusion d'une déroute générale, l'encombrement des hommes et des chevaux, tout s'opposa à la résolution de l'Empereur. Il quitta Genappe,

s'arrêta quelques heures à Philippeville, et entra, le 20, à Laon, où les gardes nationales et les paysans l'accueillirent aux cris de *vive l'Empereur!* et lui offrirent le secours de leur généreux dévouement. Satisfait du courage de ces braves gens, Napoléon les remercia et chargea le maréchal Soult de rallier les corps de l'armée, diminuée de vingt-cinq mille hommes, dont huit mille prisonniers, et dix-sept mille tués ou blessés; la perte de l'ennemi avait été égale à celle des Français. Le prince Jérôme ramena vingt-cinq mille hommes, avec cinquante pièces de canon; la garde impériale, sous les ordres de Morand et de Colbert, se réunit à eux sous les murs d'Avesnes. D'un autre côté, Rapp a reçu l'ordre de venir les rejoindre avec vingt-cinq mille hommes d'élite ; et Grouchy, dont le corps d'armée de trente mille hommes est intact, opère sa retraite après avoir battu Thielmann à Wavres, et menace Bruxelles. Sous peu de jours, Napoléon pourra couvrir Paris avec cent vingt mille hommes de vieilles troupes, et trois cent cinquante bouches à feu.

Il veut rester à Laon et y défendre les approches de la capitale. Le conseil de ses généraux combat ce projet, et le détermine à quitter l'armée pour se rendre à Paris; il pressent le sort qui l'y attend : « Je vais à Paris, dit-il, mais je suis per-
« suadé que vous me *faites faire une sottise;* ma vraie place est ici ; je pourrais
« y diriger ce qui se passera dans la capitale, et mes frères feraient le reste. »

Après avoir pris cette funeste résolution, Napoléon partit précédé du bulletin funèbre de la bataille de Waterloo, avec le dessein de donner à Paris quarante-huit heures aux préparatifs de sa défense, et de revenir ensuite à Laon couvrir la capitale avec ce qui restait de la vieille et de la nouvelle armée.

CHAPITRE XLVII

1815

Abdication de Napoléon. — Séance des Chambres. — Napoléon à la Malmaison. — Son départ pour Rochefort. — Son embarquement sur le *Bellérophon*. — Son arrivée à Sainte-Hélène.

Le lendemain, 21 juin, Napoléon descendit à l'Élysée à quatre heures du matin ; il revenait rempli de l'idée qu'une grande dictature était nécessaire pour sauver la patrie. Si, encore tout couvert de la poussière du champ de bataille, Napoléon avait suivi sa résolution d'aller droit aux Chambres, de leur parler le langage d'une généreuse confiance, et d'un grand homme qui sent ses forces, nul doute que sa demande n'eût obtenu le succès qu'il en attendait ; nul doute que, tracé par lui, le tableau rapide et vrai des ressources du pays n'eût fait partager à tous les esprits sa profonde conviction de la certitude du salut de la France sous son égide. Malheureusemet, l'effet de la fatigue avait affaibli ses forces physiques. Constamment à cheval depuis le 15, ayant livré trois batailles en trois jours, et passé la nuit la plus cruelle après Waterloo, il était hors d'état de parler à une grande assemblée. Vaincu par la nécessité, il se mit au bain, et se contenta de réunir ses ministres autour de lui. Là, du moins, son génie et les hautes pensées ne lui manquèrent pas. D'abord le découragement parut régner dans les cœurs, et se manifesta par des

paroles peu dignes de ministres français; mais Carnot et Lucien proposèrent des mesures hardies et proportionnées à l'imminence du danger. Ce dernier voulait avec raison qu'on se passât du secours des Chambres, puisqu'on ne pouvait se confier dans leurs bonnes dispositions. Napoléon espérait que la présence de l'ennemi sur le sol national rendrait aux députés le sentiment de leur devoir, et il comptait d'ailleurs sur l'attachement du peuple et de l'armée, éprouvé tant de fois et jamais démenti. Alors, avec une rare précision, une force d'expression admirable, et un accent qu'on ne saurait définir, il passa en revue tous les moyens de salut qui nous restaient et produisit une révolution telle dans les esprits, que les plus timides embrassèrent le parti du courage. Le conseil tout entier, même les traîtres cachés qu'il renfermait, se montra unanime dans l'adoption des grandes résolutions. Telles étaient les dispositions autour de l'Empereur. Pendant ce temps, la Chambre des représentants, réunie sous la présidence de Lanjuinais, entendait sortir de la bouche de Lafayette les paroles suivantes, qui étaient une véritable levée de boucliers contre Napoléon.

« Lorsque, pour la première fois depuis bien des années, j'élève une voix que
« les vieux amis de la liberté reconnaîtront encore, je me sens appelé à vous
« parler des dangers de la patrie, que vous seuls maintenant avez le pouvoir de
« sauver... Voici le moment de nous rallier autour du vieil étendard tricolore,
« celui de 89, celui de la liberté, de l'égalité et de l'ordre public. C'est enfin le
« seul que nous avons à défendre contre les prétentions étrangères et contre les
« tentatives intérieures. Permettez à un vétéran de cette cause sacrée, qui fut
« toujours étranger à l'esprit de faction, de vous soumettre quelques résolutions
« préalables, dont vous apprécierez, j'espère, la nécessité.

« ARTICLE 1er. *La Chambre des représentants déclare que l'indépendance de la*
« *patrie est menacée.*

« ART. 2. *La Chambre se déclare en permanence.* Toute tentative pour la dis-
« soudre est un crime de haute trahison : QUICONQUE *se rendrait coupable de cette*
« *tentative,* TRAÎTRE A LA PATRIE ET SUR-LE-CHAMP JUGÉ COMME TEL.

« L'armée de ligne et la garde nationale, qui ont combattu et combattent encore
« pour défendre la liberté, l'indépendance et le territoire de la France, ont bien
« mérité de la patrie.

« Les ministres de la guerre, des relations extérieures et de l'intérieur, sont
« invités à se rendre sur-le-champ au sein de l'assemblée, etc. »

« — J'appuie la proposition de M. de Lafayette, dit un membre, *car dans*
« *quelques instants la Chambre pourrait être dissoute.* »

Les dispositions de l'assemblée, la crainte illusoire d'une dissolution prochaine, à laquelle Napoléon ne pensait aucunement, firent triompher cette proposition dans la Chambre des représentants; et, bientôt après, dans la Chambre des pairs, Boissy-d'Anglas aussi se laissa entraîner par la même erreur que Lafayette. Les deux grands pouvoirs de la France ne comprirent pas que Napoléon était, dans cette circonstance, le chef indispensable. Au lieu de cette dictature, premier besoin de tout État en danger, il s'entendit menacer de la peine des traîtres par ces mêmes Chambres, qui, le 1er de ce mois, lui avaient solennellement décerné l'autorité suprême au Champ-de-Mai ! « J'avais bien pensé, dit-il, que j'aurais dû congédier
« ces gens-là avant mon départ. C'en est fait, ils vont perdre la France! » Il sentit surtout qu'au lieu de l'abandonner avec si peu de prudence et tant d'indignité, les représentants, soit par peur, soit par conviction, se rallieraient autour

de lui, s'il était encore à la tête des soldats. Il se repentit vivement de n'avoir pas suivi son impulsion particulière à Laon. Cependant, par ses ordres, les ministres, assistés du prince Lucien, se rendirent à la Chambre des représentants, pour leur communiquer les résultats de la bataille de Waterloo, et leur demander de s'unir avec le chef de l'État, dans le noble but de concourir aux mesures de salut public nécessitées par le danger. Les esprits se trouvaient trop échauffés pour écouter les conseils de la raison, et Lucien démontra vainement que chercher à isoler la nation de l'Empereur, c'était aller au-devant des vœux les plus ardents de l'ennemi. La Chambre des pairs montra plus de calme et de jugement; mais elle ne pouvait pas beaucoup influer sur les grandes décisions du moment; et toute la prépondérance publique appartenait à la Chambre élective,

qui voulait évidemment l'abdication de Napoléon. Il sentait bien ce qu'il pourrait encore avec le peuple; mais tout était tiède ou froid autour de lui : il lisait sur les fronts le découragement des âmes; aucun de ses ministres n'élevait une voix généreuse. Joseph et Lucien même, qui avaient jusqu'alors montré tant de fermeté, finirent par insister pour que leur frère résignât la couronne; il fit appeler aussitôt tous ses ministres, auxquels il exposa froidement la nécessité de son abdication, et Lucien écrivit sous la dictée de l'Empereur la déclaration suivante :

« Au peuple français,

« En commençant la guerre pour l'indépendance nationale, je comptais sur la

« réunion de tous les efforts, de toutes les volontés, et sur le concours de toutes
« les autorités nationales. J'étais fondé à en espérer le succès, et j'avais bravé
« toutes les déclarations des puissances contre moi. Les circonstances me paraissent
« changées. Je m'offre en sacrifice à la haine des ennemis de la France. Puissent-ils
« être sincères dans leurs déclarations, et n'en avoir voulu seulement qu'à ma per-
« sonne! Ma vie politique est terminée, et je proclame mon fils, sous le titre de
« *Napoléon II, Empereur des Français.* Les ministres actuels formeront provisoi-
« rement le conseil du gouvernement. L'intérêt que je porte à mon fils m'engage
« à inviter les Chambres à organiser sans délai la régence par une loi. Unissez-
« vous tous pour le salut public et pour rester une nation indépendante.
« Au palais de l'Élysée, 22 juin 1815.

« Napoléon. »

Cette déclaration fut remise aux ministres pour être communiquée aux deux Chambres.

A une heure furent introduits les ministres de la police, de l'intérieur, des relations extérieures et de la guerre. Le président lut la déclaration de l'Empereur, dont ils étaient porteurs. Fouché proposa de nommer, séance tenante, une commission de cinq membres, chargée d'aller auprès des alliés traiter des intérêts, des droits et de l'indépendance de la France.

La Chambre des pairs adopta les décisons de la Chambre des représentants sur la députation à envoyer à l'Empereur et la nomination de la commission exécutive.

L'article 67 de l'acte additionnel, qui proscrivait la maison de Bourbon, fut aussi rappelé dans la Chambre des pairs comme il l'avait été dans l'autre Chambre. Les députations des deux Chambres se rendirent ensuite auprès de l'Empereur, qui leur répondit :

« Je vous remercie des sentiments que vous m'exprimez. Je désire que mon
« abdication puisse faire le bonheur de la France, mais je ne l'espère point. *Elle*
« *laisse l'État sans chef, sans existence politique.* Le temps perdu à renverser la
« monarchie aurait pu être employé à mettre la France en état d'écraser l'en-
« nemi. Je recommande à la Chambre de renforcer promptement les armées. Qui
« veut la paix doit se préparer à la guerre. *Ne mettez pas cette grande nation à la*
« *merci des étrangers. Craignez d'être déçus dans vos espérances ; c'est là qu'est*
« *le danger.* Dans quelque position que je me trouve, je serai toujours bien si la
« France est heureuse. Je recommande mon fils à la France ; j'espère qu'elle
« n'oubliera pas que je *n'ai abdiqué que pour lui.* Je l'ai fait aussi, ce grand sacri-
« fice, pour le bien de la nation : ce n'est qu'avec ma dynastie qu'elle peut espérer
« d'être libre, heureuse et indépendante. »

La Chambre héréditaire, qui avait accueilli les résolutions de la Chambre élective, procéda à la nomination de deux membres du gouvernement. Le choix des pairs se fixa sur le baron Quinette et le duc de Vicence ; les représentants donnèrent leurs suffrages au général Grenier, au comte Carnot et au duc d'Otrante. Le gouvernement provisoire, ainsi constitué, confia au prince d'Essling le commandement en chef de la garde nationale de Paris.

Aussitôt après son installation, le gouvernement provisoire fut présenté à Napoléon : en y retrouvant deux de ses ministres et un de ses conseillers d'État, il dut se croire suffisamment garanti sous le rapport des égards et de sa sûreté personnelle. Le 27, MM. Andréossy, Boissy-d'Anglas, Valence, Flaugergues et la Besnardière, furent envoyés auprès de Wellington pour négocier un armistice.

Jusqu'au dernier moment, Napoléon voulut rester fidèle à son dernier sacrifice. Le 25 juin, il demanda deux frégates pour le transporter hors de France ; et aussitôt, se décidant à quitter le palais de l'Élysée, trop petit quelques jours auparavant pour contenir la foule empressée des ambitieux et des courtisans, et maintenant déserté par tous ces esclaves de la fortune, il résolut d'attendre la réponse du gouvernement provisoire à la Malmaison. Un nouvel outrage l'y attendait. Le lieutenant général Becker, membre de la Chambre des représentants, arriva à la Malmaison, envoyé par la commission de gouvernement, qui avait mis sous ses ordres la garde de Napoléon. « L'honneur de la France, disait le ministre de la guerre, « commande de veiller à la conservation de la personne de l'Empereur, et au « respect qui lui est dû. L'intérêt de la patrie exige qu'on empêche la malveillance « de se servir de son nom pour exciter des troubles. »

Napoléon se contenta de répondre au général Becker : « qu'on aurait dû l'in- « former officiellement de cette disposition, qu'il regardait comme une affaire de « forme et *non comme mesure de surveillance*, à laquelle il lui semblait d'autant « plus inutile de vouloir l'assujettir qu'il n'avait pas l'intention d'enfreindre ses « engagements. » Informé par le général de la marche du gouvernement et des dispositions des Chambres : « Que l'on me donne, dit-il, les frégates que j'ai de- « mandées, et je pars à l'instant pour Rochefort. Encore faut-il que je puisse me « rendre à ma destination sans risquer *de tomber entre les mains de mes ennemis.* « Il me tarde de sortir de France, afin de me soustraire aux desseins *que l'ennemi* « *a sur ma personne*, et d'échapper à une catastrophe dont l'odieux retomberait « sur la nation. » Napoléon était alors mieux inspiré qu'il ne le fut quinze jours après en allant se précipiter dans le péril qu'il avait voulu éviter.

Si la commission de gouvernement eût mis à sa disposition, au moment où il en faisait la demande, les deux frégates qu'il réclamait pour se rendre aux États-Unis avec sa famille, alors que la mer était encore libre, il eût échappé à la coalition ; mais la commission agit autrement. Elle nomma le général Becker pour *accompagner Napoléon jusqu'à l'île d'Aix* ; et rester auprès de sa personne jusqu'à l'arrivée des passe-ports *qu'elle avait réclamés de l'Angleterre pour son passage en Amérique.* Elle transmit en même temps l'ordre au ministre de la marine de faire armer deux frégates à Rochefort, en leur fixant les États-Unis pour destination. Pour cette dernière mesure, elle donna l'éveil aux Anglais sur le point de l'embarquement; et Napoléon, dont le départ ne pouvait avoir lieu avec sécurité que s'il était imprévu, allait se trouver à la merci de ses plus cruels ennemis.

Cependant l'ennemi faisait des progrès et menaçait les environs de la Malmaison; on apprit que les Prussiens se proposaient d'enlever l'Empereur, et que Blücher avait menacé de lui ôter la vie par le plus lâche des crimes, s'il parvenait à se saisir de sa personne. L'Empereur fit alors quelques dispositions pour se mettre à l'abri d'une surprise; mais elles étaient inutiles : ses anciens compagnons d'armes, les soldats, les officiers, les généraux, placés dans la direction de la Malmaison, veillaient sur lui, prêts à verser, pour sa défense, jusqu'à la dernière goutte de leur sang.

La proximité de nos troupes du dernier asile de l'Empereur, la crainte que, touché des nouvelles preuves de leur dévouement, Napoléon ne résistât pas à l'envie de se mettre à leur tête; que l'armée, toujours idolâtre de son ancien chef, ne vînt le reconquérir et le forcer de la conduire à l'ennemi; ou enfin que Blücher ne parvînt à réussir à exécuter son odieux projet, jetèrent la commission dans une perplexité dont l'éloignement de Napoléon pouvait seul la tirer. Le 29, à trois heures et demie du matin, elle envoya le ministre de la marine et le comte Boulay de la Meurthe le presser de partir sur-le-champ; il promit de le faire dans la journée. A cinq heures moins un quart, Napoléon, tout troublé des adieux de la princesse Hortense, qui, dans ces moments cruels, avait montré le cœur de sa mère Joséphine, ému des larmes du petit nombre des serviteurs fidèles dont l'avenir l'inquiétait bien plus que le sien, frappé au cœur par le douloureux sentiment de séparation éternelle d'avec la France; mais la contenance ferme, la voix calme, les traits sereins, comme un homme supérieur aux coups de la for-

tune, se jeta dans la voiture de l'un de ses officiers, suivi des généraux Bertrand, Rovigo et Becker. La veille, on lui avait proposé de se livrer lui-même aux étrangers, à l'Empereur Alexandre, par exemple : « Ce dévouement serait beau, avait-il « répondu, mais une nation de trente millions d'hommes qui le souffrirait serait « à jamais déshonorée. »

L'Empereur avait annoncé l'intention de ne pas s'arrêter dans son voyage, mais il voulut coucher à Rambouillet. Pendant la nuit, il envoya des courriers sur la route, afin d'aller au-devant des nouvelles de Paris; il pensait que, pressé par l'imminence du danger, éclairé par la nécessité, le gouvernement le rappellerait pour le salut commun. A la pointe du jour, il reçut un courrier, lut la dépêche, et dit au général Becker, en levant au ciel des regards contristés : « C'est fini! c'en « est fait de la France! Partons. » A huit heures du matin, il quitta la résidence impériale, après avoir donné ordre au concierge de lui envoyer le mobilier de quelques appartements. La demande qu'il avait aussi faite de la bibliothèque de Trianon, composée de deux mille deux cents volumes, à laquelle il voulait qu'on joignît la *Description de l'Égypte*, l'un des monuments dont sa munificence avait doté le pays, fut, deux jours après, la matière d'une communication du gouvernement. La Chambre des représentants accueillit ce vœu, qui formait un singulier contraste avec la puissance de celui qui disposait naguère des destinées de cent cinquante millions d'hommes! Dans sa route, Napoléon s'arrêta à la barrière de Tours, s'entretint avec le préfet, et partit ensuite pour Poitiers, d'où il expédia un courrier au préfet maritime de Rochefort.

Arrivé à Niort, Napoléon y trouva un triomphe populaire. Entraîné par les acclamations des habitants et par l'enthousiasme de la garnison de Niort, dont la plus forte partie, officiers et soldats, vint se jeter à ses pieds en le suppliant de se mettre à leur tête, et informé qu'il existait déjà à Rochefort de grandes difficultés pour la sortie des frégates, il ordonna au général Becker d'écrire au gouvernement afin de les lui signaler. « *Dites-lui aussi qu'il connaît mal l'esprit de la France; qu'il s'est trop empressé de m'éloigner.* » Toutefois, s'arrachant à ces derniers témoignages d'affection, Napoléon atteignit Rochefort, où l'ennemi avait déjà établi sa croisière : c'était le 3 juillet.

Ce même jour, le palais de Saint-Cloud, où tant de fois il reçut la France et l'Europe, le palais de Saint-Cloud, devenu le quartier général de Blücher, vit signer, en vertu des pouvoirs donnés par le maréchal Davoust au baron Bignon, chargé du portefeuille des affaires étrangères, au général Guilleminot, chef d'état-major de l'armée, au comte de Bondi, préfet de la Seine, la convention qui remit Paris entre les mains des alliés et envoya l'armée au delà de la Loire, pour y subir un arrêt de dissolution. Immédiatement après, *le Moniteur* publia cette déclaration du roi Louis XVIII aux Français :

« J'apprends qu'une porte de mon royaume est ouverte, et j'accours... Je n'ai
« pas permis qu'un prince de ma famille parût dans les rangs des étrangers...
« Mon gouvernement devait faire des fautes ; peut-être en a-t-il fait... Il est des
« temps où les intentions les plus pures ne suffisent pas pour diriger, et quelque-
« fois même elles égarent. Je promets, moi qui n'ai jamais promis en vain (l'Eu-
« rope entière le sait), de pardonner, à l'égard des Français égarés, tout ce qui
« s'est passé depuis le jour où j'ai quitté Lille au milieu de tant de larmes, jus-
« qu'au jour où je suis rentré dans Cambrai au milieu de tant d'acclamations.
« Cependant le sang de mes sujets a coulé par une trahison dont les annales du
« monde n'offrent pas d'exemple. Cette trahison a appelé l'étranger dans le cœur
« de la France : je dois donc, pour la dignité de mon trône, pour l'intérêt de mes
« peuples, pour le repos de l'Europe, exempter de pardon les instigateurs et les
« auteurs de cette trame horrible. Ils seront désignés à la vengeance des lois par
« les deux Chambres, que je me propose de convoquer incessamment. »

« Cambrai, le 28 juin.

« Louis.

« Plus bas :

« Le prince de Talleyrand. »

Dans une situation si cruelle, où la terre et la mer étaient également fermées à Napoléon par le gouvernement provisoire et par la coalition, ce prince eut la générosité de résister aux vives et continuelles instances qu'il reçut de l'armée victorieuse de Lamarque dans la Vendée, et de celle que commandait Clausel à Bordeaux. Le fléau de la guerre civile était pour lui la tête de Méduse. Malgré cette dernière et violente tentation de reparaître encore à la tête des soldats qui l'appelaient, il congédia, les larmes aux yeux, les généraux, les officiers qui étaient venus lui porter ces paroles de la gloire ; son sacrifice fut complet.

Le 12 juillet, on apprit que le gouvernement royal avait remplacé le gouvernement provisoire, et que les alliés étaient à Paris. Ce fut alors que, pressé par l'impérieuse nécessité, Napoléon déclara son désir d'aller chercher un refuge sur la croisière anglaise, où il se fit précéder par cette lettre mémorable, dont il chargea le général Gourgaud pour le prince régent d'Angleterre :

« Altesse Royale,

« En butte aux factions qui divisent mon pays et à l'inimitié des plus grandes
« puissances de l'Europe, j'ai terminé ma carrière politique, et je viens, comme
« Thémistocle, m'asseoir au foyer du peuple britannique. Je me mets sous la pro-
« tection de ses lois, que je réclame de Votre Altesse Royale comme du plus puis-
« sant, du plus constant et du plus généreux de mes ennemis.

« Napoléon. »

Rochefort, le 13 juillet 1815.

Gourgaud porta cette lettre au capitaine Maitland. Le lendemain, l'Épervier conduisit l'illustre proscrit sur le Bellérophon. En mettant le pied sur le bâtiment, Napoléon dit au capitaine : « Je viens à votre bord me mettre sous la protection des lois d'Angleterre. »

Vers les trois heures, l'amiral Hotham arriva au mouillage sur le Superbe, de 74. Il se rendit aussitôt près de Napoléon, et le pria de venir le lendemain visiter son vaisseau ; Napoléon y déjeuna avec toute sa suite. Il revint le même jour sur le Bellérophon, qui l'avait reçu le premier à son bord, et cingla immédiatement pour l'Angleterre. Pendant son séjour sur le Bellérophon, Napoléon y fut l'objet du respect de tout l'équipage. Le 24, le vaisseau jeta l'ancre dans la rade de Torbay. Aussitôt qu'on apprit sa présence, la mer se couvrit d'embarcations, et les cris d'enthousiasme qui s'élevèrent de ces bâtiments furent si unanimes, que le capitaine parut craindre l'enlèvement de son *hôte*, et ordonna de repousser ces canots à coups d'aviron. Deux jours après, il reçut l'ordre d'appareiller pour Plymouth. Là seulement, le gouvernement britannique devait faire connaître sa décision sur la demande que Napoléon lui avait adressée par le général Gourgaud.

A Plymouth, l'affluence devint encore plus considérable qu'à Torbay. Les routes étaient couvertes de voitures : la mer disparaissait sous les barques innombrables qui encombraient la rade; elles luttaient de rapidité et d'adresse pour approcher le *Bellérophon*. A l'heure où Napoléon paraissait sur le pont, toute cette foule le saluait, restait la tête découverte, et, agitant ses chapeaux, remplissait l'air d'acclamations. L'illustre proscrit contemplait avec émotion ce respect, cet intérêt universel du peuple britannique. Il voyait qu'en Angleterre aussi il avait la popularité de la gloire, et que le malheur le mettait en paix avec ce grand pays. L'accueil triomphal qu'il recevait dans le premier port de la Grande-Bretagne devait être pour lui le présage assuré d'une généreuse hospitalité. Mais bientôt le *Bellérophon* s'entoura de canots armés qui repoussèrent les spectateurs à coups de fusil. Quelques Anglais même périrent dans les flots, par suite de la brutalité avec laquelle on exécutait l'ordre d'isoler le vaisseau. Une pareille violence, exercée tout à coup contre ceux qui venaient l'honorer, dut révéler à Napoléon le secret de sa captivité; d'ailleurs, il n'avait pas reçu dans la rade de Plymouth, à son arrivée, la visite de l'amiral Keith, comme il avait reçu au mouillage de Rochefort celle de l'amiral Hotham. Enfin, le 30 juillet, lord Keith se rendit à bord du *Bellerophon* avec le chevalier Bambury, sous-secrétaire d'État. Admis en présence de Napoléon, ils lui remirent une pièce ministérielle où on lisait :

« ... Il ne peut convenir ni à nos devoirs envers notre pays, ni à nos alliés, que
« le général Bonaparte conserve le moyen de troubler de nouveau la paix du con-
« tinent. L'île de Sainte-Hélène a été choisie pour sa future résidence. *Le climat*
« *est sain*, et la situation locale permettra qu'on l'y traite avec plus d'indulgence
« qu'on ne le pourrait faire ailleurs, *vu les précautions indispensables qu'on serait*
« *obligé d'employer pour s'assurer de sa personne...* »

A cette affreuse nouvelle, Napoléon opposa les plus énergiques réclamations. Dans le premier moment, il parut décidé à mourir plutôt que d'obéir à un arrêt si cruel. « Être relégué pour toute ma vie, s'écria-t-il, dans une île entre les tro-
« piques, à une distance immense du continent, privé de toute communication
« avec le monde, et de tout ce qu'il renferme de cher à mon cœur ! Autant aurait
« valu signer tout de suite mon arrêt de mort. » Mais on fut sourd à ces justes plaintes ; la mesure était irrévocablement arrêtée : s'il résistait, les satellites du ministère anglais avaient reçu l'ordre de porter les mains sur lui. L'illustre captif sentit qu'il ne devait pas se commettre avec de pareils ennemis ; et c'est alors que, du haut de sa raison, il adressa à lord Keith cette lettre, qui n'a point d'égale dans l'histoire des plus grandes victimes de l'inconstance de la fortune :

« Je proteste solennellement ici, à la face du ciel et des hommes, contre la vio-
« lence qui m'est faite, contre la violation de mes droits les plus sacrés, en dispo-
« sant par la force de ma personne et de ma liberté. Je suis venu librement à bord
« du *Bellérophon*; je ne suis pas prisonnier, je suis l'hôte de l'Angleterre. J'y suis
« venu à l'instigation même du capitaine, qui a dit avoir des ordres du gouverne-
« ment de me recevoir et de me conduire en Angleterre avec ma suite, si cela
« m'était agréable. Je me suis présenté de bonne foi, pour venir me mettre sous
« la protection des lois d'Angleterre. Aussitôt à bord du *Bellérophon*, j'étais sur
« le foyer du peuple britannique. Si le gouvernement, en donnant des ordres au
« capitaine de me recevoir ainsi que ma suite, n'a voulu que me tendre une
« embûche, il a forfait à l'honneur et flétri son pavillon. Si cet acte se consom-
« mait, ce serait en vain que les Anglais voudraient parler désormais de leur
« loyauté, de leurs lois et de leur liberté. La foi britannique se trouverait perdue
« dans l'hospitalité du *Bellérophon*. J'en appelle à l'histoire : elle dira qu'un ennemi
« qui fit vingt ans la guerre au peuple anglais, vint librement, dans son infortune,
« chercher un asile sous ses lois. Quelle plus éclatante preuve pouvait-il lui donner
« de son estime et de sa confiance? Mais comment répondit-on en Angleterre à
« une telle magnanimité? On feignit de tendre une main hospitalière à cet ennemi,
« et quand il se fut livré de bonne foi, on l'immola !

« NAPOLÉON. »

A bord du *Bellérophon*, à la mer.

Ainsi Napoléon s'était tout à coup vu enlevé à l'Europe et à la bienveillance publique du peuple anglais par un arrêt clandestin. Le 4 août on appareilla, et le *Bellérophon*, qui n'était point équipé pour une course lointaine, croisa vers l'est dans la Manche, jusqu'à ce que le *Northumberland*, destiné à transporter Napoléon à Sainte-Hélène, fût prêt à le recevoir. Ce bâtiment était à Portsmouth.

Le 6, le *Bellérophon* mouilla dans la rade de Starpoint, où parut bientôt le vaisseau de l'exil, escorté de deux frégates chargées de troupes qui devaient former la garnison de Sainte-Hélène. Cette escadre était sous les ordres de l'amiral Cockburn. Les amiraux Keith et Cockburn se rendirent à bord du *Bellérophon*, et remirent à Napoléon un extrait de leurs instructions : « Napoléon et sa suite « devaient être désarmés; on devait faire la visite des meubles, et saisir les dia- « mants, l'argent, les valeurs, afin de l'empêcher d'en faire un instrument d'éva- « sion. Ces sommes devaient être administrées pour subvenir à ses besoins. » Le cas de mort était prévu. « Le général (c'était le nom destiné désormais à Napoléon) « pouvait disposer de ses biens par testament. Il devait être mis en prison s'il « essayait de s'évader. Toutes ses lettres et celles de ses compagnons devaient être « lues par le gouverneur. » On permettait aux généraux Bertrand, Montholon, Gourgaud, et au chambellan Las-Cases, de le suivre; les généraux Savary et Lallemand, tous deux condamnés à mort, étaient exclus du nombre de ses compagnons d'infortune.

Le 7 août, à deux heures après-midi, Napoléon quitta la trompeuse hospitalité du *Bellérophon* pour la prison du *Northumberland*. Là, le ton de ses gardiens, ou de ses geôliers, changea : ils affectaient de se couvrir devant lui et de nommer seulement général le souverain dont lord Castlereagh lui-même avait, l'année précédente, reconnu la qualité d'empereur dans la négociation de Châtillon.

Le 10, l'escadre mit à la voile. Le 17 août, le *Northumberland* passa en vue du cap de la Hogue. C'est là que Napoléon salua pour la dernière fois la France, par ces mots dignes de lui : « Adieu, adieu, terre des braves! adieu, chère France! « Quelques traîtres de moins, et tu serais encore la grande nation et la maî- « tresse du monde. » Le 24, on s'arrêta à Madère ; le lendemain on fit voile pour Sainte-Hélène.

Pendant une si longue navigation, Napoléon, toujours semblable à lui-même, ne se démentit pas un seul moment. Pour les siens, il n'avait pas cessé d'être empereur ; pour les Anglais, l'un des premiers capitaines et l'un des plus grands hommes du monde. Les vents furent favorables à la vengeance des rois : le 14 octobre, on aperçut le rocher qu'il allait habiter; le 15, l'escadre jeta l'ancre à midi, et l'on mit en panne. Le 17, à sept heures et demie, cent onze jours après son départ de Paris, Napoléon descendit sur cette terre, qui ne devait pas rendre sa proie.

CHAPITRE XLVIII

1815-1821

Établissement de Napoléon à Sainte-Hélène. — Sa vie. — Le gouverneur Hudson Lowe. — Sa tyrannie envers le prisonnier. — Maladie, mort, testament de Napoléon.

L'équipage du *Belléï ophon* avait vu avec douleur Napoléon passer, au milieu des hommages du peuple britannique, sous les verrous du *Northumberland*. L'équipage de ce dernier vaisseau, non moins sensible à une infortune si auguste, ne le vit pas sans frémir toucher le sol qui devait le dévorer. Le silence, les larmes des officiers, des matelots, des troupes du bord, adieux muets et prophétiques, honorèrent la nation anglaise et la victime de leur affreux gouvernement. Sur le *Northumberland*, Napoléon venait de passer ses trois derniers mois d'Europe : un canot le jeta tout à coup en Afrique. Il descendit dans une auberge. Le lendemain, accompagné de l'amiral Cockburn et du général Bertrand, il alla voir, à trois lieues de la ville, la maison de Longwood, qui lui était destinée. Au retour, il s'arrêta à une maison de campagne nommée *les Briars* (les ronces), et il désira s'établir le jour même dans un petit pavillon. Ce pavillon ne formait qu'une pièce au rez-de-chaussée, surmonté d'un grenier. Il n'était nullement préparé pour recevoir un tel hôte; mais l'air, du moins, y était libre, et quelques arbres l'ombrageaient.

Ce lieu, où Napoléon fit placer son lit de camp, devint tout à la fois la chambre à coucher, le salon, la salle à manger et le cabinet de travail. Las-Cases et son fils Emmanuel se logèrent dans les combles. Aux environs, s'établirent M. et madame Bertrand, M. et madame de Montholon avec leurs enfants, le général Gourgaud et les serviteurs de Napoléon; alentour, et au plus près, les sentinelles, les corps de garde. Le ministère anglais a fait du pic de Sainte-Hélène un ponton. Cependant le captif ne paraît pas encore condamné à une mort lente et inévitable; on ne le traite jusqu'ici que comme un grand prisonnier d'État. En attendant un supplice que n'a retracé aucun des historiens qui ont raconté de grandes infortunes, Napoléon fait remettre au capitaine Desmont, qui retournait en Europe, la note suivante, que Las-Cases écrit sous sa dictée rapide :

Note. « L'Empereur désire, par le retour du prochain vaisseau, avoir des nouvelles de sa femme et de son fils. Il profite de cette occasion pour réitérer et faire parvenir au gouvernement britannique les protestations qu'il a déjà faites contre les étranges mesures qu'on a adoptées contre lui.

« 1° Le gouvernement l'a déclaré prisonnier de guerre. L'Empereur n'est pas prisonnier de guerre : sa lettre écrite au prince régent, et communiquée au capitaine Maitland avant de se rendre à bord du *Bellérophon*, prouve assez au monde entier les dispositions et la confiance qui l'ont conduit librement sous le pavillon anglais.

« L'Empereur eût pu ne sortir de France que par des stipulations qui eussent prononcé sur ce qui était relatif à sa personne; mais il a dédaigné de mêler des intérêts personnels avec les grands intérêts dont il avait constamment l'esprit occupé. Il eût pu se mettre à la disposition de l'empereur Alexandre, qui avait été son ami, ou de l'empereur François, qui était son beau-père; mais, plein de confiance dans la nation anglaise, il n'a voulu d'autre protection que ses lois, et, renonçant aux affaires publiques, il n'a cherché d'autres pays que les lieux qui étaient gouvernés par les lois fixes, indépendantes des volontés particulières.

« 2° Si l'Empereur eût été prisonnier de guerre, les droits des nations civilisées sur un prisonnier de guerre sont bornés par les droits des gens, et finissent d'ailleurs avec la guerre même.

« 3° Le gouvernement anglais, considérant l'Empereur, même arbitrairement, comme prisonnier de guerre, son droit se trouvait alors borné par le droit public, ou bien il pouvait, comme il n'y avait point de cartel entre les deux nations dans la guerre actuelle, adopter vis-à-vis de lui les principes des sauvages qui donnent la mort à leurs prisonniers. Ce droit eût été plus humain, plus conforme à la justice, que celui de le porter sur cet affreux rocher.

« Les contrées les plus infortunées de l'Europe ne lui sauraient être comparées. Privé de tout ce qui peut rendre la vie supportable, il est propre à renouveler à chaque instant les plus cruelles angoisses. Les premiers principes de la morale chrétienne, et ce grand devoir imposé à l'homme de suivre sa destinée, quelle qu'elle soit, peuvent seuls empêcher l'Empereur de mettre lui-même un terme à une si horrible existence : il met de la gloire à demeurer au-dessus d'elle ; mais si le gouvernement britannique devait persister dans ses violences envers lui, il regarde comme un bienfait qu'il lui fasse donner la mort. »

Le capitaine Desmont partit avec cette note, qui devait avoir le sort de la protestation du *Bellérophon*. Napoléon n'en doutait pas, et, n'espérant rien de la générosité du gouvernement anglais, il continua à se réfugier dans le souvenir de sa vie passée. En effet, le jour même de l'arrivée à Briars, le lendemain de son débarquement, il s'était déjà occupé à dicter à Las-Cases la campagne d'Italie, à Bertrand celle d'Égypte. Fidèle à ses engagements, il veut accomplir à Sainte-Hélène, autant que le lui permettront ses forces, la promesse de Fontainebleau : *J'écrirai les grandes choses que nous avons faites.* Les généraux Montholon et Gourgaud furent appelés aussi alternativement pour écrire sous sa dictée.

Un mois à peine était écoulé depuis le débarquement à Sainte-Hélène, que le climat avait déjà attaqué la santé de Napoléon. Au milieu de ses premières douleurs physiques et morales, que renouvelait chaque incident de ses longues journées, il disait à ses compagnons : « Notre triste situation peut même avoir des « attraits. L'univers nous contemple : nous demeurons les martyrs d'une cause

« immortelle. Des millions d'hommes nous pleurent; la patrie soupire, et la gloire
« est en deuil. Nous luttons ici contre l'oppression des dieux, et les vœux des
« nations sont pour nous... Mes véritables souffrances ne sont point ici. Si je ne
« considérais que moi, peut-être aurais-je à me réjouir. Les malheurs ont aussi
« leur héroïsme et leur gloire. *L'adversité manquait à ma carrière.* Si je fusse
« mort sur le trône, dans les nuages de ma toute-puissance, je serais demeuré un
« problème pour bien des gens. Aujourd'hui, grâce au malheur, on pourra me
« juger à nu... »

Un autre jour, il leur disait : « A quel infâme traitement ils nous ont réservés!
« A l'injustice, à la violence, ils joignent l'outrage! Comment les souverains de
« l'Europe peuvent-ils laisser polluer en moi ce caractère sacré de la souveraineté?
« Ne voient-ils pas qu'ils se tuent de leurs propres mains? Je suis devenu leur égal
« par le choix des peuples, la sanction de la victoire, le caractère de la religion,
« les alliances de leur politique et de leur sang... Faites vos plaintes, Messieurs;
« que l'Europe les connaisse et s'en indigne! Les miennes sont au-dessous de ma
« dignité et de mon caractère. J'ordonne, ou je me tais. »

Le 10 décembre, après un séjour d'environ deux mois dans le pavillon de
Briars, Napoléon alla prendre possession de son dernier asile. On lui assigna
Longwood, maison de campagne du sous-gouverneur, jadis construite pour servir
de grange à la compagnie des Indes, et assise sur un plateau élevé de deux mille

pieds au-dessus du niveau de la mer, sans cesse battu par les vents impétueux, par des pluies violentes qui durent plus de la moitié de l'année, et presque toujours couvert de nuages épais d'où s'échappent parfois les rayons d'un soleil dévorant. Des rochers à pic, séparés par de profonds abîmes, des montagnes escarpées et arides, terminent l'horizon. On éprouve à Longwood les plus étonnantes variations atmosphériques. Là règnent toute l'année des dyssenteries, des hépatites aiguës; affections presque toujours mortelles, et souvent si promptes, si terribles, qu'un instant suffit pour porter le désordre dans l'économie animale et détruire la puissance des remèdes les plus efficaces. La population n'offre point d'exemple de longévité; même pour un indigène, le terme de quarante-cinq ans est le dernier période de la vie commune, vérité attestée par les registres de l'état civil. Voilà désormais la retraite du dominateur de l'Europe, et le cimetière où il doit laisser sa cendre. Aussi Napoléon disait : *Ce pays est mortel. Partout où les fleurs sont étiolées, l'homme ne peut pas vivre. Ce calcul n'a point échappé aux élèves de Pitt. Transformer l'air en un instrument de meurtre,* disait-il, *cette idée n'était pas venue au plus farouche de nos proconsuls : elle ne pouvait germer que sur les bords de la Tamise.*

La maison de Longwood se composait de vingt petites pièces, presque toutes construites en bois. Pendant neuf mois, l'humidité en moisit les cloisons; et pendant les trois autres, où le soleil des tropiques frappe d'aplomb cette demeure, on y respire l'odeur infecte du goudron dont elle est enduite. Napoléon habitait une seule pièce tendue de nankin brun encadré dans un papier vert. Deux fenêtres de cette pièce s'ouvrent sur le camp du 54ᵉ régiment, qui le garde. Elle a pour décoration quelques portraits du roi de Rome, des deux impératrices, le réveille-matin du grand Frédéric et le lit de fer d'Austerlitz. Un canapé chargé de livres, quelques chaises, un guéridon sur lequel Napoléon mange seul quelquefois, une

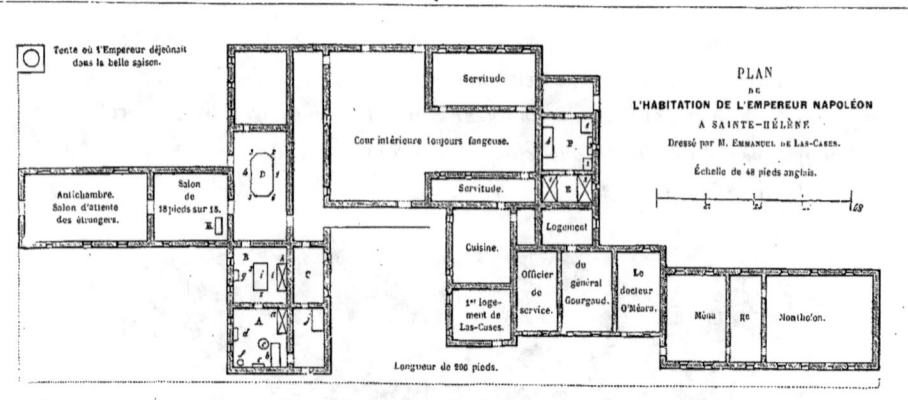

PLAN
DE
L'HABITATION DE L'EMPEREUR NAPOLÉON
A SAINTE-HÉLÈNE
Dressé par M. Emmanuel de Las-Cases.

Échelle de 48 pieds anglais.

A, Chambre à coucher de l'Empereur.
a, Petit lit de campagne en fer, où couchait l'Empereur.
b, Canapé où l'Empereur était souvent assis.
c, Petit guéridon sur lequel déjeunait l'Empereur.
d, Commode entre les deux croisées.
e, Cheminée où étaient suspendus plusieurs portraits de Marie-Louise et du roi de Rome; un buste du roi de Rome se trouvait aussi sur la cheminée.
f, Grand lavabo apporté de l'Élysée.

B, Cabinet de travail de l'Empereur.
g, Bibliothèque.
h, Second lit semblable au premier. Quand l'Empereur ne pouvait dormir, il se transportait souvent d'un lit à l'autre.
i, Table sur laquelle travaillait l'Empereur; 1, Place de l'Empereur; 2, M. de Las-Cases père; 3, M. Emmanuel de Las-Cases auquel l'Empereur dictait les campagnes d'Italie.
C, Couloir où se tenait le valet de chambre.

j, Baignoire de l'Empereur.
D, Salle à manger : 1, Place de l'Empereur; 2, M. de Las-Cases père; 3, M. de Las-Cases fils; 4, M. de Montholon; 5, Le général Gourgaud; 6, Madame de Montholon.
E, Chambre à coucher de MM. de Las-Cases père et fils.
F, Chambre de travail des mêmes.
K, Petite table sur laquelle l'Empereur faisait ordinairement une partie d'échecs avant de se mettre à table.

commode qui supporte un grand nécessaire et une aiguière d'argent, complètent l'ameublement de la chambre à coucher. Un cabinet de bains est auprès; plus loin un billard et une salle à manger obscure. Les officiers de Napoléon sont logés, partie sous le même toit que lui, partie dans les demeures voisines. Ses serviteurs, au nombre de onze, composent sa maison domestique. Un homme excellent, un habile médecin, le docteur O'Meara, descendu avec lui du *Northumberland*, attaché d'office à l'illustre captif, s'est dévoué à lui et s'applique à adoucir, par ses soins et par son affection, les mesures tyranniques du gouvernement anglais.

Outre le travail important de ses Mémoires, à la rédaction desquels Napoléon associait ses compagnons d'infortune, des conversations du plus haut intérêt avec eux étaient également un des plaisirs favoris de son esprit. C'était un penchant bien naturel dans un homme qui avait occupé le monde pendant vingt années, que d'aimer à planer sur le passé pour y ressaisir la source, les moyens, les jouissances de sa grandeur, et la justifier comme s'il parlait à la postérité. Mais, loin de se concentrer tout entier en lui-même, Napoléon aimait souvent à jeter des regards d'aigle sur l'avenir de l'Europe et surtout de la France.

Il parlait un jour de sa chute avec une grande impartialité. « C'est sans raison « surtout qu'on m'a reproché d'avoir employé des nobles et des émigrés... Ce ne « sont point les nobles et les émigrés qui ont amené la restauration, mais bien

« plutôt la restauration qui a ressuscité les nobles et les émigrés... Les vrais cou-
« pables sont les intrigants de toutes les couleurs et de toutes les doctrines. Fou-
« ché n'est point un noble. Talleyrand n'est pas un émigré, Augereau et Marmont
« n'étaient ni l'un ni l'autre... Le bon M. de Ségur, malgré son âge, m'a fait offrir
« de me suivre... Ce n'est rien de tout cela qui m'a renversé, mais seulement des
« catastrophes imprévues, inouïes, des circonstances forcées, cinq cent mille
« hommes aux portes de la capitale, une révolution encore toute fraîche, une crise
« trop forte pour les têtes françaises, et surtout une dynastie pas assez ancienne.
« Je me serais relevé du pied des Pyrénées même, si seulement j'eusse été mon
« petit-fils ; et, ce que c'est pourtant que la magie du passé ! bien certainement
« j'étais l'élu des Français, leur nouveau culte était leur ouvrage : eh bien, dès que
« les anciens ont reparu, voyez avec quelle facilité ils sont retournés aux idoles !
« Et comment une autre politique, après tout, eût-elle pu empêcher ce qui m'a
« perdu ? J'ai été trahi par Marmont, que je pouvais dire mon fils, mon enfant,
« mon ouvrage, lui à qui je confiais mes destinées en l'envoyant à Paris au mo-
« ment même où il consommait sa trahison et ma perte ! J'ai été trahi par Murat,
« que de soldat j'avais fait roi, qui était l'époux de ma sœur ; j'ai été trahi par
« Berthier, véritable oison que j'avais fait une espèce d'aigle ; j'ai été trahi dans le
« Sénat, précisément par ceux du parti national qui me doivent tout. Si un Macdo-
« nald, un Valence, un Montesquiou m'eussent trahi !... mais ils m'ont été fidèles. »

En avril 1816, après la lecture des papiers publics, où était vivement retracé l'état déplorable de plusieurs de nos provinces, Napoléon, toujours occupé du sort de la France, s'écria : « La contre-révolution, même en la laissant aller, doit iné-
« vitablement se noyer d'elle-même dans la révolution. Il suffit à présent de l'at-
« mosphère des jeunes idées pour étouffer les vieux féodalistes, car rien ne saurait
« désormais détruire ou effacer les grands principes de notre révolution. Ces
« grandes et belles vérités doivent demeurer à jamais, tant nous les avons entrela-
« cées de lustre, de monuments, de prodiges ! Nous en avons lavé les premières
« souillures dans des flots de gloire : elles seront désormais immortelles. Sorties
« de la tribune française, cimentées du sang des batailles, décorées des lauriers de
« la victoire, saluées des acclamations des peuples, sanctionnées par les traités, les
« alliances des souverains, devenues familières aux oreilles comme à la bouche
« des rois, elles ne sauraient plus rétrograder. Elles vivent dans la Grande-Breta-
« gne, elles éclairent l'Amérique, elles sont nationalisées en France. Voilà le tré-
« pied d'où jaillira la lumière du monde. Elles le régiront, elles seront la foi, la
« religion, la morale de tous les peuples, et cette ère mémorable se rattachera,
« quoi qu'on en ait voulu dire, *à ma personne*, parce que, après tout, j'ai fait
« briller le flambeau, consacré les principes, et qu'aujourd'hui la persécution
« achève de m'en rendre le Messie. Ainsi, amis et ennemis, tous m'en diront le pre-
« mier soldat, le grand représentant... »

Ces idées sont celles qui l'ont le plus constamment dominé sur la terre de l'exil : elles le poursuivaient comme des vérités qu'il semblait forcé de révéler. Le pic de Sainte-Hélène était devenu pour lui le trépied du destin : il y rendait des oracles sur le monde dont on l'avait banni. Napoléon prédisant, dans les fers de la Sainte-Alliance, le triomphe des doctrines libérales, n'est pas le moins grand phénomène de sa vie.

Le 17 avril 1816, un nouveau gouverneur, sir Hudson Lowe, arriva à Sainte-Hélène et fit sa première visite à Longwood. « Il est hideux, dit Napoléon : c'est « une face patibulaire ; mais le moral, après tout, peut raccommoder ce que cette « figure a de sinistre. »

C'était une barbarie de la part des ministres anglais d'avoir relégué Napoléon sous le fatal climat de Sainte-Hélène : ce fut un crime d'assigner à l'illustre captif sir Hudson Lowe pour gardien. L'amiral Cockburn, à qui l'on donnait un si indigne successeur, avait paru rigide, tracassier, jaloux de son autorité, violent même ; mais il possédait un cœur d'homme, et son caractère ne manquait pas de générosité. Sir Hudson Lowe, accoutumé à martyriser les soldats français sur ces fameux pontons, la honte éternelle de nos voisins, avait un singulier titre d'honneur comme officier : avec deux mille hommes et une bonne artillerie, il s'était laissé forcer, dans l'île inexpugnable de Caprée, par le général Lamarque, à ta téte de douze cents baïonnettes françaises. Il avait rapporté des souvenirs amers de cette île qu'il n'avait pu défendre, et dans celle de Sainte-Hélène il s'annonça comme le séide de Bathurst et de Castlereagh. Il débuta par un mot affreux. Les serviteurs de Napoléon lui ayant fait observer qu'à Longwood il n'y avait point d'arbre pour se mettre à l'ombre : *Nous en planterons*, répondit-il. Tel était le ministre subalterne dont les commissaires des rois de l'Europe vinrent sanctionner par leur présence la basse tyrannie, le 17 juin, en apportant à Sainte-Hélène le bill relatif à la détention de Napoléon, car le ministère britannique avait osé faire convertir en loi l'acte le plus indigne de porter ce nom sacré.

Rien ne fut oublié par le nouveau gouverneur pour torturer sa victime. Le cheval était absolument nécessaire à Napoléon : la surveillance indécente et continuelle qui l'arrêtait à chaque pas le força de se priver d'un exercice indispensable à sa constitution ; bientôt même l'espace qu'il parcourut à pied fut tellement circonscrit par les sentinelles multipliées sur son passage, qu'il se vit obligé de renoncer à ses promenades. La transition subite d'une vie laborieuse et agitée à une inaction complète, suffisait pour porter une atteinte funeste à la constitution du prisonnier. La mauvaise qualité des aliments, la nature de l'eau, qui n'était potable qu'après avoir subi l'épreuve du feu ; des privations de toute espèce, le strict nécessaire à peine assuré, la petitesse et l'incommodité d'une maison malsaine, devaient accroître incessamment le danger. Mais un tempérament robuste et éprouvé, l'énergie d'un grand caractère, pouvaient triompher de tout, même de l'influence meurtrière du climat : Hudson Lowe eut recours à tous les moyens propres à miner et à décomposer les forces morales du captif.

La maison de Longwood fut mise au secret : on interdit à Napoléon et aux siens toute correspondance avec les habitants de l'île, on entrava les communications avec les officiers de la garnison, et particulièrement avec ceux du brave 65°, qui lui rendaient cette espèce de culte qu'un grand capitaine obtiendra toujours dans le cœur même de ses ennemis. Indépendamment de ces vexations journalières, les agents de sir Hudson pénétraient à toute heure dans les appartements de Longwood : les occupations, l'état de maladie, le sommeil même, si nécessaire au prisonnier, ne suspendaient point ces visites réitérées. Ce n'est pas tout : la haine du cabinet britannique avait enlevé d'avance à Napoléon la possibilité de recevoir des nouvelles de sa mère, de sa femme, de ses frères et de son fils ! Leurs lettres, si on en laissait passer quelques-unes, ne lui arrivaient qu'après avoir été décachetées et lues. Vainement avait-il fait demander les journaux anglais et français, et les livres qui paraissaient pendant son exil, cette requête si simple avait été rejetée. Non content donc de l'enfermer vivant dans une affreuse prison qu'on s'appliquait à lui montrer comme son tombeau, on voulait encore lui interdire tout rapport, même intellectuel, avec la France et l'Europe. Quelquefois on paraissait se relâcher de la sévérité de cette consigne, mais c'était pour mettre sous ses yeux des fragments des libelles les plus remplis d'injures débitées contre lui par des misérables qui avaient rampé à ses pieds et fatigué sa patience de leur servilité intéressée. La mort venait-elle à frapper quelques-uns des objets de son affection, le gouverneur, par un raffinement de barbarie, s'empressait de lui communiquer la fatale nouvelle. En même temps, on lui enviait toutes les consolations du cœur. Ainsi, ayant appris qu'un voyageur venu d'Europe avait vu Marie-Louise et touché de ses mains leur enfant, Napoléon, ému jusqu'au fond des entrailles, demanda la permission d'entretenir un instant cet étranger : un refus fut la seule réponse de sir Hudson. Napoléon, qui n'avait point abdiqué la première des souverainetés de l'homme, celle de son propre cœur, restait supérieur à ces injures et à ces outrages ; mais, à la lecture du discours prononcé dans la Chambre des pairs par lord Bathurst, qui, sourd aux instances privées, et opposant de lâches mensonges aux plaintes publiques de lord Holland et des membres les plus distingués de l'opposition au sujet de la détresse de l'illustre prisonnier sur le rocher de Sainte-Hélène, avait osé affirmer qu'il avait des trésors immenses à sa disposition, il dicta de verve cette éloquente réfutation, bien moins pour confondre le ministre que pour être entendu de l'Europe et de la postérité :

« Vous voulez connaître les trésors de Napoléon ! Ils sont immenses, il est vrai ;
« mais ils sont exposés au grand jour. Les voici : le beau bassin d'Anvers, celui de
« Flessingue, capable de contenir les plus nombreuses escadres et de les préserver
« des glaces de la mer ; les ouvrages hydrauliques de Dunkerque, du Havre, de

« Nice; le gigantesque bassin de Cherbourg, les ouvrages maritimes de Venise, les
« belles routes d'Anvers à Amsterdam, de Mayence à Metz, de Bordeaux à Bayonne;
« les passages du Simplon, du Mont-Cenis, du Mont-Genèvre, de la Corniche, qui
« ouvrent les Alpes dans quatre directions (dans cela seul vous trouveriez plus de
« 800 millions); ces passages qui surpassent en hardiesse, en grandeur et en ef-
« forts de l'art, tous les travaux des Romains; les routes des Pyrénées aux Alpes,
« de Parme à la Spezzia, de Savone en Piémont; les ponts d'Iéna, d'Austerlitz,
« des Arts, de Sèvres, de Tours, de Roanne, de Lyon, de Turin, de l'Isère, de la
« Durance, de Bordeaux, de Rouen, etc., etc.; le canal qui joint le Rhin au Rhône
« par le Doubs, unissant la mer de Hollande avec la Méditerranée; celui qui unit
« l'Escaut à la Somme, joignant Amsterdam à Paris; celui qui joint la Rance à la
« Vilaine; le canal d'Arles, celui de Pavie, celui du Rhin; le desséchement des
« marais de Bourgogne, du Cotentin, de Rochefort; le rétablissement de la plupart
« des églises démolies pendant la révolution, l'élévation de nouvelles; la construc-
« tion d'un grand nombre d'établissements d'industrie, pour l'extirpation de la
« mendicité; la construction du Louvre, des greniers publics, de la Banque, du
« canal de l'Ourcq; la distribution de ses eaux dans la ville de Paris; les nombreux
« égouts, les quais, les embellissements et les monuments de cette grande capi-
« tale; les travaux pour l'embellissement de Rome; le rétablissement des manu-
« factures de Lyon; la création de plusieurs centaines de manufactures de coton,
« de filature et de tissage, qui emploient plusieurs millions d'ouvriers; des fonds
« accumulés pour créer plus de quatre cents manufactures de sucre de betterave
« pour la consommation d'une partie de la France, qui auraient fourni du sucre
« au même prix que celui des Indes, si elles eussent continué d'être encouragées
« seulement encore quatre ans; la substitution du pastel à l'indigo, qu'on fût venu
« à bout de se procurer en France à la même perfection et à aussi bon marché que
« cette production des colonies; le nombre des manufactures pour toute espèce
« d'objets d'art... etc., etc.; 50 millions employés à réparer et embellir les palais
« de la couronne; 60 millions d'ameublements placés dans ces palais en France,
« en Hollande, à Turin, à Rome; 60 millions de diamants de la couronne, tous
« achetés avec l'argent de Napoléon; le *Régent* même, le seul qui restât des anciens
« diamants de la couronne de France, ayant été retiré par lui des mains des juifs
« de Berlin, auxquels il avait été engagé pour 3 millions; le musée Napoléon, es-
« timé à plus de 400 millions, et ne contenant que des objets légitimement acquis
« ou par de l'argent ou par des conditions de traités de paix connus de tout le
« monde, en vertu desquels ces chefs-d'œuvre furent donnés en commutation de
« cession de territoire ou de contributions; plusieurs millions amassés pour l'en-
« couragement de l'agriculture, qui est l'intérêt premier de la France; l'institu-
« tion des courses de chevaux, l'introduction des mérinos, etc., etc. Voilà ce qui
« forme un trésor de plusieurs milliards, qui durera des siècles. Voilà les monu-

« ments qui confondront la calomnie!!!... L'histoire dira que tout cela fut accom-
« pli au milieu de guerres continuelles, sans aucun emprunt, et même lorsque la
« dette publique diminuait chaque jour. »

Cependant les persécutions continuèrent. Le gouverneur crut devoir se justifier en rejetant sur le ministère anglais tout l'odieux de sa conduite; il prétendait accomplir un devoir. « Le bourreau en fait autant, lui répondit l'Empereur : il exé-
« cute aussi les ordres qu'il a reçus. Je ne crois pas qu'un gouvernement soit
« assez vil pour donner des ordres semblables à ceux que vous faites exécuter...
« Vous avez plein pouvoir sur mon corps, mais aucun sur mon âme. Cette âme
« est aussi fière, aussi courageuse que quand elle commandait à l'Europe. Vous
« êtes un sbire sicilien, et non pas un Anglais. Je vous prie de ne plus revenir jus-
« qu'à ce que vous apportiez l'ordre de me *dépêcher*. Alors vous trouverez toutes
« les portes ouvertes. » Malgré cette défense, les sicaires de sir Hudson Lowe voulurent pénétrer dans l'asile de Napoléon. La menace d'une défense désespérée et la protestation réitérée qu'on ne violerait sa retraite qu'en passant sur son cadavre le débarrassèrent enfin d'un indigne assujettissement; mais la haine et la méchanceté n'en parvinrent pas moins à leur but, celui de l'assassiner lentement et d'une manière infaillible. En effet, pour se dérober à des persécutions sans relâche et sans fin, Napoléon résolut de se confiner dans son étroite et fatale demeure, et avança ainsi, par le défaut d'exercice et surtout par le travail immense que nécessitait la rédaction de ses Mémoires, l'époque à laquelle, suivant son énergique expression, le ciel de Sainte-Hélène, chargé du forfait de sa mort, devait le consumer.

Le comte de Las-Cases, chambellan de Napoléon, à qui l'on doit de précieux et touchants souvenirs des quinze premiers mois de Sainte-Hélène, avait été arraché à la confiance, à l'amitié du captif, par son impitoyable gardien. Une lettre insignifiante confiée à un voyageur sans avoir été remise ouverte au gouverneur, suivant la règle imposée par le geôlier ombrageux, fut la cause innocente de l'enlèvement de M. de Las-Cases et de ce jeune Emmanuel, son fils, alors enfant, qui depuis est allé venger publiquement à Londres, sur la personne de sir Hudson Lowe, les outrages faits à son père et à Napoléon. Ce prince les vit, de sa fenêtre, entraîner par des soldats. Un autre calcul de la barbarie envenimée par la peur qui tourmentait le geôlier de Longwood, ravit de même au malade le médecin du *Northumberland*, O'Meara, qui avait obtenu et mérité sa confiance. Le docteur O'Meara s'était rendu bien coupable aux yeux de Hudson Lowe : il était aimé de Napoléon, il l'aimait, et, crime irrémissible ! il avait voulu épargner un crime à sa patrie, en écrivant au ministre que l'air de Sainte-Hélène suffisait pour tuer le prisonnier. Pour surcroît de malheur, le général Gourgaud, qui, de retour en Europe, n'a cessé de défendre Napoléon pendant sa vie et après sa mort, fut condamné, par le délabrement total d'une santé depuis longtemps chancelante, à rompre le ban d'une fidélité qui lui était bien chère. Ainsi Napoléon se trouva tout à coup privé de quatre compagnons qui, par la variété de leurs services et par celle de leurs connaissances, contribuaient chaque jour à lui alléger le fardeau de l'existence ; il n'avait plus auprès de lui que les généraux Bertrand et Montholon.

Malgré la défense du gouverneur, O'Meara était allé rendre compte à Napoléon de la nécessité de son départ. « Le crime s'en consommera plus vite, lui dit Napo-
« léon... Quand vous serez arrivé en Europe, vous irez trouver mon frère Joseph ;

« vous lui direz que je désire qu'il vous donne le paquet que je lui ai confié à
« Rochefort contenant les lettres particulières et confidentielles qui m'ont été
« écrites par les empereurs Alexandre et François, par le roi de Prusse et les
« autres souverains de l'Europe. Vous les publierez pour couvrir de honte ces sou-
« verains, et découvrir au monde l'hommage vil que ces orgueilleux vassaux me
« rendaient quand ils sollicitaient des faveurs ou me suppliaient pour leurs trônes.
« Lorsque j'étais fort et que j'avais le pouvoir en main, ils briguèrent ma protec-
« tion et l'honneur de mon alliance, et ils léchèrent la poussière de mes pieds :
« maintenant que je suis vaincu, ils m'oppriment lâchement, et me séparent de ma
« femme et de mon enfant. » Il recommanda ensuite au docteur de tâcher de lui
envoyer des renseignements authentiques sur la manière dont son fils était élevé.
« Qu'il n'oublie jamais, dit-il, qu'il est né prince français ! Adieu, O'Meara, nous
« ne nous reverrons plus ! »

Le docteur Stokoë, chirurgien du vaisseau le *Conquérant*, remplaça O'Meara, et fut aussi congédié par le gouverneur. Ainsi Napoléon resta sans médecin pendant près d'une année. Ce fut après cette période, et lorsque déjà la maladie avait eu le temps de prendre un caractère incurable, qu'il vit arriver le docteur Antomarchi, professeur de Florence, et les chapelains Buonavita et Vignali, envoyés de Rome par le cardinal Fesch. Ils lui apportaient les vœux de la terre natale; mais ils devaient bientôt y porter ses derniers adieux. La première entrevue avec Antomarchi, qui eut lieu le 23 septembre 1819, brisa son âme, émue par les souvenirs les plus tendres. Il reçut alors avec transport le portrait de son fils, qu'il contempla longtemps les yeux pleins de larmes. « Cher enfant, s'il n'est pas victime « de quelque infamie politique, il ne sera pas indigne de celui dont il tient le « jour. » Quelque temps après cette scène, suivie de plusieurs autres où l'amour paternel avait éclaté dans toute sa force, l'Empereur, rentrant accablé de fatigue, et ne sachant que faire pour combattre une mauvaise disposition, se saisit d'un Racine, et ouvrit le livre à la tragédie d'*Andromaque*. « *Andromaque*, dit-il, *c'est* « *la pièce des pères malheureux.* » Puis il se mit à lire quelques vers ; mais l'ouvrage lui tomba des mains à ce passage :

> Je passais jusqu'aux lieux où l'on garde mon fils :
> Puisqu'une ois le jour vous souffrez que je voie
> Le seul bien qui me reste et d'Hector et de Troie,
> J'allais, seigneur, pleurer un moment avec lui :
> Je ne l'ai point encore embrassé d'aujourd'hui.

Au milieu de ses souffrances, son plaisir le plus doux était d'appeler les enfants du grand maréchal, d'assister à leurs jeux et d'accommoder leurs différends ; il

se prêtait à ce rôle avec une complaisance toute paternelle : mais ces distractions ne le détournaient pas des hautes pensées et des généreux sentiments. L'amour de la patrie occupait surtout cette grande âme, à laquelle on a voulu refuser la sensibilité, parce que chez lui la sensibilité ardente, et même pleine de tendresse, était modérée par la puissance aux prises avec tous les périls, avec tous les embarras et toutes les extrémités des choses humaines. Sur son roc de Prométhée, Napoléon ne parlait de la Corse qu'avec une affection toute filiale. « Ah ! « docteur, quels souvenirs la Corse m'a laissés ! Je jouis encore de ses sites, de « ses montagnes ; je la foule, je la reconnais à l'odeur qu'elle exhale. Je voulais « l'améliorer, la rendre heureuse, tout faire en un mot pour elle : le reste de « la France n'eût pas désapprouvé ma prédilection. » Ensuite, après avoir détaillé tous ses projets pour le pays qui l'avait vu naître, il s'écria : « *La patrie !* « *la patrie !* Si Sainte-Hélène était la France, je me plairais sur cet affreux « rocher. » Les bons soins du médecin, la docilité du malade, si habituellement rebelle aux prescriptions de l'art, avaient produit un mieux sensible dans son état. Le 13 novembre, il marchait dans son jardin ; faible encore, il s'assit, promena ses regards autour de lui, et dit au docteur Antomarchi avec une expression pénible : « Ah ! où est la France ? où est son riant climat ? Si je pouvais respirer « au moins un peu d'air qui eût touché cet heureux pays ! Quel spécifique que « le sol qui nous a vus naître ! Antée réparait ses forces en touchant la terre : « ce prodige se renouvellerait pour moi ; je le sens, je serais revivifié si j'aperce-« vais nos côtes. »

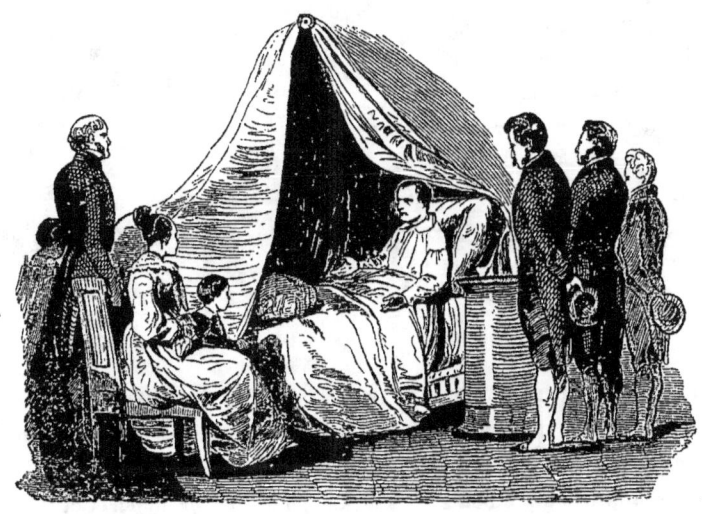

L'année 1819 s'écoula dans les alternatives de maladie et de rétablissement, qui aboutirent à une rechute grave et dont l'issue ne pouvait donner que de vives inquiétudes. Cependant, malgré ses souffrances et un dépérissement visible, la mémoire de Napoléon toujours présente, son imagination toujours la même, lui retraçaient les événements avec une fidélité admirable, et les coloraient avec une étonnante richesse.

La maladie continua avec les mêmes vicissitudes en 1820. Dans les premiers mois de l'année, Napoléon semblait avoir repris la santé, grâce à une vie plus active et aux travaux du jardinage, auxquels il avait eu recours sur la prescription de son médecin. Illusion trompeuse! l'affection était trop grave pour guérir sous un climat aussi propre à la développer. Cette situation du malade, prévue par O'Meara et par les rapports du docteur Stokoë, était connue en Angleterre; le 20 juillet, le fidèle O'Meara, toujours attentif à l'état de son illustre ami, écrivit à lord Bathurst :

« Votre Seigneurie me rendra la justice de se rappeler que la crise actuelle a été
« prédite par moi, et officiellement annoncée à l'amirauté, à mon retour de Sainte-
« Hélène, en 1818. Un temps bien court a malheureusement trop justifié une
« opinion que le simple bon sens suffisait pour faire prononcer, et que la probité
« la plus ordinaire obligeait de divulguer. » La déclaration du docteur, aussi remarquable par la précision des faits que par l'énergie de l'expression, devait ôter tout prétexte de doute au ministre anglais. Elle portait : « *Que la mort pré-*
« *maturée de Napoléon était aussi certaine, sinon aussi prochaine, si le même*
« *traitement était continué à son égard, que si on l'avait livré au bourreau.* » Par la même lettre, le digne O'Meara sollicitait la permission de retourner à Sainte-Hélène pour y donner des soins à Napoléon, dont il avait, pendant trois ans, étudié

la constitution. Il demandait à partir gratuitement, et même à résider à ses frais auprès du PATIENT. L'expression de PATIENT avait été proposée par le grand maréchal Bertrand, et acceptée par le gouverneur Hudson Lowe, en remplacement des qualifications d'empereur et de général, dont l'une répugnait aux Anglais, et l'autre aux Français.

Lord Bathurst ne voulut point écouter O'Meara, et accepta sans hésiter la responsabilité d'un refus qui équivalait presque à un arrêt de mort. Dans l'île fatale, comme à Londres, on prévoyait la fin de la douloureuse agonie de Sainte-Hélène. Le 29 juillet 1820, le docteur Antomarchi adressa au docteur Colonna, pour être communiquée à la famille de Napoléon, une lettre qui annonçait, non pas un danger imminent, mais le désespoir de la guérison. Cependant, le 31 du mois, le malade paraissait rétabli; il reprit avec plaisir ses habitudes matinales; mais le feu couvait sous la cendre; le physique se décomposait par degrés, et le moral était affecté. Vers le 15 septembre, les symptômes fâcheux ayant reparu avec violence, une lettre pressante sur l'état critique de Napoléon fut adressée, par le comte Bertrand, au lord Liverpool, et ne produisit encore aucun effet. Il fallait autre chose pour convaincre lord Bathurst, qui avait pour Napoléon la dureté de cœur d'un émule de Castlereagh, et que rassuraient sans cesse les mensonges de sir Hudson Lowe.

De nobles souvenirs de l'Italie et de la France, de touchantes images de sa

famille, remplissaient les intervalles de souffrances du malade, et ne l'empêchaient pas de prononcer chaque jour lui-même son arrêt, malgré les déceptions par lesquelles la pitié du médecin cherchait à lui déguiser la triste vérité. La douleur de la mort de sa sœur, la princesse Élisa, le rappelait à cette idée fixe de sa fin prochaine. « Je n'ai plus ni force, ni activité, ni énergie; je ne suis plus
« Napoléon, disait-il à son médecin. Vous cherchez en vain à me rendre l'espé-
« rance, à rappeler la vie prête à s'éteindre. Vos soins ne peuvent rien contre la
« destinée; elle est immuable. La première personne de notre famille qui doit
« suivre Élisa dans la tombe est ce grand Napoléon qui végète, qui plie sous le
« faix, et qui pourtant tient encore l'Europe en alarmes! » Il ne se trompait pas.

L'année 1821 commença sous de funestes auspices. Il déclinait de jour en jour; n'importe! un pied déjà dans la tombe, il s'occupait encore de l'Europe et de son avenir; il parlait de l'Italie en homme qui avait eu sur elle de grands et justes desseins; il regrettait amèrement de n'avoir pu faire de la Péninsule une puissance unique et indépendante que son fils eût gouvernée. Dans le mois de février une comète parut au-dessus de Sainte-Hélène; elle lui rappela aussitôt celle de César, et il sembla prévoir dès lors que sa fin approchait. Tout ce qui l'environnait le pressait d'aller voir ce phénomène; instances inutiles! Un seul de ses officiers gardait le silence : « Vous m'avez compris, vous! » lui dit-il. Depuis longtemps il avait la conviction de ne point échapper au climat de Sainte-Hélène, et à tout moment quelques paroles prophétiques annonçaient cette conviction. Elle était également dans le cœur de ses serviteurs; aussi, le 17 mars, le comte de Montholon écrivit à la princesse Borghèse : « Que la maladie de foie dont Napo-
« léon souffrait depuis plusieurs années, et qui est endémique et mortelle à
« Sainte-Hélène, avait fait des progrès effrayants depuis deux mois; qu'il ne pou-
« vait marcher dans son appartement sans être soutenu. Le comte Bertrand a écrit,
« au mois de septembre à lord Liverpool, pour demander que l'Empereur fût
« changé de climat, et faire connaître le besoin qu'il a des eaux minérales. Mais
« le gouverneur sir Hudson Lowe *s'est refusé à faire passer cette lettre à son gou-*
« *vernement, sous le vain prétexte que le titre d'empereur était donné à Sa Majesté.*
« L'Empereur compte aussi sur Votre Altesse pour faire connaître à des Anglais
« influents l'état véritable de sa maladie. Il meurt sans secours sur cet affreux
« rocher; son agonie est effroyable... »

En effet, ce fut le même jour que commença la crise qui, deux mois après, devait l'emporter. « *Là, c'est là!* » disait-il, en montrant sa poitrine au docteur Antomarchi. Celui-ci lui présenta un flacon d'alcali. « *Eh non! ce n'est pas fai-*
« *blesse*, s'écria-t-il, *c'est la force qui m'étouffe, c'est la vie qui me tue.* » Puis, s'élançant à une fenêtre et regardant le ciel : « *17 mars*, dit-il; *à pareil jour, il y*
« *a six ans* (nous étions à Auxerre, venant de l'île d'Elbe), *il y avait des nuages*
« *au ciel. Ah! je serais guéri si je voyais ces nuages.* » Puis saisissant la main du

docteur et l'appuyant sur sa poitrine : « *C'est un couteau de boucher qu'ils ont* « *mis là, et ils ont brisé la lame dans la plaie.* »

Les derniers jours de Napoléon furent aussi grands que les plus glorieuses époques de sa vie. Trop certain de sa mort, il souriait de pitié quand on cherchait à combattre en lui cette idée : « *Pouvez-vous rejoindre cela ?* » disait-il à un officier anglais, après avoir coupé en deux le cordon de la sonnette de son lit. « Aucun remède ne peut me guérir. Ma mort sera un baume salutaire pour nos « ennemis. J'aurais désiré revoir ma femme et mon fils; mais que la volonté « de Dieu soit faite ! » Puis, avec une attitude digne de Socrate, il ajouta : « Il n'y a rien de terrible dans la mort. Elle a été la compagne de mon oreiller « pendant ces trois semaines, et à présent elle est sur le point de s'emparer de « moi pour jamais. » Un autre jour il disait : « Les monstres me font-ils assez « souffrir ! Encore s'ils m'avaient fait fusiller, j'aurais eu la mort d'un soldat... « J'ai fait plus d'ingrats qu'Auguste, que ne suis-je comme lui en situation de « leur pardonner ! »

Le 15 avril, Napoléon s'enferma avec MM. de Montholon et Marchand, pour faire ce testament où il n'oublia personne. Ce précieux inventaire de ses sentiments remonte de la prison de Longwood à sa jeunesse. Près du dernier moment, il songe aux enfants du général Dutheil, qui a pris soin de lui dès son entrée dans la carrière militaire; à la famille du représentant Gasparin, qui, au siége de Toulon, a sanctionné les inspirations du génie et défendu leur auteur contre la persécution ; au fils de l'intrépide Dugommier, son ami, le premier qui ait deviné le maître futur de l'Europe dans un jeune commandant d'artillerie de la Répu-

blique. Parmi ses légataires sont les soldats de l'île d'Elbe, les blessés de Waterloo, les proscrits de l'amnistie de 1815, les victimes de la réaction, les anciens amis, les serviteurs fidèles; sa chère ville de Brienne et huit provinces de France ont part aux libéralités de cet autre César, non moins reconnaissant et non moins généreux que le premier. Son vœu le plus cher est que ses cendres reposent sur les bords de la Seine... Il recommande à son fils *de ne jamais oublier qu'il est né prince français, de ne jamais combattre la France,* d'adopter sa devise : *Tout pour le peuple français,* etc. Automarchi arrive : « Voilà mes apprêts, docteur ! » lui dit-il, en lui montrant des papiers qui couvraient le tapis : « *Je m'en vais... « plus d'illusion. Je suis résigné.* » Le 19 il est mieux. On s'en réjouit. « *Vous ne vous trompez pas,* dit-il, *je suis mieux; mais je n'en sens pas moins ma fin s'approcher. Quand je serai mort, chacun de vous aura le bonheur de revoir l'Europe, ses parents, ses amis : moi, je reverrai mes braves dans les Champs-Élysées. Oui,* ajouta-t-il d'une voix forte : *Kléber, Desaix, Bessières, Duroc, Ney, Murat, Masséna, Berthier, tous viendront à ma rencontre..... En me voyant, ils deviendront tous fous d'enthousiasme et de gloire. Nous causerons de nos guerres avec les Scipions, les Annibal, les César, les Frédéric, à moins,* ajouta-t-il en riant, *que là-bas on n'ait peur de voir tant de guerriers ensemble.* » Dans ce moment entra le docteur Arnold, chirurgien d'un régiment anglais. « C'en est fait, lui dit
« Napoléon, le coup est porté. Je touche à ma fin : je vais rendre mon corps à la
« terre. Approchez, Bertrand, traduisez à monsieur ce que vous allez entendre...
« N'omettez pas un mot :

« J'étais venu m'asseoir au foyer du peuple britannique. Je demandais une
« loyale hospitalité. Contre tout ce qu'il y a de droits sur la terre, on me répondit
« par des fers. J'eusse reçu un autre accueil d'Alexandre, de l'empereur François,
« du roi de Prusse. Mais il appartenait à l'Angleterre de surprendre, d'entraîner
« les rois, et de donner au monde le spectacle inouï de quatre grandes puissances
« s'acharnant sur un seul homme. C'est votre ministère qui a choisi cet affreux
« rocher, où se consume, en moins de trois ans, la vie des Européens, pour y
« achever la mienne par un assassinat. Et comment m'avez-vous traité depuis que
« je suis sur cet écueil ? Il n'y a pas une indignité dont vous ne vous soyez fait
« une joie de m'abreuver. Les plus simples communications de famille, celles
« même qu'on n'a jamais interdites à personne, vous me les avez refusées... Ma
« femme, mon fils, n'ont plus vécu pour moi : vous m'avez tenu six ans dans les
« tortures du secret. Dans cette île inhospitalière, vous m'avez donné pour demeure
« l'endroit le moins fait pour être habité, celui où le climat meurtrier des tro-
« piques se fait le plus sentir; il a fallu me renfermer entre quatre cloisons, moi
« qui parcourais à cheval toute l'Europe ! vous m'avez assassiné longuement, avec
« préméditation, et l'infâme Hudson a été l'exécuteur des hautes œuvres de vos
« ministres... Vous finirez comme la superbe république de Venise; et moi, mou-

« rant sur cet affreux rocher, privé des miens et manquant de tout, *je lègue l'op-
« probre de ma mort à la maison régnante d'Angleterre.* » Tel fut le manifeste
testamentaire de Napoléon.

Napoléon était trop pénétré du sentiment de sa propre grandeur pour ne pas croire à l'immortalité de l'âme. Deux jours après, le 21 avril, il voulut rendre l'hommage du chrétien à ce dogme consolateur; la veille, à l'insu des généraux Bertrand et Montholon, l'autel se trouva dressé dans la pièce voisine de sa chambre; il avait tout prescrit lui-même au chapelain qui reçut sa confession. Seul avec l'abbé Vignali, qui ne l'avait connu qu'à Sainte-Hélène, il ne donna à aucun témoin de sa puissance passée le spectacle de cette dernière abdication. Présent aux ordres que Napoléon avait intimés, le 20, à son chapelain, le docteur Antomarchi parut manifester une sorte d'étonnement. *Je ne suis,* lui dit Napoléon, *ni philosophe, ni médecin. N'est pas athée qui veut.* Le 25, il eut encore la force d'ajouter quatre codicilles à son testament.

Le 28, un soin stoïque l'occupa : il chargea Antomarchi de faire l'autopsie de son corps, de communiquer à son fils ses observations, de mettre son cœur dans de l'esprit-de-vin, et de le porter *à sa chère Marie-Louise. Vous irez à Rome, docteur; vous direz aux miens que le grand Napoléon a expiré sur ce triste rocher, dans l'état le plus déplorable, manquant de tout, abandonné à lui-même et à la gloire.* Le lendemain on lui apporta de l'eau de la fontaine voisine de Hutsgate. « Si la destinée voulait que je me rétablisse, dit-il, j'élèverai un monument dans
« le lieu où jaillit cette source; je couronnerais sa fontaine, en mémoire du sou-

« lagement qu'elle m'a causé. Si je meurs, et que l'on ne proscrive pas mon
« cadavre comme on a proscrit ma personne, je souhaite que l'on m'enterre auprès
« de mes ancêtres, dans la cathédrale d'Ajaccio. S'il ne m'est pas permis de repo-
« ser où je naquis, eh bien, que l'on m'ensevelisse là où coule cette eau, si douce
« et si pure! » Il ne formait ce dernier vœu que parce qu'il savait bien qu'on lui
refuserait d'être inhumé sur les bords de la Seine.

Le 2 mai, dans un accès de délire, il se croyait à la tête de l'armée d'Italie :
Steingel, Desaix, Massena, allez, courez, prenez la charge, ils sont à nous ! Le
lendemain vit s'approcher sa dernière heure. La veille on avait entendu le guerrier
qui décidait du sort d'une bataille ; le 3 mai, on écouta le dictateur de l'Europe
parlant aux sujets qui lui sont restés. Sa voix est solennelle, et il va prononcer la
dernière volonté de sa toute-puissance ; il s'adresse à ses exécuteurs testamentaires,
aux généraux Bertrand et Montholon, et leur dit :

« Vous allez repasser en Europe. Je vous dois quelques conseils sur la conduite
« que vous avez à tenir. Vous avez partagé mon exil, *vous serez fidèles à ma*
« *mémoire ; vous ne ferez rien qui puisse la blesser.* J'ai sanctionné tous les prin-
« cipes, je les ai infusés dans mes lois, dans mes actes ; il n'y en a pas un seul
« que je n'aie consacré. Malheureusement les circonstances étaient graves. J'ai été
« obligé de sévir, d'ajourner, les revers sont venus : *je n'ai pu débander l'arc, et*

« *la France a été privée des idées libérales que je lui destinais.* Elle me juge avec
« indulgence; elle me tient compte de mes intentions ; elle chérit mon nom, mes
« victoires. *Imitez-la ; soyez fidèles aux opinions que nous avons défendues, à la*
« *gloire que nous avons acquise : il n'y a hors de là que honte et confusion.* »

Le 5, une tempête affreuse déracina jusqu'au dernier arbre qui avait prêté son ombrage à Napoléon ; elle parut annoncer que le dernier astre sous lequel la terre avait brillé allait s'éteindre. A cinq heures et demie du soir, il n'interrompit le silence léthargique où il était plongé que pour laisser échapper ces deux mots : « TÊTE D'ARMÉE. » Telle fut la suprême parole du vainqueur de l'Europe. Le buste de son fils, qu'il avait fait placer depuis un mois en face de son lit, avait eu son dernier regard. Vingt minutes après, ces mains qui avaient tenu et donné tant de sceptres, qui avaient élevé tant de monuments et renversé tant de remparts, se glacèrent sous les baisers et sous les larmes des enfants du général Bertrand.

Le lendemain, à six heures du soir, le docteur Antomarchi procéda à l'autopsie. Ce triste devoir eut pour témoins les exécuteurs testamentaires, des officiers de la garnison, et huit médecins anglais ; ces derniers, d'après l'ordre du gouverneur, dressèrent procès-verbal de l'opération. Il y était dit que Napoléon avait succombé *à une affection cancéreuse héréditaire.* Le docteur Antomarchi refusa de signer le procès-verbal, parce que son opinion était qu'il avait succombé à une *gastro-hépatite chronique*, produite par le climat. Ainsi, au lieu de constater la vérité, l'autopsie consacra la fable absurde du cancer héréditaire, que les médecins anglais durent appliquer à la maladie de Napoléon, d'après les insinuations de sir Hudson, qui voulait essayer de soustraire son gouvernement et lui-même à la responsabilité éternelle d'un grand crime. Les instructions ministérielles, en décidant de longue main que le *patient* mourrait de la maladie de son père, voulaient essayer de démentir d'avance le témoignage irréfragable de l'autopsie du cadavre de l'*ennemi commun*. Le ministère britannique et la Sainte-Alliance lui donnaient sans doute encore ce nom ; mais Napoléon, dans un élan sublime, la veille du jour fatal, avait dit : « *Je suis en paix avec tout le genre humain.* » Aussi, après la mort, son visage portait encore l'empreinte du calme de son âme. Le moment était venu où il avait tout pardonné.

La haine qui avait désigné également Sainte-Hélène pour servir de tombeau à Napoléon, et prévu sa mort inévitable, avait aussi défendu à ses cendres le retour dans la patrie : elles devaient rester à la terre étrangère et au lieu même du supplice du proscrit. Ni les réclamations des généraux Bertrand et Montholon, qui invoquèrent le traité de Paris ; ni, depuis, les instances de la famille Bonaparte, qui demanda de faire transporter à Rome le corps de son chef, ne purent rien changer à la décision du congrès, dont Hudson Lowe prescrivit impérieusement l'exécution. Alors le premier vœu de Napoléon, renouvelé peu de jours avant de quitter la vie, d'être inhumé au bord de la fontaine, fut réclamé par ses compagnons, heureux de donner au moins à leur souverain le dernier asile qu'il avait choisi lui-même.

Le lieu où il reposa est un site très-romantique, au fond d'une petite vallée que l'on appelle *Vallée du Fermain*. Auprès coule un filet d'eau limpide, qui descend du pic de Diane; au-dessus est *Hutsgate*, la porte de la cabane, première habitation du grand maréchal Bertrand. Au commencement de l'exil, cette vallée était un des repos favoris de Napoléon dans ses promenades; ce lieu lui plaisait, et un sentiment de prédilection l'y attirait. « Si je dois mourir sur ce rocher, dit-il « au général Bertrand, faites-moi enterrer au-dessous de ces saules, près de ce « ruisseau. »

Après l'autopsie, on enferma ses précieux restes dans des coupes pleines d'esprit-de-vin. Napoléon, revêtu de l'uniforme des chasseurs à cheval de la garde impériale, couvert de tous les ordres qu'il avait ou créés ou reçus pendant son règne, fut exposé sur son lit de parade; le manteau de Marengo lui servait de drap mortuaire. Le captif des rois allait descendre dans la tombe avec toutes les décorations de la royauté européenne; et la couche de fer où il se reposait, après les quarante-neuf batailles rangées où il les avait tous vaincus, devenait un monument funèbre autour duquel la religion et la vénération historique rassemblaient, au fond de l'océan Atlantique, les respects d'un état-major anglais et les regrets d'une famille française. En ce moment, le gouverneur parut se joindre à la douleur générale. Il déplora la perte qu'on venait de faire, en annonçant qu'elle était d'autant plus fâcheuse que son gouvernement revenait à bien. Le ministère l'avait chargé d'annoncer au général Bonaparte que l'instant approchait où la liberté pourrait lui être rendue, et que Sa Majesté Britannique ne serait pas la dernière à accélérer le terme de sa captivité.

Napoléon resta exposé le 6 et le 7 mai. Tout Anglais fut libre de venir contempler *l'hôte du Bellérophon*, le mort de Sainte-Hélène. Le concours fut général et la douleur unanime. Pas un habitant qui ne pleurât, pas un soldat qui ne donnât des regrets au grand capitaine. Ses souffrances lui avaient attiré tous les cœurs ; sa mort le rendait sacré. Le 8, le corps fut embaumé ; on le revêtit ensuite de l'uniforme de la veille, et on le renferma dans un quadruple cercueil. Le 9, la pompe funèbre eut lieu dans l'ordre suivant : Napoléon Bertrand, filleul de l'Empereur, fils du grand maréchal ; le chapelain Vignali, revêtu de ses habits sacerdotaux ; les docteurs Antomarchi et Arnold ; vingt-quatre grenadiers anglais, destinés à descendre le corps au bas de la colline ; ensuite une voiture de deuil, où le corps était placé ; derrière elle, le cheval de Napoléon ; les exécuteurs testamentaires, comte Bertrand, comte de Montholon, et Marchand, premier valet de chambre, et les serviteurs de Napoléon, escortaient à pied le convoi, que la comtesse de Montholon suivait en voiture avec sa fille. Là, finissait la famille française. Venait ensuite un groupe d'officiers anglais de mer et de terre, les membres du conseil de l'île, le général Cofin, le marquis de Monchenu, commissaires pour la France et l'Autriche ; l'amiral, et le héros de cette pompe de mort, le gouverneur ; enfin lady Hudson Lowe et sa fille, en grand deuil, dans une voiture. Trois mille hommes escortèrent le corps au sortir de Longwood. Comme la route ne

permettait pas au char funéraire d'arriver jusqu'au lieu de la sépulture, des gre-

nadiers anglais eurent l'honneur de porter sur leurs épaules les dépouilles mortelles du héros. Elles reçurent les prières et la bénédiction du prêtre avant de pénétrer dans le caveau avec les coupes d'argent qui contenaient le cœur et l'estomac, et qui furent placées dans le cercueil descendu dans le funèbre asile. Douze salves d'artillerie apprirent à l'Océan que l'âme de Napoléon avait quitté la terre. Une garde d'officiers anglais fut chargée de veiller sur la sépulture du grand homme.

On trouva dans sa chambre quelques papiers qu'il avait déchirés. Ces fragments sont précieux; ils renferment les premières étincelles des pensées vigoureuses qui, jusqu'au dernier moment, fermentèrent dans son esprit, et tinrent son âme élevée au-dessus de son infortune :

« Nouveau Prométhée, je suis cloué à un roc où un vautour me ronge. Oui, « j'avais dérobé le feu du ciel pour en doter la France : le feu est remonté à sa « source, et me voilà! L'amour de la gloire ressemble à ce pont que Satan « jeta sur le chaos pour passer de l'enfer au paradis : le gloire joint le passé à « l'avenir, dont il est séparé par un abîme immense. Rien à mon fils, que mon « nom! »

Jamais homme, depuis Alexandre et César, n'eut le droit d'être plus avide des regards de la postérité. En regardant des yeux de la pensée son cercueil placé sous la garde des orages, au sein de l'Océan immortalisé par les chants du Camoëns, son âme prophétisait peut-être pour sa cendre le pèlerinage de l'univers. Il a pu se dire : Où sont les restes de Cyrus, de Sésostris, d'Alexandre, de César, de Charlemagne? Les miens habiteront à jamais mon tombeau. Ils ne sont pas placés sur le chemin des conquérants !

TESTAMENT DE NAPOLÉON

Ceci est mon testament, ou acte de ma dernière volonté.

APOLÉON,

Cejourd'hui 15 avril 1821, à Longwood, île de Sainte-Hélène.

I

1° Je meurs dans la religion apostolique et romaine, dans le sein de laquelle je suis né il y a plus de cinquante ans.

2° Je désire que mes cendres reposent sur les bords de la Seine, au milieu de ce peuple français que j'ai tant aimé.

3° J'ai toujours eu à me louer de ma très-chère épouse Marie-Louise. Je lui conserve, jusqu'au dernier moment, les plus tendres sentiments; je la prie de veiller, pour garantir mon fils des embûches qui environnent encore son enfance.

4° Je recommande à mon fils de ne jamais oublier qu'il est né prince français, et de jamais se prêter à être un instrument entre les mains des triumvirs qui oppriment les peuples de l'Europe. Il ne doit jamais combattre ni nuire en aucune manière à la France : il doit adopter ma devise : *Tout pour le peuple français.*

5° Je meurs prématurément, assassiné par l'oligarchie anglaise et son sicaire. Le peuple anglais ne tardera pas à me venger.

6° Les deux issues si malheureuses des invasions de la France, lorsqu'elle avait encore tant de ressources, sont dues aux trahisons de Marmont, Augereau, Talleyrand et Lafayette. Je leur pardonne. Puisse la postérité française leur pardonner comme moi !

7° Je remercie ma bonne et excellente mère, le cardinal, mes frères Joseph, Lucien, Jérôme; Pauline, Caroline, Julie, Hortense, Catherine, Eugène, de l'intérêt qu'ils m'ont conservé. Je pardonne à Louis le libelle qu'il a publié en 1820. Il est plein d'assertions fausses et de pièces falsifiées.

8° Je désavoue le manuscrit de Sainte-Hélène et autres ouvrages sous le titre de *Maximes, sentences*, etc., que l'on s'est plu à publier depuis six ans : ce ne sont pas là les règles qui ont dirigé ma vie. J'ai fait arrêter et juger le duc d'Enghien, parce que cela était nécessaire à la sûreté, à l'intérêt et à l'honneur du peuple français[1], lorsque le comte d'Artois entretenait, de son aveu, soixante assassins dans Paris. (Dans de semblables circonstances, j'agirais de même.)

II

1° Je lègue à mon fils les boîtes, ordres et autres objets, tels qu'argenterie, lits de camp, armes, selles, éperons, vases de ma chapelle, livres, linge qui a servi à mon corps et à mon usage, conformément à l'état annexé, coté A. Je désire que ce faible legs lui soit cher, comme lui retraçant le souvenir d'un père dont l'univers l'entretiendra.

2° Je lègue à lady Holland le camée antique que le Pape Pie VI m'a donné à Tolentino.

3° Je lègue au comte Montholon deux millions de francs, comme une preuve de ma satisfaction des soins filials qu'il m'a rendus depuis six ans, et pour l'indemniser des pertes que son séjour à Sainte-Hélène lui a occasionnées.

4° Je lègue au comte Bertrand cinq cent mille francs.

5° Je lègue à Marchand, mon premier valet de chambre, quatre cent mille francs : les services qu'il m'a rendus sont ceux d'un ami. Je désire qu'il épouse une veuve, sœur ou fille d'un officier ou soldat de ma vieille garde.

6° Idem à Saint-Denis, cent mille francs.

7° Idem à Noverraz, cent mille francs.

[1] Tout ce qui peut expliquer la pensée, peindre la situation intérieure de Napoléon écrivant son testament, est digne d'intérêt. Or, il est aisé de se convaincre, à l'inspection de l'orignal, qu'il a d'abord fini l'article Ier à notre renvoi, car, immédiatement au-dessous de la ligne, il écrit le numéro II de l'article suivant, qu'on voit plus bas; mais, trouvant sans doute que sa phrase n'a pas rendu tout ce qu'il voulait, il raye ce numéro II, et ajoute ce qu'on lit comme complément, explication et justification de ce qui précède.

8° Idem à Pierron, cent mille francs.

9° Idem à Archambaud, cinquante mille francs.

10° Idem à Chandellier, idem.

11° Idem à Cursor, vingt-cinq mille francs.

12° A l'abbé Vignali, cent mille francs. Je désire qu'il bâtisse sa maison près de Ponte-Nuovo di Costino.

13° Idem au comte de Las-Cases, cent mille francs.

14° Idem au comte de Lavalette, cent mille francs.

15° Idem au chirurgien en chef Larrey, cent mille francs. C'est l'homme le plus vertueux que j'aie connu[1].

16° Idem au général Brayher, cent mille francs.

17° Idem au général Lefebvre-Desnouettes, cent mille francs.

18° Idem au général Drouot, cent mille francs.

19° Idem au général Cambronne, cent mille francs.

20° Idem aux enfants du général Mouton-Duvernet, cent mille francs.

21° Idem aux enfants du brave Labédoyère, cent mille francs.

22° Idem aux enfants du général Girard, tué à Ligny, cent mille francs.

23° Idem aux enfants du général Chartrand, cent mille francs.

24° Idem aux enfants du vertueux général Travost, cent mille francs.

25° Idem au général Lallemand l'aîné, cent mille francs.

26° Idem au comte Réal, cent mille francs.

27° Idem à Costa de Bastilica en Corse, cent mille francs.

28° Idem au général Clausel, cent mille francs.

29° Idem au baron de Menneval, cent mille francs.

30° Idem à Arnault, auteur de *Marius*, cent mille francs.

31° Idem au colonel Marbot, cent mille francs. Je l'engage à continuer à écrire pour la défense de la gloire des armées françaises, et à en confondre les calomniateurs et les apostats.

32° Idem au baron Bignon, cent mille francs. Je l'engage à écrire l'histoire de la diplomatie française de 1792 à 1815.

33° Idem à Poggi, dit Talavo, cent mille francs.

34° Idem au chirurgien Emmery, cent mille francs.

35° Ces sommes seront prises sur les six millions que j'ai placés en partant de Paris en 1815, et sur les intérêts à raison de 5 pour 100 depuis juillet 1815; les comptes en seront arrêtés avec le banquier, par les comtes Montholon, Bertrand et Marchand.

36° Tout ce que ce placement produira au delà de la somme de 5,600,000 fr., dont il a été disposé ci-dessus, sera distribué en gratifications aux blessés de

---

[1] On trouve au *Mémorial*, tome VI, mercredi 23 octobre 1816, la circonstance intéressante et curieuse qui a mérité une si magnifique apostille.

Waterloo, et aux officiers et soldats du bataillon de l'île d'Elbe, sur un état arrêté par Montholon, Bertrand, Drouot, Cambronne et le chirurgien Larrey.

37° Ces legs, en cas de mort, seront payés aux veuves et enfants, et, au défaut de ceux-ci, rentreront à la masse.

III

1° Mon domaine privé étant ma propriété, dont aucune loi française ne m'a privé, que je sache, le compte en sera demandé au baron de La Bouillerie, qui en est le trésorier. Il doit se monter à plus de 200,000,000 fr., savoir : 1° le portefeuille contenant les économies que j'ai, pendant quatorze ans, faites sur ma liste civile, lesquelles se sont élevées à plus de 12,000,000 par an, si j'ai bonne mémoire; 2° le produit de ce portefeuille; 3° les meubles de mes palais tels qu'ils étaient en 1814 : les palais de Rome, Florence, Turin, y compris tous ces meubles, ont été achetés des deniers des revenus de la liste civile; 4° la liquidation de mes maisons du royaume d'Italie, tels qu'argent, argenterie, bijoux, meubles, écuries : les comptes en seront donnés par le prince Eugène et l'intendant de la couronne Campagnoni.

2° Je lègue mon domaine privé, moitié aux officiers et soldats qui restent des armées françaises qui ont combattu depuis 1792 jusqu'à 1815, pour la gloire et l'indépendance de la nation; la répartition en sera faite au prorata des appointements d'activité, moitié aux villes et campagnes d'Alsace, de Lorraine, de Franche-Comté, de Bourgogne, de l'Ile-de-France, de Champagne, Forez, Dauphiné, qui auraient souffert par l'une ou l'autre invasion. Il sera de cette somme prélevé un million pour la ville de Brienne, et un million pour la ville de Méry.

J'institue les comtes Montholon, Bertrand et Marchand, mes exécuteurs testamentaires.

Ce présent testament, tout écrit de ma propre main, est signé et scellé de mes armes.

Signé : NAPOLÉON.

ÉTAT A JOINT A MON TESTAMENT.

I

1° Les vases sacrés qui ont servi à ma chapelle à Longwood.

2° Je charge l'abbé Vignali de les garder et de les remettre à mon fils quand il aura seize ans.

II

1° Mes armes, savoir : mon épée, celle que je portais à Austerlitz, le sabre de Sobieski, mon poignard, mon glaive, mon couteau de chasse, mes deux paires de pistolets de Versailles.

2° Mon nécessaire d'or, celui qui m'a servi le matin d'Ulm, d'Austerlitz, d'Iéna, d'Eylau, de Friedland, de l'île de Lobau, de la Moskowa, de Montmirail. Sous ce point de vue, je désire qu'il soit précieux à mon fils. (Le comte Bertrand en est dépositaire depuis 1814.)

3° Je charge le comte Bertrand de soigner et conserver ces objets, et de les remettre à mon fils quand il aura seize ans.

III

1° Trois petites caisses d'acajou contenant, la première, trente-trois tabatières ou bonbonnières ; la deuxième, douze boîtes aux armes impériales, deux petites lunettes et quatre boîtes trouvées sur la table de Louis XVIII, aux Tuileries, le 20 mars 1815 ; la troisième, trois tabatières ornées de médailles d'argent à l'usage de l'Empereur, et divers objets de toilette, conformément aux états numérotés : I, II, III.

2° Mon lit de camp, dont j'ai fait usage dans toutes mes campagnes.

3° Ma lunette de guerre.

4° Mon nécessaire de toilette. Un de chacun de mes uniformes, une douzaine de chemises, et un objet complet de chacun de mes habillements, et généralement tout ce qui me sert à ma toilette.

5° Mon lavabo.

6° Une petite pendule qui est dans ma chambre à coucher de Longwood.

7° Mes deux montres et la chaine de cheveux de l'impératrice.

8° Je charge Marchand, mon premier valet de chambre, de garder ces objets, et de les remettre à mon fils lorsqu'il aura seize ans.

IV

1° Mon médailler.

2° Mon argenterie et ma porcelaine de Sèvres, dont j'ai fait usage à Sainte-Hélène : états B et C.

3° Je charge le comte de Montholon de garder ces objets, et de les remettre à mon fils quand il aura seize ans.

V

1° Mes trois selles et brides, mes éperons qui m'ont servi à Sainte-Hélène.

2° Mes fusils de chasse, au nombre de cinq.

3° Je charge mon chasseur Noverraz de garder ces objets, et de les remettre à mon fils quand il aura seize ans.

VI

1° Quatre cents volumes choisis dans ma bibliothèque parmi ceux qui ont le plus servi à mon usage.

2° Je charge Saint-Denis de les garder, et de les remettre à mon fils quand il aura seize ans.

Signé : NAPOLÉON.

ÉTAT A.

1° Il ne sera vendu aucun des effets qui m'ont servi. Le surplus sera partagé entre mes exécuteurs testamentaires et mes frères.

2° Marchand conservera mes cheveux, et en fera faire un bracelet avec un petit cadenas en or pour être envoyé à l'impératrice Marie-Louise, à ma mère, et à chacun de mes frères et sœurs, neveux, nièces, au cardinal, et un plus considérable pour mon fils.

3° Marchand enverra une de mes paires de boucles à souliers, en or, au prince Joseph.

4° Une petite paire de boucles en or à jarretières au prince Lucien.

5° Une boucle de col en or au prince Jérôme.

ÉTAT A.

Inventaire de mes effets que Marchand doit garder pour remettre à mon fils.

1° Mon nécessaire d'argent, celui qui est sur ma table, garni de tous ses ustensiles, rasoirs, etc.

2° Mon réveille-matin. C'est le réveille-matin de Frédéric II, que j'ai pris à Potsdam (dans la boîte n° III).

3° Mes deux montres avec les chaines des cheveux de l'impératrice, et une chaine de mes cheveux pour l'autre montre. Marchand la fera faire à Paris.

4° Mes deux sceaux (un de France renfermé dans la boîte n° III).

5° La petite pendule dorée qui est actuellement dans ma chambre à coucher.

6° Mon lavabo, son pot à eau et son pied.

7° Mes tables de nuit, celles qui me servaient en France, et mon bidet de vermeil.

8° Mes deux lits de fer, mes matelas et mes couvertures, s'ils se peuvent conserver.

9° Mes trois flacons d'argent où l'on mettait mon eau-de-vie, que portaient mes chasseurs en campagne.

10° Ma lunette de France.

11° Mes éperons, deux paires.

12° Trois boîtes d'acajou, n°s I, II, III, renfermant mes tabatières et autres objets.

13° Une cassolette en vermeil.

Linge de toilette.

6 Chemises.
6 Mouchoirs.
6 Cravates.
6 Serviettes.
6 Paires de bas de soie.
4 Cols noirs.
6 Paires de chaussettes.
2 Paires de draps de batiste.
2 Taies d'oreiller.
2 Robes de chambre.
2 Pantalons de nuit.
1 Paire de bretelles.
4 Culottes-vestes de casimir blanc.
6 Madras.
6 Gilets de flanelle.

4 Caleçons.
6 Paires de gants.
1 Petite boîte pleine de mon tabac.
1 Boucle de col en or.
1 Paire de boucles à jarretière en or.
1 Paire de boucles en or à souliers.
} renfermées dans la petite boîte n° III.

Habillement.
1 Uniforme de chasseur.

Idem de grenadier.
Idem de garde nationale.
1 Capote grise et verte.
1 Manteau bleu (celui que j'avais à Marengo).
1 Zibeline-pelisse verte.
2 Paires de souliers.
2 Paires de bottes.
1 Paire de pantoufles.
6 Ceinturons.

ÉTAT B.
Inventaire des effets que j'ai laissés chez M. le comte de Turenne.

1 Sabre de Sobieski [1].
1 Grand collier de la Légion d'honneur.
1 Épée en vermeil.
1 Glaive de consul.
1 Épée en fer.
1 Ceinturon de velours.
1 Collier de la Toison-d'Or.
1 Petit nécessaire en acier.
1 Veilleuse en argent.
1 Poignée de sabre antique.
1 Chapeau à la Henri IV et une toque, les dentelles de l'Empereur.
1 Petit médailler.
2 Tapis turcs.
2 Manteaux de velours cramoisi brodés, avec vestes et culottes.
1° Je donne à mon fils :
  Le sabre de Sobieski.
  Le collier de la Légion d'honneur.
  L'épée en vermeil.
  Le glaive de consul.
  L'épée en fer.
  Le collier de la Toison-d'or.

Le chapeau à la Henri IV et la toque.
Le nécessaire d'or pour les dents, resté chez le dentiste.
2° A l'impératrice Marie-Louise, mes dentelles.
A Madame, la veilleuse en argent.
Au cardinal, le petit nécessaire en acier.
Au prince Eugène, le bougeoir en vermeil.
A la princesse Pauline, le petit médailler.
A la reine de Naples, un petit tapis turc.
A la reine Hortense, un petit tapis turc.
Au prince Jérôme, la poignée de sabre antique.
Au prince Joseph, un manteau brodé, veste et culottes.
Au prince Lucien, un manteau brodé, veste et culottes.

NAPOLÉON.

Au dos des feuilles pliées et scellées, renfermant l'ensemble du Testament, se lisait :

« *Ceci est mon testament écrit tout entier de ma propre main.*

Signé : NAPOLÉON.

[1] C'est par erreur que ce sabre est porté sur l'État A. Celui-là est le sabre que l'Empereur portait à Aboukir, et qui est entre les mains de M. le comte Bertrand.

Avril, le 16. — 1821. Longwood.

1° Je désire que mes cendres reposent sur les bords de la Seine, au milieu de ce peuple français que j'ai tant aimé.

2° Je lègue aux comtes Bertrand et Montholon, et à Marchand, l'argent, bijoux, argenterie, porcelaine, meubles, livres, armes, et généralement tout ce qui m'appartient dans l'île Sainte-Hélène [1].

Ce codicille, tout entier écrit de ma main, est signé et scellé de mes armes.

Signé : NAPOLÉON.

Au dos se lisait : « Ceci est un Codicille de mon Testament, écrit tout de ma propre main. »

NAPOLÉON.

[1] Le Testament et les Codicilles de l'Empereur ont été imprimés plusieurs fois, et se trouvent

Ce 24 avril 1821. Longwood.

Ceci est mon Codicille, ou acte de ma dernière volonté.

Sur la liquidation de ma liste civile d'Italie, tels que argent, bijoux, argenterie, linge, meubles, écuries, dont le vice-roi est dépositaire, et qui m'appartiennent, je dispose de deux millions que je lègue à mes plus fidèles serviteurs. J'espère que, sans s'autoriser d'aucune raison, mon fils Eugène Napoléon les acquittera fidèlement. Il ne peut oublier les 40 millions que je lui ai donnés soit en Italie, soit par le partage de la succession de sa mère.

1° Sur ces deux millions, je lègue au comte Bertrand 300,000 francs, dont il versera 100,000 dans la caisse du trésorier, pour être employés selon les dispositions à l'acquit de legs de conscience.

2° Au comte Montholon, 200,000, dont il versera 100,000 dans la caisse pour le même usage que ci-dessus.

3° Au comte Las-Cases, 200,000, dont il versera 100,000 dans la caisse pour le même usage que ci-dessus.

4° A Marchand, 100,000, dont il versera 50,000 à la caisse pour le même usage que ci-dessus.

5° Au comte Lavalette, 100,000.

6° Au général Hogendorf, Hollandais, mon aide de camp, réfugié au Brésil, 50,000 (cinquante mille francs).

7° A mon aide de camp Corbineau, 50,000.

8° A mon aide de camp Caffarelli, 50,000.

9° A mon aide de camp Dejean, 50,000.

10° A Percy, chirurgien en chef à Waterloo, 50,000.

11° 50,000, savoir : 10,000 à Pierron, mon maître d'hôtel; 10,000 à Saint-Denis, mon premier chasseur; 10,000 à Noverraz; 10,000 à Cursor, mon maître d'office ; 10,000 à Archambaud, mon piqueur.

12° Au baron de Menneval, 50,000.

13° Au duc d'Istrie, fils de Bessières, 50,000.

---

dans divers ouvrages; mais le plus souvent ils sont incomplets et dans un ordre interverti. La plupart des éditeurs ont négligé celui-ci. Surpris de trouver à l'article Ier la répétition littérale d'un paragraphe du Testament, et de voir le second en contradiction manifeste avec le contenu de ce même Testament, et ne pouvant s'expliquer cette singularité, ils ont pensé qu'ils n'avaient rien de mieux à faire que d'éluder la difficulté qu'ils ne pouvaient résoudre, et l'ont laissé de côté. Toutefois, en voici l'explication bien simple. Le Testament était la pièce réelle et secrète, confiée aux soins des exécuteurs testamentaires; le présent Codicille, la pièce fictive et ostensible qui, présentée à sir Hudson Lowe, laissait les exécuteurs testamentaires en pleine liberté d'agir d'après leurs instructions. Sans cette précaution nécessaire, le gouverneur n'eût pas manqué de faire mettre le scellé sur tout ce qui appartenait à Napoléon, et l'eût fait transmettre en Europe à son gouvernement.

14° A la fille de Duroc, 50,000.
15° Aux enfants de Labédoyère, 50,000.
16° Aux enfants de Mouton-Duvernet, 50,000.
17° Aux enfants du brave et vertueux général Travost, 50,000.
18° Aux enfants de Chartrand, 50,000.
19° Au général Cambronne, 50,000.
20° Au général Lefebvre-Desnouettes, 50,000.
21° Pour être répartis entre les proscrits qui errent en pays étrangers, Français, ou Italiens, ou Belges, ou Hollandais, ou Espagnols, ou des départements du Rhin, sur ordonnance de mes exécuteurs testamentaires, 100,000.
22° Pour être répartis entre les amputés ou blessés grièvement de Ligny, de Waterloo, encore vivants, sur des états dressés par mes exécuteurs testamentaires, auxquels seront adjoints Cambronne, Larrey, Percy et Emmery; il sera donné double à la garde, quadruple à ceux de l'île d'Elbe, 200,000 francs.

Ce Codicille est écrit entièrement de ma propre main, signé et scellé de mes armes.

NAPOLÉON.

Au dos était écrit : « Ceci est mon Codicille, ou acte de ma dernière volonté, dont je recommande l'exacte exécution à mon fils Eugène Napoléon. Il est tout écrit de ma propre main.

« NAPOLÉON »

Ce 24 avril 1821, à Longwood.

Ceci est un troisième Codicille à mon testament du 15 avril.

1° Parmi les diamants de la couronne qui furent remis en 1814, il s'en trouvait pour 5 à 600,000 francs qui n'en étaient pas, et faisaient partie de mon avoir particulier. On les fera rentrer pour acquitter mes legs.

2° J'avais chez le banquier Torlonia, de Rome, 2 à 300,000 francs en lettres de change, produit de mes revenus de l'île d'Elbe; depuis 1815, le sieur de Peyrusse, quoiqu'il ne fût plus mon trésorier et n'eût pas ce caractère, a tiré à lui cette somme : on la lui fera restituer [1].

3° Je lègue au duc d'Istrie trois cent mille francs, dont seulement cent mille réversibles à la veuve, si le duc était mort lors de l'exécution du legs. Je désire, si cela n'a aucun inconvénient, que le duc épouse la fille de Duroc.

[1] M. G. Peyrusse a justifié, par un mémoire imprimé et par les déclarations authentiques de messieurs les exécuteurs testamentaires, insérées dans le *Moniteur* du 11 mai 1831, qu'il n'avait disposé d'aucune des sommes réalisées à la caisse du banquier Torlonia, et que l'article du Testament de l'empereur Napoléon le concernant avait été rédigé dans une supposition qui s'est ainsi trouvée sans fondement.

4° Je lègue à la duchesse de Frioul, fille de Duroc, deux cent mille francs. Si elle était morte avant l'exécution du legs, il ne sera rien donné à la mère.

5° Je lègue au général Rigaud, celui qui a été proscrit, cent mille francs.

6° Je lègue à Boisnod, commissaire ordonnateur, cent mille francs.

7° Je lègue aux enfants du général Letort, tué dans la campagne de 1815, cent mille francs.

8° Ces 800,000 francs de legs seront comme s'ils étaient portés à la suite de l'article 36 de mon Testament, ce qui porterait à 6,400,000 francs la somme des legs dont je dispose par mon Testament, sans comprendre les donations faites par mon second Codicille.

Ceci est écrit de ma propre main, signé et scellé de mes armes.

NAPOLÉON.

Au dos se lisait : « Ceci est mon troisième Codicille à mon Testament, tout entier écrit de ma main, signé et scellé de mes armes.

« Sera ouvert le même jour, et immédiatement après l'ouverture de mon Testament.

« NAPOLÉON. »

Ce 24 avril 1821, Longwood.

Ceci est un quatrième Codicille à mon testament.

Par les dispositions que nous avons faites précédemment, nous n'avons pas rempli toutes nos obligations, ce qui nous a décidé à faire ce quatrième codicille.

1° Nous léguons au fils ou au petit-fils du baron Dutheil, lieutenant-général d'artillerie, ancien seigneur de Saint-André, qui a commandé l'école d'Auxonne avant la Révolution, la somme de cent mille francs (100,000), comme souvenir de reconnaissance pour les soins que ce brave général prit de nous lorsque nous étions comme lieutenant et capitaine sous ses ordres.

2° *Idem* au fils ou petit-fils du général Dugommier, qui a commandé en chef l'armée de Toulon, la somme de cent mille francs (100,000). Nous avons sous ses ordres dirigé ce siège et commandé l'artillerie. C'est un témoignage de souvenir pour les marques d'estime, d'affection et d'amitié que nous a données ce brave et intrépide général.

3° *Idem*, nous léguons cent mille francs (100,000) au fils ou petit-fils du député à la Convention Gasparin, représentant du peuple à l'armée de Toulon, pour avoir protégé et sanctionné de son autorité le plan que nous avons donné, qui a valu la prise de cette ville, et qui était contraire à celui envoyé par le Comité de salut public. Gasparin nous a mis, par sa protection, à l'abri des persécutions de l'ignorance des états-majors qui commandaient l'armée avant l'arrivée de mon ami Dugommier.

4° *Idem*, nous léguons cent mille francs (100,000) à la veuve, fils ou petit-fils de notre aide de camp Muiron, tué à nos côtés à Arcole, nous couvrant de son corps[1].

5° *Idem* (10,000) dix mille francs à un sous-officier Cantillon, qui a essuyé un procès comme prévenu d'avoir voulu assassiner lord Wellington, ce dont il a été déclaré innocent. Cantillon avait autant de droit d'assassiner cet oligarque que celui-ci de m'envoyer, pour y périr, sur le rocher de Sainte-Hélène. Wellington, qui a proposé cet attentat, cherchait à le justifier[2] sur l'intérêt de la Grande-Bretagne. Cantillon, si vraiment il eût assassiné le lord, se serait couvert et aurait été justifié par les mêmes motifs, l'intérêt de la France de se défaire d'un général qui d'ailleurs avait violé la capitulation de Paris, et par là s'était rendu responsable du sang du martyr Ney, Labédoyère, etc., et du crime d'avoir dépouillé les musées, contre le texte des traités.

6° Ces 410,000 (quatre cent dix mille francs) seront ajoutés aux 6,400,000 dont nous avons disposé, et porteront nos legs à 6,810,000. Ces 410,000 francs doivent être considérés comme faisant partie de notre Testament, article 36, et suivre en tout le même sort que les autres legs.

7° Les 9,000 livres sterling que nous avons données au comte et à la comtesse Montholon doivent, si elles ont été soldées, être déduites et portées en compte sur les legs que nous leur faisons par nos testaments ; si elles n'ont pas été acquittées, nos billets seront annulés.

8° Moyennant les legs faits par notre Testament au comte Montholon, la pension de 20,000 francs accordée à sa femme est annulée : le comte Montholon est chargé de la lui payer.

9° L'administration d'une pareille succession, jusqu'à son entière liquidation, exigeant des frais de bureau, de courses, de missions, de consultations, de plaidoiries, nous entendons que nos exécuteurs testamentaires retiendront 3 p. 100

---

[1] Beaucoup ont écrit sur le caractère et les qualités de Napoléon, soit en attaque, soit en défense. Que ceux qui sont avides de données propres à les guider dans la vérité s'arrêtent sur ses derniers actes ! Il n'est pas un paragraphe, une ligne de son Testament et de ses nombreux Codicilles, qui, dans leurs préambules et leurs détails, ne jettent de vives lumières, et ne se trouvent caractéristiques. Après les avoir lus soigneusement, on ne se demande plus s'il fut bon citoyen, bon époux, bon père, parent, ami affectionné; s'il fut sensible aux bienfaits, aux services qu'il reçut ; s'il en perdit jamais le souvenir.

Le présent Codicille surtout est des plus touchants à cet égard ; et combien de si précieux témoignages ne se trouvent-ils pas rehaussés encore par toutes les circonstances dont ils furent entourés ! Napoléon touchait à sa fin, des douleurs aiguës le torturaient sans relâche, et c'est dans cette situation désespérée, dans un même instant, le même jour, qu'il trace avec cette dignité, cette précision, ce même esprit d'ordre et de calcul qui présidaient à ses décrets, ses quatre derniers Codicilles!!!

[2] Quelques-uns ont blâmé, dans ce quatrième Codicille, l'article du subalterne Cantillon, comme pouvant, suivant eux, être pris pour un sentiment de haine et avoisiner la justification du meurtre : mais nullement; et ce serait bien mal lire. Napoléon n'a voulu, au contraire, par une similitude frappante, que mieux constater un grand principe de morale, et faire ressortir plus énergiquement tout l'odieux du raisonnement, de la violence, de l'assassinat même, selon lui, employés contre sa personne.

(trois pour cent) sur tous les legs, soit sur les 6,800,000 francs, soit sur les sommes portées dans les Codicilles, soit sur les 200,000 du domaine privé.

10° Les sommes provenant de ces retenues seront déposées dans les mains d'un trésorier, et dépensées sur mandat de nos exécuteurs testamentaires.

11° Si les sommes provenant des susdites retenues n'étaient pas suffisantes pour pourvoir aux frais, il y sera pourvu aux dépens des trois exécuteurs testamentaires et du trésorier, chacun dans la proportion du legs que nous lui avons fait par notre Testament et le Codicille.

12° Si les sommes provenant des susdites retenues sont au-dessus des besoins, le restant sera partagé entre nos trois exécuteurs testamentaires et le trésorier, dans le rapport de leurs legs respectifs.

13° Nous nommons le comte de Las-Cases, et, à son défaut, son fils, et, à son défaut, le général Drouot, trésorier.

Ce présent Codicille est entièrement écrit de notre main, signé et scellé de nos armes.

Signé : NAPOLÉON.

Ce 24 avril 1821, à Longwood.

Ceci est mon Codicille, ou acte de ma dernière volonté.

Sur les fonds remis en or à l'impératrice Marie-Louise, ma très-chère et bien-aimée épouse, à Orléans, en 1814, elle reste me devoir deux millions, dont je dispose par le présent Codicille, afin de récompenser mes plus fidèles serviteurs, que je recommande du reste à la protection de ma chère Marie-Louise.

1° Je recommande à l'Impératrice de faire restituer au comte Bertrand les 30,000 francs de rente qu'il possède dans le duché de Parme et sur le Mont-Napoléon de Milan, ainsi que les arrérages échus.

2° Je lui fais la même recommandation pour le duc d'Istrie, la fille de Duroc, et autres de mes serviteurs qui me sont restés fidèles, et qui me sont toujours chers; elle les connait.

3° Je lègue sur les 2,000,000 ci-dessus mentionnés, 300,000 francs au comte Bertrand, sur lesquels il versera 100,000 dans la caisse du trésorier pour être employés, selon mes dispositions, à des legs de conscience.

4° Je lègue 200,000 au comte de Montholon, sur lesquels il versera 100,000 dans la caisse du trésorier pour le même usage que ci-dessus.

5° *Idem* 200,000 au comte de Las-Cases, sur lesquels il versera 100,000 dans la caisse du trésorier pour le même usage que ci-dessus.

6° *Idem*, à Marchand, 100,000, sur lesquels il versera 50,000 dans la caisse pour le même usage que ci-dessus.

7° Au maire d'Ajaccio, au commencement de la révolution, Jean-Jérôme Levie, ou à sa veuve, enfants ou petits-enfants, 100,000 francs.

8° A la fille de Duroc, 100,000.

9° Au fils de Bessières, duc d'Istrie, 100,000.

10° Au général Drouot, 100,000.

11° Au comte Lavalette, 100,000.

12° *Idem* 100,000, savoir : 25,000 à Pierron, mon maitre d'hôtel ; 25,000 à Noverraz, mon chasseur ; 25,000 à Saint-Denis, le garde de mes livres ; 25,000 à Saintini, mon ancien huissier.

13° *Idem* 100,000, savoir : 40,000 à Planat, mon officier d'ordonnance ; 20,000 à Hébert, dernièrement concierge à Rambouillet, et qui était de ma chambre en Égypte ; à Lavigne, qui était dernièrement concierge d'une de mes écuries, et qui était mon piqueur en Égypte ; à Jeanet Dervieux, qui était piqueur des écuries, et me servait en Égypte.

14° Deux cent mille francs seront distribués en aumônes aux habitants de Brienne-le-Château qui ont le plus souffert.

15° Les 300,000 francs restants seront distribués aux officiers et soldats du bataillon de ma garde de l'île d'Elbe actuellement vivants, ou à leurs veuves et enfants, au prorata des appointements, et selon l'état qui en sera arrêté par mes exécuteurs testamentaires. Les amputés ou blessés grièvement auront le double. L'état en sera arrêté par Larrey et Emmery.

Ce Codicille est écrit tout de ma propre main, signé et scellé de mes armes.

NAPOLÉON.

Au dos était écrit : « Ceci est mon Codicille, ou acte de ma dernière volonté, dont je recommande l'exécution à ma très-chère épouse l'impératrice Marie-Louise.

« *Signé* NAPOLÉON. »

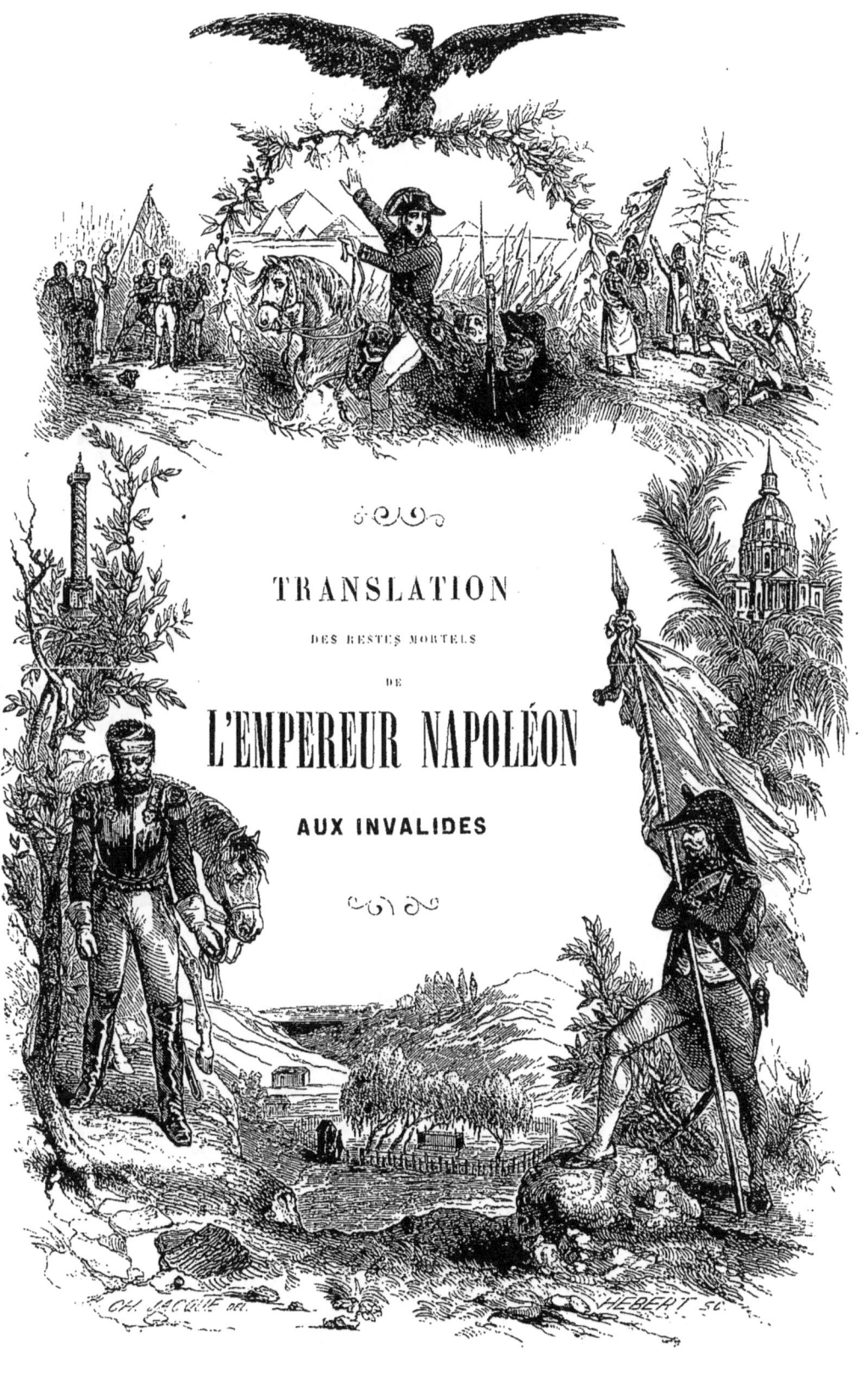

TRANSLATION
DES
RESTES MORTELS DE NAPOLÉON
AUX INVALIDES

Vingt-cinq années venaient de s'écouler depuis le jour où, tombant du faîte de la grandeur, Napoléon avait donné un illustre exemple des vicissitudes humaines. Captif de l'Angleterre, il inspirait une noble pitié, même à ceux qui étaient restés indifférents à sa gloire. Dans l'espace de ce quart de siècle, et surtout depuis que la tombe s'était entr'ouverte pour lui, on s'était seulement occupé des grandes choses qu'il a faites, de celles qu'il aurait pu faire à l'aide de son énergique puissance ; ses erreurs étaient oubliées en faveur de ses triomphes, aussi les manifestations qui éclatèrent au retour de ses dépouilles ne furent-elles pas excitées par une vaine curiosité ; chez quelques-uns elles avaient pour but d'exprimer un regret peut-être, mais très-certainement chez tous c'était un dernier et pieux hommage à celui qui avait élevé la gloire française à son apogée.

Ce fut une séance mémorable que celle du 12 mai 1840 à la Chambre des députés, alors que M. de Rémusat, ministre de l'intérieur, vint lui donner lecture du projet de loi portant la demande d'un crédit destiné à pourvoir aux dépenses qu'exigerait la translation des restes mortels de Napoléon, de Sainte-Hélène à Paris. Le million demandé fut voté par acclamation.

C'est qu'en effet les représentants de la France ne pouvaient apprendre, sans en être profondément émus, qu'une juste mais tardive réparation allait être faite à celui qui s'était rendu le maître des destinées de l'Europe entière, et dont la longue agonie avait été, pour ainsi dire, l'auréole de son immortalité.

Voici dans quels termes M. de Rémusat s'exprima devant la Chambre des députés :

« Messieurs,

« Le roi a ordonné à S. A. R. Monseigneur le prince de Joinville de se rendre avec sa frégate à l'île Sainte-Hélène, pour y recueillir les restes mortels de l'empereur Napoléon.

« La frégate chargée des restes mortels de Napoléon se présentera, au retour, à l'embouchure de la Seine ; un autre bâtiment les rapportera jusqu'à Paris : ils seront déposés aux Invalides. Une cérémonie solennelle, une grande pompe religieuse et militaire inaugurera le tombeau qui doit les garder à jamais.

« Il importe, en effet, Messieurs, à la majesté d'un tel souvenir, que cette sépulture auguste ne demeure pas exposée sur une place publique, qu'elle soit placée dans un lieu silencieux et sacré, où puissent la visiter avec recueillement tous ceux qui respectent la gloire et le génie, la grandeur et l'infortune.

« Il fut empereur et roi ; il fut le souverain légitime de notre pays. A ce titre, il pourrait être inhumé à Saint-Denis ; mais il ne faut pas à Napoléon la sépulture ordinaire des rois : il faut qu'il règne et commande encore dans l'enceinte où vont se reposer les soldats de la patrie, et où iront toujours s'inspirer ceux qui seront appelés à la défendre. Son épée sera déposée sur sa tombe.

« L'art élèvera sous le dôme, au milieu du temple consacré par la religion au Dieu des armées, un tombeau digne, s'il se peut, du nom qui doit y être gravé. Ce monument doit avoir une beauté simple, des formes grandes, et cet aspect de solidité inébranlable qui semble braver l'action du temps. Il faut à Napoléon un monument durable comme sa mémoire.

« Le crédit que nous venons demander aux Chambres a pour objet la translation aux Invalides, la cérémonie funéraire, la construction du tombeau.

« Nous ne doutons pas, Messieurs, que la Chambre ne s'associe avec une émotion patriotique à la pensée royale que nous venons exprimer devant elle. Désormais la France, et la France seule, possédera tout ce qui reste de Napoléon : son tombeau, comme sa renommée, n'appartiendra à personne qu'à son pays.

« La monarchie de 1830 est, en effet, l'unique et légitime héritière de tous les souvenirs dont la France s'enorgueillit. Il lui appartenait, sans doute, à cette monarchie qui la première a rallié toutes les forces et concilié tous les vœux de la révolution française, d'élever et d'honorer sans crainte la statue et la tombe d'un héros populaire ; car il y a une chose, une seule, qui ne redoute pas la comparaison avec la gloire, c'est la liberté. »

Conformément aux intentions du roi, le commandement de cette expédition nationale fut confié à M. le prince de Joinville. Le 7 juillet 1840, à sept heures et demie du soir, la frégate la *Belle-Poule* et la corvette la *Favorite* quittaient la rade de Toulon pour aller remplir leur pieuse mission. Le prince était accompagné de MM. Hernoux, capitaine de vaisseau, son aide de camp ; Touchard, enseigne, son officier d'ordonnance ; Charner, capitaine de vaisseau, commandant en second la frégate, et Guillard, chirurgien-major chargé de présider à l'exhumation.

Les membres de la mission étaient MM. le comte de Rohan-Chabot, commissaire du roi, le général comte Bertrand, le général Gourgaud, Emmanuel de Las-Cases, député, Marchand, l'un des exécuteurs testamentaires, Arthur Bertrand, l'abbé Félix Coquereau, et quatre anciens serviteurs de Napoléon : Saint-Denis, Noverraz, Pierron et Archambaud. Deux enfants de chœur, nommés Dufour et Lérigé, accompagnaient l'abbé Coquereau. Un plombier, M. Leroux, avait été adjoint à l'expédition. Tous prirent passage sur la *Belle-Poule*, à l'exception de M. Marchand, monté à bord de la *Favorite*, que M. Guyot commandait et qui devait naviguer de concert avec la frégate.

L'état-major se composait, en outre, de MM. Léguillon-Pessaurot, Penhoat, de Fabre-Lamorel, lieutenants de vaisseau ; Bazin et Boude, enseignes ; Chedeville, secrétaire du conseil d'administration ; de Roujoux, de Bovis et Godleap, élèves de première classe ; Gervais, Jouan, d'Espagne de Venevelles, fils du général ; Jauge, Suremain, Perthuis, Bourdel, Thibaut, Lolia, Beral de Sedaiges, Narbonnez, de Trogoff-Coattalgo, Jacques, dit Lapierre, Gilbert Pierre, Arlaud, Guittabert, chirurgien ; Meynard, Favre et Fages.

On avait disposé, dans l'entre-pont de la *Belle-Poule*, une chapelle ardente tendue en velours noir brodé d'argent, destinée à recevoir le cénotaphe. Ce cénotaphe, peint en grisaille, était orné de bas-reliefs allégoriques, d'aigles aux quatre angles. Une couronne impériale surmontait le fronton.

On emportait deux cercueils : l'un d'ébène massif, l'autre de plomb, et un poêle impérial.

Le premier, d'une forme simple et sévère, rappelait les sarcophages antiques. Sur la face supérieure, on lisait un seul mot écrit en lettres d'or : NAPOLÉON. Chacune des faces latérales était ornée, au centre, d'une N de bronze doré, gravée en relief et incrustée dans un médaillon. Six anneaux de bronze aidaient à le transporter. Les angles inférieurs étaient garnis d'ornements du même métal. La serrure, placée à la partie antérieure, était masquée par une étoile d'or qu'on enlevait en la tournant. Le bas de la clef était de fer, le haut de bronze doré. L'anneau représentait une N couronnée.

Ce sarcophage contenait un autre cercueil en plomb, sur lequel se trouvait, au centre d'un encadrement d'arabesques et de branches de lauriers gravées en creux, cette inscription : *Napoléon, Empereur et Roi, mort à Sainte-Hélène, le V mai MDCCCXXI*.

Le poêle était de velours violet, semé d'abeilles d'or, croisé de brocart d'argent, terminé aux quatre angles par des glands d'or. Sa triple bordure d'hermines, d'arabesques et de palmettes d'or, était de la plus grande richesse. Le chiffre de Napoléon s'y trouvait répété huit fois.

Le 17 juillet, la frégate mouillait à Cadix, qu'elle quittait le 21. Les 24 et 25, elle resta devant Madère. Le séjour à Ténériffe se prolongea du 27 juillet au 1er août. Le 20 on passa la ligne, et le 28 on mouilla à Bahia, où l'on resta jusqu'au 15 septembre. Le 8 octobre, à trois heures et demie, l'expédition était en rade de Sainte-Hélène, où se trouvait le brick l'*Oreste*, arrivé de la veille seulement et qui amenait un pilote de la Manche pour la *Belle-Poule*. Le 9, le débarquement eut lieu. Le prince de Joinville fut officiellement reçu à Plantation-House par lord Middlemore, gouverneur général de l'île.

Le prince, le commissaire du roi et le gouverneur s'étaient retirés dans un appartement, afin de convenir des moyens les plus convenables pour exécuter la remise des dépouilles. La conversation se prolongeait, et les membres de la commission, appréciant à sa valeur la fidélité de la politique anglaise, craignaient quelque brusque changement ; mais toute incertitude cessa lorsque le gouverneur rentra dans le salon en disant ces paroles :

« Messieurs, jeudi 15, les restes mortels de l'empereur Napoléon seront remis entre vos mains. »

On se dirigea sur-le-champ vers Longwood. La marche était grave et solennelle comme l'acte qui allait s'accomplir. A une distance encore éloignée du tombeau, M. le prince de Joinville mit pied à terre; aussitôt chacun l'imita, et tous, la tête découverte et dans le silence du recueillement, poursuivirent ainsi leur pèlerinage jusqu'au monument funèbre.

Une grille en fer, une pierre sans inscription, deux saules pleureurs, voilà ce qui distinguait le dernier asile de tant de grandeur! L'aspect de ces deux saules (dont l'un était couché par terre, mort de vieillesse) sous lesquels l'empereur s'était reposé plusieurs fois, et celui de la fontaine où il était venu se désaltérer, ne contribuèrent pas peu à attrister les assistants, qui, presque tous, par un mouvement spontané, mirent le genou à terre. Quelques personnes étaient restées debout autour de la grille, mais immobiles et dans une muette contemplation. Deux petits saules entouraient les saules contemporains de l'empereur. Ils avaient été plantés, depuis sa mort, par une dame anglaise, épouse du précédent gouverneur de l'île : Charles Dallas. Autour de la grille, on remarquait çà et là quelques fleurs appelées *Ne m'oubliez pas*. Le prince de Joinville en cueillit plusieurs, et notamment celles qui avaient poussé au-dessus de la tête de l'empereur; il fit couper aussi quelques boutures du saule. M. Arthur Bertrand rompit quelques tiges des géraniums qui avaient été plantés par madame la comtesse sa mère.

Une scène non moins touchante attendait les Français à Longwood.

On arriva à une espèce de ferme à laquelle attenaient quelques bâtiments de service. Les murs étaient lézardés ou criblés de fissures; les vitres manquaient aux fenêtres! Dans une pièce qui, du temps de l'empereur, avait servi de salle de billard, puis de salle de réception, se trouvait ouvert, sur une petite table de sapin noircie d'encre, le registre sur lequel s'inscrivaient les personnes qui venaient à Longwood. Des noms inscrits au couteau, à la plume, à la craie, couvraient les murs délabrés de cette pièce ainsi que de celles qui avaient servi de bibliothèque et de salle à manger à celui qui avait régné sur le plus beau trône du monde! Le meunier de Longwood avait établi un moulin dans le salon où était mort l'empereur! Le cabinet de travail et la chambre à coucher avaient fait place à une écurie! Les visites à Longwood, les pèlerinages du tombeau, se continuèrent jusqu'au mercredi 14. La nuit du 14 au 15 fut remplie par les préparatifs de l'exhumation. A dix heures et demie du soir, on partit par une pluie fine et glacée. A minuit, on était à l'œuvre.

Le caveau ayant été ouvert, on trouva au pied le cercueil de l'empereur qui reposait sur une large dalle, assise elle-même sur des montants en pierre. Les planches en acajou qui le formaient avaient encore leur couleur et leur dureté, excepté celles du fond, qui, garnies de velours, présentaient un peu d'altération dans les couches les plus superficielles. On ne voyait alentour aucun corps solide ni liquide. Quant aux parois du caveau, elles n'offraient pas la plus légère dégradation, mais seulement çà et là quelques traces d'humidité.

Dès que le cercueil parut, M. l'abbé Coquereau répandit l'eau bénite, et récita le *De profundis;* M. le docteur Guillard procéda à l'opération qui lui était confiée, après avoir pris les mesures sanitaires convenables.

Voici dans quel état se trouvaient les cercueils :

La caisse extérieure était fermée par de longues vis ; il a fallu les couper pour enlever le couvercle; dessous était une caisse en plomb, close de toutes parts, qui enveloppait une caisse en acajou parfaitement intacte ; venait enfin une quatrième caisse en fer-blanc, dont le couvercle était soudé sur les parois qui se repliaient en dedans. La soudure ayant été coupée, on distingua un tissu blanchâtre qui cachait l'intérieur du cercueil et empêchait de voir le corps : c'était du satin ouaté, formant une garniture dans l'intérieur de cette caisse. Le docteur Guillard l'ayant soulevé, le corps de Napoléon fut bientôt à découvert. Sa position était celle qu'on lui avait donnée en le plaçant dans le cercueil : les membres supérieurs étaient allon-

gés, les membres inférieurs légèrement fléchis. La tête, un peu élevée, reposait sur un coussin ; le crâne volumineux, le front haut et large, se présentaient couverts de téguments jaunâtres, durs et très-adhérents, ainsi que le contour des orbites, dont le bord supérieur était garni de sourcils. Sous les paupières, qui étaient fermées et garnies de quelques cils, se dessinaient les globules oculaires, qui avaient peu perdu de leur volume et de leur forme. Les joues étaient gonflées ; son nez seul avait souffert, mais dans la partie inférieure ; la bouche entr'ouverte montrait trois dents d'une éclatante blancheur ; l'empreinte de la barbe était bien distincte sur le menton ; les mains semblaient appartenir à un être vivant, tant elles avaient de ton et de coloris ; la main gauche était plus élevée que la droite, et le grand maréchal expliqua ainsi cette circonstance : au moment où on allait clouer le cercueil, il avait voulu baiser une dernière fois cette main, et il n'avait pu la replacer dans la première position. Les ongles avaient poussé : ils étaient longs et blancs ; une botte décousue laissait passer les doigts du pied, d'un blanc mat ; l'habit vert, à forme échancrée sur le devant et à parements rouges, était facile à reconnaître ; les couleurs étaient encore visibles ; les grosses épaulettes d'or étaient noircies, ainsi que quelques autres décorations que l'on distinguait sur la poitrine ; la couleur rouge du grand cordon de la Légion d'honneur tranchait avec le blanc du gilet ; les deux vases contenant le cœur et les entrailles étaient entre les jambes; une aigle en argent surmontait l'un de ces vases. Tous ces objets étaient intacts. La constatation de l'identité étant complète, on s'occupa immédiatement de soustraire à l'action de l'air les dépouilles, qui furent placées dans six cercueils.

1° Un cercueil en fer-blanc; — 2° un en bois d'acajou; — 3° un en plomb; — 4° un second en plomb, séparé du précédent par de la sciure et des coins de bois; — 5° un en bois d'ébène; — 6° un en bois de chêne.

A trois heures tout était terminé, et le canon des forts annonçait à la rade que le cortège funèbre se mettait en marche pour James-Town. La frégate, qui avait répondu au premier coup de canon, alterna de minute en minute avec les forts jusqu'à l'arrivée du corps.

Bientôt un char, attelé de quatre chevaux caparaçonnés de deuil, entraîna cet illustre cercueil; le poêle avec ses aigles couronnées, ses abeilles en or sur velours violet, sa large croix d'argent et sa bordure d'hermine, couvrit le char de ses riches draperies. Dix valets de pied en grand deuil, se tenaient à la tête des chevaux. MM. Bertrand, en uniforme de lieutenant général, avec le grand cordon de la Légion d'honneur; Gourgaud, portant l'habit de lieutenant général d'artillerie; Las-Cases, celui de député; Marchand, celui de lieutenant de la garde nationale de Paris, prirent les glands des cornières. L'eau tombait alors toujours par torrents.

A James-Town, la milice qui, avec un régiment anglais, tenait la tête du cortège, s'arrêta, forma la haie depuis la première maison jusqu'à l'embarcadère du quai; les fusils étaient renversés, le canon à terre, les soldats appuyaient la tête sur la crosse. Toutes les maisons étaient closes, les rues désertes; les fenêtres seules et les terrasses étaient garnies de spectateurs silencieux, la plupart en deuil; la cérémonie reçut alors son caractère auguste et solennel de réparation : de toutes parts les honneurs royaux étaient déployés pour celui à qui l'Angleterre avait à peine accordé, de son vivant, le titre de général! Le ciel, devenu d'azur, semblait s'associer à cette sainte réparation.

Bientôt le cortège funèbre fut en vue des états-majors des bâtiments français; tous les officiers étaient en grand costume, et avaient à leur tête M. le prince de Joinville, dont la visible émotion était à peine tempérée par une grande modestie. L'abbé Coquereau vint se placer sur les devants, et offrir de l'eau bénite au chef de l'expédition. C'était le moment de la remise officielle des restes mortels de l'Empereur par le gouvernement anglais.

Aussitôt le cercueil a été descendu dans la chaloupe de la frégate, et là encore l'émotion a été grave et profonde; car le vœu de l'Empereur mourant commençait à s'accomplir ; ses cendres reposaient sous le pavillon national ! Tout signe de deuil a été dès lors abandonné ; les mêmes honneurs que l'Empereur aurait reçus de son vivant ont été rendus à sa dépouille mortelle; et c'est au milieu des salves des navires pavoisés, avec leurs équipages rangés sur les vergues, que la chaloupe, escortée par les canots de tous les navires, a pris lentement le chemin de la frégate.

Arrivé à bord, le cercueil a été reçu entre deux rangs d'officiers sous les armes, et porté sur le gaillard d'arrière, disposé en chapelle ardente. Une garde de soixante hommes, commandés par le plus ancien lieutenant de la frégate, rendait les honneurs. L'absoute fut dite, et le corps resta ainsi exposé toute la nuit. L'aumônier et un officier veillèrent près de lui.

Le 16, à dix heures du matin, les officiers et équipages des navires de guerre et de commerce français étant réunis à bord de la frégate, un service funèbre solennel fut célébré; on descendit ensuite le corps dans l'entre-pont, où une chapelle ardente avait été préparée pour le recevoir, et où il séjourna jusqu'au moment du transbordement qui eut lieu à Cherbourg.

Le samedi 18, la frégate quitta le mouillage à huit heures du matin, escortée par la *Favorite* et l'*Oreste;* mais ce dernier bâtiment prit bientôt la route de la Plata. Durant le trajet, la prière des morts fut récitée tous les matins; la messe était célébrée toutes les fois que l'état de la mer le permettait.

Le retour se fit sans aucun incident remarquable; mais nous devons cependant mentionner une circonstance qui mérite d'être signalée. L'équipage de la *Belle-Poule* ne reçut des nouvelles d'Europe que le 2 novembre ; elles étaient tirées d'un journal hollandais daté du 7 octobre, qui parlait des bruits de guerre qui agitaient la France. La question de savoir ce qu'il conviendrait de faire si l'Angleterre voulait reprendre une seconde fois son captif,

ayant été agitée : « Il faudrait, dit le prince, s'abîmer dans la mer et partager en braves gens « la dernière sépulture de l'Empereur. » Des vivats d'enthousiasme accueillirent cette déci-

sion. Aussitôt, des dispositions furent arrêtées par les officiers de l'équipage. Les chambres des membres de la mission disparurent et furent remplacées par six canons de trente ; les parcs furent garnis de boulets ; les branle-bas de combat furent multipliés, et tout fut organisé de manière à rendre une surprise impossible.

Enfin, le 30 novembre, à cinq heures du matin, la *Belle-Poule* entrait dans le grand bassin du port de Cherbourg, après une traversée de quarante-deux jours. Le 8 décembre au matin, le cercueil fut descendu à bord de la *Normandie*, et placé sous un catafalque élevé au milieu du gaillard d'arrière. En ce moment les forts et le stationnaire saluaient les glorieux restes d'une salve de mille coups de canon. Une couronne d'or, votée par le conseil municipal de Cherbourg, en reconnaissance de ce que Napoléon avait fait pour cette ville, fut déposée sur le cercueil.

M. le prince de Joinville, la mission de Sainte-Hélène et les officiers de la *Belle-Poule* étaient à bord de la *Normandie*, ainsi que la musique et cent marins de la frégate. Deux cents autres montèrent sur le *Véloce* et cent sur le *Courrier*. Le lendemain, à huit heures du matin, le cortége passait lentement le long des jetées du Havre.

Dès ce moment commença une marche vraiment triomphale.

Arrivée au Val de Lahaye, la *Normandie* ne pouvant remonter plus haut la Seine, un nouveau transbordement eut lieu à bord de la *Dorade*, n° 3, après qu'on l'eut dépouillée des oripeaux de mauvais goût dont elle avait été affublée. « Mais quelle sera sa décoration? » avait demandé l'administrateur chargé de ces détails. « Le bateau sera peint en noir, dit le « prince ; à l'avant, reposera le cercueil, couvert du poêle funèbre rapporté de Sainte-« Hélène ; Messieurs de la mission aux cornières ; l'encens fumera ; à la tête s'élèvera la « croix ; le prêtre se tiendra devant l'autel ; mon état-major et moi derrière ; les matelots « seront en armes, et le canon tiré à l'arrière annoncera le bateau portant les dépouilles « mortelles de l'Empereur. »

Le 10, on était à Rouen ; l'archevêque, accompagné de tout son clergé, vint donner l'absoute. Le 12, à Poissy, M. le duc d'Aumale vint rejoindre son frère. Le 14 décembre, on arriva à Courbevoie. Le duc d'Orléans et le duc de Nemours vinrent à bord, et firent avec le duc d'Aumale une religieuse station au pied du cercueil impérial, ainsi que le maréchal Soult et l'amiral Duperré.

Le général Rybinski (dernier généralissime dans la guerre de 1831 pour l'indépendance de la Pologne), accompagné des généraux Dwernicki, Sierawski, Dembinski, Skarzynski, Casimir Mycielski, Sznayde, Gawronski, Soltyk, et d'un grand nombre d'officiers supérieurs polonais, s'approcha des membres de la Mission et leur adressa ces paroles : « Fidèles à l'hon-« neur et au devoir, les Polonais, qui partagèrent la gloire et les revers des aigles françaises, « viennent rendre un dernier hommage à l'Empereur. »

Sur la berge de la Seine, immédiatement au-dessous du pont de Courbevoie, s'élevait un temple grec de 14 mètres d'élévation, à quatre frontons ornés de guirlandes de chêne, d'écussons, d'aigles, où l'Empereur devait reposer pour la première fois sur la terre de France.

Autour de l'Arc de triomphe de la barrière de l'Étoile, douze mâts pavoisés portaient des boucliers, des trophées d'armes et des bannières tricolores. Sur ces bannières on lisait les noms des principales armées de la République et de l'Empire : *Armée de Hollande, de Sambre-et-Meuse, de Rhin-et-Moselle, des Côtes de l'Océan, de Catalogne, d'Aragon, d'Andalousie, d'Italie, de Rome, de Naples, Grande Armée, Armée de Réserve*. Sur le couronnement de l'arc, on avait représenté l'apothéose de Napoléon. L'Empereur, vêtu du grand costume de son sacre, était debout devant son trône, entouré de figures allégoriques, de génies, de renommées à cheval.

Le long de l'avenue des Champs-Élysées, de la barrière à la place de la Concorde, s'élevaient des colonnes triomphales ornées de drapeaux, d'aigles et d'écussons. De nombreuses statues représentaient des victoires. On avait placé, à chaque angle du pont de la Concorde, une colonne triomphale cannelée, surmontée d'une aigle dorée. Sur le pont, huit statues : LA SAGESSE, LA FORCE, LA JUSTICE, LA GUERRE, L'AGRICULTURE, L'ÉLOQUENCE, LES BEAUX-ARTS, LE COMMERCE. Au-devant du Palais de la Chambre des Députés, L'IMMORTAlité. Sur l'esplanade des Invalides, trente-deux statues des rois et des grands capitaines qui ont honoré la France : Clovis, Charles Martel, Philippe Auguste, Charles V, Jeanne d'Arc, Louis XII, Bayard, Louis XIV, Turenne, Duguay-Trouin, Hoche, La Tour-d'Auvergne, Kellermann, Ney, Jourdan, Lobau, Charlemagne, Hugues Capet, Louis IX, Charles VII, Du Guesclin, François Ier, Henri IV, Condé, Vauban, Marceau, Desaix, Kléber, Lannes, Masséna, Mortier, Macdonald. Entre les statues de l'esplanade, des trépieds portaient des flammes. Aux deux côtés de l'esplanade, à droite et à gauche, d'immenses estrades pouvant contenir trente-six mille spectateurs, s'avançaient jusqu'à la grille d'entrée des Invalides.

Le 15 décembre, dès cinq heures du matin, le canon des Invalides annonçait la solennité. Malgré le froid d'une intensité extrêmement rare qui régnait, l'affluence fut telle, l'enthousiasme se manifesta par de telles émotions, qu'on chercherait peut-être en vain dans l'histoire pour trouver un fait analogue.

A neuf heures, le char impérial arriva au débarcadère de Courbevoie ; il était traîné par seize chevaux noirs, ornés de panaches blancs et recouverts de caparaçons de drap d'or ; chaque housse était relevée par les armoiries impériales brodées en pierreries, et par des aigles, des N et des lauriers émaillés sur les fonds. Seize piqueurs aux livrées impériales conduisaient les quadriges, deux piqueurs à cheval les précédaient.

Le socle, reposant sur quatre roues massives et dorées, était un carré long, avec une plate-forme demi-circulaire sur le devant. Sur cette plate-forme, un groupe de génies supportait la couronne de Charlemagne ; aux quatre angles, quatre autres génies en bas-reliefs soutenaient d'une main des guirlandes, et de l'autre embouchaient la trompette de la Renommée. Au-dessus, des faisceaux ; au milieu, des aigles, et le chiffre de l'Empereur parmi des couronnes.

Le Piédestal était tendu d'étoffes or et violet, au chiffre et aux armes de l'Empereur, avec quatre faisceaux d'armes aux extrémités. De longues draperies violettes, rehaussées d'abeilles, d'*N*, d'aigles et de lauriers, le recouvraient depuis le sommet jusqu'à terre. Une large guirlande régnait sur toute la longueur du piédestal, que couronnaient une galerie d'ornements et quatre aigles. Quatorze statues dorées représentaient des Victoires qui rapportaient triomphalement le cénotaphe sur un vaste bouclier d'or chargé de javelines. Le cénotaphe, reproduction fidèle du cercueil de Napoléon, était voilé d'un long crêpe violet, semé d'abeilles d'or. La couronne impériale, le sceptre et la main de justice en or rehaussé de pierreries, étaient déposés sur le cercueil. A l'arrière du char, un trophée de drapeaux, de palmes et de lauriers, rappelait les victoires du plus grand capitaine des temps modernes. La hauteur totale du char était de 10 mètres; la largeur, de 4^m,80; la longueur, de 10 mètres; son poids s'élevait à 15,000 kilogrammes.

Les marins de la *Belle-Poule* eurent l'honorable mission de porter le cercueil sur ce char funèbre, qui était bien plutôt un char de triomphe.

Toute la garde nationale de Paris et de la banlieue; des détachements de tous les corps composant la garnison de Paris; une députation d'anciens militaires de tous grades, ayant appartenu aux armées impériales, en grand uniforme de la vieille garde; des dragons de l'Impératrice, des hussards de la mort, des chamborans, des vélites, des guides, des lanciers rouges, etc., formaient un cortège dont nulle description ne saurait donner une idée. A une heure et demie, le cortège débouchait sur la place de la Concorde aux cris de : *Vive l'Empereur!* poussés par un million de spectateurs.

A deux heures, le char s'arrêtait devant la grille principale de l'Hôtel des Invalides.

A cette grille, une tenture noire, rehaussée d'ornements d'argent et d'or, était soutenue par deux colonnes triomphales et par de nombreux faisceaux de lances enrubannées; les colonnes portant de grands trépieds, et servant d'appui, à droite et à gauche, à deux tribunes réservées pour les invalides. Aussitôt, le cercueil a été descendu et porté à bras par trente-six marins jusqu'au porche dressé dans la cour royale, où l'archevêque de Paris l'attendait assisté de tout son clergé.

Voici quels étaient les préparatifs dans l'Hôtel même des Invalides :

Dans la première cour, une série de candélabres et de trépieds soutenant des réchauds enflammés. — Dans la cour d'honneur, deux estrades disposées pour recevoir six mille personnes assises. — Tous les pilastres des galeries couvertes de cette cour convertis en trophées d'armes, et surmontés d'une aigle. Entre eux, à la hauteur des arcades, des écussons représentant, les uns, le chiffre impérial, les autres, des croix de la Légion d'honneur. Entre

chaque arcade, un double feston de lauriers. — A la hauteur des combles, tout autour de la frise, les noms, en lettres d'or, des Français qui se sont illustrés sur les champs de bataille, depuis 1793 jusqu'à nos jours. — Au pourtour de cette frise, un triple cordon de guirlandes et de couronnes d'immortelles entrelacées. — Au-dessus, en suivant la ligne des combles, un large ruban de la Légion d'honneur. — Enfin, au milieu de la cour, et adossés aux estrades, une suite de mâts pavoisés et surmontés d'une gigantesque étoile d'or. — En avant du portail de l'église, et pour recevoir le corps de l'Empereur à son arrivée, un temple funéraire soutenu par quatre pilastres quadrangulaires, avec une architrave sur toutes les faces, et couronné par des frontons aux armes impériales. Au-dessus de la façade, la figure de Notre-Dame de Grâce, ayant à ses côtés deux génies allégoriques. Dans les architraves, les portraits des maréchaux de l'Empire; au-dessous, les noms des batailles dans lesquelles ils se sont rendus illustres. — Le porche de l'église formé par une voûte de tentures noires, éclairée de lampes sépulcrales. — A l'entrée de la nef, et à la même hauteur que les orgues, une vaste tribune tendue de noir, et destinée à l'orchestre. — Sur les deux côtés de la nef, des estrades de deuil réservées, à droite, pour les diverses députations convoquées, à gauche, pour les marins de la *Belle-Poule* et de la *Favorite*. — Derrière les pilastres, dans les deux galeries latérales, d'autres estrades complétant, avec les tribunes supérieures, les places des personnes seulement admises à la cérémonie. — Sur les pilastres de la nef, des cippes funéraires surmontés de trophées d'armes en or, et ombragés de drapeaux aux deux angles. — Sur les cippes, les noms des plus célèbres maréchaux et généraux de l'Empire, inscrits à côté de leurs victoires.

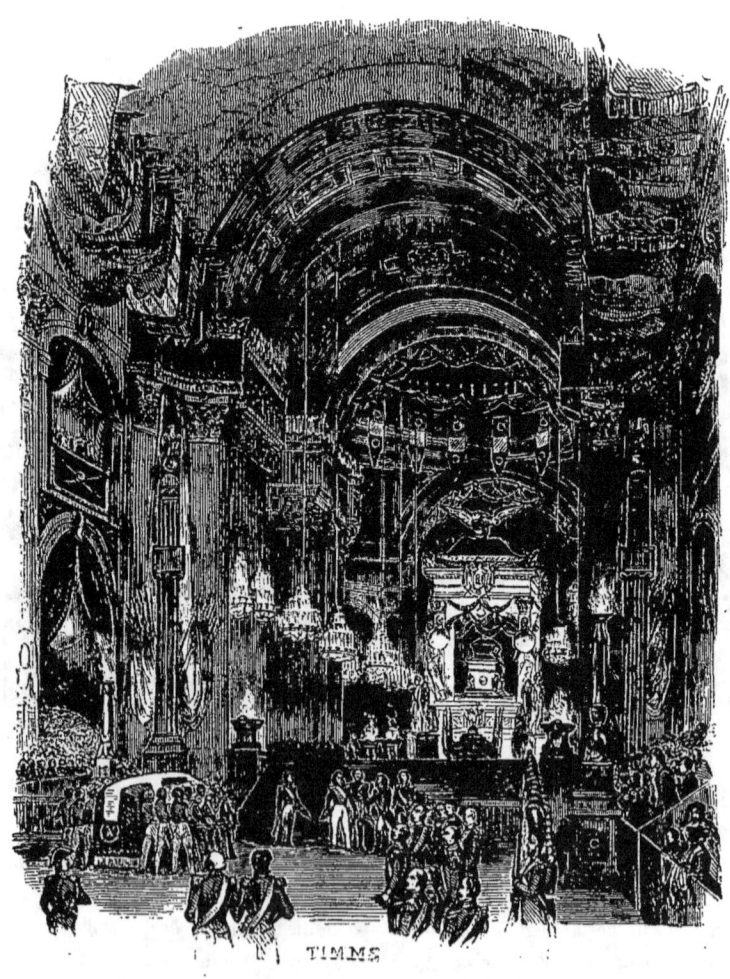

Dans le dôme, les grandes croisées supérieures fermées par des stores en étoffe violette, ornés au centre d'un aigle d'or. Au-dessus, une large litre violette, aux armes impériales, semée d'abeilles d'or et de chiffres, au-dessous, un cordon de lumière formé de torches de cire, portées par un couronnement en sculptures dorées. A ce couronnement, vingt-quatre bannières tricolores reproduisant les noms des plus belles victoires de l'Empereur. Au centre du dôme, sur l'emplacement qui attend encore le tombeau de Napoléon, un magnifique catafalque de 16 mètres d'élévation composé de deux socles ornés de bas-reliefs.

La Chambre des pairs, la Chambre des députés, tous les grands corps de l'État furent placés dans l'église même.

A l'entrée du cercueil dans la cour d'honneur (il était alors porté sur les épaules des soldats et des marins), le prince de Joinville, l'épée à la main, marchait en tête.

La solennité à ce moment fut admirable. Les assistants étaient debout, la tête découverte, les yeux fixés et les bras tendus vers ce cercueil dans lequel reposaient tant de gloire et de grandeur. Des invalides, qui faisaient la haie sur le passage du corps, s'étaient agenouillés, malgré la consigne ; les autres essuyaient des larmes roulant sur leurs paupières. Ce spectacle était d'une sublimité magique !

En ce moment, le roi quitta la place qu'il occupait dans le dôme, à la droite de l'autel, avec la reine, M. le duc d'Orléans, M. le duc et madame la duchesse de Nemours, M. le duc d'Aumale, M. le duc de Montpensier, madame la princesse Adélaïde, et s'avança, suivi des princes, jusqu'à l'entrée de la nef, où le cercueil venait de s'arrêter.

« Sire, a dit le prince de Joinville en baissant son épée jusqu'à terre, je vous présente le corps de l'empereur Napoléon. »

— « Je le reçois au nom de la France, » a répondu le roi d'une voix forte. Puis, s'étant approché du prince de Joinville, il lui a serré la main avec affection.

Le général Athalin portait sur un coussin de velours l'épée de l'Empereur. Il l'a présentée au maréchal Soult, qui l'a remise au roi.

« Général Bertrand, a dit le roi, je vous charge de placer l'épée de l'Empereur sur son cercueil. »

« Général Gourgaud, placez sur le cercueil le chapeau de l'Empereur. »

Le roi ayant regagné sa place, le cercueil a été mis aussitôt sous le splendide catafalque élevé au milieu du dôme, et autour duquel étaient M. le maréchal duc de Reggio, grand chancelier de la Légion d'honneur, M. le maréchal comte Molitor, M. l'amiral Roussin, et M. le lieutenant général comte Bertrand.

Lorsque le service funèbre commença, une émotion immense, universelle, magnétique, dominait tous les cœurs.

Auprès du catafalque, on remarquait les membres de la commission de Sainte-Hélène : M. le lieutenant général Gourgaud, M. le baron Las-Cases et M. le comte de Rohan-Chabot, commissaire du roi, M. Marchand, ancien valet de chambre de l'Empereur. Auprès du général Gourgaud se trouvait le général Despans-Cubières, en uniforme de colonel d'infanterie légère du temps de l'Empire.

Le service funèbre dura deux heures. A trois heures et demie, le roi et l'archevêque de Paris jetaient de l'eau bénite sur le corps. — La cérémonie religieuse était terminée.

Le 6 février 1841, le cercueil de Napoléon, qui était resté disposé sous le catafalque impérial depuis le 15 décembre, fut transporté dans une chapelle ardente, disposée à droite de l'autel sous l'un des petits dômes de l'église, et désignée sous le nom de Chapelle Saint-Jérôme, où il doit rester jusqu'à l'achèvement du mausolée.

Une lampe de gaz, suspendue à la voûte, brûle jour et nuit. Quatre invalides veillent aux portes de la chapelle.

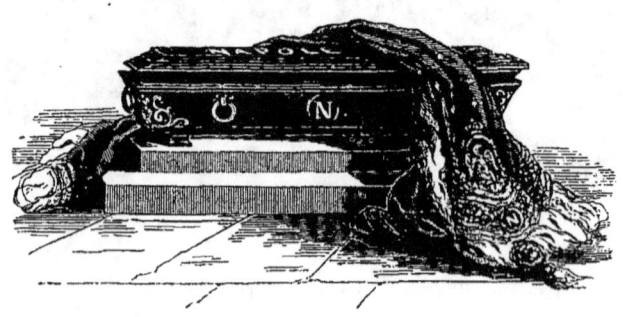

NOTICE HISTORIQUE

SUR LA GARDE IMPÉRIALE

'histoire particulière de la Garde impériale est chose impossible à faire, si ce n'est pour ce qui concerne sa création, ses diverses organisations, son caractère distinct, ses priviléges et prérogatives. Comme partie active de l'armée, son histoire se rattache à celle de toutes les campagnes auxquelles elle a pris une part quelconque, et alors ce serait l'historique de nos guerres qu'il faudrait tracer. Tel ne saurait être notre but.

Toutefois, voulant traiter spécialement ce qui se rattache à la Garde impériale, nous résumons ici tout ce qui est de nature à la faire connaître le plus possible, et c'est dans ce but que nous avons divisé notre plan de la manière suivante:

1° Création, organisation ; — 2° Campagnes ; — 3° Prérogatives, priviléges.

Avant de traiter chacune de ces divisions, nous devons entrer dans quelques considérations générales qui n'y trouveraient point de place, et qui, cependant, ne peuvent être passées sous silence dans un travail qui a pour but de faire connaître la Garde impériale sous ses divers aspects.

Ce qui distinguait éminemment la Garde, c'était une discipline d'autant plus exemplaire qu'elle était basée, non sur la crainte de la répression, mais sur le sentiment du devoir ; et, par discipline, nous ne voulons pas uniquement parler de l'obéissance passive aux ordres des chefs, nous voulons aussi parler des actes qui tiennent plus à la moralité qu'aux exigences du service militaire. Napoléon l'avait dit lui-même : Ce n'est pas seulement des soldats qui soient braves que je veux pour la garde de ma personne, c'est aussi des hommes dont l'obéissance et la moralité puissent être citées comme modèles.

Bien que l'ordre du jour suivant soit antérieur à la création de la Garde impériale, nous le citons néanmoins pour faire connaître le sentiment de Napoléon sur la moralité du soldat. Il est daté du 12 mai 1802, et eut pour cause le suicide de deux grenadiers de la Garde consulaire.

« Le grenadier Gaubry s'est suicidé pour des raisons d'amour : c'était, d'ailleurs, un très-bon sujet. C'est le second événement de cette nature qui arrive au corps depuis un mois. Le Premier consul ordonne qu'il soit mis à l'ordre de la garde : Qu'un soldat doit savoir vaincre la douleur et la mélancolie des passions ; qu'il y a autant de vrai courage à souffrir avec constance les peines de l'âme, qu'à rester fixe et immobile sous la mitraille d'une batterie. S'abandonner au chagrin sans résister, se tuer pour s'y soustraire, c'est abandonner le champ de bataille avant d'avoir vaincu. »

Plus tard, en parlant de sa Garde, l'Empereur prononçait ces paroles remarquables : « Si un corps privilégié ne se comporte pas avec sagesse et mesure, il faut le dissoudre. Je veux avoir des soldats aguerris dans ma Garde, mais je ne veux pas de soldats indisciplinés ; quel que fût leur uniforme, ces hommes ne seraient à mes yeux que des janissaires ou des prétoriens. »

Cette sévérité de l'Empereur envers la Garde ne se relâchait en aucune circonstance ; il ne pardonnait même pas les infractions à la discipline qui pouvaient avoir leur cause dans l'enivrement de la conquête. Le pillage était à ses yeux sans excuse, et toujours il se montra inexorable pour les faits de cette nature dont la connaissance arrivait jusqu'à lui, encore bien qu'on n'eût à citer qu'un bien petit nombre de cas où les soldats de sa Garde durent répondre à une accusation de cette sorte. L'armée rendait pleine justice à la moralité de ce corps privilégié ; tous ceux, notamment, qui ont fait la campagne de Russie, ont admiré la conduite de la Garde, sous ce rapport, dans plusieurs circonstances.

Ainsi, à Smolensk, le payeur de la Garde confia à de simples grenadiers les valeurs en or qui composaient le trésor particulier de l'Empereur, et qui s'élevaient à deux millions. De l'autre côté de la Bérésina, la somme fut remise intacte, moins quatorze cents francs : le soldat qui en était porteur avait perdu la vie dans le dernier engagement.

Ainsi, à Wilna, les uns défendirent jusqu'à la mort les caissons du trésor ; les autres s'emparèrent de tout l'or qu'ils purent emporter pour le remettre plus tard entre les mains de celui qui en avait la responsabilité.

A ces traits généraux de probité nous pourrions en ajouter un grand nombre de particuliers qui attesteraient la haute moralité des soldats de la Garde impériale : quelques-uns même la portèrent jusqu'à refuser ce que des étrangers considéraient comme la récompense d'un service ou d'un bienfait.

Mais après avoir fait une telle part à la discipline, l'Empereur en faisait une non moins grande à sa sollicitude pour sa Garde. Comme les dépenses de ses officiers étaient de beaucoup supérieures à celles que comportait leur solde, c'était par des largesses personnelles, des dotations, des mariages, qu'il assurait l'avenir de ses compagnons d'armes. Dans toutes les circonstances, et notamment en campagne, il leur donnait des preuves de l'intérêt qu'il leur portait, car alors son premier soin était toujours de s'assurer si sa Garde avait reçu ce qui lui était destiné.

Cette sollicitude de l'Empereur pour sa Garde excitait, il faut bien le dire, quelque jalousie dans les autres corps de l'armée ; et cette jalousie était assez justifiée sur beaucoup de points. Ainsi cette prévoyance de Napoléon pour les besoins matériels de sa Garde diminuait nécessairement les occasions de pillage qu'il était si difficile de prévenir dans la ligne, quand le soldat était dans la nécessité de pourvoir par lui-même à sa propre subsistance par des moyens qui échappaient facilement à la surveillance des chefs, et qui étaient tout à fait en dehors des lois de la discipline. La tolérance était justice envers ceux qui manquaient de tout.

Ce bien-être entretenait dans la Garde une certaine disposition qui réagissait sur le moral, non, certes, que nous rabaissions la bravoure jusqu'à l'attribuer absolument à la satisfaction des besoins matériels ; mais il est certain, cependant, qu'une troupe qui n'a pas souffert des privations qu'impose une agglomération de milliers d'individus, ou qui ne les a pas éprouvées au même degré, doit être certainement, toutes choses égales, du reste, dans de meilleures conditions que celle qui souffre dans ses besoins les plus indispensables.

Cette dernière considération nous amène à une réflexion dont nous ne nous dissimulons point la délicatesse, mais que nous ne saurions taire, en raison de son importance.

En dehors de l'armée, c'est-à-dire pour ceux qui ignorent comment une victoire se décide, on a toujours cru que l'intervention de la Garde impériale assurait le succès. En ne voyant que le fait en lui-même, on a peut-être eu raison de raisonner ainsi ; mais le succès provenait de cette circonstance essentielle, c'est qu'alors le moment était décisif ; la Garde n'était que le renfort d'une troupe fraîche ; en maintes circonstances, un même nombre de soldats de l'armée de ligne eût obtenu le même résultat. Cette espèce de va-tout était terrible à l'ennemi, parce qu'il devait décider de la destinée du jour, et comme la Garde le savait, elle trouvait un stimulant immense dans cette idée qu'on attendait tout de sa participation exceptionnelle ; nous employons ce mot avec intention, car la Garde impériale était rarement en ligne ; elle formait habituellement une réserve sur laquelle l'Empereur comptait, et avec raison. Il est certain que dans les dix années de son existence, la Garde impériale n'a pas été plus de quinze fois en ligne pour intervenir en masse.

Certes, nous ne voulons pas détruire ni même diminuer la haute renommée de la Garde impériale ; dans toute l'armée elle était l'objet d'une constante admiration ; sa présence seule suffisait, dans beaucoup de cas, pour ranimer le courage qui fléchissait ; et cela parce qu'on savait que là où elle se présentait, la victoire allait suivre ; nous tenions seulement à établir que le succès, quelque honorable qu'il fût pour la Garde, tenait cependant à des circonstances qui n'étaient pas le fait absolu des individus, comme appartenant à ce corps privilégié.

Mais ce n'était pas seulement dans les camps que la discipline de la Garde impériale était admirable. Elle se manifestait fréquemment dans l'existence paisible de la garnison et même dans la conduite personnelle de chaque soldat, quand il agissait comme homme faisant partie de la grande famille sociale.

Ainsi le duel était extrêmement rare dans les soldats de la Garde, et s'ils intervenaient parfois dans ces combats singuliers, c'était presque toujours comme témoins entre des individus non militaires et pour chercher à les réconcilier.

Les cas d'ivresse étaient également très-rares.

Dans leurs rapports journaliers et réciproques, les soldats de la Garde conservaient toujours une certaine dignité : il n'existait pas entre eux de camaraderie proprement dite, en donnant à ce mot l'acception d'une familiarité de caserne ; le tutoiement n'était pas reçu, excepté entre ceux qui partageaient le même lit.

Enfin, et comme complément à ce que nous pourrions dire à l'avantage de la Garde impériale, ses rapports avec la bourgeoisie avaient quelque chose d'intime et de bienveillant ; un soldat qui ne serait pas resté dans les termes des plus strictes convenances, aurait été déconsidéré dans l'esprit de ses camarades. A la vérité, de glorieux témoignages d'estime avaient été donnés à la Garde impériale par la capitale.

Le 25 novembre 1807, à son retour des campagnes de **Prusse** et de **Pologne**, le conseil municipal de la ville de Paris lui avait voté des couronnes d'or, et la distribution de ces récompenses, qui nous reportent à la Rome antique, fut l'objet d'une fête dont les dix mille soldats de la Garde étaient les héros.

A une allocution de M. Frochot, préfet du département de la Seine, le maréchal Bessières, qui commandait la Garde impériale, fit la réponse suivante que nous transcrivons, parce qu'elle corrobore tout ce que nous venons de dire d'un corps qui rehaussa si dignement la valeur de nos ancêtres :

« Monsieur le préfet, et vous messieurs les membres du conseil municipal, ces couronnes dont vous décorez nos aigles, cet arc de triomphe, toute cette pompe brillante pour célébrer le retour de la Garde impériale, sont une nouvelle preuve de votre affection pour l'Empereur, et un hommage éclatant rendu à son armée.

« Les aînés de cette grande famille militaire vont se retrouver avec ravissement dans le sein d'une cité dont les habitants ont constamment rivalisé avec eux d'amour, de dévouement et de fidélité pour notre glorieux monarque. Animés des mêmes sentiments, la plus parfaite harmonie existera toujours entre les habitants de la bonne ville de Paris et les soldats de la Garde impériale.

« Tels sont, messieurs, les sentiments qui animent la Garde impériale ; je m'estime heureux de vous les exprimer en son nom. »

CHAPITRE PREMIER

CRÉATION. — ORGANISATION

A l'avénement de Bonaparte au consulat, la *garde du Directoire exécutif* prit la dénomination de *garde des consuls*, et son effectif fut porté à 7,266 hommes qui devaient être recrutés parmi les soldats qui s'étaient distingués sur le champ de bataille.

Le décret du 29 juillet 1804 donna à ce corps la qualification de *Garde impériale*, et il fut spécialement attaché à la personne de l'Empereur.

Voici quelle était sa composition à la fin de 1804 :

État-major et administration.	26
A reporter.	26

Report. 6,276

Infanterie.

Grenadiers à pied.	1 régiment. . . .	1,716
Vélites grenadiers.	1 bataillon. . . .	955
Chasseurs à pied.	1 régiment. . . .	1,716
Vélites chasseurs.	1 bataillon. . . .	955
Vétérans.	1 compagnie. . . .	102
Matelots.	4 bataillons . . .	800

Cavalerie.

Grenadiers à cheval.	1 régiment. . . .	1,018
Chasseurs à cheval.	1 régiment. . . .	1,028
Mameluks.	1 compagnie. . . .	123
Gendarmerie d'élite.	1 bataill. 2 escadr.	632
		2,792 2,792

Artillerie. 1 escadron d'artillerie légère, 1 section d'ouvriers,
1 compagnie du train. 712
Hôpital dit du Gros-Caillou. 18

Total. 9,798

La Garde se recrutait dans les autres régiments de l'armée et parmi les hommes dont la conduite était irréprochable. Indépendamment de la taille, qui variait de 5 pieds 2 pouces à 5 pieds 5 pouces, les soldats devaient compter au moins cinq ans de service et deux campagnes avant leur admission dans la Garde.

Le corps des *vélites* à cheval fut créé par le décret du 17 septembre 1805. Son effectif fut fixé à 800 hommes. En guerre ils étaient incorporés dans les compagnies dites d'*anciens* et faisaient le service auprès de l'Empereur. Plus tard, ils furent placés indistinctement dans les grenadiers et les chasseurs de la Garde, puis dans les dragons de l'impératrice.

Une nouvelle organisation de la garde eut lieu par le décret du 15 avril 1806. Les anciens régiments furent augmentés, et l'on en créa deux nouveaux : les dragons et l'artillerie à cheval. Par ce décret, l'effectif fut porté à 15,656 hommes.

Depuis lors, et jusqu'en 1814, l'effectif de la Garde impériale fut considérablement augmenté, soit par l'élévation du nombre des hommes de chaque corps, soit par la création de nouveaux régiments, tels que Tirailleurs, Voltigeurs, Flanqueurs, Lanciers, Gardes d'honneur.

Nous ne comprenons pas dans ce chiffre les gendarmes d'ordonnance créés par le décret du 24 septembre 1806 et composés des jeunes gens de famille qui, pour des causes diverses, s'étaient tenus jusqu'alors à l'écart. Ils avaient le droit d'être incorporés dans ce corps, en versant, à leur arrivée, une somme de 1,800 francs pour l'équipement et le cheval. Il fallait, en outre, que la famille leur assurât une pension annuelle de 600 francs.

Nous mentionnerons maintenant ceux des nouveaux régiments dont la création présente quelque particularité.

Le décret du 2 mars 1807 organisa un régiment de lanciers polonais. Le préambule de ce décret est ainsi conçu :

« Chaque Polonais pourra entrer dans ce régiment : le noble, le bourgeois et l'habitant de la campagne y auront un libre accès. Les défauts corporels, le manque d'éducation, les mauvaises mœurs, pourront seuls les en exclure. Cependant, tout Polonais qui voudrait entrer dans ce corps devra être, autant que possible, domicilié en Pologne ou avoir un garant de sa moralité et de sa fidélité. »

Le 1er janvier 1810, création d'un régiment composé des gardes nationaux qui avaient concouru à la défense des côtes de Flandre et de la Manche. Ce corps fut organisé à Lille, et reçut le nom de régiment des *Gardes nationales de la garde.*

Le décret du 30 mars 1811 organisa le régiment des *Pupilles de la garde*, composé de 8,000 jeunes gens ayant moins de seize ans. En 1813, l'effectif fut réduit à 1,600; le surplus entra dans les tirailleurs grenadiers et les chasseurs voltigeurs.

Le sénatus-consulte du 3 avril 1813 créa quatre régiments de cavalerie qui reçurent le nom de *Gardes d'honneur*, composés chacun de 2,505 hommes. D'après l'article 14 de ce sénatus-consulte, voici quelles étaient les conditions d'admission dans ces régiments qui furent réunis à la garde d'honneur en 1813 :

« Art. 14. Seront admis à faire partie de ces régiments, pourvu qu'ils soient nés Français, qu'ils aient l'âge de dix-neuf à trente ans inclusivement, et qu'ils soient exempts des infirmités qui les rendraient impropres au service :

« Les membres de la Légion d'honneur, et leurs fils ;

« Les membres de l'ordre impérial de la Réunion, et leurs fils ;

« Les chevaliers, barons, comtes et ducs de l'Empire, et leurs fils ;

« Les membres des colléges électoraux de département et d'arrondissement ; des conseils généraux de département et d'arrondissement, et des conseils municipaux des bonnes villes, leurs fils et neveux ;

« Les cinq plus imposés des départements, et dans chaque département les cent plus imposés des villes, leurs fils et neveux ;

« Les individus employés dans les diverses régies, et leurs fils ;

« Les militaires qui ont servi dans les armées françaises, et ceux qui ont servi, comme officiers, dans les armées étrangères, et leurs fils. »

Les *Gardes d'honneur* furent licenciés le 24 juin 1814, après avoir fait partie très-peu de temps de la maison militaire du roi.

A l'arrivée des Bourbons, malgré quelques expressions flatteuses de Louis XVIII en faveur de la Garde impériale, celle-ci ne cacha point sa répulsion pour un ordre de choses qui venait totalement changer ses habitudes guerrières ; mais ce qui l'aliéna tout à fait, ce fut la suppression des couleurs nationales. La cocarde tricolore était un symbole pour ces vieux soldats d'Aboukir, de Marengo, de Smolensk, de Leipsick ; leur enlever ce symbole, c'était, selon eux, effacer leur gloire, c'est-à-dire leur faire le plus sanglant outrage. Pour obéir, du moins en apparence, les plus résignés placèrent la cocarde de l'Empire sous la cocarde de la Restauration, comme une sorte de purification de ce qu'ils nommaient un chiffon ; mais il se trouva des régiments qui préférèrent brûler leurs étendards plutôt que de s'en dessaisir.

Enfin, la garde du souverain ayant été confiée à des troupes mercenaires, le mécontentement des *Vieux grognards* ne connut plus de bornes, et ce que l'on crut le plus convenable de faire en cette circonstance, ce fut d'abord de les disséminer sur divers points de la France ; puis, le 1er juillet 1814, les régiments reçurent une nouvelle organisation, ou plutôt ils formèrent des corps distincts qui prirent le nom de *Corps royal de chasseurs, de grenadiers, de dragons de France, etc.*; mais tous avec diminution de solde. L'artillerie de la Garde et les régiments d'infanterie de la jeune Garde furent incorporés dans la ligne.

Le maréchal Oudinot, duc de Reggio, reçut le commandement en chef de l'infanterie royale ; le maréchal Ney, prince de la Moskowa, fut nommé commandant en chef de la cavalerie royale.

Le renvoi de l'Hôtel des Invalides d'environ 2,500 vieux soldats infirmes ou mutilés ; les vexations sans nombre dont étaient l'objet les officiers de l'ex-Garde, qui presque tous étaient à la retraite ou à la demi-solde, en exaspérant les esprits, les avaient pour ainsi dire préparés aux événements qui allaient suivre.

Ce fut dans cette situation perplexe qu'on atteignit le 5 mars 1815 ; ce jour, une dépêche télégraphique annonçait le débarquement de l'Empereur au golfe Juan, à la tête des soldats qui l'avaient suivi à l'île d'Elbe, et auxquels il annonçait en mettant le pied sur le sol français, que tous ils recevraient la décoration de la Légion d'honneur et l'avancement du grade supérieur à celui qu'ils avaient.

Le 21 mars 1815, Napoléon rendit un décret qui rétablissait la Garde impériale dans ses fonctions et prérogatives, et qui portait en outre qu'elle ne pouvait plus être recrutée que parmi les hommes ayant servi dans les armées françaises durant au moins douze années, y compris les campagnes.

A Waterloo, l'effectif de la Garde impériale était d'environ 25,000 hommes de toutes armes.

La capitulation de Paris, signée le 3 juillet 1815, contenait ce passage :

« L'ex-Garde impériale se mettra immédiatement en marche pour se retirer derrière la Loire, où elle sera licenciée. Elle emportera avec elle armes et bagages, emmènera tout son matériel de campagne. Les blessés pourront rester à Paris jusqu'à nouvel ordre ; ils seront sous la protection des généraux anglais et prussiens. Les employés attachés à l'administration militaire de l'ex-Garde, leurs femmes et leurs enfants, pourront les suivre. Aucun des chefs de corps, généraux, officiers supérieurs, officiers et sous-officiers de l'ex-Garde, qui ont combattu contre les puissances alliées dans les journées des 16, 17 et 18 juin dernier, ne pourra, à l'avenir et à aucun titre, faire partie de la nouvelle armée qui va être organisée, etc. »

Mais, au mépris de cette capitulation, les proscriptions vinrent décimer les chefs de la Garde, avant même leur arrivée sur les bords de la Loire. Non-seulement on les traduisait devant des commissions militaires, mais encore on les traquait de toutes parts, de manière à les forcer à quitter une patrie qui se montrait si ingrate envers ceux qu'on aurait dû honorer, et que l'on qualifiait de l'épithète de Brigands.

Obligés de chercher une retraite à l'étranger, ils allèrent : les uns en Turquie, les autres en Grèce, ceux-ci en Amérique, ceux-là dans la province du Texas, à vingt lieues au-dessus de l'embouchure de la Trinité, dans le golfe du Mexique, où le général Lallemand parvint à former une colonie qu'il appela le Champ-d'Asile, et où se trouvèrent réunis, en avril 1818, deux cents hommes de tous grades des débris de l'ex-Garde impériale. Mais les tracasseries du gouvernement mexicain obligèrent bientôt les réfugiés de quitter ce sol inhospitalier ; et, dès le 12 août suivant, ils débarquaient dans l'île de Galveston, qu'ils avaient déjà habitée une première fois avant leur réunion au Champ-d'Asile.

Après des tortures de tous genres, ne pouvant conserver nul espoir d'un sort meilleur, ils se décidèrent à partir pour la Nouvelle-Orléans, où ils arrivèrent le 20 novembre 1818. Pendant ce temps, des souscriptions s'étaient ouvertes en France pour les exilés du Texas; mais ce ne fut qu'en avril 1820 qu'une somme de 80,000 francs put leur parvenir. Sur les 200 exilés, 47 existaient encore. C'est à la tombe qu'il faut demander aujourd'hui ce que sont devenus les derniers survivants de ces débris immortalisés par le malheur autant que par la gloire.

Nous terminerons ce chapitre par le relevé de l'effectif de la Garde impériale durant les douze années de son existence.

En 1804.	9,798 hommes.
1805.	12,187
1806.	15,656
1807.	15,361
1808.	15,392
1809.	31,203
1810.	32,150
1811.	59,160
1812.	59,169
1813.	92,472
1814.	112,482
1815.	25,870

EFFECTIF DE LA GARDE EN 1814 (1).

État-major général		100	Report		79,036
Administration		500	**CAVALERIE.**		
INFANTERIE.			Grenadiers	1 régiment.	1,250
			Chasseurs	1 régiment.	2,500
Grenadiers	2 régiments.	3,200	Mameluks	1 escadron.	250
Vétérans	1 compagnie	200	Gendarmerie d'élite	1 bat. et 2 esc.	632
Fusiliers-grenadiers	1 régiment.	1,600	Dragons	1 régiment.	1,500
Flanqueurs-grenadiers	1 régiment.	1,600	Chevau-légers-lanc. polon.	2 régiments.	6,500
Comp. de dép. des flanq.-g.	»	250	Gardes d'honneur	4 régiments.	10,000
Chasseurs	2 régiments.	3,200	Éclaireurs	3 régiments.	6,000
Fusiliers-chasseurs	1 régiment.	1,600			28,632 28,632
Flanqueurs-chasseurs	1 régiment.	1,600	ARTILLERIE. { État-major; Artill. à pied (vieille Garde), 1 rég.; Artill. à chev. (vieille Garde), 1 rég.; Artill. à pied (jeune Garde), 1 rég.; canonn. vétér., 1 comp. }		3,500
Comp. de dépôt des flanqueurs-chasseurs	»	250			
Matelots	1 état-m., 8 c.	1,436			
Tirailleurs-grenadiers	19 régiments.	30,400			
Voltigeurs	19 régiments.	30,400	GÉNIE	1 état-maj., 1 bat. de sap.	500
Pupilles	1 régiment.	1,600	TRAIN DES ÉQUIPAGES. 1 bataillon		500
Bat. d'inst. de Fontainebl.	»	2,000	HÔPITAL DE LA GARDE		64
A reporter		79,036 79,036	TOTAL		112,232

1. En donnant ici l'effectif de la Garde, nous devons dire que cet effectif ne fut jamais complet. En créant un si grand nombre de régiments de sa Garde, Napoléon n'avait eu pour but que d'exciter l'esprit militaire à cette époque où les événements de la guerre commençaient à nous être contraires

CHAPITRE II

CAMPAGNES DE LA GARDE IMPÉRIALE

D'après ce que nous avons dit dans l'introduction de cette partie de l'ouvrage, on doit comprendre qu'il ne s'agit point ici de faire l'historique des guerres de l'Empire ; nous nous bornerons donc à citer d'une manière très-concise les affaires où la Garde impériale a pris une part active, soit en masse, soit partiellement.

1805. — AUTRICHE. — Dans le but de forcer Napoléon à abandonner son projet d'invasion contre elle, l'Angleterre suscita contre nous la Russie et l'Autriche, qui se dévouèrent à ses intérêts. Tel fut le prétexte de la première campagne où la Garde impériale commença cette série de victoires qui s'arrêta si fatalement à Waterloo.

Le 10 octobre 1805, le maréchal Bessières, qui commandait les grenadiers et les chasseurs à cheval de la Garde, fit son entrée à Augsbourg, en même temps que le colonel Morland culbutait les cuirassiers ennemis et s'emparait d'un parc d'artillerie à la tête de son régiment de chasseurs à pied.

La reddition d'Ulm fut la conséquence de ce premier fait d'armes.

L'armée russe ayant tenté de s'opposer à notre armée aux environs d'Olmütz, elle fut mise en déroute par une charge de quatre escadrons de la Garde.

Quelques jours après, le 2 décembre, avait lieu la bataille d'Austerlitz, qui fut toujours rappelée par l'Empereur quand il voulait exciter la bravoure de l'armée. On ne saurait faire ici une part distincte pour la Garde impériale, car dans cette mémorable journée l'armée entière se couvrit de gloire ; disons seulement que le général Rapp, à la tête des grenadiers à cheval de la Garde, fit prisonnier le commandant en chef de la garde impériale russe, prince Repnin, et que le colonel Morland trouva une mort glorieuse en chargeant avec ses chasseurs l'artillerie de la garde impériale russe.

1806. — PRUSSE. — A la bataille d'Iéna, le 14 octobre 1806, la Garde impériale ne prit aucune part aux succès du jour, à cause de la promptitude avec laquelle l'Empereur avait franchi la distance depuis Paris ; mais le 24 décembre, le passage du Bug fut forcé, et les Russes furent mis en pleine déroute par les chasseurs de la Garde, ayant Murat à leur tête.

A Eylau, toute la Garde prit une part glorieuse à l'action de cette journée, qui peut être considérée comme une des plus meurtrières du temps de l'Empire.

A Friedland, la Garde impériale ne donna point.

1808. — ESPAGNE. — La Garde impériale, à l'exception des marins, ne prit aucune part à la guerre d'Espagne ; elle dut aussi bientôt quitter le pays pour se rendre en Allemagne.

Malgré leur service tout spécial, les marins de la Garde prirent une part on ne peut plus glorieuse aux exploits de l'armée de terre : à Austerlitz, à Iéna, à Dantzick, à Friedland, ils soutinrent avec éclat l'honneur de la Garde. En Espagne, leurs succès ne furent pas moins éclatants, et ils eurent le malheur d'être compris dans la capitulation que le général Dupont dut signer à Baylen.

1809. — AUTRICHE. — Voici comment un bulletin rendait compte de la conduite de la Garde à la mémorable affaire de Wagram :

« Les chasseurs à cheval de la Garde ont chargé trois carrés d'infanterie, qu'ils ont enfoncés. Ils ont pris quatre pièces de canon. Les lanciers polonais ont chargé un régiment de lanciers autrichiens, et ont fait prisonnier le prince d'Anesperg qui les commandait. »

1812. — RUSSIE. — A Borodino, tous les régiments de la Garde restèrent l'arme au bras et simples spectateurs de ce drame lugubre qui, commencé à Moskou, devait se terminer au mont Saint-Jean. Dans la campagne de Russie, le premier engagement de la Garde eut lieu dans une circonstance de la retraite où l'Empereur faillit d'être surpris par des Cosaques, sur le champ de bataille de Malo-Jaroslawetz.

A moins d'avoir assisté soi-même aux désastres de la retraite de Russie, il est impossible de s'en faire une idée ; la vérité serait trop invraisemblable pour qu'on y ajoutât foi. Jamais armée, peut-être, n'a présenté une aussi grande démoralisation. Elle était telle que l'Empereur dut s'adresser ainsi à sa Garde, rangée autour de lui : « Grenadiers de ma garde, vous
« êtes témoins de la désorganisation de l'armée. La plupart de vos frères, par une fatalité
« déplorable, ont jeté leurs armes. Si vous imitiez ce funeste exemple, tout espoir serait
« perdu ; le salut de l'armée vous est confié, vous justifierez la bonne opinion que j'ai de
« vous. Il faut, non-seulement que les officiers maintiennent parmi vous une discipline
« sévère, mais encore que les soldats exercent, entre eux, une rigoureuse surveillance, et
« punissent eux-mêmes ceux qui tenteraient de s'écarter de leurs rangs. »

Ce ne fut pas en vain que Napoléon tint ce langage : dès ce jour, sa Garde l'accompagna avec un courage héroïque.

1813. — SAXE. — Le 2 mai, nos troupes, surprises aux environs de Lutzen, furent protégées par la Garde impériale, qui mit en fuite l'armée ennemie. Le maréchal Mortier, à la tête de seize bataillons de la jeune Garde, poursuivit les Russes jusqu'à Klein-Gorschen.

Le résultat de cette affaire eut pour effet d'exalter le courage des soldats de la jeune Garde, qui commençaient ainsi leur apprentissage militaire. Le 25 août, les armées alliées étaient sur le point de s'emparer du faubourg de Pyrna, à Dresde, quand la jeune Garde, s'élançant avec une impétuosité sans égale, culbuta tout ce qui s'opposait à son passage et reprit la redoute qu'on nous avait enlevée.

Le 18 octobre à Leipsick, l'armée ennemie, forte de 330,000 hommes, fut contenue par nos troupes, dont le nombre ne dépassait pas 125,000 combattants. Au moment où les Saxons, par une infâme trahison, tournaient leurs canons contre nous, l'Empereur fit avancer sa Garde pour soutenir le corps du général Régnier, mais son intervention fut jugée inutile.

Les défections, les trahisons des troupes alliées, changeaient à tout moment les dispositions de l'Empereur. C'est ainsi qu'à Hanau, le général bavarois, comte de Wrede, qui avait été comblé de ses bienfaits, s'opposa à notre passage à la tête de 50,000 hommes. Mais la Garde impériale, par des efforts inouïs de courage, força le passage et sauva peut-être l'armée en culbutant l'ennemi.

1814. — FRANCE. — Aux 600,000 hommes qui avaient passé le Rhin, la France n'en opposait que 120,000 : un contre cinq ! Dans cette fatale campagne, la Garde impériale s'est en quelque sorte surpassée, tant par le nombre des affaires où elle prit part que par ses succès.

La première rencontre eut lieu à Bar-sur-Aube. L'attaque avait été vive de la part de l'ennemi; notre avant-garde fléchissait déjà, quand 8,000 hommes de la vieille Garde mirent les Autrichiens en déroute.

Au village de Fontaine, 150 hommes du 2ᵉ de chasseurs à pied de la vieille Garde soutinrent l'attaque de 5,000 Autrichiens.

A Brienne, au village de la Rothière, la Garde se montra digne de sa brillante renommée; à Montmirail, elle se surpassa par la témérité de ses attaques, ainsi qu'à Château-Thierry, à Champ-Aubert, à Vauchamps et surtout à l'abbaye de Vaucler, le 7 mars 1814, où eut lieu le combat le plus acharné; le 9 mars, au village de Clacy, près Laon, la jeune Garde reprit sept fois ce village, que le nombre des ennemis la forçait d'évacuer; le 20 mars, à Torcy, la lutte ressemblait à un carnage, et toute la Garde lutta avec un courage héroïque; enfin, le 25 mars eut lieu le combat de Saint-Dizier, le dernier de cette campagne où la Garde impériale prit une part active.

Depuis lors, et dénuée de tout, la Garde opéra des marches et des contre-marches jusqu'à Fontainebleau, où elle reçut les adieux que l'Empereur lui adressa dans les termes suivants, au milieu des grenadiers :

« Officiers et soldats de ma Garde, je vous fais mes adieux ! Pendant vingt ans je vous
« ai conduits sur le chemin de la victoire; pendant vingt ans vous m'avez servi avec hon-
« neur et fidélité : recevez mes remercîments.

« Mon but a toujours été le bonheur et la gloire de la France ; aujourd'hui les circon-
« stances ont changé... Lorsque l'Europe entière est armée contre moi; quand tous les
« princes, toutes les puissances sont ligués; lorsqu'une grande portion de mon empire est
« livrée, envahie; lorsqu'une partie de la France... » — Après ces mots, Napoléon s'arrêta un instant; mais bientôt il reprit d'une voix altérée : — « ... lorsqu'un autre ordre de
« choses est établi, j'ai dû céder.

« Avec vous et les braves qui me sont restés dévoués, j'eusse pu résister encore à tous
« les efforts de mes ennemis; mais j'eusse allumé la guerre civile dans notre belle France,
« au sein de notre chère patrie...

« N'abandonnez pas votre pays malheureux; soyez soumis à vos chefs, et continuez de
« marcher dans le chemin de l'honneur où vous m'avez toujours rencontré.

« Ne soyez pas inquiets sur mon sort; de grands souvenirs me restent : je saurai occuper
« encore noblement mes instants : j'écrirai mon histoire et la vôtre.

« Officiers et soldats ! je suis content de vous ! Je ne puis vous embrasser tous, mais
« j'embrasserai votre général. Adieu, mes enfants ; adieu, mes amis; conservez-moi votre
« souvenir ! Je serai heureux lorsque je saurai que vous l'êtes vous-mêmes. » — Et s'adressant au général Petit : « Venez, général, ajouta-t-il. » — Et il l'embrassa avec effusion. —
« Qu'on m'apporte l'aigle, » ajouta-t-il. — Et il l'embrassa trois fois avec une émotion qu'il n'était pas en son pouvoir de maîtriser. — « Ah ! chère aigle ! dit-il, que les baisers que je te
« donne retentissent dans la postérité!... » — Et après quelques instants de silence : « Adieu,
« mes enfants ; adieu, mes braves : entourez-moi encore une fois. »

Cette scène, qui a été reproduite par le burin avec un rare bonheur, terminait, de la manière la plus digne, cette vie de triomphe qui avait fait un héros de chaque soldat.

Le 8 avril 1814, le bataillon qui avait été accordé à l'Empereur quittait Fontainebleau, musique en tête, et accompagné de tous les officiers. Toute la troupe conserva la cocarde tricolore.

Le 4 mai, l'Empereur arrivait à l'île d'Elbe.

La Garde n'y débarqua que le 28. Elle se composait de six cent quarante-huit hommes : vingt-cinq officiers, quatre-vingt-dix-huit sous-officiers et caporaux, cinq cent vingt-cinq soldats ; elle prit alors la cocarde de l'île : elle était rouge et surmontée de trois abeilles d'or.

Le 1er mars 1815, l'Empereur débarquait au golfe Juan, entre Cannes et Antibes.

Le 20 mars, il rentrait dans Paris.

Le 21, la Garde de l'île se trouvait déjà réunie dans la cour du Carrousel.

Après avoir passé en revue toutes les troupes formant la garnison de Paris, l'Empereur prononça l'allocution suivante :

« Voilà les officiers du bataillon qui m'a accompagné dans mon malheur ; ils sont tous mes amis, ils étaient chers à mon cœur ! Chaque fois que je les voyais, ils me représentaient les différents régiments de l'armée, car, dans ces six cents braves, il y a des hommes de tous les régiments. Tous me rappelaient ces grandes journées dont le souvenir est si cher ; car tous sont couverts d'honorables cicatrices reçues à ces batailles mémorables. En les aimant, c'est vous tous, soldats de l'armée française, que j'aimais. Ils vous rapportent ces aigles : qu'elles vous servent de ralliement ! En les donnant à la Garde, je les donne à toute l'armée. La trahison et des circonstances malheureuses les avaient couvertes d'un voile funèbre ; mais, grâce au peuple et à vous, elles reparaissent resplendissantes de leur gloire passée. Jurez-moi qu'elles se trouveront toujours partout où l'intérêt de la patrie les appellera ; alors ceux qui voudraient envahir notre territoire n'en pourront soutenir le regard ! »

Le 1er juin, l'effectif de l'armée était de quatre cent mille hommes, dont cent vingt mille seulement pouvaient entrer en campagne, le surplus étant employé au service des places de l'intérieur.

Le 12, Napoléon quittait Paris.

Le 15, l'armée passait la frontière et s'emparait de Charleroi.

Le 16, on rencontrait l'armée de Blücher, forte de cent mille combattants, entre Saint-Amand et Sombref, près de Fleurus.

Les désastres de Waterloo sont trop connus pour être répétés ici ; d'ailleurs, le récit de cet événement sortirait du cadre que nous avons dû nous tracer. Dans cette courte mais déplorable campagne, toute l'armée fut admirable de courage et d'abnégation ; elle lutta tant qu'elle put conserver l'espoir du succès, ou plutôt, tant qu'elle put résister à la supériorité du nombre qui l'accablait ; la Garde impériale ne put résister non plus à ces forces quintuples qui nous harcelaient, et c'est alors qu'elle fit entendre, par la bouche du général Michel, ces paroles sublimes, qui résumaient si bien toute sa pensée, toute sa vie militaire :

« LA GARDE MEURT ET NE SE REND PAS ! »

Cependant les généraux Morand et Colbert étaient parvenus à rallier quelques débris de la Garde à Beaumont, d'où ils s'étaient dirigés sur Paris. Une affaire eut encore lieu au village des Vertus, le 30 juin, où environ cent hommes de la jeune Garde, commandés par le colonel Dorser et l'adjudant-commandant Martin Laforest, se firent un passage à travers 3,000 Prussiens.

C'est le dernier trait d'héroïsme de la Garde impériale. Elle voulait mourir ; elle reçut la consécration de son immortalité !

CHAPITRE III

PRIVILÉGES ET PRÉROGATIVES DE LA GARDE IMPÉRIALE

Indépendamment du privilége d'être spécialement attachée à la personne de l'Empereur, la Garde impériale jouissait de certaines prérogatives que nous allons sommairement indiquer.

Décret du 13 juillet 1804 :

Art. 1er. Partout où les troupes de la Garde impériale se trouvent réunies à celles de la ligne, le poste d'honneur leur est déféré.

Art. 2. Les officiers et sous-officiers de la Garde ont, à grade égal, le commandement sur les officiers et sous-officiers des corps de ligne, lorsqu'ils se trouvent réunis dans un poste pour le même service.

Art. 3. Lorsque l'Empereur accorde à quelque corps de la ligne l'honneur de participer à la garde de sa personne, les troupes de la Garde impériale conservent toujours la droite, et sont placées dans les postes qui se rapprochent le plus de Sa Majesté.

Art. 4. Lorsqu'un corps ou un détachement de la Garde impériale voyage et qu'il rencontre un autre corps ou détachement de troupe de ligne, ce dernier se met en bataille et porte les armes ; les drapeaux saluent et les tambours battent aux champs jusqu'à ce que les troupes de la Garde soient passées.

Les colonels et commandants des détachements se saluent réciproquement. Dans ce cas, le corps de la Garde impériale rend les mêmes honneurs qu'il reçoit du corps de la troupe de ligne, mais il ne s'arrête pas dans sa marche.

Art. 5. Lorsque l'Empereur traverse une rivière, ou qu'étant dans un port de mer il va se promener dans le port ou en rade, les marins de la Garde impériale ont exclusivement la garde du bateau qui porte Sa Majesté.

Art. 6. A l'armée, les corps doivent des visites de corps aux aides de camp de service de l'Empereur.

Le décret du 20 septembre 1805 réglait le rang des militaires de la Garde dans l'armée.

« Art. 1er. Tous les soldats de la Garde impériale, y compris les vélites incorporés dans ladite Garde, auront le rang de sergents ou de maréchaux des logis, selon l'arme dans laquelle ils serviront, pourvu qu'ils aient déjà cinq ans de service révolus, soit dans la Garde impériale, soit dans le corps de troupe de ligne où ils auront servi auparavant.

« Tous les caporaux et brigadiers de la Garde auront rang de sergent-major ou de maréchal des logis chef.

« Tous les fourriers, sergents et maréchaux des logis de la Garde auront rang d'adjudant sous-officier.

« Tous les sergents-majors et maréchaux des logis chefs de la Garde auront rang de sous-lieutenants.

« Art. 3. Les soldats et cavaliers de la Garde seront commandés par tous les sergents et maréchaux des logis, mais ils commanderont à tous les caporaux et brigadiers.

« Les caporaux et brigadiers de la Garde seront commandés par tous les sergents-majors et maréchaux des logis chefs, mais ils commanderont à tous les sergents et maréchaux des logis.

« Les sergents et les maréchaux des logis de la Garde seront commandés par tous les adjudants sous-officiers, mais ils commanderont à tous les sergents-majors et maréchaux des logis chefs.

« Les sergents-majors et maréchaux des logis chefs de la Garde seront commandés par tous les sous-lieutenants, mais ils commanderont à tous les adjudants sous-officiers et à tous les sergents-majors et maréchaux des logis chefs. »

Les avantages accordés aux soldats de la Garde impériale dans le service actif les suivaient encore quand ils cessaient de faire partie de l'armée, ainsi que l'atteste le décret suivant, du 29 janvier 1805.

« Art. 1er. Lorsque l'âge, les blessures ou des infirmités ne permettront plus aux militaires de la Garde impériale de continuer leur service, ils seront admis aux Invalides ou à la solde de retraite, sur la demande que les colonels-généraux en feront au ministre.

« Art. 2. Les soldes de retraite seront fixées sur les mêmes bases que celles arrêtées pour l'armée, mais elles seront augmentées de moitié.

« Art. 3. Ceux qui obtiendront leur entrée à l'Hôtel impérial des Invalides y jouiront des prérogatives et traitements des grades supérieurs à ceux qu'ils occupaient dans la Garde.

« Le simple garde sera traité comme caporal ou brigadier.

« Le caporal ou brigadier, comme sergent ou maréchal des logis.

« Le sergent ou maréchal des logis, comme sous-lieutenant.

« L'officier jouira de tous les avantages accordés au grade supérieur à celui qu'il occupait dans la Garde.

« Art. 4. Si le militaire de la Garde, après son admission à l'Hôtel impérial des Invalides, préfère la pension représentative de l'Hôtel, cette pension lui sera accordée après avoir été fixée d'après les principes de l'article 2 ci-dessus, et pour le grade qu'il occupait dans la Garde. »

Enfin, outre ces avantages honorifiques, il y en avait d'autres qui touchaient au bien-être matériel de la Garde, en raison de l'élévation de sa solde, qui était de beaucoup supérieure à celle des autres corps de l'armée, comme on le verra par le tableau suivant :

ÉTAT-MAJOR GÉNÉRAL.

DÉSIGNATION des GRADES ET EMPLOIS.	SOLDE par MOIS.	Nomb. de chevaux	DÉSIGNATION des GRADES ET EMPLOIS.	SOLDE par MOIS.	Nomb. de chevaux
Colonel-général...............	2,000 »	24	Lieutenant en deuxième.............	200 »	3
Général de brigade, commandant les dépôts de la Garde...............	800 »	10	OFFICIERS DU GÉNIE.		
Colonel commandant d'armes du quartier Napoléon...................	800 »	10	Commandant.....................	800 »	10
			Major.........................	650 »	6
ADJOINTS.			Chef de bataillon................	500 »	3
			Capitaine......................	333 33	2
Chef de bataillon ou d'escadron.......	500 »	5	Lieutenant.....................	216 66	1
Capitaine........................	333 33	4	Bibliothécaire..................	100 »	»
Lieutenant en premier.............	225 »	3			
Indépendamment de la solde, les officiers recevaient une indemnité de logement, de fourrage, de ferrage et de remonte.					

GRÉNADIERS, CHASSEURS ET VÉTÉRANS (INFANTERIE).

DÉSIGNATION DES GRADES.	SOLDE DE PRÉSENCE par mois.	INDEMNITÉ de logement par jour.	INDEMNITÉ d'habillem. par jour (1).	Nombre de chevaux.	DÉSIGNATION DES GRADES.	SOLDE DE PRÉSENCE par mois.	INDEMNITÉ de logement par jour.	INDEMNITÉ d'habillem. par jour (1).	Nombre de chevaux.
GRAND ÉTAT-MAJOR.									
Colonel................	750 »	5 »	2 77	6	Tambour-maître-sergent.....	» »	» »	» »	»
Colonel en second..........	666 66	5 »	2 77	6	Caporal-tambour.............	» »	» »	» »	»
Adjudant-général...........	583 33	5 »	2 77	6	Chef de musique.............	»	» »	» »	»
Major..................	546 66	4 16	2 08	6	Musicien...................	» »	» »	» »	»
Chef de bataillon...........	416 66	2 50	1 66	3	Maître-ouvrier..............	» »	» »	» »	»
Quartier-maître............	300 »	1 33	1 11	2	Sergent de sapeurs..........	» »	» »	» »	»
Adjudant-major............	300 »	1 33	1 11	2	Caporal de sapeurs.........	» »	» »	» »	»
Sous-adj.-maj. { Lieut. en prem.	200 »	1 »	1 11	1	Sapeur.....................	» »	» »	» »	»
{ Lieut. en sec..	175 »	1 »	1 11	1	**COMPAGNIES.**				
Adjudant d'habill. et des vivres,					Capitaine..................	300 »	1 33	1 11	(2)
lieut. solde suivant sa classe.	» »	1 »	1 11	»	Lieutenant en premier......	200 »	1 »	1 11	»
Porte-aigle. { Lieut. en prem.	200 »	1 »	1 11	»	Lieutenant en second........	175 »	1 »	1 11	»
{ Lieut. en sec..	175 »	1 »	1 11	»	Sergent-major..............	» »	» »	» »	»
Officier de santé de 1re classe.	300 »	2 50	1 11	1	Sergent et fourrier..........	» »	» »	» »	»
Idem de 2e classe..	200 »	1 33	1 11	1	Caporal...................	» »	» »	» »	»
Idem de 3e classe..	133 33	1 »	1 11	1	Grenadier ou chasseur......	» »	» »	» »	»
PETIT ÉTAT-MAJOR.					Tambour...................	» »	» »	» »	»
Vaguemestre.............	» »	» »	» »	»	Élève tambour, traité en tout				
Tambour-major............	» »	» »	» »	»	comme enfant du corps....	» »	» »	» »	»

(1) L'indemnité d'habillement était payable par mois aux officiers tant dans l'intérieur qu'aux armées.
(2) Les deux plus anciens capitaines de l'arme des grenadiers et des chasseurs avaient droit à un cheval chacun tant à l'intérieur qu'aux armées.

GRÉNADIERS, CHASSEURS ET GENDARMES D'ÉLITE (CAVALERIE).

GRADES ET EMPLOIS.	SOLDE PAR AN.	GRADES ET EMPLOIS.	SOLDE PAR AN.
Colonel.......................	9600	Sous-chef de musique...............	1200
Chef d'escadron................	6000	Vaguemestre......................	1170
Adjudant-major.................	4000	Sous-officier instructeur...........	1000
Capitaine-quartier-maître........	4000	Maréchal des logis chef...........	1000
Capitaine d'habillement..........	4000	Élève chirurgien.................	1000
Capitaine instructeur............	4000	Trompette-major.................	1000
Capitaine.....................	4000	Fourrier.........................	900
Officier de santé de première classe.	3600	Maréchal des logis..............	900
Lieutenant instructeur...........	2700	Aide-artiste vétérinaire..........	900
Lieutenant en premier...........	2700	Maître armurier.................	800
Lieutenant en second............	2400	Musicien gagiste................	800
Chirurgien de deuxième classe...	2400	Brigadier.......................	700
Adjudant-sous-lieutenant........	2000	Timbalier.......................	700
Officier-porte-étendard..........	2000	Brigadier-trompette..............	700
Sous-lieutenant.................	2000	Trompette......................	650
Chef de musique................	1800	Maréchal ferrant................	650
Artiste vétérinaire..............	1800	Grenadiers, chasseurs et mameluks.	450
Adjudant-sous-officier...........	1200	Enfant du corps.................	225

ARTILLERIE, PARC ET TRAIN.

GRADES ET EMPLOIS.	SOLDE PAR AN.	GRADES ET EMPLOIS.	SOLDE PAR AN.
ARTILLEURS.		Trompette...	600
Chef d'escadron...	6600	Artificier...	530
Adjudant-major...	4300	Canonnier de première classe...	500
Capitaine en premier...	4300	Canonnier de seconde classe...	450
Capitaine en second...	3500	Ouvrier de première classe...	450
Quartier-maître, suivant son grade...	2900	Ouvrier de seconde classe...	400
Lieutenant en premier...	2900	Ouvrier apprenti...	300
Lieutenant instructeur...	2900	**PARC.**	
Officier porte-étendard...	2600	Garde d'artillerie...	2000
Lieutenant en second...	2600	Sous-garde...	1500
Officier de santé de deuxième classe...	2400	Conducteur...	1500
Professeur de mathématiques...	2000	**TRAIN.**	
Artiste vétérinaire...	1800	Capitaine commandant...	3800
Adjudant sous-officier...	1300	Lieutenant...	2600
Maréchal des logis chef...	1000	Maréchal des logis chef...	800
Maréchal des logis...	900	Maréchal des logis ou fourrier...	600
Fourrier...	900	Brigadier...	500
Sergent...	850	Maréchal ferrant...	450
Maître ouvrier...	800	Bourrelier...	450
Brigadier...	700	Trompette...	450
Brigadier-trompette...	700	Soldat...	400
Maréchal-ferrant...	650	Enfant du corps...	200
Caporal...	650		

BATAILLON DES MATELOTS.

DÉSIGNATION des GRADES ET EMPLOIS.	SOLDE de mer par mois	SOLDE de la Garde par mois	DÉSIGNATION des GRADES ET EMPLOIS.		SOLDE de mer par mois.	SOLDE de la Garde par mois.
Capitaine de vaisseau, commandant (1).	400 »	800 »	d'artillerie commandant d'escouade.		100 »	200 »
Capitaine de frégate, commandant d'équipage...	233 »	500 »	Maître...		90	83 »
Lieutenant de vaisseau, commandant d'équipage...	133 »	333 »	Contre-maître...		54	75 »
Capitaine-adjudant-major et quartier-maître-trésorier...	133 »	333 »	Quartier-maître...		40	58 »
Lieutenant de vaisseau commandant d'escouade...	133 »	225 »	Matelots de	première classe...	30	37 50
Enseigne de vaisseau et lieutenant				deuxième classe...	27	37 50
				troisième classe...	24	37 50
				quatrième classe...	21	37 50
			Trompettes ou tambours...		23 30	54 »

(1) Le capitaine de vaisseau commandant pouvait, à la mer, recevoir un traitement extraordinaire, et ses officiers leurs frais de table.

RÉGIMENTS DES GARDES D'HONNEUR.

DÉSIGNATION DES GRADES.	Solde individuelle par an pour les officiers, par jour pour la troupe.		DÉSIGNATION DES GRADES.	Solde individuelle par jour pour la troupe	
OFFICIERS.			Aide-vétérinaire...............	2	50
Colonel........................	9600	»	Trompette-major...............	3	88
Major..........................	7200	»	Brigadier-trompette...........	1	94
Chef d'escadron................	6000	»	Maître-tailleur................	2	22
Capitaine instructeur..........	4000	»	Id. culottier...............	2	22
Quartier-maître................	»	»	Id. bottier..................	2	22
Adjudant-major capitaine.......	4000	»	Id. armurier.................	2	22
Sous-adjud.-major lieutenant en premier.	2700	»	Id. sellier..................	2	22
Chirurgien-major...............	3600	»	Id. éperonnier...............	2	22
Id. aide-major...............	2400	»	Id. maréchal-ferrant.........	2	22
Id. sous-aide-major..........	1800	»	Maréchal des logis chef........	2	77
Capitaine......................	4000	»	Maréchal des logis.............	2	50
Lieutenant en premier..........	2700	»	Fourrier.......................	2	50
Lieutenant en second...........	2400	»	Brigadier......................	1	94
TROUPE.			Maréchal-ferrant...............	1	80
Vaguemestre....................	3	25	Garde d'honneur................	1	25
Sous-instruct. maréch. des logis chef...	2	77	Trompette......................	1	80
Artiste-vétérinaire............	5	»			

TABLE DES MATIÈRES

Préface. 1

Chap. I. — La Corse ancienne et moderne.— Origine de la famille de Bonaparte. — Naissance de Napoléon. — Son enfance. — Son admission à l'école militaire de Brienne. — Son caractère. — Sa nomination de lieutenant en second au régiment de la Fère, artillerie. . 3

Chap. II. — Bonaparte commande un bataillon en Corse. — Son séjour à Paris. — Révolte de Paoli. — Bonaparte banni de la Corse avec sa famille. — Son arrivée à Marseille. — Insurrection de Toulon. — Siége de cette ville. — Bonaparte chef de bataillon d'artillerie. — Son plan d'attaque adopté. — Nommé chef de brigade. — Prise du fort Mulgrave. — Évacuation de Toulon. — Bonaparte commande l'artillerie de l'armée d'Italie 13

Chap. III. — Bonaparte commandant en chef de l'artillerie de l'armée d'Italie. — Invasion du Piémont. — Combat de Dego. — Journée du 9 thermidor. — Bonaparte dénoncé à la Convention. — Il refuse le commandement d'une brigade d'infanterie dans la Vendée. — Bonaparte rentre dans la vie privée.. 27

TABLE DES MATIÈRES

Chap. IV — État de la France depuis le 9 thermidor. — La majorité des sections prend les armes contre la Convention. — Journée du 13 vendémiaire (5 octobre). — Mariage de Bonaparte.. 35

Chap. V. — Constitution de l'an III. — Bonaparte général en chef de l'armée d'Italie. — Proclamation à son armée. — Force des armées belligérantes. — Batailles de Montenotte, de Millésimo, de Dego. — Paix avec la Sardaigne.................... 41

Chap. VI. — Campagne d'Italie. — Combat de Lodi. — Reddition de Milan. — Premier siége de Mantoue. — Guerre du pape. — Occupation de Livourne. — Capitulation de la citadelle de Mantoue.. 52

Chap. VII. — Batailles de Lonato, de Castiglione. — Prise de Vérone. — Second blocus de Mantoue. — Hostilités pontificales. — Traité offensif et défensif, signé à Saint-Ildefonso, entre la France et l'Espagne. — Batailles de Roveredo, de Bassano, de Saint-Georges. — Troisième blocus de Mantoue. — La Corse délivrée des Anglais............ 71

Chap. VIII. — Bataille de la Branta, de Caldiero. — Victoire d'Arcole. — Fausses négociations avec l'Autriche. — Intelligence des cours de Rome et de Vienne. — Batailles de Rivoli, de Saint-Georges, de la Favorite. — Capitulation de Mantoue................ 82

Chap. IX. — Guerre avec le pape. — Traité de Tolentino..................... 95

Chap. X. — Passage du Tagliamento. — Combat de Tarvis. — Armistice de Léoben.... 105

Chap. XI. — Insurrection de Venise. — Préliminaires de Léoben. — Massacre des Français à Vérone. — Destruction de l'oligarchie vénitienne........................ 116

Chap. XII. — Bonaparte au quartier général de Montebello. — Révolution de Gênes. — République ligurienne. — République cisalpine. — Anniversaire du 14 juillet..... 126

Chap. XIII. — Événement de fructidor. — Mort du général Hoche. — Traité de Campo-Formio. — Bonaparte part pour Rastadt................................. 132

Chap. XIV. — Congrès de Rastadt. — Retour de Bonaparte à Paris. — Sa réception solennelle au Luxembourg. — Affaire de Bernadotte à Vienne. — Départ de Bonaparte pour Toulon.. 141

Chap. XV. — Expédition d'Égypte.. 149

Chap. XVI. — Retour de Bonaparte en France. — Enthousiasme universel. — Journées des 18 et 19 brumaire an VIII.. 205

Chap. XVII. — Commission consulaire exécutive. — Bonaparte premier consul. — Constitution de l'an VIII.. 223

Chap. XVIII. — Nouvelle coalition. — Passage des Alpes. — Bataille de Marengo..... 231

Chap. XIX. — Machine infernale. — Bataille de Hohenlinden. — Traité de Lunéville.... 243

Chap. XX. — Continuation de la guerre avec l'Angleterre. — Confédération du Nord. — Mort de Paul Ier. — Flottille de Boulogne. — Concordat. — Paix d'Amiens. — Amnistie des émigrés. — Légion d'honneur. — Consulat à vie. 252

Chap. XXI. — Expédition de Saint-Domingue. 265

Chap. XXII. — Rupture avec l'Angleterre. — Invasion du Hanovre. — Occupation du royaume de Naples. — Armements et constructions des flottilles. — Organisation et réunion des armées françaises sur les côtes du Nord. — Préparatifs de l'Angleterre. 276

Chap. XXIII. — Conspiration de Georges. — Moreau. — Pichegru. — Mort du duc d'Enghien. . 286

Chap. XXIV. — Avénement à l'empire. — Protestation de Louis XVIII. — Inauguration de la Légion d'honneur. — Camp de Boulogne. — Sacre de l'Empereur et de l'Impératrice. . 298

Chap. XXV. — Rupture avec la Russie. — Lettre de Napoléon au roi d'Angleterre. — Napoléon roi d'Italie. — Troisième coalition. — L'Angleterre, la Russie, l'Autriche, déclarent la guerre à la France. — Capitulation d'Ulm. — Bataille des trois empereurs à Austerlitz. — Paix de Presbourg. 308

Chap. XXVI. — Mort de Pitt. — Ministère de Fox. — Quatrième coalition entre la Prusse, la Russie, l'Angleterre et la Suède contre la France. — Bataille d'Iéna. — Napoléon à Berlin. 329

Chap. XXVII. — Napoléon à Posen. — Déclaration de guerre de la Porte à la Russie. — Paix avec la Saxe. — L'électeur reçoit le titre de roi. — Bataille d'Eylau. — Bataille de Friedland. — Paix de Tilsitt. 341

Chap. XXVIII. — La Suède seule contre la France. — Bombardement de Copenhague par les Anglais. — Traité de Fontainebleau entre la France et l'Espagne. — Conquête du Portugal. — Départ de la famille de Bragance pour le Brésil. — Grave accident survenu dans la famille royale d'Espagne. 358

Chap. XXIX. — Révolution d'Espagne. — Les Français à Madrid. — Napoléon à Bayonne. — La famille royale d'Espagne à Bayonne. — Insurrection de Madrid. — Abdication de Charles IV en faveur de Napoléon. — Joseph, roi d'Espagne. — Le grand-duc de Berg, roi de Naples. — Insurrection espagnole. — Évacuation du Portugal par la France. 367

Chap. XXX. — Révolution de Constantinople. — Napoléon à Erfurth. — Continuation de la guerre en Espagne. — Napoléon à Madrid. — Siége de Saragosse. — Armements de l'Autriche. — Napoléon revient à Paris. 391

Chap. XXXI. — Révolution en Suède. — L'Autriche déclare la guerre à la France. — Bataille d'Abensberg. — Bataille d'Eckmuhl. — Prise de Vienne. — Réunion des États romains à l'Empire. — Bataille d'Essling. — Mort du maréchal Lannes. — Les Français dans l'île de Lobau. 412

Chap. XXXII. — Campagne en Pologne. — Insurrection armée dans le nord de l'Allemagne. — Campagnes du Tyrol, d'Italie, de Dalmatie, de la Péninsule. — Affaires de Rome et de Naples. — Bataille de Raab, gagnée par le prince Eugène. 430

Chap. XXXIII. — Passage du Danube. — Bataille de Wagram. — Armistice de Znaïm. — Expédition des Anglais sur l'Escaut. — Enlèvement du pape à Rome. — Continuation de la guerre d'Espagne — Tentative de Stabs. — Paix de Vienne. 445

Chap. XXXIV. — Divorce de Napoléon. — Son mariage avec Marie-Louise, archiduchesse d'Autriche. — Paix de la Suède avec la France. — Réunion de la Hollande à l'Empire. — Le prince de Ponte-Corvo appelé au trône de Suède. — Naissance du roi de Rome. — Continuation de la guerre d'Espagne. 457

Chap. XXXV. — Coalition de l'Angleterre, de la Russie, de la Suède, de l'Espagne, contre la France, l'Autriche, la Prusse, l'Allemagne et l'Italie. — Napoléon à Dresde avec l'empereur d'Autriche. — Paix de Buckharest entre la Turquie et la Russie. — Entrée de Napoléon en Pologne. — Passage du Niémen. — Prise de Smolensk. — Bataille de la Moskowa. — Napoléon à Moskou — Incendie de Moskou. — Retraite de l'armée française. — Combat de Malo-Jaroslawetz. — Souffrances inouïes. — Passage de la Bérésina. — Napoléon confie la retraite au prince Eugène et revient à Paris. 474

Chap. XXXVI. — Nouveaux préparatifs de Napoléon. — Concordat de Fontainebleau. — Affaire de Prusse. — Marie-Louise, régente. — Napoléon part pour Mayence. 519

Chap. XXXVII. — Départ de Mayence. — Combat de Wessenfels. — Bataille de Lutzen. — Napoléon à Dresde. — Arrivée de M. de Bubna à Dresde. — Position des deux armées. Départ de Dresde. — Batailles de Bautzen et de Wurschen. 529

Chap. XXXVIII. — Armistice de Pleswitz. — Prise de Hambourg. — Retour de Napoléon à Dresde. — Convention de Dresde avec l'Autriche. — Retraite de l'Espagne. — Bataille de Vittoria. — Congrès de Prague. — Déclaration de guerre de l'Autriche à la France. . . 549

Chap. XXXIX. — Préliminaires de la campagne. — Napoléon en Bohême. — Il revient sur Blücher. — Bataille de Dresde. — Batailles de Kulm, de Gross-Beeren. — Traité de la triple alliance à Tœplitz. 557

Chap. XL. — Batailles de Wachau, de Leipsick et de Hanau. — L'armée revient à Mayence. . 567

Chap. XLI. — Affaires d'Espagne et d'Italie, jusqu'à la fin de 1813. — Napoléon à Paris. — Propositions de Francfort. — Séances du Sénat et du Corps législatif. 579

Chap. XLII. — Campagne de France. — Défection du roi de Naples. — Bataille de Brienne. — Bataille de la Rothière. — Bataille de Champ-Aubert. — Congrès de Châtillon. — Combat de Montereau. — Combat de Montmirail. — Bataille de Craonne. — Prise, combat et reprise de Reims. — Combat de Fère-Champenoise. — Bataille et capitulation de Paris. 587

Chap. XLIII. — Les alliés à Paris. — Napoléon à Fontainebleau. — Abdication de Napoléon. — Les adieux de Fontainebleau. — Départ pour l'île d'Elbe. 611

Chap. XLIV — Débarquement de Napoléon au golfe de Juan. — Son arrivée à Grenoble, à Lyon, à Fontainebleau. — Déclaration de Vienne. — Départ de la famille royale. 625

Chap. XLV. — Arrivée de Napoléon à Paris. — Acte additionnel. — Champ-de-Mai. — Départ de Napoléon pour l'armée du Nord 638

CHAP. XLVI. — Batailles de Ligny et de Waterloo. — Retour de Napoléon à Paris. 655

CHAP. XLVII. — Abdication de Napoléon. — Séances des Chambres. — Napoléon à la Malmaison. — Son départ pour Rochefort. — Son embarquement sur le *Bellérophon*. — Son arrivée à Sainte-Hélène. 675

CHAP. XLVIII. — Établissement de Napoléon à Sainte-Hélène. — Sa vie. — Le gouverneur Hudson Lowe. — Sa tyrannie envers le prisonnier. — Maladie, mort, testament de Napoléon. 694

TESTAMENT ET CODICILLES DE NAPOLÉON. 724

TRANSLATION DES RESTES MORTELS DE NAPOLÉON. 735

NOTICE HISTORIQUE SUR LA GARDE IMPÉRIALE. 753

FIN DE LA TABLE DES MATIÈRES.

PARIS — IMP. SIMON RAÇON ET COMP., RUE D'ERFURTH, 1.

www.ingramcontent.com/pod-product-compliance
Lightning Source LLC
Chambersburg PA
CBHW070717020526
44115CB00031B/1226